普通高等教育国家级规划教材系列
“九五”规划高等学校法学教材

国 际 法

International Law

主 编 王铁崖

撰稿人 王铁崖 白桂梅 薛捍勤
以撰写章节先后为序 刘昕生 龚刃韧 邹克渊
李红云 刘伟民 陈佩洁
邵 津 宋 英 凌 兵
王贵国 饶戈平 高燕平
朱文奇

法律出版社
——北 京——
始创于1954年

图书在版编目(CIP)数据

国际法/王铁崖主编．—北京：法律出版社，1995.8
(2024.7 重印)
21 世纪法学规划教材
ISBN 978－7－5036－1147－6

Ⅰ.国…　Ⅱ.王…　Ⅲ.国际法－高等学校－教材
Ⅳ.D99

中国版本图书馆 CIP 数据核字(2001)第 066107 号

国际法
GUOJIFA

王铁崖 主编

责任编辑 吴　昉
装帧设计 乔智炜

出版发行 法律出版社
编辑统筹 法律教育出版分社
责任校对 陈　慧
责任印制 刘晓伟
经　　销 新华书店

开本 720 毫米×960 毫米　1/16
印张 31　　**字数** 555 千
版本 1995 年 8 月第 1 版
印次 2024 年 7 月第 42 次印刷
印刷 三河市龙大印装有限公司

地址：北京市丰台区莲花池西里 7 号(100073)
网址：www.lawpress.com.cn
投稿邮箱：info@lawpress.com.cn
举报盗版邮箱：jbwq@lawpress.com.cn
销售电话：010－83938349
客服电话：010－83938350
咨询电话：010－63939796

书号：ISBN 978－7－5036－1147－6
定价：45.00 元
凡购买本社图书，如有印装错误，我社负责退换。电话：010－83938349

出版说明

法律出版社是中国历史最悠久的法律专业出版社，与国际出版同仁论剑，本社之专业出版品牌亦广受肯定。

本社素来注重法学教材出版。从20世纪50年代中国法学教材建设的起步，到20世纪70年代末中国法学教材的复兴，法律出版社均走在前列。1949年以来，我国第一部法理学、宪法、中国法律思想史、外国法制史、刑法、民法、民事诉讼法、国际法、国际私法、国际经济法教材，均出自法律出版社。

从20世纪80年代到90年代，再到21世纪，本社对于法学教材的出版更投入移山心力。而本社与权威法学家合作，渊源有自。作者中有法学宿耋，有中年英士，有青年才俊，均来自杰出法学学府与研究机构。本社教材，正旨在秉继法学先辈之思想财富，与新一代法律人分享。

自我国建设国家级教材以来，本社延揽名家，于此多有收获。从更早的国家级规划教材，到“九五”、“十五”，再到2006年评定的“十一五”国家级规划教材，法律出版社之法学类国家级教材，积累已多，忝居诸社首列。为整体性展现这批品质教材，本社乃以“普通高等教育国家级规划教材系列”为题，统一推出。

“好书，同好老师和好学生分享”，本社愿与法律共同体诸同仁，与中国法学与法律实践的学习者和建设者一起，分享好书，分享智识，分享法治进程中的点点滴滴。

法律出版社

作者简介（1995年）

（以撰写章节先后为序）

王铁崖　北京大学国际法研究所教授，海牙国际法研究院院士，中国国际法学会会长，《中国国际法年刊》主编。主要著作有《国际法》（主编）、《中外旧约章汇编》、《王铁崖文选》、《中华法学大词典·国际法卷》（主编）等。

白桂梅　北京大学法律系副教授，北京大学国际法硕士、加拿大达尔豪斯大学国际法硕士，《中国国际法年刊》编辑委员会委员。

薛捍勤　美国哥伦比亚法学硕士、博士，北京大学法律系兼职副教授，中国国际法学会理事，国际法协会自然资源委员会顾问。

刘昕生　北京大学国际法硕士，中国国际法学会理事。

龚刃韧　北京大学法律系教授，日本北海道大学法学博士，中国国际法学会理事。主要著作有《国际豁免问题的比较研究》等。

邹克渊　北京大学法律系副教授，北京大学国际法硕士、博士，加拿大达尔豪斯大学法学院博士后，中国海洋法学会理事。

李红云　北京大学国际法研究所讲师，北京大学国际法硕士、博士，中国海洋法学会理事。

刘伟民　中国民航管理干部学院教授兼民航管理科学研究咨询中心主任，中国国际法学会理事，中国法律咨询中心顾问。

陈佩洁　北京大学法学士，中国空间法学会副秘书长，海牙国际法学院国际法班学员。

邵　津　北京大学国际法研究所教授，中国国际法学会理事，中国海洋法学会理事。主要著作有《北京大学法学大百科全书·国际法卷》（主编）、《国际法》等。

宋　英　北京大学国际法研究所讲师，北京大学国际法硕士、博士。

凌　兵　香港城市大学法律学院讲师，北京大学法学士，美国密执安大学法学硕士、法学博士生，北京大学国际法研究所前研究人员。

王贵国　香港城市大学法学教授、法律学院院长，美国哥伦比亚大学法学硕士，耶鲁大学法学博士。主要著作有《国际货币金融法》、《国际投资法》、《国际贸易秩序》、《中国商法》（英文）等。

饶戈平　北京大学国际法研究所教授、副所长，北京大学国际法硕士，北京大学港澳台法律研究中心副主任，中国国际法学会理事。主要著作有《国际组织法》（主编）、《帝国主义侵华简史》（合编）等。

高燕平　中国政法大学国际法硕士，北京大学国际法博士生，中国空间法学会理事，海牙国际法学院国际法博士班学员。

朱文奇　法国巴黎第二大学法学博士，海牙国际法学院国际法班学员。

作 者 分 工

本书由王铁崖任主编,并负责全书统稿、定稿。各撰稿人分别为:

王铁崖	第一章、第二章	白桂梅	第三章、第四章
薛捍勤	第五章	刘昕生	第六章
龚刃韧	第七章	邹克渊	第八章
李红云	第九章	刘伟民	第十章
陈佩洁	第十一章	邵　津	第十二章
宋　英	第十三章	凌　兵	第十四章
王贵国	第十五章	饶戈平	第十六章
高燕平	第十七章	朱文奇	第十八章

目　　录

第一章 绪　论

第一节 国际法的性质

一、国际法的定义

国际法,简言之,是国家之间的法律,或者说,主要是国家之间的法律,是以国家之间的关系为对象的法律。

国家不能孤立而存在,任何国家都不能不与其他国家发生交往关系。国家之间的交往关系就是国际关系。国际关系包括政治关系、经济关系、法律关系以及文化关系等。国际法律关系是以法律形式表现出来的国际关系。国家之间的关系受一些原则、规则和制度的拘束,这些原则、规则和规章制度就构成国际法。

所谓国际法主要是国家之间的法律。在国际舞台上除了国家是主要参加者之外,还有其他参加者:类似国家的政治实体和国家组成的国际组织。也就是说,除了国家是国际法的主要主体之外,类似国家的政治实体和国家组成的国际组织在一定条件下和一定范围内也是国际法主体,它们的关系也受国际法原则、规则和制度的拘束。

英国国际法学家劳特派特(Lauterpacht)曾经对国际法下一个简单的定义,称它为"国际社会的法律"。[1] 这个定义是采纳另一个英国国际法学者韦斯特莱克(Westlake)的定义的;他说:"国际法,或称万国法,是各国或各民族的社会的法律"[2]。国际社会是国家组成的。从这个意义说,把国际法称为"国际社会的法律",并无不可;但是,如果偏重于国际社会,而不指明组成国际社会的国家,那就有使国际法成为超国法的倾向了。

对于国际法的定义,基本上有两种不同的说法。一种把国际法视为国家认为对它们有拘束力的法律规则的总和;另一种则认为国际法是对国家有拘束的法律。《奥本海国际法》第八版对国际法所下的定义是:"万国法或国际法是一个名称,用

〔1〕 伊莱休·劳特派特编,《国际法:劳特派特论文集》英文版,1970 年第 1 卷第 9 页。

〔2〕 韦斯特莱克,《国际法》英文版,第一编,1910,第 1 页。

以指各国认为在它们彼此交往中有法律拘束力的习惯和条约规则的总体”[3]；第九版所下的定义是：“国际法是对国家在它们彼此往来中有法律拘束力的规则的总体”[4]。这两版的不同定义表明《奥本海国际法》已经从第一种说法转为第二种说法。其实，两种不同的说法反映着对国际法的效力根据的不同见解。关于国际法的效力根据将在下面加以讨论。

周鲠生对国际法所下的定义是：“国际法是在国际交往过程中形成出来的，各国承认的，表现这些国家统治阶级的意志，在国际关系上对国家具有法律拘束力的行为规范，包括原则、规则和制度的总体”[5]。这个定义把国家统治阶级的意志包括在内，试图说明国际法的阶级性，显然是受当时苏联国际法学界流行的定义的影响的[6]。但是，国际法是国家之间的法律，因而，如何确定这个法律的阶级性无论在理论上或在实践中都是一个无法解决的难题。

要把国际法的主要内容包括在一个完整而简明的定义里，是不易做到的。为了对国际法有一个初步的概念，把国际法看作主要调整国家之间的关系的有法律拘束力的原则、规则和制度的总体，也就够了。

二、国际法的名称

国际法，英文为International Law，是近代开始用以指国家之间的法律的名称，现在已经成为通用的名称。

古代罗马，有市民法（jus civile）和万民法（jus gentium）之分。市民法适用于罗马市民之间的关系，而万民法则适用于罗马市民和外国人之间以及外国人之间的关系。万民法并不是国际法，而只是有涉外因素即涉及外国人的罗马法律，而且属于私法的性质。但是，至少从西塞罗（Cicero，公元前105—43年）以后，万民法被理解为所有与罗马有交往关系的国家所一致同意的正义原则，而与以自然为依据的自然法（jus naturale）相区别。

近代国际法的奠基人格老秀斯（Grotius）继续维持万民法和市民法的区别。而他所称的万民法是指其拘束效力来自所有国家或许多国家的意志的法律，因而他指的是万国法，也就是国际法。继他之后，而且地位仅次于他的英国国际法学者采用国家间法（jus inter gentes）的名称，但是，由于格老秀斯的威望，早先国际法学者通常采用万民法（jus gentium）。

万民法指的是国际法，后来西方文字译为万国法（law of nations）。到了18世

---

〔3〕《奥本海国际法》，劳特派特修订，王铁崖、陈体强译，1981年第八版，上卷第1分册，第3页。

〔4〕《奥本海国际法》，詹宁斯和沃斯修订，英文版，1992年第九版，第一卷第4页。

〔5〕周鲠生，《国际法》，1981年，上册，第3页。

〔6〕参见苏联科学院，《国际法》中文译本，1959年，第2页。

纪末,英国哲学家和法学家边沁(Bentham)提出国际法这个名称,由于这个名称更适合于国家之间的法律,这个名称——国际法成为通常使用的名称,虽然有时还有人使用万国法这个名称。

在中国,当国际法最早被介绍到中国来的时候,使用的名称为万国公法。1864年,丁韪良翻译美国国际法学者惠顿的国际法著作——《国际法原理》——为《万国公法》。后来,万国公法被简称为公法,例如,布伦奇理的《近代国际法》被译为《公法千章》等。再后来,到了清朝末年,日本使用的国际法的名称传到中国,国际法便成为普遍使用的中文名称。

其实,中文名称是比较适当的,因为不论万国公法或者国际法,提到的都是"国",即国家,充分表现国际法作为国家之间的法律的意义。英文的国际法或万国法提到的却都是 nation,而 nation 严格地说并不完全是国家。International law 应该改为 interstate law,但是,在国际法的名称中用 nation 这个字,已经成为习惯,而在这里毫无疑义地是指国家的。

国际法或万国法之外,还有一些名称,如"超国法"(superanational law),"越国法"(transnational law),"人类法"(law of humanity),"世界法"(world law)。这些名称是按照某种理论而创造出来的。它们的目的是要改变国际法的性质,从国家之间的法律改变为超越国家之上的法律,因而也可以说是对国际法的否定。它们脱离现实,在理论上也是站不住脚的。

边沁提出国际法的名称,同时认为有国际公法和国际私法的区别。国际法是国家之间的法律,在这个意义上,国际法是属于公法的。但是,为了与国际私法相区别而把国际法称为国际公法,是不必要的。因为国际公法和国际私法并不是国际法的两个分支:严格地说,国际私法既不是"国际",也不是"私法",所谓国际私法规定的对象是私人之间的关系,不过这种私人之间的关系有涉外的因素;把它称为"国际",是采取广泛意义的"国际"。国际私法主要是解决不同国家对于私人关系的不同法律规定所发生的冲突,包括管辖权的冲突。在有些国家,特别是英国和美国,国际私法往往被称为"法律的冲突"(conflict of laws);有些国家,如德国,则将国际私法的有关规则规定在一种特殊法律之中,称为"法律适用条例";在中国,《民法通则》第八章"涉外民事关系的法律适用"实际上包括国际私法的主要原则。

但是,各国对于某些法律冲突问题有可能,或者说有必要,采取同样的解决原则和规则,从而形成了共同原则和规则,成了国际习惯法的一部分。各国还在这方面作出努力,取得协议,订立国际公约,把这方面的共同原则和规定确定下来。这样,国家就依据国际公约或国际习惯承担了国际权利和义务。在这个范围内,国际私法就涉及国家之间的关系,从而成为国际法的一个部门。通常,也就是在这个意义上,国际法被说成包括国际公法和国际私法。

三、国际法的类别

国际法就其本质而言,是普遍适用于所有国家的,也就是说,对于所有国家都有法律拘束力。英国国际法学者奥本海认为普遍国际法之外还有一般国际法和特殊国际法。按照他的说法,一般国际法是指"对于很多国家——包括主要国家在内——有拘束力的规则的总体",而特殊国家"只对于两国或少数国家有拘束力"。[7] 这种区别实际上没有多大意义。特殊国家只拘束两个或少数国家,就不能构成以国家之间的关系为对象的国际法的一部分,正如在国内法上合同规定不能成为法律规则一样。至于一般国际法,虽然对很多国家——包括主要国家在内——有拘束力,但是,把少数国家,即使极少数国家,排除在外,是与国际法的普遍适用性不相符合的。

值得注意的是,在普遍国际法之外有区域国际法。所谓区域国际法是指于世界某个区域的国家在它们彼此关系中发展起来并适用于它们的原则、规章和制度的总体。最显著的例子是所谓"美洲国际法"或"拉丁美洲国际法"。美洲国家很早就建立美洲区域性组织——从过去的泛美联盟到现在的美洲国家组织,也很早就开始它们自己的国际法法典编纂运动。它们订立很多对国际法问题的法典编纂的条约。因此,美洲国家提出了"美洲国际法"的说法,特别是在拉丁美洲,由于这个区域的国家有着共同的历史等关系,就有"拉丁美洲国际法"的主张。在美洲国际法之外,最近几十年来,由于许多非洲和亚洲独立国家的出现,还有"非洲国际法"和"亚洲国际法"的提法。以前的苏联主张有"社会主义国际法"的存在,适用于所有社会主义国家之间的关系,虽然这些社会主义国家并不在同一区域。随着前苏联以及一些东欧社会主义国家的政治变化,这种主张已经逐渐消失了。

所谓区域国际法实际上并没有自己的独特体系。主张区域国际法的国家并不否定普遍国际法及其普遍适用性,而事实上它们所主张的区域国际法的内容也与一般国际法基本上是一致的。区域国际法可能提出一些特殊的主张,但是,为数不多。这些主张所形成的一些规则可能被纳入一般国际法而构成一般国际法的一部分,或者可能由于有争议而逐渐失去了意义。无论如何,区域国际法所包含的特殊规则不能对一般国际法的原则、规则和制度加以限制,而只能拘束有关区域的国家之间的关系。

依据 1957 年《罗马条约》,欧洲煤钢共同体、欧洲原子能联营和欧洲经济共同体合并了它们的机构,成为"欧洲共同体"。自那以后,欧洲共同体大量发展了适用于各成员国的原则、规则和制度,被称为"共同体法"或"欧洲共同体法"。但是,由于欧洲共同体法在某些情形下和某些条件下是直接适用于各成员国的法律体系之内,而不单纯以各成员国之间的关系为对象。特别是在 1992 年《欧洲联盟条约》签

---

〔7〕《奥本海国际法》第八版,中文版,上卷第 1 分册,第 3 页。

订之后，欧洲共同体改称为欧洲联盟，一体化的性质更为加强；欧洲联盟已经不是区域性国际组织，而是自成一类的国际组织。欧洲联盟法并不是区域国际法了。

四、国际法是法律的一个部门

关于国际法，首先提出的问题往往是：国际法是否是法律？早期的法学家曾经否定国际法的法律性质，19世纪的英国法学家奥斯汀（Austin）把国际法称为“实在道德”，对国际法采取否定的态度〔8〕。问题在于法律的定义。如果把法律与国内法相等同，国际法就不是法律，也不可能是法律，因为国际法在许多方面是与国内法不相同的。但是，法律是对社会成员的行为有强制力量的规则的总体，而法律不限于国内法。国际社会虽然没有像国家之内那样的立法机关来制定法律，但通过其他方式——如条约等——创造国际社会成员—国家—的行为规则；虽然也没有像国家之内那样的行政机关和司法机关来执行法律，但却在一定程度上有某种机制使国际社会成员——国家——遵守国际法原则、规则和制度。应该说，国际法是法律，或者说，是法律的一个部门。

关键在于：国际法是否作为法律为国家所遵守？事实给予了正面的回答。第一，世界各国政府毫无例外地都承认国际法是对国家有拘束力的法律。没有一个国家政府公然宣布不受国际法的拘束，而即在违反国际法的场合，也要从法律的角度为自己的违反行为作辩护，尽管这种辩护是属于掩饰的性质的。第二，在国家之间的关系中，国际法原则、规则和制度是经常被遵守的，而如果不这样遵守，国家之间的关系就无法维持，特别是在国家之间相互依赖的关系越来越广泛的时候，国际法的遵守更有迫切的需要。第三，国际法遭到重大的破坏，如武装侵略或侵略战争，只是少数的例外，虽然是引人注目的例外。在国际法上，对于违法行为，违反的国家不仅应负法律上的责任，而且还可能受法律的制裁，即使制裁不是强有力的和令人满意的。国际法学家的任务是探讨预防严重违反行为发生和有效地对它们加以制止的途径和措施，而国际法并不因为严重违反行为的发生而失去它作为法律的性质。

国际法作为法律的一个部门，与国内法不同，有它的特殊性。国际法的特殊性在于：国际法的主体主要是国家；国际法的制订者主要是国家；在国际上，不存在有组织的超越国家之上的强制机关，而国际法的强制实施主要靠国家本身或通过国家的行动。另一方面，国际法作为法律是与国际礼让有区别的。早先的英美法院曾经把国际法称为国际礼让。但是，国际法规则是有法律拘束力的，而国际礼让是国家交往之中的礼貌、便利和善意的规则，这样的行为规则对于国际法是没有法律拘束力的。国际礼让规则有时可以演变成为国际法规则，从而有了法律拘束力。例如，关于外交官的关税豁免本来是国际礼让，现在已开始通过1961年《维也纳外

---

〔8〕《法理学讲义》，1832年，1954年版，第6页。

交关系公约》而确立为国际法规则。

五、国际法效力的根据

国际法效力的根据是国际法的一个基本理论问题,即国际法依据什么而对国家有拘束的效力。关于这个问题,国际法上有各种理论,形成各种学派。从早期开始,国际法学家对于这个基本理论问题,主要分为两大派别:自然法学派和实在法学派;另外,在这两个学派之间有所谓"折衷学派",而其实这个派别还是有所偏重,不是偏重于自然法学说,就是偏重于实在法学说。

由于神学的影响,在国际法中,自然法学派曾经占优势。自然法派认为,国际法就是自然法,或者是自然法的一部分,或者是自然法对国家之间的关系的适用。自然成了国际法效力的根据。即使摆脱了神学的影响,而代替的仍然是从自然现象所抽象出来的一些概念,如人类良知、人类理性、人类的共同法律意识等。曾一度消沉的自然法派,在第一次世界大战之后又有复兴的趋势。例如,在欧洲很有影响的社会连带法学派认为一切法律的根据在于社会连带关系,国际法也不例外。国际法效力的根据在于从国际社会连带关系所产生的"各民族的法律良知"。又如,影响很大的规范法学派,虽然力图避免与自然相联系的抽象说法,而限于在法律体系之中寻找法律效力的根据,因而又称为纯粹法学派。这一派认为,国际法和国内法属于同一法律体系,其中的法律规范有不同等级,每一级规范的效力根据在于上一级规范,最上级是国际法规范,其中有一个"最高规范"或称"原始规范",而这个最高规范既是法律规范,又是伦理规范,也就是从所谓人类的"正义感"或"法律良知"所产生的规范:"约定必须遵守"。因此,规范法学派基本上也属于自然法学派,被称为新自然法学派。

在19世纪,实在法学派代替了自然法学派而占优势。实在法学派否定从自然抽出来的抽象概念作为国际法效力的依据,认为在现实世界中起作用的是国家的意志,从而国家的意志是国际法效力的依据。他们设想各国的意志可以合成为"共同意志",或者强调每个国家的意志是国际法效力的决定因素。这个学派虽然遭到了批评,但还是有一定的影响。而且,在新自然法学派出现的同时,也出现了新实在法学派。新实在法学派之中有一种学说——权力政治学说,认为国际政治支配着国际法,而国际政治的核心是国家权力。在他们看来,国际法效力的依据是各国权力的均衡,即所谓"势力均衡"。在国际法学界,更有影响的是所谓"政策定向"学说。这个学说把国际法视为国家对外政策的表现,国际法的效力取决于国家对外政策,而在国际关系中有些国家的政策处于支配的地位,从而在国际法的效力上起了主要的作用。

关于国际法效力的根据,虽然有各种各样的理论,然而,最重要的一点是:国际法主要是国家之间的法律,国家受国际法的拘束,同时又是国际法的制定者。因此,国际法效力的根据应在于国家本身,即在于国家的意志。当然,国际法效力的根据在于所谓国家的意志,并不是指个别国家的意志,也不能说各国之间有“共同意志”,而所指的是各国的意志之间的协议。条约之所以对国家有拘束的效力,是因为条约是国家之间的协议;国际习惯的效力拘束的效力在于它既是各国的重复类似的行为,而且是被各国所认为具有法律拘束力;即使作为国际法渊源的一般法律原则也是“文明各国所承认者”(《国际法院规约》第38条第1项)。事实证明,即使是不同社会经济制度的国家之间,也是可以达成协议而受拘束的。因此,各国之间的协议,或者说各国的意志之间的协议,构成了国际法效力的根据。

但是,在国际关系中,各国并不能完全凭着自由意志而任意达成协议的。国家之间之所以达成协议,形成支配国家之间的关系的原则、规则和制度,是因为这些原则、规则和制度是国家在彼此交往中有这样的需要。国际法是适应这种需要而产生的。国际法的作用就在维持国家之间的正常的来往关系。而且进一步发展国家之间的合作关系,也就是说,国际法既是和平共处的法律,也是互相依赖的法律。在法律上,国际法效力的根据是国家意志的协议,而在法律之外,国家意志的协议是受国家之间来往关系的需要所支配的。

第二节 国际法的渊源

一、法律渊源和国际法的渊源

每个部门法律都有它的法律渊源。法律渊源是指法律原则、规则和制度第一次出现的地方。“渊源”与“根据”不同,法律的根据是指法律效力的依据;“渊源”与“起因”不同,“起因”是指法律产生和发展的政治、经济、文化等的因素;“渊源”又与“证据”不同,“证据”是指证明法律所在的资料。“根据”“起因”和“证据”都与“渊源”有密切的关系,但是,它们与“渊源”是有区别的。

一般说来,国内法的渊源是立法、习惯和法理。与国内法相类似,国际法的渊源是条约、习惯和一般法律原则。由于国际法和国内法的性质不同,国际法和国内法的渊源在本质上也是不同的。

一些国际法学者分别为两种渊源:形式渊源和实质渊源。形式渊源是指产生在法律上有拘束力的普遍适用的规则的法律程序和方法;实质渊源提供证明具有法律上拘束力的普遍适用的规则已经存在的证据。在国内法,形式渊源是造法的宪法机构,由宪法确定法律规则的地位。但在国际社会中则没有造法的宪法机构,因此,国际法不可有所谓“形式渊源”,也因此,在国际法上没有所谓“形式渊源”和“实质渊源”的区别。

传统上，国际法的渊源主要是条约和习惯，一些国际法学者还坚持只有条约和习惯是国际法的渊源。[9]《国际法院规约》第38条基本上反映这个观点，但在“国际协约”和“国际习惯”之外加上“一般法律原则”，同时还有“司法判例及各国权威最高之公法家学说”“作为确定法律原则之补助资料者”。

《国际法院规约》第38条的规定全文如下：

“(一)法院对于陈诉各项争端，应依国际法裁判之，裁判时应适用：

(子)不论普通或特别国际协约，确立诉讼当事国明白承认之规条者。

(丑)国际习惯，作为通例之证明而径接受为法律者。

(寅)一般法律原则为文明各国所承认者。

(卯)在第59条规定之下[10]，司法判例及各国权威最高之公法家学说，作为确立法律原则之补助资料者。

(二)前项规定不妨碍法院经当事国同意本‘公允及善良’原则裁判案件之权。”

这条规定没有提及国际法的“渊源”；它规定国际法院在裁判案件时所适用的法律。法院所适用的并不一定就是国际法的渊源。例如，所谓“特别国际协议”，如果是“确立诉讼当事国明白之规条”，是法院所应适用的，但是，它们本身并不能说是国际法的“渊源”，因为它们只拘束诉讼当事国，而不构成拘束其他国家的国际法规则。这条规定似乎表明国际法渊源的层次，条约居于首位，习惯次之，再次是一般法律原则，但是，条约往往是通过习惯才形成国际法原则、规则和制度的。因此，有些学者认为国际习惯应当在国际法的渊源中居于首要的地位。这条规定既包括条约、习惯和一般法律原则，又有两项“补助资料”，可以说包括了国际法的渊源的基本内容。但是，这条规定并不是关于国际法的渊源的详尽规定。近几十年来，国际组织的决议，特别是联合国大会通过的决议，在国际法的渊源中处于什么地位，引起人们的注意和讨论。

然而，无论如何，《国际法院规约》第38条的规定被认为是对国际法的渊源的权威说明。按照这条规定分别说明国际法的各种渊源，是适宜的。

二、国际条约

《国际法院规约》第38条第1项把国际条约列为各项国际法渊源的第一项，表明国际条约在国际法渊源中的重要地位。按照“约定必须遵守”(pacta sunt servant)的国际法原则，条约对于国家有拘束力，国家必须遵守条约，而且，条约作为国家之间的明示协议是国际法院在裁判案件时所应首先适用的。在这个意义上，国

---

〔9〕 周鲠生，“所以惯例和条约很正确地被肯定为国际法渊源”(他所谓的“惯例”就是“习惯”)。《国际法》，上册第11页。

〔10〕 第59条规定：法院之判决除对于当事国及本案外，无拘束力。

际条约是国际法的最主要的渊源。

按照《国际法院规约》第38条第1项(子)项的规定,国际法院应适用:“不论普遍或特别国际协约,确立诉讼当事国明白之规条者。”因此,无论是双边条约或多边条约,只要确立诉讼当事国所明示承认的规则,都是国际法院所应适用的,也因此,国际条约无论是双边的或是多边的都可以被认为是国际法的渊源。但是,双边条约只对缔约国双方有拘束力,构成有关国家之间的权利和义务关系。它们只能形成缔约国的行为规则,具有明显的特殊性,而一般说来不能对非缔约国有任何拘束力,不能形成普遍适用的规则。在这个意义上,国际条约,特别是双边条约,很难说是国际法的渊源。

多边条约是多数国家参加的条约,对于多数国家由于它们的参加而有拘束力。这类国际条约很容易形成一般适用的规则,表现为所谓一般国际法。但是,多边条约按照“条约只拘束缔约国”的国际法原则,在原则上只对参加的国家有拘束力,而对于非缔约国没有拘束力,因此,这类条约所形成的规则并不是普遍适用于一切国家的。在这个意义上,严格地说,多边条约也很难说是国际法的渊源。

《联合国宪章》是一个特殊的情况。《宪章》不仅是包括联合国组织章程的一个条约,而且是当代国际社会的一个极其重要的法律文件。联合国已经有184个会员国,达到了相当高度的普遍性。但是,并不是世界上所有国家都加入联合国,尽管《联合国宪章》在会员国之间有优于任何其他国际条约的效力,也尽管它在一定条件下为非会员国所应遵守,然而,它毕竟是一个多边条约,并在严格意义上,对于非缔约国并无拘束的效力。因此,《联合国宪章》的规定一般说来并不直接构成国际法的原则、规则和制度。

在国际上,条约有多种的功能:有单纯拘束缔约国的条约,有建立国际组织和机构的条约,也有以创立国际法的原则、规则和制度为目的的条约。以国内法为类比,国际条约似乎可以分为契约性条约和造法性条约:前者多为双边条约,类似国内法上的契约,规定缔约国之间的权利和义务的关系,后者则多为多边条约,类似国内法上的立法,提出一般适用的法律规则。后一类条约有时被称为“国际立法”〔11〕。但是,“国际立法”不过是比拟之词,而且,所谓契约性条约和造法性条约的区别并不是很明显的。在这一方面,如果有许多双边条约对同一事项作同样的规则,双边条约可起多边条约的同样作用。而由于国际社会没有一个中央制法机构,造法性条约在本质上又与国内法律的制定是很不相同的。任何条约都不可能是世界上所有国家所参加的。条约无论如何普遍,总要通过未参加的国家在实践上所表示的默示同意而起所谓“立法”的作用。在这个意义上,国际条约与国际习惯相比较,居于次要的地位。

---

〔11〕 哈得逊,《国际立法》英文版,第1—9卷(1931—1950年)。

三、国际习惯

国际习惯是国际法的最古老、最原始的渊源,在国际条约出现之前,历史上就有了国际习惯。在一定意义上,国际习惯也可以说是最重要的国际法渊源,因为直到现在为止,尽管有很多的多边国际公约,但在一般国际法的内容中,还是国际习惯占较大的部分。而且,归根结底,国际条约以及其他国际法渊源,往往还是要通过国际习惯这个渊源而起作用的,而国际条约也往往要以国际习惯为背景来加以解释和理解。

"习惯"一词常与"惯例"混用。其实,"惯例"有广义与狭义之分:狭义的"惯例"专指"习惯",而广义的"惯例"则包括"习惯"在内——外交文件上所用的"惯例"一词可能既包括具有法律拘束力的习惯,即狭义的"惯例",也包括尚未具有法律拘束力的"惯例",即《国际法院规约》第 38 条第 1 项(丑)款所指的"通例"。不同词语的使用引致一些意义上的混乱。但是,按照《国际法院规约》第 38 条第 1 项(丑)款规定的中文本,应使"国际习惯"作为国际法的渊源。

国际习惯是各国重复类似的行为而具有法律拘束力的结果。国际习惯由两个因素构成:一是各国的重复类似行为,二是被各国认为有法律拘束力。前者是"常例"(hsus),是客观的因素,后者是"法律确信"(opinio juris),是主观的因素。国际法院在 1950 年哥伦比亚和秘鲁之间的"庇护权案"的判决中声称:"以习惯为依据的一方……必须证明,这个习惯已经确立,因而对他方是有拘束力的……所援引的规则……是符合有关各国实行的持久和划一的惯例的,而且,这个惯例是表明给予庇护的国家享有权利而当地国家负有义务的……"因此,国际习惯不是国际惯例,不仅是各国的重复的类似行为,而必须是各国认为有法律拘束力。单纯的重复的类似行为只能被视为惯例,而没有法律拘束力,但是,这种惯例逐渐被各国认为有法律拘束力,就可以转变成为习惯。

国际习惯有一个逐渐形成的过程,因为它既需要各国的重复的类似行为,又需要各国在这种行为中逐步认为有法律的义务,一般说来国际习惯形成的过程是比较长的,往往要经过几十年,甚至一二百年的时间。但是,这并不等于说每一项国际习惯都要经过那么长的时间。特别是现代,国家之间交往方便而频繁,国际习惯有可能在较短时间内形成。在海洋法以及在外空法等领域,有些原则、规则和制度,由于得到许多国家相继迅速采取类似行动,得到普遍的承认,从而成了国际习惯法原则、规则和制度,如海洋法中的大陆架、专属经济区,外空法中的外空法律地位等。这样形成的国际习惯法曾被称为"即时"国际习惯法,其重点在于"法律确念",而不在于"常例"。[12]

---

〔12〕 郑斌,"联合国关于外空的决议:'即时'国际习惯法",载于郑斌主编,《国际法教学与实践》英文版,1982 年,第 237—262 页。

国际习惯是“不成文的”。它没有一个法律文件来直接表现国际法的原则、规则和制度。为了查明国际法习惯法的原则、规则和制度,必须寻找根据,即找出国际法的证据。总体来说,国际习惯法是在三种情况中形成的:(1)国家之间的外交关系,表现于条约、宣言以及各种外交文书;(2)国际组织和机构的实践,表现于国际组织和机关的决定、判决等;(3)国家内部行为,表现于国内法规、法院判决、行政命令等。这三种情况所表现的种种资料表明国家的实践,表明国家的意志,从而构成国际习惯法的证据。1947 年《联合国国际法委员会规约》第 24 条规定要求委员会“考虑使国际习惯法的证据易于查找的方式、方法”。有了可靠的国际法的证据,才能找出国际习惯法的原则、规则和制度。

四、一般法律原则

1920 年《国际常设法院规约》第 38 条引进“一般法律原则”作为国际法的渊源之一,而 1945 年《国际法院规约》第 38 条作了同样的规定。这一条的规定引起了热烈的讨论。虽然有些国际法学者否定一般法律原则作为独立的国际法的渊源,但是,多数国际法学者则采取肯定的态度。尽管如此,什么是一般法律原则,是有争论的。

关于一般法律原则的含义,主要有三种不同的见解:

第一种见解认为,一般法律原则是国际法的一般原则,或者是国际法的基本原则。〔13〕 国际法当然包括国际法的一般原则或基本原则。把国际法原则分为一般原则或基本原则和普通原则,而把前者称为一般法律原则,是重叠的、没有意义的。《国际法院规约》第 38 条既然在国际条约和国际习惯之外另外加上一般法律原则作为一个独立的国际法渊源,一般法律原则就不可能指国际法的一般原则或基本原则。

第二种见解把一般法律原则视为“一般法律意识”或者所谓“文明国家的法律良知”〔14〕所产生的原则,认为国际社会象国内社会一样有一种共同的法律意识,可以从这种共同的法律意识引申出来一些原则而构成一般法律原则。这是抽象的自然法的见解。事实上,作为国际社会的成员的国家有各种不同社会经济制度,不可能有一种“一般法律意识”或“共同的法律意识”,因而从这样的抽象的基础上是无法引申出具体的一般法律原则的。

第三种见解主张,一般法律原则为各国法律体系所共有的原则。〔15〕 各国的社

---

〔13〕 参见童金,《国际法理论问题》,中文译本,1965 年,第 120—133 页。苏联国际法学者多数采取这种见解。

〔14〕 参见胡夫,《重新考虑国际法渊源》英文版,1983 年,第 137 页。

〔15〕 詹宁斯和沃斯修订,《奥本海国际法》英文版,第 9 版,第 1 卷,第 36—37 页。

会经济制度不同,政治制度不同,因此,法律制度也不相同。《国际法院规约》第9条提及"世界各大文化及各主要法系",表明各国的法律体系是不相同的。但是,各国法律体系之间毕竟还有一些相同的原则,这些原则就构成一般法律原则。这种见解似乎是可以采纳的。按照《国际法院规约》第9条的规定,法院法官应该"确能代表世界各大文化及各主要法系"。这项要求则又表明,各不同的法律体系是有共同的法律原则的。

《国际法院规约》第38条对于"一般法律原则"加上"为文明各国所承认者"的限制。现在,所谓"文明各国"当然不能按照西方资本主义国家污蔑不发达国家的意义,而应该指作为国际社会成员的主权独立国家。至于"承认"的规定,似乎意味着一般法律原则应当经过各国的承认才能为国际法院所适用,从而构成国际法的渊源。承认可以通过国际条约而作明示承认,或通过国际习惯而作默示承认。在这个意义上,一般法律原则就融合于两个主要国际法渊源——国际条约和国际习惯——之中,而似乎不是独立的国际法渊源。但是,一般法律原则既然是各国法律体系所共有的原则,而各国法律体系是各国意志的体现,各国的承认可以说包含在各国的法律体系之中,而似乎是无须各国另作承认的表示。

事实上,作为国际法渊源的一般法律原则是为数不多的,在国际关系上也是很少适用的。可以说,一般法律原则在国际法上并不是占有重要地位的。尽管有些西方国际法学者强调一般法律原则的作用,特别主张国际法院增加一般法律原则的适用,但在实际上,国际法院以及国际仲裁法庭在它们裁判或裁决案件时都很少适用一般法律原则。

五、确定法律原则的辅助方法

《国际法院规约》第38条第1款(卯)规定:"在第59条规定之下,司法判例及各国权威最高之公法家学说,作为确定法律原则之补助资料者。"按照这项规定,"司法判决"和"公法家学说"不是国际法渊源,而是"确定法律原则之补助资料"。

(一)司法判例

司法判例包括国际司法判决和国内司法判决。这两者作为确定法律原则的辅助方法是不同的。

国际司法判决主要是指国际司法机关、即国际法院的判决。但是,在广义上说,国际司法判决包括国际仲裁法庭的裁决在内。关于国际法院的判决,《国际法院规约》第38条规定,法院"在第59条规定之下"适用"司法判例"。第59条规定,"法院之裁判除对于当事国及本案外,无拘束力"。这样的规定就排除了英美普通法的"依循判例"(stare decisis)主义。法院判决只对案件当事国和本案件有拘束力,而对于后来发生的案件没有拘束力,从而使法院没有在英美普通法中那样的创设法律的功能。但是,国际法院或国际仲裁法庭在审理案中适用国际法时总是要对国际法的原则、规则和制度加以认证和确定。这种认证和确定不仅往往为审理以后案件时所援引,而且在一般国际实践中也受到尊重。因此,一般地说,国际司法判决虽然不直接表现为国际法,但是,却有助于国际法的原则、规则和制度的确定,甚至有助于国际法的发展。在这个意义上,国际司法判决是"确定法律原则之补助资料",也可以说是国际法的辅助渊源。

国内法院判决的情形不同,因为国内法院只是一个国家内部机关,因而它们的判决更不能表现为国际法。但是,国内法院判决在一定条件下表现一个国家的国际法观点,对于国际法的确定和发展是有影响的。特别是,如果许多国内法院判决表现出对于国际法的同样观点,形成了关于国际法的国家实践,这种判决就有了更大的影响。从这方面看来,国内司法判决作为"确定法律原则之补助资料",是较接近于国际法的证据的。

(二)公法家学说

《国际法院规约》第38条所规定的"公法家学说"主要是指国际法学家的著作,而且是"各国权威最高之"国际法学家的著作。

以前,各国外交文件、国际文件以及司法判决常常引用国际法学家的著作,来证明国际法原则、规则和制度的存在和说明这些原则、规则和制度的含义。现在,这种情况减少了,各种国际法资料增多了,国际法学家著作在这方面的作用缩小了。国际法院判决几乎未援引国际法学家著作,只有一些法官的异议意见或个别意见及当事方的辩词才有援引的情况。但是,国际法学家著作,特别是权威的科学著作,能提供可靠的资料,对于说明国际法原则、规则和制度是有帮助的。"公法家学说"被认为"确定法律原则之补助资料",是更接近于国际法的证据的。

六、国际组织的决议

《国际法院规约》第38条并没有详尽列举国际法的渊源。自《国际法院规约》制订以后的国际社会的发展提出了在第38条所列举之外还有其他国际法渊源的问题。近几十年国际组织大量增加和作用扩大,引起了国际组织的决议在国际法的渊源中的地位问题。特别是联合国这样重要的世界性国际政治组织,它的主要机关的决议,如联合国大会的决议,不仅在国际政治上有重大的影响,而且在国际法上也有重要的意义。

对于联合国大会的决议在国际法上的意义,有各种不同的意见。[16] 联合国大会的决议,不仅数量很大,而且有各种各样的内容,又有各种各样的表现形式,因而

---

〔16〕 参见卡斯塔尼达,《联合国决议的法律效力》英文版,1969年;秦娅,"联合国大会决议的法律效力",载于《中国国际法年刊》1984年,第164—191页。

难以一般地明确它们的法律意义。它们的内容从有关国际和平与安全的高度政治性问题，到决定召开一次会议的技术性事项；它们的形式可以是一项建议或请求，也可以是决定或命令，或者是声明或宣言。因此，很难说它们具有同样的法律意义。

按照《联合国宪章》的规定，一般地说，联合国大会只有讨论和建议的职权。因此，在原则上，联合国大会的决议是属于建议的性质，而不具有法律的拘束力。但是，这并不是说，联合国大会的决议一律没有法律的拘束力。按照《联合国宪章》的规定，联合国大会关于组织内部行政、财政事务方面的决议可以有法律的拘束力。也可能，如果联合国的一种决议被理解为对联合国大会在其职权范围对《联合国宪章》的解释，这种决议可以对会员国有拘束的效力。

关于联合国大会的决议和国际法的渊源的关系，主要的问题是联合国的一种决议包含着有关国际法原则、规则或制度的宣言；这种宣言往往直接确认、阐明，以至于创立国际法原则、规则或制度。按照《联合国宪章》第 13 条的规定，联合国大会在促进国际法逐渐发展与编纂方面仅有作出建议的职权。因此，在原则上，联合国大会这种决议是不具有法律拘束力的，因而也不构成国际法的渊源。

但是，联合国大会通过的这种决议可以得到会员国，至少是投票赞成的会员国的明确同意，从而对它们有拘束力。自从联合国大会成立以后，大会就开始而不断地通过包含有关国际法的宣言的决议，而且其中有一些曾被接受为有拘束力的，无论是被明示接受的，或是通过国家实践而被接受的。为了明确国家的权利和义务起见，联合国大会的决议所包含的宣言有时发展成为国际条约，例如，1963 年《各国探索和利用外层空间活动的法律原则宣言》成为 1967 年《关于各国探索和利用包括月球和其他天体在内外层空间活动的原则条约》；1963 年《联合国消除一切形式种族歧视宣言》成为 1966 年《消除一切形式种族歧视国际公约》；1970 年《关于各国管辖范围以外海洋底床与下层土壤之原则宣言》成为 1982 年《联合国海洋法公约》的一部分；等等。

无论如何，联合国大会的决议，特别是包括有关国际法的宣言的决议，在国际法上是有意义的。它们即使不直接拘束国家，但是，特别是在一致通过或压倒多数通过的情形下，它们所表现的国际法原则、规则或制度，对于国际法的形成和发展是起作用的。因此，联合国大会的决议虽然不是像条约和习惯那样的国际法的直接渊源，但可以借以确定国际法原则、规则或制度的存在，可以与司法判例和公法家学说并列为“确定法律原则之补助资料”，而且，应该说，它们的法律价值是在司法判例和公法家学说之上的。

第三节 国际法的编纂

一、国际法的编纂的意义

国际法的编纂(codification),即国际法的法典化,是指把国际法全部或一部分的原则、规则和制度系统地用类似法典的条文形式制订出来。国际法的编纂有两种形式,一种是把整个国际法编纂为一个法典,称为全面的国际法的编纂,私人或私人团体有时采取这种形式;另一种是把国际法的部分分别编纂为法典,称为个别的国际法的编纂,国际上采取的形式是个别的国际法的编纂。就编纂者而言,国际法的编纂又分两种,一种是私家国际法的编纂,私家包括私人个人或私人团体。有一些国际法学家个人起草和出版国际法法典,如瑞士国际法学家布伦奇理(Bluntschli,G,G.)的《文明国家的现代国际法法典》(1868年);美国法学家费尔德(Field,David)的《国际法法典大纲草案》;意大利法学家菲奥雷(Fiord, Pasquale)的《国际法法典》(1890年)等。更有影响的是非官方的学术团体对于国际法的编纂的工作。其中重要的是1873年建立的国际法研究院(Institut de droit international)和国际法协会(International Law Association),它们一直在这方面发挥重要的作用。[17] 在20世纪30年代,美国的哈佛国际法研究部(Harvard Law Research)曾经就一些国际法专题制订公约草案并附有评释,对于国际法的编纂工作也是很有影响的。另一种是官方,即政府间国际法的编纂。现在,通常所说的国际法的编纂就是指这种的编纂。这种编纂通常是经过国际会议而采取国家之间订立条约的形式。可以说,自从1814~1815年维也纳会议以来就开始有官方的国际法的编纂,而到了现在已经有180年的历史。由于作为国际法的编纂的国际条约是有法律拘束力,这种编纂在国际法的发展史上是有重要意义的。

另一种区别是因编纂范围的不同而有全球性的国际法的编纂和区域性的国际法的编纂。通常所说的国际法的编纂主要是指全球性的国际法的编纂。现在,联合国国际法委员会就是从事全球性的国际法的编纂工作,而在联合国主持下或以其他方式召开外交会议所订立的有关国际法的国际条约也就是这种编纂的具体表现。但是,在全球性的国际法的编纂以外,还有区域性的国际法的编纂。特别明显的是在美洲,早在1826年的巴拿马公会时,美洲各国就开始进行国际法的编纂工作。作为美洲国家组织的主要机构之一的美洲法律委员会在这方面做了大量的工

---

〔17〕 在国际私法方面有1926年成立的国际统一私法研究所(International Institute for the Unification of Private Law)。

作,而且与联合国国际法委员会有经常的联系。欧洲理事会也进行编纂国际法的活动,制订了一些属国际法的编纂的性质的公法。这种活动由欧洲法律合作委员会加以调整并与联合国国际法委员会也有经常的联系。此外,与联合国国际法委员会有经常联系的,还有亚非法律协商委员会和阿拉伯国际法委员会。

严格地说,国际法的编纂是与国际法的逐步发展有区别的。《联合国宪章》第13条规定,联合国大会应"提倡国际法之逐渐发展与编纂",对两者加以区别。联合国大会为了执行这项规定,于1947年通过了《联合国国际法委员会章程》,设立国际法委员会。按照《章程》第15条的规定,"'国际法逐步发展'一语意指,就国际法尚未订立规章或各国惯例尚未充分发展成法律的各项主题,拟订公约草案";"'国际法的编纂'一语,为使用方便计,意指:更精确地制订并系统整理广泛存在国家惯例、判例和原则的国际法规则"。依此,前者是以"尚未充分发展成法律的各项主题"为工作对象,而后者的工作则在于制订"广泛存在国家惯例、判例和原则的国际法规则",使其系统化。但是,在实际上,严格意义的国际法的编纂总是包含国际法的逐步发展在内。联合国国际法委员会的长期工作以及一般的国际法的编纂工作都没有把国际法的编纂和国际法的逐步发展截然分开,而是合在一起进行的。因此,国际法的编纂取得了广泛的意义,包括国际法的逐步发展在内。

二、国际法的编纂的发展

国际法编纂运动是从18世纪末叶开始的。英国哲学家和法学家边沁首先提倡,接着法国国民大会1792年决定发布一个《国家权利宣言》,附于1789年的《人权宣言》之后,虽然这个宣言的草案未为法国国民大会所通过。19世纪中叶以后,编纂国际法的尝试真正开始了。当时,主要是私家的国际法的编纂,包括国际法学家和国际法学术团的工作。特别重要的是国际法研究院和国际法协会的决议,它们对于国际法的编纂是很有影响的。

官方的国际法的编纂可以追溯到1814—1815年维也纳会议和1818年亚琛会议,这两个会议决定了外交代表的等级。接着,1856年在巴黎签订了有名的《海战宣言》,确定了关于海战的一些法律原则。大规模的国际法的编纂可以说是从1899年第一次海牙和平会议开始的。这次海牙和平会议上签订了一系列公约和宣言,其中重要的是"和平解决争端公约"和"陆战法规与惯例公约"。1907年召开的海牙和平会议产生了13个公约,其中除了修订第一次海牙和平会议所签订的公约以外,有一些新的公约,规定有关陆战和海战的战争和中立的规则。

第一次世界大战以后,除了1929年战争受害者公约和1925年禁用毒气议定书以外,还有一些一般性公约,对国际法的编纂有重要的意义,如1919年《国际联盟盟约》和《国际常设法院规约》、1928年《和平解决国际争端条约》、1928年《巴黎非战公约》等。但是,国际联盟所曾经从事的国际法的编纂工作才是正式的国际法的编纂工作的开始。由于1920年起草《国际常设法院规约》的法学家的建议，国联行政院于1924年指派一个法学家委员会研究国际法的编纂问题。1927年，国联大会考虑了行政院的意见后，决定在海牙举行会议，从事三项问题的编纂：(1)国籍；(2)领水；和(3)国家对外侨生命财产在其领土内所受的损害的责任。

1930年在国联主持下在海牙举行国际法编纂会议。这是国际法的编纂的历史上第一次国际编纂会议。会议的结果是，对国籍问题通过了：(1)《关于国籍法冲突的若干问题的公约》；(2)《双重国籍兵役议定书》；(3)《无国籍议定书》；和(4)《无国籍特别议定书》。会议对于领水和国家责任问题未取得广泛的一致意见，因而在这两方面未签订任何国际公约或协定。会议本拟再次召开，但在第二次世界大战之前，国联没有再开国际法编纂会议。

在国联进行国际法的编纂工作的同时，美洲也在进行这项工作。1928年，泛美会议通过了下列七项公约：(1)外国人的地位；(2)条约；(3)外交官；(4)领事人员；(5)海上中立；(6)庇护；和(7)内战中国家的义务和权利。1933年，泛美会议又通过下列五项公约：(1)妇女国籍；(2)国籍；(3)引渡；(4)政治庇护；和(5)国家的权利和义务。1938年，美洲国家会议还通过了一项关于由几个机构逐渐编纂国际法的方法的决议。

三、联合国国际法委员会与国际法的编纂

《联合国宪章》第13条第1项规定："大会应发动研究，并作成建议：(子)以促进政治上之国际合作，并提倡国际法之逐渐发展与编纂。……"1947年，大会决定设立国际法委员会，负责国际法的编纂与逐渐发展的任务，同时通过《国际法委员会章程》，对委员会的组织和职责加以规定。

国际法委员会由34名委员组成，"各委员应为公认胜任的国际法界人士"(第2条)。按照第8条的规定，委员会全体"应确定代表世界各大文化体系和各主要法系"。委员会委员任期五年，连选及连任(第10条)。《章程》对委员的选举方法有具体的规定。委员会每年举行会议一次；1948年第一次选举，成立委员会。

按照《章程》的规定，国际法委员会的工作有两方面：逐渐发展国际法和国际法的编纂。《章程》对这两方面的工作分别加以规定(第二章)。但是，国际法委员会在工作中并不严格分开逐渐发展和编纂，而一般地采取下述的工作程序：委员会对有关题目制订工作计划；指定特别报告员；请各国政府提供数据和情报并请联合国秘书处提供研究项目、专题研究、情况概览和资料汇编；在全体大会上讨论特别报告员提交的报告和在大会和委员会设立的起草委员会讨论建议的条文草案；阐明条文草案及所附评释并提请各国政府予以评论；参照各国政府的书面和口头评论对临时条文草案加以修改；和向联合大会提交最后草案及所附评释。然而，这种工作程序并不是固定不变的，而对特殊的问题，委员会可以采取其他工作方法。按

照《章程》第23条的规定,委员会可以向大会建议:(1)报告既已发布,不必采取行动;(2)以决议的方式表示注意,或通过这项报告;(3)向会员国推荐这项草案,以求缔结一项公约;(4)召集会议以缔结一项公约。大会认为合适时,可以将草案送回委员会重新审议或重新起草。

国际法委员会在1949年第一届会议上拟定一个临时的14个项目表,以供编纂的选择,后来又增加一些项目。截至1994年年底,委员会就所有的项目进行工作的情况如下:(1)国家和政府的承认:委员会尚未进行工作。(2)国家和政府的继承:委员会决定将这个项目分为三个方面:a. 条约继承;b. 条约以外事项的继承;和c. 国际组织会员资格的继承。关于第一方面,1978年,大会已通过一项公约;关于第二方面,1983年,大会已通过一项公约;关于第三方面,则尚未加以审议。(3)国家及其财产管辖豁免:委员会已完成全部工作。(4)关于国家领土外所犯罪行的管辖权:委员会尚未进行工作。(5)公海制度:1958年日内瓦海洋法会议通过《公海公约》和《捕鱼与养护公海生物资源公约》。(6)领水制度:1958年日内瓦海洋法会议通过《领海与毗连区公约》和《大陆架公约》。(7)国籍,后来增加已婚妇女国籍和消除无国籍两个项目:1961年,缔结了《减少无国籍状态公约》。(8)外国人的待遇:委员会未进行工作。(9)庇护权:委员会尚未进行工作。(10)条约法:1969年,缔结了《条约法公约》。(11)外交交往与豁免:1961年,缔结了《维也纳外交关系公约》。(12)领事交往与豁免:1963年,缔结了《维也纳领事关系公约》。(13)国家责任:委员会尚在审议中。(14)仲裁程序:1958年,委员会通过了《仲裁程序示范规则》。(15)国家权利与义务:1949年,委员会制订了《国家权利与义务宣言》。(16)纽伦堡原则:1950年,委员会制订了《纽伦堡原则》。(17)国际刑事管辖权:委员会未进一步审议。(18)国际习惯法证据的利用:1950年,委员会提出了一项报告。(19)危害人类和平及安全罪:1954年,委员会制订了一项法典;1981年,委员会又开始审议。(20)侵略的定义:1957年,委员会推迟审议。〔18〕(21)多边条约的保留:1951年,委员会完成了一项报告。(22)国际联盟主持下缔结的一般多边条约的参加:1965年,委员会提出了一项报告。(23)特别使团:1969年,大会通过了《特别使团公约》。(24)侵犯应受国际保护人员的罪行的防止和惩处:1973年,大会通过一项公约。(25)国家和政府间组织的关系:1966年,委员会决定将这个项目分为两部分:a. 国家和政府间组织的关系,和b. 国际组织及国际组织官员、专家和从事国际组织的活动但非国家代表的其他人员的地位、特权和豁免。对于第一部分,1975年,缔结了一项公约;对于第二部分,委员会尚未完成工作。(26)最惠国条款:1978年,委员会已完成最后草案,但未采取实质性行动。(27)历史性水域和海湾:委员会尚未进行工作。(28)国家和国际组织之间或两个

〔18〕 联合国大会设立的特别委员会讨论这个问题,于1974年通过一项侵略的定义。

或两个以上国际组织之间缔结的条约:1986 年,缔结了一项公约。(29)多边条约程序的审查:1979 年,委员会提出了评论。(30)国际水道的非航行用途:委员会正在审议中。(31)对国际法不加禁止的行为所引起的伤害后果的国际赔偿责任:委员会正在审议中。(32)外交信使和非经外交信使携带的外交信袋的地位:委员会尚未完成工作。(33)国际刑事法院规约(从危害人类和平与安全治罪法草案分出的项目):委员会已完成工作。

从上面的情况可以看到国际法委员会的国际法的编纂工作是有成就的。在 46 年的工作期间,有 15 项国际公约是在委员会制订的条文草案的基础上由联合国大会或联合国主持召开的外交会议讨论、通过和签订的。这些国际公约所编纂的是国际法的重要部分。委员会还对国际法的一些重要问题完成了制订条文草案的工作,或提出了报告和其他形式的法律文件。它们虽然未形成有拘束力的国际公约,但对国际法的发展还是有相当的影响的。委员会的委员已经从原来的 15 名,1956 年增加为 21 名,1974 年又增加为 25 名,从 1981 年起再增加为 35 名。这样,在委员之中,来自第三世界国家的委员增加了,从而,第三世界国家的意见和主张受到重视并在国际法的编纂中发生影响。委员会还在工作中与阿拉伯国际法委员会、亚非法律协商委员会、欧洲法律合作委员会和美洲法律委员会建立合作的关系。

但是,国际法委员会对于国际法的编纂只是从事准备工作,它是按照《宪章》第 13 条第 1 项(子)的规定协助联合国大会进行工作的。委员会制订关于某项目的条文草案需要经过联合国大会或联合国主持召开的外交会议讨论,签订了国际公约,这一项目的编纂工作才算是完成了。不仅如此,国际法的编纂工作不一定都要通过国际法委员会。联合国大会可以通过第六(法律)委员会或特设委员会来进行国际法的编纂工作。例如,1982 年《联合国海洋法公约》就是由大会特别设立的海底委员会制定草案经过长期讨论然后签订的。另外,许多技术性很强的国际法问题也往往由有关的国际组织和机构来担任编纂的任务。国际法委员会更不涉及区域的国际法的编纂。因此,委员会工作的范围是有限的。但是,目前,对国际法的编纂有大量的工作,国际法委员会在其中有着一定的地位。委员会委员既是国际法专家,又与政府有相当的联系,而且委员全体“应确定代表世界各大文化体系和各主要法系”。委员会在国际法的编纂中应该发挥其适当的作用。

第四节　国际法与国内法的关系

一、关于国际法与国内法的关系的理论

国际法与国内法的关系是在理论上有争议的问题,而且,这个争议涉及国际法

的性质,从而成为国际法的基本理论问题。关于这个问题,主要是两个派别:一是一元论,主张国际法和国内法是属于同一法律体系的;二是二元论,认为国际法和国内法是两个不同的法律体系。就国际法和国内法的互相的效力关系而言,则有三种理论:(1)国内法优于国际法;(2)国际法优于国内法;(3)国际法和国内法各自独立,互不隶属。

(一)一元论:国内法优于国际法

这一派理论并不否定国际法作为法律的性质,而认为国际法作为法律是与国内法属于同一法律体系,在这个法律体系中是依靠国内法才得到它的效力的。因此,进一步说,由于国际法的效力来自国内法,国际法就成为国内法的一部分,有时被称为"对外公法"。这个理论曾经为19世纪末叶一些德国公法家所提倡。例如,伯格卜姆(Berglohm)认为,国际法来自国内法,因为它是国家的主权意志的"自限制"的表现。[19] 在20世纪30年代,这个理论在法西斯德国又一度出现。但是,这个理论可以说已经为国际法学界所抛弃。因为,按照这个理论,国际法就受每个国家通过国内法的支配,从而使国际法失去它的存在。

(二)一元论:国际法优于国内法

国际法优于国内法的一元论是第一次世界大战之后兴起的理论;它企图取代自19世纪末叶以后长期流行的二元论。这种理论主张国际法和国内法属于同一法律体系,在这个法律体系中,国际法是优于国内法的。按照这个理论,国内法的效力是依靠于国际法的,而国际法的效力则最终依靠于一个最高规范,这个最高规则可以是"约定必须遵守",或者是"国际社会的意志必须遵守"。

这个理论的首先和主要倡导者是奥地利学者凯尔森(Kelsen, Hans)。[20] 凯尔森理论的一个特征是主张法律统一性,而在统一的法律体系之中法律规范是有层次之分的,形成一种所谓金字塔式的规范体系。在这个体系之内,有高低的次序:契约决定于立法,立法决定于宪法,换句话说,国内法律秩序决定于国际法律秩序,而在这个意义上,国际法处于优越的地位。凯尔森明确地指出,"一个业已确立的国际法规范和一个国内法规范之间的冲突是较高和较低的规则之间的冲突"。[21] 按照他的理论,整个法律体系的金字塔的顶端是一个"基础规范",就是"约定必须遵守"。这是国际法的效力的依据,也是整个法律体系的依据。

一元论的影响很大,甚至被称为过去22年所产生的最伟大的理论体系。[22] 这个理论的基本出发点是,任何法律体系都是以个人之间的关系为调整对象。这

---

〔19〕 参见奥康奈尔,《国际法》,英文版,第1卷,1970年第2版,第42—43页。

〔20〕 参见凯尔森,《国际法原理》,王铁崖译,1989年,"译者前言",第1—3页。

〔21〕 同上书,第351页。

〔22〕 参见孔兹,"'维也纳学派'与国际法",《纽约大学法学杂志》,英文版,1934年。

样，国际法作为国家之间的法律就从根本上被否定了。而且，如果认为国内法从属于国际法，那就意味着国际法在各方面都高于国内法，从而抹杀国内法在国内的作用，也就否定了国家制定国内法的国家的主权。因此，一元论在理论上站不住脚，在实际上也是行不通的。

（三）二元论

为一元论所批评的二元论在 19 世纪末叶以后曾经在国际法学界中占优势，而现在还是有相当的影响的。二元论认为，国际法和国内法都是法律，都是国家的主权意志的行为。但是，国际法和国内法是两个不同的法律体系，国内法是国家的主权意志的对内表现，其对象是国家之内的人民，而国际法是国家的主权意志的集体表现，其对象是国家的关系中的国家本身。因此，国际法和国内法没有隶属关系，而处于对等地位。

二元论的提倡者有德国的特里佩尔（Triepel，H.）、安吉洛蒂（Anzilotti，Aiomisio）等人。奥本海（Oppenheim，L.）是一个典型的二元论者。[23] 他认为，国际法和国内法在本质上是不同的：（1）它们的渊源不同；（2）它们所规定的关系不同；（3）它们的法律实质不同。因此，在他看来，国际法无论作为整体或是其各部分，就都不能当然成为国内法的一部分。同样，国内法也不能当然成为国际法的一部分。

国际法和国内法都是法律，但是，它们是不同的法律体系。二元论过分强调了国际法和国内法之间的不同，以致造成两者的对立。其实，国际法和国内法虽然是不同的法律体系，但是，它们都是法律，国内法的制定者是国家，而国际法也是由国家共同参与制订的，两者之间有着密切的关系。这种关系可以从两方面来看：（1）从国际法方面来看：a. 国际法如果只有原则的规定，就往往要求国内法有具体的规定；b. 国内法的规定不能改变国际法的现有原则、规则和制度，而另一方面，国际法也不能任意干预国家在其主权范围内（或称国家国内管辖事项）制定的国内法；（2）从国内法方面来看：a. 国际法在国内是有法律效力的；b. 为了在国内实施国际法原则、规则和制度，国际法可以被视为国内法的一部分，或者在国内法上作出明文的规定。总体来说，国内法有其自己的规定范围，如果超出这种范围而与国际法相冲突，则国家应负违反国际法的责任。国际常设法院 1930 年在"对在但泽的波兰国民的待遇案"中判称："一个国家不能引用其宪法以反对另一个国家，以便逃避其依据国际法或现行条约所承担的义务。"

二、关于国际法与国内法的关系的实践

关于国际法与国内法的关系，国家实践是复杂的。在原则上，除了发生国内法与国际法相冲突以致国家应负国际责任外，国际法在国内的效力是国内法问题，即

〔23〕《奥本海国际法》，中文译本，1981 年，上卷，第一分册，第 24—25 页。

由各国按自己的法律加以处理的问题。各国法律体系不尽相同,引起了在这个问题上的不同情形。对于这个问题,有些国家在宪法上作出原则的规定,有些国家的宪法则没有规定,还有些国家则没有成文宪法。国际法本身又有成文的国际条约,还有不成文的国际习惯,这就使国际法在国内的效力问题更加复杂了。下面举几个国家为例。

(一)英国

按照普通法的一项规则,国际法是本国法的一个部分。英国法学家布莱克斯通(Blackstone)给予这项规则以精确的说明,他说,"在这里,国际法……完全为普通法所采纳,而被认为是本国法的一部分"。[24] 这项规则从而被确定为英国法律体系中一项公认规则,一再为英国法院所遵循。因此,国际习惯法规则已经得到普遍承认或者至少已经得到英国同意,就当然在英国具有法律的效力。如果对于国内法与国际法有冲突的疑义时,则推定国内法没有改变国际法的意思。不过,在英国,法院如果遇到与国际法明显相冲突的国内法,则只能适用国内法。这种情形则构成国家责任问题。

在条约方面,按照英国的宪法,条约缔结权属于英王的特权。影响私人权利的条约,以及一般地只有修改普通法或制定法才能由英国法院予以执行的条约,必须通过国会的授权法取得国会的认可。实际上,国会通常在条约批准之前就有核准的机会,并且就通过了授权法。这样,条约就成为国内法了。

(二)美国

在美国,像英国一样,国际法被认为是本国法的一部分。国际习惯法规则已经得到普遍承认或者至少已经得到美国同意,就当然在美国具有法律的效力。关于条约,美国宪法第6条则有明文的规定;该条第2项规定:"在美国的权力下缔结的一切条约,与《美国宪法》和根据该宪法制定的法律一样,都是美国最高的法律;即使任何州的宪法或法律与之相抵触,每一州的法官仍受其拘束。"按照这个规定,美国缔结的条约是与国会制定的法律是处于同等地位的。不过,美国实践将条约分为自动执行的条约和非自动执行的条约。前一类条约在国内无须通过国内立法就有效力,而后一类条约则必须经过国内立法才有效力。

(三)法国

1958年法国宪法在序文中重申对国际法规则的承认。这意味着,在法国法律体系中,国际习惯法在法国国内是有法律效力的。关于条约,《法国宪法》第53条规定,某些类条约(包括商务条约或涉及国家财政、修改立法或关于人身地位的条约)应由法律加以批准或核准。依据第54条的规定,宪法法院可以宣告条约违反宪法。第55条规定:"经过合法批准或核准的条约或协定,在公布后,具有高于法

---

[24] 为奥康奈尔所引,见第72页注①书,第1卷,第57页。

律的权威,但以缔约他方实施该条约或协定为条件。”这条规定虽然确定条约在国内的高于法律的效力,但是相互实施的条件则使条约的效力处于不确定的地位。

(四)德国

《德国基本法》第25条规定,国际法的一般规则构成联邦法律的一部分,优于法律,而且对联邦领土内居民直接创设权利和义务。这项规定适用于国际习惯法规则。关于条约,《德国基本法》第59条规定,规定德国的政治关系或涉及联邦立法的事项的条约应由联邦法律加以规定。在这一方面,条约并没有较高的地位,后法律就可以优于前条约,而且,条约必须符合《德国基本法》的规定。

(五)意大利

1948年《意大利宪法》第10条宣称,意大利的法律体系符合于公认的国际法原则。按照这条规定,意大利法院适用公认的国际习惯法,因而,在通常情形下,国际习惯法是优于国内法律的。关于条约,在意大利,按照宪法第80条的规定,条约在国内的效力通常需要有立法或行政行为,将条约的规定纳入意大利法律之内,特别是涉及更动意大利立法的条约,要有法律对条约的批准予以授权。

(六)荷兰

在实践上,国际习惯法被视为在国内具有法律的效力,法院应予适用。但是,如果有法律的规定并与国际习惯法发生冲突,则法院将适用法律的规定。关于条约,荷兰1953年经修正的宪法确定条约不仅优于一般国内法,而且也优于宪法。按照宪法第66条的规定,条约“经过公布后对任何人都有拘束力”。特别是第65条的规定明确了条约与国内法的关系,它规定:“在荷兰王国内正在施行的法律规定,如其适用将与该法律制定以前或以后按照第66条公布的协定相抵触,应不予适用。”而且,荷兰国会对于“法律规定”的解释是包括宪法规定在内的。

(七)其他国家

《日本宪法》第98条规定,“凡日本国家所缔结的条约及已经确定的国际法应诚实遵守。”按照这条规定,国际习惯法和条约在日本国内都有法律的效力,但是,它们是否与日本法律具有同等的地位或是有高于日本法律的效力,则不明确。俄罗斯的宪法对于国际法以及条约在国内的效力没有明文的规定。关于条约,有些法律规定条约优于国内法,但是,这种规定还没有普遍性,因而对于条约与国内法的关系问题难以作出确定的回答。英联邦国家以及原属英国殖民地国家多数采取英国的制度,但在宪法上作了规定;一些原属法国殖民地的国家采取法国的制度;一些模仿美国宪法的联邦国家则采取美国的制度。

(八)中国

中华人民共和国宪法对于国际法和条约在国内的效力没有明文的规定。1986年《民法通则》第142条规定:“中华人民共和国缔结或者参加的国际条约同中华人民共和国的民事法律有不同规定的,适用国际条约的规定,但中华人民共和国声明保留的条款除外。中华人民共和国法律和中华人民共和国缔结或者参加的国际条约没有规定的,可以适用国际惯例。”这条规定适用“国际惯例”,但是“国际惯例”的含义不明确,可以指“国际习惯”,也可以包括一般惯例或“做法”。如果指的是国际习惯,那么,虽然可以适用,但它的地位是低于条约和法律的。

关于条约,《中华人民共和国宪法》对于条约与国内法的关系未作直接的规定。但是,从《宪法》关于缔结条约程序的规定看来,可以说条约和法律一样在中国法律体制内有着同等的效力。至于条约和国内法相比较的效力,上面所引的《民法通则》第 142 条的规定表明,条约的效力是高于国内民事法律的。其实,自 1982 年以来,就连续地有一些法律作类似的规定,其中包括一些重要的法律,如 1982 年《商标法》、1984 年《专利法》、1985 年《继承法》、1986 年《渔业法》、1986 年《邮政法》、1989 年《行政诉讼法》、1992 年《海商法》等。1982 年的《民事诉讼法(试行)》第 189 条首先作了与上述《民法通则》第 142 条相同的规定,而 1991 年《民事诉讼法》重复了这样的规定。从这些规定来看,中华人民共和国缔结或者参加的条约在国内是有直接的效力,同时,它们的规定如果与国内法律不同应优先适用。但是,由于这些规定是限于个别法律,还不能说是已经在中国法律体系中已经完全确立了的规则。不过,一系列范围很广的法律作了这样规定的事实充分说明立法政策的明显倾向,从而有使条约优于国内法成为一项具有普遍性的规则的可能。

第五节 国际法的历史

一、古代国际法

古代有否国际法,是一个争论的问题。古代国家不是近代意义的主权国家,它们之间的来往关系不多,而且往往处于战争状态,因而难以产生完整的国际法体系。但是,在古代世界,毕竟有类似国家的政治实体;只要它们有来往关系,它们之间就会产生一些类似近代国际法的一些原则、规则和制度。

在古代埃及,很早就有订立条约的记载,其中有结盟条约、边界条约和通婚条约。最典型的是公元前 1296 年埃及法老和赫梯王国皇帝订立的同盟条约。为了订立条约,派遣外交使团也是常见的事例,往往是临时性的,有时是常驻性的,而且,还逐渐形成了使节人身不受侵犯的概念。

古代希腊分为许多城邦,这些城邦是独立自主的政治实体,有着密切的往来关系。它们之间经常互派使节,从事贸易,订立条约,而且建立联盟,实行仲裁以解决纠纷,甚至对于战争也有一定的应予遵守的规则。在古代希腊,有相当发达的使节和战争制度。在使节方面,他们主要是临时的,但也有常驻使节的例外;使节的使命主要是缔结条约,但有时担负宣战的使命——递交宣战文书。使节在执行其使命时享有不可侵犯权,同时,还享有许多荣誉。在战争方面,希腊城邦承认战争有合法与不合法:保护国家不受侵犯、保护宗教圣地、履行同盟义务等被认为是战争的合法理由,而且要举行宣战仪式,使战争合法化。在战争中有休战和中立的办法,而战争的结果往往是订立和平条约。为了解决纠纷和避免战争,实行公断和设立公断庭在古代希腊是相当流行的。

古代罗马对于国际法有进一步的发展,像古代希腊一样,特别是在使节和战争的方面,不仅有更多的原则、规则和制度,而且使它们法律化了。对于使节的接见和谈判程度有了精细的规定;使节的不可侵犯原则得到了无条件的承认;使节的使命往往是缔结条约,而条约分为平等条约和不平等条约,而经常订立的是战争结束之后的条约。在战争方面,在罗马,程序是更加复杂了:有最后通牒,也有宣战仪式;有军事占领,也有征服和投降;有休战协定,也有初步和约和正式和约。

在罗马帝国时期,逐渐发展了对外关系和对待外籍人的制度。为了处理罗马与外国的关系,委派了外事大法官,与内事大法官相区别,执行"外事法"。罗马与外国的关系按照有无友好条约而不同:对于没有友好条约的国家实际上处于敌对地位,这些国家的人几乎不受法律的保护,而对有友好条约的国家的人,则给予法律的保护。罗马法分为"市民法"(jus civile)和"万民法"(jus gentium)。"市民法"调整罗马人之间的关系,而"万民法"调整罗马人和外国人——与罗马有友好条约的国家的人——之间的关系。这个"万民法"的范围还逐渐扩大,包括领土、海上航行、战争等问题。因而,"万民法"被认为是国际法的前身,"万民法"这一名称转而成为"万国法"。

在古代埃及、希腊和罗马之外,在古代中国、印度以及阿拉伯世界都有一些类似近代国际法的原则、规则和制度。例如,在印度,使节、条约以及战争等规则都有相当的发展。这些规则在《摩奴法典》中都有了记载。国际法在古代印度的发展在许多情况下可以说比古代希腊和罗马更为详尽和完备,不过这方面的研究还不多。应该说,只要有类似国家的政治实体的存在,而且它们之间有往来关系,就需要有一些法律原则、规则和制度。当然,这些只能构成雏形的国际法。

二、中古国际法

古代国际法在中世纪仍然继续起一定的作用。但是,在罗马帝国逐渐吞并了几乎全部当时的文明世界,欧洲实质上或者至少在形式上形成一个帝国,以皇帝为世俗的统治者,教皇为精神的统治,在罗马帝国疆界之外的人民都被视为"野蛮人"。在这种情况下,既没有国际法存在的余地,也没有国际法的需要。

中世纪欧洲曾经被认为开始形成了国际法。但是,在这个时代出现的一些国际法原则、规则和制度是带有浓厚的封建色彩,可以说是封建国际法。例如,外交制度、条约、领土等，都是封建主之间的关系。在罗马帝国之外经常发生战争主要是宗教性质的战争，只使少数几个有关战争的规则和惯例有实行的机会。即使有仲裁的情况，罗马教皇往往是最高仲裁人。

到了中世纪后期，欧洲有些地区的贸易往来增多了和海上航行发达了，从而产生了领事制度和海洋制度。在十字军战役之后，常驻领事的办法逐渐扩大了。在海洋方面，从《罗得海上法》在7世纪的出现到《海事法集》在14世纪的出版，其间还有不少海事法典，表明关于海洋的国际法原则、规则和制度已经开始形成。这些海事法典虽然属于国内立法的性质，但对海上国际习惯法有促成的作用。当然，无论领事制度或海洋制度仅是国际法的一些部分。整体来说，国际法在中世纪是不发达的。

三、近代国际法

欧洲三十年战争(1618—1648年)从根本上改变欧洲的政治版图。结束战争的威斯特伐里亚公会(1643—1648年)和《威斯特伐里亚和约》是国际关系史上一个划时代的事件，标志着国际法发展的新阶段——近代国际法开始形成了。

近代国际法的开始形成是以主权国家的建立为标志的。威斯特伐里亚公会承认了罗马帝国统治下的许多邦国为独立主权国家，罗马帝国所体现的"世界国家"的观念为主权国家的观念所代替了。公会和公会上签订的和约确立了主权平等、领土主权等原则，从而为近代国际法奠定了基础。

与威斯特伐里亚公会和约相适应的是第一部有完整体系的国际法著作的出现，即格老秀斯(Hugo Grotius)的《战争与和平法》于1625年的出版。在这之前，已经有一些所谓"先驱者"，但是，格老秀斯的巨著系统地论述了国际法的主要内容，概括了国际法的全部范围，使国际法成为一门独立学科。在格老秀斯之后，国际法发展了，国际法学也跟着发展了。

18世纪的资产阶级革命对于国际法的发展有很大的影响。特别是1789年法国大革命，它开创了国际法发展的新阶段。法国革命提出国家的基本权利和义务的概念，主张国家主权原则，其中包括国家对领土的主权和对公民的管辖权。这些概念和原则都包括在1791年法国宪法和格雷古瓦(St. Grégoire)向国民大会提出的《国家权利和义务宣言草案》之中。《宣言草案》还强调不干涉海洋自由、条约神圣不可侵犯等原则。《宣言草案》虽然没有获得通过，但是，这些概念和原则却逐渐得到了国际承认。法国革命还"改造了全部战略体系，废除了战争方面的一切陈旧规章，创立了新的作战方法，废除了旧军队，建立了新的、革命的、人民的军队"[25]。所谓"全民战争"的概念被废除了，代之以战斗员和平民之间的区别和对

---

〔25〕《列宁选集》中文版，第3卷，第72页。

战俘的人道待遇,后者成为近代战争法的基本原则。

资本主义到了19世纪后期发展成为帝国主义,国际关系上压迫、剥削和侵略的现象特别严重,而与此相适应,在国际法上,在原来的进步的概念和原则之外,产生一些反动的原则、规则和制度,例如,所谓正统主义、保护关系、势力范围,所谓合法干涉、和平封锁,以及所谓领事裁判权、租界、租借地制度,特别是不平等条约制度等,它们阻碍了国际法向和平与正义的正确方向发展。

但是,国际关系总是向前发展的,而与之相适应的国际法也向前发展了。国际法的领域扩大了:它不仅扩大到美国,而且扩大到整个美洲,不仅扩大到东方的土耳其,而且扩大到亚洲、非洲的一些国家。由于国际关系的内容增多了,国家之间开始签订一系列国际公约,而且建立许多国际行政联合,成为后来建立世界性国际政治组织的影响因素。在这时期,各国还召开了多次国际会议,如1814—1815年维也纳会议,1856年巴黎会议,1878年柏林会议,特别是,连续不断的战争以及战争的残酷性引起了人们对于制定战争法规的要求,从而在1899年和1907年两次在海牙和平会议,签订了一系列公约,而1909年还召开伦敦会议,提出了《海战宣言》,虽然后来未批准生效。这些会议和会议所签订的各种公约推动了国际法的发展。

四、现代国际法

现代国际法是在第一次世界大战之后形成的。第一次世界大战破坏了国际法,使国际法遭到了危机。但是,国际法并没有消亡,战后的国际关系仍然需要国际法的原则、规则和制度,而且经历了战争的考验,这些原则、规则和制度有了新的变化。

还在战争期间所发生的俄国十月社会主义革命对于国际法的变化起了重要的作用;它提出了“不兼并和不赔款”的民主概念,宣布侵略战争为反人类罪行,发表废除秘密外交和废除不平等条约的主张,强调了民族自决原则。1917年的《和平法令》明确地表现了这些概念和原则。接着,1918年1月8日,美国总统威尔逊宣布“十四点”,其中包括废除秘密外交和公开缔约、公海自由、公平贸易、裁减军备、民族自决、国家政治独立和领土完整以及成立普遍性国际组织等原则。

更加重要的是第一次世界大战后签订的《国际联盟盟约》和《国际常设法院规约》,成立了国际联盟和国际常设法院。国际联盟虽然从开始就缺乏普遍性,但是,它毕竟是有史以来第一个世界性国际政治组织;它虽然有着许多失败的教训,但是,它树立了一些重要的国际法的基本原则,进行了有计划的国际法的编纂,也使有关和平解决争端和战争法的部分有了新的发展。国际常设法院裁判了一些重要的案件,丰富了国际法的内容,而且,它是当前的国际法院的前身,使国际司法机构延续不断。

在第一次世界大战后出现的另一个重要的国际法律文件是1928年的《巴黎非战公约》。这个公约的正式名称是《关于废弃战争作为国家政策工具的一般条约》,而由于签订该公约的发起人为当时的法国外交部长白里安和美国国务卿凯洛格,又称为《白里安—凯洛格公约》。该公约的序言声称,“废弃战争作为实行国家政策工具”,“各国彼此间关系的一切改变只能通过和平方法……实现”,而“此后任何签字国如用战争作为手段谋求增进其国家的利益,不得享受本条约给予的惠益”。《公约》第1条规定,缔约各方“斥责用战争来解决国际纠纷,并在它们的相互关系上,废弃战争作为实行国家政策的工具”;第2条规定,“缔约各方之间可能发生的一切争端或冲突,不论其性质或起因如何,只能用和平方法加以处理或解决”。这个公约在法律上废弃了战争;它虽然在实际上并没有阻止战争的发生,但它在国际法的发展中起了重要的作用。

第二次世界大战的爆发又一次大规模地破坏了国际法。但是,国际法在国际关系中的作用并没有消失。在战后,《联合国宪章》的产生和联合国的建立,表明国际法又有了新的发展,进入了另一个新的阶段。传统的、以欧洲为中心的国际法逐渐为现代的、以普遍性为特色的国际法。国际法的领域,无论其适用的对象或其所包括的内容,都增加和扩大了。国际法在第二次世界大战后的五十年中有很大的发展。

这种发展首先是在政治上由于民族独立和解放运动的蓬勃发展,新独立国家在国际关系中形成一股巨大力量使国际法受到重大的影响。新独立国家并不否定原有的国际法原则、规则和制度,而要求改革和更新。1954年和平共处五项原则和1955年万隆十项原则体现着《联合国宪章》的宗旨和原则,并和1970年联合国大会在新独立国家推动下的《关于各国依联合国宪章建立友好关系和合作的国际法原则宣言》所宣布的七项原则一起,构成现代国际法的基本原则,给予现代国际法以坚实的基础。在新独立国家的要求下,一些旧的国际法原则、规则和制度废止了。殖民统治被推翻了,殖民主义制度逐步消失了,战后成立的托管制度也实际上不存在了。在新独立国家的推动下,一些新的原则、规则和制度出现了,使国际法各个部门得到了充实,也有助于新的国际法的分支的成立。不少国际法学者、特别是一些非洲国际法学者,研究新独立国家对国际法的态度,指出了这种态度对国际法的影响。

在经济方面,国际关系发生明显的变化,自从第一次世界大战以来,国家干预经济生活的现象出现了,而第二次世界大战以后,这种现象更加显著了。这种现象的出现使国家之间的经济往来越来越使国际经济关系更为增加和复杂。国际法越来越深入地涉及国际经济关系。战后,《关税及贸易总协定》(1947年)的签订,国际货币基金组织、国际复兴开发银行和其他国际经济组织的建立以及1995年世界贸易组织的成立,表明有关国际经济关系的法律原则、规则和制度已经成为现代国际法的一个主要部分。因此，在国际法内形成了国际经济法的一个新部门，其中包括关于自然资源、货币金融、国外投资、国际贸易、经济援助、技术转让等内容，而且在这一部门中发展成为国际发展法、国际货币法、国际金融法、国际贸易法、国际税法等分支。与此同时，新独立国家在政治上获得独立之后，要求得到经济上的发展。它们希望国际经济秩序能够发生有利于它们的转变：从旧的国际经济秩序转变为新的国际经济秩序。1974 年联合国大会通过的《建立新的国际经济秩序宣言》和《各国经济权利和义务宪章》就是这种希望和要求的具体的表现。1994 年 11 月 16 日《联合国海洋法公约》的生效标志着新的海洋秩序的开始。国际新经济秩序的建立也是国际经济法的主题之一。

国际组织的建立是早已发生的现象。但是，近几十年来国际组织数日的增加和它们在国际关系中的作用，使国际法受到深刻的影响，是现代国际法的主要特征之一。首先是一个世界性国际组织——联合国，在联合国的周围有十七个专门机构，还有许多与之有联系的国际组织，形成一个"联合国大家庭"。"联合国法"已经成为为数甚多的国际法学者的研究对象。在联合国及其有关国际组织之外，还有许许多多国际组织：全球性和区域性，一般性和专门性；在政府间国际组织之外，有大量的非政府间的国际组织，这样的情况给国际法提出了一系列新的问题：主体、法律能力、缔结条约权、继承、责任、领土关系、特权与豁免以至于武装冲突的作用等问题。国际组织据以成立的法律文件，称为"宪章"、"规约"、"组织法"、"章程"等，虽然都是国际条约，却有其特殊的性质。因此，就有国际组织法或国际机构法作为国际法的分支。甚至在国际组织法之下还有对于区域性组织的特别研究，称为"区域组织法"，或者对行政性国际组织、国际组织内部结构以及国际机构的行政人员的地位和权利的专门研究，称为"国际行政法"。总之，国际组织法已经被确定为国际法的一个部门，而且有关国际组织的专门研究是越来越多了。

科学技术的突飞猛进是现代社会的一重大特征，对社会生活各方面都有影响，对于国际关系和国际法也有深刻的影响。对于国际法的影响，一方面，是原来的国际法原则、规则和制度发生了变化，例如，海洋法原来有悠久的历史，而近几十年，则有着巨大的变化，如大陆架、专属经济区、国际海底制度以及人类继承财产的概念等都是前所未有，而从 1982 年《海洋法公约》可以看到这样的变化。整个海洋法现在是国际法的一个重要的部门。另一方面，科学技术的进展使国际法在原有的原则、规则和制度之外产生新的原则、规则和制度。例如关于空间，由于航空技术的进展，对航空的原则、规则和制度形成了国际航空法。近几十年，由于人类对空间的利用超过了通常的空气空间而达到了外层空间以及宇宙空间，新的法律原则、规则和制度产生了，形成了另一个国际法部门——外层空间法或称宇宙法或太空法。另外，更为触目的发展是国际环境法的形成。人类环境的保护成为人类关切的事项，为了保护人类环境不受污染和破坏，需要适当的国际法原则、规则和制度加以预防、控制和处理。这样的原则、规则和制度正在形成和发展中，国际环境法的重要性日益为人们所认识。

很显然，现代国际法的内容越来越丰富，它的范围越来越广泛。它是在不断地发展中。

五、中国与国际法

中国与国际法的关系可以追溯到古代。中国古代历史上可能有国际法的时期是春秋战国时期（公元前722—前476和公元前476—前221）。古代中国存在有国际法的想法是一名美国教士和汉学家丁韪良（William A. P. Martin）提出的。他发现春秋战国时期的历史记载有可能证明在古代中国有初步国际法的存在。1881年，丁韪良写了一篇报告"古代中国国际法遗迹"〔26〕。他的报告只包括春秋时期诸侯之间关系的一些方面，但他提到诸侯之间的政治和商务交往所形成的各国大家庭；交换使节；联合为同盟；特别是形成的一些战争法规。

后来，有一些学者对于古代中国国际法从事专门的研究。按照当时的记载，对于外交使节、会议、条约、战争等方面的确有一些类似近代国际法的原则、规则和制度。这些原则、规则和制度是零星的而没有系统的。特别是，在春秋战争时期，所谓国际关系主要是"诸侯之间的往来，而不存在近代意义的"国家"。因此，陈顾远指出，这个时期只有"际"而无"国"。〔27〕 但是，这些原则、规则和制度与近代国际法有类似之处，它们所构成的总体可以说成初步的国际法，也可以说是国际法的遗迹。

公元前221年，秦始皇统一了中国，建立了帝国，被称为"中央王国"。尽管朝代发生变更，也尽管有时发生分裂为几个部分的局面，但是，统一帝国作为概念是很长时期维持下来了。主要的统治原则是："普天之下，莫非王土；率土之滨，莫非王臣"。帝国是无所不包、不可分割的，在世界上无竞争者，也无平等者。因此，也正如陈顾远所说的，有"国"而无"际"〔28〕。因此，就没有发展任何国际法的基础。

帝国的统一使在中国形成一个传统的世界秩序的概念。这个秩序是以中国为核心，而周围国家是以一种特殊关系从属于中国的。中国处于优越地位，而处于从属地位的国家则不是严格意义的主权国家，它们被称为贡国。朝贡制度成为中国传统世界秩序的主要表现。朝贡制度的主要因素是：贡国的统治者向中国皇帝称"臣"，受"册封"；贡国采用中国历法；贡国按期向中国皇帝朝贡，向皇帝实行"三跪九叩"礼。朝贡成为一种体制，在政治上，中国对周围国家实行保护和援助；相反，

---

〔26〕 英文本发表于《国际评论》1883年，第14卷，第63—77页。

〔27〕 《中国国际法溯源》，1935年，第10页。

〔28〕 同上。

周围国家作为“外藩”使中国的防卫和安全得到保障；在经济上，朝贡关系使中国和周围国家之间进行了彼此有利的贸易而有真正的经济价值。在中国的传统的世界秩序中，中国的国际关系是在朝贡制度内进行的，而且这种制度进行得顺利，能够长期维持下去，甚至在传统的世界秩序已经被破坏并开始瓦解之后还继续存在它的遗迹。

近代国际法是在19世纪中叶正式介绍到中国来的，那时，中国的门户被西方国家以武力打开和传统的世界秩序遭到了破坏。早在17世纪中叶，中国已经开始与近代国际法有些接触，例如，在1662—1690年清朝和荷兰的交往中曾经提到“万国法”，甚至更早在1648年左右，据说有人翻译过国际法著作为中文。较有意义的是在1689年尼布楚条约的谈判中，近代国际法原则和规则有明显的影响。到了1839年鸦片战争前夕，钦差大臣林则徐为了应付“夷邦”，曾经命令将瓦特尔（Vattel）《万国法》的一些片段译成中文，以供使用。

但是，将近代国际法正式、系统地介绍到中国来的是丁韪良将惠顿（Wheaton）《国际法原理》译成中文，称为《万国公法》。这部书的出版使当时的清朝全面接触到国际法，而且试图加以运用，虽然态度是半信半疑的，认为国际法整个说来是与中国“体制”不合的。

事实上，近代国际法在被介绍到中国来之后并没有充分适用的机会。国际法原则、规则和制度被认为主要只运行于西方国家之间的关系上，而中国被污蔑为“非文明国家”，受尽西方通过不平等条约的压迫和勒索。第一个强加于中国的不平等条约是1842年8月29日在英国炮舰上签订的《南京条约》。其后，通过战争和武力威胁，中国被迫签订了一批又一批的不平等条约，使西方国家攫取种种的特权和特殊利益。不平等条约制度代替了以前的朝贡制度。西方国家坚持不平等条约的“神圣”，而不适用国际法原则、规则和制度，如果适用的话，只适用那些对它们的压迫和勒索有利的原则、规则和制度。

中国的受奴役的地位引起中国人民的不满和愤慨，一百多年来的反对帝国主义和废除不平等条约终于在1949年新中国成立时取得最后的胜利。新中国的成立使中国对外关系进入一个新的阶段，也标志着中国与国际法的关系发生根本性的变化。一切不平等条约被废除了，任何国家的特权和特殊利益都被取消了，对外关系建立在平等、互利及互相尊重领土主权等国际法原则的基础之上。新中国并没有否定国际法；相反，却接受公认的国际法原则、规则，采用各国所一致采用的国际法规章、制度，而新中国所反对的只是那些为帝国主义利益服务的、属于反动性质的原则、规则和制度。同时，新中国还不断地为国际法的发展作出自己的贡献，在国际法的许多领域内有新的创造和补充新的内容。新中国所倡议的而且一直坚持的和平共处五项原则已经成为国际法的基本原则。

主要参考书目

1. 周鲠生,《国际法》,两册,1976 年。

2.《奥本海国际法》,劳特派特修订,两卷,1971 年中文译本。

3.《王铁崖文选》,邓正来编,1993 年。

4. 王铁崖、田如萱编,《国际法资料选编》,第 2 版,1986 年。

5. 王铁崖、田如萱,《国际法资料选编(续编)》,1993 年。

6. Sir Robert Jennings and Sir Arthur Watts, ed. , Oppenheim's International Law, 9th edition, Volume Ⅰ, 1992.

7. Ian Brownlie, Principles of Public International Law, 4th edition, 1990.

8. Oscar Schachter, International Law in Theory and Practice: General Course in Public International Law, 1985.

9. Louis Henkin, Richard Crawford Pugh, Oscar Schachter and Hans Smit, ed. , International Law: Cases and Materials, 3rd edition, 1993.

第二章　国际法基本原则

第一节　概　　说

每一种法律体系都必须有某些最后原则，从而引申出所有其他原则。这些最后原则就是基本原则。例如，宪法就有关于"一般原则"的规定，民法也有"通则"的部分，其他法律部门几乎都有一些"总则"或"一般规定"。它们的作用是作为整个法律的基础并被认为是解释、执行和发展各种法律规定的指引。国际法也是一样，它也有它的基本原则，一贯地被视为整个国际法体系的基础，在这些原则的基础上，引申和发展国际法的原则、规则和制度。

国际法基本原则的概念早已有国际法学者提及。霍尔（W. E. Hall）在20世纪20年代在讨论国际协定的效力时提及国际法基本原则；[1]希金斯（P. Higgins）在讨论国家的义务时主张国际法学者要"深入到将实在法则结合起来的基本原则"。[2]第二次世界大战之后，国际法中一些属于基本性质的原则被视为国际法基本原则，国家声明和司法实践都有这种倾向。劳特派特把一些国际法原则称为"压倒一切的原则"[3]，施瓦曾柏格尔（G. Schwarzen berger）则对国际法基本原则问题专门做了深入的研究，"详细说明国际法的与较附属性原则有别的基本原则"。[4]

什么样的原则是国际法基本原则？换句话说，用什么标准来衡量哪些原则是国际法基本原则呢？按照施瓦曾柏格尔的看法，国际法基本原则是"国际法中代表着有关规则的最高共同标准的那些原则"，可以用三项测验来决定任何个别国际法。这三项测验是：(1)原则必须是特别为着国际法的；(2)原则必须超过其他原则之外，包括相当广泛的国际法规则，而这些规则自然地属于该原则的主题的；和(3)原则必须或者是国际法的典型原则从而成为任何已知的国际法体系的一个主要部分，或者是现有国际法所特有的，而如果置于不顾，我们就会有看不到近代国

---

〔1〕《国际法》，1924年第8版，英文版，第282页。

〔2〕"国家的义务"，载于《美国国际法学会会刊》，1927年，英文版，第17页。

〔3〕《联合国国际法委员会年鉴》，1957年英文版，第2卷，第155页。

〔4〕"国际法基本原则"，载于《海牙国际法学院讲演集》，第87卷，1955—I。

际法的主要特色的危险。[5] 对于国际法基本原则也做了特别研究的拉塔奥哲夫认为,国际法基本原则具有三个特征:(1)它们是由重要和主要规范组成的;(2)它们是属于一般性质的;和(3)它们总是对一切国家,不论它们属于什么社会阶级,都有拘束力的公认的规则。

对国际法基本原则下一个定义,是困难的。但是,所谓国际法基本原则,不是个别领域内的具体原则,而是那些被各国公认的、具有普遍意义的、适用于国际法的一切效力范围的、构成国际法的基础的法律原则。因此,国际法基本原则具有一些特征:(1)它们是各国公认的。国际法原则、规则和制度都是各国所公认的,而国际法基本原则特别强调这一点,以别于仅为部分国家所承认的原则。(2)它们是具有普遍意义的,它们是超越国际法各个领域的全局性原则。(3)它们是适用于国际法的一切效力范围的。它们适用于国际法的属地、属人以及属时的效力范围。(4)它们是国际法的基础。它们是其他国际法原则、规则和制度所引申出而不能违反的,也就是说,在国际法范围内,是超越一切的。

国际法基本原则与国家在国际法的基本权利和义务既有密切的联系,又有相对的区别。国家的基本权利和义务是国家在国际法上直接地享受并承担的带有根本性的权利和义务,而其他权利和义务是基本权利和义务派生出来的。在这个意义上,国家的基本权利和义务是为国家依据国际法基本原则而享受的权利和义务是相同的。例如,独立是国家的基本权利和尊重别国的独立是国家的基本义务,而按照国际法基本原则,国家有独立的权利和尊重别国独立的义务。但是,国际法基本原则与国家的基本权利是有区别的。尽管肯定国家的基本权利和义务的概念,并不等于说,国家的一切基本权利和义务都体现在国际法基本原则之中。例如,民族自决原则可以说是国际法基本原则之一,但是,国家并不按照这项基本原则而直接地享受基本权利和义务。因此,国际法基本原则与国家的基本权利和义务在国际法上是既有联系而又有区别的两个概念。

第二节　国际法基本原则与强制法

国际法上另一个与国际法基本原则有联系又有区别的概念是强制法。

强制法在国际法上是一个比较新的概念,虽然在第二次世界大战以前的年代,它曾被提及,或者,它作为一个国内法的概念,可以追溯到罗马法。自从联合国国际法委员会在起草条约法公约时引进这个概念之后,这个概念引起了热烈的讨论。

---

〔5〕“国际法基本原则”,载于《海牙国际法学院讲演集》,第87卷,1955—I。

其结果是在1969年《条约法公约》中加进一条,即关于“与一般国际法强制规律(绝对法)抵触之条约”的第53条,它规定如下:“条约在缔结时与一般国际法强制规律抵触者无效。就适用本公约而言,一般国际法强制规律指国家之国际社会全体接受并公认为不许损抑且仅有以后具有同等性质之一般国际法规律始得更改之规律。”第64条关于“一般国际法新强制规律(绝对法)之产生”的规定如下:“遇有新的一般国际法强制规律产生时,任何现有条约与该项规律抵触者即成为无效而终止。”这些规定是强制法在正式国际法律文件上出现的,也是国际上对于国际法上存在有强制法的一致意见的表现。

强制法(jus cogens),又称强行法,或称绝对法,虽然是公认的概念,无论在东方或西方,国际法学家们实际上都全体一致地接受的一个概念,但是,要给强制法的概念下一个确切的定义是极其困难的,甚至于说是不可能的。《条约法公约》第53条为强制法提供了一个定义,但是,它勿宁是一个形式的定义,而没有包含这个概念的所有主要特色,而是提供辨明现有强制法规范的标准。

在这种情形下,就很难说哪些国际法规则是强制法规则。《条约法公约》或任何其他国际法律文件都没有明文列举强制法规则。联合国国际法委员会曾经提出一些“明显的、最确定的强制法规则,如关于违反《联合国宪章》使用武力或武力威胁、国际罪行和国际法要求每一个国家予以取缔和惩罚等行为的规则”。但是,这并不是详细无遗的。《联合国宪章》中是有强制法规则,但是,并不是《联合国宪章》的所有规定都是强制法规则。《宪章》关于禁止使用武力或武力威胁的以及关于不干涉、国家主权平等、人权、民族自决等规定可以认为具有强制的性质,而其他规定则不含有强制法规则。同时,也并不是所有强制法规则都包括在《宪章》之内。例如,关于海盗、奴隶制度等规则就不包括在《宪章》的明文规定之内。

一些国际法学家曾经试图提出强制法规则的例子。例如,布朗利提出的例子是:禁止侵略战争;灭种法;种族不歧视原则;违反人道罪和禁止奴隶贩卖的规则,以及海盗。〔6〕 阿勒只泽(Alexidze)说明五类属于强制性质的、普遍承认的当代国际法原则:(1)确立各国和人民的主要主权权利的原则;(2)保卫各国和平和安全的原则;(3)确立主要的人道要求的原则; (4)禁止违反人道的原则;和(5)禁止占有对世界各国极为重要的空间各部分。〔7〕 这些列举当然也不是详尽无遗的。

使人注意的是怀特曼(Whiteman)在她对强制法的研究中在讨论强制法的性质、定义、存在和用途后提出一个“国际法的强制规范(强制法)的拟议表”,其中包括20个她所认为在国际法为世界所一致认为强制法项目。这些项目宣布下列行

〔6〕《国际法原则》,1990年第4版,英文版,第513页。

〔7〕“现代国际法强制法的性质”,载于《海牙国际法学院讲演集》,英文版,第172卷,1961—Ⅲ,第260页以下。

为为非法:(1)灭种;(2)奴隶制和奴隶贸易;(3)海盗;(4)在国外的恐怖主义,包括恐怖活动;(5)空中交通的劫持;(6)诉诸战争,除自卫外;(7)对其他国家领土完整或政治独立的武力威胁或使用武力;(8)武装侵略;(9)对以武力引起的情况、包括侵略战果的承认;(10)以武力强加的条约规定;(11)战争罪行;(12)破坏和平和人道的罪行;(13)破坏和平或人类安全的罪行;(14)散布细菌以伤害或消灭人的生命;(15)用于和平以外的目的的所有大规模破坏的方法(包括核武器);(16)污染空气、海洋或陆地以致有害或无用于人类;(17)具有敌意地改变气候;(18)占有外层空间或天体;(19)扰乱国际交通以搅乱和平;(20)经济战,其目的在于推翻:a. 世界银行体系;b. 世界货币;c. 世界能源供应;或 d. 世界粮食供应。这个拟议单所包括的项目十分繁杂,而并不能说,所有的国际法的强制法规则都包括在这个拟议单之中。

国际法基本原则和强制法规则有相同之处,有些学者甚至把国际法基本原则和强制法规则等同起来。例如,布朗利说,"最近曾经提出某些基本原则,作为强制法的超越原则,可以限制较通常的原则的效力",〔8〕卡斯特兰认为,"强制法是涉及国际社会所普遍承认的基本原则的",〔9〕而童金(Tunkin)则明显地主张国际法基本原则和强制法规则的等同;关于强制法,他说,"所有公认的国际法基本原则都成为它的一部分"。〔10〕

的确,国际法基本原则和强制法规则有相向之处。它们都是所有国家或大多数国家所承认和接受的,而且它们的法律拘束力都是优于其他国际法原则、规则和制度的。归根结底,这两个概念都与国际公共秩序或公共政策或所谓公共利益或国际道德有关的。例如,耶尼克(Jaenike)认为,强制法规则和国际法基本原则都是国际公共秩序的组成部分。〔11〕

然而,强制法和国际法基本原则两个概念之间是有区别的。阿勒只泽在讨论国际法基本原则时指出,"应该从国际法基本原则之中寻找国际强制法,并不是所有这些原则都可以视为强制性规则,不过大部分的基本原则都具有强制的性质"。〔12〕 维拉利(Viraly)认为,"如果强制法规范是对于国际社会具有特别重要性

---

〔8〕 "现代国际法强制法的性质",载于《海牙国际法学院讲演集》,英文版,第172卷,1961—Ⅲ,第19页。

〔9〕《联合国文件 A/CONF,39/11》,英文版,第621页。

〔10〕 见帅伊,"国际法上强制法的概念",载于1966年4月3—8日希腊勒贡尼国际法会议《报告和会议记录(二),国际法上强制法概念》,1977年,英文版,第48页。

〔11〕 "国际公共秩序",载于伯恩哈特编,《国际公法百科全书》,1982年英文版,第七卷,第74页。

〔12〕 "现代国际法原则的性质",载于《海牙国际法学院讲演集》,英文版,第172卷,1961—Ⅲ,第260页。

的基本规范,这并不意味着,所有基本国际规范都成为强制法的一部分”。[13] 从国际法基本原则和所曾列举的强制法规则的相比较看来,它们之间是有所不同的。

国际法基本原则和强制法之间的不同,至少有下述两点:第一,强制法见于《条约法公约》的规定,从而使强制法规则主要适用于各国之间的条约关系,而国际法基本原则的适用范围是国家的一切行为,包括国际法各部门;第二,强制法是由国家实践和国际法院判例来发展的,而国际法基本原则则已经明确规定在国际法律文件中,其中包括具有特殊意义的《联合国宪章》。特别重要的是,国际法基本原则的主要特征是它们是具有普遍意义的,适用于国际法的一切效力范围的,从而构成国际法的基础。有些强制法规则虽然是各国公认的和有强制性的,但却有一些不明显的特征。因此,强制法的概念的提出和发展并不能否定国际法基本原则的重要性。相反,在目前国际法的情况下,国际法基本原则应着重加以重申并系统地加以说明。

第三节 国际法基本原则的历史发展

近代国际法产生之后,就提出了一些国际法基本原则,例如,国家主权原则、国家平等原则、不干涉原则等。1793 年《法国宪法》第 119 条就有不干涉其他国家政府事务的规定。1792 年的法国国民大会起草的《国家权利宣言》更明确规定各国主权、独立、平等和不干涉内政的原则。第一次世界大战之后,国际法基本原则的发展进入了一个新的阶段。一些国际法文件,如 1919 年《国际联盟盟约》、1928 年《巴黎非战公约》以及《国际联盟盟约》以及国际联盟大会的决议,除了不干涉内政的原则之外,还确立了和平解决国际争端的原则、反对侵略战争的原则等。

国际法基本原则的重要发展是在第二次世界大战之后。首先是 1945 年《联合国宪章》的制订,这是国际法基本原则在国际法律文件上的首次具体表现。《宪章》在序言和关于联合国的宗旨的规定都提出一些国际法基本原则。最集中的是第 2 条关于联合国的原则的规定。该条规定:“为求实现第 1 条所述各宗旨起见,本组织及其会员国应遵行下列原则:

“一、本组织系基于各会员国主权平等之原则。”这项既包括主权,也包括平等。这项原则是最重要的国际法基本原则,可以说是整个国际法所依据的基础。

“二、各会员国应一秉善意,履行其依本《宪章》所担负之义务,以保证全体会员国由加入本组织而发生之权益。”这项原则强调了善意履行国际义务的原则,并且重申《宪章》的序言中所宣布的“尊重由条约与国际法其他渊源而起之义务”。

---

〔13〕“关于‘强制法’的思考”,载于《法国国际法年刊》,1966 年法文版,第 12 卷,第 10 页。

“三、各会员国应以和平方法解决其国际争端，俾免危及国际和平、安全及正义。”这是再次确定和平解决国际争端的原则，其包括传统的和平解决争端的方法，也包括通过国际组织、特别是通过联合国的解决争端。

“四、各会员国在其国际关系上不得使用威胁或武力，或以与联合国宗旨不符之任何其他方法，侵害任何会员国或国家之领土完整或政治独立。”这项原则既禁止使用武力或武力威胁，也禁止对国家的领土完整或政治独立的破坏。这项原则从废弃战争和宣布战争为非法发展到禁止使用武力，如序言所指出的，“保证非为公共利益，不得使用武力”。

“五、各会员国对于联合国依本《宪章》规定而采取之行动，应尽力予以协助，联合国对于任何国家正在采取防止或执行行动时，各会员国对该国不得给予协助。”这是一项集体协助的原则，特别规定对作为防止或执行行动的对象的国家不得给予协助，是集体安全的具体的体现。

“六、本组织在维持国际和平及安全之必要范围内，应保证非联合国会员国遵行上述原则。”这项规则说明联合国原则是普遍性的，是联合国会员国和非会员国所应一致遵守的。这项规定作为条约规定只拘束联合国会员国，但是，这项规定所规定的原则是国际法基本原则，对于一切国家都是适用的。

“七、本《宪章》不得认为授权联合国干涉在本质上属于任何国家国内管辖之事件，且并不要求会员国将该事项依本《宪章》提请解决，但此项原则不妨碍第七章内执行办法之适用。”这是不干涉内政原则的具体规定。至于什么是“本质上属于任何国家国内管辖之事项”，还有待实践的检验。至于《宪章》所规定的“执行办法”则是不干涉内政原则的例外。

《联合国宪章》所规定的联合国原则构成国际法基本原则，为各国所接受和尊重，而且表现于一些重要的国际法律文件，如 1955 年《亚非会议最后公报》、1963 年《非洲统一组织宪章》等之中。我国周恩来总理曾于 1955 年 5 月 15 日声称：“中国人民一贯支持《联合国宪章》的宗旨和原则。”〔14〕

《联合国宪章》除了第 2 条关于联合国原则的规定以外，还有其他规定提出一些国际法基本原则。最重要的是民族或人民自决原则。《宪章》第 1 条第 2 项规定，“发展国际间以尊重人民平等权利及自决原则为根据之友好关系，并采取其他适当办法，以增强普遍和平”。这里就提出人民自决原则。1952 年 12 月 6 日，联合国大会通过了关于人民与民族的自决权的决议，建议联合国会员国“支持所有人民和民族的自决的原则”。为了加速非自治领土的解放，联合国大会于 1960 年通过了《给予殖民地国家和人民独立宣言》，其中声称，“所有的人民都有自决权”。接着，1966 年的《经济、社会、文化权利国际盟约》和《公民及政治权利国际盟约》

---

〔14〕《中华人民共和国对外关系文件集》，第 3 集，第 271 页。

都在第1条规定,"所有民族均享有自决权,根据此种权利,自由决定其政治地位并自由从事其经济、社会与文化之发展。"这样,民族自决就成了人权之一。

对于民族自决原则作出详细规定的是联合国大会于1970年10月24日通过的《关于各国依〈联合国宪章〉建立友好关系及合作之国际法原则之宣言》,简称《国际法原则宣言》。该宣言在序言中宣称,"人民平等权利及自决原则为对现代国际法之重要贡献",并对"各民族享有平等权利与自决权之原则"作出详细的说明,其中指出:"根据《联合国宪章》所尊崇之各民族享有平等权利及自决权之原则,各民族一律有权自由决定其政治地位,不受外界之干涉,并追求其经济、社会及文化之发展,且每一国均有义务遵照《宪章》规定尊重此种权利";"每一国均有义务依照《宪章》规定,以共同及个别行动,促进各民族享有平等权利及自决权原则之实现,并协助联合国履行《宪章》所赋予关于实施此项原则之责任";"一个民族自由决定建立自主独立国家,与某一独立国家自由结合或合并,或采取任何其他政治地位,均属该民族实施自决权之方式";"每一国均有义务避免对上文阐释本原则时所指之民族采取剥夺其自决、自由及独立权利之任何强制行动。此等民族在采取行动反对并抵抗此种强制行动以求行使其自决权时,有权依照《宪章》宗旨及原则请求并接受援助";等等。此外,1974年《各国经济权利和义务宪章》在国际经济关系原则之中包括"各民族平等权利和自决";1925年《欧洲关于指导与会员国间关系原则的宣言》在所列的原则之中也有"平等权和民族自决"的原则。

在《联合国宪章》之后,对于国际法基本原则的发展作出重大贡献的是1954年4月29日中印两国《关于中国西藏地方和印度之间的通商和交通协定》中提出的"和平共处五项原则",五项原则是互相尊重领土完整、互不侵犯、互不干涉内政、平等互利、和平共处。和平共处五项原则在一定意义上是国际法基本原则的概括。接着,1955年4月18日至24日在印度尼西亚万隆召开的亚非会议通过了《关于促进世界和平和合作的宣言》。该《宣言》提出十项原则,它们是:"一、尊重基本人权、尊重《联合国宪章》的宗旨和原则。二、尊重一切国家的主权和领土完整。三、承认一切种族的平等、承认一切大小国家的平等。四、不干预或干涉他国内政。五、尊重每一国家按照《联合国宪章》单独地或集体地进行自卫的权利。六、(子)不使用集体防御的安排来为任何一个大国的特殊利益服务;(丑)任何国家不对其他国家施加压力。七、不以侵略行为或侵略威胁,或使用武力来侵犯任何国家的领土完整或政治独立。八、按照《联合国宪章》,通过如谈判、调停、仲裁或司法解决等和平方法以及有关方面自己选择的任何其他和平方法来解决一切国际争端。九、促进相互的利益和合作。十、尊重正义和国际义务。"《宣言》的十项原则是"和平共处五项原则的引申和发展",[15]也同样是国际法基本原则。

---

〔15〕《中华人民共和国对外关系文件集》,第3集,第269页。

早在1957年，在苏联的倡导下，一个称为“审议一个关于和平共处的宣言”的项目被列在联合国大会第十二届会议的议题上。大会通过决议，号召各会员国“按照《宪章》，在互相尊重和互利、不侵略、尊重彼此主权平等和领土完整和不干涉彼此内部事务的基础上发展国家间和平容忍关系”。1961年，在联合国大会第16届会议上，由于12个亚非和东欧国家的要求，在议题上列入题为“关于各国之间按照《联合国宪章》的友好关系和合作的国际法原则的审议”的项目。经过多年的讨论，联合国大会第20届会议于1970年10月24日通过了《关于各国依联合国宪章建立友好关系及合作之国际法原则之宣言》。

1970年《国际法原则宣言》宣布了七项原则：

“一、各国在其国际关系上应避免为侵害任何国家领土完整或政治独立之目的或以与联合国宗旨不符之任何其他方式使用威胁或武力之原则”。这项原则指明，使用威胁或武力在原则上是违反国际法及《联合国宪章》的行为，永远不应用为解决国际争端的方法。侵略战争构成危害和平的罪行，在国际法上应负责任。这项原则还具体地包括关于侵略战争的宣传、关于国家疆界、关于报复行为、关于武装部队、关于内战和恐怖活动、关于军事占领以及裁军条约等规定。

“二、各国应以和平方法解决其国际争端俾免危及国际和平、安全及正义的原则”。和平方法包括谈判、调查、调停、和解、公断、司法解决、区域机关或办法的利用，以及其他和平方法。“国际争端应根据国家主权平等之基础并依照自由选择方法之原则解决之。”

“三、依照《宪章》不干涉任何国家国内管辖事件之义务之原则”。干涉无论直接的或间接的，武装干涉和对国家人格或其政治、经济及文化要素的一切其他形式的干预或试图威胁，都是违反国际法的。这项原则明确地指出，“任何国家均不得组织、协助、煽动、资助、鼓励或容许目的在于以暴力推翻另一国政权之颠覆、恐怖或武装活动，或干预另一国之内争”。

“四、各国依照《宪章》彼此合作之义务”。“各国不问在政治、经济及社会制度上有何差异均有义务在国际关系之各方面彼此合作，以期维持国际和平与安全，并增进国际经济安定与进步、各国之一般福利及不受此种差异所生歧视之国际合作。”特别是，“各国应在促进全世界尤其发展中国家之经济增长方面彼此合作。”

“五、各民族享有平等权利与自决权之原则”。这项原则是《联合国宪章》所规定的“尊重人民平等权利及自决原则”的引申和发展。它还包括“对于人权与基本自由之普遍尊重与遵行”，以及对于破坏国家国内统一和领土完整的禁止。

“六、各国主权平等之原则”。各国一律享有主权平等，不问经济、社会、政治或其他性质有何不同，均有平等权利与责任，并为国际社会的平等会员国。主权平等尤其包括：“（1）各国法律地位平等；（2）每一国均享有充分主权的固有权利；（3）每一国均有义务尊重其他国家的人格；（4）国家的领土完整及政治独立不得侵犯;(5)每一国均有权利自由选择并发展其政治、社会、经济及文化制度;(6)每一国均有责任充分并一秉诚意履行其国际义务,并与其他国家和平相处。"

"七、各国应一秉诚意履行其依《宪章》所负义务的原则"。各国所应履行的义务包括:"依照《联合国宪章》所负的义务;依照公认的国际法原则与规则所负的义务;和在依照公认国际法原则与规则系属有效的国际协定下所负的义务。"

《国际法原则宣言》在其"总结部分"宣布,该宣言所列原则在解释和实施上是互相关联的,同时宣布:"本《宣言》所载之各项《宪章》原则构成国际法之基本原则,因之吁请所有国家或其国际行为上遵循此等原则,并以严格遵守此等原则为发展其彼此关系之基础。"

1974年,联合国大会相继通过了《建立新的国际经济秩序宣言》、《建立新的国际经济秩序的行动纲领》和《各国经济权利和义务宪章》三个国际法律文件。在1974年12月12日通过的《各国经济权利和义务宪章》中,第一章标明"国际经济关系的基本原则",列举了下列十五项原则:(1)各国的主权、领土完整和政治独立;(2)所有国家主权平等;(3)互不侵犯;(4)互不干涉;(5)公平互利;(6)和平共处;(7)各民族平等权利和自决;(8)和平解决争端;(9)对于以武力造成的、使得一个国家失去其正常发展所必需的自然手段的不正义情况,应予补救;(10)真诚地履行国际义务;(11)尊重人权和基本自由;(12)不谋求霸权和势力范围;(13)促进国际社会正义;(14)国际合作以谋发展;(15)内陆国家在上述原则范围内进出海洋的自由。这些原则是指导各国间经济关系的原则,也就是一般国际法的基本原则。

具体列举国际法基本原则是困难的。有些学者曾经做了尝试。例如,施瓦曾伯格尔提出了七项原则:(1)主权;(2)承认;(3)同意;(4)诚实;(5)自卫;(6)国际责任;和(7)海洋自然。这些原则不仅不能包括全部国际法基本原则,而且其本身是否都是国际法基本原则,是有疑问的。童金则认为,除了传统的国际法基本原则之外,第二次世界大战之后产生新的国际法基本原则,它们是:(1)不侵略;(2)和平解决争端;(3)人民自决;(4)和平共处;(5)裁军;和(6)禁止战争宣传。这样的说法也未得一般的赞同。

现在,在原则上,联合国七项原则、和平共处五项原则、万隆十项原则、《国际法原则宣言》七项原则和《各国经济权利与义务宪章》十五项原则都可以说构成国际法基本原则。综合起来,可以提出国际法基本原则如下:(1)互相尊重主权;(2)互相尊重领土完整;(3)互不干涉内政;(4)互不侵犯;(5)不使用武力或武力威胁;(6)民族自决;(7)公平互利;(8)和平共处;(9)国际合作;(10)尊重人权和基本自由;(11)诚实履行国际义务;(12)和平解决争端。但是,这些原则不仅互有联系并有互相重叠之处,而且并不是详尽无遗的。国际法在发展之中,国际法基本原则也必然是在发展之中的。

第四节 和平共处五项原则作为国际法基本原则

和平共处五项原则的提出已经有40年的历史。现在可以肯定,它们构成现代国际法的基本原则。第二次世界大战之后,国际关系发生变动,国际社会需要重建,国际法体系需要改造。和平共处五项原则的宣布是适应这种需要而作出的一种努力。它们补充和发展《联合国宪章》所宣示的原则,又对后来的国际法律文件所宣布的原则发生明显的影响。它们在国际法基本原则的发展中占有重要的地位。

和平共处五项原则最初宣布于1954年4月29日中华人民共和国和印度共和国《关于中国西藏地方和印度之间的通商和交通的协定》的序文中。序文宣称,中印两国决定以下列原则为两国关系的基础:"(一)互相尊重领土主权;(二)互不侵犯;(三)互不干涉;(四)平等互惠;(五)和平共处。"两国总理同年6月28日的《联合声明》宣称,这些原则"不仅适用于两国之间,而且适用于一般国际关系之中,它们将形成和平和安全的坚固基础"。1954年6月29日,中华人民共和国和缅甸联邦的总理签订的《联合声明》声称,和平共处五项原则也应当是指导中缅两国关系的原则,而且"如果这些原则能为一切国家所遵守,则社会制度不同的国家和平共处就有了保证"。显然,和平共处五项原则的提出是为一般国际关系提供原则基础,从而构成国际法基本原则。

在和平共处五项原则提出之前,五项原则之中一些原则已经在中华人民共和国的基本法律文件之中。1949年9月29日中国人民政治协商会议通过的《共同纲领》第54条规定:"中华人民共和国外交政策的原则为保障本国独立、自由和领土主权的完整,拥护国际的持久和平和各国人民的友好合作,反对帝国主义的侵略政策和战争政策。"1949年10月1日,毛泽东主席宣告中华人民共和国成立的文告声称:"凡愿遵守平等、互利及互相尊重领土主权等项原则的任何外国政府,本政府均愿与之建立外交关系。"另外,1954年9月20日的中华人民共和国宪法在序言中又宣称:"我国根据平等、互利、互相尊重主权和领土完整的原则同任何国家建立和发展外交关系的政策,已经获得成就,今后将继续贯彻。"可以看出,和平共处五项原则的提出是与这些规定有密切联系的。

同时,和平共处五项原则是从《联合国宪章》受到直接的启示的。《宪章》序言载明联合国人民"力行容恕,彼此以善邻之道,和睦相处"。"和睦相处"就是"和平共处"的意思。《联合国宪章》所宣布的宗旨和原则受到中国政府和人民的赞同和支持。它们是与和平共处五项原则有着天然的联系的。

在和平共处五项原则提出之后不久，接着是1955年在印度尼西亚万隆召开亚非国家会议。会议于4月24日发布了《最后公报》，其中包括关于《促进世界和平和合作的宣言》，列举了十项原则。周恩来总理在1955年5月13日在全国人民代表大会常务委员会上所作的报告对十项原则作了说明。他指出，"《宣言》提出十项原则，作为有关国家和平共处、友好合作的基础。这十项原则中关于'尊重一切国家的主权和领土完整'、'不以侵略行为或侵略威胁或使用武力来侵犯任何国家的领土完整或政治独立'、'不干预或干涉他国内政'、'承认一切种族的平等、承认一切大小国家的平等'、'促进相互的利益和合作'五项原则同和平共处的五项原则中关于'互相尊重领土主权'、'互不侵犯'、'互不干涉内政'、'平等互利'四项原则完全相同的"。其余主要是《联合国宪章》有关规定的重申，只有第六项原则是由于《东南亚同盟条约》而加入的一项原则。因此，周恩来总理正确地指出："《亚非会议宣言》的十项原则是和平共处五项原则的引申和发展。

1970年的《国际法原则宣言》是从1957年联合国大会对《一个关于和平共处的宣言》的议题审议和1961年对《关于各国间和平共处的国际法原则》的议题审议发展出来的。《宣言》的目的是实现联合国的宗旨和发挥《宪章》所规定的原则的。《宣言》所列举的原则是与和平共处五项原则有着密切联系的。1974年《各国经济权利和义务宪章》的头五项原则更是直接抄用和平共处五项原则的。可见，和平共处五项原则对于国际法基本原则的发展是有着深远的影响的。

和平共处五项原则在提出之后立即得到巨大的声誉。这些原则被规定在许多双边和多边条约、协定和其他国际法律文件之中，包括政府声明和国际组织及国际会议的决议，并出现在许多记者招待会、政治家的演讲中，等等。据估计，从1954年开始到现在，可能为数已达到150个以上，但是，要在一个表中详细列举出来，是不大可能的。可以肯定地说，和平共处五项原则已为世界各大洲许许多多国家所接受。

和平共处五项原则原来表现为适用于不同社会制度国家之间关系的原则。前苏联曾经强调这一点。但是，从一开始，和平共处五项原则就适用于全世界各部分，而没有任何理由将社会主义国家排除于其适用之外。苏联在1956年10月30日的宣言中不得不承认，在它与东欧国家的关系中应该接受五项原则。接着，11月1日，中国政府声明，中国政府一贯主张，和平共处五项原则"应该成为世界各国建立和发展相互关系的准则。……社会主义国家的相互关系就更应该建立在五项原则的基础上"。既然和平共处五项原则不仅适用于社会制度不同的国家之间的关系，而且适用于社会制度相同的国家之间的关系，这些原则就成为所有国家之间普遍适用的原则，因而也就构成国际法基本原则。

和平共处五项原则作为国际法基本原则是有重大的法律意义的。它们本身并不单纯代表着一种政治学说,它们的宣布更不是为了宣传目的的政治宣言。作为国际法基本原则,和平共处五项原则是各国都应该遵守的法律原则。1972 年 2 月 28 日的《中华人民共和国和美利坚合众国联合公报》声称:"中美两国的社会制度和对外政策有着本质的区别。但是,双方同意,各国不论社会制度如何,都应根据尊重各国主权和领土完整、不侵犯别国、不干涉别国内政、平等互利、和平共处的原则来处理国与国之间的关系。国际争端应在此基础上予以解决,而不诉诸武力和武力威胁。美国和中华人民共和国准备在他们的相互关系中实行这些原则。"接着,1972 年 9 月 29 日《中华人民共和国政府和日本国政府联合声明》也声称,"中华人民共和国政府和日本国政府同意在互相尊重主权和领土完整、互不侵犯、互不干涉内政、平等互利、和平共处各项原则的基础上,建立两国持久的和平友好关系。根据上述原则和《联合国宪章》的原则,两国政府确认,在相互关系中,用和平手段解决一切争端,而不诉诸武力或武力威胁。"显而易见,和平共处五项原则与《联合国宪章》所规定的联合国原则一样,是具有法律拘束力的。

和平共处五项原则可能被认为过于一般性,不能为实际问题的解决提供坚实的基础。和平共处五项原则像其他国际法基本原则一样,的确在本质上是一般性原则,而不是用于具体的、特殊的案件或解决实际冲突的具体的和实际的规则。由于法律原则总是从范围较有限的个别案件的实际规则综合而来和一般化的,基本原则是较高水平的抽象,从而引申出所有其他原则和规则。因此,国际法基本原则可以说奠定或坚固地联系着整个国际法体系的基础,构成国际法的支柱。

有人认为,和平共处五项原则在国际法上没有什么意义,因为它们仅仅表明传统国际法的基础原则。佛克桑尼安奴(Focsaneanu)广泛地研究了和平共处五项原则;他在分析了每一项原则之后认为,五项原则中有四项只是"重复原有的原则,而另外一项原则仅在有限意义上是一项新的原则"。[16]

的确,和平共处五项原则中大多数原则是在宣布它们时已经存在的原则。头三项原则,尊重主权和领土完整原则,不侵犯原则和不干涉原则,是在 1954 年《中印协定》签订前已经支配国家之间关系的国际习惯或协定法原则。它们都是《联合国宪章》和其他国际法律文件所确认的传统原则。如果把"和平共处"等于"和睦相处",或者看作"国际合作",第五项原则也不是新的。只有第四项原则包含有某种新的因素;它把"平等"和"互利"结合在一起,强调了平等的经济关系。然而,不可否认,和平共处五项原则有新的含义,它们的宣告对于国际法基本原则的发展作了有意义的贡献。它们的贡献在于:第一,把五项重要国际法原则放在一起,形成一个有系统和联结在一起的整体,以奠定国际法的基础;第二,互相尊重主权和领土完整是一种提法,既强调了尊重主权和领土完整,又突出了相互的概念,从而

---

〔16〕 "和平共处与国际法",载于《国际法年刊》,1956 年,法文版,第 170、177—178 页。

表明主权不是绝对的，而是属于相对性质的原则；第三，把平等和互利联系在一起，使有法律平等和经济平等相结合的效果，从而平等是实质的，而不单纯是形式的。

和平共处五项原则都是强制性法律原则，并在这个意义上，可以说是属于强制法的一部分的。和平共处五项原则与其他国际法基本原则一样，与强制法规则有相类似之处，却也有不同之处。应该强调和平共处五项原则对于各国之间的关系有强制的适用性，而同时，还应该指出，重申和重新说明作为国际法基本原则的和平共处五项原则是必要的。

主要参考书目

1.《奥本海国际法》，中译本，1971 年，上卷。

2.《王铁崖文选》，邓正来编，1993 年。

3. 王铁崖、田如萱，《国际法资料选编》，1986 年。

4. 王铁崖、田如萱，《国际法资料选编》（续编），1993 年。

5. Sir Robert Jennings and Sir Arthur Watts, ed. , Oppenheim's International Law, 9th edition, Volume, 1992.

6. Ian Brownlie, Principles of Public International Law, 4th edition, 1990.

7. Geong Schwagen beifen, "Fundamental Principles of International Law" in Recueil des cours de l'Academie de droit international de La Haye, fome 87, 1995—Ⅰ.

第三章　国际法主体

第一节　概　　述

一、国际法主体的概念

国际法主体是指独立参加国际关系并直接在国际法上享受权利和承担义务，并具有独立进行国际求偿能力者。国际法主体应具备三个要件：

1. 独立参加国际关系的能力

能够独立地进行国际交往，参加国际关系，特别是国际政治和国际法律关系，是国际法主体的基本要件。缔结在国际上有效的条约和协定，接受和派遣正式外交使节，对违反国际法的行为提出申诉，以及享受国际法上的特权和管辖豁免等等，都是独立参加国际关系的能力的表现。

2. 直接承受国际权利和义务的能力

直接承受国际权利和义务是国际法主体的重要要件。当代国际社会中除国家和国际组织外，还有一些实体，甚至个人，也承受某些国际权利和义务，但他们不是直接承受国际权利和义务，他们所承受的国际权利和义务基本上是国家授予的。

3. 独立进行国际求偿的能力

国际求偿能力或"国际程序能力"，是指在国际权利遭受侵害或国际法遭到违反时，在国际机构有提出申诉的能力。国家的国际求偿能力是毫无疑问的。自1949年国际法院向联合国大会发表有关"为联合国服务而受损害的赔偿问题"的咨询意见之后，国际组织的国际求偿能力逐渐得到国际社会的承认。

上述三个要件相互联系，相辅相成，一般认为，在当代国际社会里同时具备上述三个要件的是国家，而在一定范围内和一定条件下是国际组织和正在争取独立的民族。

二、国家是国际法的主要主体

国家作为当代国际社会的主要成员，承受国际法上的权利和义务，是国际法的主要主体。国家是国际社会中直接、独立和全面地参加国际政治、经济、法律、文化、社会等关系并在其中发挥主导作用的实体。因此，调整国际关系的国际法绝大多数是与国家有关的原则、规则和制度,国家也因此当然是国际权利和义务的主要承受者。作为国际社会平等的一员,国家的国际求偿能力是毫无疑问的。根据《国际法院规约》的规定,能够在国际法院提起诉讼的只有国家。国家是国际法的主要主体,这是普遍接受的事实。

自从威斯特伐利亚公会产生现代意义上的国家之后,国家的概念逐渐形成,国家的形式也经历了多元化的发展变化。

(一)国家的概念

国际法上的国家概念强调国家作为国际人格者所具有的特征。现代意义上的国家,在国际法上应具备四个要素:

1. 定居的人民

构成国家的第一要素是人民。人民是由个人组成的集合体,他们虽然可能属于不同的种族,有不同的文化,不同的肤色,不同的语言,但他们生活在一个共同的社会里。一国的居民数量有多有少。例如,中国有占世界人口四分之一的居民;而欧洲的圣马力诺、摩洛哥等国家的人口只有几万。人口无论多少,在国际法上都是平等的国家。

2. 确定的领土

领土是一国的居民居住并赖以生存的地方,是一国生存和发展的必要物质基础。在正常情况下,任何国家都应有确定的领土。但是,国家的领土可大可小。世界上一些国家的领土面积很小,例如瑙鲁,只有21平方公里的领土;有些国家的领土面积很大,例如俄罗斯联邦,拥有1700多万平方公里的领土,居世界第一位。国家应有确定的领土,并不是说,国家的边界必须确定无疑。国际法并未规定国家领土的界线必须是明确划定的。国际实践表明,国家领土的界线可能没有划定,有的甚至是有争论的。

3. 政府

政府是国家在组织上的体现,它在国内根据本国法律实行统治,在国际上代表本国及其人民进行国际交往。任何国家都需要一个组织成政体的社会,以区别于原始部落或其他群体。虽然政府的性质和形式在国际法上并不重要,但一国只有一个中央政府却是必须特别强调的。

4. 主权

主权是国家的根本属性。主权在国内是指最高权力,在国际上是指不依赖他国,不受任何其他国家的摆布。主权对于任何国家是十分重要的,它是国家区别于国内的地方行政区或国际上其他实体的重要标志。主权在国际上的主要体现是独立地处理国内外一切事务的能力。

正常情况下,同时具备上述四个要素才构成国际法上的国家。但在例外情况下,其中某个甚至某些要素可能仅维持到极弱的程度,有时可能暂时缺少某要素,但仍不会影响国家的国际人格,也不会影响它作为国家而继续存在。例如,在一国发生内战的情况下,政府继续有效的存在可能受到影响,但该政府所代表的国家的国际人格不发生变化。

(二)国家的形式

虽然国际法要求国家必须具备上述共同的要素,但却未规定国家必须有统一的形式。国家形式,即国家结构的组织形式,是可以由国家自由决定的。迄今为止,现存和历史上曾出现过的国家形式主要有两种:单一国和复合国。

1. 单一国

单一国是一个国际人格者,只有一个最高中央权力机关,该机关作为政府在国内外代表国家,与其他国际人格者进行国际交往。世界上多数国家的结构形式均为单一形式。单一国可能是多民族或多种族的,如中国、西班牙、比利时等。也有由单一民族构成的单一国,如日本。有些国家的部分地方行政区可能有不同程度的甚至相当高度的自治权,如中国的香港、澳门分别在1997年和1999年后,在"一国两制"制度下将享有很高的自治权,但是,它们是中国的一部分,这并不改变中国单一国的形式,特别是对中国的国际人格不发生影响。

2. 复合国

复合国是两个或两个以上国家构成的联合体,该联合体在国际法上的地位依其具体情况的不同而异。现有的复合国主要有两种:联邦和邦联;历史上曾有过身合国和政合国。

联邦是由两个以上成员邦构成的联合体,其存在以联邦国家的宪法为根据。世界上有不少国家采取联邦的形式,有的称其成员邦为"州",如美国;有的称为"省",如加拿大。在国际法上,联邦是由其成员邦组成的国家,因为联邦政府作为整个联邦的最高权力机关对于成员邦的公民有直接的权力。这种权力被认为是与邦联相区别的重要特征。就国际法而言,联邦与其他复合国的形式,特别与邦联相比有这样几个特征:第一,有统一的联邦宪法,联邦政府与其成员邦之间的权限根据联邦宪法来划分:以国家的存在为目的的一部分职权,包括涉及国际事项的职权,交给联邦政府;其他由各成员邦保留。第二,联邦有统一的,驾驭各成员邦之上的最高权力机关,根据宪法行使其职权,它可以制订法律,直接拘束各成员邦的公民。第三,联邦各成员邦的公民都具有联邦的共同国籍。第四,对外交往权由联邦政府掌握,各成员邦一般不能与他国缔结条约,也不能接受和派遣外交使节。从国际法的角度看,联邦就是一个国际人格者,具有国际法上主权国家的一切权利和义务,是一个国际法主体,各成员邦不是国际法主体。

邦联是由两个以上的完全主权的国家为维持它们对内对外独立的目的,根据它们之间共同缔结的国际条约建立的国家联合体。邦联具有与联邦不同的特征。它虽然也有自己的组织机构,但该机构的权力仅及于各成员国,对各该国的公民没有任何权力。各成员国都是完全的主权国家,它们各自独立地处理国内外的一切事务,独立地参加国际关系,各成员国的国民具有各自的国籍,各成员国都是国际法主体,而邦联本身不是国际法主体。历史上 1778 年至 1787 年的美利坚合众国,1815 年至 1848 年的瑞士,1818 年至 1866 年的德意志等,都是这样的邦联国家。前苏联解体之后,十几个原苏联加盟共和国根据条约成立的独立国家联合体,在性质上是与邦联类似的组织。

英联邦(British Commonwealth of Nations)和法兰西共同体(French Community)既不是邦联,也不是联邦,而是一种自成体系的国家联合体。英联邦由英帝国演变而来,其成员国主要是已获独立的前殖民地或被保护国。一些英殖民地,如加拿大、澳大利亚、新西兰和南非,先于 19 世纪中期获得自治权,后于 20 世纪初获得自治领的地位。虽然它们有的通过修改英帝国的国旗而有了自己的国旗,也有自己的货币和邮票,甚至经英帝国授权还可以与外国缔结一些次要的条约,但是,它们不是独立国家。在第一次世界大战和第二次世界大战之间,自治领的地位发生了很大变化。由于自治领直接参加了战争,它们获得与其他战胜国同等的出席 1919 年巴黎和会的代表权和单独在和约上签字的权力。接着它们又分别以独立成员国身份加入国际联盟,取得与英国平等的国际地位。英联邦就是在这种情况下形成的。其依据主要是 1926 年关于帝国内部关系的《巴尔福报告书》(Balfour Report)和 1931 年英帝国议会在该报告书的基础上通过的《威斯敏斯特法》(Statute of Westminster)。前者确立了自治领与英国的关系是地位相等,彼此不相隶属,共同效忠英王,作为英联邦的成员自由结合的新关系。后者使自治领获得独立主权,以法律的形式确认了英联邦的建立及其法律性质。《威斯敏斯特法》规定,此后自治领国会制订的法律不得因与英国法律或帝国国会立法冲突而无效或不能实施;帝国国会制订的法律,除自治领要求或同意制订外,不适用于自治领或自治领的任何部分。现今大约 50 个英联邦成员国各自都是独立主权国家,是单独的国际法主体。英联邦本身不是国际法主体。虽然成员国之间互不称外国,它们之间相互派遣和接受的外交代表都称为"高级专员",但实际上他们与外国外交代表几乎无区别地享有外交特权和豁免。虽然英联邦成员之间在其他一些领域,如解决国际争端、缔结条约、引渡等等,遵行比较特殊的原则、规则和制度,但是这并不影响各成员国独立的国际人格,而且这种特殊性正在逐渐消失。英联邦既不是联邦,因为它没有一个对各成员国都有权力的机关,没有统一的宪法;也不是邦联,因为不存在一个把各成员国联合在一起的条约,成员国彼此之间互不承担法律义务。因此不能把它与上述复合国归为一类,它是自成体系的松散的国家共同体。把各成员国联系在一起的主要是各自的经济利益、共同的传统、类似或相连的历史和文化等。

法兰西共同体与英联邦类似却又有不同,它是根据 1958 年《法兰西第五共和国宪法》在“法兰西联邦”的基础上建立的，其成员是法国及其非洲的海外领地。该法国宪法规定，“共同体成员国享有主权，它们自行管理并民主地自由地处理自己的事务”，但在外交政策、防务、货币、共同的财政经济政策和关于战略的政策，则由共同体管辖；共同体总统由法国总统担任；共同体还设立了参议院和执行委员会等机构。1960 年法国议会和共同体参议院修改宪法。新宪法规定，共同体成员国可以通过签订协定成为独立国家而脱离共同体，非共同体成员国也可以通过协定参加共同体而不影响它的独立地位。从表面上来看它似乎是个联邦，但实际上则是类似于英联邦的国家联合体。因为它既没有可以对各成员国行使权力的机关，也不能代表会员国进行国际交往。各成员国都是国际法主体，而共同体本身则不是国际法主体。

身合国和政合国都是历史上曾经出现过的国家形式。两个主权国家共戴一个君主的形式称为身合国。例如，1714 年至 1837 年的英国和汉诺威，1855 年至 1908 年的比利时和刚果自由邦，均为身合国。身合国不具有国际人格，但组成身合国的两个成员国都是国际人格者。政合国是两个国家根据一个国际条约组成的国家联合体，它们同在一个君主之下，成为一个国际人格者。政合国的成员不具有国际人格，在对外关系上，由联合体代表各成员国宣战、媾和、缔结条约等。

(三)永久中立国

永久中立国即称为中立国与战时中立国不同，是指在国际公约担保的情况下自愿约束自己，除抵抗外来攻击外，永远不与他国作战，不卷入战争或从事任何可能使其直接或间接地卷入战争的任何行为。这可以说是国家的中立化，但是，这与国家的部分领土，如河流、运河的中立化，战时对某建筑物的特殊保护等不同。中立国的存在必须具备两个要件：第一，自愿中立化的国家自己要明白地宣布永远奉行中立，保证平时不参加任何集团，战时不参与战争，也不从事任何使其卷入战争的行为。第二，中立国的中立化要得到国际公约的保证。一般都是由若干强国通过缔结条约保证某国的中立不受侵犯。现在的永久中立国有瑞士、奥地利；比利时、卢森堡和老挝曾经是永久中立国。至于 1991 年以后的柬埔寨是不是永久中立国仍存有争议。

自 19 世纪瑞士的永久中立地位确立以来，从有关的国际协定和中立国的宣言或声明可以看出，国际法上已经形成了公认的关于永久中立的制度。根据这个制度，一般说来永久中立国要承担这样几项义务：(1)中立国不得对他国进行战争，也不得参加他国的战争。任何主动进行或参与战争的行为都是与永久中立地位不相容的，但是，如遇外国入侵，中立国不仅有权利并有义务为自卫而作战。(2)为履行上述义务，中立国不得缔结与中立地位不相容的条约或协定，如军事同盟条约、共同防御协定和保障条约等任何可能使其卷入战争的协定。(3)中立国不得采取任何可能使其卷入战争的行动或在这方面承担任何义务，如允许在其领土内建立军事基地、允许外国军队过境等。

瑞士是典型的永久中立国。1815 年 3 月 20 日，英国、奥地利、法国等 8 个强国在维也纳公会上签署了一个宣言，承认并集体地担保瑞士联邦的永久中立。从此，瑞士成为永久中立国履行中立义务，成功地维持它的中立。由于《联合国宪章》第七章对于威胁和破坏和平及侵略行为的应付办法的规定，为保持中立，瑞士虽然已是许多联合国专门机构的成员国和《国际法院规约》的当事国，却一直没有加入联合国。

奥地利也是永久中立国。1955 年 4 月奥地利与苏联在莫斯科签订备忘录，奥地利在备忘录中表示将发表宣言宣布奥地利将像瑞士那样在国际上永远奉行中立政策，并将采取一切适当步骤取得国际上对该宣言的承认。一个月之后，美、苏、英、法四国与奥地利签订《重建独立和民主的奥地利国家条约》，在条约中虽然四国没有明确提到奥地利的永久中立地位，但它们宣布将尊重依条约业已建立的国家的独立和领土完整。1955 年 10 月奥地利通过关于奥地利永久中立的《联邦宪法法令》。《法令》在第 1 条中规定，奥地利自愿宣布永久中立并将采取一切措施坚持和维护它的永久中立。《法令》还规定，奥地利将永不加入任何军事同盟，也不允许在其领土上建立外国军事基地。奥地利关于永久中立的宣言得到各国政府的承认。但是奥地利于 1955 年成为联合国会员国时，没有作出任何照顾其中立地位的规定。奥地利在对联合国安全理事会所作的有关南罗德西亚决议问题上曾经说明“根据具体情况并考虑奥地利作为联合国会员国和永久中立国而承担的义务来决定”。一般认为瑞士是典型的永久中立国，但是，由于奥地利与欧洲共同体的关系问题，对奥地利的中立提出了疑问。

比利时于 1831 年被承认为独立国时宣布成为永久中立国并通过缔结条约得到英国、奥地利、法国、普鲁士和俄国的担保。但是，1914 年德国对比利时的入侵破坏了它的永久中立地位。卢森堡也曾于 1867 年根据英国、法国、俄国等 8 个国家与其签订的条约成为中立国，由这 8 个国家联合担保。但是，1914 年卢森堡也遭到与比利时相同的命运。

老挝的中立是在反对帝国主义侵略和干涉的斗争中确立的。老挝王国政府曾于 1954 年日内瓦会议上自行宣布老挝的中立政策，决心永不参与侵略，并永不允许老挝的领土被利用来为此种政策服务。老挝政府将不与其他国家签订任何使其参加不符合《联合国宪章》原则的军事同盟，或使其承担在老挝领土上为外国军事力量建立军事基地的义务的协定。1961 年召开扩大日内瓦会议，专门讨论和平解决老挝问题，并于 1962 年 7 月 23 日由除老挝外的 13 个与会国家签署了一项《关于老挝中立的宣言》。《宣言》声明这 13 个国家承认、尊重并从各方面遵守老挝王国的主权、独立、中立、统一和领土完整，承担包括不以任何方式进行或参加任何可能直接或间接损害老挝主权独立和中立的行动、尊重老挝不承认任何军事同盟或联盟的愿望、不在老挝建立任何军事基地等10项义务。在此之前，老挝1962年7月9日发表《中立声明》，被列入《关于老挝中立的宣言》，成为该《宣言》的一部分。但是，无论老挝自己的《中立声明》或《关于老挝中立的宣言》都没有提到“永久中立”的词语；在实际上老挝的中立地位是不稳固的。1991年10月23日在巴黎国际会议上签署了统称为“柬埔寨和平协定”的四个文件。作为该协定的一部分，《关于柬埔寨主权、独立、领土完整及其不可侵犯、中立和国家统一的协定》涉及柬埔寨“永久中立”问题。《协定》第1条规定，柬埔寨首先承诺在未来的宪法中将载明柬埔寨的“永久中立”，然后承担义务保证不与其他国家缔结任何军事联盟或缔结任何军事协定从而损害其中立地位；保证不以任何形式直接进行或参加任何有损于其中立地位的行动也不允许以任何方式向柬埔寨引进任何外国武装力量（包括军事人员），不允许在柬埔寨设立或维持军事基地、聚点和设施。《协定》的其他签字国在第2条中承诺不与柬埔寨签订任何军事联盟或任何军事协定从而损害柬埔寨的中立和国家统一；不以任何方式干涉柬埔寨的内政；不以任何方式向柬埔寨引入或在柬埔寨驻扎外国武装力量（包括军事人员）；不在柬埔寨设立或维持军事基地、聚点和设施。《协定》第5条规定，如果出现或威胁出现侵犯柬埔寨主权、独立、领土完整及其不可侵犯、中立和国家统一的情况时，或出现违反或威胁违反《协定》其他任何承诺的情况时，协定签字国应立即协商、采取一切适当的步骤保证协定的遵守和通过一切和平方法解决一切有关问题。但是，柬埔寨的永久中立地位是不明确的。首先，柬埔寨并未明白地宣布它将作为永久中立国永远奉行中立政策并承担中立义务。其次，《协定》的其他签字国关于保护和尊重柬埔寨的“主权、独立、领土完整及其不可侵犯、中立和国家统一”的承诺，只能视为对一个不结盟国家所承担的义务，不能等同于对一个永久中立国中立地位不受侵犯的国际保证，因为《协定》的任何部分都没有把柬埔寨作为永久中立国专门作出规定，其他签字国也没有对保障柬埔寨的中立作出专门的承诺。因此，严格来说，柬埔寨不是永久中立国。

（四）梵蒂冈在国际法上的地位

过去，教皇作为教皇国的君主，在国际法上与其他君主享有同等的地位和平等甚至特殊的待遇。但是由于1870年意大利王国兼并了教皇国，于1871年通过了一项关于给予教皇及教廷以保障的法律，称为《保障法》。教皇一直不承认这个法律，但在实际上其他国家及教皇本人均适用了《保障法》的某些规定。1929年2月11日教廷和意大利之间签订了《拉忒兰条约》（Lateran Treaty）从而解决了教皇与意大利政府之间的冲突，教廷的国际地位问题也得到澄清。在《拉忒兰条约》中，意大利政府承认教廷在国际事务上的主权是其本质上固有的，也是符合其传统及其在国际上的使命的要求的。意大利还承认，梵蒂冈国家在教皇的主权之下。《条约》第24条包含教廷关于在国际事务上的主权属于教廷的声明，在此基础上，教廷声明不愿也不参与其他国家之间的世俗争斗和与其有关的国际会议。但教廷保留它在各当事国相互共同呼吁教廷的和平使命时,运用其道义和精神力量的权利。

《拉忒兰条约》虽然澄清了梵蒂冈的国际地位,但关于梵蒂冈在国际法上的地位却依然存在争论。用国家的四要素来衡量,梵蒂冈的情况就很特别,梵蒂冈的领土只有大约100英亩,人口也只有1000人左右,而且几乎全都是因职务的关系才居住在那里的。至于梵蒂冈的主权,从《拉忒兰条约》的措辞来看,很难说属于教廷还是属于梵蒂冈。不过,事实上许多国家与梵蒂冈建立了外交关系并互派使节;梵蒂冈也参加过许多国际会议,与一些国家签订被称为"教廷条约"的条约,梵蒂冈并且是一些主要国际公约的参加者和某些国际组织的成员。梵蒂冈在国际法上作为一个特殊国际人格者的地位是毫无疑问的。

(五)附属国

一般国家之外有所谓附属国。历史上附属国有两种形式,即附庸国和被保护国。附庸国是指在外交关系上完全或大部分地由另一个国家代表,但在国家内部事务上仍然享有独立地位的国家,如历史上的土耳其属埃及附庸国、英属各印度附庸国、英属尼泊尔和不丹等。控制附庸国对外关系的国家称为宗主国,宗主国对附庸国享有的权力称为宗主权。宗主权是封建社会表明封建主与附庸关系的概念。宗主国与附庸国之间的关系依具体情况而有所不同。有的附庸国,如19世纪的土耳其宗主权之下的埃及和保加利亚,有一定的对外关系权;有的则在对外关系上没有任何自主权。无论如何,过去的附庸国现已获得独立,附庸国也随之成为历史的陈迹。

被保护国是指通过签约把自己交由一个强国保护的国家。被保护国一般为弱国。根据条约把一切重要的国际事务交给保护国管理,从而形成了该弱国与其保护国之间的保护关系,保护国对被保护国的对外关系负责。由于被保护关系依每个具体情况而有所不同,被保护关系的概念缺乏法律上的确定性。被保护国在国际社会的地位也取决于每个保护关系所涉国家之间的条约的规定。例如,被保护国是否能签订某些国际条约,是否可以在一定范围内接受和派遣外交使节等问题,都是在确定保护关系的条约中具体作出规定的。在某种程度上并为某种目的被保护国可能仍然保持它自己的国际人格和国际法主体的地位,因为被保护国的国家元首和政府在保护国或其他国家的法院通常都享有管辖豁免。被保护国并不是保护国的一部分。因此,在保护国与第三国的战争中被保护国不是作战的一方;被保护国的国民通常也不具有保护国的国籍(虽然享受保护国的外交保护);对于在某些情况下仍保留缔约权的被保护国来说,保护国缔结的条约并不当然地拘束被保护国。被保护国也基本上已经是历史的陈迹。目前除欧洲的安道尔共和国之外,其他被保护国均已获得独立,成为完全的主权国家。

三、国际组织的国际法主体资格

国际组织是指国家间或政府间的国际组织。第二次世界大战之后,随着国际组织的不断增多,特别是联合国组织及其专门机构在国际政治、经济、社会、文化各个方面发挥着重要作用,国际组织在国际关系中的地位和作用受到越来越多的重视。特别是在1949年国际法院作出"关于为联合国服务而受损害的赔偿问题"的咨询意见之后,国际组织的国际法主体资格逐渐得到一般的确认。

1948年9月17日,作为联合国调解巴勒斯坦纠纷的调解人的瑞典人贝纳多特男爵被一群以色列恐怖主义分子杀害,并由于警察采取措施迟缓,罪犯未受到追捕和查明。为此,联合国大会就下述两个问题请求国际法院提出咨询意见:第一,联合国作为一个组织,在其人员执行职务而受到损害时,能否向该国提出赔偿要求,就联合国和受害者或受害者授权的人所受的损害取得损害赔偿。第二,联合国的保护性权利如何与受害者本国的权利协调。国际法院于1949年4月11日作出咨询意见。对于联合国能否提出国际求偿的问题或联合国是否具有国际人格的问题,国际法院一致作出肯定的答复。国际法院认为,联合国可以被认为是能够承担国际权利及义务的国际法主体。因此,国际法院对第一个问题的第一部分得出的结论是,联合国能够对联合国本身造成损害的会员国提出赔偿要求。关于联合国能否为受害者和受害者授权的人提出赔偿要求的问题,国际法院也作出了肯定的答复。国际法院"关于为联合国服务而受损害的赔偿问题"的咨询意见对于确认国际组织的国际法主体资格具有重要意义。

国际实践表明,象联合国那样的国际组织确已具备国际法主体的资格。它们与国家并在它们之间签订条约和协定;它们的官员在第三国领土内享有与外交代表基本相同的特权和豁免;当它们的权利遭到损害时,有能力在国际上提出赔偿要求。但是,正如国际法院在1949的"赔偿案"咨询意见中所指出的那样,承认联合国那样的国际组织的国际法主体资格并不等于说它们就是国家,它们的权利和义务是有一定范围和局限的,因为国际组织是根据组织成员之间的协议为一定的目的建立的。它们不是超国家的,它们的权利和义务取决于其特殊的目的和职能。

四、"争取独立的民族"的国际法主体资格

代表一个民族从事反对殖民统治、争取独立解放斗争的政治实体产生于第二次世界大战之后,主要是在非洲、亚洲和拉丁美洲。这些政治实体的目标从最初的反殖民统治扩大到反对种族主义和外国的统治,形成了席卷全球的民族解放运动。它们所代表的民族一般统称为"争取独立的民族"。它们的国际法主体资格逐渐得到国际社会的承认。

争取独立的民族在它们取得国际法主体资格之前有的确实已控制部分领土,如阿尔及利亚的民族解放阵线以及津巴布韦和西撒哈拉的解放运动,但是在众多

的民族解放运动中那只是少数。因此，与叛乱团体不同，一般认为，它们获得国际法主体资格的法律依据不是对领土的控制而且是民族自决原则。因为，多数民族解放运动的团体组织在国际社会的活动，如参加国际会议、与现存国家进行国际交往、签订条约或协定甚至派遣和接受外交使节等，都是将其在国际法上的合法性建立在"民族自决原则"的基础之上。它们被视为正在向国家过渡的政治实体。在国际社会中，它们虽然由于缺乏国家的某些要素还不能像国家那样在国际法上享有完全的权利和义务，但它们在国际关系中确实行使着国家所享有的部分基本权利，如派遣和接受正式代表参加外交谈判，签订国际条约或协定，参加国际会议和国际组织；在民族解放战争中适用国际战争法规，接受其他国家和国际组织的援助等。"争取独立的民族"的国际法主体资格是毫无疑问的。

五、个人不是国际法主体

个人是不是国际法主体，是国际法学界争论较大的理论问题。主要的看法有三种：个人是国际法主体，而且是唯一的主体；个人是国际法主体，但不是主要的主体；个人不是国际法主体。

认为只有个人才是国际法主体的人，多数属于自然法学派或新自然法学派，他们主张国际社会是由个人组成的，因为国家只是一个抽象的概念，国家承担的国际权利和义务最终的承受者都是个人。这种不顾国际社会的现实而一味地强调抽象概念的观点，只得到少数人的支持。比较多的人认为，在国际关系中占主导地位的是国家，但个人在一定范围内也起一定作用，承担某些国际权利和义务，是国际法主体。持这种观点的人强调个人在某些领域承担国际权利和义务的现象。例如，外交代表和国家元首在国际法上享有外交特权和豁免；个人的人权和自由受到国际人权公约的保障；个人的国际犯罪行为，如海盗、奴隶贩运、毒品走私，特别是第二次世界大战后的战争犯罪等，在国际法上直接受到惩处等。但是，外交代表和国家元首并非直接地，而是通过国家间接地享有这些国际法上的权利的。个人作为国际罪犯受到国际法的惩处这一事实也只能说明这些个人是国际法惩处的对象，并恰恰说明他们是国际法的客体。

第二次世界大战之后，一些学者开始从个人在国际人权法上的地位来论证个人是国际法主体，认为国际人权公约规定个人的权利和自由，说明个人可以直接地在国际法上享有权利。随着一些国际人权执行机构的建立，个人在个别国际机构中所享有的一定的申诉权利，使一些人认为个人在国际法上已具有法律程序能力，从而可以消除对个人这种能力的疑问，确信个人是国际法主体。实际上，国际人权公约与其他国际公约一样，是国家间的协议，由此产生的国际权利和义务的承受者是作为缔约国的国家。但不同的是，国际人权公约的缔约国承担的主要义务是尊重和促进个人的权利和自由。个人作为人权的主体而成为国际人权公约的直接受益者。说他们是受益者,并不是说国际人权公约为他们创造了权利和自由。而他们是受益者,是因为缔约各国相互承担了尊重个人人权(包括个人在某些国际机构申诉的权利)的义务,从而使他们的权利有国际人权公约的保障。但是,并非所有国家都参加了国际人权公约,也并非所有缔约国都承担义务,同意个人在国际人权机构享有申诉权。事实上,除欧洲共同体外,国际人权机构一般只给个人以控诉的权利,而不是诉讼权。个人可以通过向有关人权机构递交"来文"的方式对侵犯其人权的国家提出控诉。除欧洲共同体外,一般来说,国际上尚不存在可以直接受理个人提出的诉讼的司法机构。个人是否在国际范围内与国家或其他国际法主体平等地具有作为国际法主体的能力,是值得怀疑的。

第二节　国家和政府的承认

一、承认的概念

广义的承认是指国家对于在其对他国的关系中产生的任何事实和情势的一种接受。就国家和政府的承认而言,承认是指一个现存国家对于一个新国家或一个新政府的出现以某种形式表示接受的政治和法律行为。承认是国际法上的重要制度,是国家所作的行为,产生一定的政治和法律后果。从承认的对象来看,除了对新国家和新政府外,还有对交战团体和叛乱团体的承认;从承认的形式和种类来看,可以分为明示承认和默示承认、法律上承认和事实上承认、单独承认和集体承认等。此外,"不承认"已被接受为在国家的承认实践中产生的重要原则,是国际法上承认制度的组成部分。

(一)关于承认的性质

西方学者在承认究竟对新国家的国际法主体资格有什么影响的问题上主要有两种学说:"宣告说"和"构成说"。"宣告说"认为,新国家的国际法主体资格取决于其成为国家的事实,现存国家的承认仅具有宣告或确认的性质。"构成说"与"宣告说"相对立,主张没有现存国家的承认新国家就不能成为国际社会的成员,没有国际法主体资格,因而承认是构成新国家国际法主体资格的要件。

从国际实践来看,这两种学说都有缺陷,同时也都有合理的一面。当代国际社会仍处于比较松散的发展阶段,双边外交仍然是国家进行国际交往的主要方面。因此,新国家与其他国家间的双边外交关系的程度与它参加国际关系的能力成正比,然而其他国家的承认则是新国家与这些国家建交的前提。只有现存国家的承认,新国家才能进入与其他国家之间的双边关系,正常地行使其对外交往的权利。承认不能决定新国家的国际法主体资格,因为一个社会一旦具备了国家的四个要素,它作为国家就已经成为事实。但是,承认与新国家的对外关系能力有着密不可分的联系,这也是事实。从国家在承认方面的实践来看,一个主张自己已成为新国家的社会,并不因此自动地取得被承认的权利,现存国家也没有承认的义务。一般认为,一旦被承认国或政府、交战团体和叛乱团体具备了应有的要素,承认就是被允许的和符合国际法的,不构成干涉行为。承认既是对被承认国存在的事实的一种宣告,也构成被承认国与承认国之间进行双边外交关系的前提。

(二)承认的形式

承认既可以是明示的也可以是默示的。明示承认是指通过直接和明白的语言文字表达出承认意思的承认,如通过发表声明,或向被承认国政府发照会或函电的方式明确表示承认。默示承认是指并不明白地表达承认的意思,而是通过与新国家或新政府实际的关系往来表明承认或不承认的意图,例如,直接与新国家或新政府建立或保持外交关系;缔结政治性条约,如和平友好条约或同盟条约。在对交战团体承认的情况下,宣布中立或类似的行为就构成默示承认。投票赞成一个新国家加入象联合国那样的国际组织也可能构成承认。但是,如果没有明确表示承认的意思,与新国家或新政府同时参加一个国际组织或多边条约,暂时保留一定的外交代表并与新政府保持某些必要的非官方的接触,建立非完全外交性质的代表机构、甚至高级官员的互访,都不构成默示承认。

附加条件的承认是历史上常见的事例。在理论上,承认是对新国家或新政府、交战或叛乱团体存在的事实所做的一种宣告,不应附加任何条件。但历史上有过一些附加条件的承认。承认国向被承认国或政府提出某些具体条件,条件满足了就给予承认,否则将拒绝或撤销承认。例如,1911 年美国对海地政府的承认,1918 年英国对墨西哥政府的承认等。

国家在给予承认时有法律承认(de jure recognition)和事实上承认(de facto recognition)的区别。"法律"和"事实"是修饰被承认的国家或政府的,而不是承认的行为本身。法律承认是指完全的、正式的承认,具有永久性,只要被承认国或政府继续存在,承认就一直有效,即使外交关系中断,也不意味着承认的撤销。事实承认是指非正式的、暂时的承认。现存国家对于新国家或新政府是否能够长期有效地在其所控制的领土范围内行使权力,或能否真正地掌握其所夺取的政权并能代表其本国还有些疑问,或为其他原因,一般就先给予事实承认,以观事态的发展,然后再决定是撤销还是给予法律承认。例如,第一次世界大战后,一些新国家,如芬兰、拉脱维亚、爱沙尼亚等,就是先得到事实承认,待领土问题全部解决后才得到法律承认。但是,前苏联政府建立后许多年内所得到的事实承认则与附加条件的承认没什么区别。事实承认不能带来承认与被承认国之间全面的外交关系。事实承认对承认国来说是比较方便、灵活的做法,它是暂时性的,可以撤销的。但对被承认国或政府来说,无论法律的还是事实的承认,它在承认国法院都同样享有管辖豁免;无论是法律的还是事实的政府,它对国际不法行为都同样要承担国际责任。

在一般情况下,承认的行为是由国家单独作出的,即所谓“单独承认”,但也不排除“集体承认”的情况。例如,1878 年参加柏林会议的列强根据《柏林条约》对门的内哥罗、塞尔维亚和罗马尼亚的承认。这种明确表达承认意思的集体行为构成集体承认。但是,对于那种没有明白地表示承认的意思的集体行为,如接纳一个新国家加入国际联盟或联合国,是否构成集体承认的问题在理论上仍存在争议。有些学者认为,一个新国家一旦被接纳为国际联盟或联合国的会员国就意味着其他会员国对这个新国家的承认,并构成集体承认(至少对投赞成票的会员国是这样)。持反对意见的学者则认为,接纳一个新国家为一个国际组织的成员并不当然构成对该新国家的承认,因为该新国家作为该组织的成员与其他成员的关系只限于该组织的范围内,不能涉及各成员国间全面的正常关系。从国际实践来看,除非明白表达承认的意思,一个新国家被接纳为国际联盟或联合国的会员国并不意味着其他会员国对该国家的默示承认,当然也不构成集体承认。

(三)承认的效果

在一般情况下,承认一经作出就意味着接受新国家为国际社会成员的地位,承认它作为一个国家所具有的各种权利和义务;对新政府的承认意味着承认国将与新政府全面的开展外交关系,表明承认国认为新政府在国际关系中是有关国家的代表,其行为在国际法上是有效的。承认产生一系列政治和法律效果,主要包括:

1. 承认为建交奠定基础

承认是建交的前提,在默示承认的情况下也是这样。承认意味着承认国和被承认国间正常外交关系的开始,在一般情况下,承认一个新国家或新政府,随之而来的就是建立或保持外交关系。但因为建交是承认国与被承认国或政府双方的行为,有时承认之后并不一定就能建交或建立全面的外交关系。例如,以色列 1950 年承认中华人民共和国中央人民政府,但并没有建交。

2. 被承认国作为国际法主体所享有的一切权利得到承认国的尊重

虽然新国家和新政府在国际上的权利并不取决于现存国家的承认,但承认构成“禁止反言”,即承认的行为使承认国不得否认这些权利。承认一经作出,承认国对被承认国的国内法律法令和司法判决的效力应予以尊重;被承认国及其国家财产在承认国的法院享有管辖豁免。

3. 对新政府作出法律承认就意味着对旧政府的承认的撤销

这种撤销实际上是由于旧的政权组织作为政府已不复存在,使过去对它的承认失去意义因而失效的结果。对于承认国来说,对一个新政府作出承认就意味着它承认该政府是该有关国家的唯一合法政府,在国际上代表其本国,享受一切应有的权利,包括对处于国内外的国家财产的所有权、在国际组织或国际会议的代表权等。

4. 承认具有追溯的效果

无论法律承认还是事实承认都有追溯的效果，即承认国的法院将被承认的新国家或新政府的行为视为从其成立之时起就具有法律效力。

二、对国家的承认

在国际法上，一个政治社会只要具备了国家的要素，它作为国家在国际社会的存在就成为事实。现存国家对新国家的承认是对这一事实的一种宣告。它同时也意味着在承认国看来新国家已经具备国家资格，成为国际人格者并承担国际法上的一切权利和义务。新国家产生的场合也是多种多样的，归纳起来在下列几种情况下发生对国家的承认问题：

1. 独立

在那些原来处于殖民地或附庸国和被保护国地位的民族，为求得民族解放，根据国际法上的民族自决原则，通过武装斗争或其他方式，推翻殖民统治，摆脱宗主国的束缚，取得独立，成为新国家时，出现对新国家的承认问题。这种场合多发生在第二次世界大战后，特别是20世纪六七十年代。

2. 合并

合并是指两个及两个以上的独立国家通过协议合并成为一个新国家。国家合并的场合是复杂的，新的例子是1990年10月3日民主德国与联邦德国的合并。1945年之后，根据英、美、苏、法四国的联合宣言，战败国德国被四个大国分成四个占领区，1949年英、美、法三国同意在由它们占领的占领区建立德意志联邦共和国；苏联在它的占领区建立了德意志民主共和国。1990年9月12日英、美、法、俄四国签署关于最终解决德国问题的条约，1990年10月3日实现了东西德国的合并。从政治和历史的连续性的角度来看，由于这两个国家1945年以前本来就是一个国家，说它们是"合并"不如说"统一"更为贴切。但在国际法上，因为"统一"之前，特别是1973年它们分别成为联合国会员国以后，它们确实是各自独立的主权国家，所以"合并"则更加确切。

3. 分离

分离是指一个主权国家的一部分与母国脱离，成为一个新国家。现存国家对在这种场合产生的新国家的承认往往都十分慎重，无论是过急的承认还是过迟的承认都可能造成困难的局面，因此如何把握承认的时机是问题的关键。1948年5月14日美国对以色列的承认被视为过急承认的例子，美国是在以色列独立文件生效的同一天作出承认的，当时以色列国家的存在这一事实尚不确定。印度1971年12月对孟加拉国的承认是另一个过急承认的例子，因为在作出承认时，整个东巴基斯坦还处于巴基斯坦的权力控制之下。在分离的场合，一般认为只要母国对新国家的存在已给予明示或默示的承认，现存国家就不必再为承认的时机担心了。

4. 分立

分立或解体是指一国的几部分分别独立成为几个新国家。与分离不同,分立后,原来的国家不复存在,对分立的国家则有承认的问题。最近的国家分立的例子有1991年苏联的解体、1992年南斯拉夫的解体等。

三、对政府的承认

对新政府的承认也是经常发生的事。新政府的出现一般有两种情况:正常的、依据宪法程序进行的政府更迭而产生的新政府和通过非宪法程序夺取政权,如通过革命、政变等建立的新政府。在正常的政府更迭的情况下,一般不发生承认问题。但在实践中,每当一个国家的新元首就职时,其他国家一般都通过某种形式,如贺电,对新元首表示承认。不过只要不发生拒绝承认的问题,这种承认在国际法上没有什么意义。对政府的承认主要发生在因政变或革命产生新政府的情况。如1789年法国革命、1917年俄国10月革命产生的新政府和1949年中国革命产生的中华人民共和国中央人民政府,都发生对政府承认的问题。

在这种情况下,现存国家有权作出是否承认新政府的决定。从国际实践来看,国家的这种自由主要表现在选择承认的时机上,因为只要新政府在本国领土内建立了实际的控制和有效的权力,现存国家一般都会本着"有效统治原则"作出承认的决定,而不必考虑新政府的政权起源和法律根据。但是,也有些国家强调法律根据的重要性,例如,19世纪初"神圣同盟"的参加国主张不承认以不合乎王朝法统的方式建立的新政府,即所谓"正统主义";又如第一次世界大战前后的中美洲各国采取的由厄瓜多尔外交部长托巴和美国总统威尔逊提出的方针:拒绝承认因违反本国宪法而取得政权的新政府,即所谓"托巴主义"和"威尔逊主义"。这些以坚持"法统"和宪法程序为名,实际上干涉别国内政的主张已被国际实践所否定。至于那种故意拖延承认的做法,如西方国家对1949年中国新政府的承认,是不正常的,也构成对一国内政的干涉。

国际实践还表明,由于不同的原因,现存国家对新政府的承认趋向于采取默示承认而非公开宣布的方式。1930年墨西哥外交部长艾斯特拉达曾宣布,墨西哥今后仅限于保持或不保持与外国政府的关系,而不作出明示的承认,即所谓"艾斯特拉达主义"。20世纪60年代以来,更多的欧洲和美洲国家放弃了明示承认新政府的方式,其中包括法国、比利时、英国和美国。

四、对叛乱团体和交战团体的承认

对叛乱团体的承认与对国家和政府的承认都有一定的联系,因为叛乱如果成功,其结果可能是叛乱团体控制的那部分领土与母国脱离,建立新国家,也可能是夺取政权建立新政府。如果叛乱是迅速完成的,无论失败或成功都不发生对叛乱团体的承认问题。但是,如果叛乱团体反政府的斗争(多数情况下是武装斗争)是持久的,就发生对叛乱团体的承认问题。这个问题在20世纪六七十年代比较突出。在当时的反殖民化运动影响下,根据民族自决权原则进行反对殖民主义统治、反对外国压迫从而建立独立国家的民族解放运动,得到国际社会多数成员的承认。联合国大会允许一些争取解放的民族代表参加联合国某些事项的讨论和联合国组织的一些国际会议;联合国大会还承认一些民族解放组织为它们民族的代表,如巴勒斯坦解放组织,并允许它们以观察员的身份参加联合国的活动。

在一国发生叛乱后,与叛乱团体的谈判是经常发生的事。但是无论谈判发生在叛乱团体与其母国之间还是与第三国之间,谈判本身并不表示对叛乱团体的承认。实际上,对叛乱团体的承认是第三国为保护本国商务或侨民利益作出的行为。由于叛乱团体与其母国间的敌对行为尚未达到内战的程度,承认本身并不使叛乱团体享有交战团体的任何权利,仅表示承认国对叛乱团体的武装斗争保持中立的立场,目的是保护承认国商务或侨民的利益。一旦这种敌对行为达到内战的程度,叛乱团体就可能取得交战团体的地位,从而发生对交战团体的承认问题。

对交战团体的承认实际上就是第三国对交战团体的国际地位的确认。因为对交战团体的承认的主要法律效果是战争法规的适用,所以确定内战的存在是十分重要的。一般具备下述条件就可以断定叛乱已经达到内战的程度:(1)叛乱在一定的政治和军事组织的领导下进行;(2)叛乱者遵守有关的战争规则;(3)叛乱团体已经实际占领该国一部分地区,并已实行有效的控制和管理。

对交战团体的承认产生一定的法律效果,除要求交战团体适用有关的战争法规外,还要求它对其所控制的地区内发生的国际不法行为负责;承认国将承认交战团体在其控制领土上的权力,不再把他们的行为视为个人行为,并与他们保持一定的关系以保护本国和本国侨民的利益。

五、不承认原则

根据国家主权原则,一个新国家或新政府出现以后,现存国家承认与否是他们主权范围内的事,可以根据本国的政策自由决定。一般认为,国家在国际法上并不承担承认的义务。但是,国家在某些情况下却承担不承认的义务,这就是所谓不承认原则。对不承认国来说,不承认基于两种理由:第一,如果承认某新国家或新政府就违背了该国承担的某项具体的国际义务;第二,某新国家或新政府或其他情势的出现是由违反一般国际法的行为产生的结果。

这一原则是从不承认主义发展而来的。所谓"不承认主义"产生于20世纪30年代初。1931年"九一八"事件之后,日本侵占了中国东三省,并策划建立"满洲国"。为了对付日本,当时的美国国务卿史汀生于1932年1月7日照会中日两国政府,声明不承认因违反《国际联盟盟约》和《巴黎非战公约》的行为而产生的任何情势、条约或协定。虽然美国的这种主张有其自己的目的，但它在国际上发生了积极的影响，成为国际法上承认制度的一种学说——“不承认主义”。

1932 年国际联盟在其特别大会上通过一项决议，宣布国际联盟成员负有义务不承认任何违背《国际联盟盟约》和《巴黎非战公约》的任何情势、条约或协定。1933 年 10 月美洲一些国家签订了《不侵略和和解的非战公约》。该公约规定的各缔约国有义务不承认任何不是通过和平的方法或合法占领取得的领土安排或通过武力取得的领土。一些欧洲国家后来也参加了该公约。后来的一些国际文件，如 1948 年的《波哥大美洲国家组织宪章》、1970 年的《国际法原则宣言》等都确认国家有义务不承认由于使用武力或武力威胁而取得的领土的合法性。“不承认”发展成为国际法上承认制度的一项原则。国家和国际组织的实践证明不承认原则已经得到多数国家的接受。1965 年 11 月 11 日英国殖民地南罗德西亚政府宣布罗德西亚成为独立国家。翌日，联合国安理会通过决议，号召所有国家不承认这个非法的种族少数集团。10 天之后，安理会表示，这种独立的宣布不具法律效力并再次号召所有国家不承认这一非法集团。各国一般都接受这一不承认义务，直到 1980 年罗德西亚真正独立，成立新国家——津巴布韦。此外，对 1975 年所谓“塞浦路斯土耳其联邦国家”、1976 年南非建立的“特兰斯凯独立国家”、1990 年伊拉克侵入科威特并将其兼并等非法行为，联合国都适用不承认原则，号召各国不予承认。

就不承认行为本身而言，因遵守国际法上的不承认原则而拒绝承认与一般情况下国家根据其外交政策而对一个新国家或新政府不予或暂不予承认是完全不同的。前者是以国际法为依据的，后者则主要基于不承认国自己的政策；前者的对象是由于违反国际法的行为而造成的事实，后者则不同，不管承认与否，被拒绝承认的国家或政府都是事实，而且这种事实是符合国际法上的条件的。对违反国际法的行为所造成的事实的不承认，其后果是由于违反国际法的行为直接产生的，并不是不承认后才产生的。因此，这里所论及的不承认的后果，主要是指不承认原则以外的不承认。

首先，在一般情况下，虽然不承认直接影响被拒绝承认的国家或政府的国际地位及其国际权利和义务的行使，但对于它在其国内法律秩序中的地位不产生什么影响。其次，不承认一国政府，并不影响被拒绝承认的政府所属国作为国际人格者的存在，但在该国与拒绝承认国的范围内，直到被拒绝政府得到承认为止，不承认确实影响到实现该国国际权利与义务的实际能力。因为，拒绝承认国认为被拒绝承认政府不能在国际上合法地代表其本国，它不能代表本国参加国际公约，也不能代表本国参加国际诉讼程序；它派遣的外交和领事代表在拒绝承认国不能享受外交和领事特权和豁免。最后，对一种新情势的不承认往往意味着继续承认过去的情势。例如，如果拒绝承认一个过去独立的国家并入某一现存国家，拒绝承认国将继续把被并入的国家视为独立国家，与其签订的条约将继续有效，其外交和领事代表有权继续行使其职责。

总之,拒绝承认国可以认为被拒绝承认者的行为没有法律效力,换言之,对拒绝承认国来说被拒绝承认国不是国家,被拒绝承认政府不是合法政府,并因此认为它们不具备国际地位和能力,不能获得被承认者可以获得的任何利益。但是无论承认还是不承认,其结果都是发生在承认或不承认与被承认或被拒绝承认二者之间的关系。就像承认不具有构成的性质那样,不承认也不具有构成的效果,不承认行为不能使合法行为产生的事实成为非法。不承认仅使被拒绝承认国家或政府这一现实不能在拒绝承认国与被拒绝承认国或政府之间产生法律效果。

但应当指出,拒绝承认国的法院可能采取较为便当的方法解决与被拒绝承认国或政府有关的案件。在一般情况下,拒绝承认的国家国内法院处理这种案件的方式取决于该国国内法的具体规则及法院受政府行政部门的态度或指示约束的程度。在有些情况下,法院严格依照不承认的后果处理有关案件。有时法院则更加注重被拒绝承认国或政府已经存在的现实,根据具体情况办理有关案件,特别是那些不影响国家公共政策的一般私法案件。当法院适用国际私法规则时,可能仅考虑在被拒绝承认国正在适用的法律制度而置承认问题于不顾。

六、对中华人民共和国的承认问题

对中华人民共和国的承认属于对新政府的承认,而不是对新国家的承认。毛泽东主席在1949年10月1日发表的中央人民政府公告中向世界郑重宣告:"本政府为代表中华人民共和国全国人民的唯一合法政府。凡愿遵守平等互利及互相尊重领土主权等原则的任何外国政府,本政府均愿与之建立外交关系。"从公告的基本措辞可以明显地看出,中华人民共和国是中国的延续。虽然在政治上发生了根本的变化,是一个新的历史类型的国家,但在国际法上,作为国际法主体,中华人民共和国就是中国,中华人民共和国中央人民政府是中国的新政府。中华人民共和国中央人民政府的成立对于中国的国际法主体资格没有任何影响。对中华人民共和国的承认,就是对中国新政府的承认。至于各国通知承认的文件措辞是"承认中华人民共和国"(缅甸、芬兰和印度)还是"认为中华人民共和国政府为唯一合法政府"(匈牙利)或"确信中国中央人民政府是绝大多数中国人民意志的代表者"(前苏联),都无关紧要。

第三节 国家和政府的继承

一、概述

国际法上的继承是指国际权利和义务由于一个国际人格者发生某些变化而从

该国际人格者转向另一个国际人格者的法律关系上的转移。继承本是国内法上的概念,一般是指对于死者生前权利和财产的承受。将国内法上这一继承概念运用到国际法上有一定的变化,因为作为国际法主要主体的国家与国内法的主体自然人在消亡的问题上有很大差别。如果说某国家消亡了,实际上是指该国家被另一国家或一些国家所代替,而不是说该国家在地球上完全消失了。因此国家的消亡是指一国际人格者发生变化,而且这种变化还可能是不同程度的,变化有完全变化,还有部分变化。无论是完全还是部分变化,都发生国际法上的继承问题。

与国内法相比,国际法上的继承要复杂得多。从继承的主体来看,国际法上的继承主要是国家的继承,但此外还有政府的继承和国际组织的继承。从继承的对象来看,主要包括对条约的继承、对国家财产、国家债务、国家档案等事项的继承。由于国际法上的继承涉及各种国际人格者的不同情况,因此,在国家和政府之外也涉及国际组织的继承。

二、国家继承

国家继承是指当一国在国际关系上对其领土范围内所享有的国际权利和承担的国际义务被另一国取代时而产生的一种法律关系的转移。国家继承与国家的领土变更有着密切的联系,国家领土的变更可能是全部的,也可能是部分的,国家继承的情况当然也是不同的。

从国际实践来看,由于领土变更而发生国家继承的情况大致可以分为这样几类:第一,转让或交换领土,即一国领土的一部分移交给另一国成为该另一国的领土,如领土割让、赠与或买卖和交换领土等。第二,合并。合并有两种情况:两个或两个以上的国家合并成为一个新国家,原来的国家不复存在;一个国家与另一个国家合并,并成为该另一国的一部分,后者作为一个国际人格者继续存在,而前者则不复存在。第三,分离或解体。分离是指一国的一部分或几部分领土从该国脱离出去成为新国家,原来的国家继续存在。解体的情况与分离基本相同,所不同的是,一国解体后,它的各部分分别成为新国家,或与他国合并,原来的国家不复存在。第四,新独立国家。原来的附属国或非自治领土或殖民地获得独立成为新国家。这种情况不能与分离的情况相混淆,根据国际法,在继承问题上,新独立的情况适用特殊的规则。

目前,国际法上尚不存在任何普遍适用于各种不同情况和不同继承事项的原则和规则,而只有两个尚未生效的国际公约,一个是《关于国家在条约方面的继承的维也纳公约》,该公约于 1978 年 8 月 23 日订于维也纳。另一个是《关于国家对国家财产、档案和债务的继承的维也纳公约》,该公约于 1983 年 4 月 8 日订于维也纳。这两个公约都是在联合国国际法委员会主持下起草的,虽未生效,却是当前国际上较全面规定国家继承各主要方面的国际法律文件。下面按照这两个公约的规定，把国家领土变更的各种情况下关于条约、国家财产、档案和债务的继承分别加以说明。

(一)条约的继承

在国际法上，条约的继承是指被继承国的条约对继承国是否继续有效。由于条约的适用范围主要是缔约国的(全部或部分)领土范围，条约不仅使缔约国之间产生了法律关系，也建立了条约与缔约国领土间的法律联系。但是这种联系并不足以使继承国继承被继承国过去缔结的所有条约。一般认为，继承国以一个国际人格者的资格签订的纯属政治性的条约，如和平友好条约、友好同盟条约、仲裁条约或中立条约等，都不属继承的范围。这类条约，一般称为"人身条约"，随着缔约国的存在而存在，缔约国消失了，人身条约也随之失去任何意义。即使在部分领土变更，被继承国作为国际人格没有消失的情况下，这种涉及国家对外关系的政治性条约也不在继承之列。那些"非人身条约"或"处分性条约"，如划界条约、边界河流或湖泊的管理条约和其他与陆地、河流、公路、铁路有关的条约，都应该继承。但是，被继承国签订的商务、引渡及其他类似的条约对继承国有否继续有效？对这个问题国际上没有统一的认识。有的学者认为在某些情况下，如并入或领土交换的情况，这类条约不属继承范围，因为他们虽不是纯粹政治性条约，但在某种意义上讲，却具有很浓的政治因素。

在转让或交换领土的情况下，国家领土的一部分由于转让或交换领土成为他国领土的一部分时，条约的继承问题比较简单。在国家继承日期，即被继承国对国家继承所涉领土的国际关系所负的责任由继承国取代的日期，被继承国签订的条约在所涉领土失去效力，继承国的条约开始生效。

两个或两个以上的国家合并建立的新国家，作为继承国，对被继承国签订的非人身条约应当继承，但条约的适用范围由继承国决定。如果没有向有关第三国做出相反意思的明确表示，原来对被继承国有效的条约，继承之后的效力范围仍限于原来的领土范围。

分离和解体的情况在继承问题上类似，所不同的是，分离之后，原来的国家仍然存在，而解体则意味着原国家的消失。在条约继承方面，这两种情况适用相同的规则：原来对被继承国的全部领土有效的非人身条约应继续对继承国有效，原来仅对部分领土有效的条约，则仅对与该部分领土有关的继承国继续有效。

根据1978年《维也纳公约》的规定，上述四种情况下条约的继承虽有不同，但一般遵循两项规则：第一，凡与继承所涉领土有关的非人身条约都应继承，继承后的条约适用范围仍限于条约原来适用的领土范围，除非继承国与条约的其他当事国另有协议。第二，如从条约可知或另经确定，条约对继承国或对继承国全部领土的适用不合条约的目的和宗旨或者根本改变实施条约的条件，可以作为例外。

与上述几种情况不同，新独立国家对条约的继承适用特殊的规则，这主要是由新独立国家与被继承国之间的特殊关系决定的。一般认为,它们不受原宗主国签订的所有条约(包括适用于或专门适用于继承所涉领土的条约)的拘束。这种主张从头开始的观点,后来发展成为所谓"白板规则"(clean plate rule)。1978 年公约第 16 条规定:"新独立国家对于任何条约,不仅仅因为在国家继承日期该条约对国家继承所涉领土有效的事实,就有义务维持该条约的效力或者成为该条约的当事国。"这就是说,新独立国家对于这些条约有权决定是继承还是拒绝继承。如果对于这样的多边公约新独立国家决定继承的话,它可以发出书面的继承通知,确立其成为该公约当事国的地位。在发出继承通知时,新独立国家还可以在该公约本身允许的情况下对该公约作出适当的保留。但是,如果"从条约可知或另经确定该条约对新独立国家的适用不合条约的目的和宗旨或者根本改变实施条约的条件",可以作为例外。另外,如果参加该条约必须经全体当事国的同意,新独立国家只有在获得此种同意后,才能成为该条约的当事国。对于双边条约,新独立国家可以与另一条约当事国协商同意,或通过两国默示行为同意该条约在新独立国家与该另一个当事国之间有效。但应该指出,新独立国家与另一个当事国之间存在的条约关系,并不能解释为在新独立国家与被继承国之间也存在条约关系。换言之,继承国与被继承国之间的条约关系也需要通过协议来确定。

在国际实践中,为解决新独立国家的条约继承问题,被继承国(如英国)常常与继承国签定"移交协定"(devolution agreement),虽然这种协定的法律效力并不太清楚,但被继承国和继承国对条约继承的态度至少可以在某种程度上得到澄清。不过也有一些新独立国家采取单方声明的方式来表达它们对宗主国条约的态度,它们一般都允许这些条约在一定的时期内暂时适用,在此期间内再作出将来是否继续有效的决定。

(二)国家财产的继承

根据 1983 年公约的规定,国家财产是指按照国家国内法的规定为该国所拥有的财产、权利和利益。国家财产的继承就是被继承国对国家财产的权利转移给继承国。这种转移发生在国家继承日期,而且一般不予补偿。位于被继承国领土范围内的第三国国家财产不受影响。被继承国应采取一切措施防止被继承的国家财产遭受损害或破坏。国家财产分为动产和不动产,1983 年公约对不同的国家继承场合分别做了规定。

在转让或交换领土的情况下,继承国与被继承国应首先通过它们之间的协议解决财产继承问题。如无协议,位于继承所涉领土内的被继承国的国家不动产应转属继承国。那些与被继承国对国家继承所涉领土的活动有关的国家动产也应转属继承国。

国家合并场合下的国家财产继承比较简单,因为合并之后,原来的两个或两个以上的国家就成为一个国家,财产的继承问题是该新国家国内的事,被继承国的国家财产,包括动产和不动产,当然应转属继承国。

在分离和分立或解体的情况下,除继承国与被继承国之间订有协议外,位于国家继承所涉领土内的被继承国国家不动产应转属继承国;那些与被继承国对国家继承所涉领土的活动有关的国家动产应转属继承国;其他国家财产应按照公平的比例转属继承国。在解体的场合,位于被继承国领土外的国家不动产,应按照公平比例转属继承国。另外,由于国家继承引起的被继承国与继承国之间公平补偿的问题不受上述规则的影响。

如果继承国是新独立国家,与条约继承相同,国家财产的继承也遵循特殊的原则。由于继承国与被继承国之间的特殊关系,国家财产的继承不以有关国家之间的协议为前提,而以"各国人民对其财富和自然资源享有永久主权"为原则,即使有关国家间订有协议,也不应违反这项原则。因此,关于国家动产和不动产的继承,除了遵循与其他场合相同的规则外,1983 年公约还规定:原来属于国家继承所涉领土但在该领土之外的国家财产,在领土附属期间成为被继承国国家财产的国家动产和不动产应转属继承国;位于国家继承所涉领土之外的被继承国国家动产和不动产,即使原来不属于国家继承所涉领土,只要附属领土曾为其创造作出贡献者,应按所作贡献的比例转属继承国。

(三)国家档案的继承

根据 1983 年公约的规定,国家档案是指为执行国家职能而编制或收集的,而且在国家继承之日按照被继承国国内法的规定属于国家所有的,并出于各种目的作为档案直接保存或控制的各种日期和种类的一切文件。国家档案的继承意味着被继承国对有关档案的权利的丧失与继承国相应的权利的取得。1983 年公约规定:除有关国家另有协议或某一有关国际机构另有决定者外,国家档案从被继承国转属继承国时不予补偿;位于被继承国领土范围内的第三国国家档案不受档案继承的影响;被继承国有义务采取一切措施防止应被继承的国家档案遭受损害或破坏。

与国家财产不同,国家档案一般具有不可分割的特征。要保持其完整性,就不能在被继承国和继承国之间或继承国之间公平加以分配。国家档案还有一个特性,解决了因其不可分割而不能公平分配的问题,即国家档案可以复制。通过复制,继承国和被继承国获得和使用国家档案的权利均可得到尊重。1983 年公约根据不同的国家继承场合分别做了规定。

在领土转让或交换领土的情况下,国家档案的继承问题应首先通过继承国与被继承国之间的协议解决。如没有协议,与继承所涉领土的行政管理有关的及其他完全或主要与该领土有关的档案,应转属继承国。如继承国要求被继承国提供与继承所涉领土的利益有关档案的适当复制本并愿意担负费用,被继承国应满足这种要求。此外,被继承国还应从其国家档案中向继承国提供有关继承所涉领土的所有权或其疆界、或为澄清被继承的国家档案的含义所必需的最有力的证据。

两个或两个以上的国家合并成为一个新国家,国家档案的继承与国家财产继承一样简单:被继承国的国家档案转属于继承国。在分离的场合,被继承国与继承国可以通过协议解决国家档案的继承问题,但协议的内容不能损害两国人民对于发展和对于取得有关其历史的资料和取得其文化遗产的权利。如无协议,档案继承的规则与领土转让或交换领土的情况基本相同。

如果继承国是因国家分立或解体而建立的新国家,同样是先通过协议解决,如无协议,继承所遵循的规则与分离的情况基本相同。但由于解体之后被继承国不复存在,那些与继承所涉领土没有直接关系的国家档案也应在考虑到一切有关情况后公平地转属继承国。

在继承国是新独立国家的情况下,除了与分离的场合相同的规定外,关于与所涉领土无直接关系的档案转属或复制的问题,1983 年公约规定,继承国和被继承国应通过协议解决,务使两国中每一国都能从被继承国国家档案的这些部分获得尽可能广泛和公平的益处。关于原来属于继承所涉领土但在附属期间失散的档案,该公约要求被继承国与继承国合作找回这些档案。

(四)国家债务继承

国家债务是指国家在国际上按照国际法对他国、国际组织或任何其他国际法主体所负的财政义务。国家债务的继承意味着被继承国对继承所涉财政义务的结束和继承国这种义务的开始。国家债务的继承对债权人的权利和义务不发生影响。国家对外国法人和私人所负的债务以及国家内部的地方当局对其他国家所负的债务,不在国家继承的范围之内。但"地方化债务",即由国家承担的但在国内适用于某个地方的债务,属国家债务,应当继承。不在继承之列的债务还有"恶意债务",即从形式上看似乎是国家债务,但从债务的性质上看是由于违反国际法基本原则而承担的债务,如征服债务或战争债务等。

国家债务继承在国家合并的场合比较简单,被继承国的债务应转属继承国。在领土转让或交换领土、分离或分立的情况下,首先应按有关国家间的协议解决,如无协议,应按公平的比例转属继承国,同时应特别考虑到与这些债务有关的转属继承国的财产、权利和利益。新独立国家作为继承国时对被继承国的任何债务都不应继承。但是,如果继承国与被继承国之间订有协议则属例外,但这种协议不应违反各国人民对其财富和自然资源享有永久主权的原则,协议的执行也不应危及新独立国家经济上的基本均衡。

三、政府继承

政府继承是指前政府在国际法上的权利和义务转给新政府的法律关系的转移。并非所有的政府变更都发生这种权利和义务关系的转移,只有在新政府是以非宪法程序取得政权并选择了与前政府完全不同的社会制度的政府时，才发生政府继承问题。

（一）条约的继承

从国际实践来看，新政府一般都根据条约的具体内容作出是否继承的决定。1917 年建立的苏维埃政府废除了沙皇政府和资产阶级临时政府所缔结的不平等条约，继承了在平等基础上的有关善邻关系的条约和其他平等条约。中华人民共和国政府建国后在条约继承方面采取的原则是：既不认为一切旧条约继续有效，也不认为一切旧条约当然无效，要根据条约的内容和性质，对各项条约逐一进行审查，然后再作出具体决定。1949 年《中国人民政治协商会议共同纲领》第 55 条规定："对于国民党政府与外国政府所订立的各项条约和协定，中华人民共和国中央人民政府应加以审查，按其内容，分别予以承认，或废除，或修改，或重订。"根据这个规定，对于任何旧条约，在未经中国政府承认之前，外国政府不得以此为根据向中华人民共和国提出任何权利主张和要求，更不能根据不平等条约要求任何特权。条约的继承包括多边公约和普遍性国际公约的继承。中华人民共和国政府对条约继承的立场同样适用于国际公约。

（二）国际组织的代表权的继承

这是一个与条约继承有关的问题，因为在某种意义上，国际组织的代表权也是一种条约权利。新政府作为其本国的唯一合法代表取代前政府在国际组织的代表席位是理所当然的。但是，由于种种原因，中华人民共和国政府在联合国的代表权直到 1971 年才得到解决。

中国是联合国的创始会员国之一，并且是安全理事会常任理事国。中华人民共和国中央人民政府成立后，中国在联合国的代表权和在安全理事会及联合国其他机构的席位，理应由其新政府继承。在中华人民共和国宣布成立一个月后，中国的外交部长于 1949 年 11 月 15 日致电第五届联合国大会主席，否认所谓"中华民国代表团"在联合国大会上的合法席位，并声明，中华人民共和国中央人民政府是代表中华人民共和国全体人民的唯一合法政府。中国外交部长又于 1950 年 1 月 8 日致电联合国安全理事会，声明国民党残余集团的代表继续留在安全理事会是非法的，主张将其从安全理事会驱逐出去。与此同时，中华人民共和国中央人民政府任命了出席联合国会议和参加联合国工作的代表团。中国外交部长于 1950 年 1 月 18 日将中国的意图正式通知了联合国大会和联大秘书长，并要求把非法继续留在联合国及其安全理事会的国民党残余集团的代表立即驱逐出去。由于当时操纵联合国表决机器的某大国的百般阻挠，中国政府的合法要求遭到了无理的拒绝。

从 1950 年开始，恢复中国政府在联合国的合法地位问题一直被搁置起来；20 世纪 60 年代以后，又把这个问题作为所谓"重要问题"对待，要求到会及投票的会员国三分之二多数通过，从而继续阻挠这个问题的合理解决。到了 1971 年联合国大会第26届会议,阿尔巴尼亚和阿尔及利亚等23个会员国再次向联合国提出决议草案,要求恢复中华人民共和国在联合国的一切合法权利,承认中华人民共和国政府的代表是中国在联合国的唯一合法代表,承认中华人民共和国是安全理事会的五个常任理事国之一,并立即把蒋介石集团的代表从联合国及其一切机构中驱逐出去,联合国大会经过一般性辩论后,对双方提案进行表决,其结果所谓"重要问题"的提案以59票对55票、15票弃权被否决;阿尔巴尼亚和阿尔及利亚等23国的要求恢复中华人民共和国在联合国大会的一切合法权利的提案以76票对35票、17票弃权的压倒多数顺利通过。从此,中华人民共和国政府在联合国的合法权利得到恢复,企图把中华人民共和国排除在联合国之外的阴谋遭到彻底失败。

(三)关于国家财产的继承

旧政府的国家财产,无论是什么形式的,也无论在继承日期处于国内还是国外,都应转属新政府。苏维埃政府根据1918年1月28日全俄中央执行委员会颁布的法令,继承俄国政府在国外的一切财产和权益,其中包括俄国在外国的动产和不动产、俄国驻外代表机构的馆舍、财产等。中华人民共和国政府对于前政府在国内外的财产享有不可剥夺的继承权。自1949年10月1日起,当时属于中国的财产,无论是在国内还是在国外,无论是动产还是不动产都应由中华人民共和国政府继承。对此,中华人民共和国政府曾经多次作了声明。

(四)债务的继承

对于前政府的债务,苏维埃政府采取了一律不继承的政策。该政府在1918年1月28日全俄中央执行委员会颁布法令,无条件和无例外地废除沙皇俄国和资产阶级临时政府所承担的一切外债。中华人民共和国政府对前政府外债的政策是,根据债务的性质和具体情况区别对待。对于"恶意债务"一概不继承,对合法债务,通过与有关国家协商解决。就政府继承而言,除了因违反国际法基本原则而承担的债务外,"恶意债务"还包括旧政府为进行内战,镇压国内革命运动向外国请求援助而承担的债务。对于这样的恶意债务中华人民共和国政府有权拒绝继承。1979年11月,美国公民杰克逊等9人曾在阿拉巴马州地方法院对中华人民共和国提起诉讼,要求偿还他们所持有的清政府1911年发行的"湖广铁路债券"的本息,在中国政府拒绝出庭的情况下,该法院于1982年作出"缺席审判",要求中国偿还"湖广铁路债券"本息4130万美元。中国政府严重抗议这种无视中国的豁免权、侵犯中国主权和损害中华民族尊严的行为;同时严正重申"湖广铁路债券"是清政府为镇压南方起义而承担的恶意债务,中国政府拒绝继承。

四、国际组织的继承

当某个国际组织因某种原因解散而为另一个国际组织所取代,或两个国际组织合并成为一个国际组织时,如何处理前国际组织在职能、财务等方面的权利和义务及其在国际上担负的债务,就是国际组织的继承。

与国家和政府继承不同,国际组织的所有继承事项都是依照特别协定或决议解决的。这是因为国际组织的继承与领土变更没有任何关系,不发生随领土主权的转属而自动继承的问题。此外,国际组织的建立和解散,其财产、档案文书和债务的处分都是由有关国际组织的约章和规则、与继承事项有关的国际组织之间的特别协定或决议决定的。一个新建立的国际组织与它所取代的原国际组织之间不会发生当然的继承关系。

国际组织的继承主要是职能方面的继承。虽然新成立的国际组织的成员国与被取代的原国际组织的成员国可能完全相同,但仍不能当然地继承原国际组织的组织职能,而在原则上必须签订特别协定或有关国际组织通过决议,明白地表示将原国际组织的职能转移于新成立的国际组织。例如,1947 年成立的"国际民用航空组织"取代根据 1919 年《巴黎航空公约》设立的"国际航空委员会";1948 年建立的"世界卫生组织"取代 1907 年成立的"国际卫生局"和 1920 年成立的"国际联盟卫生组织",都是通过签订协定解决组织职能的转移的。

主要参考书目

1.《奥本海国际法》中译本,1971 年,上卷。

2. 王铁崖、田如萱,《国际法资料选编》,1986 年。

3. 王铁崖、田如萱,《国际法资料选编(续编)》,1993 年。

4. Sir Rokert Jennings and Sir Arthur Watts, ed. , Oppenheim's International law, 9th edition, Volume I, 1992.

5. Ian Brownlie, Principles of Public International law, 4th edition, 1990.

6. James Crawford, The Creation of States in International law, 1979.

第四章　国家的基本权利与义务

第一节　概　　述

国家作为国际人格者,在国际法上通过国际条约或国际习惯法,享受并承担国际权利和义务。由于各国缔结的条约或参加的国际公约在内容和数量上的不同,各国通过这种方式在国际法上承受的国际权利和义务当然也是千差万别的。然而,国家还在国际上当然地享有一定的基本权利并承担相应的基本义务,而且对所有国家都是相同的。不过,对于这个问题是有不同意见的。联合国国际法委员会根据联合国大会的决议拟订的《国家权利义务宣言草案》及其他国际文件对于澄清这些问题提供了帮助。

一、国家的基本权利的概念

在传统国际法上,国家的权利分为基本权利和派生的权利,国家基本权利是指国家固有的或当然享有的权利,如独立权、平等权等。所谓派生的权利是从基本权利推演而来或根据国际条约而取得的权利。

对于国家基本权利的根据,有不同的看法。自然法学说认为,自然法是国家基本权利的根据,就象个人为生存享有必不可少的一些人权那样,国家为其生存也享有一定的基本权利,这些权利是国家固有的或天赋的。这种用自然法上的天赋人权的理论来解释国家基本权利的观点受到实证法学派的反对。他们认为,国家基本权利来源于国家的国际人格,来源于国家作为国际社会成员的资格。国家基本权利甚至被称为"国际人格的权利",只要承认一个国家具有国际人格,就等于承认它具有国家的基本权利。《奥本海国际法》在谈到国家基本权利和义务的根据时指出:"它们是从国际社会的成员资格本身产生出来的。这些不是国家之间的条约所产生的权利和义务,而是国家单纯作为国际人格者在习惯上享受和承担的权利和义务,是它们作为国际社会的成员而相互给予和接受的权利和义务"。[1]

---

〔1〕《奥本海国际法》,第8版,1971年,中译本,第199页。

按照实证法学派的观点，国家基本权利不是天赋的，它们与国家的国际人格有着密切的联系；国家基本权利和义务是国家作为国际社会的成员而相互给予和接受的。

与实证法学派相同，社会连带法学派也反对自然法学派的天赋权利学说，认为权利是社会的产物，权利离开社会是不可想象的，而天赋权利学说正是以"反社会"为基础的。但是，无论实证法学派如何反对自然法学派的自然权利学说，甚至有人认为"基本权利"是一个错误的命题，他们大多数仍然肯定国家基本权利的存在。例如，奥本海指出，在基本权利的错误的标题之下，数百年来曾有过许多正确的陈述，而且，许多从国际社会成员资格本身所产生的权利和义务在习惯上是被承认的。然而，社会连带法学派不仅不同意自然法学派的观点，而且根本否认所谓国家基本权利的存在。他们认为，在国际社会里，应当强调的不是各国的自由和权利，而是它们之间相互的联系，特别是它们的义务。这种根本否定国家基本权利的存在的观点是与国际社会的现实不符的。

虽然可能以不同的名称或在不同的标题之下，但数百年来国际法学者们对国家基本权利的陈述本身就说明了它们从未被排斥，而它们是存在的。因此，既不能同意社会连带法学派那种只强调国家之间的义务而否定它们的基本权利的观点，也不能赞成只强调国家的基本权利而忽略它们还有相应的义务的主张。劳特派特的下述观点是正确的："基本权利这个观念本身，如果不被滥用以掩盖对法律的破坏或纯粹的政治主张，就意味着有尊重国际人格者的基本权利的相对义务，并且将这些义务特别明显地表现出来。基本权利的观念如果是这样，它是有益的，而不是完全多余的。"在国际实践上，各国享有和承受一些基本权利和义务，而且它们在相互给予和接受这些权利义务时，一般都认为这是天经地义、自明之理，并不刻意寻求这些权利义务的根据。事实上，国家基本权利与国际法基本原则有着紧密的联系。正如周鲠生所指出的，"国家的基本权利在本质上是和国家的主权不可分的；基本权利就是从国家主权引申出来的权利。国家既有主权就当然具有一定的基本权利，否认一国的基本权利就等于否认它的主权。"[2]由于国家主权原则是国际法基本原则的核心，或者说其他国际法基本原则都是从国家主权原则引申而来的，国家基本权利和义务与其他国际法基本原则的关系也是不言而喻的。至于国家究竟有多少基本权利和义务，则国际法学家的看法不尽相同。自20世纪以来，国家的一些基本权利和义务逐渐被写进一些国际法学术团体的决议中或订入不同的国际文件中。

二、国际法律文件与国家基本权利和义务

在国际法律文件尚未正式规定国家基本权利和义务之前，一些国际法学家和

---

〔2〕 周鲠生，《国际法》上册，1976年，第170—171页。

国际法学术团体就已经开始努力在编纂国际法的同时专门宣布国家的一些基本权利和义务。最早在这方面作出努力的是法兰西大革命时代的格雷瓜尔，他在1795年向国民公会提出了《国际法宣言》，即国家的权利和义务宣言。美洲国际法学会于1916年在华盛顿举行的第一次会议上通过了《国家权利和义务宣言》。1921年国际法研究院在罗马年会上通过草拟《国家权利义务宣言》的决议。专门规定或涉及国家权利义务的国际文件有：1933年第七届泛美会议通过的《国家权利与义务公约》；美洲国家组织1948年的《波哥大宪章》在其中一章中规定了国家权利与义务。在这些美洲国际法律文件中，被列举的国家基本权利和义务主要有：独立权、平等权、自保权、交往权、管辖权和名誉权。

联合国的建立推动了编纂国际法法典和系统地陈述国家基本权利和义务的工作。联合国国际法委员会于1947年拟订了《国家权利义务宣言草案》（以下简称《草案》），联合国大会于1949年12月6日通过了《草案》并将其送交各国政府考虑。虽然《草案》没有得到各国政府的普遍接受或采用，甚至还受到一些批评，但它毕竟是著名国际法学家经过总结过去在这方面的研究，并在《联合国宪章》规定的基础上拟订出来的，对于了解并阐述国家基本权利与义务的内容有一定的参考价值。

《草案》共14条，规定了四项基本权利，即独立权、管辖权、平等权和自卫权，以及相应的义务。关于独立权，《草案》在第1条中规定："各国有独立权，因而有权自由行使一切合法权力，包括其政体之选择，不接受其他任何国家之命令。"与国家独立权相应的义务是不干涉内政，《草案》第3条规定："各国对任何他国之内政外交，有不加干涉之义务。"第4条又规定："各国有不在他国境内鼓动内乱，并防止本国境内有组织鼓动此项内乱活动之责任。"关于管辖权，《草案》仅涉及国家的属地管辖权："各国对其领土以及境内之一切人与物，除国际法公认豁免者外，有行使管辖之权。"（第2条）《草案》没有提及属人管辖权，却规定了相应的义务："各国对其管辖下之所有人民，有不分种族、性别、语言或宗教，尊重其人权及基本自由之义务。"（第6条）《草案》第5条规定了国家的平等权："各国有与他国在法律上平等之权利。"《草案》第12条对自卫权作出规定："各国受武力攻击时，有行使单独或集体自卫之权利。"《草案》还规定其他一些基本义务：和平解决争端（第8条）、禁止战争和不得使用武力和武力威胁（第9条）、集体协助（第10条）、不承认因非法使用武力而取得的任何领土（第11条）和忠实履行条约及国际法其他渊源产生之义务。

在联合国刚刚建立不久拟订的这个《国家权利义务宣言草案》，反映了当时需要对国家的基本权利和义务有明确的规定。《草案》不仅规定了国家的基本权利，而且强调了国家的基本义务。《草案》没有提及交往权和名誉权，然而它们实际上可以包括在这四项权利的某项内容之中。

另一个与国家基本权利和义务有关的联合国文件是，《关于各国依〈联合国宪章〉建立友好关系及合作之国际法原则之宣言》（以下简称《宣言》），这个于1970年在联合国大会一致通过的国际文件宣布了七项原则。虽然宣言并不是直接规定国家基本权利与义务的文件,但由于国际法基本原则与国家的基本权利与义务是密切相关的,《国际法原则宣言》必然要涉及某些国家基本权利和义务。在第三项"依照《宪章》不干涉任何国家国内管辖事件之义务"和第六项"各国主权平等"这两项原则中分别提到了国家的独立权、平等权和管辖权,而特别对于独立权和平等权,《宣言》中有明确的规定。《宣言》的第三项原则规定,"每一国均有选择其政治、经济、社会及文化制度之不可移让之权利"。这就是国家享有的"不受他国任何形式之干涉"的独立权。第六项原则规定,"各国一律享有主权平等。各国不问经济、社会、政治或其他性质有何不同,均有平等权利与责任"。《宣言》在这项原则中强调主权平等的要素,其中也包括"国家之领土完整及政治独立不得侵犯;每一国均有权利自由选择并发展其政治、社会、经济及文化制度"这两个因素,这又是国家独立权基本内容的重申。

联合国大会还通过了一个专门规定国家的经济权利义务的文件,即《各国经济权利和义务宪章》。虽然该《宪章》主要规定各国在经济方面的基本权利和义务,但它仍然把国家在政治方面的一些基本权利和义务作为指导国际经济关系的原则。该《宪章》在第一章中列举了 15 项原则,其中包括:各国的主权、领土完整和政治独立;所有国家主权平等;互不侵犯;互不干涉;公平互利;和平解决争端;真诚地履行国际义务等。该《宪章》从国家的经济独立、经济主权、平等、经济发展和国际合作等方面对于国家的基本经济权利和义务作了较详细的规定。关于国家在经济上的独立和主权,该《宪章》第 1 条规定:"每个国家有依照其人民意志选择经济制度以及政治、社会和文化制度的不可剥夺的主权权利,不容任何形式的外来干涉、强迫或威胁。"第 2 条规定:"每个国家对其全部财富、自然资源和经济活动享有充分的永久主权,包括拥有权、使用权和处置权在内,并得自由行使此项主权。"关于国家在法律和经济上的平等,该《宪章》规定:"所有国家在法律上一律平等,并作为国际社会的成员,有权充分和有效地参加……为解决世界经济、金融和货币问题作出国际决定的过程,并公平分享由此而产生的利益。"(第 10 条)"每个国家,不论政治、经济和社会制度的差异,有权进行国际贸易和其他方面的经济合作。任何国家不应遭受纯粹基于此种差异的任何歧视"。(第 4 条)在经济发展和国际合作方面,该《宪章》规定,"每个国家有促进其人民的经济、社会和文化发展的首要责任。为此,每个国家有权利和责任选择其发展的目标和途径,充分动员和利用其资源……所有国家有义务个别地和集体地进行合作,以消除妨碍这种动员和利用的种种障碍"。(第 7 条)该《宪章》把"国际合作以谋发展"作为"所有国家的一致目标和共同义务"。因此,该《宪章》中有许多关于国家在促进世界贸易稳定、促进国家间的科学和技术转让及其他方面的国际合作的规定。该《宪章》特别强调照顾发展中国家的利益。

国家的基本权利与义务在一些重要的区域性文件中也得到确认。例如,1955年4月24日的《亚洲会议最后公报》宣布“承认一切大小国家的平等”和“尊重每一个国家按照《联合国宪章》单独地或集体地进行自卫的权利”是国家之间发展友好合作关系的基本原则。1975年在赫尔辛基通过的《欧洲关于指导与会国间关系原则的宣言》中声明,各与会国决心在它们的相互关系中“将尊重彼此的主权平等和个性以及由主权所固有和包含的一切权利,特别是每个国家在司法平等、领土完整和自由与政治独立方面的权利。它们还将尊重彼此自由选择和发展其政治、社会、经济和文化制度的权利以及制定其法律和规章的权利”。

总之,国家因其主权所固有的基本权利和义务是存在的。虽然国际法律文件所列举的国家基本权利和义务的具体数目、定义和内容不完全相同,但是,1949年《国家权利义务宣言草案》所列的那四种国家基本权利和义务则基本上已为国际社会所接受。

第二节 独 立

一、概述

国家主权是国家基本权利的基础。特别是主权与独立有密切的关系。

国家主权的概念源于法国博丹的主权学说。在他的《论共和国》中,博丹首次详尽地阐述了他的主权学说。他认为主权是主权者对领土及其居民的最高权力,除自然法和神法之外,不受任何其他权力所制定的任何法律和规则的约束,但在对外关系上它受一切国家共有的某些法则的限制。近代国际法学家格老秀斯在他著名的《战争与和平法》中,接受了博丹的国家主权的定义。他认为,凡行为不从属其他人的法律控制,从而不致因其他意志的行使而使之无效的权力,称为主权。格老秀斯同样反对把主权绝对化。在这一方面,瑞士的瓦泰尔被认为是第一个在国际法上给国家主权作出确切定义的人。他认为,作为国际人格者的国家,当独立于他国,自己管理自己,是国际社会直接成员时,它就是主权的。国家主权是相对的,不是绝对的。当代权威的国际法作者都同意主权是一个相对的概念,因为国际社会的现实是国际法与国家主权并存,坚持绝对主权最终将导致否定国际法,或否定国家主权。这就决定了国际法上的国家主权只能是国家对内的最高权和对外的独立权。那种不受任何法律的约束,不服从任何条件或限制的绝对主权只有超国家或世界国家才可能有,然而这样的国家是不存在的。国家主权的相对性主要体现在国家的对外关系上。在对外方面,主权就意味着独立。

关于国家主权与独立的关系及独立的含义,胡伯尔(Huber)在“帕尔玛岛案”

(1928 年)中作了精辟地陈述:"主权在国家之间的关系中意味着独立。关于地球的一部分的独立就是在该部分内排除任何其他国家的行使国家职能的权利"。[3]安只洛提法官(Judge Anzilotti)持类似的观点,他认为独立就是对外主权,是国家主权的重要方面,它意味着在国家之上没有国际法之外的任何权威。[4] 周鲠生也强调国家主权具有在国内最高的和对国外独立的特性,并指出这两个特性是相关联而不可分的,因为如果对外不是独立的,国家便要服从外来的干涉而失去其独立地处理其对内对外事务的自由,因而就不是主权的。因此,主权和独立往往同时并提,或将二者用于同一意义。[5] 确实有一些国际法学者主张用独立来代替主权,因为独立这个词语更恰当,更符合事实,而且更容易让使用它的人保持清醒的头脑。

总之,在国际法上独立与主权是密切相关的,特别是在对外方面,独立和主权具有相同的含义。独立作为国家主权在国际关系上的体现,是指国家可以按照自己的意志处理本国事务而不受其他国家或任何外来势力控制和干涉的权力。因此,独立主要包括两方面的意义:一是国家除受国际习惯法或条约的限制外,在领土范围内行使国家权力、不受任何外来干涉的完全自主性和排他性;二是国家除受国际习惯法或条约的限制外,自由地处理其国际事务的自主性和排他性。

国家的对内独立权表现在:国家可以颁布它认为适当的宪法,以它自己认为适当的任何方式处理其行政,制定它需要制定的法律,建立陆海空部队和军事设施,确定其国家形式、政治和经济体制,等等。当然,国家在行使其对内独立权时,应考虑国家因国际习惯法和国际条约而承担的国际义务。

国家的对外独立权是指,国家可以自由地处理其国际事务,如接受和派遣外交使节,参加国际会议,签订或加入国际公约,与他国缔结条约或协定,等等。国家对外独立权的行使当然也必须以遵守国际习惯法和对它有拘束力的国际条约为条件。

独立还表现在国家在其领土和主权管辖范围内行使权力的排他性。因此,独立权包含着国家的属人和属地优越权。国家属地优越权的排他性不仅意味着非经允许不得进入一国的领土,还表明,在一国领土内的一切人、物和事都处于该领土所属国管辖权之下,遵守该国的法律。外国人,除享有外交特权和豁免的人外,进入一国境内就立即处于该国的管辖之下,服从该国的法律约束。同时,根据独立权,主权国家还享有属人优越权,国家对于它的所有国民,无论他们位于何处,无论在国内还是在国外,或是在不属于任何国家管辖的地方,都有管辖权。

国家的独立是全面的,包括政治、经济等各个方面。而且政治独立和经济独立

---

〔3〕 转引自《王铁崖文选》,1993 年,第 360 页。

〔4〕 同上书,第 360 页。

〔5〕《国际法》,1981 年上册,第 75 页。

是相辅相成、密不可分的。只有经济独立,没有政治独立,不是真正意义的独立国家,而在政治上依附于他国的国家很难保持经济上的独立;只有政治独立,没有经济独立,政治独立不会巩固。但是在不同情况下可能某一方面更重要一些从而受到更多的强调。例如,对于尚未获得政治独立的民族,摆脱外国的统治和压迫,首先争取政治上的独立,要比经济上的独立更重要。对于已经获得政治独立的国家,经济上的独立开始受到更多的重视。

20 世纪 60 年代以后,非殖民化运动的胜利带来了国际社会政治力量对比的巨大变化。广大新独立国家在政治上获得独立之后发现,他们虽然在政治上摆脱了外国的统治和压迫,但在经济上还处于极为不利的地位,而且这种经济地位如果长期得不到改善,最终将对他们的政治独立构成威胁。为了争取经济上的独立地位,它们与经济落后的广大发展中国家一道,要求建立国际经济新秩序,强调国家在经济上的独立,并主张国家也应享有一些经济上的权利。联合国大会于 1974 年通过了三个有关文件:《建立新的国际经济秩序宣言》(1974 年 5 月 1 日)、《建立新的国际经济秩序行动纲领》(1974 年 5 月 1 日)和《各国经济权利和义务宪章》(1974 年 12 月 12 日)。这三个文件在强调国家政治独立和主权平等的同时,主张国家的经济独立。《各国经济权利和义务宪章》首先在第一章中将"各国的主权、领土完整和政治独立"、"所有国家主权平等"、"互不侵犯"等原则规定为国际经济关系的基本原则,然后在第二章中规定了各国的经济权利和义务。

关于国家的经济独立,该《宪章》在第 1 条和第 2 条中规定:"每个国家有依照其人民意志选择经济制度以及政治、社会和文化制度的不可剥夺的主权权利,不容任何形式的外来干涉、强迫或威胁。""每个国家对其全部财富、自然资源和经济活动有充分的永久主权,包括拥有权、使用权和处置权在内,并得自由行使此项主权。"在对待外国投资、外国跨国公司和外国财产方面,该《宪章》的第 2 条第 2 款规定:"每个国家有权:(1)按照其法律和规章并依照其国家目标和优先次序,对在其国家管辖范围内的外国投资加以管理和行使权力。任何国家不得被迫对外国投资给予优惠待遇。(2)管理和监督其管辖范围内的跨国公司的活动,并采取措施保证这些活动遵守其法律、规章和条例及符合其经济和社会政策。跨国公司不得干涉所在国的内政。(3)将外国财产的所有权收归国有、征收或转移,在收归国有、征收或转移时,应由采取此种措施的国家给予适当的赔偿,要考虑到它的有关法律和规章以及该国认为有关的一切情况。"该《宪章》特别注意发展中国家的经济独立,并强调对发展中国家的发展需要和利益应予以特别的照顾。该《宪章》在序言中指出,"加强发展中国家的经济独立"是"建立和维持一个公平合理的经济和社会秩序的途径"。《宪章》的许多条款都作出了照顾发展中国家利益的规定。

该《宪章》及其他两个文件都是联合国大会的决议,虽然该《宪章》的许多条款使用了有拘束力的条约语言,但是该《宪章》作为联合国大会的决议仅具有建议的性质。然而,这些文件,特别是《各国经济权利和义务宪章》,在法律上并不是没有意义的。

二、独立与不侵犯

国家独立意味着国家的主权和领土完整不容侵犯,国家的内政不容干涉。不侵犯和不干涉是尊重国家独立所必须承担的相应的义务。每个国家在享有独立权的同时承担着不侵犯他国的领土完整和政治独立及不干涉他国内政的义务。国家的独立权只有在与其相应的义务得到各国真诚地履行时,才能有保障。不干涉和不侵犯都是重要的国际法基本原则。

(一)不侵犯

《联合国宪章》把不侵犯他国领土完整或政治独立作为联合国及其会员国所应遵守的一项原则。《宪章》第2条第4项规定,不对任何国家的领土完整和政治独立加以武力威胁或使用武力。1949年《国家权利义务宣言草案》将不侵犯规定为国家的一项基本义务。《草案》第9条规定:"各国有责任不得借战争为施行国家政策的工具,并不得使用威胁或武力,或以与国际法律秩序抵触之任何其他方法,侵害他国之领土完整或政治独立。"禁止非法使用武力或武力威胁是国际法的重要基本原则。这项原则的具体内容在1970年《国际法原则宣言》中得到具体的阐述。该《宣言》宣布的第一项原则就是:各国在其国际关系上应避免为侵略任何国家领土完整或政治独立的目的,或与以联合国宗旨不符的任何其他方式使用武力或威胁。根据《宣言》的规定,不侵犯原则的具体内容是:各国有义务避免从事侵略战争的宣传;避免使用武力或威胁以侵犯他国现有的国际疆界和国际界线以及避免组织或鼓励组织非正规军或武装团体,包括雇佣兵在内,侵入他国领土。因此,《宣言》宣布:国家领土不得作为违背《宪章》规定而使用武力所造成的军事占领的对象。国家领土不得成为他国以使用威胁或武力而取得的对象,使用威胁或武力取得的领土不得承认为合法。

不侵犯和不干涉是相互关联的,武装干涉就构成侵犯。因此,不侵犯原则中包括不对他国进行武装干涉的内容。联合国大会于1965年通过的《关于各国内政不容干涉及其独立与主权之保护宣言》宣布:武装干涉及其他任何方式的干涉或对于一国人格或其政治、经济及文化事宜之威胁企图,均在谴责之列;使用武力以消除一个民族的特性构成对民族不可剥夺的权利的侵犯及不干涉原则的破坏。联合国大会又于1981年通过了一项新的不干涉宣言,即《不容干涉和干预别国内政宣言》。其宣布,各个国家在其国际关系上有义务不以任何方式威胁或使用武力以侵犯另一国家已经获得国际公认的现有国界,破坏其他国家的政治、社会或经济秩序,推翻或改变另一国家的政治制度或其政府,在各国之间制造紧张局势,或剥夺他国人民的民族特性和民族遗产;各国有义务保证其领土不被以任何方式用来侵犯另一国家的主权、政治独立、领土完整和国家统一,或扰乱其政治、经济和社会稳定;各国有义务避免对另一国家或国家集团进行武装干涉或对另一国家的内政采取任何军事、政治或经济干预行动、包括涉及使用武力的报复行动。不侵犯他国领土完整或政治独立久已成为一项重要的国际法基本原则,国家的不侵犯义务得到世界各国的接受。对一个国家进行的严重的武装侵犯即构成侵略。侵略是违反非法使用武力和武力威胁原则的最严重的形式。

(二)侵略定义

侵略是对一个国家领土完整和政治独立的最严重的破坏。但是对于具体哪些行为构成侵略的问题长期存有分歧,而缺乏确切的侵略定义对于有效地制止侵略行为是不利的,为此联合国大会于 1974 年 12 月 14 日通过了《关于侵略定义的决议》(以下简称《决议》)。《决议》第 1 条规定,"侵略是指一个国家使用武力侵犯另一国家的主权、领土完整或政治独立,或以本'定义'所宣示的与联合国宪章不符的任何其他方式使用武力"。《决议》在第 3 条中列举了七种构成侵略的具体行为,它们是:(1)一个国家的武装部队侵入或攻击另一个国家的领土,或因这种侵入或攻击而造成的任何军事占领,不论时间如何短暂,或使用武力对另一个国家的领土的任何吞并;(2)一个国家使用武装部队对另一个国家的领土进行轰炸或使用任何武器;(3)一个国家使用武装部队封锁另一个国家的港口或海岸;(4)一个国家使用武装部队攻击另一个国家的陆、海、空军或商船和民航机;(5)一个国家违反其与接受国签订的协定所规定的条件,使用其在另一个国家领土上的武装部队,或在协定终止后,延长该武装部队的驻扎时间;(6)一个国家允许另一个国家使用其领土对第三国进行攻击;(7)一个国家或以其名义派遣武装小分队、武装团队、非正规军或外国雇佣军,对另一个国家进行其严重性相当于上列各项行为的武力行为,或者该国实际上卷入了这些行为。侵略定义的确定在国际法上的意义是重大的,它是对潜在侵略者的一种威慑,也有利于对受害者的权利进行保护。但是《决议》(第 2 条)把确定一个国家的行为是否构成侵略的决定权交给联合国安全理事会。这被认为是《决议》的一个重要缺陷,因为如果常任理事国滥用权力,侵略者就会逃脱法律的惩罚,受害者的权利也得不到保护。

侵略、武装侵犯或武装干涉行为都构成对国家独立的破坏是显而易见的。有些非武力的、并非直接针对一国领土完整或政治独立的行为,虽然够不上侵略或侵犯但也可能构成对国家独立的侵害。

根据胡泊尔法官的解释,国家独立意味着在国家领土范围内排除任何其他国家的行使国家职能的权利。因此,国家有不在外国领土范围内行使国家权力的义务。国际常设法院在"荷花号案"(1927 年)中指出,国际法对国家施加的首要限制就是,除另有规定外,未经他国明示许可,国家不得以任何形式在他国领土范围内行使其权力。例如,1988 年美国与苏联签订的一个关于相互检查核导弹情况的协定，因为一些导弹位于设在第三国的基地，美国或苏联的官员如按协定在第三国执行检查，就必须事先征得这些国家的明示同意。在对等的情况下，国家之间习惯上相互同意对方在自己国家领土范围内行使一定的行政管理权。例如，两个相邻国家相互允许对方国家将海关设在自己国家的火车站以便检查旅行者的行李。又如，国家之间相互允许对方国家的领事官员在自己的领土范围内进行一定的行政和管辖活动。但是，这并不是说国家在他国的任何行为都必须征得他国的同意，否则就构成对该外国国家独立的破坏。那些并非因行使国家主权权力而进行的活动，如在外国购买房产或签订商业合同等，并不侵害有关国家的独立。

虽然不可能一一列举那些可能违反一国不侵害他国领土完整或政治独立的义务的行为，但可以举例说明哪些行为构成对国家独立的破坏。例如，未经允许或没有特别协定，一国不得派部队、军舰或警察进入或通过他国领土，或派国家航空器飞越他国领空；不得在他国领土上进行官方的调查或秘密交易活动；或未经允许在他国领土范围内行使行政或管辖职能。因此在实践中，各国行使国家权力的机关，如警察、海关和部队等，应注意它们在行使国家权力时，不能在未经允许的情况下进入他国的领土范围，否则就可能侵害他国领土完整和政治独立。如果一国的警察或部队为追捕逃到邻国境内的逃犯而未经允许进入该邻国领土，这种行为就是对领土完整和政治独立的侵害。

（三）不干涉

国家独立，除禁止对国家领土完整或政治独立的武装侵犯并排除其他国家在自己的领土范围内行使其国家权力外，还意味着国家的对内对外事务不容其他国家进行任何形式的干涉。干涉是指一个国家或组织通过强迫或专横的方式干预另一个国家的事务，以便强迫或阻止该国从事某种行为。

干涉的方式是多种多样的，除构成侵犯的武装干涉外，还有非武装的干涉，有政治和经济的、公开和隐蔽的、直接和间接的干涉等。现代国际法禁止任何方式的干涉。但在传统国际法上，某些形式的干涉被认为是合法的因而是被允许的，如依据权利的干涉、人道主义的干涉等。

所谓“依据权利的干涉”是传统国际法上的概念，它是指国家在某些情况下有权利对另一个国家进行干涉，被干涉的国家有义务忍受这种干涉。《奥本海国际法》第8版列举了7种国家有权进行干涉的情况，其中有：保护国对被保护国的一切对外事务有权干涉；当一个国家的对外独立或属地或属人最高权受一个国际条约的限制，而该国却不遵从这种限制时，其他缔约国就有权干涉；如果一个国家曾以双方国家之间签订的条约担保另一个国家的政府形式，在该国的政府形式发生变更时，有权进行干涉；如果一个国家的国外侨民的生命、安全、荣誉或财产受到对方国家的侵害,该国保护外国侨民的权利可以成为干涉的依据;等等。[6] “依据权利的干涉”存在概念上的混淆。既然干涉是专横的干预,那它一定是没有法律依据或权利依据的,因此是非法的。如果一种干预行为是以国际条约或国际习惯法为依据的,那它就不是专横的,因而不是干涉,而是合法的行为。没有必要把它们说成是“依据权利的干涉”以便证明它们的合法性。但是历史的事实证明,这种概念的混淆对于西方列强打着“依据权利的干涉”的旗号推行干涉别国内政的政策是有用处的。

所谓“人道主义的干涉”是指为人道而进行的干涉。支持“人道主义干涉”观点的法律依据是,虽然国家由于其属人和属地优越权可以自由地决定对本国人民的待遇,但这种自由是有限度的。如果一个国家犯有对本国人民实行残暴或迫害的罪行,以致否定他们的人权并且震骇人类的良知,这种行为就不再是纯属该国管辖的事务,那么,为人道而进行的干涉就可能成为法律所允许的。当代一些国际法学者提出为维护人权而进行的干涉是合法的干涉,也是基于同样道理。国际实践表明,大规模严重侵犯人权的行为,如灭绝种族、种族隔离、大屠杀等,是违反国际法上强行法规则的,这种行为构成国际罪行,从而超出一个国家国内管辖的范围,成为国际社会关注并应解决的事项。联合国组织对南非政府的种族隔离政策所采取的一系列制裁措施就是最好的例证。但是历史经验证明,当“人道主义干涉”被个别国家作为一项权利针对另一个国家加以行使时,它就会被滥用,因为这些国家往往是为了达到自私的目的,“为了人道”或“维护人权”只是掩人耳目的幌子。所以,认为国家有“人道主义干涉”的权利的观点是十分危险的,因此已经被世界多数国家所否定。至于国际社会为维护人权,制止大规模严重侵犯人权的行为而采取的全球性或区域性集体干预行动,不是干涉,更不能作为例证支持所谓“人道主义干涉”的权利或原则。当然并不排除会有个别国家不为任何自私目的,完全从人道主义出发而进行干涉的可能性,但那只能作为不干涉的例外。

此外,传统国际法还允许“应合法政府邀请的干涉”,即干涉是在被干涉国合法政府同意并主动要求的情况下进行的。这种干涉以“应邀请的援助”的形式仍然被某些当代国际法学者所接受。[7] 邀请可能是通过签订条约事先作出的,也可能是在国家发生需要外国援助的紧急情况下临时作出的。“应合法政府邀请的干涉”也存在许多问题。首先,它在概念上是自相矛盾的,因为干涉的重要特征是它的专横性,如果干预或援助行为确实是被干预或受援国合法政府同意并自愿邀请的,那么,这种行为就不是专横的,因而不是干涉。其次,在实践中,提出邀请的人可能不具有代表合法政府的资格,或者该政府的合法性是不确定的,或者所谓合法

---

〔6〕《奥本海国际法》,中译本,1972 年,第一卷,上册,第 230—233 页。

〔7〕《奥本海国际法》,英文版,第 9 版,第 435 页。

政府是被邀请国扶植起来的傀儡政权。最后,邀请可能是被迫的。干涉国可能为达到自私的目的向被干涉国施加军事、经济或政治压力,迫使其"同意"提出"邀请"。由于所谓"应合法政府邀请的干涉"在实践中常常被干涉国用来掩盖其干涉的真面目,因此被多数国际法学者所摒弃。至于国际社会成员间在平等的基础上建立的区域的或全球的集体安全体系以及在这种体系之下进行的集体进行的集体援助,或者为支援一个受外国压迫的民族以实现其民族自决权而提供的单独或集体的援助,是符合国际法的,不是干涉。

干涉他国内政被国际法所禁止。《联合国宪章》规定的联合国及其会员国所应遵行的原则中包括不干涉原则。《联合国宪章》第 2 条第 7 项规定,不得认为授权联合国干涉属于任何国家的内部管辖事项。1949 年《国家权利义务宣言草案》第 3 条规定:"各国对任何他国之内政外交,有不加干涉之义务。"1965 年《不干涉宣言》宣布,任何国家,不论为任何理由,均无权直接或间接干涉任何其他国家的内政和外交。1970 年《国际法原则宣布》宣布了措辞类似的不干涉义务。1981 年《不干涉宣言》宣布,任何国家或国家集团均无权以任何方式或以任何理由干涉或干预其他国家的内政或外交。

一般说来,不干涉是指国家有义务不得在处理国内事务和国际交往方面阻止或强迫另一国家从事某种行为,包括阻止或强迫另一国家选择国家的政治制度、经济体制、外交政策等以及不得从事鼓动或支持另一国的内乱的颠覆性活动。1949 年《国家权利义务宣言草案》第 1 条规定:各国"有权自由行使一切合法权力,包括其政体之选择,不接受其他任何国家之命令"。该草案第 4 条规定:"各国有不在他国境内鼓动内乱,并有防止在本国境内组织鼓动此项内乱活动之责任。"1965 年《不干涉宣言》宣布:任何国家均不得使用或鼓励使用经济、政治和任何其他措施威胁他国,以谋该国在行使国家主权权利方面的屈服,或以谋取任何利益。同时任何国家亦均不得阻止、协助、制造、资助、煽动或纵容意在以暴力手段推翻另一国家政权的颠覆、恐怖或武装活动,或干涉另一国家的内乱。1970 年《国家法原则宣言》关于不干涉原则也包括措辞类似的陈述。1981 年《不干涉宣言》宣布的不干涉义务包括各国有义务避免:利用和歪曲人权问题,以此作为对其他国家施加压力或在其他国家或国家集团内部或彼此之间制造猜疑和混乱的手段;使用恐怖主义做法作为对付另一国家的国家政策;组织、训练、资助和武装其别国领土或其他国家领土内蓄意在其他国家进行颠覆和制造混乱和动乱的政治和种族集团。

各国有义务不在他国境内进行颠覆性行为,也有义务防止在其领土范围内从事颠覆他国的行为。但这并不意味着国家必须禁止个人对他国的政策有批评性或攻击性言论或进行反对他国政府的宣传性行为。但是,如果个人的行为并不限于批评或宣传,而达到旨在颠覆或推翻他国政府的程度,情况就完全不同了。这时,国家有义务禁止这种行为。不过,在实践中,批评或攻击性的宣传与颠覆性行为之间的区别有时是难以确定的。如果个人的颠覆性活动是以组织军队或其他明显的武装敌对活动的形式,其颠覆性则确定无疑。国家就有义务禁止将其领土用于进行此类活动。因此,国家在给予寻求政治避难者以庇护时应十分谨慎。特别是对那些因政变未遂或因政权被推翻而逃往国外的政治人物更应谨慎从事。因为这些人往往会在流亡期间策划推翻其本国政府的活动,许多国家都把禁止进行影响其所属国的政治、经济和社会稳定的活动作为答应给他们以庇护的条件。

随着国家经济独立日益受到各国特别是发展中国家的重视,各国在经济方面的不干涉义务也得到强调。根据1974年《国家经济权利和义务宪章》,每个国家享有"依照其人民意志选择经济制度以及政治、社会和文化制度的不可剥夺的主权权利"以及选择其发展目标和途径的权利,同时承担不以任何形式进行"干涉、强迫或威胁"及其他相应的义务和责任。1981年《不干涉宣言》宣布的不干涉义务包括:"各国有义务在处理其经济、社会、技术和贸易的国际关系上避免采取任何措施以干涉或干预另一国家内政或外交事务,从而妨碍该国自由决定其政治、经济和社会发展,此项义务除了别的以外,还包括各国不得在违反《联合国宪章》的情况下利用其经济外援方案,或施行任何多边或单边经济报复或封锁,或利用其管辖和控制下的跨国公司和多国公司,作为向另一国家施加政治压力或进行胁迫的手段。"

应当指出,虽然不干涉原则作为国际法基本原则久已被世界各国所接受,但由于不干涉的问题在很多情况下带有复杂的政治因素,在合法和正义与非法和非正义之间的界线有时难以分清。无论过去还是现在,违反不干涉义务的现象时常发生,而且许多干涉行为都是隐蔽的或披着合法外衣的。

第三节 平 等

国家主权平等是指无论国家大小强弱或其政治、经济、社会制度如何,在国际法上的地位是完全平等的。真正意义上的国家平等不仅指形式上的平等,更重要的是指实质上的平等。

国家平等也是以国家主权为依据的。由于国家是主权的,因而是平等的。各主权国家都是国际法的主体,在国际法上国家都是国际社会的平等成员。从各国的政治和经济实力、领土的面积等其他自然条件来看,各国间不可能是相同的,在这种意义上的平等是不可能的。但作为国际社会的成员,即使国家在政治力量或经济实力上千差万别,但原则上它们在法律上都是平等的。这是国家主权在国际关系上产生的必然结果。

主权国家之间的平等是国际法的基础。国家在其相互关系中的平等及在国际法上的平等得到《联合国宪章》的确认和其他国际文件的重申。《联合国宪章》第2条将“会员国主权平等之原则”规定为联合国组织及其会员国应遵行的首要原则。1970年《国际法原则宣言》在序言中“重申主权平等依据宪章所具有之基本重要性，并强调唯有各国享有主权平等并在其国际关系上充分遵从此一原则之要求，联合国之宗旨始克实现”。国家主权平等原则还得到许多区域性国际文件的确认，如《美洲国家组织宪章》、《非洲统一组织宪章》和《亚非会议最后公报》。国家主权平等是国际法的基本原则之一。国际法上的许多规章制度都是以国家主权平等为基础的。

平等的概念在国际法上实际并非完全是个人之间平等概念在国际上的延用。国际法上强调国家平等是为了防止因实际的不平等（国家实际上是有大有小，有强有弱）导致的不公平，防止强国将它们的意志强加给弱国。在这种意义上，国家平等的真正含义是不同国家，无论大国还是小国，强国还是弱国，在它们相互关系上的平等地位。

由于国家在现实国际生活中存在着很大差别，因而对国家平等的理解可能走向两个极端。一种是绝对平等的主张，认为任何对理想的平等的偏离都是错误的。持这种极端思想的人忽视了在当代世界社会中平等原则的适用存在着极其复杂的社会、政治和法律问题，忘记了任何原则的含义和内容都是由原则适用的范围和环境所决定的。另一种对平等的理解是由于深信事物的自然秩序不可改变，认为不平等和由此带来的不公平都是正常的和不可避免的，是由自然法则调节的，而国家平等只是一种幻想。这种以宿命论为基础的论点更是不能接受的，因为这种观点认为小国弱国应该安于不平等的现状，大国的专横以及它们对弱小国家的欺凌是理所当然的。这两种观点都是不客观的。正确的理解应当介于这二者之间，它意味着国家不论大小强弱作为国际社会的一员在国际上具有平等的地位，但这种平等并不是绝对的，没有任何例外的。国家平等有两个方面：即法律上平等和功能上平等。

传统上的国家平等主要是指国家在国际法上的平等。国家的平等权表明：首先，国家在国际法上具有平等的法律地位，无论国际法对国家有哪些保护，这些保护应以平等的方式适用于每个国家。其次，任何国家有权平等地在国际上享有权利并承担义务，并有权平等地实现其权利并履行其义务。再次，所有国家都有在国际上求偿的能力并有权在解决争端的法律程序中享有平等的地位，也就是在法院上的平等地位。最后，无论在国内还是国际上，各国作为主权实体有权在法律面前得到充分的尊重。国家主权豁免制度就是以此为基础的。

所谓功能上平等是指在国际关系中的国家平等，涉及国家法律活动之外的一些活动。主要是：第一，国家在参与解决国际问题方面的平等，包括平等地参加与国家的利益相关的国际会议、国际组织和多边公约。第二，国家在国际组织中的主权平等。国家平等权在国际组织中得到较为普遍的尊重，但也有明显的偏离之处。例如，联合国安理会的投票有不平等的法律效果。第三，国家在国际法制定过程中的平等。根据传统国际法，国家之间建立法律关系必须符合自由同意的要求，任何国家不得被迫接受一项新的法律规则。第四，自由选择的平等。虽然从严格意义上讲这不是功能上平等，但它也不属于法律上平等，而是从《联合国宪章》第 1 条第 2 款“尊重人民平等权利及自决原则”引申而来的概念。自由选择的平等是指，各国人民有自由选择其政府形式和政治制度以及经济、社会和文化发展方向，制定其法律和政策的平等权利。任何外部力量强迫一国放弃自由选择权利的行为都是对该国平等权的侵犯。

可以看出，平等概念有狭义和广义之分。狭义的平等就是国家在国际法上的平等，是指主权国家在国际关系中的平等地位，几乎包括国家主权在国际关系上的各个方面。1970 年《国际法原则宣言》对平等权的内容所作的详细描述，是广义的概念。根据该宣言，主权平等尤其包括下列因素：(1) 各国法律地位平等；(2) 每一国均享有充分主权的固有权利；(3) 每一国均有义务尊重其他国家的人格；(4) 国家的领土完整及政治独立不得侵犯；(5) 每一国均有权利自由选择并发展其政治、社会、经济及文化制度；(6) 每一国均有责任充分并一秉诚意履行其国际义务，并与其他国家和平相处。1975 年《欧洲安全与合作会议最后文件》也对国家主权平等作了类似广义的阐述：与会国将相互尊重主权平等和独立及因主权固有的和主权所包含的所有权利，特别包括各国法律平等、领土完整、自由和政治独立。在国际法范围内，所有与会国均有平等权及义务。它们将相互尊重各国依据国际法及本宣言的精神，按照自己的意愿确定并进行与他国的关系。各与会国认为其边界可依据国际法、通过和平的方法并通过协议改变。它们还有权属于或不属于某国际组织，参加或不参加双边或多边条约，包括成为或不成为同盟条约缔约国的权利；它们还有中立的权利。

为了维护国家的平等，国际法上有一些规则和习惯：(1) 如果发生了必须通过投票达成协议才能解决的问题，或国际会议通过国际文件，每个国家都有投票权，而且，除非同意有例外，每个国家只有一个投票权。(2) 关于各国投票的法律效果，在国际组织中和国际会议上，每个参加国都有同等的代表权和投票权。无论最小的还是最大的国家，最弱的还是最强的国家，它们所投的票在法律上的效力都是一样的，除非小国或弱国同意有不同的效果。(3) 一般的国际法规则对国家的约束力都是以国家的同意为基础的，任何非经一国同意，强迫服从国际法规则的行为都是对该国平等权的侵犯；任何通过胁迫使一国接受的条约或公约，对该国都是不平等的。(4) 关于条约文本以哪国的文字作准的问题，如果是双边条约，各缔约国都有使用本国文字的权利，而且各缔约国的文字具有同等效力，即各国文字均可作准。(5) 在国际组织里和国际会议上，各国的位次以有关组织和会议所使用的文字字母顺序排列。在签约时,各缔约国按“轮换制”在它自己保存的一份约本上名列首位,它的全权代表在这份约本上首先签字。(6)根据平等者之间无管辖权的法律格言,任何国家不得主张对另一国实行管辖。因此各国在外国法院享有国家豁免权。

第四节 自 卫

自卫作为国家主权的重要体现,是指在国家遭到外来武装攻击时可以采取相应的武力措施进行反击的权利。《联合国宪章》禁止使用武力,而自卫权的行使是禁止武力的例外。虽然自卫作为国家的基本权利得到各国普遍的承认,但对自卫的解释,特别是自卫是否受法律的限制、受什么限制以及如何确定一个合法的自卫行为等问题还存有分歧。

自卫权原来是以自保权为依据的。根据国家主权原则,各国都有义务相互尊重他国的主权和独立。各国为了保卫自己的生存和安全,维护自己的主权和独立,有权采取国际法允许的一切措施进行自我保全的权利,这就是所谓的自保权。在传统国际法上,自保权包括国家的战争权,即当国家认为其权利和利益有必要时,它可以通过战争的方式来取得或维护自己的权益,以达到自保。自从国际法开始明确废弃战争以来,国家的自保权就不再包含战争的权利。自保权不能作为国家违反《联合国宪章》第2条第4项的合法理由。因此,自保权仅限于自卫权,任何以自保为理由对他国使用武力的行为都应是国际法所禁止的。

自卫权就是国家在遭到武装侵犯时,采取武力反击的权利。对自卫权,《联合国宪章》作了明确的规定。《宪章》第51条规定:“联合国任何会员国受到武力攻击时,在安全理事会采取必要办法,以维护国际和平及安全之前,本宪章不得认为禁止行使单独或集体自卫之自然权利。会员国因行使此项自卫权而采取之办法,应立即向安全理事会报告,此项办法于任何方面不得影响该会按本宪章随时采取其所认为必要行动之权责,以维护或恢复国际和平及安全。”虽然《宪章》第51条仅规定不禁止自卫权,但它承认自卫的“自然权利”,成为关于自卫权的重要的法律依据。

《宪章》第51条包含四个因素:第一,单独或集体的自卫是国家的自然权利,即主权国家固有的权利;第二,自卫的前提是国家受到他国的武力攻击;第三,自卫权的行使是在受到武力攻击之后,安全理事会采取必要办法之前,如果安全理事会已经采取或正在采取必要行动,自卫权的行使不得影响安全理事会的权责;第四,会员国应将其采取自卫的办法立即向安全理事会报告。

在《宪章》起草阶段,第51条被认为目的在于加强安全理事会的作用,因此国家自卫权只是通过“不得认为禁止”的语气得到肯定。会员国自卫权的行使以不影响联合国集体安全体系下所进行的维持和平行动为前提条件。第 51 条通过要求会员国将其“因行使此项自卫权而采取之办法……立即向安全理事会报告”,并“不得影响”安全理事会“随时采取其所认为必要行动之权责”,把会员国自卫权的行使纳入联合国集体安全的体系中。

对第 51 条有两种解释:广义的解释和狭义的解释。广义解释认为,《联合国宪章》第 2 条第 4 项并不禁止自卫,而且《宪章》其他条款也不禁止自卫。《宪章》第 51 条所肯定的是自卫的一种形式,即国家对外来武力攻击进行的自卫,但并不排除还存在其他自卫的情况。从《宪章》起草的准备文件中可以看出,第 51 条并不削减国家的自卫权。不能因为第 51 条仅明文允许针对武力攻击的自卫权,就认为只有针对武力攻击的武装自卫才是合法的。但是这种广义的解释是把自卫权作为因法律权利遭到侵害而对有关国家使用武力的合法依据,这就超出了自己的正当范围。

狭义的解释认为,《宪章》加强安全理事会在维护国际和平及安全方面的作用,主要的目的是取消国家使用武力的权利。因此,除了明确允许的因行使自卫权而例外地使用武力外,应禁止国家的一切武力措施。《宪章》第 51 条明文允许会员国在遭到武力攻击时,可以采取武力措施。国家只有根据这一条才可以使用武力。

上述两种解释的分歧在于,是否只有在遭到外来武力攻击时方可采取武装自卫措施,这是关系到自卫权行使理由的重要问题。依照《宪章》第 51 条本身的规定,狭义解释是正确的。第一,第 51 条明确规定自卫权的行使是在遭到武力攻击后,安理会采取集体行动前。第二,第 51 条没有明文限制自卫权只有在遭到武力攻击时方可行使,但是,《宪章》第 2 条第 4 项明文禁止会员国使用武力。该项规定:“各会员国在国际关系上不得使用威胁或武力,或以与联合国宗旨不符之任何其他方法,侵害任何会员国或国家之领土完整或政治独立。”这项规定可以说明国家只有在遭到武力攻击时才可以采取武装自卫措施。第三,《联合国宪章》的首要宗旨是“维持国际和平及安全……并以和平方法且依正义及国际法之原则,调整或解决足以破坏和平之国际争端或情势”。如果认为《宪章》允许国家为维护其被侵害的法律权利可以采取武力自卫措施,将不利于国际和平及安全的维护,与《联合国宪章》宗旨不符。

其他国际法律文件关于自卫权的规定也支持上述狭义解释。例如,1949 年《国家权利义务宣言草案》第 12 条规定:“各国受武力攻击时,有行使单独或集体自卫之权利。”1955 年万隆《亚非会议最后公报》称:“尊重每一国家按照《联合国宪章》单独地或集体地进行自卫的权利。”1987 年联合国大会通过的《加强在国际关系上不使用武力或进行武力威胁原则的效力宣言》宣布:“依《宪章》规定,各国受武装攻击时有单独或集体自卫的固有权利。”

任何权利都不是绝对的，要受到法律的约束，国家的自卫权也不例外。自卫权的行使必须是合法的、正当的。在这方面至少要对三个有关的问题予以澄清。

(一)行使自卫权的前提

自卫权是国家的自然权利，是国家主权的必然结果和重要体现。但是，国家进行武装自卫的前提应该是遭到武装攻击。这一点在《宪章》第 51 条中有明确规定。如果因另一国违背条约义务或未履行其他国际义务使一国的权利或利益受到侵害，并从而引起国际争端，该国应以和平的方法去解决，而不能诉诸武力。因此，根据《宪章》第 51 条以及《宪章》关于禁止使用武力和武力威胁、用和平的方法解决争端的各项原则，国家进行武装自卫的前提只能是也必须是遭到武装攻击。"武装攻击"包括直接的武装攻击和间接的武装攻击。直接武装攻击指一国的正规武装力量跨越另一国国界，对该国发动攻击；间接武装攻击指一国直接或代表一国派遣武装集团或雇佣军到另一国采取武力攻击，这种武力攻击的猛烈程度与正规部队的武装攻击相同。但间接武装攻击不包括向另一国的反对派集团提供武器、后勤、财政或其他形式的支持，虽然这种行为构成了非法干涉他国内政。与国家自卫权行使的前提有关的另一个问题是，国家是否可以因遭到武力威胁而进行武装自卫。《宪章》第 51 条并没有这样的规定。在原则上，自卫权行使的前提不包括武力威胁，除非武力威胁到了不采取武力不能消除的程度，然而也只能作为自卫的例外。

(二)必要性和相称性

武装自卫既要有合法的前提，又要行使得当。早在 19 世纪初，美国国务卿韦伯斯特曾就 1837 年的"卡洛林事件"提出自卫权的基本要素问题。他认为自卫必须是在迫切、压倒一切的必要，别无其他选择，也没有时间作周密考虑的情况下进行的。而且武装自卫行为不能有任何不合理和过分的成分，因为由于必要才合法的自卫行为，必须在必要这个限度内进行，并明白地遵守这个限度。符合自卫的必要性和相称性要求，是确定自卫权的行使是否得当的标准。国际法院在"尼加拉瓜诉美国"案的判决(1986 年)中指出，合法的自卫措施必须符合必要性和相称性的标准。法院认为，美国的行为不符合必要性和相称性要求。因为一方面，受到尼加拉瓜攻击的国家在很久以后才向安全理事会报告；美国对尼加拉瓜的行动也是在萨尔瓦多反政府武装向该国政府发动大规模进攻之后很久才采取的，这种并非急切采取的行动，不符合必要性的要求。另一方面，即使尼加拉瓜援助萨尔瓦多反政府武装是事实，至多构成对萨尔瓦多内政的干涉，而不是武装自卫的理由，因此美国的行动违背了相称性原则。

一国在因遭受外来武装攻击而其安全受到威胁时，应立即采取自卫措施，因为只有这样才符合必要性要求，否则就是不必要的，因而是不正当的。但是，如果一国在遭到武装攻击后其全部领土或部分领土被侵略国所占领，在准备采取击退来犯之敌时，战斗暂时结束了。在这种情况下，行使自卫权仍然是合法的。1990 年伊拉克占领科威特的全部领土，构成连续性的武装攻击，从而使自卫权的行使合法化。但是，连续性的武装攻击如果在时间上超过一定的限度则不构成武装自卫的前提。对武装侵略所采取的武力措施是国际法对侵略所发生的效果，而在严格意义上不属于自卫的范围之内。

第五节 管 辖

一、概述

国家的管辖是国家对其领土及其国民行使主权的具体体现。在实践中，国家管辖并非单一的概念，它包括不同的方面，具有各种不同形式。在国际法上国家管辖权分为依据国籍的管辖，即属人管辖；依据领土的管辖，即属地管辖；为保护一国及其国民的重大利益而实行的管辖，即保护性管辖；为维护国际和平与安全和人类共同利益而实行的管辖，即普遍性管辖。在国内，国家的管辖权可分为立法、司法和行政管辖，其中司法管辖又分为民事、刑事和行政管辖。在不同方面和不同形式下，管辖权的内容是不同的。

管辖既涉及国际法也涉及各国国内法。国际法规定国家管辖的范围以及对国家行使管辖权可能的限制；国内法则确定国家管辖权具体行使的形式、方式和程度。由于关于国际法上国家管辖的法律规则与各国国内法之间的密切联系，而且各国在管辖的问题上均以本国利益为重，这个问题在国际法上呈现复杂的情况。一些国家有可能基于某种理由，主张对在外国领土的外国人实行管辖；也可能从某种利益考虑，放弃它对应该管辖事项的管辖；有时可能出现基于各自不同的理由，两个甚至两个以上的国家对同一个人或同一案件实行管辖，即管辖冲突；也可能由于另外的原因，没有任何国家主张对一个案件实行管辖，即无人管辖现象。国际法通过条约或协定的方式试图避免或减少在管辖问题上的不正常现象，但大多限于国际法的某个具体领域，如海洋法、航空法、外空法、外交关系法等。

二、国家的属地管辖

根据“领土内的一切都属于领土”（quidquid est in territorio est etiam de territorio）的法律格言，国家对其领土范围内的一切人、物和事享有完全的和排他的管辖权，即国家的属地优越权，也称领域管辖权。因此，所有处于一国境内的人和财产以及在一国境内发生的一切事件都处于该国的管辖之下。外国人，除根据国际法上国家主权豁免和外交和领事特权和豁免享受豁免权的人外，一进入一国领土就立即处于该国属地管辖之下。

但是,国家属地管辖权的行使并非如此简单。无论是民事还是刑事案件,一般情况下被告在一国领土境内即可由法院行使管辖。不过多数国家的法律都规定国家要行使管辖权,不仅被告人身处该国,还要有一个能够推断被告处于该国的条件,即被告人与该国有基本的联系。所谓基本联系包括被告人在该国拥有财产(至少拥有诉讼标的物或与诉讼直接有关的财产)、从事商业活动(至少是引起诉讼或与诉讼有直接关系的商业活动)等。

在国际实践中,可能出现一个案件并非完全局限于一国境内的情况。例如,一个外国人站在邻国边境线的那一边,开枪杀死了一国位于这一边的国民。为了解决这个问题,常常有属地管辖原则的延伸适用的主张,即所谓主观和客观适用。主观适用是指国家属地管辖原则对那些开始于本国境内但终止于他国的罪行行使管辖权;客观适用是指属地管辖原则适用于终止于本国但并非从本国开始的罪行。

此外,还有一种以犯罪效果及于本国为由,主张适用属地管辖原则的情况,即以效果为基础的属地管辖。这在实际上也是属地管辖原则的一种延伸适用。从表面来看,它与管辖权的客观适用类似,但二者却是有区别的。后者的犯罪终结地及犯罪效果地都在要求行使属地管辖权的国家境内;前者的情况下只有犯罪效果地在该国境内。但是,如果把犯罪效果也视为犯罪行为的组成部分,这种区别就没有什么意义了。英国和法国法院以及国际常设法院都曾承认犯罪效果地国的管辖权。根据《德国刑法典》,行为地和效果发生地都是犯罪地。美国法院曾经坚持被告犯罪行为虽不在美国发生,但犯罪目的在美国达成,美国法院仍有管辖权。

国家属地管辖权行使的范围及于一国国内的所有人、物和事,包括外国人,但享有国家豁免(如外国国家元首、外国的军舰和部队)、外交和领事特权和豁免的外国人除外。这是国际法允许的,也是国家属地管辖原则的例外。此外,虽然在原则上国家可以根据属地管辖原则,对不享有特权和豁免的一般外国人,像对待其本国人那样实行管辖,但这也不是绝对的。例如,国家不能强迫外国人服兵役,不能向在其领土过境的外国人征税等。

三、国家的属人管辖

国家的属人管辖权是指国家有权对一切具有本国国籍的人实行管辖,而不问其居住在国内或国外,因此也称依据国籍的管辖。依据属人管辖权,国家可以对其在外国旅游或居住的国民实行管辖。

国际法虽然并不禁止国家对其在国内外的本国人行使管辖权,但是却限制其行使权利的方式,即国家只能在自己的领土范围内,而不能到他国领土上去行使其属人管辖权,否则就是对他国领土主权的侵犯。因此,如果一国要对身处国外的本国人执行法律,必须等他们或其财产回到或在该国或该国管辖的范围时才能进行。

在刑事案件中,各国依其国内法对在外国犯罪的本国人要求实行管辖的程度不尽相同。一些国家对所有在外国触犯本国刑法的本国人实行管辖,有些则仅对犯有某些特定的罪行的人行使属人管辖权。

在属地和属人管辖权中,前者是国家管辖的主要基础。虽然其他国家依据属人管辖权与一国的属地管辖有时会发生重叠,但该他国属人管辖权的行使如果与属地管辖权冲突,一般是前者服从于后者。在刑事管辖方面,通常,属地管辖权可以立即行使;属人管辖权则不易做到这一点。无论一国多么重视对其在外国犯罪的公民行使管辖权,但它不能到他国境内行使其主权权力,只能等待其国民返回或被引渡到本国,才能采取有效措施对其行使管辖。所以,属地管辖权是基本的;属人管辖权是辅助的。在民事管辖方面,国家管辖权的冲突常常为有关个人带来不便甚至不公平,如双重收税。在国际实践中,国家之间常常通过缔结专门协定的方式以减少这种冲突。

四、保护性管辖权

保护性管辖权是指国家以保护本国重大利益为基础对外国人在外国的犯罪行使管辖的权利。在国际实践中,国家一般并不主张对在外国的外国人行使民事和刑事管辖权。但是,许多国家的法律都规定在有限的特殊情况下可以行使这种权利。

国家主张对外国人在国外的犯罪行使刑事管辖权时,其罪行一般限于直接针对国家本身的犯罪(如杀君罪、伪造货币罪等)和针对其国民的犯罪(如谋杀罪、纵火罪和诽谤罪等),一般属于世界各国公认的犯罪行为。国家保护性管辖权的行使当然也不能在他国领土上进行,必须在罪犯进入该国境内或处在该国领土管辖范围内才可以采取追诉措施。

国家的保护性管辖权在某种意义上与属地管辖权的客观适用有一定联系,因为国家所保护的是本国及本国国民的重大利益和人身安全,而国家主张实行刑事管辖的罪行,均为其后果触犯本国利益和本国国民人身安全的罪行。一般认为,这种管辖权的行使与国际法并不冲突,但是如果把国家的利益或其国民的安全解释得太宽,则可能造成权利的滥用。

保护性管辖是国家属地管辖的例外,但这种例外仅适用于影响国家安全和重大利益的严重罪行,如威胁国家政治独立和军事安全以及破坏国家的移民规则等等。至于这种例外是否适用于仅影响国家其他利益的行为,各国有不同的实践。如果这种管辖权的行使涉及国家国内法的域外适用或域外执行,就可能引起问题。因为主张对外国人在外国的犯罪行使管辖权,有构成干涉内政、侵犯该外国国家平等权和国家主权的危险。

五、普遍性管辖权

普遍性管辖权是指国家根据国际法对于某些特定的国际罪行,无论罪犯的国籍如何也无论其犯罪处于何地,实行刑事管辖的权利。这种管辖权的基础不是属地管辖原则,不是属人管辖原则,也不是属地管辖原则的主观和客观适用,而是基于对国际和平与安全及全人类的利益的维护。

普遍性管辖权不仅是属地管辖原则也是属人管辖原则的例外,它是国际法根据罪行危及世界和平与安全、危害全人类的共同利益的性质赋予国家的权利。换言之,由于犯罪的性质已经到了如此严重的程度,以致国际法允许罪犯所在地国可以不管罪犯的国籍如何和犯罪地在何处,对罪犯行使刑事管辖权。

根据国际习惯法和有关国际公约,可以适用普遍性管辖原则的罪行主要包括战争罪、贩运毒品、贩卖人口罪及严重破坏人权的罪行,如种族灭绝、种族隔离、酷刑和破坏海上和空中安全的海盗罪和空中劫持罪等。应当注意的是,国家普遍性管辖权的行使也只能限于本国领土内和属于本国领土管辖范围内或不属于任何国家管辖的地方。

虽然在理论上通常以上述分类来讨论国家的管辖权,但在实践中,国家行使管辖权并非严格地按照这种分类去提出主张或行使权利。因此,上述分类只是为研究的方便起见。目前甚至有这样一种倾向,即把这些不同种类的国家管辖权都视为一个广泛原则的组成部分。根据这个原则,国家管辖权的行使取决于存在于管辖标的物与主张行使管辖国家之间的真正联系。因此,国际法并没有统一的国家管辖权的分类。无论如何,在这四种管辖权中只有属地管辖权和属人管辖权属于国家的基本权利,其中属地管辖权是最基本的、主要的权利。

第六节　国家主权豁免

一、概述

国家主权豁免是指国家根据国家主权和国家平等原则不接受他国管辖的特权。国家主权豁免是国家平等的必然结果,因为按照“平等者之间无管辖权”(Par in parem non habet imperium)的格言,任何国家不能对其他主权国家实行管辖。同时,国家独立和国家尊严也是国家豁免的基础。国家主权豁免是一般承认的国际法原则。

国家主权豁免是不仅涉及国际公法还涉及国际经济法、国际私法等其他领域的重要问题。对于国家豁免的主体、国家豁免的范围和内容等重要问题还存有分歧。联合国国际法委员会起草并于1991年二读通过了一个《国家及其财产的管辖豁免条款草案》(以下简称《草案》),但对该草案中的一些问题还有不同意见。

在国际关系和国家之间的相互交往中,外国国家及其代表、国家的军队、船舶或航空器进入并居留一国境内或在其管辖范围内，这是司空见惯的事情。根据国家主权豁免原则，外国及其代表或机关享有一些特权和豁免，即它们有免除接受国或驻在国管辖的权利。但是，这并不意味着外国的行为在接受国境内可以不受任何约束。如果外国的行为超出了权利的范围或违反了国际法规则，接受国有权采取适当措施防止发生或制止这种行为。

长期的国际实践证明，各国都承认外国国家及其财产的管辖豁免。豁免的一般形式是，一国法院拒绝对涉及外国行为或其财产的案件行使管辖权，而这类案件应由国家行政机关通过外交途径解决。但是，外国国家行为的豁免有绝对豁免与限制豁免的两种主张。目前，限制豁免逐渐得到越来越多国家的接受。1991 年《草案》中明确规定出一些不得援引国家豁免的诉讼。

二、国家主权豁免的主体

国家应该是当然的主权豁免享有者。根据国家平等原则，任何国家都有豁免权。但是，什么是国家？这是一国法院是否给予国家豁免的前提。关键不是国家在国际法上的概念，而是作为行为者，谁可以代表国家从而成为国家定义的一部分。只要一个国家承认一个外国为主权国家，该国法院就应该承认该外国的豁免权。但“国家毕竟是个抽象的名词，国家的行为都是由代表国家的个人或集体来完成的。因此，要确定谁是国家豁免的主体，就必须分辨哪些个人或集体可以代表国家或经国家授权从事国家行为。

根据 1991 年《草案》为国家所下的定义，国家是指：(1)国家及其政府的各个机关；(2)联邦国家的组成单位；(3)受权为行使国家主权权力而行为的国家政治区分单位；(4)国家机构或部门和其他实体，只要它们受权为行使国家权力而行为；(5)以国家代表身份行为的国家代表。依此定义，联邦国家的成员有豁免权，地方政府、国家机构或部门只有经授权行使国家主权权力时才享有这项权利。但是，是否这些实体的所有行为都享有豁免权呢？绝对主权豁免与限制豁免的支持者对这个问题有不同的回答。

三、绝对豁免主义与限制豁免主义

19 世纪以前国家很少进行商业活动，因此国家的所有行为都享有豁免。19 世纪以后，国家涉足商务、企业的规模逐渐扩大，产生了国家在贸易上的垄断以及国家经营铁路、海运和邮政服务的现象。特别是社会主义国家出现以后，国家在从事商业活动方面发生了根本的改变。有关国家主权豁免的国际法原则先是在理论上遇到挑战，后来，特别是 20 世纪以后，一些国家的法院开始对逐渐扩展的国家商业活动作出反应。例如，比利时和意大利法院在处理涉及外国的案件中把国家或其政府的“统治权行为”与“管理权行为”区别开来，对后者不给予豁免。这种做法通常被称为限制豁免主义或相对豁免主义。对国家所有行为都给予豁免的做法就被称为绝对豁免主义。据统计,已经有至少 25 个国家采取限制豁免主义,另有 11 个国家在原则上支持限制豁免主义。一些国家的立法中反映了这种实践,如澳大利亚 1985 年《外国国家豁免法》、加拿大 1982 年《国家豁免法》、巴基斯坦 1981 年《国家豁免法令》、新加坡 1979 年《国家豁免法》和南非 1981 年《外国主权豁免法》。美国从 1952 年就开始采取限制豁免主义,但美国法院的实践并不完全统一。因此美国国会在 1976 年制定出《外国主权豁免法》以便采用统一和确定的限制豁免主义立场。英国议会于 1978 年制定出《国家豁免法》,该法确定了英国法院在裁判和执行这两个方面实行限制豁免主义。

1972 年《欧洲国家豁免公约》是在总体上放弃绝对豁免主义的区域性国际公约。该公约第 15 条规定,除公约其他条款另有规定外,外国在地方法院享有豁免。根据该公约其他条款,外国不享有豁免的情况多数是那些被视为涉及"管理权行为"的情况。

虽然限制豁免在一些国家的法院已基本形成一种趋势,但是,有限豁免原则不仅没有在国际习惯法或一般国际法上取得确定的地位,也缺乏确切的申述。这主要是因为各国在关于绝对和限制豁免问题上尚有分歧。多数国家已不再坚持"所有的国家行为都享有豁免"那种意义上的绝对豁免主义。分歧的焦点不是国家豁免权是相对的还是绝对的,而是如何对待不得援引国家豁免的情况。关于这个问题,有两种不同的观点。一种观点认为,不得援引国家豁免的情况就是对国家豁免权的限制。持这种观点的人倾向于将限制豁免作为一项国际法规则对待。另一种观点则认为国家管辖豁免是国际法的规则,不得援引国家豁免的情况只能视为这条规则的例外,而这种例外需得到国家的明示同意才能有效。这两种意见在联合国国际法委员会起草的《国家豁免条约草案》中有明显的反映。在一读通过的条款草案中,规定不得援引国家豁免情况的第三部分,因分歧太大而没有确定题目,只有一个被置于方括号中的暂时题目:"国家豁免的[限制](例外)"。在 1991 年二读通过的条款草案中,为了调解上述两种分歧意见并避开理论上的争论,国际法委员会把这三部分的题目改为"不得援引国家豁免的诉讼"。

四、不得援引国家豁免行为的判断标准

随着支持绝对管辖豁免主义的国家日趋减少,一些国家的法院主张对国家的管理性行为行使管辖,从而形成了一些国家管辖豁免的例外情况或不得援引国家管辖豁免的诉讼。1991 年《草案》在第三部分列举了八种这样的诉讼:(1)国家与外国自然人或法人从事的商业交易;(2)雇佣合同;(3)人身伤害和财产损害;(4)财产的所有权、占有和使用;(5)知识产权和工业产权;(6)参加公司或其他集体机构;(7)国家拥有或经营的船舶;(8)仲裁协定的效力。

从多数国家的法院的实践来看，一般把外国国家及其政府的行为分为两类：国家的政治、军事和外交行为和经济、商业和贸易行为。这两类国家行为也被称为“统治权行为”(act jure imperii)和“管理权行为”(act jure gestionis)，然而在英美法系国家的司法实践中，与后一种概念相应的用语是“主权行为”和“商业交易行为”；在欧洲大陆法系则用“公法行为”和“私法行为”来替代。国家的“管理权行为”或“私法行为”不享有豁免权，但是如何确定国家的某一行为属于这类行为，是一国法院必然会遇到的实际问题。有些国家根据行为的性质来确定，即从其政治性质上看，只能由主权国家从事的行为。例如，征收财产和试验核武器。涉及这类可能包含微妙国际政治问题的行为的案件，由国内法院判决是不适宜的，而那些国家和私人均可从事的行为，如订立购买小麦的合同，无疑属于商业交易行为。还有些国家根据国家行为的目的来确定是否商业交易行为。例如，国家为赈灾而购买粮食，法院可以从其行为目的判断它不属于商业交易行为。但是，在实践中可能会出现用“行为性质”和“行为目的”这两个标准都难以确定的国家行为。例如，国家订立为其军队购买军需品合同的行为，按“行为性质”标准应该是商业交易行为，但因为是为该国的军队所购，按“行为目的”标准又不能视为商业交易行为。究竟如何判定，只能由各国法院自由裁量了。

五、国家管辖豁免的放弃

国家管辖豁免的放弃是指一国通过明示或默示方式自愿地在外国法院不援引其国家豁免，而就其特定行为或不行为接受外国法院的管辖。

放弃必须是自愿的。国家管辖豁免是国家主权平等的必然结果，各主权国家在外国法院都享有豁免权，外国法院应尊重国家的豁免权，不得任意予以剥夺。但是，国家在是否行使这项权利的问题上有选择的自由，它可以不援引管辖豁免。放弃豁免是国家的主权行为，其前提条件是放弃必须是国家的自愿行为。放弃豁免的场合与不得援引豁免的场合是完全不同的。前者是国家出于自身的意志自行决定的；后者则是国家豁免权在特定范围内被动地受到限制。

放弃有明示的或默示的。明示放弃是指国家就某种或某类行为事先通过签订条约、协定或合同放弃豁免权，或事后通过书面或口头通知外国法院接受其对某特定行为的管辖。国家通常可以通过签订双边条约、参加国际多边公约以及与外国私人或法人订立合同的方式事先放弃豁免。目前关于国家管辖豁免的多边公约还为数不多：有 1926 年《同意国家拥有船舶豁免若干规则的公约》和 1972 年《国家豁免的欧洲公约》，而前者只有 13 个参加国，缺乏普遍性。另外，联合国国际法委员会二读通过的 1991 年《草案》虽然属于关于国家管辖豁免的多边国际文件，但尚未成为有约束力的条约。

默示放弃是指国家通过在外国法院直接提起或参与诉讼等行为表示接受该法

院管辖的意思。默示放弃的一般形式是国家在外国法院作为原告直接提起诉讼。这时外国法院就可以认定该国已放弃豁免。这是各国法院判例普遍承认的一种默示放弃豁免的形式。另外,国家在外国法院通过出庭应诉、介入诉讼或提起反诉的形式参与某特定诉讼案件,也被认为是对豁免权的默示放弃。但是,第一,国家在外国领土范围内从事商业活动或私法性质的行为不能视为默示放弃豁免;第二,如果国家授权其代表主张国家管辖豁免权、要求法院宣布其判决或仲裁裁决无效或出庭作证,都不构成默示放弃;第三,国家对管辖豁免的放弃,包括明示和默示放弃,并不意味着对国家财产执行的豁免的放弃。换言之,一国虽然明示或默示同意外国法院就某一特定行为行使管辖权,但并不当然同意该法院可以对其国家财产进行包括扣押、查封、扣留等强制执行措施。国家对国家财产执行豁免的放弃必须另行明示作出。

主要参考书目

1. 龚刃韧,《国家豁免问题的比较研究》,1994 年。

2. 倪征燠,《国际法中的司法管辖权》,1985 年,世界知识出版社。

3. 汪瑄等译,阿库斯特《现代国际法概论》,第 9 章,中文版,1981 年。

4. Sir Robert Jennings and Sir Arthur Watts, eds. oppenheim' s international Law, 9th edition, volume I. 1992.

5. Ian Brownlie, Principles of Public International Law, 4th edition, 1990.

第五章　国 家 责 任

第一节　概　　论

一、国家责任的性质

国家责任是现代国际法中一个重要的法律制度。它所指的是当一个国际法主体从事了违反国际法规则的行为，或者说，当一个国家违反了自己所承担的国际义务时，在国际法上应承担的责任。这种不法行为在国际法上产生一定的后果；行为国与受害国之间由此而产生一定的法律关系。

国际法中的国家责任在很大程度上起着国际社会中国家之间的协调作用。当主权国家相互承认彼此是独立、平等的，它们之间的国际关系就必然地建立在对等的权利和义务的基础之上。如果一国违反了自己所承担的国际义务，它就应当对自己的违法行为承担责任。

在现代国际关系中，国家责任制度的作用主要表现在三个方面。

首先，通过追究国家责任以纠正国家的不法行为。引起国家责任的基本条件之一是一个国家违反了自己所承担的国际义务。而国家责任的一个重要方面就是行为国必须停止其不法行为，并对自己的不法行为承担法律责任。在国际关系中，没有强制的司法机制，因此国家责任制度旨在保证各国诚实地履行自己的国际义务，制止国家的不法行为。

其次，确立正确的行为规范，维持正常的国际关系秩序。国家责任本身不涉及具体的权利和义务，其目的是保证这些权利和义务得到履行。通过对不法行为的纠正，使行为规范更加明确，以保证国家间的正常往来。

有些国际法学者将国家责任的规则称为“二级规则”(secondary rules)，将规定实体权利和义务的规则称为“一级规则”(primary rules)，例如“主权平等原则”，“不干涉内政原则”，“外交使团不可侵犯”，等等。如果一国违反了这类规则，在国际法上就要产生一定的后果，调整这些法律后果的规则就被称为“二级规则”。这一理论从法理上将国家责任制度提高到调整整个国际关系的高度。但在现实国家实践中，这些规则的强制性还令人置疑。这是目前国家责任规则编纂与逐渐发展中所面临的最大矛盾。

最后，追究行为国的国家责任使受害国的利益得到合理赔偿。如同私法中的责任概念一样，责任的最终目的之一是对权利和利益受到侵害者给予赔偿。赔偿的形式和内容是国家责任规则所研究的主要对象。

二、国家责任理论的发展和演变

国家责任规则的内容随着国际关系的发展，第二次世界大战后，特别是 20 世纪 60 年代以来发生了很大的变化。在过去相当长的时间里，国家责任所研究的内容主要是对外国人及其财产造成的损害而引起的国家责任。哈佛国际法研究部起草的关于国家责任公约的草案、国际法委员会早期的关于国家责任的编纂、国际法学者关于国家责任的专著，主要都是有关对外国人及其财产造成损害的赔偿责任。这些是在很大程度上反映了发达工业化国家海外扩张、保护其投资利益的需要的，因此受到了很多发展中国家和国际法学者的批评，提出了一些不同的理论。例如，在当地司法救济和外交保护问题上，西方理论认为对外国人的待遇的标准是客观的，不受国内法的限制，即所谓的"最低国际标准"。为了达到这一标准，各国应当采取保护外国人人身和财产的措施。如果不达到这一标准，该国对因此而造成的损害都要承担责任。在当事人已用尽当地司法救济，或者司法救济根本不具备，审判显失公平，或者被拒绝当地司法救济时，受害人本国就可以进行外交干预，视国家为受害者而出面要求赔偿，甚至采取反措施，如报复、制裁等手段，而且往往借此干涉一国内政。

针对这一理论，拉丁美洲国家提出了"卡尔沃主义"（Calvo doctrine），以反对大国滥用外交保护。"卡尔沃主义"的核心思想是外国侨民与本国人应享有同等待遇，不能享有更多的权利。给予外侨特权和更高的待遇，是与主权平等原则背道而驰的。与此相联系的是"卡尔沃条款"，即在与外国人订立的合同中，明确规定外国人一方放弃本国的外交保护，不允许外侨本国将争端诉诸国际法院或仲裁，外国人同本国人一样，只能接受当地司法管辖。

"卡尔沃主义"只为拉美国家所接受，但是传统国家责任理论的局限性受到普遍的批评。20 世纪 60 年代以后，联合国国际法委员会开始从新的角度对国家责任问题进行编纂，与传统理论有了很大的不同。

三、国际法委员会的编纂工作

国际法委员会成立后即将国家责任问题列入其编纂议题。1953 年联大通过决议，要求国际法委员会尽快开始对国家责任的国际法原则的编纂工作。在最初的十几年中，国际法委员会依然主要围绕对外国人的人身及其财产的损害所引起的国家责任问题进行研究。1963 年委员会就该议题的研究方向确定了三项原则，即：(1)优先编纂国家责任的一般国际法原则；(2)同时考虑某些领域的国际实践，尤其是有关对外国人损害的国家责任方面的实践；(3)兼顾与国家责任有关的其他国际法方面的发展。从而从根本上改变了国家责任规则所调整的范围，国家的国际责任不仅包括损害外国人的人身和财产、侵害外国的环境和自然资源等一般国际不法行为所产生的责任，而且还包括侵犯他国主权、从事侵略战争、严重违反国际人道主义法、破坏国际和平与安全等国际罪行的责任。由于这一根本性的发展，国家责任理论提出了两个重要的国际法概念，即国际法不加禁止行为造成的损害后果所引起的国际赔偿责任和国际罪行与国际不法行为的区分。

第一个概念的提出主要是由于现代科学技术的发展和自然资源的开发和利用使一些对于社会经济发展必不可少，但又可能对社会、对邻国居民、财产和环境造成危害的活动在国家关系中变得越来越突出。虽然针对某些高度危险的、污染性强的活动，国际社会制定了一些有关国际赔偿责任的公约，使缔约国或其经营者承担严格的民事赔偿责任，如外空物体所造成损害的国际责任的公约、核能利用方面的第三方民事责任的公约以及防止海洋石油污染和赔偿的公约，但仍然需要就这类国际法不加禁止的行为进行编纂。鉴于这类行为不同于一般的国际不法行为，1977年联大决定将这类问题作为单独议题列入国际法委员会议程。

国家责任规则一般均针对国际不法行为而言。国际罪行概念的提出引起了一系列的法律问题。例如，能否将国内刑法的概念搬用于国际法中的国家行为上？国家作为一个政治实体能否和如何承担刑事责任？国际犯罪与其他国际不法行为的法律后果有何不同？对此国际法委员会和各国政府尚有不同观点。

国际法委员会将国家责任条款分为三大部分：(1)引起国家责任的条件；(2)国家责任的内容、形式和程度；(3)争端的解决和执行。1980年委员会完成了第一部分草案的一读审议，目前正在起草第二、三部分的条款。

第二节　国家责任的构成要件

一个国家对于本国的国际不法行为应当承担国际责任，这是一项国际法原则。然而产生国家责任必须具备两个基本条件：(1)该行为违背了该国所承担的国际义务；(2)该行为可归因于国家，即可视为“国家的行为”。

一、国际法上的不法行为

当一国的行为违反了该国所承担的国际义务时，就构成国际不法行为。这种行为，既包括行为，也包括不行为。例如，在外国外交使团的安全受到威胁时，驻在国政府没有采取及时、有效的保护措施，致使外交使团受到骚扰和入侵，造成损害，这就要引起驻在国的国家责任。在"科孚海峡案"中,国际法院认定,阿尔巴尼亚没有及时通知过境的英国军舰本国海域中布有水雷这一情况构成阿尔巴尼亚违反了国际义务,因为"各国都有义务不能允许本国的领土被用来从事违反他国权利的活动"。

就国家责任而言,国际义务无论是基于国际条约,还是习惯国际法,其法律后果都是一样的,都引起国家责任。但这并不是说具体义务与责任没有关系,责任后果的具体内容取决于国际义务的具体规定。例如,侵略行为与一般国际不法行为在国际法上所产生的责任后果是不同的。此外,有关的国际义务在行为发生时,对行为国而言必须是依然有效的。如果某个国家已终止其条约关系,其违反条约义务的行为就不构成国际不法行为,因为它已不受该条约的约束。

关于不法行为的定性,主要的争论在于:国家不法行为的认定是否一定要证明该国是故意地或有过失地从事了违反其国际义务的行为,还是行为本身和行为的结果就可以认定该国是否违反了国际法,因而产生国家责任。前者称为"过失责任理论"(fault responsibility),后者称为"客观或严格责任理论"(objectiveor strict responsibility)。考虑到国家行为的特点,如何认定行为者的主观因素是比较困难的,也就是说,对于国家行为而言,哪些行为是故意的,哪些行为是过失的,如何判断国家的主观状态,有否必要在所有情况下都要做出这一判断,是值得考虑的。当国家责任制度不再仅限于对外国人造成损害所引起的国际赔偿责任,而涉及所有违反国际法的行为时就很难说哪个因素是引起国家责任的唯一条件。相反,这要取决于多种条件,取决于某个具体的国际法规则和义务是如何规定的。在有的情况下,例如个人行为可能导致引起的国家责任,国家有义务采取措施,防止该行为对他国的利益造成损害;一旦造成损害,该国有责任采取措施,制止违法行为,惩治肇事者,对受害人给予赔偿。如果该国在可能的情况下该做而没有这样做,这就是国际法上的一种过失行为。这一主观因素对于确定国家责任是很重要的,而且直接关系到该国的赔偿责任。

但是在有些情况下,国家的主观因素很难确定,而国家行为本身却对他国的利益造成了损害。国家的行为都要通过具体的部门或个人加以实施。行为者个人的主观状态同国际法中所判断的国家的主观因素不能完全等同,换言之,个人的过失并不当然构成国家的过失行为。为了回避这个问题,国际法委员会没有采用民法中的"过失责任"概念,没有把"过失"作为引起国家责任的条件之一,而只是规定违反国际义务即引起国家责任。这里"过失"与违反国际义务不是同一概念。

国际不法行为的构成不以一国的国内法为准。即使某一行为是根据国内法而采取的,符合其国内法,但只要这一行为违反了该国对外所承担的国际义务,这一行为依然可以引起该国的国家责任。

二、国际不法行为的归责性

引起国家责任的第二个条件是，国家对于该不法行为应当在国际法上承担法律责任。国际法委员会起草的国家责任原则草案明确规定，国际不法行为的法律责任应当可归咎于当事者本国，否则不能引起该国的国家责任。国家作为一个政治实体，其行为都是通过具体的政府部门、政府官员或其他代表行使的。哪些行为应当视为国家的行为，哪些行为不能视为国家的行为，国际法和国内法都有一定的规定。为了确定国家责任，首先要确定有关行为是否在国际法上视为该国的国家行为。

区分国家行为与非国家行为无论在理论上还是实践上都是十分必要的。根据国际法的主权原则，国家对内享有至高无上的权力，包括属人管辖权和属地管辖权。但是，并不能因此而要求一个国家对其境内的所有人从事的一切活动所产生的后果都对外负责任。国家只能对以国家或政府名义所从事的、由国家正式授权并控制的行为对外承担法律责任。国际法只能在现实可行的范围内确定哪些行为应当由国家负责，哪些行为不能由国家负责，而应当由行为者自己负责。

区分国家行为与非国家行为还有国内法上的意义。因为国家责任的直接法律效果就是国家要控制自己管辖下的所有行为。如果国家对外要对自己的行为承担法律责任，它对内就要采取相应的措施管理和调整这些行为，以保证这些行为符合其对外所承担的国际义务。显而易见，从政府管理角度讲，政府不可能、也不应当对所有的私人和企业的活动进行干预和控制。虽然一个国家如何履行自己所承担的国际义务，完全是其国内法上的事务，但从国家责任原则来讲，国家只对“自己的行为”负责，那么，什么行为在国际法上应被视为“国家的行为”呢？下面将加以说明。

三、国家行为的内容

如前所述，国家只能通过其机构或代表，通过其官员或雇员从事国家行为。它们以国家机关的官方身份所从事的行为被视为国家的行为。不管对内它们的地位是独立的，也不论它们在国家组织中处于何种地位，只要它们对外以国家或政府的名义活动，它们的行为就应由其本国负责。处于他国境内的一国官方代表的行为，只能由其所属国负责，例如，一国常驻他国的外交、领事代表机构的行为只能由其派遣国负责。当然不同的国家或政府机关有不同的职能和权限。如果它们的行为属于越权行为或未经正式授权，或以个人名义所为，其本国是否还要承担国际责任，国际法上还有不同的规则。

（一）国家元首和政府首脑的行为

国家元首或政府首脑在行使其职权中，如果违反了其本国对外所承担的国际义务，构成国际不法行为，就要引起该国的国家责任。由于国家元首或政府首脑的身份特殊,他们的私人行为和官方行为,在实践中一般难以区分。作为国家的代表,他们享有外国司法管辖豁免权,甚至在某些情况下不受本国法院的管辖。因此,对于他们的行为,一般不区分是公务行为还是私人行为。他们的行为一般均视为国家的行为。

(二)政府官员的行为

政府官员对他国造成损害的行为不当然引起其本国的国家责任。他们以政府官员身份所从事的公务行为被视为国家的行为。他们的私人行为所引起的法律责任则由其个人承担,国家不负责任。在实践中,比较难判断的是越权行为。在理论上说,越权行为应视为行为者个人的行为,对由此而产生的损害,国家不负责赔偿。但是,在实践中,政府官员的某些越权行为依然能引起国家责任。这是因为首先在一个特定事件中,哪个行为是经授权的,哪个是违背其指示或职权范围的,二者很难断然分开。其次,有关行为是否越权,是根据国内法的有关规定来判断的。在实践中国内法上的理由往往并不能免除有关国家在国际法上所应承担的责任。

外交使节作为国家的代表,他们的行为与一般的政府官员的行为还有所不同。他们的外交代表的地位使他们在国际法上享有特殊的待遇,他们不受驻在国的管辖。因此,派遣国对其外交代表的一切行为负责。外交代表的行为视为国家的行为。

(三)国家机关的行为

一个国家的任何机关,无论是立法、行政、司法或其他权力机关,以及国内地方政治实体机关和虽非国家或地方政治实体正式结构的一部分而经该国的国内法授权行使政府权力的实体机关,他们行使政府权力的行为视为该国的国家行为。

立法机关虽然在国家的政治体制中不负责国家的外交关系,不行使外交代表权,但其作为国家的国家机关,它的行为依然视为国家的行为。如果一个国家的国会或议会通过的法案违反了本国所承担的国际义务,侵害了其他国家的利益,该国就要对这一行为承担国家责任。

司法机关的行为如果违反了本国对外国所承担的国际义务,同样也可以引起该国的国家责任。对他国而言,司法机关违反国际法的行为视为国家的行为。在对外关系上,它与立法和行政机关别无二致,是作为国家机关对待的。在对待外国人的问题上,西方学说主张,如果一个国家的法院拒绝向外国人提供司法救济,或明显司法不公,就要求该国采取必要措施,纠正错误,并向当事人因拒绝司法而受到的损害作出赔偿。对于司法救济问题,国际法学界还有争议。但是,如果一个国家的法院的判决违反了该国对外所签订的国际条约,该国就有责任对此加以纠正,并赔偿由此而造成的损失。

(四)个人行为

个人或团体在某种情况下,可能在实际上行使国家的权力,履行政府的职能,例如合法当局暂时不存在,政府职能被接管。这些人在实际上代表国家行事时的行为应视为国家的行为。

毫无疑问,除经国家或政府正式授权外,非代表国家行事的个人行为不应视为国家的行为,国家不负责任。他们损害他国利益的行为只能由其个人负责。但是,如果一国纵容或唆使个人或团体从事侵犯他国主权,侵害他国权益的活动,该国则应负责任。

(五)另一个国家或国际组织交由一个国家支配的机关所作的行为

另一个国家或国际组织的某一机关如果交由一个国家支配,并行使该支配国的政府权利,即使从国家组织机构上来看,这些机关属于别国或国际组织的,但其行为应视为支配国的国家行为,而不是其所属国的国家行为。在实践中,如果一个国家的部队交由另一个国家支配,对于该部队的行为,给予命令的支配国就应当负责。当然这里的前提条件是,该部队必须是名符其实地置于该国的实际控制之下,而名义上的指挥而实际上无控制,则不能视为该国的行为。

(六)叛乱或革命起义的行为

在一国领土或其管理下的任何领土内的叛乱的行为,如同其他私人行为一样,依照国际法,不应视为国家的行为。政府对这些行为应予制止并采取措施防止这些行为对其他国家的利益造成损害。一旦造成损害,该国有责任提供司法救济,给予受害人赔偿。在"美国在伊朗的外交与领事馆案"中,对于暴徒和武装人员攻击和占领美国大使馆和领事馆的行为,国际法院判定,伊朗政府没有采取及时、有效的措施保护外交馆舍,是违反国际法的,但对这些行为本身,政府不承担国家责任。但随着事态的发展,当武装人员成为政府的代表以后,他们的行为就成为国家的行为。

当叛乱或革命起义最终成为一个国家的新政府时,其所作的行为应视为该新政府所代表的国家的行为。当叛乱或革命起义已导致在原国家一部分领土上组成一个新国家时,其行为视为该新国家的行为。

关于一国参与或介入他国的国际不法行为,国际法上还区分不同的情况。

1. 一个国家对他国的援助或协助,如果是为了使接受援助或协助的国家进行国际不法行为,则发生两项不同的国际责任:一方面,该项援助或协助本身就构成国际不法行为,应由援助国或协助国承担国际责任;另一方面,接受援助或协助的国家,也应对其本身的国际不法行为承担责任。

2. 一个国家因受他国胁迫而违反了国际法,无论其实施胁迫的根据如何,也不论其胁迫手段是使用武力或武力威胁,或者采取经济压力或其他方式,只要由于实施胁迫,使他国不得不违背自己的意愿而从事国际不法行为,则胁迫国应对该国际不法行为承担主要责任;而受胁迫的国家如果超过实施胁迫所要求的范围,或者对胁迫能抵抗而不加抵抗,或者事实上是按照自己的意志行事,则也应负国际责任。

3. 如果一个国家在其受他国指挥或控制权支配的情况下违反了国际法,行使指挥或控制权的支配国应负国际责任,但这并不妨碍行为国本身按照国际法一般规则所应承担的责任。在传统国际法中,这种关系常常发生在国际附庸关系、国际保护关系、联邦国及其成员邦之间的关系和占领国与被占领国之间的关系中。

个人经他国的授权行使政府行为,而不代表其本国的政府,由此而产生的国家责任只能由授权国承担,而不能由该人的本国政府承担。例如,甲国的一名官员受乙国的派遣,到丙国为乙国行使公务,而甲国对这一授权一无所知。如果该官员在丙国履行公务过程中,从事了违反国际法的行为,乙国应当对此负责,而该官员所属国甲国不负责任。

总之,关于国家行为,国际法并不注重国家内部的政治结构。无论是立法、行政和司法机关的行为,还是联邦政府和地方政府的行为,只要它们的行为是代表其国家的行为,它们的行为就具有国际法上的意义,国际法就视其为国家的行为。

就个人行为而言,国家元首和政府首脑的行为,无论是公务的,还是私人的,原则上均视为国家的行为。这是因为他们作为国家和政府的最高代表,一旦他们的行为构成国际不法行为,他们的权威性和代表性就要求在国家间处理,由此而产生的法律后果,对于其他政府官员,他们职能的代表性决定了其行为的性质。因此在某些情况下,即使他们的行为属于越权,超出了其职能范围,但是他们作为政府的代表,国家对于他们的这些行为依然要负国际责任。对于其他个人和团体的行为,如果是在政府的具体授权和有效控制之下代表政府所从事的行为,国际法就将其视为国家的行为。

第三节　国家责任的免除

产生国家责任的条件是行为国从事了违反其国际义务的行为,给其他国家的利益造成了损害。责任的基础是行为的违法性。但是在国际关系中,一个国家的行为有时从表面上来看不符合其条约义务或其他国际法规则,可是由于某种客观原因或条件,其行为的不法性被排除,因而与此有关的国际责任也就免除了。

根据各国实践,国际法委员会在国家责任原则草案中主要规定了以下几种情况:

一、同意

一个国家以有效方式表示同意他国实行某个与其所负义务不符的特定行为

时,该行为在与该国的关系上就被排除了不法性,但该行为不得逾越该项同意的范围。例如根据一项国际条约,一个上游国承担义务在一定时间内修筑一个水坝,以保证下游国免遭水灾。后来由于财政困难和其他原因,该上游国难以在预定期限内完成该条约所规定的工程。经过下游国的明示同意,工期往后推迟。除非两国另有协议,上游国对下游国因工期拖延而受到的损失不承担赔偿责任。再如,外国军舰不得随便驶入一国的领水。但经沿岸国的明示同意,外国军舰进入一国领水就不视为对其领土主权的侵犯。

应当强调的是,所谓"同意"的例外不得违反国际法基本原则所确立的国际义务。任何国家不得以所谓已获得有关国家同意为理由而从事与整个国际社会承认的基本法律规则背道而驰的行为。历史上帝国主义强国借"同意"之名,对小国、弱国行侵略之实,干涉内政的例子不胜枚举。因此,同意必须有效、明示和合法。

二、对抗措施与自卫行为

对抗措施与自卫行为是指一个国家针对他国所犯国际不法行为而不得不采取的某种不符合自己对他国原已承担的国际义务的对应行为。对抗措施是因行为国的国际不法行为所引起的,因此受害国只能采取相应的非武力的,如经济制裁、断绝邦交等对抗行动。自卫行为则是由于受到他国的武力侵略和武装攻击,一个国家为了捍卫国家主权和领土完整的目的所采取的武力反击行为。因此自卫行动不适用国际法上不使用武力原则。对抗措施与自卫行为都是国际法确认的合法行为,是主权国家拥有自保权的重要内容,但在具体适用上,二者又有所区别,适用的对象和内容并不一样。但一个国家在特定情况下采取这两种行为,既不是出于故意的或恶意的,也不是由于它本身的过失而违反国际义务,而是被迫不得已的自保行为,因此二者的违法性都应排除,从而不构成国际不法行为。

对抗措施和自卫行为的适用在国际法上要受到一定的限制。首先,这些措施行为是国际法所允许的合法行为,而必须有针对性而且适度。一国不得以反措施为理由对行为国的其他行为采取不适度的报复,使反措施失去其原来的意义而成为某些国家推行强权政治的幌子。在实践中如何掌握行为的"适度",始终是有争议的。

其次,反措施必须是针对不法行为所采取的。没有这个前提,反措施本身就失去了存在的意义,因此就是非法的。

三、不可抗力和偶然事故

一个国家由于不可抗力的原因,或者由于该国无力控制和无法预料的外界事件而在实际上无法履行该国所承担的国际义务,或者在事实上不可能知道自己的行为违反了国际法的有关规则,如在自然灾害中在本国境内的外国人的生命、财产受到损害等。因此而发生的行为，在国际法上不视为不法行为。换言之，一国不对这类行为在国际法上承担法律责任。

不可抗力和偶然事故必须是不可预见的外界因素，并且这种外界因素使履行义务成为事实上的不可能。如果这种情况是由于行为国本身造成或引起的，这个例外就不能适用。

四、危难与紧急状态

危难是指代表国家执行公务的机关或个人，在遭遇极端危难的情况下，为了挽救其生命或受其监护的人的生命，作为唯一的选择，不得已而作出的违反本国国际义务的行为。紧急状态（state of necessity）则指一个国家在本身遭遇严重危及本国的国家生存和根本利益的紧急情况下，为了应付或消除这种严重紧急状况而采取的必要行为。在上述两种特殊情况下，一个国家的行为的不法性均被排除，因此不构成国际不法行为，也就不产生国家责任。

危难的概念是针对个人的行为，在国内法中也有类似的规定，因此比较容易理解。紧急状态在实践中是有争议的。适用紧急状态必须满足两个条件：其一，有关行为是该国为了保护其根本利益，以抗拒眼前一个重大危害所采取的；其二，有关行为对于应当向其履行义务的国家来说，不会对其根本利益产生危害。在某些情况下，不得援引紧急状态规则。第一，有关的国际义务是国际法强行规则，无论基于何种理由均不得违反；第二，规定有关义务的条约明确或间接地规定缔约方不得援引紧急状态作为不履行条约义务的理由；第三，所谓的"紧急状态"是由于当事国本身的行为造成的。

对于哪些情况可以构成紧急状态，在实践中标准并不统一。在早期的国际法实践中，这一规则常在债务案件中被引用。对于国家之间的债务，国际仲裁接受了紧急状态作为缓期付债的理由。但对于国家与个人或私人银行之间的债务，国家可否引用这一例外而拒绝或延期偿还债务，国际判例则一般持否定的态度。有关紧急状态规则最有争议的判例是1960年"刚果事件"。比利时政府以保护在刚果的比利时人和其他外国人的生命为理由，向刚果派遣了空降兵，以解救其被扣押的人质。在向比利时议会和联合国安理会对这一行动做出解释时，比利时政府宣称，该行动完全是为了人道主义的目的，在"非常紧急状态"下采取的临时性行动。显而易见，这一辩解是不能接受的，正如刚果政府所指出的，这只是借口，其真实目的是将加丹加分裂出去，因此该行动构成侵略。安理会在该问题上没有取得一致的意见。

上述免责规则适用于不同情况。它们有某些共性，也有不同点。与自愿同意与对抗措施和自卫行为相比，紧急状态不受事先条件所限。援引紧急状况不必考虑对方国家是否同意，也不要求对方已有违法行为。在自卫的情况下，当事国同样面临危险,但这一危险是由于对方国非法使用武力而造成的。自卫是以武力对非法使用武力的行为进行反击。

紧急状态与不可抗力和危难都是由于外力的因素而引起的。在不可抗力的情况下,当事国并非有意不履行自己的国际义务,而是在事实上已无法履行,或是根本无法知道自己的行为是违反国际法的。在紧急状态下,当事国对于自己行为可能产生的法律后果是清楚的,但是为了更大的利益,只能做出如此选择。危难处于前二者之间。在危难情况下所采取的行为也是故意的,但是不这样做,当事人的生命或他所负责的人的生命就会受到危害。尽管他们主观上并不想选择违反其国际义务的行为,但在客观上他们已别无其他选择,履约只是形式上的可能。紧急状态并不针对个人的安危,而是指国家的利益和国家本身的生存受到威胁,处于危险境地。就这三种情况而言,它们都必须满足三个基本条件:第一,它们都涉及当事者根本的利益;第二,情况非常紧急和严重;第三,所采取的行为是唯一可行的办法,非此不能避免危险。

在国际法委员会审议中,委员们提出增加一项条款,规定在某些免责的情况下,行为国依然应当对受害国给予赔偿。因为在实践中,虽然当事国采取违反其国际义务的行为是被迫和不得已的,不应当在法律上承担责任,但因此而受到损害的国家仅仅因为客观原因而承担行为国违约的全部后果,就可能造成严重的不公正。这种赔偿属于什么性质,如何确定,尚未有定论。

第四节 国家责任的形式

国家的国际不法行为一经确定,就要产生国家责任,就要在行为国和受害国之间引起法律后果,形成一种新的法律关系。这种新的法律关系,不同于原来的权利和义务关系,而根据国家责任制度所确定的规则,使受害国享有要求赔偿损害的权利,而行为国承担赔偿的义务。

一旦国际不法行为引起国家责任,行为国并不能因为新的法律关系产生而不继续履行自己所承担的国际义务。国家责任规则适用于一切国际不法行为,无论是侵权行为,还是国际犯罪行为。但这些规则不影响《联合国宪章》有关维持国际和平与安全方面的规定。在解决这方面的国际争端和事件上,依然要首先援引《联合国宪章》所确立的机制。

在国际关系中,国家责任的概念往往被用于不同的场合。有人将其分为政治上的责任、物质上的责任、道义上的责任和法律上的责任。国际法所涉及的是法律上的责任即:当国际不法行为发生时,国际法上要产生什么样的法律后果,什么样的国际权利和义务关系。这种法律关系的表现形式就是国家责任的形式。

目前国际法上对于国家责任的形式尚无明确而统一的规则。根据国际实践，可以归纳为下列几种形式：

一、终止不法行为

当一个国家从事了国际不法行为，不管其后果如何，它首先有义务要停止这一不法行为。将终止不法行为作为单独的一个法律义务写入国家责任规则主要是从国际社会的现实和国家关系的现状出发的。它的作用主要是终止一个仍在进行中的国际不法行为，以保证被侵犯的国际法原则和规则能够继续有效和得到遵守。此外，终止不法行为是为了保证有关国家将来遵守国际义务。终止不法行为的义务不同于赔偿义务，它不取决于整个行为是否已完成。除非有关的国际权利和义务已被修改，或者已经终止，或者有关的不法行为已被原谅或认可，行为国就必须改正，继续履行自己的义务。所以，终止不法行为的义务是绝对和无条件的。

在国际关系中，明确这一义务是非常具有现实意义的。当一国际不法行为不是某个具体行为或事件，而是一个持续不断的行为时，受害国首先关注的是行为国终止不法行为，继续履行国际义务。尽管受害国根据国际法可以采取反措施，但在实践中，受害国往往或因为实力不够，或受其他条件所限，而难以采取真正有效的措施，对不法行为做出有力反应。另外，受害国虽然可以根据国家责任规则，要求行为国对其所造成的损害进行赔偿，但赔偿程序只有当整个事件终结才能开始，而且过程繁琐冗长。对于受害国来说，更现实而急迫的往往是行为国立即终止不法行为。

此外，还有一类国际不法行为对于受害国来说，其损害性并不仅在于它的后果，而在于它的继续性，因此终止该行为对于受害国尤其重要，例如，一国的立法违反了国际法或该国对外所签订的国际条约。例如，如果按照条约缔约国的国内法与条约规定相冲突，条约优先，该国就必须修改或废除有关法律。显而易见，这项规则只有在不法行为还在持续时适用。当然，无论在哪种情况下，行为国都要对已做出的不法行为的法律后果承担责任。

二、赔偿

赔偿作为一个集合概念，往往指各种形式的赔偿，如恢复原状、赔款、道歉、保证履约等。这些赔偿方式可以单独适用，也可以综合适用。换言之，对于国际不法行为所产生的损害后果，行为国应当恢复原状，但并不排除要求行为国向受害国道歉或保证此类行为今后不再发生。

赔偿是国家责任的逻辑后果。在著名的“霍茹夫工厂案”中，国际常设法院就赔偿问题曾声称：“国际法的一个原则，即违反了承诺就要引起给予充分赔偿的义务。非法行为的确切含义所包含的基本原则——这项原则似乎已被国际实践,特别是仲裁法庭的判决所确立——是:赔偿必须在尽可能的范围内将非法行为的一切后果消除掉,在最大限度内重新建立过去的状态,就像非法行为没有发生过一样。"在其后的国际实践中,"将非法行为的一切后果消除掉"常常被用来作为赔偿的标准。

根据国际实践,在确定赔偿额时,还应当考虑到受害国是否有过失行为;或求偿国的国民是否有过失行为而导致了损害。国家责任的赔偿理论是建立在过失理论之上的。在国际实践中,无过错,则无责任;无责任,则无赔偿,一直为各国所接受。因此如果受害国的行为,无论是作为还是不作为,无论是过失还是故意,导致了损害的后果,行为国就不能对此承担责任,这一部分损失应当从行为国的赔偿额中扣除。

在原则上,一国对于自己的国际不法行为,不得援引国内法为理由而拒绝给予充分的赔偿。这项原是引用《维也纳条约法公约》第27条的规定的。有些不法行为的产生是根据国内法的规定所为的。在这种情况下,纠正不法行为的前提是要解决国内法上存在的问题。在一般情况下,一个国家不得以国内程序法上的困难而拒绝在国际法上承担责任。再则,即使国家难以修改本国的立法,或行政命令,或改变本国法院的终审判决,国家也不能以此为理由而拒绝对受害国给予赔偿。当然这要视每个案件的具体情况而确定赔偿的形式。

在实践中,关于国际义务与国内法的关系有复杂的情况。如果国内法的因素涉及国家的宪法规定,就很难简单地认为,国内法不能构成任何的拒绝理由。在司法判例中,法院在考虑赔偿形式时,有时也顾及到当事国国内法的困难。在"沃尔特·弗莱彻·史密斯案"中,鉴于有关当事方因为国内法上的原因而不能履行特定形式的赔偿,仲裁员裁定由其给予赔款,认为这对双方和公众都是最有利的。为了避免出现国际法与国内法发生冲突的情况,国家应首先确保国内法律符合本国对外所承担的国际义务。

三、恢复原状

受害国根据国际法有权要求从事国际不法行为的国家赔偿造成的损失,恢复原状。恢复原状是最普遍、最直接引用的一种赔偿形式。对于受害国来说,只要提出赔偿,首先考虑的自然是恢复原状。赔偿首先应当考虑的是将事物归还其本来面目。在实践中,受害国也往往是这样要求的。

当然,恢复原状不是绝对的赔偿形式,它还要受一定条件的限制。首先,恢复原状要在事实上可行。如果恢复原状已在事实上不可能,就不应坚持这种形式的赔偿。因为,赔偿的标准是公平合理。此外,有些损害一旦造成,就不可能再恢复原状,法律不能要求行为者采取事实上做不到的事情。

其次,恢复原状这种赔偿形式要受国际法强行规则的限制,也就是说,恢复原状不得违反根据公认的国际法基本原则所承担的义务。关于什么是国际法的强行规则,国际法学界尚有争议。国际法委员会的草案采用的是"一般国际法的强行规则"。很显然,国家不得以武力或武力相威胁的方式要求另一国以恢复原状的形式给予赔偿。在历史上,帝国主义列强在对待小国、弱国的关系上,常以"炮舰的方式",要求有关国家对其国民造成的损失给予赔偿。这在当代国际关系中是应当坚决禁止的。

再次,基于公平原则,恢复原状与赔款成比例,不应负担过重而不适当地有利于受害国。在司法判例中,这一考虑是很常见的。如果法院认为,恢复原状的要求是不合理的,就不应当给予,特别是如果恢复原状的困难与受害者所得到的利益不成比例。即使在事实上恢复原状是可能的,也往往应当考虑拒绝这种赔偿形式,而采取赔款的形式。因此,是否采取恢复原状方式,应在行为国赔偿的负担和受害国被赔偿所受益二者之间进行平衡。如果二者之间"严重的不对称",行为国就可以不采取这种方式给予赔偿。在实践中,当事国往往就此事先达成协议。

最后,恢复原状不应损害赔偿国的政治独立与经济稳定;反之,不恢复原状也不应对受害国产生同样的影响。在行为国和受害国的利益之间,受害国的利益似应优先。但是,这项考虑的历史意义大于它的现实意义,而且它通常适用于外国投资、国有化所引起的赔偿等问题上,有它的特殊性。

应当强调的是,恢复原状的这个限定条件并不失其普遍意义。在今天的国际事务中,对于某些严重的违反国际法的行为的法律后果,在要求恢复原状时,是否可以完全无视行为国的政治独立与经济稳定,都还值得商榷。当然,这一类国际不法行为还涉及国家责任的其他方面,特别是有关国际犯罪的国际法责任问题。

四、补偿

根据国际法,受害国有权要求从事国际不法行为的国家对其行为所造成的损害以补偿方式给予赔偿。如果恢复原状已不可能,或者恢复原状还不足以赔偿其损失,就采取补偿的方式。

补偿是主要的赔偿形式,是最经常采用的赔偿方式。补偿是对受害国实际遭受的损失给予货币补偿。一般而言,这仅指对损失的补偿,不包括惩罚性赔款。

关于补偿的范围,司法判决和各国实践不尽一致,但它们倾向于只要行为与损害的因果关系一经成立,直接损失和间接损失都应得到赔偿。1978 年苏联的核动力源卫星宇宙—954 号因故坠入加拿大领土,造成大面积核污染。加拿大向苏联提出求偿。对于补偿的范围和数额,加拿大表示,"在计算补偿额时,加拿大认为,根据一般国际法原则所确立的有关标准,(苏联)应当对加拿大作出公正的补偿,包括所有合理的费用、所有由于卫星坠入和残骸坠落而造成的费用以及合理的准确性所推算出来的费用”。国际判例中也往往以“明确的、无间断的联系”，作为因果关系的判断标准。对此，国际法委员会曾经提出了下述两点：(1)对于完全是由于非法行为直接造成的损害，应当给予充分的补偿；(2)对于完全是由于非法行为所造成的损害，尽管这些损害后果与该行为并没有直接的联系，但却与其一系列相关联的和具有因果关系的事件相连，也应当给予充分的赔偿。

损害原因是个非常复杂的问题。有时某个损害可能并不是仅仅由于哪个确定的因素所引起的。而造成损害可能不光归咎于行为国。同时受害国本身也有过失，或者损害是由数个国家的行为共同引起的。此外，其他政治、经济，甚至自然因素都可能导致损害的产生。在这种情况下，如何确定行为国的赔偿责任就显得尤其困难。

补偿在很大程度上是恢复原状的一种补充形式。当恢复原状不可能的时候，就可以采取补偿的方式。但有时尽管恢复了原状，仍难以做出充分的赔偿，所以还要给予补偿。补偿一般是适用于那些“经济上可计算的损害”的。至于是否包括精神上和道义上损害，国际实践是不明确的。所谓精神上损害，可能是指国家的，也可能是指个人的。就国际法而言，对于一国尊严的损害，行为国有义务要进行赔礼道歉。对于个人精神上的创伤，国际法则没有明确的赔偿规则。

国际不法行为所引起的国际补偿责任在更多的情况下是针对个人的损害赔偿。有些国际判例将个人的或法人的损害视为其本国的“间接损害”。

有关补偿额最有争议的是补偿是否应当包括利润。早期的国际仲裁和司法判例多数主张应对因不法行为而造成的利润损失给予补偿。在“霍茹夫工厂案”中，国际常设法院判称，受害方应当通过补偿得到财产在偿付时而不是被剥夺时的价值。关于利润的计算，一般有两种方法：一种是参照同类人的标准计算；另一种是以本身的同等时间的收入估算。然而，在国际实践中，利润补偿问题始终是个十分有争议的赔偿难点，其估算方法和范围因每个案件的具体情况不同而各有差异。

五、道歉

受害国有权要求从事国际不法行为的国家，对其所造成的损害，特别是道义上的损害赔礼道歉，并在必要的情况下和一定的范围内给予其他赔偿。

道歉有多种形式。首先，行为国向受害国赔礼道歉。这种道歉不是一般政治意义上的行为，而是法律上的、有拘束力的行为。在“孤独号案”中，美国海上警卫队将美国公民所拥有的一只加拿大船舶沉海。求偿委员会裁定美国不负责对沉船做出赔偿，但是美国海上警卫队官员沉船的行为是非法行为。美国应当正式承认其行为的非法性，并向加拿大政府赔礼道歉。此外，作为对其错误的纠正，美国向加拿大赔款 25000 美元。

在外交实践中，国家经常因为各种原因而要求他国道歉，如对本国的国旗无礼;侵犯领土主权;袭击本国船舶、航空器;攻击本国的外交或领事官员;骚扰使馆等等。道歉可以是口头的,也可以是书面的。历史上还有向受害国国旗敬礼的做法。

道歉的第二种形式是象征性赔款。这种赔偿更大意义上是要求行为国承认自己行为的错误,而不在于对其所造成的损害给予补偿。后者可以在实际中也并非严重。因此历史上曾有给予100美元,甚至一个法郎作为补偿的案例,其道义上的意义远大于其经济上的意义。

道歉的第三种形式是,在严重侵犯受害国权利的情况下,根据侵权的程序而给予的补偿。在"彩虹号事件"中,法国特工炸沉了"彩虹号"。这些特工是持伪造的瑞士护照进入新西兰以完成该行动的。对此新西兰要求法国正式道歉,并赔款1000万美元。法国承担了责任,但拒绝做出赔偿。最终该案交给联合国秘书长。秘书长决定法国应当赔偿新西兰700万美元。这种不以实际损害为基础的高额补偿带有某种程度上的惩罚性。

最后,对于本国政府官员的过失行为和犯罪行为,所属国还有义务采取纪律措施,或将肇事者绳之以法。在实践中,当一国的权利受到侵犯,它首先要求行为国道歉,同时要进行调查,对事件负责人和当事人进行惩罚。在"彩虹号事件"中,联合国秘书长决定将两名肇事特工人员移交给法国,然后逐放于海岛上三年。国家的行为在实践中通常都是通过政府官员、外交代表或其他政府授权的个人所进行的。因此对于国家的不法行为追究法律责任,受害国首先要求行为国要对其官员或代表的个人的责任予以追究。这样,国家不仅对其代表行为的后果负责,而且首先要监督和管理他们的行为,另一方面,要求行为国采取国内法措施惩治当事人,在有些情况下可能构成对国家内政的干涉。作为适用道歉的限制条件,受害国要求道歉的权利不得作为提出有损行为国尊严的要求的理由。在历史上,受害国或自称受侵害的国家往往滥用权利,向行为国提出过分的,甚至是带侮辱性的赔礼要求,严重地侵犯了行为国的尊严,与国家责任制度的基本原则背道而驰。在现代国际关系中,这种情况仍时有发生。为杜绝这种滥用权利的现象,对道歉的某些具体形式,如对肇事者责任的追究仅应限于严重的刑事案件,或者赔礼道歉不得要求采取有侮国格的形式,等等。

六、保证不再重犯

最后一种赔偿形式是不得重犯的义务,即行为国保证不再重犯错误,重复国际不法行为。一般来说,保证不再重犯通常是在道歉时就做出的,或在以其他方式赔偿时做出的担保,而不再作为一种单独的赔偿方式加以强调。但是,保证不再重犯有其独特的重要作用。不像其他形式的赔偿,保证不再重犯的着眼点是将来的行为,是预防性的,而不在于对已做出的行为的后果进行补救。这项义务对于强行法规则的适用是不难理解的。但是对于一般的国际义务,一国是否都要承诺将来不再违反。因此,这项义务主要是针对严重的国际不法行为,即国际犯罪,而不在于一般的国际不法行为。

保证不再重犯的赔偿形式使受害国不仅得到赔偿,而且还超出这一范围,要求行为国对以后的行为也要负责。针对1965年2月在莫斯科发生的反对美国使馆的示威,美国总统表示:“……美国政府必须坚持对于自己的外交机构和人员应当给予保护,这是国际法和惯例所要求的,是国家间外交往来所必需的。表示遗憾,给予赔偿代替不了充分的保护。”这里,对于受害国来说,更重要的不仅仅要恢复原状,对已造成的损害给予赔偿,而是要对以后的行为做出保障。

在有些情况下,为保证不法行为不再发生,受害国还会要求行为国采取某项特定措施或采取某种行动加以预防。这一般会出现三种情况:(1)行为国担保受害国今后的某种权利;(2)要求行为国向其官员发出特定指示,以保障受害国的权利;(3)要求行为国采取某种行动以防止不法行为的再发生,例如,通过新的立法。

总之,保证不再重犯不同于其它的赔偿形式。当客观形势上确实存在着不法行为会重演的可能性时,受害国就有权利要求行为国对于自己将来的行为提供保证,而不得再违反其承担的国际义务。

七、国际求偿

国家若要通过国际法庭提出求偿,它必须首先证明它的权利受到了侵害。如果受害者是国家,它的求偿资格则毫无疑问。但是如果是个人或法人的利益受到侵害,并因此而引起国家责任,那么在国际法上受害者的求偿资格问题就引起复杂的情况。根据传统的国际法实践,一般是受害者的所属国,即国籍国,有资格出面进行外交干预,对其本国国民或法人给予外交保护,对其所遭受的损失要求行为国承担国家责任,给予赔偿。

这种国籍的纽带在通常情况下是显而易见的。但在某些情况下就可能很复杂,难以判断,因为有无国籍状态,以及双重或多国籍情况。在“诺特波姆案”(1955年)中,对于具有双重国籍人的求偿问题,国际法院确立了“实际有效联系”标准,认为,“一个国家不能替一个只有其国籍之名,而无真正有效联系之实的人,向与他有实际联系的国家提出求偿”。在多国籍或无国籍的情况下,求偿资格的判断,在很大程度上要适用有关国际公约的规定,例如,1930年《有关国籍冲突法问题的公约》,据此来判断真正有效的国籍联系。

法人与自然人一样,根据国籍归属原则来确定国家的求偿权。但是由于法人的国籍往往不明确,特别是跨国公司,所以并非所有情况都是一目了然的。如果一个公司是在甲国登记注册,并且在其境内经营,大多数股东也是该国国民,该国的求偿权就会得到普遍的承认。但是如果公司的所属国与股东的国籍国不一致,这一代表权就会引起问题。在“巴塞罗那牵引公司案”(1970年)中,该公司是在加拿大注册,股东是比利时人,而损害行为发生在西班牙。比利时代表本国股东的利益,提出求偿,但遭到国际法院的拒绝。法院认为,保护国根据国籍原则对本国公司行使保护权。原则上只有在特殊情况下,才允许“撕下公司的面纱”,而同意一国对外国公司中具有本国国籍的股东行使保护。一般而言,公司由其所属国代表,股东所属国不得代表股东或公司提出赔偿要求。

股东利益的保护问题比较复杂。有些司法判例与国际法院的观点不同。在处理具体问题上,如国有化赔偿问题,股东所属国往往出面提出求偿。此外,如果是股东本身遭受损害,而与公司没有任何关系,其本国也可能直接介入。当然,无论情况如何,股东所属国总是可以通过外交途径提出交涉的。

关于求偿,有关于当地司法救济(local judicial remedies)的规定的适用问题。当一个国家侵犯了外国及其国民的利益,该国有义务向外国人提供司法救济的保障,而只有在用尽当地司法救济以后,受损害的国家才可以将未解决的争端提交国际法院或国际仲裁。当地司法救济不仅包括实体法,而且包括程序法。作为一个比较久远的司法实践,国际法院认为,用尽当地司法救济是一项已确立的国际习惯法规则。

在实践中,在如何运用这项规则上,还有个标准问题。例如,什么是“用尽当地司法救济”?如何衡量司法救济的有效性和可适用性?一种观点倾向于认为当地司法救济并不当然构成求偿的先决条件。如果当事人认为这种救济不存在或无效,或者形同虚设,就可认为这一条件已经满足。如果行为国对此提出异议,则由行为国承担举证责任,证明这种救济是实际存在的,从而当事人可以得到有效的赔偿。

第五节　国家责任制度产生的新问题

国家责任制度作为一般规则普遍适用于一切国际不法行为,这一发展引起了两个突出的国际法问题,一是国际犯罪的概念;二是国际法不加禁止行为产生的损害所引起的国际赔偿责任。前者与国际刑法的发展紧密相关;后者是国际环境法的组成部分。

一、国际刑事责任问题

国际法委员会草案第19条规定严重违背对于保护国际社会的根本利益至关紧要的国际义务且被整个国际社会公认犯罪的国际不法行为构成国际罪行。因此,在整个国家责任制度中出现了国际罪行与国际不法行为两个概念。草案第2

部分第5条第3款还规定，如国际不法行为构成国际罪行，则所有其他国家即为“受害国”。

首先，国际罪行概念的提出使国家责任理论更加复杂。如果国际罪行与国际不法行为作为两类性质不同的违反国际义务的行为，则国家责任的内容与形式也要相应地做出不同的规定，因为两种行为的法律后果是不同的。传统的国家责任主要是对国际不法行为所造成的损害给予赔偿，恢复原状，以维持国家之间的正常往来。而国际罪行的法律后果，是惩罚行为者，为受害者伸张正义，维持社会秩序，其着眼点是社会的共同利益，而不只是当事者双方的利益。关于国际社会的共同利益，国际法院在“巴塞罗那牵引公司案”中曾确认这种共同利益的存在，以及各国对国际社会所承担的责任（erga omnes obligations）。但是对于哪些义务属于这种性质，而且是否违反了这些义务都属于国际犯罪，法院的判决并没有说明。

国家刑事责任与国际刑法的发展有密切的关系。目前国际法委员会审议的另一项议题是《危害人类和平与安全治罪法草案》。这是国际刑法最重要的一部分内容。侵略、战争罪、种族灭绝罪、严重违反国际人道主义法等最严重违反国际法的行为被规定为国际罪行，另外，一些国际公约还规定对某些犯罪行为的普遍管辖权，如劫持民用航空器、劫持人质、海上非法暴力行为、毒品走私、偷运核材料、海盗等。这些行为也被视为国际刑法的一部分。

目前，国际公约所规定的刑事责任的主体均为个人。国家作为一个政治实体能否从事刑法意义上的犯罪行为，所谓国家罪行（state crime），个人的犯罪行为可否归责于国家，是有争议的问题。一方面，一些最严重的国际犯罪，如侵略，显然是国家的行为。这些行为与一般的刑事犯罪有本质上的区别。对于这类犯罪，国内法院显然不能行使有效的管辖权。根据纽伦堡军事法庭审判所确立的国际法原则，只有通过建立国际刑事管辖权，才可能对这些犯罪追究刑事责任。但另一方面，至今国际实践对于这类国际罪行都只追究了个人的刑事责任。尽管当事人都是代表国家或政府行使权力的，但纽伦堡原则并没有因此而排除个人在国际法上所应承担的责任，这是因为，国家能否“犯罪”，怎样区分国家的犯罪与个人的犯罪，怎样确定国家犯罪的主观和客观条件，这些问题按照一般刑法理论是难以解答的。因此，国际刑法的定义和范畴决定了国家责任规则的有关内容。

其次，如果将国际不法行为划分为国际罪行和一般侵权行为，从国家责任角度讲，二者的法律后果应是不同的。但是对于一个政治实体，如何实行刑事惩罚，不仅有理论上的困难，而且还有实际问题。除了根据《联合国宪章》所建立的集体安全体系外，对于一个国家如何给予惩罚，行使刑事管辖权，不仅涉及法理问题，而且还关系到国际关系的基本原则和国际法的基础。

目前，国际法委员会在“危害人类和平与安全治罪法”议题下，起草了《常设国际刑事法院规约》，并已于1994年向第四十九届联大提交了《规约草案》。该草案规定,法院对下列罪行具有管辖权:(1)种族灭绝罪;(2)严重违反1949年日内瓦四公约以及1977年附加议定书的行为;(3)非法劫持航空器;(4)针对民用航空的犯罪行为;(5)种族隔离罪;(6)针对受国际保护的人的犯罪;(7)劫持人质罪;(8)危害海上安全的非法行为。法院根据现行的国际公约,只对个人的行为建立了刑事管辖权。对于侵略,国际法委员会在报告中说明,如果安理会决定将侵略案件提交法院,则由法院进行调查,然后决定对哪些负有刑事责任的人进行起诉,依然排除了国家的刑事责任。

与此不同的是,国际法委员会在国家责任草案第19条中,对可能构成国际罪行的行为的规定比上述国际刑事法院的事项管辖范围要宽。第19条第3款规定,引起国家责任的国际罪行可能产生于:(1)严重违反维护国际和平与安全的国际义务,如侵略行为;(2)严重侵犯民族自决权,如建立或以武力维持殖民统治;(3)大规模侵犯人权,如奴役、种族灭绝、种族隔离;(4)大规模破坏环境;等等。对于这些国家的行为,国家究竟在国际法上承担什么样的责任,这种责任的内容和形式与现行的规则有何不同,各国政府和学者对此尚无统一的意见。

二、国家责任与国际赔偿责任(international liability)

国家责任制度所规定的客体是国际不法行为,即违反国际义务的非法行为所引起的法律关系,国家责任的性质是过错责任。国际赔偿责任概念的提出是由于工业化的发展,高科技的开拓,使国家间的交往不断加深,与此同时,一些跨国界的损害问题,如核材料的和平利用、航天航空活动、远洋石油运输、跨界河流开发等对它国国民人身、财产及其环境所造成的损害日趋严重,逐渐成为国家之间的关系中突出的问题,要求国际法加以规定。这些活动虽然造成损害性后果,但其本身并非国际法所禁止,因此也称为合法行为所产生的国际责任。国际法委员会最终将这类责任与国家责任分开,作为一项单独议题审议,即国际法不加禁止行为的损害性后果所引起的国际赔偿责任。

(一)与国家责任制度的关系

国际法不加禁止行为的损害性后果所引起的国际赔偿责任所涉及的是:当一国从事可能造成跨国界损害的活动时,行为国对于可能受到这种不利影响的国家所具有的权利和义务。由于这类活动多为对社会有益,甚至不可替代或不可缺少的活动,因此在研究其危害后果的赔偿责任时,其社会效益与社会危害之间的平衡是制定法律原则的主要考虑之一。如果损害已经发生,行为国应当尽量减少损害的后果,并对损害给予合理的赔偿。如果行为国拒绝履行这些义务,则引起该国的国家责任。

对于国际法委员会的起草工作,有些学者颇不以为然,认为将责任问题分为“非法”行为所引起的责任与“合法”行为所引起的责任,是“概念上的错误”,因为责任的性质取决于有关具体义务的内容,而不取决于活动本身。如果一个国家明确承担了不得对他国领土或国民造成损害的义务,那么,违反这一义务的法律后果就应引起该国的国家责任。尽管有关活动并非国际法所禁止,但造成损害则是非法的。

国家责任与国际赔偿责任已作为两个不同的国际法概念被普遍接受。环境法和资源法的迅速发展,已从不同角度要求加快制定有关国际损害赔偿责任的规则。例如,目前南极条约协商国正在考虑制定造成南极环境损害的国家责任和国际赔偿制度。国际海事组织也在起草有关法律责任的文件,作为1989年《关于控制危险物质转移的巴塞尔公约》的议定书。这些发展使国际赔偿规则的内容越来越丰富,使这方面的行为规则越来越具体。

(二)国际赔偿责任的基础

国际赔偿责任最初是由于举证上的困难而提出的。在跨国界的高度危险、高科技的活动中,受害人往往难以收集到必要的证据来证明行为者的过错,因而得不到赔偿。当这种危害来自另一个国家的境内时,国家之间的行政上的阻碍更加剧了求偿上的困难。因此,为维护受害者的利益,一种观点认为,对这类活动应适用严格责任或绝对责任制度。只要受害人证明其受到的损害与行为者活动之间的因果关系,就可以得到赔偿,除非行为者可以证明损害是由于受害人的过错而引起的。鉴于多数国家法律制度已适用严格赔偿责任,这种责任也应当作为一项普遍的国际法规则加以适用。但是,多年的国际实践并没有接受这一观点,除非一个国家明确地承诺对于自己造成的损害给予赔偿,无论是通过多边公约,还是双边协议,赔偿责任依然是过错责任。

跨国界损害问题涉及对一些国际法基本原则的解释和适用。根据国家领土主权原则和领土完整原则,一个国家在使用本国领土时,不得滥用权利,给他国的领土和国民造成损害。罗马法中著名的格言“使用自己的财产时不应损害及他人的财产”(Sie utere tuoalienum non laedas),在国家实践、司法判决和学者著作中被反复引用,作为一项国际法的一般原则,来解决跨国界损害问题。在著名的司法判例“特雷尔冶炼厂案”、“科孚海峡案”以及很多跨界水纠纷案中,这项原则都被重申,确立了一国不得对他国领土造成损害以及各国承担国际义务不得允许本国领土被用来从事有害他国权利的活动的国际法原则。尽管如此,在赔偿问题上,对责任的基础始终不能达成共识,其分歧的要点是:责任是因行为而产生,还是因后果而产生。如以行为作基础,则必须证明行为国的行为有过失,它才对损害的后果承担赔偿责任;如以后果为基础,则行为国承担严格赔偿责任。后果责任理论近年来在环境领域所得到的支持越来越多,但普遍的国际实践仍主要停留在实体法范围内。

(三)现行赔偿制度

自20世纪60年代以来,针对某些造成严重环境污染或高度危险的活动,国际社会缔结了一系列国际条约,建立了各种形式的赔偿责任制度。归纳起来,有下列几种：

1. 绝对的国家责任制度

1972 年《空间物体造成损害的国际责任公约》规定了发射国对本国或在本国境内发射的空间物体对他国及其人身、财产所造成的损害承担绝对的赔偿责任。

2. 双重责任制度

国家与经营者共同承担赔偿责任,目前核事故责任就是建立在这种制度之上。例如 1962 年《核动力船舶营运人双重责任公约》和 1963 年《维也纳核损害民事赔偿责任公约》规定了营运人必须根据登记国的规定投保一定数额的核事故险,或作出其他财务安排,同时国家保证营运人的赔偿责任,并且在营运人保险额不足以赔偿损失的情况下在规定的限额内给予赔偿。

3. 营运人的赔偿责任制度

最通常的赔偿责任形式是由营运人直接承担有限赔偿责任。无论营运人是国家,还是私人企业,根据条约的规定,营运人必须投保或就赔偿作出必要的财务安排。该制度的目的在于对赔偿额制定统一的标准,使受害人不会由于国籍不同而得到不同的赔偿,造成不公平。

这些法律制度对于解决某些特殊活动所造成的损害问题提供了法律保障,但其适用范围有限,参加国也较少,目前已明显难以应付实践中出现的问题。

(四)国际赔偿责任制度的发展

国际法委员会关于本项议题的审议工作目前正朝着建立实体法规范的方向努力。与赔偿责任相一致的是从事这类活动的行为规则。至今国际法委员会已就下列原则达成共识:(1)合作原则。在从事具有造成跨国界损害危险的活动中,行为国与可能受影响的国家有义务相互合作,为预防、减少和消除损害采取必要的合作措施;(2)通知与磋商的原则。行为国在准备进行某项活动时,如果预见到该活动可能对邻国造成危害,就应当及时通知该国,并与之进行磋商;如果受影响国主动要求磋商,行为国有义务同意该项要求;(3)评估有害影响原则。履行通知和磋商义务的前提是行为国首先应当对拟议中的活动可能对周围环境和对邻国造成的影响进行评估。这是采取合理措施的科学基础,也是评估损害和确定赔偿额的依据。评估,目前在环境开发领域已逐渐成为必不可少的程序;(4)预防和消除损害后果原则。一旦事故发生,行为国有义务立即采取紧急措施,减少和消除这种损害对他国国民与环境的影响。

国家责任制度仍在发展中,一些规则还有争议。国际法委员会的草案反映了国际法的最新发展。但是,作为一个责任制度,提出的规则最终能在多大程度上为各国所普遍接受,还要在实践中检验。

主要参考书目

1. Ian Brownlie, System of the Law of Nations: State Responsibility, 1983.

2. Clyde Eagleton, The Resposibility of States in International Law, 1928.

3. Bin Cheng General Prinuples of Law, 1953.

4. Oscar Schachtei, International Law in Theory and Practice, 1985.

5. J. Snyder, Public Opinion of the World Environment, 1979.

6. Havard Law Research, Responsibility for Injuries to Foreigners, Special Supplement to volume 23 of the American Jouinal of International Law, 1928.

第六章　国际法上的居民

第一节　国 籍 问 题

一、国籍和国籍法

一个国家领土内的居民通常包括本国人和外国人，而以本国人构成该国家居民的绝大多数。区别本国人和外国人的依据是个人的国籍。根据每个人所具有的国籍不同，他们对国家的法律关系和地位也有根本差异。

国籍是指一个人属于某一个国家的国民或公民的法律资格。具有一国国籍的人，与其国籍所属的国家有着稳固的法律联系，基于这种法律联系，他接受该国的法律管辖，享有和承担该国法律为本国人所规定的权利和义务。同时，这种法律联系也是国家对本国公民实行外交保护的法律依据。

一般而言，国籍和公民资格、国民与公民的含义相同。但是，有些国家通过国内法对属于本国的各种不同居民加以区别，造成国民与公民在政治地位上的差别。例如，已经废止的 1935 年 9 月 15 日的德国法律曾经区别德国公民籍和德国国籍，"日耳曼血统或相近血统"的人才能具有德国公民籍，并享受完全的政治权利。在美国，"公民籍"和"国籍"二词往往相互使用，但"公民"仅指出生在美国并受美国管辖，在美国具有完全政治权利的人，而其他的属于不构成联邦各州的领土和属地的人则被称为"国民"。这部分人对美国有效忠的义务，而且是国际法意义上的美国国民，但是他们在美国不享有完全的公民权利。在英国和英联邦范围内也有类似的情况。[1]

关于居民的法律地位的确定，属于国家权力范围内的事情。因而有关国籍的问题和国籍的取得、丧失和恢复等，通常由各国自行制定的国内法予以规定。1930 年《关于国籍法冲突若干问题的公约》第 1 章第 1 条规定："每一国家依照其法律决定何人为其国民。此项法律如与国际公约、国际习惯及普遍承认关于国籍之法律原则不相冲突，其他国家应予承认。"各国通过立法，决定谁具有它的国籍因而

---

〔1〕《奥本海国际法》，中译本，第 1 卷第二分册，1971 年，第 141 页。

是它的国民或公民,这就是国籍法。它是各国处理国籍问题,特别是国籍的取得、丧失或变更的法律。关于国籍的国内立法,大致有两种方式,即在宪法中规定和以单行法规定。用宪法规定国籍的方式最早是法国1791年的宪法;用单行法规定国籍的方式,最早的则是1842年12月31日普鲁士的国籍法。这种以单行法规规定国籍问题的作法在19世纪后半期逐渐为其他国家所采用,到了20世纪便盛行起来。目前,世界上大多数国家都采用这种方式,制定和颁布了各自的国籍法。

在现代社会中,每一个人都应具有一个国籍,这不仅是国内法所要求的,也是国际法所要求的。就国内法来说,一个人取得某一国籍后,就可以以一个国民或公民的资格在该国享受法律规定的权利和承担义务;就国际法来说,侨居国外的某国国民或公民,都有忠于本国和承担一定义务的责任,他的国籍所属国有权保护他的合法权利,并有义务接受其回国。《世界人权宣言》第15条规定:"人人有权享有国籍。"因此,享有国籍是个人的基本权利之一,也是个人与国际法发生联系的必要纽带。

国籍法虽然属于国内法,但由于各国国籍的规定不同,在国家之间人员来往和人口流动日益频繁的情况下,往往形成国籍的冲突,因而国籍问题它又具有国际性,成为国际法调整的内容。在解决国籍冲突时,国家间签订的双边条约发挥重要作用,是国际间避免国籍冲突的重要途径。

第二次世界大战前,比较重要的有关国籍的公约有1930年4月12日在海牙签订的《关于国籍法冲突的若干问题的公约》、《关于某种无国籍情况的议定书》、《关于双重国籍某种情况下兵役义务的议定书》和1933年12月26日于蒙得维的亚签订的《美洲国家间国籍公约》、《美洲国家间关于妇女国籍的公约》等。联合国成立以后,在国际法委员会的主持和推动下,于1954年签订了《关于无国籍人地位的公约》,1957年签订了《已婚妇女国籍公约》、1961年签订了《减少无国籍状态公约》等。以上公约有助于各国政府避免和解决产生的国籍冲突问题。

二、国籍的取得

国籍的取得是指一个人取得某一特定国家的国民或公民的身份。根据各国的国籍立法和实践,国籍的取得可以通过出生和加入两种方式。

(一)因出生取得国籍

因出生而取得的国籍也叫原始国籍、出生国籍或固有国籍。世界上绝大多数人都是由于出生这一事实取得国籍,因此这是取得国籍的最主要的方式。但是,各国在依出生而取得国籍的原则是不一样的。有的国家采取血统主义原则,有的采取出生地主义原则,有的则将两种原则相结合,混合使用。

血统主义(jus sanguinis)指一个人的国籍决定于其父母的国籍。凡是本国公民的子女,当然为本国国民,而无论其出生于何地。血统主义又分为双系血统主义和单系血统主义。双系血统主义是指父母的国籍均对子女国籍具有影响,单系血统主义是指仅以父亲的国籍决定子女的国籍。由于单系血统主义是男女不平等在国籍问题上的表现,目前多数国家倾向于采取双系血统主义决定子女的国籍。如1945年10月19日的法国《国籍法典》第17条第1款规定:父亲是法国人,其合法婚生子女都为法国人。而1973年1月9日修改后的法国国籍法第17条规定:不论婚生或非婚生,至少双亲之一是法国人者为法国人。

出生地主义(jus soli)指一个人的国籍决定于他出生的地方,而不论其父母的国籍如何。在历史上曾经大量吸收移民的美国和拉丁美洲国家,为了使大批移民出生的儿童成为出生地国家的国民或公民,增加本国人口,均采取出生地主义原则。

有些国家的国籍立法兼采血统主义与出生地主义两种原则,被称为"混合制"。这些国家有的平衡地采取两种原则,有的以血统主义为主,以出生地主义为辅,有的以出生地主义为主,以血统主义为辅。以传统采取出生地主义的美国为例;宪法确认"凡出生或归化于合众国并受其管辖之人,皆为合众国及其所居之州的公民",同时,美国《公法》第301条规定:"出生在美国境外及其在外领地的人,其双亲中一人是外国人,而另一人是美国公民,在出生时即为美国国民和公民。"

从目前各国的立法来看,世界上绝大多数国家均采取的是血统主义和出生地主义相结合的原则。据统计,在99个主要国家中,国籍法以血统主义为主,出生地主义为辅的有45个;以出生地主义为主,以血统主义为辅的有28个;平衡地兼采血统主义和出生地主义的国家有21个。多数国家采取将血统主义和出生地主义相结合的原则,目的在于兼采两种原则的长处,更充分地维护本国利益。

(二)因加入取得国籍

因加入取得国籍是根据本人的意志或某种事实,并在具备入籍国立法所规定的某些条件之后取得国籍。通过加入而取得国籍的主要情况有申请入籍、婚姻和收养等,其中个人自愿申请入籍是狭义的入籍,而由于婚姻、收养等原因取得新国籍是广义的入籍。

《世界人权宣言》第15条第2款规定:"任何人的国籍不得任意剥夺,亦不得否认其改变国籍的权利。"由于国家之间交流和人员来往的日益增多,移民增加,个人可以由于某种原因要求改变国籍,并经过某种法律程序取得新的国籍。因此,从理论上说,每个人都有权通过某种方式改变自己的国籍。但是,一个国家是否允许本国人放弃本国国籍或允许外国人加入本国国籍,以及在什么条件下允许这样做,纯属国内管辖事项。当遇有外国人由于某种原因要求入籍时,各国国籍法往往授权政府自由作出决定。任何外国人都没有绝对的入籍权利,一个政府可以拒绝外国人入籍的要求而不说明任何理由。当然,在国际实践中,绝对不允许改变国籍或拒绝任何人入籍的作法已不常见。

1. 申请入籍

各国国籍立法均有经过自愿申请并取得本国国籍的制度，这被称为入籍或归化。

多数国家规定入籍必须具备一定的条件，如年龄、居住期限，还有的国家规定了文化程度、财产状况、行为能力、宗教、政治信仰等。例如，1924 年 8 月 8 日《挪威国籍法》第 5 条规定申请入籍的条件是：年满 21 岁；在挪威有永久住所，最近五年居住于挪威；品行端正；能维持自己及家庭的生活。美国现行国籍法规定的入籍条件包括：年满 18 岁；在美国连续居住至少满五年；道德品质良好；有一般阅读和写作英语的能力；理解和拥护美国政府体制和美国宪法上的各项原则。

关于入籍的程序，申请入籍一般须特定机关进行审查并批准。有的国家规定申请人获得批准入籍时，要经过效忠宣誓手续。

关于入籍的效力，各国的国籍立法并不一致。例如，一个人入籍后是否及于其配偶和子女？许多国家的国籍法都承认，父母入籍时，其未成年子女也随同入籍。但也有些国家规定，父母改变国籍时，未成年子女不当然随同改变国籍，而必须附带在其父母的申请之内或者由其父母代为申请，履行正常的审批手续。关于入籍的人在法律地位和政治权利上是否与原来的国民一样，各国并无统一的原则，不少国家对此作出差别规定。例如，按照美国宪法的规定，在美国归化的人不得被选为美国总统。当一个人取得外国国籍后是否自动丧失原有国籍，这也是各国有分歧的问题。有关国际公约并未对此作出明确规定，国际法上不存在普遍承认的统一原则。

2. 由于婚姻

因婚姻而取得国籍，是指一国公民与另一国公民结婚而取得新的国籍。在 19 世纪，无条件地妻随夫籍曾盛行一时。这种作法常常引起妻子具有双重国籍，因而一些国家对婚姻引起的国籍变更规定了一定条件。一般是外国女子与本国男子结婚，或者本国女子与外国男子结婚，原则上可以取得对方的国籍，但必须是女方提出入籍申请，或者女方本国不要求其保留本国国籍。现在大多数国家都根据男女平等和妇女国籍独立的原则，规定婚姻并不影响国籍，即婚姻双方各自保有原来的国籍。

3. 由于收养

因收养而取得国籍，是指一国公民收养另一国籍的或无国籍的儿童，使被收养者取得收养者的国籍。各国立法对收养是否必然引起国籍变更的规定并不一致。有的规定收养关系建立便引起国籍变动，使被收养人取得收养者的国籍；有的规定收养子女并不当然取得养父母的国籍；有的规定收养虽不影响被收养人的国籍，但被收养人可以在较优惠的条件下申请并取得养父母的国籍。

因加入而取得国籍，除以上三种主要情况外，还可以由于认领（对非婚生子女)、领土转移、选择、取得住所等实现。

三、国籍的丧失

国籍的丧失,是指一个人丧失某一特定国家的国民或公民资格。各国国籍法一般都有关于国籍丧失的规定。一般地说,取得新的国籍与丧失旧的国籍有着密切联系,取得国籍的几种情况(入籍、婚姻、收养及其它方式)均可能引起国籍的丧失。在性质上,丧失国籍可以分为自愿与非自愿两种类型。自愿丧失国籍是指申请退出某一国籍或自行选择某一国籍。非自愿丧失国籍是指由于入籍、婚姻、收养、认领等原因而丧失原有国籍。国籍还可能由于被剥夺而丧失。许多国家的立法有剥夺国籍的规定,其所涉及的理由包括危害国家独立或安全、对本国不忠诚或为外国的利益而从事危害本国利益的行为、在战争中为敌国工作、逃避兵役等。国籍的丧失,一般并不影响其配偶和子女的国籍。

四、国籍冲突的产生和解决

由于各国国籍立法所采取的原则和规定不同,个人国籍常常发生冲突。有的人具有两个或两个以上的国籍,有的人则不具有任何国籍。这种现象被称为国籍的冲突。国籍的冲突有两种情况:积极的国籍冲突和消极的国籍冲突。

(一)积极的国籍冲突

积极的国籍冲突,是指一个人同时具有两个国家的双重国籍或一些国家的多重国籍。双重国籍的现象主要是由于各国国籍法关于国籍的取得和丧失的原则和规定不同而产生的。在特定情况下,如果一个人同时取得两个国家的国籍,或者当取得新的国籍后不丧失旧国籍,便产生了双重国籍。与国籍的取得一样,产生双重国籍的原因主要是由于出生、婚姻、收养、入籍、认领等。

由于出生:有些国家对国籍的取得采取血统原则,有些国家采取出生地原则。采用血统主义原则国家的公民,在采用出生地主义原则国家境内所生的儿童,一出生就会具有双重国籍,即同时具有其父母的国籍和出生地国家的国籍。这是世界上产生双重国籍最普遍的情况。

由于婚姻:通常是一国男子与外国女子结婚时,男子的国家法律规定因婚姻而赋予外国女子以该国国籍,而该女子的国家的法律则规定不因婚姻而丧失国籍。这样,这个女子就具有了双重国籍。

由于收养:与婚姻产生双重国籍情况一样,当一个国家的公民收养一个外国人为养子女时,该收养人的国家法律规定因收养而赋予被收养人国籍,而该被收养人的国家法律则规定被收养人不因被收养而丧失国籍。其结果,被收养人就具有双重国籍。

由于入籍:当一个国家授予外国人本国国籍,同时又不要求入籍人退出原有国籍时,当一个国家规定本国人接受外国国籍后,退出本国国籍需要经申请和批准时,便会发生双重国籍现象。

由于认领:各国对非婚生子女的国籍问题有不同规定,也可能产生双重国籍。

双重国籍的冲突对个人有什么影响呢?由于持有双重国籍的人必须同时向两个国籍国履行义务,承担责任,他们往往陷于十分困难的境地。例如,一个双重国籍人的两个国籍国都把他认作本国人,并要求他服兵役,他就无法同时履行两个国籍国的兵役义务。此外,双重国籍常常引起国际纠纷,影响国家间的正常关系。

由于国籍立法属于一国主权管辖的事务,与各国的利益有着极为密切的关系,因此,在国家之间还没有找到妥善解决双重国籍问题的统一规则。一般来说,国家可以在制订国籍法时尽量避免可能导致产生双重国籍,特别是在处理出生、婚姻、入籍、收养和认领等影响国籍取得和改变的情况时,更应兼顾到这一点。当国家之间遇有双重国籍问题时,最切实的应付办法是通过友好协商,谈判签订双边条约,加以避免和妥善解决。当然,国际上也可制订国际公约,解决国籍的冲突。但是,由于国际关系复杂和各国利益差异,迄今所签订的关于无国籍问题的国际公约加入国家甚少,且还附带了不少保留,因此对解决双重国籍的效果不明显。

(二)消极的国籍冲突

消极的国籍冲突,是指一个人不具有任何国籍,任何国家根据它的法律都不认为该人是它的国民。这种状态也称为无国籍状态(state lessness)。无国籍状态的产生主要是由于出生、婚姻、剥夺等原因。

由于出生:无国籍人所生的儿童,按照出生地国家的法律规定不取得该国国籍时,该儿童就可能成为无国籍人。由于婚姻:当一国法律规定,本国人与外国人结婚,丧失本国国籍,而对方国家规定,外国人与本国人结婚并不因此而取得本国国籍,这就造成了无国籍状态。由于剥夺:如果一个人由于某种原因被本国剥夺了国籍,而尚未取得新的国籍前,他就是一个无国籍人。另外,在特定情况下,一些人因偷越国境、合法身份证件失效等原因也可造成无国籍现象。

无国籍人并非不承担任何义务的"自由人"。他们在自己经常居住的国家仍然要受该国的管辖,但享受不到该国国民或外国人应得的权利,在受到侵害时又缺乏正常人受到的国籍国的外交保护。为了减少无国籍状态,解决由此产生的问题,国际上签订了一系列的国际公约,最著名的是1954年9月28日通过的《关于无国籍人地位的公约》、1961年8月30日通过的《减少无国籍状态公约》。根据《减少无国籍状态公约》:"缔约对在其领土出生,非取得该国国籍即无国籍者,应给予该国国籍。""缔约国的法律规定个人身份的变更,如结婚、婚姻关系消灭、取得婚生地位、认知或收养足以使其丧失国籍者,其国籍的丧失应以具有或取得另一国籍为条件。"与解决双重国籍问题一样,国际公约对于解决无国籍现象并没有产生预期的效果。从根本上说,解决无国籍的基本方法仍然是通过各国的国内立法加以避免。

五、中华人民共和国国籍立法和实践

中国在历史上对出生国籍问题一向采取血统主义原则，而且是单系血统主义原则，即父亲血统主义，贯穿着男女不平等的思想。从本世纪初起，先后曾颁布三部国籍法，即1909年《大清国籍条例》、1914年《民国三年修正国籍法》和1929年《民国十八年修订国籍法》。这三部国籍法均规定："生时父为中国人者"和"生于父死后，其父死时为中国人者"，具有中国国籍。

在1980年《中华人民共和国国籍法》颁布以前，新中国在处理国籍问题的实践中采用的是血统主义和出生地主义相结合的原则，而所适用的血统主义已从原来的单系血统主义原则改为父母双系血统主义原则，体现了男女平等。同时，中国政府与有关国家经磋商谈判，缔结了若干条约，为减少和逐步消除双重国籍问题作出了努力。

1980年9月10日，中华人民共和国第五届全国人民代表大会第三次会议审议通过了新中国的国籍法，即《中华人民共和国国籍法》。这部国籍法的基本原则和主要内容是：

（一）兼采血统主义和出生地主义的原则处理出生国籍问题

根据第4、5、6条关于出生国籍的规定，"父母双方或一方为中国公民，本人出生在中国，具有中国国籍"。为了防止和减少双重国籍和无国籍现象，国籍法又规定，"父母双方或一方为中国公民，本人出生在外国，具有中国国籍；但父母双方或一方为中国公民并定居在外国，本人出生时即具有外国国籍的，不具有中国国籍"。"父母无国籍或国籍不明，定居在中国，本人出生在中国，具有中国国籍。"

（二）不承认双重国籍

这是我国国籍法的一项基本原则。《中华人民共和国国籍法》第3条规定："中华人民共和国不承认中国公民具有双重国籍。"有关条文对这一原则做了详细规定。（1）外国人在中国境内所生子女具有外国籍；（2）定居外国的中国公民，自愿加入或取得外国国籍，即自动丧失中国国籍；（3）父母双方或一方为中国公民并定居在外国，本人出生时即具有外国国籍的，不具有中国国籍；（4）经批准加入中国国籍的，不得再保留外国国籍；（5）申请恢复中国籍获批准的，不得再保留外国国籍。

解决双重国籍问题，是我国处理国籍问题的重点。新中国成立以来，中国政府重视解决华侨双重国籍问题。周恩来总理在1955年举行的亚非会议上指出，华侨的双重国籍问题是旧中国遗留下来的，新中国的人民政府准备与有关各国政府解决华侨的双重国籍问题。中国政府与邻近国家政府曾在平等互利和互不干涉内政的基础上，共同就华侨的国籍问题在进行了友好协商，先后在1953年与印度尼西亚、1973年与菲律宾、1974年与马来西亚、1975年与泰国就华侨国籍问题签订了条约或写入了双方联合公报，确认了不承认双重国籍的原则。

(三)减少无国籍人

为了防止和减少在中国产生无国籍现象,《中华人民共和国国籍法》从两方面作了规定。一方面是对无国籍人,只要他们愿意遵守中国宪法和法律,具备一定条件并经本人申请,主管机关审查批准,可以加入中国国籍。这些条件是:中国人的近亲属,或者定居在中国,或者具有其他正当理由。另一方面是规定父母无国籍或国籍不明,定居在中国,只要他们的子女在中国出生,其子女即具有中国国籍。另外,我国国籍法不以任何理由剥夺我国公民的国籍。

此外,《中华人民共和国国籍法》还对收养、入籍、出籍和复籍等方面的原则和手续都作了规定。

第二节 外国人的法律地位

一、对外国人的属地管辖权与属人管辖权

外国人指在一个国家境内不具有居住国国籍而具有其他国籍或无国籍的人。

根据国际法确认的原则,处在一个国家境内的外国人都受所在国的管辖。为了保证和维护国家主权,国际间开展正常交往,外国人进入一国境内后必须遵守所在国的法律和法令。国家对其领域内的外国人的管辖权称为属地管辖权,也称属地优越权。同时,国家也有保护其在外国的本国国民合法权益的权利,称为属人管辖权,也称属人优越权。处于一个国家境内的外国人既要服从所在国的属地管辖权,也要服从其国籍国的属人管辖权。

由于各国独立行使主权并享有对外国人的属地管辖权,它们在本国境内给予外国人什么待遇,别国无权干涉。当然,各国政府在依据属地管辖权行使对外国人的管理时,必须注意不违背本国所承担的国际义务,并遵守国际法的基本原则和有关的国际惯例。

一般而言,国家的属地管辖权所涉及的外国人包括外国派驻本国的外交代表、领事官员、国际组织代表等享有外交特权和豁免的外国人。但是,这类外国人的法律地位与一般外国人不同,应按照国际法原则、规则和制度予以处理。在实践中,各国均将无国籍人纳入外国人的范畴。这种作法在有关国际公约中得到了确认。1954 年通过的《关于无国籍人地位的公约》第 7 条规定:“除本公约载有更有利的规定外,缔约国应给予无国籍人以一般外国人所获得的待遇。”〔2〕

〔2〕《人权国际文件汇编》,联合国出版物,1988 年,第 329 页。

二、外国人入境、居留和出境的一般原则

根据国际法，决定外国人入境问题是国家的内政。一个国家有权自行决定是否允许外国人入境，以及在什么条件下同意外国人入境。国家没有准许外国人入境的义务，外国人也没有要求别国政府必须准许他入境的权利。目前，各国都制定有专门的法律、法令对外国人入境、居留和出境问题作出规定，有时国家间也签订有关这一问题的条约或者协定。

一般地说，各国都是在互惠的基础上允许外国人为合法的目的入境和居留的。对外国人入境，各国一般要求该外国人持有有效的本国护照，以证明其国籍。无国籍人入境，则应持有其居住国签发的旅行证明。外国人入境时，一般要求有关外国人在入境前申办本国签证的手续。为了加强友好交往，有些国家根据互惠的原则签订双边条约，规定两国公民相互入境相互免办签证手续。例如，大多数西方国家之间采用了互免签证的作法，中国与许多东欧国家也签订有互免签证协定。互免签证可能适用于双方国家的所有公民，也可能只适用于某些担当特殊职能的公民，如我国与东欧国家的签证大多只适用于因到对方国家履行公务而持有外交或公务护照的双方公民。为了保护本国的安全和利益，国家有权禁止本国政府认为有害于本国的人入境。通常被各国禁止入境的几类人有：传染病患者、精神病患者、刑事罪犯和从事不正当职业者。

合法进入一国境内的外国人，根据居留国的法律、法令和有关的国际条约或协定，可以在该国短期、长期或永久居住。外国人在一国居住的时候，他的合法权利应受到保护。受各国保护的外国人的权利一般包括：人身权、财产权、著作权、发明权、劳动权、受教育权、婚姻家庭权、继承权等人身、民主、民事权利及诉讼权利。外国人一般不享受本国人享受的政治权利。各国通常在本国宪法、民法、商法、劳动法、诉讼法及其他有关的法律、法令中明确规定外国人在本国所享受的权利和承担的义务的内容。此外，关于外国人入境、居留、出境方面应享受的权利和承担的义务，各国之间订有大量的双边条约和协定。

外国人离境或出境的条件，主要由国内法规定，一般要求办理出境签证、无待偿纳税义务或债务、无未了结的民事、刑事纠纷等。国家不得禁止外国人合法离境。外国人只要遵守了本国有关离境的规定，办理了离境手续，国家无权限制外国人离境。对于合法出境的外国人，应允许按照居留国法律的规定，带走所有的动产。

在特定情况下，一个国家的政府有权限令外国人离境，或将他驱逐出境。限令外国人离境或将外国人驱逐出境的理由一般限于维护本国公共秩序或公共安全的需要。如1928年2月20日签订的美洲国家间《关于外国人地位的公约》第6条规定："各国得以公共秩序或公共安全的理由，将在其领土内设有住所、居所或临时过境的外国人驱逐出境。"1955年的《关于居留的欧洲公约》第3条第1款规定："在其他各方领土内正常居住的缔约各方国民，除非威胁国家的安全或违犯公共

秩序或善良风化,不得被驱逐。”从这些规定可以看出,驱逐外国人是已得到国际公认的国家权利。但是,这项权利不可滥用,滥用这项权利将招致当事人本国的抗议、报复或其他反应,并引起国际责任。

三、外国人的待遇

对于外国人的待遇,国际法上没有统一的规定。一个国家对于合法入境的外国人,不论是暂时、长期或永久居住的,都应依法予以保护。但是,对外国人的待遇,各国的情况实践不尽相同。另外,由于暂时和短期居住与长期居住不同,各国给予这几种情况的外国人的待遇也不相同。外国人的待遇主要是指对长期居住的外国人的待遇,主要有下面几种:

(一)国民待遇(national treatment)

国民待遇指一国给予外国人的待遇和给予本国人的待遇一样,即在同样条件下,二者所享受的权利和承担的义务相同。

国民待遇的法律渊源主要是国内立法、双边国际条约和一些区域性国际公约。各国政府通常是在互惠的基础上,在特定方面给予外国公民以本国国民的待遇。1995年的《欧洲居留公约》第4条规定:“缔约各方国民在其他各方领土内关于民事权利的享受和行使,无论是个人方面或财产方面,享有与国民待遇同等的待遇。”这条规定将国民待遇的范围限定于公约缔约各方国民,将国民待遇的内容限定于民事权利。

除一般民事权利外,国际条约中还经常规定对个人或法人在诉讼权利方面,给以国民待遇,即居住国不得对外国人或外国法人在诉讼时采取“诉讼担保”(judicatum solvi)或其他限制措施。此外,各国往往通过协定,在互惠原则基础上,就某些方面的便利和照顾采取特别的规定,如为了避免两国公民受到双重征税而签订的税收协定。

各国给予外国人的国民待遇一般都不包括政治权利。外国人在居留国不享有选举权和被选举权,不得担任公职,也不承担服兵役的义务。除多数国家的国内法有这样的规定以外,有关国际公约也有所规定,1928年的美洲国家间《关于外国人地位的公约》第3条明文规定:“外国人没有服兵役的义务,但是设定住所的外国人,除非他们宁可离开该国,可以强制其在与本国公民同样的条件下执行警察、消防或民警的任务,以保护其住所地免受非因战争而产生的自然灾难或危害。”

(二)最惠国待遇(most favored nation treatment)

最惠国待遇指给予某个外国的个人或法人的待遇,不低于或不少于给予任何第三国的个人或法人的待遇。联合国国际法委员会《关于最惠国条款的条文草案》第5条规定:“最惠国待遇是授予受惠国或与之有确定关系的人或事的待遇不低于授予国给予第三国或与之有同于上述关系的人或事的待遇。”

给予最惠国待遇，一般都是通过签订双边或多边条约，规定在哪些方面给予缔约国的公民和法人以最惠国待遇。最惠国待遇的根据是给予和享受最惠国待遇的国家之间的条约。关于最惠国待遇的条约规定称为最惠国待遇条款。最惠国待遇条款规定，授予国给予任何第三国最惠国待遇时，受惠国即取得与第三国相同的待遇。换言之，签订最惠国待遇条款后，受惠国可自动取得条款规定的某种优惠和豁免，无须就此再向授予国履行任何申请手续，而授予国在缔约前已给予、现在仍然存在的以及将来可能给予第三国的优惠和豁免，应自动给予受惠国。最惠国待遇适用范围通常包括：关税及附加税的税率和海关手续；船舶出入停泊所需燃料、淡水、食品供应；船舶修理、旅客、行李或货物过境；铁路、水路、公路的使用；法人、自然人的法律地位；商标权、发明权等。

最惠国待遇可以分为以下几种：从受惠国享受最惠国待遇时是否需满足授予国提出的一定条件的角度，最惠国待遇可分为无条件的和有条件的最惠国待遇。无条件的最惠国待遇指缔约一方已经给予或将来给予任何第三国的优惠和豁免，也应当无条件的给予缔约另一方。有条件的最惠国待遇指缔约国一方已经给予或将来给予任何第三国的优惠和豁免附有一定的条件，缔约国另一方必须满足同样的条件，才能享受此优惠和豁免。从最惠国待遇的权利和义务的享受与承担的角度，最惠国待遇可分为互惠的和片面的最惠国待遇。互惠的最惠国待遇指最惠国待遇条款规定的权利和义务对缔约双方是在平等互利基础上的双向权利与义务。片面的最惠国待遇指缔约国一方有义务给另一方以最惠国待遇，而自身却无权从缔约国另一方获得最惠国待遇。从最惠国待遇的内容上分析，最惠国待遇可分为无限制的和有限制的最惠国待遇。无限制的最惠国待遇指对最惠国适用的范围不做任何限制；有限制的最惠国待遇则将其适用范围限制在某些特定的方面。目前，国际条约普遍采用互惠的、无条件的及有限制的最惠国待遇。

（三）差别待遇

差别待遇指外国公民或法人的民事权利在某些方面少于或小于本国公司或法人。这是就本国人与外国人的待遇有差别。差别待遇主要来自国内法的规定，往往包含某种待遇只能由本国人享有，某种企业只能由本国人经营，某种职业只能由本国人担任，某种财产只能由本国人占有等内容。例如，世界上不少国家，包括中国在内，不允许外国律师在本国执业。

差别待遇的另一种情况是对不同国籍的外国公民或法人给予差别待遇。由于历史、民族、地理等方面的原因，有些国家或国家集团之间的关系比较密切，因而往往根据条约或惯例，在某些方面彼此给予对方国民或法人较之其他外国人优惠的待遇。例如，欧洲共同体的成员国对成员国的国民或法人和对非成员国的国民或法人的待遇就有一定的差别。相邻国家间在关税、人员往来和边境贸易等方面，也常有一定的优惠待遇。但是，根据种族、民族、性别等原因而作的歧视待遇是违反国际法的。

（四）外国人在中华人民共和国的法律地位

中华人民共和国成立后，中国人民彻底摆脱了帝国主义的剥削与压迫。中国《宪法》第32条规定："中华人民共和国保护在中国境内的外国人的合法权利和利益，在中国境内的外国人必须遵守中华人民共和国的法律。"外国人在中国的入境、出境、过境、居留和旅行都应遵守中国的法令。

为了便于对在华外国人的管理，国务院于1964年4月13日公布了《外国人入境出境过境居留旅行管理条例》。这个条例以及其他有关法令规定了外国人在中国的法律地位，在相当长的时期内发挥了重要作用。1985年1月22日，第六届全国人民代表大会常务委员会通过了《中华人民共和国外国人入境出境管理法》。为了具体执行该法，国务院于1986年12月3日制定了《中华人民共和国外国人入境出境管理法实施细则》。1994年7月3日，国务院修订了《中华人民共和国外国人入境出境管理法实施细则》，更新了1986年《实施细则》的内容与规定。

根据法规的规定，外国人入境，应当向中国的外交代表机关、领事机关或者外交部授权的其他驻外机关申请办理签证。中国政府在国内受理外国人入境、过境、居留、旅行申请的机关，是公安部、公安部授权的地方公安机关和外交部、外交部授权的地方外事部门。中国政府禁止下列外国人入境：被中国政府驱逐出境，未满不准入境年限的；被认为入境后可能进行恐怖、暴力、颠覆活动的；被认为入境后可能进行走私、贩毒、卖淫活动的；患有精神病和麻疯病、艾滋病、性病、开放性肺结核病等传染病的；不能保障其在中国期间所需费用的；被认为入境可能进行危害我国国家安全和利益的其他活动的。对于下列外国人，边防检查站有权阻止入境或者出境：未持有效护照、证件或者签证的；持伪造、涂改或者他人护照、证件的；拒绝接受查验证件的；公安部或者国家安全部通知不准入境、出境的。

我国对外国人来中国的身份和所持护照的种类，分别向其发给外交签证、礼遇签证、公务签证、普通签证。根据外国人申请来中国的事由，普通签证分为八种类别，分别发给来华定居、任职或者就业、留学进修、访问考察、旅游探亲、过境、乘务人员和海员以及外国记者等不同人员。我国政府签发的入境签证一般一次有效。根据互惠对等的原则，我国与一些国家订有互免签证的协议。1994年《中华人民共和国外国人入境出境管理法实施细则》还包括了外国人在中国境内居留、住宿、旅行及出境的各项详细规定。

我国法律一向保护守法的临时来华外国人和外侨的人身、财产及其他正当权益。外国人的人身自由不受侵犯，非经人民检察院批准、决定或者人民法院决定，并由公安机关或者国家安全机关执行，不受逮捕。外国人在中国境内，必须遵守中国的法律，不得危害中国国家安全、损害社会公共利益、破坏社会公共秩序。外国人在中国不享受中国公民特有的部分政治权利，如选举权和被选举权，也不承担兵役。外国人在华期间的民事权利受中国法律的保护。《中华人民共和国民法通则》、《中华人民共和国著作权法》、《中华人民共和国商标法》和《中华人民共和国专利法》等法律都具体规定了对外国人各项权利的保护原则和措施。

第三节 庇护与引渡

一、庇护(asylum)

庇护是以国家的属地优越权为依据的。每一个国家对于所有在它的领土内的人,不管是本国人或外国人,都行使属地优越权。当它与别国对本国公民行使的属人优越权相矛盾时,便排除了别国对在本国领土内的国民行使权力。因此,一个外国对于在本国被追诉而进入其国境的外国人来说,就可以成为一个庇护所。除非该外国的居留国将其引渡,他便可以不受惩罚。

庇护权是各国自主处理和决定给予外国人庇护事项的权利。这种权利完全属于给予庇护的国家,不是个人的权利。是否给予某个人以庇护,完全由一国自主做出决定。外国人没有权利向其所进入以逃避其他国家追诉的国家要求给予庇护的权利。《世界人权宣言》第14条规定:"人人有权在其他国家寻求和享受庇护以避免迫害。"未规定个人有权"取得"庇护,而仅规定个人有权"寻求"和"享受"庇护。出于同样的原因,联合国在1966年通过详细规定个人权利和基本自由的《公民权利和政治权利国际公约》时,对个人取得庇护的权利根本未涉及。

1967年12月11日,联合国大会通过《领土庇护宣言》。该宣言被看作是在庇护问题上规定了关于庇护的一般原则。《宣言》第1条对庇护的基本问题作了规定:"一、一国行使主权,对有权援用《世界人权宣言》第14条之人,包括反抗殖民主义之人,给予庇护时,其他各国应予尊重。二、凡有重大理由可认为犯有国际文书设有专条加以规定之危害和平罪、战争罪或危害人类罪之人,不得援用请求及享受庇护之权利。三、庇护之给予有无理由,应由给予庇护之国酌定之。"这项规定不涉及一般的庇护,而是针对特殊的几类人的。

当一个国家根据属地优越权给予外国人以庇护时,该外国人就受该国的保护,获得庇护的外国人在庇护国属于一般的外国人,必须遵守庇护国的一切法律、规章,不参与庇护国的政治活动,也不得在该国境内从事反对他国的活动。

庇护权属于国家,各国可以决定给外国人以政治庇护。这样决定的依据是本国的国内立法。一般来说,各国往往在宪法中设立关于政治庇护的条款,或在其他法律中规定与庇护有关的内容。中华人民共和国的宪法中也有相关的规定。1978年《宪法》第59条曾规定:"中华人民共和国对于任何拥护正义事业、参加革命运动、进行科学工作而受到迫害的外国人,给以居留的权利。"1982 年《宪法》将这一内容作了修改,第 32 条规定:"中华人民共和国对于因为政治原因要求避难的外国人,可以给予受庇护的权利。"

由于庇护必然涉及两个以上国家,即给予庇护国和被庇护人所属国,使庇护成为国际法上的一个复杂问题。由于各国在此问题上存在诸多分歧,虽然在国际上曾经作出努力,试图以条约或公约的方式对庇护加以规定,但没有什么成效。在这方面的尝试有:1923 年美洲国家在哈瓦那签订的《关于庇护权的公约》,1933 年美洲国家在蒙得维的亚签订的《美洲国家间关于政治庇护权的公约》。1967 年,联合国大会将《公民权利和政治权利国际公约》中分离出来的庇护问题单独以《领土庇护宣言》的方式做了阐述,但将有关内容制定成公约,以便约束各国政府的努力至今仍未有任何进展。

二、引渡(extradition)

引渡是指一国把在该国境内而被他国追捕、通缉或判刑的人,根据有关国家的请求移交给请求国审判或处罚。

一个国家在遇到外国提出对某人的引渡要求时,是放弃对某人的管辖权,将其引渡给外国,还是给予这个人庇护,都是国家主权范围内自由决定的事情。当某个外国人对一个国家形成危害时,该国有权将其驱逐出境;但是,如果外国提出引渡请求时,除非被请求国承担了条约或公约义务,该国没有义务必须将某人引渡给他国。

现代意义上的引渡制度发生于 18 世纪的欧洲。在此之前,欧洲国家的君主之间通常将反对统治者的政治犯、宗教犯和逃兵相互引渡,以进行政治交易,维护封建统治的利益。18 世纪末叶,在近代资产阶级法制改革的推动下,引渡逐渐形成一项法律制度。1794 年,英美两国签订了具有现代引渡内容的《杰伊条约》,该条约第 27 条规定:"双方同意,应各自的大臣或专门授权的官员提出的请求,陛下和合众国将遣送一切被指控在各自管辖范围内的杀人或伪造罪并向另一国寻求庇护的人。"为了进一步摆脱古代引渡的政治色彩,同时也使引渡事务规范化并便于操作,许多国家还先后以国内立法的形式对引渡罪行的种类和引渡程序作出明确规定。1833 年,比利时公布了《引渡法大纲》,为各国引渡立法的鼻祖。1870 年英国颁布的《引渡法》对引渡罪行的种类、适用的法律程序以及有关引渡的限制作了明确规定。由于该法严谨完备,公布后成为各国在这一领域立法的蓝本。

随着国际引渡合作的实践的发展,逐渐形成了一些为各国普遍接受并采用的原则和做法。

(一)政治犯不引渡

"政治犯不引渡"是 18 世纪末期以后形成的国际法原则。这个原则最先规定于1793年的法国宪法，其第120条宣布："法国给予为了争取自由而从本国流亡到法国的外国人以庇护。"1833年，比利时制定了第一个禁止引渡外国政治犯的法令，并于次年与法国签订了引渡条约，明文规定政治犯不引渡。尽管在19世纪的欧洲曾存在集体干涉各国事务的"神圣同盟"，俄、普、奥三国承诺相互引渡政治犯，但他们的作法引起各国的反感。政治犯不引渡这一原则逐渐被世界大多数国家所接受。

当然，由于各国的意识形态和社会制度存在差异，各国对"政治犯"的定义和认识有极大的出入，国际法上并不存在统一的标准，在处理引渡问题时，被请求国政府可以自行判断引渡对象是否属于政治犯。《美洲国家间关于政治庇护权的公约》第2条规定："对于罪行是否政治性质的判断权，属于给予庇护的国家。"因此在许多情况下，涉及政治因素成为一些国家拒绝引渡的借口。为了防止这一原则被滥用，目前国际社会普遍认为应当对其加以限制。根据国际法近年的发展，多数国际文件和双边条约均将一些罪行明确排除在政治犯不引渡原则的适用之外，如战争罪、反和平罪、反人类罪、灭绝种族和种族隔离罪以及侵害外交代表、劫机、贩毒等。

（二）本国公民不引渡

大多数国家基于维护本国的属人管辖权，均不允许向外国引渡本国国民。目前，各国实践是由本国惩治在国外犯严重罪行的本国人，而不将本国人引渡给外国。1909年美国与法国签订的引渡专门条约中规定："缔约国任何一方都无依据本约规定交出公民或人民的义务。"

（三）双重审查制

这个制度要求请求国与被请求国在提出引渡请求或决定予以协助时，都须首先经过司法当局对引渡罪行进行事实的合法性审查，然后再由行政当局的职能部门审查，综合考虑国家主权、条约义务和对等原则等因素后作出最后决定。如要完成引渡，司法和行政两部门的审查通过缺一不可，体现了两者的互相制约。

（四）相同原则（principle of identity）

按照一般国家实践，构成引渡理由的必须是引渡请求国和被请求国双方的法律都认为是犯罪的行为，而且这种罪行必须能达到判处若干年有期徒刑以上的程度。这就是所谓"相同原则"。为了明确引渡的范围，多数引渡条约中均具体列举了可以引渡的罪行。

（五）罪行特定原则（principle of speciality）

此原则要求引渡请求国将某人引渡回国后，只能就作为引渡理由的罪行对该进行审判或处罚，不得对引渡理由之外的其它罪行进行审判或处罚，或再引渡给第三国。这项原则是为防止这一些国家将从事政治犯罪的人以普通刑事犯名义引渡回国，然后以其他名义任意予以惩罚。

新中国成立后的40多年里,我国与邻国和友好国家签订过一些刑事司法协助条约,但都没有包括引渡的内容。根据我国有关法律和政策的规定,对依照我国法律规定犯有罪行的外国人,外国要求引渡的,在原则上按照我国参加的国际公约或者双边协定办理。对不具备上述条件而外国要求引渡的人,则由我国有关部门根据具体情况决定是否予以引渡。由于没有引渡条约,我国在司法实践中对于外逃的罪犯和犯罪的外国人多通过与有关国家间的友好合作,采取遣返方式达到相互引渡罪犯的目的。即不通过外交途径,而是由两国的警方合作,将罪犯驱逐出境后移交给对方。1989年12月16日,中国公民张振海以暴力劫持一架中国国际航空公司的客机到日本。随后,中方向日本方面提出了引渡请求。由于中日间没有引渡条约,中国政府遂根据对等原则,承诺在今后类似案件中向日方提供协助,并强调中方将不对张振海以劫机罪以外的罪行处罚。日方在对中方提供的大量证据进行审查,确认张振海的劫机不具有政治动机后,于1990年4月28日接受中方的请求并将其引渡回中国。1994年3月5日,我国全国人民代表大会常务委员会批准了中国政府与泰国政府签订的《中华人民共和国和泰王国引渡条约》,这是新中国签订的第一个引渡条约。

第四节 难 民

一、难民的概念

难民问题进入国际社会和国际法领域是20世纪20年代的事情。1921年6月24日,国际联盟设立了难民事务高级专员,由挪威人弗里德约夫·南森担任,负责保护和救援第一次世界大战结束后仍滞留在各国的难民。为了争取各国支持难民高级专员的工作并承认他所颁发的旅行证件——"南森护照",国际上出现了一些关于颁发难民证件的专门协定。在这些专门协定中出现了最初的难民定义。1926年5月12日签订的《关于向俄国和阿美尼亚难民颁发身份证件的安排》明确规定了所涉两种难民的身份。俄国难民为"任何来自俄国的不享有或不再享有苏维埃社会主义共和国联盟政府保护并尚未取得新国籍的人"。阿美尼亚难民的定义是,"任何阿美尼亚民族成员且为前奥斯曼帝国的国民,现在不享有或不再享有土耳其共和国政府的保护并尚未取得新国籍的人"。在此前后缔结的其他协定均含有类似的规定。最初难民定义由三个客观因素组成:属于或源于某一特定的国家或民族;丧失其本国政府的保护;尚未取得另一新的国籍。

以上定义完全由客观因素构成,存在严重缺陷。首先,它仅特指某一国家或民族的人员,缺乏普遍性;其次,纯客观的划分方法难以区别遭迫害亡命国外的难民和自愿移居外国的平民;最后,将难民地位与国籍挂钩,而二者实质上并无必然联系。1938 年 2 月 10 日签订的《关于德国出逃难民地位公约》对以上规定做了修正,除规定来源国国籍和缺乏保护的既定条文外,还首次增加了一项排除条款,“由于纯个人便利原因离开德国的人不包括在此定义中”。

在考察难民身份时把当事人的客观条件和主观因素结合起来,又不以某一特定国家、民族或社会团体为前提,成了国际法普遍性的难民定义。1951 年 7 月 25 日,联合国召开的解决难民和无国籍人地位全权外交会议在日内瓦通过了《关于难民地位的公约》(以下简称《公约》)。该公约在历史上第一次比较全面、准确地归纳了普遍性的难民定义。根据公约第 1 条 A(2)款的规定,所谓难民是“由于1951 年 1 月 1 日以前发生的事情并因有正当理由畏惧由于种族、宗教、国籍、属于某一社会团体或具有某种政治见解的原因遭受迫害留在其本国之外,并由于此项畏惧而不能或不愿受该国保护的人;或者不具有国籍并由于上述事情留在他以前经常居住国家以外而现在不能或者由于上述畏惧不愿返回该国的人。”

二、确定难民地位的标准

根据国际法,获得难民地位的人可以享受到国际上的特定的保护与援助。因此,难民地位的甄别与确定具有重要意义。

《公约》以主观上畏惧迫害作为个人取得难民地位的基本条件,同时,它要求这种畏惧不能是假想的或虚构的,而应有客观事实证明,有“正当理由”支持,体现了主观因素和客观因素的结合。但是,难民的定义并未要求当事人所称迫害已经到相当程度或已经实际发生,只要有“正当理由畏惧遭受迫害”,即使迫害对某一特定的当事人尚未发生,并不影响他寻求并获得难民的地位。

为了避免各国政府和主管当局在确定难民地位时对“迫害”理解过宽或过窄,《公约》的难民定义对其做了明确列举。公约所称的“迫害”是“由于种族、宗教、国籍、属于某一社会团体或具有某种政治见解的原因”。因上述五项原因造成的迫害,通常被称为“政治迫害”。从严解释该《公约》的定义,就使这五种理由以外的所有对个人的加害行为,均不能构成寻求难民地位的理由。因此,因经济原因而移居国外的人不是难民,因自然灾害原因逃离本国的人也不应具有难民地位,甚至受到战争灾难波及而背井离乡的人也不符合《公约》所规定的难民条件,但在实践中,国际难民救援机构,特别是联合国难民署对大规模人口流动中的寻求庇护者均伸出帮助之手;他们所救助的对象既包括符合《公约》难民标准的人,也包括由于其原籍国内部分或全部发生外来侵略、占领、外国统治或严重危害公共秩序的事件所迫而在其国外寻求避难的人。

从理论上说,对难民的国际保护与难民国籍国的主权管辖是无法并存的,庇护寻求者“留在其本国之外”并提出难民地位申请,构成“难民”的另一个基本条件。

当一个人仍留在其本国国内时,他不应获得难民地位。近年来,国际社会日益关注各国内部产生的“流离失所者”(displaced persons),并作出相当的努力改善他们的处境,但在法律上,“流离失所者”不属于难民的范畴。这里所说的“本国”,是指寻求难民地位人的国籍国。如果当事人具有一个以上国籍时,“本国”是指他有国籍的每一国家。只有当确有正当理由说明他无法受到他所有国籍国的保护时,他才能被赋予难民地位。

当事人具有国籍但“由于此项畏惧而不能或不愿受该国保护”,或当事人不具有国籍但“由于上述事情留在他经常居住国家以外而现在不能或者由于上述畏惧不愿返回该国”,是难民定义的又一要素。因此,难民与无国籍人是两个不同的概念,获得难民地位并不以不具有国籍为条件。无国籍状态可由多种原因产生,并非必然与政治迫害有关。只有个人国籍的丧失是由于国家基于政治原因主动剥夺造成时,这种无国籍人才等于难民。如果一名无国籍人在其经常居住国并未受到政治迫害,他只能是普通的外国人,不能申请和取得难民地位。

在规定难民基本定义的同时,1951 年《公约》还规定了对享有难民地位的人中止难民待遇的情况(中止条款),是以能否获得本国保护、是否受到迫害为标准而定的。另外,《公约》还规定了排除条款,明确指出难民地位不适用于已经获得联合国其他机构保护和援助的人,也不适用于各国认为具有附着于该国国籍的权利和义务的人。另外,难民地位对于具有下列情事的人也不适用:违犯国际文件中已作出规定的破坏和平罪、战争罪或危害人类罪;在以难民身份进入避难国以前,曾在避难国以外犯有严重的非政治罪行;曾有违反联合国宗旨和原则的行为并经认为有罪。

三、难民的待遇

一旦经申请获准取得难民地位,难民本人及其家庭成员便可根据 1951 年《公约》在缔约国内享有特定的权力与待遇。难民待遇最主要的核心是“不推回原则”。《公约》第 33 条规定:“任何缔约国不得以任何方式将难民驱逐或送回(推回)至其生命或自由因为他的种族、宗教、国籍、参加某一社会团体或具有某种政治见解而受威胁的领土边界。”一旦难民被强行送回其遭受迫害的国家,对他的任何保护与援助便都无从谈起。因此,奉行不推回原则是保护难民的基本前提,也是难民所享有的最起码的待遇。

根据《公约》的规定,难民在受庇护国内享有高于无国籍人而又低于本国人的待遇。这些待遇主要有法律上的地位,即个人身份受到住所地国家的法律支配,他的动产与不动产、知识产权、结社权利和向法院申诉的权利均受到保护。在经济活动方面应保护他的就业、自营职业的活动,保护他在社会福利方面的有关权利。同时,难民有获得身份证件的权利,以便其旅行。在入籍方面,《公约》规定各缔约国应尽可能便利难民的入籍和同化,加速办理难民的入籍程序,降低此项程序的费用。

主要参考书目

1.《奥本海国际法》,中译本,上卷,1971 年。

2. 李浩培,《国籍问题的比较研究》,1979 年。

3. 王铁崖、田如萱,《国际法资料选编》,1986 年。

4. Sir Robert Jennings and Sir Arthur Watts, eds. , Oppenheim's International law, 9th edition, Volume I, 1992.

5. I. Shearer, Extradition in International Law, 1971.

6. Guy S. Gooduin-Gill, The Refugee in International Law, 1983.

第七章　人权的国际保护

第一节　历史与现状

一、国际法上人权保护的历史形态

人权是指一个人作为人所享有或应享有的基本权利。洛克、卢梭等启蒙思想家对近代意义上人权概念的形成起了极为重要的作用。以18世纪末的美国独立和法国革命为历史契机，特别是通过1776年美国《独立宣言》、1789年法国《人权和公民权利宣言》以及1789年美国《宪法修正案》（“权利法案”）等国内法文件，人权的概念逐步在近代资本主义国家的政治法律制度上得到一般的确认。

然而，直到第二次世界大战以前，人权问题基本上是被当作纯属国内管辖事项来对待的。人权问题广泛引起国际社会关注，并全面地进入国际法领域是第二次世界大战以来的事情。尽管如此，历史上在一些特定的领域，如保护少数者，禁止奴隶制度、国际劳工保护以及国际人道主义法等有限的领域内，在国际法的发展过程中不同程度地涉及人权保护问题。

（一）保护少数者

所谓保护少数者，是指通过条约保护一个国家内在人种、语言、宗教等方面处于少数的团体的权利。在历史上，最早与保护少数者有关的条约主要都和保护宗教上少数者的权利有关。1648年《威斯特伐利亚和约》就规定了在德国新教徒享有和罗马天主教徒同等的宗教自由。当时还出现了一些基督教国家和异教国家之间有关保护宗教少数者的条约。

进入19世纪以后，在有关少数者的国际保护方面呈现出一些新的发展趋向。首先，有关保护少数者的多边条约明显增多；其次，保护的对象也不仅限于宗教上少数者，而扩展到种族上甚至语言上少数团体；最后，少数者被保护的权利内容从原来仅限于宗教礼拜自由发展到某些公民和政治的平等权利。1815年《维也纳会议最后议定书》第1条规定了作为少数者的波兰人在俄罗斯、奥地利和普鲁士等国的权利；1814年以荷兰和比利时合并为目的而缔结的条约规定给予所有的宗教教派以平等的保护和担任公职的权利。

然而,这些有关保护少数者的条约都有一个共同的缺陷,即缺乏一个核实条约规定是否被遵守的监督机制。因此,当条约规定没有得到遵守时,或者在某一国内宗教、语言或人种上少数者的权利遭到严重侵害时,近代国际社会主要依靠两种救济措施:一种是在权利受到侵害的少数者具有外国国籍的情形下,该少数者所属本国行使外交保护;另一种是当受害的少数者为本国人时,其他国家以人道主义为理由进行的干涉。早期各国的实践表明,所谓人道主义干涉,一般都是欧美列强基于各自的政治和其他利益而采取的单方面行为,纯粹以人道主义为理由的干涉几乎没有发生过。[1]

第一次世界大战以后,为了避免历史上由于少数者问题而引起的地区性紧张和冲突的情况重演,出现了一系列有关东欧以及中欧地区保护少数者的条约。这些条约在内容上基本上是以1919年6月28日《主要协约国以及参战国和波兰之间的条约》为蓝本的,归纳起来,有几点共同内容:第一,不分出身、国籍、语言、种族或宗教,保障所有居民的生存权和自由权;第二,无论种族、宗教、语言有何差别,所有国民在法律面前平等,并同样享有政治和公民权利;第三,不得因宗教、种族、信仰的差别而妨碍担任公职,执行公务,享受荣典以及从事职业或经营产业;第四,任何国民在私人交往、商业、宗教礼拜、出版以及公共会议上有使用任何语言的权利;第五,种族、宗教或语言方面的少数者具有建立和经营慈善、宗教、社会以及学校等机构的权利,为此,这些少数者应具有获得公共基金的权利。

尽管《国际联盟盟约》本身并没有专门规定保护少数者的条款,但在实践中形成了对少数者实施保障的一套制度及其程序,如建立了请愿制度,并在行政院建立了少数者委员会。虽然由于历史上各种原因,国际联盟在保障少数者方面的成果总的来说是令人失望的,但在保护少数者问题上,引入国际组织的保障和监督体制,应该说是一个进步和创新。

(二)禁止奴隶贸易

奴隶贸易自古有之,但国际性大规模奴隶贸易主要是从近代非洲的奴隶贸易开始的。15世纪40年代初葡萄牙探险队将10名非洲黑人劫掠到欧洲,揭开了近代史上非洲奴隶贸易的序幕。1492年以哥伦布对美洲新大陆的发现为契机,又进一步引起了大规模的持续四百多年的从非洲向美洲大陆贩运黑人奴隶的浪潮。从15世纪到19世纪这四百多年间,欧美的奴隶贩子从非洲向美洲贩运的黑人奴隶数以千万计,因奴隶贸易而死亡的非洲大陆总人数则超过七千万。奴隶贸易不仅给非洲带来了无穷无尽的灾难,也是人类近代史上最为黑暗和最不人道的罪恶勾当。

19世纪后,欧美一些国家内反对奴隶贸易和奴隶制度的民间运动的推动以及

---

〔1〕 布朗利,《国际法和国家使用武力》,英文版,1963年,第340页。

资产阶级革命的深入展开,导致这些国家废除了奴隶贸易和奴隶制度。英国议会于1807年宣布禁止奴隶贸易,1838年最终废除了包括英殖民地在内的奴隶制度。法国政府1848年颁布了废除法属西印度殖民地奴隶制的法令。美国国会在南北战争后的1865年制定了废除奴隶制的第13条宪法修正案。

在国际关系方面,从19世纪初起,英国率先和其他国家或非洲一些部落的酋长缔结了大量的有关禁止奴隶贸易的双边条约和协定。1815年,一些欧洲国家在维也纳会议上签署了《关于取缔贩卖黑奴的宣言》。在禁止奴隶贸易方面,早期的而比较重要的多边条约是1841年由英、奥、法、普、俄在伦敦签署了一个《关于取缔非洲奴隶贸易的条约》。1884年11月至1885年2月由英、美、法、德、俄、意、比等14个国家在柏林会议上最后通过的1885年《柏林会议关于非洲的总议定书》,在禁止非洲奴隶贸易这个方面也有一定的意义。1890年由19个国家在比利时的布鲁塞尔举行会议,并制定出《关于贩卖非洲奴隶问题的总议定书》,是在第一次世界大战以前有关国际禁止奴隶贸易的最为详尽和完备的国际多边条约。

尽管如此,在第一次世界大战以前,有关奴隶问题的国际条约都有一些共同的历史局限性和缺陷。首先,就是上述条约只禁止奴隶贸易,却没有禁止奴隶制。事实上,奴隶制的存在是进行奴隶贸易的基础,不禁止奴隶制,就不可能彻底禁止奴隶贸易。上述条约都没有对奴隶制或奴隶贸易本身下一个明确的定义,也缺少有效的监督条约执行的机制。即使在禁止奴隶贸易方面,上述这些条约都规定得不大彻底。

第一次世界大战后,国际社会在禁止奴隶制度方面有了重要的发展。1926年9月25日在国际联盟主持下签署了《国际禁奴公约》。该公约首次对奴隶制下了定义,即"奴隶制为对一人行使附属于所有权的任何权力或全部权力的地位或状况"(第1条)。同时该公约还责成各缔约国"防止和惩罚奴隶贩卖",并"逐步并尽速完全废除一切形式的奴隶制"(第2条)。但公约没有任何执行或实施条款,仅要求各缔约国就各自为执行公约而制订的法律和规定相互通告并通知国联秘书长。

(三)国际劳工保护

在资本主义发展初期,由于资本家阶级无限制的压迫和剥削,工人阶级的劳动条件和生活条件日益恶化、贫困交乏。19世纪后产生了包括科学社会主义在内的各种形式的工人运动。1889年"第二国际"巴黎代表大会通过了关于保护国际劳工立法的决议,提出了八小时工作日、禁止童工、保护女工、结社自由等国际劳工立法的基本原则。与此同时,国际性的工会运动、社会改良主义的国际活动以及一些私人或半官方的协会的活动,也在相当程度上促进了国际劳工立法的发展。特别是在1900年成立的半官方性的民间团体——国际劳工立法协会的推动下,1906年在瑞士的伯尔尼,一些主要资本主义国家之间缔结了《禁止在火柴工业使用白磷的公约》和《禁止妇女在夜间劳动的公约》。这是关于保护劳工方面最早的国际多边公约。此外，在20世纪初期，欧美主要资本主义国家之间还缔结了许多有关保护劳工的双边性国际条约。

第一次世界大战后的1919年初，主要由“阿姆斯特丹派”的各国的工会代表和社会民主主义者参加的在瑞士的伯尔尼举行国际会议通过题为“国际劳动宪章”的决议，提出了设置由国际联盟代表组成的常设国际机关，并设置由相同数量的政府代表和工人代表组成的制定国际劳动法的机关——国际劳动议会等方案。在当时正在举行的巴黎和会上，成立一个专门研究国际劳工立法的委员会。该委员会提出了一个报告，建议在和约中插入成立与国际联盟有关联的国际劳工组织的劳工条款。这样，国际劳工组织章程草案，经巴黎和会讨论通过后，成为《凡尔赛和约》的第13部分，国际劳工组织也成为国际联盟的一个自治的附属机构。

按照《国际劳工组织章程》序言的规定，该组织的主要目的是从正义和人道主义出发，改善劳动条件。《凡尔赛和约》第427条还规定了国际劳工组织的一般原则，包括不应将劳动仅视为货物和商品，工人及雇主均有集会之权，付给劳动工资应确保其适当生活的程度，采用每日八小时工作制及每星期至少二十四小时休息制，废止童工，男女同工同酬等。为确保适用保护劳动者之法律及章程起见，每国应设稽查制度，妇女得以参加。这些原则在1944年的《费拉德尔菲亚宣言》中得到了重述，并被附在1946年《国际劳工组织章程》。

国际劳工组织的主要机关有三个，即大会、理事会和国际劳工局。虽然国际劳工组织是政府间的国家组织，其会员只能是国家，但国家在国际劳工组织并不是单纯由政府来代表的。国际劳工组织在代表结构方面的独一无二的特征就是所谓三方代表制，即每一会员国的代表团由四人组成，其中有二人代表政府，一名代表工人，一名代表雇主。三方代表都有权参加国际劳工组织的各种机构和会议，并有单独投票权。

国际劳工组织的大会由于没有被直接授与其决议能够直接拘束各国的立法权，所以大会只限于通过某些议案。这些议案如得到出席代表的三分之二以上的赞成票，便可以采用两种形式，即或者是国际公约或者是建议。作为公约形式的议案，如果为成员国正式批准，便正式成为国际公约；作为建议形式的议案，则是向各成员国提出的一个政策性或原则性的宣言。

国际劳工组织大会所通过的67个公约主要有以下几类：第一类关于基本权利的公约；第二类关于劳动权利的公约；第三类关于劳动条件和生存条件权利的公约；第四类关于禁止童工的公约；第五类关于保护女工的公约。然而，第二次世界大战以前，涉及保护劳动者基本权利的公约极少。例如，关于工人结社权利，只有一个关于农业工人结社权利的公约（第11号）。在其他方面，如有关工人集体谈判权以及男女平等权等方面的公约几乎没有。事实上，在保护劳工的基本权利方面,直到第二次世界大战以后才得到明显的发展。[2]

按照《国际劳工组织章程》的规定,在执行有关国际劳工保护公约方面,还形成一些实施和监督制度。例如,批准公约的会员国有定期报告的义务。1927年,国际劳工组织成立了两个常设委员会,一个是属于理事会的"适用公约及建议的专家委员会",另一个是属于大会的"适用公约及建议委员会"。前者由具有个人资格和独立立场的个人组成,后者则由分别来自政府、工人以及雇主的三方代表构成。国际劳工组织正是通过这两个委员会,审查各公约批准国所提交的报告并监督这些国家对公约的实施状况。与此同时,在国际劳工组织中,还存在着两种平行的处理争议的基本方式。一种是由工人或雇主等职业团体对任一会员国的申诉,另一种是由一会员国对另一会员国的控诉。

总之,在第二次世界大战以前,通过国际劳工组织的相对独立自主的活动,在保障各国劳动者的权利和改善劳动条件方面,该组织在客观上是起到了促进作用的。而且,在《国际劳工组织章程》以及后来的实践所确立的监督机制方面也有许多重要的特征。这些制度对第二次世界大战后成立的联合国及其各专门机构被认为起到了先驱模范的作用和影响。

二、人权全面进入国际法领域

第二次世界大战的惨痛教训，虽然战前已有某些涉及人权问题的条约以及有关的制度，但一般都仅限于个别的领域及狭窄的范围，不仅缺乏保障基本人权和自由的内容，而且也往往和当时大国的强权政治紧密联系。美国学者亨金也指出，那时"虽然有人道主义的结果，但其动机主要是政治性的而不是理想主义的"。[3]

第二次世界大战后,人权问题开始成为国际社会普遍关心的事项。发动第二次世界大战的德国、意大利和日本有一些共同的特点,即肆意侵犯和压制本国人民的基本人权和自由,反共并禁止一切反对党,取消或废弃议会制度,实行法西斯主义的独裁统治。正是这几个国家,对外也积极地进行侵略扩张活动。在战争期间,这些侵略国家的残暴行径,特别是纳粹德国对犹太人的灭绝种族的行为,不仅激起了全世界人民的义愤,同时也向人们证明了,一个政府对其国民的野蛮行为与对其他国家的侵略之间密切相关,尊重人权与维护世界和平之间密切相关。因此,对第

---

〔2〕 如1948年《结社自由和保障组织权利公约》,1949年《组织权和集体谈判权公约》,1951年《同酬公约》,1957年《禁止强迫劳动公约》,1958年(关于就业和职业)《歧视公约》等。到目前为止,国际劳工组织大会总共通过了170多个公约,其中第68号以后为战后制定。参见王家宠,《国际劳动公约概要》,1991年,第38—71页。

〔3〕 亨金编,《国际人权法案》,英文版,1981年,第4页。

二次世界大战的深刻反省成为人权问题受到国际社会普遍关注的基本起因。

对于人权问题的重视首先表现于战后制订的《联合国宪章》。本来,在作为《宪章》基础的《敦巴顿橡树园建议案》中,仅在有关“国际经济及社会合作”的第9章A节第1项中有涉及人权的条款。1945年4月25日,50国代表在美国旧金山集会,经过各国代表的努力以及一些非政府组织的呼吁,终于修改了橡树园建议案,使一致通过的《联合国宪章》增加了有关人权的条款规定。

《联合国宪章》序言和一些条款规定了与人权问题有关的内容。《宪章》的序言开宗明义地宣布:“欲免后世再遭今代人类两度身历惨不堪言之战祸,重申基本人权,人格尊严与价值,以及男女与大小各国平等权利之信念。”《宪章》第1条第3款规定:作为联合国的基本宗旨之一,是“促成国际合作,以解决国际间属于经济、社会、文化、及人类福利性质之国际问题,且不分种族、性别、语言、或宗教、增进并激励对于全体人类之人权及基本自由之尊重”。《宪章》第13条第1款丑项规定:发动研究,并作成建议“以促进经济、社会、文化、教育、及卫生各部门之国际合作,且不分种族、性别、语言或宗教,助成全体人类之人权及基本自由之尊重”,应作为联合国大会的重要职权之一。

《宪章》第55条是《宪章》中有关人权内容的关键性条款。该条规定:“为造成国际间以尊重人民平等权利及自决原则为根据之和平友好关系所必要之安定及福利起见,联合国应促进:……全体人类之人权及基本自由之普遍尊重与遵守,不分种族、性别、语言或宗教。”为此,《宪章》第56条进一步规定:“各会员国担允采取共同行动及个别行动与本组织合作,以达成第55条所载之宗旨。”《宪章》第62条第2款规定:作为经社理事会的职权之一,该理事会“为增进全体人类之人权及基本自由之尊重及维护起见,得作成建议案。”同时,《宪章》第68条规定:“经济及社会理事会应设立经济与社会部门以提倡人权为目的之各种委员会,并得设立于行使职务所必需之其他委员会。”这一条成为后来在经社理事会建立人权委员会的法律基础。另外,《宪章》第76条(寅)项还规定:作为联合国托管制度的基本目的之一,应“不分种族、性别、语言或宗教,提倡全体人类之人权及基本自由之尊重”。

《宪章》中关于人权的条款是一般性的规定,规定得比较抽象,既没有关于人权概念的具体定义,也没有规定对人权实施保障的具体措施。一般说来,《宪章》中这些条款并不能直接构成会员国的直接义务。然而,对于对《宪章》第56条规定的法律效果,国际法学者之间却很有争论。第56条可以说是对其前条,即第55条的保障性规定。第55条除规定了促进尊重人权以外,还包括全民就业,国际经济、文化合作等项内容。对此,第56条规定“各会员国担允采取共同行动及个别行动与本组织合作,以达成第55条所载之宗旨。”

对于这条规定,国际法学者中有两种对立的见解。一种见解认为《联合国宪章》有关人权的规定构成了会员国的义务。例如,英国学者劳特派特指出:“在第56条表示的保证中具有法律责任的明显要素。”〔4〕美国学者赖特也认为,《宪章》第56条所使用的语言,即担允以及与共同行动相区别而专门提到的个别行动,意味着会员国负有为达成“全体人类之人权及基本自由之普遍尊重与遵守,不分种族、性别、语言或宗教”的义务。〔5〕但是,另一种见解则认为,《宪章》第56条并没有构成会员国的直接义务。例如,奥地利学者凯尔森指出,《宪章》中关于人权条款所规定的是联合国组织的目的和机能,而不是会员国的义务。该组织也没有被授权把保障其国民的《宪章》中所提及的权利的义务强加给会员国政府。〔6〕日本学者田畑茂二郎认为:“《宪章》只是作为联合国及其机关的一般活动目标,为尊重人权而提倡国际合作,正确的看法是在《联合国宪章》的起草者中一般地不存在将尊重人权直接作为会员国义务的考虑。”〔7〕1949年在联合国国际法委员会第一次会议上关于《宪章》人权条款的解释也引起了争论。一种意见认为《宪章》没有明确地使国家尊重人权成为法律义务,会员国仅仅是同意为达到该目的而促进国际合作,而另一种意见则认为,按照《宪章》的规定,尊重人权和尊重基本自由已经成为会员国的义务。〔8〕

总之,《宪章》中关于人权条款的规定,不仅反映了世界人民铲除法西斯祸害和根除战争灾难的普遍要求和愿望,而且也是国际和平、民主和正义力量的胜利。尽管对《宪章》中人权条款的性质还存在分歧,但人们公认:作为对第二次世界大战的反省以及各国共同努力的成果,《联合国宪章》有关人权的条款不仅有着空前的历史意义,也为战后联合国在人权领域的活动奠定了重要的法律基础。应该说,联合国按照《宪章》对于人权起了重要的作用。

据统计,截至1991年12月,联合国系统内通过的有关人权和基本自由方面的宣言、建议、公约及决议等国际文件有71件,其中条约25件。〔9〕这些条约等文件涉及国际人权的各个方面,因而在世界范围内形成有关人权保护的条约体系。

1966年在联合国主持下由各国签署的《经济、社会、文化权利国际公约》、《公民权利和政治权利国际公约》及其《任意议定书》表明了国际人权法的初步形成,因而具有划时代的意义。这三个法律文件连同《世界人权宣言》构成了“国际人权宪章”,是现代国际人权法的基本文件。与此同时,战后在联合国以及其他国际机

---

〔4〕　劳特派特,《国际法与人权》,英文版,1950年,第148页。

〔5〕　赖特,“国内法院与人权——藤井案”,载于《美国国际法学报》,英文版,第45卷,1951年,第70页。

〔6〕　凯尔森,《联合国法》,英文版,1950年,第29—33页。

〔7〕　田畑茂二郎,《人权和国际法》,日文版,1952年,第86—90页。

〔8〕　参见劳特派特,《国际法与人权》,英文版,1950年,第154页。

〔9〕　中国社会科学院法学研究所,《国际人权文件与国际人权机构》,1993年,第一编第一部分。

构的主持下,各国签署了一系列有关人权国际保护的专门性条约。如惩治灭绝种族罪等危害人类罪、防止和消除种族歧视和性别歧视、保护妇女权利及儿童权利、禁止奴隶制和强迫劳动、保护被拘留或被监禁者的人权、保护难民和无国籍者人权等方面的条约。这些人权条约,特别是在联合国主持制定下缔结的国际人权条约,使最近几十年来新形成起来的国际法部门——国际人权法得到充实和发展。国际人权保护因而也被认为是战后国际法上最为引人注目的发展领域。

不言而喻,在仍然由主权国家组成的国际社会中,个人基本权利的享有,归根结底还是要依靠各国国内法的保障程度。目前,在个人人权的国际保护方面,主要还是依据条约规定。条约的效力原则上只及于当事国,对非当事国没有拘束力。而且,人权条约的具体效力还要取决于缔约国对有关条约的保留程度以及是否就条约的任意选择条款作出声明等具体情况而定。当然,如果人权条约的有关规定已成为国际习惯法或强行法规则,对条约非当事国也具有法律拘束力。但在人权的国际保护方面,哪些内容已构成国际习惯法甚至强行法规则,[10]还是一个有待界定的问题。

在国际人权法的发展初期,国际社会通过宣言或条约所确认的公民权利、政治权利、经济权利、社会权利以及文化权利等概念,基本上都是来自国内法的。然而,随着国际关系的发展,在人权的国际保护问题上,也出现了一些国际社会所特有的人权概念。例如,鉴于纳粹德国在战争中大肆迫害犹太人的行为,以及鉴于南非长期实行种族隔离制度的情形,在国际法上确立了灭绝种族和种族隔离等行为是违反人类的罪行,即所谓国际罪行的概念。又如,伴随着战后西方殖民体系的瓦解和大批新独立国家的独立,民族自决权作为实现基本人权的前提得到国际社会的广泛承认。一些西方学者也承认自决权原则已成为国际强行法规则。[11] 70年代以后,由于南北矛盾和人类社会生存发展问题日益突出,人们提出了发展权的概念。1986年联大通过的《发展权宣言》确认发展权利是一项不可剥夺的人权。与此同时,在国际社会还出现了包括发展权、和平权、环境权以及人类共同继承的财产权等所谓"连带权利"或"第三代人权"的概念。[12] 这些新的权利也不同程度地反映在1993年世界人权大会通过的《维也纳宣言和行动纲领》之中。

中国政府一贯表示尊重和支持联合国按照《联合国宪章》的宗旨和原则为促进和保护人权和基本自由所作的努力。中国政府曾多次宣告遵守《世界人权宣

---

〔10〕 按照联合国国际法委员会起草的1991年《危害人类和平及安全治罪法草案》,侵略、殖民统治、种族灭绝、种族隔离、有计划或大规模侵害人权行为等都被当作国际罪行。

〔11〕 布朗利,《国际公法原理》,英文版,第4版,1990年,第80页、473页和513页。

〔12〕 瓦萨克,"人权的国际法",载于《海牙演讲集》,第140卷,法文版,1974年(第4分册),第344—345页。

言》以及根据宣言制定的有关国际人权文书的规定。同时，中国政府认为在联合国系统的人权机构中，应将殖民统治、种族歧视和外国侵略造成的大规模侵犯人权作为优先任务予以审议，并应消除人权政治化、双重标准等不正常现象。在建立国际政治经济新秩序的进程中，中国政府明确地强调民族自决权、生存权和发展权的特殊重要意义。鉴于国际社会在人权问题上存在的分歧，中国政府还主张各国应在相互尊重和平等的基础上展开对话与合作，从而增进相互间理解并促进人权和基本自由的实现。[13]

到目前为止，中国已经签署并批准了八项人权条约，这些公约是：1980 年《消除对妇女一切形式歧视公约》、1966 年《消除一切形式种族歧视公约》、1951 年《关于难民地位的公约》、1967 年《关于难民地位的议定书》、1973 年《禁止并惩治种族隔离罪行国际公约》、1948 年《防止及惩治灭绝种族罪行公约》、1984 年《禁止酷刑和其他残忍、不人道或有辱人格的待遇或处罚公约》以及 1989 年《儿童权利公约》等。此外，中国在恢复参加国际劳工组织活动的第二年即 1984 年正式承认了 1949 年 10 月 1 日前的旧中国政府对该组织十四项公约的批准，1987 年和 1990 年全国人大常委会又先后还批准了国际劳工组织的其他三项公约。

第二节　国际人权宪章

1948 年《世界人权宣言》和 1966 年两个国际人权公约是最重要的关于人权的国际文件，构成所谓“国际人权宪章”。

一、1948 年《世界人权宣言》

《联合国宪章》生效后不久，联合国筹备委员会就建议经社理事会立即设立人权委员会以制定一份“国际权利法案”。1947 年，人权委员会在第一次会议上讨论了起草国际权利法案的形式问题。大多数委员主张以宣言的形式，后来决定尝试起草两份文件，一份以宣言形式出现，另一份以公约形式出现。同年 3 月，人权委员会成立了一个起草委员会，不久又在起草委员会内设立了一个工作小组。该小组请法国代表卡森在联合国秘书处准备的提纲的基础上，起草一个新的草案。1948 年 5 月，起草委员会根据联合国各会员国的意见，对宣言草案作了进一步的修订。1948 年在巴黎召开的联大第三届会议上，经过第三委员会和大会讨论，在作了若干修改后，于 12 月 10 日以 48 票赞成、零票反对、8 票弃权的多数正式通过

〔13〕 参见 1991 年中华人民共和国国务院新闻办公室发布的《中国的人权状况》(白皮书)。

了《世界人权宣言》。[14] 12 月 10 日这一天因此被联合国定为国际人权日。

《宣言》由序言部分和 30 条条文组成。其中第 1 条和第 2 条规定了宣言的基本思想和原则。第 1 条规定:“人皆生而自由,在尊严及权利上均各平等……”。这一条是宣言的基础概念。第 2 条规定了享受人权和基本自由的平等和非歧视原则,即“不分种族、肤色、性别、语言、宗教、政见或其他主张、国籍或门第、财产、出生或其他种身分”都应同样享受宣言所载的一切权利和自由。

《宣言》第 3 条至第 21 条规定了公民和政治权利。第 3 条规定“人人有权享有生命、自由与人身安全”这样三项基本和相互联系的权利。这一条被认为是《宣言》中关于公民和政治权利内容的基石,并由此引申出宣言第 4 条至第 21 条所规定的一系列的权利。这些权利包括:任何人都不得被使为奴役和奴隶的自由(第 4 条);任何人都不得被加以酷刑或其他不人道待遇及处罚的自由(第 5 条);人人具有被承认为法律上主体的权利(第 6 条);人人享有受法律平等保护的权利(第 7 条);人人享受司法救济的权利(第 8 条);任何人不得被加以无理逮捕、拘禁或放逐的自由(第 9 条);人人享受法庭公正和公开审判的权利(第 10 条);刑事被告人在未经证实有罪时,享有被视为无罪的权利——适用无罪推定原则(第 11 条);任何人的私生活、家庭、住所、通讯有受法律保护和不受侵犯的权利(第 12 条);人人享有自由迁徙、择居、离去包括本国在内的任何国家以及返回本国的权利(第 13 条);人人享有为避免迫害在他国寻求庇护的权利(第 14 条);人人享有国籍的权利(第 15 条);成年男女,不受种族、宗教或国籍的限制,享有婚姻和成立家庭的平等权利(第 16 条);人人享有财产所有权(第 17 条);人人享有思想、良心与宗教自由的权利(第 18 条);人人享有主张及发表意见自由的权利(第 19 条);人人享有和平集会和结社自由的权利(第 20 条);人人享有直接或以自由选举的代表参加本国政府的权利以及平等参加公务的权利(第 21 条)。

《宣言》第 22 条至第 27 条规定经济、社会及文化方面的权利。其中第 22 条首先规定,实现经济、社会及文化各种权利是享受个人尊严和人格自由发展所必需的权利;实现这些权利要通过国家的相应措施与国际合作,同时还要受到各国资源情况的限制。《宣言》所列举的经济、社会和文化权利包括:享受社会保障的权利(第 22 条);人人享有工作等项权利(第 23 条);人人享有休息和闲暇的权利(第 24 条);人人享受维持本人及其家庭健康和福利所需的生活水准的权利(第 25 条);人人享有受教育的权利(第 26 条);人人享有自由参加社会文化生活的权利(第 27 条)。

---

〔14〕 当时投弃权票的国家是:南非、沙特阿拉伯、苏联、乌克兰、白俄罗斯、捷克斯洛伐克、波兰和南斯拉夫。但后来,苏联和其他东欧国家通过 1975 年《赫尔辛基宣言》表明完全接受了《世界人权宣言》。

《宣言》第28条至第30条为最后条款,主要包括:人人享受可以全部实现宣言所载权利和自由的国际秩序的权利(第28条);人人对社会负有义务和责任(第29条);任何国家、团体或个人都无权破坏宣言所载权利与自由(第30条)。

《宣言》比较全面地规定了人权的内容。《宣言》基本上沿袭了西方国家长期以来关于人权的观念和国内法律实践,重点强调个人的权利和自由,并侧重个人公民和政治权利。但《宣言》也在一定程度上吸收了社会主义的概念,规定了经济、社会和文化权利。《宣言》存在一定的缺陷和局限性,如既没有保护少数者方面的条款,也没有关于诸如民族自决权等集体人权方面的规定。后一情况是与新独立国家还比较少这一当时的国际社会状况相联系的。正如加拿大的汉弗莱所指出的那样,如果《世界人权宣言》再晚一、两年通过而没有提到民族自决权原则,那将是不可想像的。[15]

《世界人权宣言》是作为联大决议的形式被通过和公布的,因而,严格说来,本身不具有法律上的拘束力。但随着时间的推移,越来越多的西方国家学者认为,由于宣言不断地为国际人权文件以及国内法中所确认,现在《宣言》的许多原则可以被看作国际习惯法的一部分。尽管人们对《世界人权宣言》基本内容的性质还持有不同的看法,但作为第一部关于人权的世界性文件,《宣言》无疑具有非常重要的历史意义。正如联大决议所宣布、并记载在宣言序言中的那样,该宣言的主要意义是在于"作为所有人民和所有国家努力实现的共同标准,以期每个人和社会机构经常铭记本宣言,努力通过教诲和教育促进对权利和自由的尊重,并通过国家和国际的渐进措施,使这些权利和自由在各会员国本身人民及在其管辖下领土的人民中得到普遍和有效的尊重"。

由于《宣言》是一致通过的,没有反对票,它也可以被看作是对《联合国宪章》人权条款的一个权威性解释。《宣言》还构成了1966年两项国际人权公约以及在联合国主持制定下的许多专门的国际人权条约的基础。同时,《世界人权宣言》规定的原则也不断为许多重要国际组织或国际会议决议及文件所引用或重申。1968年联合国第一次国际人权会议通过的《德黑兰宣言》宣布:"重申对于世界人权宣言及此方面其他国际文书所载原则的信念";"促请所有民族及政府致力信奉世界人权宣言所崇奉的原则,加倍努力,使全体人类共享合乎自由与尊严,有裨身心、社会及精神福利的生活。"1993年世界人权大会通过的《维也纳宣言和行动纲领》序言也声称:"重申坚决维护《联合国宪章》和《世界人权宣言》所载的宗旨和原则","强调构成所有人民和所有国家努力实现的共同标准的《世界人权宣言》是启迪的源泉,也是一种基础,联合国在此基础上促进现有国际人权文件的标准制定工作,

---

〔15〕 汉弗莱,"世界人权宣言,它的历史、影响及其法律性质",载拉姆查兰编:《人权:世界宣言后的三十年》,英文版,1979年,第26页。

特别是《公民权利和政治权利国际公约》和《经济、社会、文化权利国际公约》中的标准制定工作”。一些区域性的人权条约都以《世界人权宣言》作为根据或基础。

二、联合国1966年两项国际人权公约

联合国1966年两项国际人权公约是指《经济、社会、文化权利国际公约》(以下简称A公约)和《公民权利和政治权利国际公约》(以下简称B公约)。两项公约再加上B公约《任意议定书》都于1976年生效。这两项国际文书连同《世界人权宣言》一起被称为“国际人权宪章”,是当代国际人权法的基本文件。

两公约的主要内容是:

(一)关于自决权和天然资源主权的规定

第二次世界大战后,随着旧殖民体系的崩溃和新独立国家的兴起,民族自决原则得到国际社会越来越广泛的承认。联大早在1950年第421D(Ⅴ)号决议中就确认“人民和各民族的自决权”为基本人权。1952年联大在第545(Ⅵ)号决议中决定各项人权公约应添加关于民族自决权的条文。同年,联大第637A(Ⅶ)号决议确认“所有人民与民族应先享有自决权,然后才能充分保障享有一切基本人权”。联大1960年《给予殖民地国家和人民独立宣言》,将战后民族解放和独立运动推向高潮。

正是在这种背景下,1966年两项人权公约的第1条第1款都同样地规定:“所有人民都有自决权。他们凭这种权利自由决定他们的政治地位,并自由谋求他们的经济、社会和文化的发展。”这样,自决权作为一项基本人权,第一次被规定在国际公约的正文中。

然而,对于新独立国家来讲,仅仅获得政治上的独立是不够的,还必须取得经济上独立自主的地位。为此,在1952年人权委员会的第八届会议上,智利代表提出在自决权条文中加上国家对天然资源永久主权的建议案。这一提案虽然遇到西方发达国家代表的反对,但还是在人权委员会以十票赞成、六票反对、两票弃权通过决议,决定在人权公约中加入天然资源条文。

因此,两个人权公约的第1条第2款都规定:“所有人民得为他们自己的目的自由处置他们的天然资源和财富,而不损害根据互利原则的国际经济合作和国际法而产生的任何义务。在任何情况下不得剥夺一个人民自己的生存手段。”另外,A公约第25条和B公约第47条也都规定“公约的任何部分不得解释为有损所有人民充分地和自由地享有和利用他们的天然财富与资源的固有权利”。

两项国际人权公约关于自决权和天然资源主权的规定,反映出在战后非殖民化进程中广大新独立国家的愿望和考虑。

(二)关于人权的具体规定

两项公约都是以《世界人权宣言》为基础而制定的,但在一些具体的规定方面,两公约各自都有新的发展和特点。

1.《公民权利和政治权利国际公约》

《公约》第三部分规定应受保护的人权包括:生命权(第6条)、免于酷刑和不人道待遇的自由(第7条)、免于奴役和强迫劳动的自由(第8条)、人身自由和安全权(第9条)、被剥夺自由者享有人道待遇权(第10条)、免于因债务而被监禁的自由(第11条)、迁徙自由(第12条)、外国人免于非法驱逐的自由(第13条)、公正审判权(第14条)、禁止刑法的溯及效力(第15条)、法律前的人格权(第16条)、私生活不受干扰权(第17条)、思想、良心和宗教自由(第18条)、自由发表意见权(第19条)、禁止鼓吹战争的宣传或煽动民族、种族或宗教仇恨(第20条)、和平集会权(第21条)、自由结社权(第22条)、婚姻和成立家庭权(第23条)、儿童享受保护权(第24条)、参政权(第25条)、法律前平等(第26条)、保护人种、宗教或语言的少数者的权利(第27条)。

与《世界人权宣言》相比,《公约》有些新的规定。例如,关于被剥夺自由者享有人道待遇的第10条;关于任何人不得因无力履行约定义务而被监禁的第11条;关于禁止鼓吹战争或煽动民族、种族或宗教仇恨的第20条;关于儿童权利的规定以及第24条关于少数者的权利的第27条。这些新的规定反映出国际社会中关于人权概念的发展。

同时，也有一些《宣言》已存在的规定，在《公约》中却没有。例如，《宣言》第14条规定的“庇护权”和第17条规定的“财产权”，在《公约》中都没有提及。这是因为在公约起草过程中，关于个人财产权问题，由于各国意见分歧太大以致未能达成一致；而关于庇护权问题，则被考虑为不是个人的权利，而是属于国家的权利。

另外,《公约》第4条还规定了缔约国的克减权:即“在社会紧急状态威胁到国家的生命并经正式宣布时,本公约缔约国得采取措施克减其在本公约下所承担的义务,但克减的程度以紧急情势所严格需要者为限,此等措施并不得与他根据国际法所负有的其他义务相矛盾,且不得包含纯粹基于种族、肤色、性别、语言、宗教或社会出身的理由的歧视。”必须注意,按照同条第2款的规定,《公约》所规定的所有权利中有七条权利是不得克减的。这些权利包括:(1)生命权(第6条);(2)免于禁止酷刑和不人道待遇的自由(第7条);(3)免于奴役和强迫劳动的自由(第8条);(4)免于因债务而被监禁的自由(第11条);(5)禁止刑法的溯及效力(第15条);(6)法律前的人格权(第16条);(7)思想、良心和宗教自由(第18条)。

2.《经济、社会和文化权利国际公约》

关于经济、社会和文化权利,《世界人权宣言》中只有六个条文的规定,而A公约却有十个条文的规定。这些规定包括:工作权(第6条)、公正和良好的工作条件(第7条)、组织工会权(第8条)、社会保障权(第9条)、保护家庭,包括对母亲和儿童的特别保护(第10条)、相当的生活水准权(第11条)、健康权(第12条)、受教育权（第 13 条）、逐步实行初等义务教育（第 14 条）、参加文化生活和享受科学进步及其应用所产生利益权（第 15 条）。

与《世界人权宣言》相比，《公约》不仅条文增多了，其规定也更加具体和详细，并有一些新内容。例如，关于工作权，《公约》除了在第 6 条规定了工作权的一般原则外，还在第 7 条中详细规定了公平的工资、男女同工同酬、安全和卫生以及公共假日报酬等公正和良好的工作条件。又如，《公约》第 8 条详细规定了组织和参加工会的权利，包括组织和参加自己选择的工会的权利只受有关工会规章的限制，工会有权建立全国性的协会和联合会，有权组织或参加国际工会组织，工会有权自由地进行工作以及有权罢工等内容。

（三）两公约关于权利实现方面的各自特点

公民和政治权利与经济、社会及文化权利属于两种不同的权利范畴，前者重点在于个人免于来自国家方面的干涉和压制，而后者则需要来自国家方面积极的介入。正因如此，在公约列举各项具体权利时，两项公约使用了不同的措词。例如，规定公民和政治权利的 B 公约规定"人人有权……"或"任何人不得……"；而关于经济、社会、文化权利的 A 公约则自规定"本公约缔约国承认……"或"本公约缔约国承担保证……"。

与此同时，在有关缔约国履行公约义务的方式方面，两项公约也规定了不同的原则。B 公约第 2 条第 1 款规定："本公约每一缔约国承担尊重和保证在其领土内和受其管辖的一切个人享有本公约所承认的权利……"，而 A 公约第 2 条第 1 款则规定："每一缔约国承担尽最大能力个别采取措施或经由国际援助和合作，特别是经济和技术方面的援助和合作，采取步骤，以便用一切适当方法，尤其包括用立法方法，逐渐达到本公约中所承认的权利的充分的实现。"这里，前者对缔约国赋予"立即实现"的义务，而后者则只是要求缔约国承担"渐进实现"的义务。在实施措施方面，两公约也有很大的不同。

第三节　国际人权保护的专门领域

一、惩治灭绝种族等危害人类罪

早在 1945 年 8 月 8 日，由英、美、法、苏在伦敦订立的《欧洲国际军事法庭宪章》中就确定了违反人道罪，即"在战前或战时，对平民施行谋杀、歼灭、奴役、放逐及其他任何非人道行为；或基于政治的、种族的或宗教的理由，而为执行或有关本法庭裁判权内之任何犯罪而作出的迫害行为，至其是否违反犯罪地之国内法则在所不问"（第 6 条第 3 项）。1950 年国际法委员会根据联合国大会的决议，编纂了这些原则,其中规定“违反国际法的罪行包括危害和平罪、战争罪和违反人道罪”。这些原则也被称为“纽伦堡原则。”[16]

由于在第二次世界大战中德国纳粹主义灭绝种族的残暴行径给人类留下了惨痛的教训,禁止并惩治种族灭绝罪行成为联合国最先处理的问题之一。1948 年联合国大会通过了《防止及惩治灭绝种族罪公约》,这也是战后联合国主持制定的第一个关于人权问题的国际公约,该公约于 1951 年 1 月 12 日正式生效。

《防止及惩治灭绝种族罪公约》第 1 条首先确认灭绝种族是“国际法上的一种罪行”。按该公约第 2 条所下的定义,灭绝种族是指“蓄意全部或局部消灭某一民族、人种、种族或宗教团体”,包括:(甲)杀害该团体成员;(乙)致使该团体之成员在身体上或精神上遭受严重伤害;(丙)故意使该团体处于某种生活状况下,以毁灭其全部或局部之生命;(丁)强制施行办法意图防止该团体内之生育;(戊)强迫转移该团体之儿童至另一团体。《公约》还责成缔约各国承诺追诉并惩治任何犯有灭绝种族罪行,或者煽动或密谋犯下这种罪行的人,不论他们是根据“宪法负责的统治者,政府官员或是平民”(第 4、5 条)。

战后,个别国家出于反共和其他需要,主要在其情报机关的帮助下,大批德国纳粹战犯,包括集中营的刽子手逃到美国和拉丁美洲国家,得以逃脱应有的惩罚。针对这种情况,在世界各国人民正义的呼声下,联大于 1968 年通过了《战争罪及危害人类罪不适用法定时效公约》。根据该公约,各国同意追诉应对这种罪行负责的人,无论从犯罪之时起已经过多少时间。

二、消除种族歧视和禁止种族隔离

(一)消除种族歧视

种族问题历来是国际社会有关人权方面的一个最引人注目的问题。战前的德国纳粹主义也正是建立在种族偏见和种族歧视基础上的。战后,特别是 50 年代末和 60 年代初,在欧洲又连续出现了一些复活纳粹主义、反犹太主义以及显示种族歧视和种族偏见的事件。鉴于这种事态的发展,联合国大会 1963 年通过了《消除一切形式种族歧视宣言》。其中序言指出:“任何种族差别或种族优越的学说在科学上均属错误,在道德上应受谴责,在社会上实为不公”,种族歧视“除构成基本人权的侵害外,亦足以妨害人民间的友好关系、国家间的合作以及国际和平及安全”。1965 年,联大又通过了《消除一切形式种族歧视国际公约》,使上述《宣言》

---

[16] 《国际法委员会年鉴》,1950 年,第 2 卷,英文版,第 191—193 页。

的基本内容获得法律上的拘束力。[17]《公约》于 1969 年 1 月 4 日正式生效。《公约》第 1 条对种族歧视的定义如下：即“基于种族、肤色、世系或原属国或民族本源之任何区别、排斥、限制或优惠，其目的或效果为取消或损害政治、经济、社会、文化或公共生活任何其他方面人权及基本自由在平等地位上之承认、享受或行使”。同时，《公约》第 2 条不仅规定缔约国负有不实施种族歧视的行为或习惯的义务，还规定缔约国负有“采取一切适当方法，包括依情况需要制定法律，禁止并中止任何人、任何团体或任何组织所施行之种族歧视”的义务。

（二）禁止并惩治种族隔离

在所有形式的种族歧视中，最为严重的形式就是种族隔离。从 50 年代开始，南非的种族隔离制度就引起联合国的注意。从那时起，联合国各机构就为在国际社会采取行动中止种族隔离制度采取了各种措施。1973 年，联大通过了《禁止并惩治种族隔离罪行国际公约》。《公约》宣布“种族隔离是危害人类的罪行”，并指出由于种族隔离政策所产生的不人道行为“都是违反国际法原则，特别是违反联合国宪章的宗旨和原则的罪行，对国际和平与安全构成严重的威胁”（第 1 条）。《公约》列举的由种族隔离政策所产生的不人道行为主要包括：杀害、任意逮捕或非法监禁一个种族集团的成员，对一个种族集团的成员强加有意灭绝该集团的生活条件，建立法律和社会条件，阻止一个种族集团的发展和参与其本国的政治、社会、经济和文化生活，等等（第 2 条）。

禁止种族隔离已成为国际强行法上的一个规则。因此，南非的种族隔离制度自然遭到国际社会的广泛谴责和制裁。为了废除种族隔离制度而进行了长期艰苦斗争的南非人民，在国际社会的广泛声援之下，终于取得了胜利的结果。1991 年 6 月南非议会废除了作为种族隔离制度支柱的主要法律，1994 年 4 月又实现了南非历史上首次多种族大选，使种族隔离制度在南非寿终正寝。

三、消除性别歧视和保护妇女权利

消除性别歧视，主要指消除对妇女的歧视，实现男女平等。联合国成立后不久，根据经济及社会理事会第 11（Ⅱ）号决议，建立了妇女地位委员会。在妇女地位委员会的工作基础上，联合国大会首先于 1952 年通过了《妇女政治权利公约》。该公约于 1954 年 7 月 7 日生效。在联合国刚成立时，51 个联合国创始会员国中只有 30 个国家的妇女具有选举权，而且在许多国家中妇女担任公职的权利也受到限制。因此该公约对于提高妇女的政治地位具有重要的意义。

---

〔17〕　此外，联合国大会 1985 年还通过了《反对体育领域种族隔离国际公约》。一些国际专门机构也制定了有关的公约。如国际劳工组织 1958 年通过的《关于就业和职业歧视的公约》（第 111 号），联合国教科文组织大会 1960 年通过的《取缔教育歧视公约》等。

1952 年以来,联合国还主持制定了其他有关保护妇女权利的国际条约。[18]例如,1957 年《已婚妇女国籍公约》规定,无论妇女与外国人结婚或离婚,或丈夫改变国籍,都不应自动影响该妇女的国籍,即采取了在男女平等基础上的"妻子国籍独立原则"。1962 年《关于婚姻的同意、结婚最低年龄及婚姻登记的公约》的目的主要在于禁止童婚和保障婚姻自愿原则。

在消除性别歧视方面,最重要的国际公约是联合国大会于 1979 年通过并于 1981 年 9 月 3 日生效的《消除对妇女一切形式歧视公约》。在此之前,联合国大会曾在 1967 年通过一个《消除对妇女歧视宣言》。《宣言》称对妇女的歧视,是"侵犯人格尊严的罪行",并敦促各国政府、非政府组织以及个人尽最大努力促进男女在法律上以及在日常生活中享有平等的待遇。《消除对妇女歧视公约》在上述宣言的基础上,对消除妇女歧视以及应采取的必要措施作了更为详细和具体的规定。《公约》第 1 条首先解释"'对妇女的歧视',一词是指基于性别而作的任何区别、排除和限制……"《公约》要求每个缔约国承担在所有领域,特别是在政治、社会、经济、文化领域,采取制定法律等措施来实现男女平等原则(第 3 条),并通过防止对妇女的歧视,消除基于男尊女卑思想的偏见和习俗以及确认教养子女是父母的共同责任等措施来确保提高妇女的地位(第 4 条)。另外,《公约》第 2 条规定:"缔约国应采取一切适当措施,消除任何人、团体或组织对妇女的歧视。"这样,缔约国不仅自身负有不采取任何歧视妇女行为的义务,而且还负有确保消除个人、非政府社会团体或组织对妇女歧视的义务。

四、废除奴隶制和禁止强迫劳动

(一)废除奴隶制

1926 年,国际联盟主持制定的《国际禁奴公约》,首次对奴隶制下了定义,即"奴隶制为对一人行使附属于所有权的任何或一切权力的地位或状况"(第 1 条)。然而,在第二次世界大战以后,奴隶制在世界各地仍然存在。联合国大会于 1953 年第 794(VII)号决议中批准了关于修订 1926 年《国际禁奴公约》的议定书草案。《议定书》表明,国际联盟依据 1926 年《国际禁奴公约》所负的职责由联合国继续执行,呼吁《1926 年公约》缔约国签署并承认、建议其他国家早日加入《议定书》。《议定书》于 1953 年 12 月 7 日生效。

1926 年《禁奴公约》只是抽象地规定了奴隶制的一般形式。实际上,在世界一些国家和地区还存在大量类似奴隶制的制度和习俗。针对这种情况,1956 年,根

---

〔18〕 此外,有关妇女地位的公约有:国际劳工组织 1951 年《男女工人同工同酬公约》(第 100 号)、1958 年《关于就业和职业歧视的公约》(第 111 号)、1981 年《关于男女工人机会平等和待遇平等的公约》(第 156 号)以及联合国教科文组织 1960 年通过的《取缔教育歧视公约》等。

据经社理事会第608(XXI)号决议召开的全权代表大会通过了《废止奴隶制、奴隶贩卖及类似奴隶制之制度与习俗补充公约》。根据《公约》的规定,不仅奴隶制、债务质役、农奴制应该完全废止,而且,还应该废止包办或买卖婚姻、转让妻子、妻子在丈夫死后由他人继承、役使儿童少年或剥削其劳动力等制度与习俗。总之,禁止奴隶制度已成为国际习惯法上的一个规则。

此外,联大还在1949年第317(IV)号决议中批准了《禁止贩卖人口及取缔意图营利使人卖淫的公约》,将国际联盟主持下产生的四个公约合并为一个。根据这个公约,缔约国承诺惩罚任何诱使或介绍他人卖淫的人以及任何参与经营或资助妓院的人(第1、2条)。

(二)禁止强迫劳动

1930年,国际劳工组织大会曾通过一个《强迫劳动公约》,规定除因法院判定有罪而被迫从事劳动等例外情形外,缔约国不得以惩罚相威胁、强使任何人从事本人不曾表示自愿从事的所有工作和劳务。

1957年,国际劳工组织大会又通过了《废止强迫劳动公约》。根据《公约》第1条,缔约各国承担制止和不利用任何方式的强迫和强制劳动:(1)作为政治压迫或政治教育的工具或作为对持有或发表政见或意识形态上与现存政治、社会或经济制度相反的意见的惩罚;(2)作为为经济发展目的的动员和使用劳工的方法;(3)作为劳动纪律的工具;(4)作为对参加罢工的惩罚;(5)作为实行种族、社会、民族或宗教歧视的工具。

五、难民的地位

产生难民的原因是很多方面的,如外国侵略、内战、政治或宗教迫害以及其他原因都可能产生难民问题。自第一次世界大战后,难民问题就开始引起了国际社会的关注。国际联盟于1921年任命了一名难民事务高级专员。1946年联合国成立了国际难民组织,后来在1951年这一组织又为联合国成立的难民事务高级专员办事处(难民署)所取代。

1951年7月28日联合国关于难民和无国籍者地位的全权代表大会在日内瓦通过了《关于难民地位的公约》。《公约》确认了一般情况下对难民"禁止驱逐出境或送回"的原则(第33条)。同时《公约》还详细规定了难民的权利和义务。例如,按照《公约》的规定,难民在宗教自由(第4条)、出席法院(第16条)、初等教育(第22条)以及某些社会福利(第20、23、24条)等方面享受"国民待遇";在以工资受偿的雇佣(第17条)、结社权利(第15条)等方面享受"最惠国待遇";在自营职业或自由职业(第18、19条)、初等教育以外的教育(第22条)等方面享受不得低于一般外国人在同样情况下所享受的待遇。由于1951年《关于难民地位的公约》只适用于因"1951年1月1日以前发生的事情"而产生的难民(第1条),适用范围受到限制。1967 年 1 月 31 日根据经社理事会的决议又制定出《难民地位议定书》，删除了《难民地位公约》“1951 年 1 月 1 日以前发生的事情……”等字样（第 1 条），从而使《公约》也适用因 1951 年 1 月 1 日以后发生的事情而产生的难民。

六、保护被拘留或监禁者的权利

保护被拘留或监禁的人的权利主要是执法方面的人权保障问题。1955 年，联合国第一次防止犯罪和罪犯待遇大会通过了一个《囚犯待遇最低限度标准规则》。这一规则适用于各类囚犯，无论刑事犯和民事犯，未经审讯或已经判罪，包括法官下令采取“保安措施”或改变措施的囚犯。该标准规则的基本原则是：应公正执行标准规则规定的各项规则，“不应基于种族、肤色、性别、语言、宗教、政见或其他主张、国籍或社会出身、财产、出生或其他身份而加以歧视”；“必须尊重囚犯所属群体的宗教信仰和道德标准”。标准规则还就有关囚犯的住宿、医疗卫生、饮食、教育及娱乐等各方面作了详细的规定。

酷刑被称为人类社会的“一项古老的罪恶”。在《世界人权宣言》、B 公约以及其他一些人权公约中都规定了禁止酷刑的原则。根据第五次预防犯罪大会提出的建议，联合国大会于 1975 年通过了《保护人人不受酷刑和其他残忍、不人道或有辱人格待遇或处罚宣言》，1984 年又通过了《禁止酷刑和其他不人道或有辱人格的待遇或处罚公约》。《公约》于 1987 年 6 月 26 日生效。

按照《公约》的规定，酷刑是指为取得情报或供状，蓄意使某人在肉体或精神上遭受剧烈疼痛或痛苦的任何行为，而这种疼痛或痛苦是由以官方身份行动的人所造成或在其唆使或默许下造成的（第 1 条）。《公约》进一步要求缔约国应采取有效措施防止出现酷刑行为，任何特殊情况，无论为战争状态、战争威胁、国内政局动荡或任何其他社会紧急状态，均不得援引为施行酷刑的理由（第 2 条）。公约还规定缔约国应保证将一切酷刑定为刑事罪行，依法给予惩处（第 4 条），并对酷刑受害者给予保护和赔偿（第 14 条）。

此外，自 60 年代末期以来，联大还对会员国有关死刑的法律和实践进行了研究，并于 1989 年通过了旨在废除死刑的《公民和政治权利国际公约的第二任择议定书》。

七、保护儿童权利

1959 年《儿童权利宣言》提出一切儿童在享有权利方面不受差别对待和歧视、儿童应受特别保护、自出生之日起即获得姓名和国籍、有权享受社会保障和受教育等十项原则。1989 年，联大又通过了《儿童权利公约》，从而使得上述宣言所宣布的各项原则取得法律上的效力。《公约》将“儿童”定义为所有未满 18 岁的人（第 1 条）。《公约》对儿童的权利作了相当详细和具体的规定。《公约》除了规定许多儿童所特有的权利外，还规定儿童也享有自由发表意见的权利（第12条）、言论自由和接受及传递各种信息和思想的自由（第13条）、享有思想、信仰和宗教自由的权利（第14条）、结社及和平集会自由权（第15条）以及尊重儿童的隐私、荣誉和名誉（第16条）等类似B公约中所规定的一些权利。

第四节　国际人权保护的实施制度

一、国际人权机构的设置

据统计，截至1991年12月，仅联合国系统内的人权机构就已有42个。1993年12月在联合国大会第48届会议上又设立了人权事务高级专员。

根据这些机构的职能，可以分为一般性机构和专职人权机构两类。前者如联合国大会及其第三委员会、经济及社会理事会等，在这些机构中，维护和促进人权只属于其职能之一。专职的人权机构如人权委员会、联合国秘书处人权中心，等等。

按照这些专职人权机构产生的依据，又可以分为以下几类：

第一类是直接根据《联合国宪章》成立的人权机构。如人权委员会就是根据《宪章》第68条，由经社理事会于1946年成立的。人权委员会也是联合国系统内处理人权问题的主要机构，可以处理与人权有关的任何问题。人权委员会主要负责进行专题研究、拟具建议和起草与人权有关的国际文书，调查关于侵犯人权的指控和处理与这种侵犯有关的来文，并协助经社理事会协调联合国系统内关于人权的活动。人权委员会的委员目前由43个会员国的代表组成，并根据地域分配名额。人权委员会下设的附属机构是由26名专家组成的防止歧视及保护少数小组委员会。小组委员会之下又设有一些工作组。

第二类是根据国际人权条约而设立的人权机构。一些国际人权条约为受理缔约国的报告、处理有关国家或个人的来文，专门规定设立保障条约实施的机构。例如，《公民权利和政治权利国际公约》第28条规定设立一个由18名人权问题专家以个人身份选出和组成的“人权事务委员会”。《消除种族歧视公约》第8条规定设立一个由18名专家组成的“消除种族歧视委员会”。《消除对妇女歧视公约》第17条规定设立一个由23名专家组成的“消除对妇女歧视委员会”。《禁止酷刑公约》第17条规定设立由10名专家组成的“禁止酷刑委员会”。《儿童权利公约》第43条规定设立一个有10名专家组成的“儿童权利委员会”。

第三类是根据联合国主要机构的决议或授权而成立的专职人权机构。例如，反对种族隔离特别委员会就是根据联合国大会1761号决议于1962年成立的。又如,根据经社理事会1947年第9(Ⅱ)号的授权,人权委员会设立了防止歧视和保护少数小组委员会。

除了上述联合国系统内人权机构外,目前还有下面将提到的一些区域性的人权机构。此外,一些非政府组织,如大赦国际、国际人权联盟以及国际法学家委员会等也发挥着相当的作用。

二、国际人权保护的实施制度

(一)报告及其审查制度

多数人权条约都规定了报告制度,即赋予各缔约国将其履行条约情况向有关机构提交报告的义务。但具体的报告、审议方式以及有关程序有所不同。

首先,报告的处理方式不同。例如,《废止奴隶制补充公约》第8条和《取缔教育歧视公约》第7条虽然分别规定缔约国有提具报告的义务,但没有规定审议报告的程序。而其他许多人权条约,如《经济、社会、文化权利国际公约》第16条、《公民权利和政治权利国际公约》第40条、《消除种族歧视公约》第9条、《消除对妇女歧视公约》第21条、《禁止酷刑公约》第19条都规定缔约国通过联合国秘书长向有关国际机构提具报告,后者可以在审议报告的基础上提出一般性建议或评论。

其次,尽管许多人权条约规定了审议报告的程序,但审议机构也有所不同。有些条约规定由依据该条约成立的专门机构审议报告。例如,《公民权利和政治权利国际公约》的审议机构是人权事务委员会。同样,消除种族歧视委员会,消除对妇女歧视委员会,禁止酷刑委员会也都是根据条约规定设立的审议机构。还有些条约则规定由联合国的既存机构审议报告,如《经济、社会、文化权利国际公约》规定的审议机构就是经社理事会。后来,1978年经社理事会成立了一个由15人组成的工作组,协助它审议缔约国提交的报告。根据经社理事会1985年第17号决议,上诉工作组又转变成为经济、社会、文化权利委员会,由18名专家组成。

(二)处理来自国家的来文以及和解制度

一些人权条约还规定了一套处理缔约国来文指控及和解的制度。《公民权利和政治权利国际公约》在这方面的规定就颇为典型。当初,在人权委员会提出的公约草案中,曾规定缔约国有义务接受人权事务委员会的和解。但联大第三委员根据一些亚非国家的提案,决定在缔约国来文及和解制度方面采用以缔约国同意为前提的任意选择制度。《公约》第40条规定,缔约国可以随时声明承认人权事务委员会有权接受和审议一缔约国指控另一缔约国不履行公约义务的通知。根据《公约》第41条,人权事务委员会在认定用尽了国内救济措施之后,有权处理已接受任择条款的缔约国之间的指控,提供斡旋,以便求得有关事项的友好解决。但如果未能获得满意的解决,经各有关缔约国同意后,人权事务委员会可以指派一个由5名委员组成专设和解委员会进行和解。如果仍不能获得解决,和解委员会在其报告中应说明对于各有关缔约国间争执事件的一切有关事实问题的结论，以及对于就该事件需求可能解决的各种可能性的意见。各有关缔约国应于接到报告后三个月内通知委员会主席是否接受和解委员会报告的内容。

其他一些人权条约也有类似规定。其中，有些条约在缔约国之间的指控方面规定了更强有力的执行机制。例如，根据《消除一切形式种族歧视国际公约》，消除种族歧视委员会就有权处理任何缔约国之间的指控，而无须依据任择条款。

（三）个人申诉制度

在若干个人权条约中，还建立了个人申诉制度。但这些条约有一些共同特点，就是一般都要基于条约中的任选条款，并且必须是在确认用尽国内救济办法以后才能受理个人来文。

在《公民权利和政治权利国际公约》起草过程中，由于人权委员会的各国代表对于是否承认个人以及民间团体对国家的指控有很大的分歧，该委员会最后提交的公约草案中没有对个人控诉问题加以规定。后来，联合国大会第三委员会决定接受黎巴嫩的提案，将该任意选择条款规定在一个附属于公约的单独任意议定书中。按照《议定书》的规定，"成为本议定书缔约国的公约缔约国承认人权事务委员会有权接受并审查该国管辖下的个人声称为该缔约国侵害《公约》所载任何权利的受害人的来文"（第1条）。因此，只有在属于《议定书》缔约国管辖之下的个人才可以向人权事务委员会提起书面控诉。"人权事务委员会应将根据《议定书》所提出的任何来文提请被控违反《公约》任何规定的《议定书》缔约国注意"，"收到通知的国家应于六个月内书面向委员会提出解释或声明，说明原委，如该国业已采取救济办法，则亦应一并说明"（第4条）。"人权事务委员会应参照该个人及关系缔约国所提出的一切书面资料，审查根据——《议定书》所收到的来文"，并"应向关系缔约国及该个人提出意见"（第5条）。

其他一些人权条约也规定了类似的制度，如《消除一切种族歧视国际公约》第14条和《禁止酷刑公约》第22条也都作为任选条款，分别规定了处理个人申诉或来文指控的制度。按照前一项《公约》，不仅受害者个人，也可以"个人联名"提起申诉或请愿。而按照后一项《公约》，个人申诉或来文不仅可以针对其所受管辖的国家，也可以针对已接受任择条款的任何其他缔约国。此外，这两个《公约》都不是在《议定书》而是《公约》本文中承认了个人申诉。因此，在执行机制方面，可以说这两个《公约》比《公民权利和政治权利国际公约》又进了一步。

（四）联合国"1503程序"

1970年，联合国经社理事会通过了一个题为"有关侵犯人权及基本自由的来文的处理程序"的决议，即第1503（XLVIII）号决议，规定防止歧视及保护少数小组委员会不用依据条约，在经证明确系一贯和严重地侵害基本人权的情形下即有权受理个人的来文。小组委员会可决定将具有一贯侵犯人权特点的情况提交人权委员会审议。人权委员会可以自行研究并向经社理事会提出报告和建议,也可以在征得有关国家同意的情况下任命一个特设委员会去进行调查。这一程序被称为"1503 程序"。但在实际运用中,由于没有条约根据,人权委员会和防止歧视及保护少数小组委员基于"1503 程序"所作决议对当事国没有法律上的拘束力。而且,在目前的国际社会中,如何证明是否存在"一贯和严重地侵害基本人权的情形"并非易事。另外,该程序还存在非常费时间、非公开审理、个人来文者与当事国之间在程序上不平等之类的一些问题。

第五节　区域性人权保护制度

一、欧洲地区

在区域性人权保护制度方面,欧洲地区建立的最早,也比较行之有效。早在1950 年,欧洲理事会成员国就根据《世界人权宣言》,并参照《公民权利和政治权利国际公约》草案,缔结了《欧洲人权公约》。《公约》主要规定了公民的政治权利,如生存权、禁止酷刑和奴役、人身自由权、公正审判、罪行法定、私生活不受干扰、思想、良心及宗教自由、言论自由和集会及结社自由等权利,而没有规定经济、社会及文化权利。《公约》对所规定的权利作了详细的定义,同时又比较详细地列举了例外情形。《公约》设立了两个执行机构,一个是欧洲人权委员会,另一个是欧洲人权法院。另外,公约的内容通过许多附加议定书补充和修改。迄今为止,《欧洲人权公约》已有 10 个议定书,内容涉及增加诸如财产权、受教育权、迁徙自由以及禁止集体驱逐外国人等多项应受保护的权利和自由,扩大欧洲人权法院的权限,简化欧洲人权委员会的程序以及废除死刑,等等。

欧洲人权委员会是根据《公约》第 19 条成立的常设机构,由同缔约国数目相等的委员组成。委员会有权受理、调解和调查关于缔约国违反《公约》的申诉,其特点在于不但可以受理国家提出的申诉,也可以受理个人、非政府组织或个别团体提出的申诉。但按照《公约》任择条款第 24 条的规定,只有在被指控的缔约国事先已声明它承认委员会拥有此权限的情形下,委员会才能受理个人、非政府组织或个别团体提出的申诉。个人或团体的申诉可以针对任何已接受《公约》任择条款的缔约国。

欧洲人权法院也是根据《公约》第 19 条成立的常设司法机构,其成立的必要条件是必须有 8 个公约当事国宣布接受法院的强制管辖,所以直到 1958 年 9 月 3 日这一条件满足后才宣告成立。法院由同欧洲理事会成员国相等数目的法官组成。该法院的职能主要是审理缔约各国和欧洲人权委员会所委托的涉及解释和适用《公约》的一切案件。对于法院的管辖权,缔约国可根据《公约》任择条款第46条表示承认,也可就某一具体案件接受法院的管辖。法院只有在欧洲人权委员会承认友好解决或调解的努力失败后并在规定的期限内,才有权处理有关的案件。法院判决为终审判决,欧洲理事会部长委员会有权监督判决的执行。此外,根据欧洲理事会部长委员会的要求,法院可以提供在解释《公约》和议定书方面的法律问题的咨询意见。

按照《公约》第44条和第48条的规定,只有缔约各国和欧洲人权委员会才有权将案件提交法院,个人无权直接向法院直接提起诉讼。但值得注意的是,根据1990年11月6日签订的《公约第9议定书》,《公约》第44条和第48条被修改成允许个人、非政府组织或个别团体将案件提交法院。

由于《欧洲人权公约》的内容主要限于公民和政治权利,为了进一步保障社会、经济权利,欧洲理事会成员国于1961年又通过了《欧洲社会宪章》。《宪章》比较广泛地规定了经济和社会权利。按照《宪章》第20条的规定,以下几种权利受到特别的强调和重视:劳动权、结社权、集体谈判权、享受社会保障的权利、享受社会和医疗援助的权利、家庭享受社会、法律和经济保护的权利,还有移民劳动者及其家庭享受保护和援助的权利。在实施措施方面,该宪章只规定了缔约国报告制度,而没有设立任何控诉或申诉程序。

1975年,在芬兰的赫尔辛基举行的欧洲安全和合作会议上,除阿尔巴尼亚以外,全体欧洲国家以及美国和加拿大等共35个国家签署了最后文件,即《欧洲关于指导与会国间关系原则的宣言》。按照专门关于人权问题第7部分的规定,与会国将尊重人权和基本自由,其中包括思想、道德、宗教或信仰自由,与会国还承诺履行国际宣言和国际协议在人权方面确定的义务。《宣言》虽然没有法律拘束力,但作为冷战时期东西方国家共同签署的文件,其影响是深远的。从那以后,欧安会又多次举行会议,与会国达成了就人权问题进一步进行合作的协议和文件。

二、美洲地区

1948年5月,在美洲国家组织成立的同时,也通过了一个《美洲人的权利和义务宣言》,这比《世界人权宣言》还早7个月。《宣言》具有两个特点:一个是比较广泛地规定了各种权利,不仅包括公民、政治权利,也包括经济、社会及文化权利;另一个是专设一章规定了各种义务。

在《宣言》通过11年后,美洲国家间人权特别会议于1969年11月22日通过了《美洲人权公约》。由于这个公约在很大程度上是参照《欧洲人权公约》制定的,因而其内容主要限于公民和政治权利,但具体内容及其表述也有其特点。公约列举的权利主要有:法律人格权、生命权、人道待遇权、免受奴役、人身自由、公平审判、不受有追溯力法律的约束、受赔偿权、私生活权、良心和宗教自由、思想和发表意见的自由、答辩权、集会权、结社权、家庭权、姓名权、儿童权、国籍权、财产权、迁移和居住的自由、参政权、平等保护权以及司法保护权等。《公约》还规定美洲国家间人权委员会和美洲国家间人权法院为履行公约的主要机构。有关经济、社会和文化权利,是由1988年美洲国家组织大会通过的《公约》的《补充议定书》具体加以规定的,内容涉及工作权、工会权、罢工权、社会保障权、健康权、环境权、受教育权、文化利益权等。

美洲国家间人权委员会并不是根据《美洲人权公约》成立的常设机构,而是作为美洲国家组织的附属机构,成立于1959年。该委员会由7人组成。还在《公约》制定以前,即1965年开始,委员会就已被授权受理来自个人的关于侵犯《美洲人的权利和义务宣言》所规定原则的申诉。《美洲人权公约》确认了委员会的已有权限,并赋予委员会一些有关履行《公约》的新职责和权限。按照《公约》第44条的规定,委员会有权受理来自任何个人、一群人或合法的非政府实体谴责或控诉某一缔约国破坏《公约》的请愿书,而无须根据有关被告国是否事先接受任何任择条款。但另一方面,对于来自缔约国的来文,委员会只有在有关缔约国双方事先都已接受《公约》的任择条款第45条之后才有权受理。这样,在受理个人来文和受理缔约国来文的权限方面,美洲人权委员会与欧洲人权委员会的情形正好相反。

美洲国家间人权法院是根据《美洲人权公约》成立的司法机构,由7名法官组成。根据《公约》的规定,只有缔约国和人权委员会有权向法院提交案件,个人没有诉讼权。法院的管辖权只及于根据《公约》的任择条款第62条作出声明或根据特别协议接受法院管辖权的缔约国之间。此外,法院还有权应成员国或美洲国家组织的有关机构的请求,就《公约》或有关美洲国家保护人权问题的其他条约的解释提供咨询。

三、非洲地区

1981年,非洲统一组织通过了《非洲人权和人民权利宪章》。《宪章》的基本特征是强调非洲人民所面临的根除殖民主义和种族隔离和种族歧视等特殊任务,并基于非洲的传统道德和价值观,不仅规定了个人人权,而且还专门规定了人民权利。《宪章》所规定的个人权利包括:平等权、生命权、尊严权、人身权、听审权、良心、信仰及宗教自由、接受信息权、集会权、迁徙和居留自由、参政权、财产权、劳动报酬权、健康权、受教育权、家庭权等。宪章所规定的人民权利有:人民平等权、人民生存权和自决权、人民自由处置天然财富和资源权、人民发展权、人民和平与安全权、人民环境权等。此外,《宪章》还设专章规定了个人的一些义务。

《非洲人权和人民权利宪章》的执行机构是非洲人权和民族权委员会,是根据《宪章》第30条于1987年11月而设立的一个常设机构。委员会由11人组成。委员会的主要职能是促进人权和人民权利、保证人权和人民权利在《宪章》拟订的条件下受到保护,应缔约国或非洲统一组织等机构的要求解释《宪章》的一切条款等。委员会可以诉诸任何适当调查的方法,并有权处理各缔约国的来文。对于其他来文,包括个人来文,如果经委员会委员过半数决定,也可以审议,而无须基于任择条款。

四、亚洲地区

目前,亚洲地区尚未形成区域性人权保护体制,这主要是因为亚洲国家之间不仅在政治、经济等社会制度方面存在明显的不同,而且在历史、文化以及宗教背景方面也存在巨大的差异。然而,亚洲国家之间在人权的国际保护问题上还是存在一些基本的共识。例如,世界人权会议亚洲区域筹备会议于 1993 年 4 月 2 日通过的《曼谷宣言》就表明了亚洲国家的一些基本立场。《宣言》重申坚决支持《联合国宪章》和《世界人权宣言》所载的各项原则,支持在全世界充分实现所有人权。《宣言》还强调尊重国家主权和领土完整、不干涉内政以及不利用人权作为施加政治压力的手段,并不赞成利用人权作为提供发展援助的条件。《宣言》一方面强调所有人权的普遍性、客观性和不可选择性、必须避免在实施人权时采取双重标准、避免政治化,并不得以任何理由侵犯人权,另一方面又认为应铭记各国和各区域的情况各有特点,并有不同的历史、文化和宗教背景,应根据国际准则不断重订的过程来看待人权。《宣言》对一切侵犯人权的形式表示关切,包括种族歧视、种族主义、种族隔离、殖民主义、外国侵略和占领及在被占领土上建立非法居民点等现象,以及最近卷土重来的新纳粹主义、排外心态和种族清洗。《宣言》重申了自决权和发展权的重要意义。此外,《宣言》还提出了探讨在亚洲设立关于促进和保护人权的区域安排的必要性。

主要参考书目

1. 中国社会科学院法学研究所编,《国际人权文件与国际人权机构》,1993 年。

2. 董云虎、刘武萍编著,《世界人权约法总览》,1990 年。

3. 董云虎、刘武萍编著,《世界人权约法总览》(续编),1993 年。

4. 庞森著,《当代人权 ABC》,1992 年。

5. 约翰·汉弗莱著,《国际人权法》(1989 年),中译本,1992 年。

6. 田畑茂二郎,《国际化时代的人权问题》,1988 年日文版。

7. H. Lauterpacht, International Law and Human Rights, 1950. M. Ganji, International Protection of Human Rights, 1962.

8. K. Vasak, ed. , Les dimensions internationales de droits de L' homme, 1978.

9. L. Henkin, ed. , The International Bill of Rights, 1981.

10. A. H. Robertson and J. G. Merrills, Human Rights in the World, 3rd edition. 1989.

第八章　国际法上的领土

第一节　概　　述

一、领土的概念和意义

在国际法上,领土主要是指国家所领有的土地,即在国家主权支配下的地球的确定部分。但国际实践的发展表明,一些不属于国家所领有或由整个国际社会所共有的土地也具有国际法上领土的含义,典型的如南北极地区。

领土与国家的存在有着密切的关系,它在国际法上的意义在于:第一,领土是国家构成的要素之一。没有领土的国家是不存在的。但各国由于具体情况的不同,其领土可大可小,如欧洲的摩纳哥公国和太平洋的瑙鲁,尽管其拥有的领土很小,但仍然是国家;反之,一个游牧部落尽管有其政权机构,但由于没有领土,从而不能构成一个国家。第二,领土是国家行使最高权力,通常是排他权的空间范围。通常认为,国家领土是国际法的客体,因为国际法承认每一国家在其领土内的最高权力。在一国领土内的人和物均受该国最高权力的管辖。尽管国际法有时或在一定程度上限制国家领土主权的行使,如外交人员根据国际法所享有的特权与豁免,一国的领土主权不受侵犯,任何国家不得在其他国家领土内行使任何权力。《联合国宪章》等普遍性国际文件均确认国家的主权、领土完整和政治独立。

二、领土的组成部分

领土的组成部分包括领陆、领水,领陆和领水下的底土,以及领陆和领水之上的领空。

领陆是领土的最基本部分,指国家疆界以内的全部陆地。一国的领陆包括其大陆领土,也包括其所属岛屿。如果是岛国或群岛国,其领陆就由其全部岛屿或群岛构成。

领水包括国家的内水和领海两部分。内水从广义上可包括一国境内的河流、湖泊、运河、河口、港口、内海湾、内海峡,以及领海基线之内的海域。内水在法律上与领陆相同,完全受一国领土主权的支配。领海是一国海岸或内水向外扩展到一定宽度,受国家主权支配和管辖的海水带。领海与内水的主要不同在于在领海内,外国船只有无害通行权。这是国际法对国家对领海的主权所设的限制。与领水相关的由群岛构成的群岛国家,如印度尼西亚的由群岛基线包围的水域称为“群岛水域”。群岛水域的法律地位既不同于领海,也不同于内水,但有其特殊性,受群岛国主权的支配。

领陆和领水之下的底土也是国家领土的组成部分,包括其中的地下水、水床和资源,完全受国家主权的管辖。

领空是国家领陆和领水之上一定高度的空间。每一国家对其领土之上的空间具有完全的和排他的主权。由于目前领空和外层空间之间没有一条明确的界限,领空的高度达到何处的问题仍然没有得到解决。

除上述四个组成部分之外,有些海域,例如毗连区,大陆架,专属经济区等,尽管在严格意义上不被视为国家领土的一部分,但沿海国可以对其及其资源行使主权权力,从而构成国家管辖范围的海域。

在国家领土的组成部分之中领陆是主要的,其他组成部分往往是领陆的附属部分,是与领陆不能分别的,除非在特殊情况有条约的规定。

相对于国家领土的是国际领土,指国家主权管辖范围之外的区域。这些区域原则上属于全人类,由国际机构代表全人类加以管理,如国际海底区域由《海洋法公约》设立的国际海底管理局实行管理。

有一种说法,认为国家领土还有虚拟的部分。这个部分是在一切方面或为某些目的被视为国家领土。例如,在公海上以及在外国领水内的军舰和其他公有船舶,被视为国家的浮动领土;又如用作使馆馆舍的房屋在许多方面被认为是使节本国的领土。但是,这是虚拟的说法,而不是真正的领土。这种说法是不足取的。

第二节　内　　水

内水的概念具有广、狭两种含义。狭义上的内水仅指领海基线所包围的向海岸的那部分海域,有时称为内海,是海洋法上的概念。广义上的内水不仅包括海洋法上的内水,而且也包括陆地领土内的河流、湖泊、运河等。

一、河流

国际法的理论和实践表明河流是沿岸国领土的一部分。根据河流所处的位置和流经的国家,它们可分为内河、界河、多国河流和国际河流。

内河是指一条从河源至河口全部位于一国境内的河流,如我国的长江和黄河。一国的内河完全受该国主权的支配,内河及其资源的利用和开发由该国自主决定。

但国家对内河拥有的专属管辖权并不意味着禁止其他国家在一定条件下利用内河。在我国,根据1983年4月20日《中华人民共和国外国籍船舶航行长江水域管理规定》,外国船舶经我国港务监督批准后,可以进入长江水域及其港口,但必须遵守我国一切有关的法律规章。

界河是指分隔两个国家陆地领土的河流,并以此河为界。界河分别属于沿岸国家,其疆界线一般以界河的主航道中间线或河流的中间线为界。国家对分属于它的界河部分行使主权管辖,但由于界河及其资源的利用和开发以及保护,实际上涉及两国,需要有关沿岸国共同协商,作出安排。这通常通过两国缔结双边协定来加以实现。根据这类协定成立双边委员会。历史悠久的有美国和加拿大的界水委员会。我国和前苏联曾设立黑龙江界河段水资源综合利用委员会。

多国河流是指流经两个国家以上的河流。国家对多国河流流经本国境内的河段享有主权管辖权。国际实践表明,多国河流沿岸国的船舶均可在整条河流上航行,而且由于多国河流的使用和其自然资源的开发和管理属于各沿岸国的共同利益,沿岸国均应按照国际法,公平合理地加以使用和开发。历史上,因使用多国河流导致有关沿岸国之间的争端并不鲜见,主要表现在上游国家与下游国家之间使用河水的矛盾。目前,在多国河流的使用上呈现两种发展趋势:第一,河流的环境和生态系统的保护日益得到加强。如1994年4月,荷兰、法国和比利时就马斯河和塞尔德河的保护缔结了两个公约。第二,有关沿岸国以河流的流域为系统单位进行综合开发。涉及我国权益并需我国参与综合开发的,北部有图们江三角洲,南部有湄公河流域。

国际河流也是流经两个国家以上的河流,但它与多国河流的区别在于:第一,船舶能够直接通航至海洋;第二,具有专门的国际条约确立平时航行自由的原则。国际河流中位于各沿岸国境内的河段分别属于它们的领土,各沿岸国对各该河段分别享有主权。但由于这类河流直接连接海洋,为促进国际贸易,沿岸国允许其他国家的船舶航行。历史上最早的例子是1177年伦巴第同盟的各城市间相互约定的波河的航行自由。但多国河流实行国际化的制度是在18世纪末法国大革命后逐渐建立起来的。1815年,维也纳公会宣布了一切国家的商船可以在欧洲国际河流上自由航行的原则。欧洲的两大河流——多瑙河和莱茵河分别根据1856年《巴黎公约》和1868年《曼海姆公约》实行了自由航行制度,从而成为国际化河流。

1921年在巴塞罗那订立的《国际性可航水道制度公约及规约》对国际河流的法律制度作了明确的规定。根据该《公约》,凡属流经缔约国领土并同海洋相连接的天然可航水道和适于通商的河流全部实行国际化。在航行时,所有缔约国的国民、财产及旗帜在一切方面应平等对待。除为维持和改善水道通航而征收的公平捐税外,不得征收任何捐税。各沿岸国不得采取足以减少航行便利的措施,并且应消除对航行可能发生的障碍和危险。通常,为保障国际河流的航行自由,有关沿岸国均设立国际委员会来统一管理。《巴塞罗那公约》之后，有关国际河流的制度又有了发展。1948 年，多瑙河各沿岸国就多瑙河的国际航行制度重新订立了公约。1963 年，尼日尔河流域的非洲国家也签署了新的国际条约。

就国际河流而言，目前确立的国际制度主要限于船舶航行。有鉴于此，联合国国际法委员会正在起草和制订《国际水道非航行使用法》。另外，一些国际河流沿岸国已作出国际河流航行之外的安排。如 1987 年由赞比亚河流域国家签署的《赞比亚河共有系统环境无害管理行动计划的协定》，以及由有关欧洲国家于 1991 年签署的《保护莱茵河免受氯化物污染公约的议定书》。

二、运河

通常认为，一条运河如果全部位于一国境内，则该运河的法律地位与内河完全相同，如我国的大运河。但国际实践表明，尽管有些运河完全位于一国境内，由于其两端连接海洋，构成海上交通要道，对国际航运具有重大价值，从而在历史上被确立为国际化运河。这类所谓的通洋运河在世界上主要有苏伊士运河和巴拿马运河。

(一) *苏伊士运河*

苏伊士运河是世界上第一条通洋运河，位于埃及境内，连接地中海和红海，它的通航可以使欧洲至印度洋的航程缩短 8000—10000 公里，是重要的国际交通要道。苏伊士运河于 1859 年开始开凿，1869 年修成。最初由法国人经营；1875 年英国开始插手运河的经营管理，1882 年又乘埃及内乱，派兵入侵，进而控制了埃及和苏伊士运河。1922 年埃及独立，但英国仍保持着在运河的驻军权，直至 1956 年最后一批英军撤离埃及。长期以来，运河由英法两国控制的国际苏伊士运河公司直接经营管理。1956 年 7 月 26 日，埃及政府发布了关于国际苏伊士运河公司国有化的法令，恢复了对苏伊士运河的主权和经营管理权。

苏伊士运河的法律地位和航行制度是由 1888 年《君士坦丁堡公约》所确定的。《公约》共 17 条，主要内容包括：(1) 运河在平时和战时对所有国家的商船和军舰一律开放；不允许平时或战时企图限制运河的这项自由使用；运河永远不得加以封锁。(2) 交战国不得在运河内或在运河港口 3 海里以内从事敌对行为；交战国军舰通过运河时不得迟延；除有绝对必要的情况外，交战国军舰在塞得港或苏伊士港内停留时间不得超过 24 小时；交战国一方军舰和他方军舰驶离这些港口必须相隔 24 小时；在运河及其港口不得装卸军队、军火及其他战争物资。(3) 军舰不得在运河内驻扎；在运河内不得设立永久性防御工事等。

1957 年 4 月 24 日，埃及政府发表了单方面宣言，对苏伊士运河的自由航行制度承担国际义务。根据该宣言，埃及尊重《君士坦丁堡公约》的精神和条款，以及其所规定的权利和义务。埃及政府将根据《君士坦丁堡公约》的规定提供并维护一切国家在苏伊士运河自由的和不受阻碍的航行。

（二）巴拿马运河

巴拿马运河位于巴拿马共和国，是一条沟通大西洋和太平洋的重要国际航行水道。沿运河两侧向外扩展的一定地带被划为巴拿马运河区，面积为1432平方公里。巴拿马运河于1881年开始动工，1914年开放使用。

1901年11月，英美签订条约，确认美国的运河开凿权和对运河的排他控制权，同时规定运河适用与苏伊士运河相同的自由航行和中立化制度。1903年11月18日，美国和新独立的巴拿马共和国缔结了《关于开凿通洋运河的条约》。根据《条约》，美国取得运河开凿权和对运河区的永久租让权。《条约》参照1888年《君士坦丁堡公约》，规定运河及其入口处保持永久中立并对一切国家的船舶开放。据此，美国攫取了运河的航行管理权。

第二次世界大战之后，巴拿马人民要求收回运河主权的呼声日益高涨，美国被迫同意与巴拿马政府谈判签订一项新的条约。几经曲折，直到1977年9月7日，新的《巴拿马运河条约》才得以签署。新的《条约》取代了所有以前由美巴缔结的有关条约和谅解备忘录，并在承认巴拿马共和国对运河区拥有领土主权的基础上对《条约》生效期间至1999年12月31日止的阶段内对运河的经营、维护和防务作出新的安排。据此，取消美国在运河区的特权，运河区的司法、移民、海关、邮政由巴拿马政府管理，运河的防务由美巴两国共同担负。《条约》还规定，从2000年1月1日起，巴拿马政府将单独管理和经营运河，负责运河的防务。但为巴拿马运河所建立的中立化和自由航行制度不变；无论在平时或战时，巴拿马运河均平等地向所有国家的船舶开放。

在通洋运河方面还值得一提的是欧洲的基尔运河。这条位于德国的连接北海和波罗的海的运河于1895年开通。根据1919年《凡尔赛条约》，基尔运河实行国际化，对与德国保持和平关系的所有国家的商船和军舰一律平等开放。运河由德国负责管理。1936年德国单方面废除上述条款，从而产生基尔运河是否仍受上述条款拘束的问题。但实践表明，基尔运河今天仍然向所有国家的船舶平等开放。

三、湖泊和内陆海

湖泊或内陆海完全位于一国的领土之内，则被认为是该国的内水，由该国对其行使主权管辖，如我国的青海湖、太湖等。如果湖泊或内陆海的沿岸属于两个以上的国家时，该湖泊或内陆海的划分和利用由有关沿岸国协议安排，或者按照惯例确定有关沿岸国的拥有部分。例如，北美洲的五大湖是美国和加拿大根据协议划分的。

黑海在俄国、罗马尼亚和保加利亚成为其沿岸国之前一直属于土耳其领土的一部分。但在这之后，1856年的《巴黎和约》将黑海中立化，并且宣布黑海对一切国家的商船开放。1936 年的《蒙特勒公约》则进一步规定黑海的自由航行制度，各国商船无论在平时或战时均可自由通过黑海海峡。公约还对非沿岸国军舰在黑海中的总吨位和停留时间进行限制。

第三节　领土的取得和变更

国际法上的领土取得和变更最初基于罗马法上关于取得私有财产的规则，但随着时间的推移和国际法的发展，形成了自身的概念和适用规则。国际法上领土的取得不应与一个新国家的成立或自然人或法人取得土地相混淆。一般认为国际法上领土取得和变更的传统方式主要有五种，即先占、添附、时效、割让和征服。根据《奥本海国际法》，割让是一种转承的取得方式，而占领、添附、征服和时效则是原始的取得方式。[1]

一、先占

先占是一个国家有意识地取得当时不在任何其他国家主权之下的土地的主权的一种占取行为。先占的主体必须是国家，而先占行为则必须是一种国家行为。先占的客体应该是不属于任何国家或为原属国放弃的土地。这些土地可以是无人居住地或荒岛，也可以是仅有土著部落居住的土地。是否构成先占取决于国家的这种行为是否符合有效占领原则，即先占必须具备两个要素：占领和行政管理，如设立居民点、悬挂国旗、建立行政机构等。先占的效果在于排除其他国家对该土地的占取。一旦先占行为完成，则被占领的土地成为占有国领土的一部分。

与先占有关联的是发现的概念。尽管发现一块过去无人知悉的土地并不等于发现者从事探险时所服务的国家已经用占领方法取得了该土地，但发现的重要性在于它为发现者的国家建立一种不完全的所有权。只要发现者的国家在合理期间内对被发现的土地加以有效占领，这种不完全的所有权有暂时阻止另一国加以先占的作用。

二、添附

添附是指土地由于自然作用或人为作用发生增加而扩大了原有的国家领土。添附的种类有自然和人为的添附两种。人为的添附有建筑堤堰、围海造田等。自然的添附主要有涨滩、三角洲、新生岛屿和废河床。涨滩和三角洲都是指海岸或河

---

〔1〕《奥本海国际法》，英文版，第 9 版，第 1 卷，1992 年，第 679 页。

岸因水流冲积而产生的土地的增加,两者的不同点在于:三角洲的面积有可能相当大。按照国际法,这种土地的增加应被认为是河口所属国的领土的添附。新生岛屿如果在一国领海内产生,它就添附于沿海国的土地,而领海的范围应从新生岛屿的海岸起算。至于废河床,由于沙土堆积或干涸而使界河河道发生改变时,不能航行的河流的中间线有时从一方的河岸向前推移,从而造成一国领土的增加和另一国领土的减少。

三、时效

国际法上时效的概念是指一国对他国领土进行长期占有之后,在很长时间他国并不对此提出抗议和反对,或曾有过抗议和反对,但已经停止这种抗议和反对,从而使该国对他国的领土的占有不再受到干扰,占有现状逐渐符合国际秩序的一种领土取得的行为,而无论最初的占有是否合法或善意。例如,一国在知悉某一岛屿属于别国的情况下恶意地占领了该岛屿,并在很长时期内保持其占有不受干扰,而且原属国已停止抗议并放弃其权利主张,这种占有就符合国际法上时效的概念。

国际法上的时效概念不同于民法上的时效概念,除不以善意为前提之外,其确立所有权的时间也是不确定的,取决于个案情况。另外,时效在国际法律实践中并不能单独成为一项法律原则,其适用在很大程度上取决于对某一特定情势的事实的评估,并且需要与其他领土取得的因素,如默示、禁止反言等一并加以考虑。

四、割让

割让是指一国将其对国家领土的主权移转于另一国。一般说来,任何国家都可以将其领土的一部分割让给另一国,甚至通过全部领土的割让而与另一国合并。但在割让中须注意三个方面:第一,如果一国宪法有关于对领土割让的限制,则该国政府必须受这些限制的约束,否则其与别国缔结的割让条约是无效的。第二,割让的基本要素是被割让领土的主权的转移。第三,割让是土地的割让,河流或海域如果没有土地伴随是不能割让的。

一个国家将其领土割让给另一个国家一般通过双边条约,甚至多边条约来作出安排。割让分强制性割让和非强制性割让两种。强制性割让是一国通过使用武力以签订和约的形式迫使他国将其领土移转给自己。这种割让通常是战争或战争胁迫的结果。例如,1871 年法国在普法战争中战败后,根据《法兰克福和约》将阿尔萨斯和洛林地区割让给普鲁士。1895 年甲午战争后根据《马关条约》,中国曾被迫将台湾割让给日本。这种通过武力缔结割让条约的做法目前已被摒弃。根据《维也纳条约法公约》第 52 条,违反《联合国宪章》所载的国际法原则,通过使用武力或武力威胁而缔结的条约是无效的。

非强制性割让一般都是有关国家在平等自愿的基础上通过和平谈判的结果。

非强制性割让的类型可包括:(1)赠与,如1866年,奥地利将威尼斯赠与法国;(2)买卖,如1867年俄国将阿拉斯加地区卖给了美国;(3)交换,如1960年,中国和缅甸根据两国签订的边界条约,中国将中缅边界的猛卯三角地与缅甸的班洪、班老部落地区进行了交换。

五、征服

征服是国家使用武力占领他国领土的全部或部分,在战争状态结束后将该领土加以兼并的一种领土取得方式。征服与交战国的临时占领不同,与强制性割让也不同,因为征服是不通过缔结和约的。征服这种传统的领土取得方式在于发动战争属于主权权力,战争没有被宣布为非法的时期是适用的,但今天已为国际社会所摒弃。根据确立的国际法原则,凡进行武力威胁或使用武力取得或占领的领土,均为非法的取得或占领。

尽管如此,征服这一传统领土取得的方法在审查领土的历史所有权方面仍然是有意义的,否则许多自古以来所确立的领土所有权都将产生问题。另外,值得一提的是,第二次世界大战后英、美、俄、法四国对德国的占领。这种占领除无兼并之意外,在其他任何方面与征服无异,而且从法律上讲,四国的这种占领是直到1990年德国统一时根据有关协定结束的。

上述五种领土取得和变更的方式,除征服外,均可在古代罗马私法中找到类比的概念。随着国际法实践的发展,一些旧的方式已不再适用,而新的方式又出现了。其中特别重要的是民族自决的方式。

民族自决作为国际法的一项基本原则,是在第一次世界大战,特别是第二次世界大战战后形成的。据此,在外国奴役和统治下的民族和人民可以决定或经过民族独立斗争取得本地区的独立,组成新的国家,对其领土拥有主权。民族自决可以通过当地居民的公民投票来和平实现,也可以通过武装斗争,赶走外国统治者。

联合国在民族自决方面发挥了重要的作用:它不仅通过一系列有关民族自决的决议,如1960年《给予殖民地国家和人民独立宣言》,而且直接介入有关殖民地的独立,如1956年英属多哥,1958年法属多哥,1959年和1961年北喀麦隆,1961年南喀麦隆,1962年西萨摩亚,1972年巴布亚—新几内亚的公民投票和选举都是在联合国监督下进行的。

民族自决这项法律原则运用于领土主权的取得和变更是一项重要的创新,因为在传统国际法上,领土总是与国家这一概念相联系的,通常只有国家才能占有领土,而且对领土的占有也是国家存在与否的要素之一。因此,民族自决原则对领土取得的适用从根本上变革了传统的概念。

第四节 对领土主权的限制

国家对其领土享有完全的和排他的领土主权,但领土主权并不是一项绝对主权。根据一般国际法的原则和规则,国家在行使其领土主权时应受到一定的制约,如外国船舶在国家领海内享有的无害通过权;再如各国有义务防止任何人在其领土上从事有害于他国的行为或对他国或国家管辖范围之外的地区造成环境污染等。这些目前已成为国际习惯而得到整个国际社会的普遍遵行。

除上述一般意义上对领土主权的限制之外,国际法上,特别是传统国际法上还有一类对领土主权的特殊性限制,它们的形式主要有共管、租借、势力范围和国际地役四种,而且通常是通过有关国家缔结条约来加以实现的。

一、共管

共管是指两个或两个以上的国家对某一特定的领土共同行使主权。这一概念最先出现在神圣罗马帝国末期。当时的意思是两个以上的君主对特定的城镇或土地行使共同的所有权,而后来逐渐成为国际法上的一个概念。著名的共管例子有:1864—1866 年奥地利和普鲁士对石勒苏益格—荷尔斯泰因和劳恩堡的共管;1898—1956 年英国和埃及对苏丹的共管;1887—1980 年英国和法国对新赫布里底群岛(今已独立,为瓦努阿图共和国)的共管等。共管除适用于陆地领土之外,有时还可适用于河流、海湾等。例如,1973 年巴西和巴拉圭有关使用巴拉那河的条约规定,巴拉那河的水资源以共管形式为两国所拥有。

共管还可以是有关国家领土明确划分之前的一种临时安排。如科威特和沙特阿拉伯两国之间的中立区是根据 1922 年的一项条约建立的。该条约规定,在两国达成确定边界的协议之前,两国对该中立区享有平等的权利。1965 年,两国达成协议,结束了临时安排,将中立区一分为二,分属该两国,但两国对中立区的平等权利仍然保留。

二、租借

租借是指一国根据条约将其部分领土出租或抵押给另一国。租借的早期例子有 1768 年热那亚共和国将科西嘉岛租借给法国。十九世纪末我国清朝政府曾在帝国主义列强胁迫和武力威胁下通过一系列不平等条约,将胶州湾租给德国,旅顺和大连租给俄国,广州湾租给法国,威海卫和九龙租借给英国。这些租借地除九龙将于1997年收回之外,其余各地均已为我国政府收回。[2]

一般来说,租借是有年限的,如九龙租给英国的年限为99年,但有些租借是永久性的,如1903年巴拿马将巴拿马运河区承租给美国,但即便如此,租让国也有权要求收回。根据上述两国于1977年缔结的条约,美国承认巴拿马对运河区的主权,并由巴拿马于2000年1月1日起收回运河区。

租借一般与主权行使权的移转相关联,这与纯粹的国际性土地租让不同,如英国于1941年将纽芬兰、百慕大、牙买加等岛屿的小片土地租让给美国,作为后者的海军或空军基地,但不涉及任何领土主权或管辖权的转让。

三、势力范围

势力范围这一概念出现于19世纪欧洲列强侵占非洲殖民地,从沿海向内地不断深入的时期。它们为了避免冲突,保障各自在非洲殖民地的利益,利用订立国际条约的形式来确定其各自的势力范围。因此,势力范围是指专门保留由已经有效占领了邻近土地的国家将来加以占领的那些土地。例如,英国于1890年、1891年、1890年、1898年先后与葡、意、德、法缔结了关于势力范围的条约。后来,这种做法扩及适用于其他主权国家,如19世纪末,帝国主义列强通过不平等条约在中国领土上划分势力范围,由此,扬子江流域属于英国的势力范围,广东、广西和云南为法国的势力范围,福建属于日本的势力范围,山东则先后成为德国和日本的势力范围。这种违反国家主权原则的做法早已为国际社会所摒弃。

四、国际地役

国际地役是指一个国家根据条约对其领土主权所设置的一种特殊限制。据此,该国的有关领土在一定范围内应为另一个国家的某种目的或利益服务。例如根据条约,一个国家应允许邻国军队通过其领土,或为邻国的利益而不在边界附近的某一城镇设防。

地役的概念源自罗马法,是物权的一种,即属于某人所有的土地用来为属于他人所有的土地的利益服务。地役的概念之所以被引入国际法,是因为在早期的国际法中领土主权被类比于土地所有权。国际地役产生的一个必要条件是该国自愿提供役地。国际地役的主体只能是国家;国家给予外国个人或法人的类似权利不构成国际地役。国际地役的客体是受限制的国家领土的全部或部分,而且可以是陆地,也可以是河流、海域、领空等。以国家领土为客体的意义在于将国际地役与其他对领土主权的限制区分开来。例如,某一国际条约限制某一国家武装力量的建立和编制,由于不涉及该国领土为另一个国家的利益服务,从而不是国际地役。

---

〔2〕 澳门也将于1999年收回。

国际地役可以分为积极的地役和消极的地役两种。前者是指一国有权在另一国领土内从事某种行为,如筑路、设立税关、军队过境或驻扎、捕鱼等。后者是指一个国家要求另一个国家不得在其领土内从事某种行为,如要求某一邻国在双方边界地区的某些城镇不设防,或要求某一国家不得允许外国军舰在其某一港口内停泊等。由此可见,积极的地役的要素是“容忍”,而消极的地役的要素是“不作为”。

在国际实践中,1960 年国际法院对“印度领土过境权案”的判决承认了葡萄牙平民、官员和货物通过印度领土的权利。另一方面,国际法所确立的内陆国的过境权也属于国际地役范畴。根据 1982 年《联合国海洋法公约》第 10 部分的规定,内陆国拥有出入海洋的权利和过境自由:第一,内陆国有权出入海洋,并享有利用一切运输工具通过过境国领土的过境自由;第二,行使过境自由的条件和方式,应由内陆国和有关过境国通过双边、分区域或区域协定予以规定;第三,过境国有权采取一切必要措施,确保内陆国应享有的各项权利和便利不侵害其合法利益。

除上述四种主要的对国家领土主权的限制之外,国际实践表明,其他限制领土主权的方式也在一定范围或一定时间内存在。值得一提的是“斯瓦尔巴德模式”。斯瓦尔巴德群岛位于北冰洋,由斯匹次卑尔根群岛和熊岛组成。19 世纪末由于在该群岛发现煤矿而引起国际社会的注意,从而有关国家的国民在该地区开始从事经济活动,但当时该群岛的法律地位尚未确定。1920 年 2 月 9 日的《斯瓦尔巴德群岛条约》对该群岛做了法律安排。根据该条约,群岛的领土主权属于挪威,但所有缔约国均有权在该地区享有开发和利用一切资源的自由。《条约》承认在《条约》缔结之前所确立的权利,并赋予该群岛以非军事化地位。

第五节 国 家 边 界

一、边界的概念

国家边界的作用在于确定各国之间的领土范围。它是一条划分一国领土与他国领土或与国家管辖范围之外区域的界线。根据国家边界不同的地理位置,边界可分为陆地边界、水域边界和空中边界,但陆地边界是后两者的基础。另外,海上边界,如领海、大陆架、专属经济区外部界限的划定具有一整套不同于划定陆地边界的原则和规则。

国家边界可以有边界标志,也可以没有边界标志,如以自然物为标志的为有形边界,而以地球经纬度为界的天文学边界或几何学边界则是无形边界,例如,美国和加拿大之间的一段边界以北纬 49 度作为界线。而且,有形边界可分为自然边界和人为边界。自然边界由水域、山脉、沙漠、森林等构成,而人为边界则是人们特意设置的标志,如标柱、栅栏、壕沟、水上浮标等。但有时自然边界和人为边界没有严格的区别,因为有些自然边界也是人为的,如植树等。国家边界的法律意义在于:它一旦确定,国家的领土主权就可在其确定的范围得到行使。

二、划界

(一)边界条约

一般说来,国家边界的确立有以下两种情况:第一,由历史上逐渐形成的传统习惯线构成;第二,由国际条约确定;可以由多边的国际公约来确定,但更多的情况是由相邻国家签订的双边条约来确定。而且,由于第一种情况下构成的传统习惯线常常具有不确定性,从而也需要双边条约来加以进一步明确。因此,通过条约划定的国界不仅明确,而且具有长期的稳定性。例如,1978 年《关于国家在条约方面的继承的维也纳公约》明确规定:国家继承本身不影响条约划定的边界或条约规定的与边界制度有关的权利和义务。1969 年《维也纳条约法公约》和 1986 年《国家与国际组织间或国际组织间的条约法公约》规定"情势变迁"原则不适用于边界条约。

(二)划界的程序

通过双边条约划定边界通常经过两个阶段,即定界(delimitation)和标界(demarcation)。定界是指有关国家经过边界谈判,将其双方达成一致意见的两国边界的主要位置和基本走向载入两国签订的边界条约。边界条约对边界线应有明确具体的描述,从而有利于条约签订后的边界勘定。为了明确起见,有时边界条约附有标有边界线的地图。地图的作用在于:它在解释边界线时可以作为一种证据。例如,国际法院在 1986 年"布基纳法索和马里边境争端案"中指出,地图本身并不具有法律效力,但它们一旦附在一个正式文本(指边界条约)之后即取得了法律效力。但在边界条约和所附地图有差异时,原则上应以边界条约的规定为准。

边界条约签订之后,缔约国双方进入标界阶段,具体实施边界条约的条款。标界通常由双方代表组成的边界委员会进行实地勘察,根据边界条约确定的边界的主要位置和基本走向进行实地划界并树立界标,最后制订边界议定书和边界地图。一旦实地标界工作完成,边界委员会的任务即告终止。

(三)界水和界山

界水包括河流、湖泊、内陆海和领海等不同种类。河流在作为界河时,如果是可航河流,则边界线位于河流主航道中间线上;如果是不可航河流,则以河流水域的中间线为界。如 1960 年《中缅边界条约》第 8 条规定:"凡是以河流为界的地段,不能通航的河流以河道中间线为界,能够通航的河流以主要航道(水流最深处)(Thal—weg)的中间线为界"。如果由于自然力的作用而使河水改道,那么,边界线仍然为河流的中间线,随着中间线的移动而移动。如果界河上建有桥梁,则边界线在桥梁的中间。界河中的岛屿和沙洲一般也以河道中间线加以划分。

在湖泊和内陆海作为边界的情况下，边界线通常是在这种湖泊或内陆海的中间。内陆海上的划界还应考虑到海洋法规定的有关原则和规则。

两国以山脉为界时，一般是按山脉的分水岭划定。如 1961 年《中缅关于边界的议定书》第 2 条规定："凡是《中缅边界条约》第 7 条规定以分水岭为界的，即以分水岭的山脊为两国的界线。"但由于山脉的构造十分复杂，两国边界的划定并不一定沿用分水岭规则，如山峰、山麓等也可以作为边界线。

三、边界争端

由于边界直接与国家的领土、主权范围、自然资源的利用和开发等有着极为密切的关系，边界遂成为国家关系中一个极其敏感的问题。而且，边界又是一个十分复杂的问题，涉及相邻国家之间的历史、地理、人口、经济发展水平等。因此，在全世界的绝大多数地区都或多或少地存在着边界问题。有的甚至导致了武装冲突。边界争端一般都是历史遗留的问题，有的是帝国主义、殖民主义的侵略扩张政策所造成的，如索马里和埃塞俄比亚之间在欧加登地区的一条直线边界，是 20 世纪 50 年代英国殖民者撤出东非时划定的，索马里一直不予承认，终于导致两国在 60 年代大规模的边界冲突。有的是由于具体情况和利益发生了变化而造成的，如秘鲁和厄瓜多尔的边界早年虽有争议，但在其他拉美国家的调解下一直相安无事。由于近年来在该边界地区发现了石油和铀矿，两国于 1995 年 1 月开始发生了边界冲突。

各国之间的边界争端必须按照现行国际法原则用和平方法加以解决，武力和武力威胁都是不可取的。和平的方法包括双方谈判，签订边界条约，或将争端提交仲裁或国际司法程序。法律程序的好处在于使边界的具体安排具有稳定性和终局性。有时，由多国组成的国际委员会参与有关国家之间边界线的确定。和平解决边界争端的最新实例是 1995 年 2 月 25 日由沙特阿拉伯和也门两国达成的两国边界谅解备忘录，同意在"塔伊夫协议"基础上解决两国边界争端。根据该备忘录，在不超过一个月内，双方组成划界联合委员会，按照 1934 年两国签署的"塔伊夫协议"附件重新树立界标，并负责对未确定边界的划分；组成高级军事联合委员会，负责和保证两国边界地区的稳定；任何一方不得对另一方采取敌对行动。

为了解决或避免边界争端，拉丁美洲一些国家采用了占有原则（uti possidetis）来确定它们之间的边界线。占有原则不是依据实际占有，而是以殖民地时期划定行政区的法律和地图为依据；由此，由殖民者所划定的行政区划线被原封不动地保存下来，成为各国独立后的国界线。这项原则的意义在于：第一，有助于日后边界条约的正确解释；第二，有助于各国边界的长期稳定；第三，它是一项与非殖民化和新兴国家独立现象相互联系的一般原则。为此，非洲统一组织于 1964 年 7 月 21 日作出的《开罗决议》也将这项原则适用于非洲大陆，即非统组织的所有成员国，保证尊重其独立时已存在的边界。这项原则为国际法院在审理“布基纳法索和马里边境案”中所适用。

我国的陆地疆界长达两万多公里,分别与十几个国家相邻。我国也有漫长的海岸线;其中大陆海岸线为18000多公里。由于种种原因,我国与邻国之间历史上存在一系列有关边界的问题。中华人民共和国成立之后,本着平等互利和友好协商的精神,以和平方法着手解决边界问题。1960年1月28日,我国首先与缅甸签订了关于两国边界的协定,并于同年10月1日正式缔结了《中缅边界条约》。此后,先后与尼泊尔、巴基斯坦、阿富汗、蒙古等国订立了边界条约,解决了边界问题。我国与俄罗斯及其他独联体国家之间的边界问题也已在基本上解决。目前,与印度、越南之间存在的边界问题正在谈判之中。

四、边境制度

边境是指国家边界线两侧的一定区域。边境制度是保障边境地区及其各种活动的一系列法律规章和习惯做法。边境制度主要有两个方面的来源:第一,国家的国内法律和政策,如国家制订的确保其边界安全的警戒巡逻制度、海关与卫生检查制度、人员和货物的出入境制度等。第二,相邻国家之间签订的双边协定,维护其共同的边境地区,如边境秩序、边界和界标的维护、界水的利用、过境来往制度、自然资源的利用和保护等。

(一)边界的维护

国家边界的日常保卫和维护主要由国家的边防部队负责。边防部队可以采取一切必要的措施,以防止外来入侵和违反边境制度的行为。为了切实履行边界条约和其他有关边境问题的协议,国家通常在边防部队中任命边境代表,履行专门的职能。边境代表不能解决的问题,则由外交途径解决。

国家有责任对边界线上的界标妥善保护,使这类边界标志的位置、外貌、形状、型号、大小和颜色符合有关的边界文件中规定的一切要求。相邻两国应采取必要措施,防止界标遭受移动、损坏或毁灭。我国与缅甸、巴基斯坦、阿富汗等国分别签订的边界议定书中都这样规定,如果一方发现界桩被移动、损坏或毁灭,应尽速书面通知另一方。负责维护该界桩的一方应在双方商定的时间和另一方在场的情况下,在原址按原定规格予以恢复、修理或重建。如果由于客观条件的变化无法在原址恢复,可以由双方共同协商共同选择地点树立。沿界两国平时应对界标予以必要的检查,或单独进行,或联合进行。

边界两国的任何一方都不得人为地使界河改道。双方应采取措施,以防止对边界问题的破坏。中国和巴基斯坦于1963年签订的边界议定书规定:“双方应教育各自边民注意保护界桩。对于任意移动、损坏、毁灭界桩或故意使界河改道的人,有关一方应予适当处理”。另外,陆地上的界标和边界线应保持其易于识别的状态。例如,中国和尼泊尔1963年《关于两国边界的议定书》第29条规定:"为了使边界线易于辨认和防止出现骑线村庄,在陆地边界线两侧各10米的地带内不得建立新的房屋或其他永久性的建筑物。"

(二)界水的利用和保护

一般说来,第一,作为两国边界线的界水,两个沿岸国拥有共同的使用权。如中国和尼泊尔1963年《关于两国边界的议定书》规定:"缔约双方同意,两国的边界河流和桥梁由双方共同使用。"第二,双方在界河中享有平等的自由航行权,而且船舶航行不受主航道中心线的限制。第三,双方享有界水中平等的捕鱼权,但一般以界水上的边界线为界。至于捕渔期、禁渔期、鱼类的养护等,需要沿界国双方合作,做出妥善的安排。第四,一国在界水上建筑或拆除桥梁、堤坝或其他工程,如影响界水的航行、水位、河岸状态等,应在双方协商达成协议后进行。例如,中国和尼泊尔1963年的边界议定书规定:"任何一方在界河上兴建水利和灌溉工程时,如需越出河道中间线,应在事先取得另一方的同意。"

国家在使用界水的同时必须对界水加以严格的保护,除防止和减轻来自自然灾害的破坏外,还应有效控制各种污染源,使其不对界水造成污染。如在1975年《乌拉圭河条约》中,阿根廷和乌拉圭同意通过该条约设立的委员会来协调"适当的措施,以防止生态平衡的改变,并控制该河及其汇水区域的杂质和其他有害元素"。缔约国同意保护河中的生物资源和水环境。1978年美国和加拿大关于大湖水质的协定规定,其宗旨是"恢复和维护大湖流域生态系统的各水的化学、物理和生物统一性"。

(三)边境地区自然资源的利用和保护

国家在利用边界一侧属于其自然资源时不应对邻国造成损害,在进行开发利用活动时不对他方的空气、动植物、建筑物等造成污染损害,保护边界地区的动植物,遵守各种狩猎规则,不准越界射击和追捕鸟兽。

(四)边境检查

国家对出入境人员和货物实行边境检查制度,颁布有关的法律规章,设立海关和边防检查站。无论出境、入境,还是过境的人员都必须按照有关国家的法律规定办理一定的出入境手续。例如,我国于1985年颁布的《中华人民共和国外国人入境出境管理法》和《中华人民共和国公民出境入境管理法》就是在这方面对出入我国的人员制定的法律规章。

卫生检疫也是边境检查的一项重要内容。根据1986年我国公布的《中华人民共和国卫生检疫法》,国境卫生检疫机关在国际通航的港口、机场以及陆地边境和国界江河的口岸设立,入境、出境的人员、交通工具、运输设备以及可能传播检疫传染病的行李、货物、邮包等物品,都应当接受检疫,经国境卫生检疫机关许可,方准入境或者出境。

（五）边境通商和交通

边境通商一般是指边境地区两国人员越过边界所进行的商业活动，其交易不能用国际贸易关系来衡量。边境通商和贸易必须具备三个要素：（1）必须在边境一定区域内，习惯上是自国界至两侧各延伸15公里，有时在通商条约中加以说明；（2）是在此限定区域内的居民相互之间进行的交易；（3）是此区域内居民之日常生活所必需的小额交易。

除边境通商和贸易之外，为了照顾边境居民的生产和生活需要，相邻两国政府在平时并不禁止边境居民在边界两边之间的来往，如探亲、朝圣、治病等。根据1956年《中国和尼泊尔王国保持友好关系以及关于中国西藏地方和尼泊尔之间的通商和交通的协定》，为了保证边境居民的通商，中尼双方各指定同等数目的贸易市场；凡按习惯专门从事于中国西藏地方和尼泊尔之间边境贸易的双方商人可以仍在传统的贸易地点进行贸易。双方香客可以按宗教习惯继续往来朝圣，香客的自用行李和朝圣用品不予征税。

第六节　两极地区

两极地区是指南极地区和北极地区。尽管两极地区有许多相似之处，例如，它们都是地球上最寒冷的地区，拥有大量的冰雪，也离人类最为遥远，但却也有许多的不同之处：北极地区主要由海洋构成，称为北冰洋，约1120万平方公里，其中有一些岛屿存在，而南极地区主要为大陆构成，称为南极洲，约1400万平方公里；北极地区有大量土著居民居住，而南极地区除了科研人员之外则基本无常住人口；北极的自然资源，如石油、天然气已经为沿海各国大规模开发，而南极的矿物资源则仍隐藏在冰雪之下；北极地区历来是军事化地区，而南极则是非军事化地区。另外，它们的法律地位和法律制度也是不同的。

一、南极

（一）南极领土主权要求

对南极正式提出领土要求的国家共有七个，它们是阿根廷、智利、法国、澳大利亚、挪威、新西兰和英国。这些领土要求都是扇形的；其中绝大多数从南纬60度至南极点。

最早对南极提出领土要求的是英国。它于1908年和1917年分别颁布两项特许状，宣布成立福克兰群岛属地。1962年，英国的一项枢密令将福克兰群岛属地一部分划出来，正式确定为英属南极领地，其范围为南纬60度以南西经20度至西经80度之间。新西兰和澳大利亚的南极领土要求最初都是由英国提出的。1923年英国的一项枢密院令授权新西兰总督对位于东经160度和西经150度之间的南极的罗斯属地行使行政和立法权。1933年英国的一项枢密院令宣布设置澳大利亚南极领地，澳大利亚同年接受了这一领地。其范围在除阿德利地（东经136度—142度）之外的南纬60度以南东经160度至45度之间，约占整个南极大陆面积的42%。

法国于1924年将阿德利地（东经136度—142度）宣布为其南极领地，并于1938年将其范围扩展至南极点。挪威于1939年正式对南极的德罗宁·莫德地（西经20度至东经45度）提出领土要求。阿根廷和智利于本世纪40年代初正式对南极提出领土要求，分别称为"阿根廷南极"和"智利南极属地"。

上述七国对南极提出的领土要求的根据尽管不尽相同，但归结起来主要有发现、先占、行政管理、继承权利、毗连性、扇形原则等。这些根据的有效性是令人怀疑的。而且，阿根廷、智利和英国的要求是互相重叠的。美国和苏联（俄罗斯）不承认任何南极领土要求，也不提出自己的要求，但却保留其提出领土要求的权利。据说，南极大陆的玛丽·伯德地（西经90度—150度，占南极大陆15%）是保留给美国的。日本和德国在第二次世界大战前曾对南极主张过权利，但战后均已放弃。另外，一些拉美国家，如巴西、乌拉圭、秘鲁曾私下考虑是否对南极提出领土要求，而且，巴西曾提出一个所谓的"面对理论"（frontage theory），即面对南极的每一个南美国家应拥有与其在毫无阻挡的子午线之间的领土相应的一块直至南极点的扇形地区。

对南极的领土要求不为国际社会的绝大多数国家所承认。而且，自从1983年以来，一些发展中国家利用联合国大会这一政治舞台，要求将《联合国海洋法公约》所创立的国际海底开发模式类推适用于南极，使南极成为又一"人类共同继承财产"。

另一方面，南极领土主权要求也导致有关国家之间的利益冲突。50年代初，在南极曾发生过小规模武装冲突和武力行为。英国曾于1955年将它与阿根廷和智利在南极产生的争端提交国际法院，由于后来两国拒绝国际法院的管辖，法院将此案注销。总之，如果南极领土主权问题得不到妥善解决，南极就有可能成为国际纷争的对象和场所。

（二）南极条约体系

南极尽管人迹罕至，但并不是法律真空，从1959年开始就有一种法律制度在规范着它。南极地区目前的法律地位也是由该法律制度所决定的。这一法律制度称为"南极条约体系"。

南极条约体系是指以1959年《南极条约》为核心而发展起来的一个区域性国际法律制度，以南极大陆及其沿海以及其中的人类活动作为规范对象。该体系除

《南极条约》外，还包括与《南极条约》相联系却又独立的法律文件，如 1972 年《南极海豹保护公约》、1980 年《南极海洋生物资源保护公约》以及根据《南极条约》所制定的一些措施，如 1964 年《南极动植物保护议定措施》。南极条约体系的最新发展是 1991 年 10 月通过的《南极条约环境保护议定书》。另外，曾于 1988 年通过的《南极矿物资源活动管理公约》，由于南极条约国之间的分歧，在短期内无法生效。

南极条约体系的主要内容有：

1. 南极专为和平目的所利用

《南极条约》序言载明，为了全人类的利益，南极将永远专为和平目的而使用，南极不应成为国际纷争的场所和对象。该条约第 1 条明文规定："南极应只用于和平目的"，禁止采取一切具有军事性质的措施，不得建立军事基地、建筑要塞、进行军事演习以及核试验和其他武器试验、实行南极的非军事化和无核化。

2. 科研自由和国际合作

《南极条约》规定，在南极地区实行科学考察和调查的自由并促进为此而进行的国际合作。在一切实际可行的范围内，在南极活动的国家应互相交换和提供有关南极的科学情报，实行科研人员的互相交流；南极的科研成果应予公开；鼓励国际组织和机构参加这方面的工作。

3. 冻结领土主权要求

《南极条约》第 4 条规定，《条约》的任何规定不得解释为缔约任何一方放弃在南极原来所主张的领土主权权利或领土要求；或放弃由于它或其国民的活动或其他原因而构成的对南极领土主权的要求的任何根据；或损害缔约任何一方关于它承认或否认任何其他国家在南极的领土主权的要求或要求的根据的立场。在条约有效期间所发生的一切行为或活动，不得构成主张、支持或否定对南极的领土主权的要求的基础，也不得创立在南极的任何主权权利。在《条约》有效期间内，对在南极不得提出新的领土主权要求或扩大现有的要求。

4. 环境保护和生物资源的保护

《南极条约》没有出现环境保护的字眼，但它禁止核爆炸和放置放射性尘埃的条款则与环境保护有关。环境保护的具体规定主要载于 1991 年的《南极条约环境保护议定书》之中。根据《议定书》，南极被指定为自然保护区，仅用于和平与科学活动。在南极的任何活动不得对南极的环境和生态系统造成破坏。在南极地区进行任何活动之前，都必须履行环境影响评估程序。《议定书》还对南极动植物的保护、废料处置和管理、海洋污染的防止、南极特殊保护地等做了专门具体的规定。

对于海洋生物资源的保护，1972 年的《南极海豹保护公约》和 1980 年的《南极海洋生物资源保护公约》作了规定。根据前者，禁捕三类南极海豹，对其他海豹的捕获只限于科学研究目的，并需要持有有关国家主管当局的许可证。后者对南极海洋生物资源的保护确立了一项生态系统标准。该标准包含三大要素：第一，种群最大程度的复原；第二，维护各种生态关系；第三，避免南极海域任何种群的不可逆转的减少。

5.《南极条约》协商会议

根据《南极条约》第9条的规定，《南极条约》协商国为了交换情报，一起协商共同关心的有关南极事项，并系统规划、审议并向各本国政府建议旨在促进《条约》的原则和宗旨的措施。该会议每两年（自1993年起每一年）举行一次。自1961年第一次协商会议以来，共有200多个建议得到通过，它们涉及的范围包括所有类型的南极活动。协商会议也是议定南极条约体系内法律文件的场所。因此，该机制是整个南极条约体系不断发展和完善的关键。

中国于80年代初开展南极活动，自1984年以来每年派遣科学考察人员至南极，并在南极地区建立了“长城”、“中山”两个常年科学考察站。中国于1983年加入《南极条约》，1985年成为南极条约协商国，对南极事务拥有决策权。

二、北极

北极地区的绝大部分是海洋，大约70%常年冰封。1909年，当皮尔里将军（Admirdl Peary）在北极点竖起美国国旗之时，曾经有人议论过北极地区是否可以先占的问题，但由于它不是陆地，而是冰封海洋，而且，冰随着海流移动，从而不适宜于占领。然而，围绕北极海域的陆地已为其沿海国划分完毕，它们是美国、加拿大、冰岛、挪威、丹麦（格陵兰岛）、芬兰和俄罗斯。除这些北极圈国家之外，另外一些国家，如英国、德国和日本等也长期在北极地区活动。中国于1994年开始派遣科研人员赴北极地区考察。

关于北极的领土主权，早年存在一系列的争议，如对挪威和丹麦有争议的东格陵兰岛由常设国际法院于1933年判给了丹麦。目前，涉及北极陆地领土（包括岛屿）的争议已经基本解决，但对主张拥有北极领土的所谓“扇形原则”则历来是有争议的。

扇形原则或扇形理论（sector principle）最早是由加拿大于1907年正式提出的，作为加拿大对所有北极岛屿主张主权的基础。他声称：位于两条国界线之间直至北极点的一切土地应当属于邻接这些土地的国家。这一理论得到了前苏联的支持，如1926年，前苏联曾单方面立法，以扇形理论为根据，主张凡位于前苏联北冰洋沿岸以北、在北极和东经32°4′35″至西经168°49′30″的所有陆地和岛屿（包括尚未发现的）都是前苏联的领土。但扇形原则遭到其他北极国家，如美国、挪威的反对。这一理论在国际法上也是缺乏有说服力的论据的。正如布朗利指出：“（扇形原则）不过是一种粗糙的划界方法，而没有成为独立的法律规则。”[3]

---

〔3〕 布朗利，《国际公法原理》，英文版，第4版，1990年，第151页。

在对北极海域的管辖权方面，北极国家之间存在不少争议和分歧。美国和前苏联在北极水域宣布200海里专属经济区，以及加拿大的《北极水域污染防止法》都遭到了责疑。还有，在挪威主张斯瓦尔巴德群岛领海之外的管辖权时，美国、苏联、英国等都主张1920年的《斯瓦尔巴德群岛条约》赋予其在该群岛专属经济区和大陆架的非歧视性经济权利。

北极的法律制度和南极完全不同，它不拥有一个完整的条约体系，而主要是双边协议。唯一的多边条约是于1973年通过的《保护北极熊协定》，由加拿大、丹麦、挪威、美国和前苏联签署。该协定旨在保护北极熊的生存环境，除科研目的之外，禁止捕杀北极熊。

尽管如此，1987年以来，北极地区的国际合作在日益加强和深入。1990年，国际北极科学委员会成立。1991年，北极国家首脑会议发表了《保护北极环境宣言》并制定了《北极环境保护战略》。可以预见，有关北极国际合作的多边法律安排即将诞生。

主要参考书目

1.《奥本海国际法》，上卷第二分册，中译本，1981年。

2. Sir Robert Jennings and Sir Arthurs Watts, eds., Oppenheim's International Law, 9th edition, Volume I, 1992.

3. Sir Robert Jennings, Acquisition of Territory in International Law, 1963.

4. G. Prescott, Boundaries and Frontiers, 1978.

5. G. Bush, Antarctica and International Law, 1988.

第九章　海　洋　法

第一节　概　　论

一、海洋法的概念

海洋是海和洋的总称,指地球表面被海水覆盖的部分,其面积约占地球表面总面积的71%,平均深度为3790米。海洋对于人类有极其重要的价值。第一,海洋的上空可以用于飞行。虽然航空法不同于海洋法,但海洋法涉及在不同的海域上空的飞行问题;第二,海洋的表面可以用于船舶的航行,海洋运输在货物运输中占很大部分;第三,海洋水体本身是大量的生物资源,如鱼类生长的地方;潜艇也在水体中航行;水体还要接受向海洋倾废;第四,海底是大量定着类生物资源生长的地方,可以在海底铺设电缆和管道,并开发海底的固体矿物;第五,底层土内蕴藏着大量的石油和天然气。由此可见,海洋与人类社会的发展有着密切的关系。那些调整国家之间有关海洋的原则、规则和制度,逐渐形成了国际法的一个分支——海洋法。海洋法是关于海域的法律地位以及指导国家利用不同海域的原则、规则和制度的总和。

具体地说,海洋法的主要内容包括:(1)各种海域的法律地位及其制度。根据1982年《联合国海洋法公约》的规定。海洋划分为不同的海域:领海、毗连区、专属经济区、大陆架,公海和国际海底。不同的海域具有不同的法律地位及制度;(2)国家在不同海域中的权利和义务。此外,海洋法还包括各国在利用海洋方面应进行的合作和共同遵守的规则,以及争端的解决办法等。

二、海洋法的历史

海洋法的产生与发展是同国际法的产生与发展联系在一起的。近代意义上的海洋法是在独立国家出现并建立了真正的国际关系以后出现的。15、16世纪时,由于商业和航海事业的发展,君主对土地的领有权开始向海洋发展。1493年,罗马教皇亚历山大第六为了确认葡萄牙和西班牙的地理新发现,颁布两道谕旨,将太平洋上的一条子午线作为葡萄牙和西班牙两国在海洋实行控制权力的分界线,两国在各自的特别区内享有商业垄断权。

17 世纪时，荷兰法学家格老秀斯为了维护荷兰资本主义的利益，于 1609 年发表了著名的《海洋自由论》，明确提出了海洋自由的观点，认为海洋不能被占有，因为航行与捕鱼都不能使海洋罄竭。1618 年，英国学者塞尔登写成《闭海论》，反对格老秀斯的观点，认为英国对其周围的海洋有占有和控制其使用的权力。18 世纪，由于资本主义生产关系的发展和海上贸易的日益扩大，任何国家都不可能完全控制海洋，公海自由原则得到越来越多的法学家的承认。到了 19 世纪，该原则已得到理论上和实践上的确认。同时，领海制度也得到发展，18 世纪初，荷兰学者宾刻舒克提出了著名的"大炮射程论"，以确定领海的宽度。

1930 年，在国际联盟主持下在海牙召开了国际法编纂会议，就领海的性质取得了比较一致的意见，但关于领海宽度问题则发生了激烈的争论。

第二次世界大战之后，海洋法发生了重大变化。1945 年美国总统杜鲁门宣布了《关于大陆架的底土和海底的自然资源的政策的总统公告》，提出了沿海国对其大陆架权利的主张；许多国家纷纷主张更宽的领海。国际法院 1951 年对"英挪海业案"的判决，为海洋法增添了新的内容。大批新兴国家开始考虑他们开发海洋及其资源的经济利益。联合国国际法委员会在 1950 年开始工作时，把海洋法的一些问题列入其首批工作专题，并提出了报告。

1958 年 2 月 24 日至 4 月 27 日，联合国主持的第一次海洋法会议在日内瓦召开，有 86 个国家的代表参加。会议就国际法委员会拟定的海洋法草案进行了讨论，最后制定了四个公约：《领海与毗连区公约》、《公海公约》、《捕鱼与养护生物资源公约》和《大陆架公约》。这四个公约中的规则，大部分是海洋法的习惯规则。但也有些规则，如大陆架划界中关于等距离中间线原则的规定等，则是新的规则。由于第一次海洋法会议未能解决领海宽度问题，1960 年 3 月，联合国在日内瓦主持召开了第二次海洋法会议，专门讨论领海宽度问题，但是也未取得任何结果。

1967 年，马耳他向联合国第二十二届大会提出《关于各国管辖范围以外海床洋底和平利用及其资源用于人类福利问题》的提案，主张各国管辖范围以外的海床洋底及其底土以及处于该区域内的资源应为全人类的共同继承财产。1970 年 12 月 17 日，联合国第二十五届大会通过《关于各国管辖范围以外海床洋底与下层底土的原则宣言》，宣布该区域及其资源"为全人类共同继承之财产"，并通过决议，决定召开一次海洋法会议，以制订一项新的全面性的海洋法公约。

第三次联合国海洋法会议于 1973 年 12 月 3 日在纽约开幕，到 1982 年 12 月结束，会议前后共开 39 年，一共开过 11 期会议。参加这次会议的共有 167 个国家；50 多个未独立领土、民族解放运动组织和国际组织的观察员参加了这次会议。1983 年 12 月 6 日到 10 日，在牙买加的蒙特哥湾举行会议。最后，包括中国在内的 117 个国家和两个实体（库克群岛和联合国纳米比亚委员会）在《公约》上签了字。这次会议还通过了包括决议一和决议二的最后文件，决定建立"国际海底管理局和国际海洋法法庭筹备委员会”。

三、《联合国海洋法公约》

《联合国海洋法公约》涉及海洋法几乎所有方面的问题，由一个序言和 17 个部分组成，共 320 条，另有 9 个附件。其主要内容包括：领海和毗连区、用于国际航行的领海、群岛国、专属经济区、大陆架、公海、岛屿制度、闭海或半闭海、内陆国出入海洋的权利和过境自由、“区域”、海洋环境的保护和保全、海洋科学研究、海洋技术的发展和转让、争端的解决等。

《公约》一个重要特点是所谓“一揽子”协议。根据《公约》第 309 条的规定，除公约其他条款明示许可外，对公约不得作出保留或例外。按照《公约》第 308 条的规定，《公约》应自第 60 份批准书或加入书交存之日后 12 个月生效。到《公约》的签字日期截止时，即 1984 年 12 月 9 日，共有 155 个国家和 4 个实体在《公约》上签了字。此后，在长达近九年之后，1993 年 11 月 16 日，《公约》得到第 60 个国家的批准。

美国、德国等主要发达国家认为，《公约》第十一部分关于国际海底部分的某些规定不能满足其要求，不能接受。这些国家或者根本未签署《公约》，或签署了《公约》，但无意批准。为了解决《公约》的普遍参加问题，并使《公约》第十一部分得以有效执行，联合国秘书长于 1990 年 7 月开始召集关于第十一部分的非正式磋商。经过两轮十五次磋商，终于在 1994 年 6 月达成协议，形成了《关于执行 1982 年 12 月 10 日〈联合国海洋法公约〉第十一部分的决议和协定》。该决议和协定于 1994 年 7 月 28 日在关于海洋法问题的第 48 届联大续会上以联大决议的形式获得通过。次日，中国、美国、英国、德国、日本、加拿大等 41 个国家及欧共体的代表签署了《协定》。

该决议中认为，有必要重新评价关于“区域”及其资源制度的某些方面，确认《协定》同《公约》第十一部分应视为单一的法律文书进行解释和适用。《协定》实际上对《公约》第十一部分进行了修改，但所修改的仅仅是《公约》第十一部分及有关部分，并未涉及《公约》中的其他规定。

1994 年 11 月 16 日，《海洋法公约》终于生效，《协定》也在《公约》生效之日起开始临时适用。

四、中华人民共和国有关海洋法的立法

我国大陆海岸线漫长，约 18000 多公里；岛屿众多，由北向南，约 6，000 多个。应属我国管辖的海域极其辽阔。在 1930 年海牙国际法编纂会议上，当时中国国民政府发表声明，中国赞成三海里领海宽度。1931 年国民政府行政院第二十一次会议通过领海为三海里，缉私区为十二海里。此外，旧中国几乎没有其他有关海洋的

立法。

中华人民共和国成立以后，特别是80年代以后，我国制定、颁布了一系列有关海洋的法律、法令、条例、规定。关于领海、毗连区，1958年9月4日，我国政府发表了关于领海的声明；1992年2月25日，第七届人大常委会第24次会议通过《中华人民共和国领海及毗连区法》。关于海峡，1964年6月8日，国务院命令公布《外国籍非军用船舶通过琼州海峡管理规则》。关于海湾，1956年6月30日，交通部发布了为保障渤海湾航行安全的《老铁山水道航行规定》，1982年7月7日，交通部又发布通知，重申了上述规定。关于海港，1954年1月23日，政务院命令公布《中华人民共和国海湾管理暂行条例》；1959年，我国着手制定了《关于海港引水工作的规定》，1976年，在此基础上进一步颁布了《中华人民共和国交通部海港引航工作规定》。

在保护我国海洋资源方面：1986年1月人大常委会通过《中华人民共和国渔业法》1982年1月国务院颁布了《中华人民共和国对外合作开发海洋石油资源条例》。

在防止海洋污染、保护海洋环境方面，近年来颁布的有关法规有：1982年8月23日通过的《中华人民共和国海洋环境保护法》；1983年12月国务院公布施行的《中华人民共和国防止船舶污染海域管理条例》、《中华人民共和国海洋石油勘探开发环境保护管理条例》；1985年3月国务院公布的《中华人民共和国海洋倾废管理条例》；1990年5月25日国务院发布、1990年8月1日起实施的《中华人民共和国防治海岸工程建设项目污染损害海洋环境管理条例》及《中华人民共和国国防治陆源污染物污染损害海洋环境管理条例》；1988年4月5日、18日国务院发布的《中华人民共和国防止拆船污染环境管理条例》。此外，我国在海上交通安全、海洋科学研究等方面也制定了一些法规。

第二节　基　　线

一、正常基线与直线基线

为了测算沿海国领海和其它管辖海域的宽度，需要有一条起算线。这条起算线就称为基线，它也是陆地和海洋的分界线。基线向陆地一面的海域是内水、向海的一面是领海。在《海洋法公约》中，基线不仅成为测算领海宽度的起算线，同时也成为测算毗连区、专属经济区及大陆架的起算线。

根据《公约》的规定，基线有两种：正常基线和直线基线。正常基线就是低潮线，即退潮时海水退到离岸最远的那条线。《公约》第5条规定，测算领海宽度的正常基线是沿海国官方承认的大比例尺海图所标明的沿岸低潮线。在实践中,正常基线多适用于那些海岸比较平直的情况。在那些海岸非常曲折或沿岸多岛屿的情况下,则一般采用直线基线。

直线基线就是在沿岸向外突出的地方和沿海岛屿上选定一系列的点,将这些点之间连接起来划出的一条线。《海洋法公约》第 7 条规定,“在海岸线极为曲折的地方,或者如果紧接海岸有一系列岛屿,测算领海宽度的基线的划定可采用连接各适当点的直线基线法”。对于直线基线的确认最早见于 1951 年 12 月国际法院对“英挪渔业案”的判决。国际法院在其判决中虽然认为“领海宽度从最低落潮线算起”,但鉴于挪威特殊的地理情况,“在划定挪威领海界限时应考虑石垒(包括各岛屿、小岛、岩石和礁石等)的外部边界。这种划定领海界限的办法是由地理条件作决定的”,因此,挪威国王敕令中所采用的划定渔区的方法,并不与国际法相抵触。此后,直线基线被广泛采用,并为 1958 年《领海与毗连区公约》(第 4 条)和 1982 年《海洋法公约》(第 7 条)所肯定。但是,《公约》规定,在划定直线基线时,不应在任何明显的程度上偏离海岸的一般方向,而基线内的海域必须充分接近陆地领土,使其受内水制度的支配;同时一国不得采用直线基线制度,致使另一国的领海同公海或专属经济区隔断。为了适应沿海国不同的情况,《公约》还规定“沿海国可交替使用以上各条规定的任何方法的确定基线”。

我国政府在 1958 年的《领海声明》指出,“中国大陆及其沿海岛屿的领海以连接大陆岸上和沿海岸外缘岛屿上各基点之间的各直线为基线”。1992 年《中华人民共和国领海及毗连区法》中明确规定:“中华人民共和国领海基线采用直线基线法划定,由各相邻基点之间的直线连线组成。”

二、群岛基线

根据《海洋法公约》的规定,岛屿是四面环水并在高潮时高于水面的自然形成的陆地区域,除了那些不能维持人类居住或其本身的经济生活的岩礁不应有专属经济区域大陆架外,岛屿的领海、毗连区、专属经济区和大陆架应按照《海洋法公约》适用于其他陆地领土的规定加以确定。因此,所有的岛屿不论其面积大小都可有自己的领海,而且岛屿拥有其领海的前提条件并不是它必须被人占领。

至于那些由岩石岛屿组成的一个在地理、经济和政治上密切联系的实体,即“群岛”的基线将如何划出,就涉及群岛国制度问题。第三次海洋法会议召开前,群岛国制度尚未形成,各国实践也不统一。在第三次海洋法会议上,经过反复协商,《公约》在其第四部分中规定了群岛国制度。按照《海洋法公约》第 47 条的规定,群岛国可以划定连接群岛最外缘各岛和各干礁最外缘各点的直线群岛基线,并从基线量出其领海、毗连区等其他海域。在划出群岛基线时,《公约》规定了一些限制:(1)这种基线必须包括主要的岛屿和一个区域,在此区域内,水域面积和陆地面积的比例应为 1 : 1 到 9 : 1;(2)此种基线长度不得超过 100 海里,但围绕任何群岛的基线总数中至多 3% 可超过该长度,最长以 125 海里为限;(3)此种基线的划定不应在任何明显程度上偏离群岛的一般轮廓。

按照上述规定划定的群岛基线所包围的水域,称为“群岛水域”。群岛国的主权及于群岛水域、水域的上空、海床和底土,以及其中的资源。群岛国可按照《公约》的有关规定,划定其内水的界限。群岛水域的通过,按《公约》规定,分为“无害通过”和“群岛海道通过”两种情况。所有国家的船舶均享有通过除群岛国内水界限以外的群岛水域的无害通过权。群岛国可在其水域内指定适当的海道和其上空的空中航道,即“群岛海道”,所有船舶和飞机都有权通过这些海道和上空,这就是“群岛海道通过权”。群岛制度是一种既不同于内水又不同于领海的一种特殊的制度。

三、海湾

海岸向陆地凹入的地方形成水曲,而海湾必须是明显的水曲,其凹入程度和曲宽度的比例,使其有被陆地环抱的水域,而不仅仅是海岸的弯曲。为此,《海洋法公约》规定了一个标准:以水曲曲口宽度为直径划一半圆,如果这个半圆的面积等于或小于水曲面积,该水曲即为“海湾”。相反,那些入口较宽而伸入陆地的海域面积较小的水曲,则不能视为海湾。

对于沿岸属于一国领土的海湾,按照国际习惯法,湾口宽度不超过两岸领海宽度总和的是领湾。由于长期以来领海宽度的主张不一致,领湾的标准也无法确定。直到 1958 年的《领海与毗连区公约》才作出了规定,湾口距离不超过 24 海里的,该湾应视为内水。《海洋法公约》对沿岸属于一国的海湾作了更明确的规定:如果湾口之间的距离不超过 24 海里,则可在湾口划一条封口线,该线所包围的水域为内水;如果湾口超过 24 海里,则 24 海里的直线基线应划在海湾内。如果湾口超过 24 海里,但它是包围在直线基线范围内的,该湾仍是内水。但这些规定,不适用于所谓“历史性海湾”。历史性海湾是指那些沿岸属于一国,其湾口宽度远远超过 24 海里,但在历史上一向被认为是沿岸国内水的海湾。如加拿大的哈德逊湾(50 海里),前苏联的大彼得湾(120 海里)。《海洋法公约》没有对历史性海湾的概念作出规定,对此,理论界有争议,各国实践也不一致。有些国家宣布的历史性海湾并没有得到其它国家的承认。但无论如何,一般都承认,历史性海湾应具备的条件是:有关国家对该水域在长时期内行使主权,并且其他国家默认了这一事实。[1]

我国的渤海湾,其湾口宽度为 57 海里。它自古以来就在我国主权控制之下,带有历史性海湾的性质。另外,渤海湾湾口有一系列的岛屿,将湾口分为 8 段,最

---

〔1〕 王铁崖主编,《国际法》,1981 年 7 月,第 174 页。

宽一段不足24海里。因此，将这些岛屿相连划直线基线，渤海湾仍属我国的内水。我国在1958年的领海声明中明确规定，渤海湾是我国领海直线基线内的内海。

至于那些沿岸属于两个或两个以上国家的海湾，《领海及毗连区公约》和《海洋法公约》都未提及。一般认为，若湾口宽度不超过24海里，该湾应由沿岸国家共同管辖，通过协议解决。[2]

四、河口、低潮高地

许多河流都是要流入海洋的，对于那些直接流入海洋的河流，则应按照条约的规定。《领海与毗连区公约》第13条和《海洋法公约》第9条都作了规定："如果河流直接流入海洋，基线应是一条在两岸低潮线上两点之间横越河口的直线"。河流流入海洋的情况是复杂的，由于河流的冲积和带动泥沙的作用，常常造成河口两岸陆地向海延伸，出现河口三角洲等现象，河水必须经过该三角洲才流入海洋。对于这种情况，《海洋法公约》未作出规定，只能遵从国际习惯法规则。[3]

在规定沿海国的基线时，还常常遇到低潮高地的问题。"低潮高地"是在低潮时四面环水并高于水面，但在高潮时没入水中的自然形成的陆地。低潮高地是否可作为测算领海宽度的基线，取决于它与大陆或岛屿的距离。如果低潮高地全部或一部与大陆或岛屿的距离不超过领海的宽度，该高地的低潮线可作为测算领海宽度的基线；如果低潮高地全部与大陆或岛屿的距离超过领海的宽度，则该高地没有其自己的领海。

第三节　内水、领海、毗连区

一、内水

按照《海洋法公约》的规定，领海基线向陆一面的水域为"内水"，构成国家领水的一部分。这里所说的"水域"，实际上是"海域"，因此，在许多国际法著作中，把这部分海域称作"内海"。在我国1958年领海声明中，也用"内海"一词来指《公约》中所称的内水。在有的海洋法著作中，把内水和内海作了这样的区别：内海是指领海基线内侧的全部海水；内水包括河流、湖泊、运河和内海。[4]"内海"实际上就是《海洋法公约》中所称的"内水"，而内水所包括的河流、湖泊和运河，则称为"内

---

〔2〕 端木正主编，《国际法》，1989年4月，第172页。

〔3〕 奥康内尔，《国际海洋法》，第1卷，英文版，1982年，第221—225页。

〔4〕 魏敏主编，《海洋法》，1987年6月，第34页。

陆水”。“内海”一词现已很少采用,我国1992年通过的《中华人民共和国领海及毗连区法》中,也称我国“领海基线向陆地一侧的水域为中华人民共和国的内水”。

内水可以由海湾、河口湾、海湾口及直线基线与海岸之间的水域组成。群岛基线所包围的水域是“群岛水域”,而非内水。群岛水域的法律地位与内水和领海都不同。群岛国只能根据《公约》中的有关规定在其群岛水域内用封闭线划定内水的界限。

内水是沿海国家领土的组成部分,它与陆地领土具有相同的法律地位,沿海国家对其享有完全的和排它的主权。沿海国对驶入其内水或在其港口内的外国商船和船上人员有刑事管辖权和民事管辖权。但在实践上,如果船上的行为不牵涉到沿海国的利益或根本没有超出该船只的范围,则沿海国不行使管辖权,而由船旗国负责。内水和领海虽然都是沿海国领土的组成部分,但二者是有区别的。其主要区别是外国船舶在领海中享有无害通过的权利。如果采用直线基线的方法使原来并未认为是内水的海域被包围在内成为内水,在该海域内,外国船舶不享有无害通过权。

二、领海的概念及其宽度

按照1982年《海洋法公约》第2条的规定,“沿海国的主权及于其陆地领土及其内水以外邻接的一带海域,称为领海”。沿海国的主权及于领海的上空及其海床和底土。“领海”曾被称为沿岸水、海水带、沿岸海、管辖水或领水。现在,“领海”已成为通常的名称。

领海是有一定宽度的,但应该有多宽,曾经是一个长期未能解决的问题。早在18世纪初,荷兰法学家宾刻舒克提出了“大炮射程论”,即“陆上国家的权力以其炮火射程所及的范围为限。”由于当时大炮平均射程不超过三海里,一些国家便以三海里为其领海宽度。由于大炮的射程日益扩大,三海里的领海宽度并没有成为国际法的普遍规则,各国也采用不同的领海宽度。1930年的海牙国际法编纂会议,1958年和1960年召开的两次联合国海洋法会议都试图解决这一问题,但均未成功。第三次海洋法会议在反复协商之后,终于在《公约》中规定:“每一国家有权确定其领海宽度,直至从按照本公约确定的基线量起不超过十二海里的界限为止。”我国1958年的领海声明中明确宣布:“中华人民共和国领海宽度为十二海里。”1992年2月通过的《中华人民共和国领海及毗连区法》重申了这一规定。据统计,世界上有117个国家实行12海里的领海宽度。

领海的外部界限是一条其每一点同基线最近点的距离等于领海宽度的线。用什么方法划定领海的外部界限,《公约》未作规定。在各国实践中,通常采用的方法有:(1)平行线法。其领海外部界限为与领海基线完全平行的一条线。(2)共同正切线法。当沿海国采用直线基线时,以每一基点为中心,以领海宽度为半径向外划出一系列的半圆,然后划出每两个半圆之间的共同正切线,为领海的外部界限。(3)交圆法。在沿海国采用正常基线时,在基线上选某些点为中心,以领海宽度为半径向外划出一系列相应的半圆,然后将各交点之间的弧连接为一条线,为领海的外部界限。实际上,这几种方法的结果都表明,领海的外部界限实际是与领海基线基本平行的一条线。

三、沿海国的权利与义务

领海是沿海国国家领土的组成部分,受沿海国主权的管辖和支配。沿海国的国家主权不仅及于领海,也及于领海的上空、海床和底土。这一点已由国际条约确定下来。1919 年《巴黎航空公约》第 1 条规定:"本约所谓一国的领土,其意义是包括该国本部及殖民地的领土并与该领土连接的领海。……对于领海的上空,每一国家具有完全、排他的主权。"1958 年《领海与毗连区公约》和 1982 年《海洋法公约》对领海的地位都作了明确的规定。

沿海国在其领海内的权利和义务有以下几个方面。(1)沿海国的主权及子领海的上空、海床和底土。外国飞机未经许可不得飞越他国领海的上空。我国《领海及毗连区法》第 5 条规定:中华人民共和国领海的主权及于领海上空、领海的海床及底土;第 12 条规定:外国航空器只有根据该国政府与中华人民共和国政府签订的规定、协议、或者经中华人民共和国政府或者其授权的机关批准或者接受,方可进入中华人民共和国领海上空。(2)沿海国对其领海享有属地优越权,因而对于领海内的人和事物(除本条约或国际法的限制外)行使排它的管辖权。(3)沿海国对其领海内的一切资源享有专属权利,其他国家和个人未经许可不得进行开发利用。我国《领海及毗连区法》第 11 条规定,任何国际组织、外国的组织或者个人,在我国领海内进行科学研究、海洋作业等活动,须经我国政府或有关主管部门批准,遵守我国的法律、法规。(4)沿海国有制定和颁布有关领海内航行、卫生、缉私、移民、卫生等方面的法律和法规的权利。但是,沿海国对领海主权的行使,有一个限制,即外国船舶享有无害通过权。沿海国有不应妨碍外国船舶无害通过领海的义务。

四、无害通过权

外国船舶享有经由一国领海的无害通过权,是国际法公认的规则。按照这项规则,无害通过权的意义是:(1)所有国家,不论为沿海国或内陆国,其船舶均享有无害通过领海的权利。因此,无害通过只限于船舶,不包括飞机。(2)通过是指为了穿过领海但不进入内水,或为了驶往或驶出内水而通过领海的航行。这种通过应继续不停迅速进行,在遇到不可抗力或为救助遇险等情况时才可停船和下锚。在领海内,潜水艇或其他潜水器,须在海面上航行并展示其国旗。外国核动力船舶和载运核物质或其他本质上危险或有毒物质的船舶,在行使无害通过领海的权利时，应持有国际协定为这种船舶所规定的证书并遵守国际协定所规定的特别预防措施。（3）无害是指不损害沿海国的和平、良好秩序或安全。1982年《海洋法公约》规定，如外国船舶在领海内进行下列任何一种活动其通过就不是无害通过：a. 对沿海国的主权、领土完整或政治独立进行任何武力威胁或使用武力；b. 进行军事操练或演习；c. 搜集情报；d. 进行影响沿海国防务或安全的宣传行为；e. 在船上起落或接载任何飞机；f. 在船上发射、降落或接载任何军事装置；g. 违反沿海国海关、财政、移民或卫生法律和规章，上下任何商品、货币或人员；h. 违反本公约规定的任何规定和严重的污染行为；i. 任何捕鱼活动；j. 进行研究或测量活动；k. 目的在于干扰沿海国任何通讯系统或任何其他设施或设备的行为；l. 与通过没有直接关系的任何其他活动。（4）沿海国可以对下列各项或任何一项制定关于无害通过领海的法律和规章，包括：航行安全及海上交通管理；保护助航设备和设施；保护电缆和管道；养护海洋生物资源；防止违反沿海国渔业法律和规章；保全沿海国的环境、防止、减少和控制该环境的污染；海洋科学研究和水文测量；防止违反沿海国的海关、财政、移民或卫生的法律和规章。沿海国考虑到航行安全，可以要求行使无害通过权的外国船舶使用其为管制船舶而指定的海道和分道通航制。沿海国可以在其领海内采取必要的界限以防止非无害的通过，但沿海国不应妨碍外国船舶无害通过领海。在制定任何法律或规章时，不应对外国船舶强加要求，以致其实际后果等于否定或损害无害通过的权利。沿海国还应将其所知的在其领海内通航行有危险的任何情况公布。

军舰是否享有无害通过权，是个有争议的问题。在1958年第一次海洋法会议上，该问题引起激烈争论。最后，在会议通过的《领海与毗连区公约》的第14条中规定，所有船舶均享有无害通过领海的权利。对于该条款的解释有三种不同的观点：（1）“所有船舶”在没有相反规定的情况下，包括军舰；（2）“所有船舶”仅指商舰。因为如果军舰也享有这种权利，应有明确规定；（3）《公约》对此问题未作规定，因此是习惯法的问题。[5] 1982年《海洋法公约》在该问题上仍沿用了1958年公约的规定，所以，对这个问题的争论还没有结果。[6]

我国《领海及毗连区法》对外国军用船舶则规定了批准制度。它规定：“外国非军用船舶，享有依法无害通过中华人民共和国领海的权利。外国军用船舶进入中华人民共和国领海，须经中华人民共和国政府批准。”它还规定，外国船舶通过我国领海，必须遵守我国法律、法规、不得损害我国的和平、安全和良好秩序。我国政府有权采取一切必要措施，以防止对领海的非无害通过。

---

〔5〕 奥克奈尔，《国际海洋法》英文版，第一卷，第290页。

〔6〕《奥本海国际法》第一卷，第九版，英文版，第619页。

五、领海内的管辖权

沿海国对其领海内的人和事物享有排它的管辖权,但这种管辖权受国际条约或国际法的限制。对享有外交特权与豁免的人,不得行使管辖权;军舰和其他用于非商业目的的政府船舶也享有豁免权。此外,沿海国管辖权的行使也不应妨碍其他国家的合法权利,如无害通过权。

沿海国对其领海内的外国商船行使管辖权包括刑事管辖权和民事管辖权两个方面:

在刑事管辖权方面,《海洋法公约》第27条规定,沿海国不应在通过领海的外国船舶上行使刑事管辖权"以逮捕与在该船舶通过期间船上所犯任何罪行有关的任何人或进行与该罪行有关的任何调查"。但《公约》规定,下列情况除外:(1)罪行的后果及于沿海国;(2)罪行属于扰乱当地安宁或领海的良好秩序的性质;(3)船只或船旗国外交代表领事官员请求地方当局予以协助;(4)为取缔违法贩运麻醉药品或精神调理物质所采取的必要措施。沿海国有权采取其法律所授权的任何步骤,对驶离内水后通过领海的外国船舶上的罪犯进行逮捕或调查。在发生上述情况时,如经船长要求,沿海国在采取措施之前,应通知船旗国的外交代表或领事官员,并协助他们同船上乘务人员进行接触。沿海国地方当局在考虑逮捕问题时,应考虑船舶的航行利益。如果罪行是在进入领海之前在船上发生的,而船舶不进入内水,则沿海国不能采取步骤。但《公约》第十一部分规定了在给海洋环境造成损害的特殊情况下沿海国可以采取步骤的条件。

在民事管辖权方面,《海洋法公约》第28条规定,沿海国不应为了对船舶上的某人行使民事管辖权而停止该船的航行或改变其航向。除船舶本身在沿海国水域航行过程中或为此种航行目的而承担的义务或发生的债务诉讼外,沿海国不得因任何民事诉讼而对船舶从事执行或加以逮捕。但这种限制不妨碍沿海国对在领海内停泊或驶离内水后通过领海的外国船舶从事执行或加以逮捕的权利。

上述有关刑事和民事管辖权的规则不仅适用于商船,也适用于用于商业目的的政府船舶。军舰和其他用于非商业目的的政府船舶享有豁免权。如果任何军舰不遵守沿海国的法律和规章,而且不顾沿海国向其提出遵守法律和规章的任何要求,沿海国可以要求该军舰立即离开领海。在军舰或其他用于非商业目的的政府船舶不遵守沿海国有关法律和规章或国际法规则,而使沿海国遭受任何损失或损害时,船旗国应负国际责任。

六、毗连区

毗连区是领海以外邻接领海的一带海域,沿海国对某些事项行使必要的管制。这些事项包括:(1)防止在其领土或领海内违反其海关、财政,移民或卫生的法律和规章;(2)惩治在其领土内违反上述法律和规章的行为。毗连区从测算领海宽度的基线量起，不得超过24海里。由于领海宽度为12海里，毗连区中有1/2是与领海重叠，实际上毗连区的宽度是12海里。我国的《领海及毗连区法》就规定，我国毗连区为领海以外邻接领海的一带海域。毗连区的宽度为12海里。

毗连区制度的历史比较久远，其产生的主要原因是沿海国为了自己实际利益的需要，希望将其某些权利扩大到领海之外的一定区域。1736年英国通过了“游弋法”，以对付那些在海岸外一定距离内游弋的伺机卸下违禁品的形迹可疑的船只。此后，美国又通过了一系列法律，在海岸外一定距离内规定了防止走私和卫生检疫的办法。其他国家，也都曾主张建立一定宽度的行使不同权利的区域。后来，一些国家主张在毗连其领海的公海部分建立海关区、卫生区或移民区。1958年的《领海与毗连区公约》和1982年《海洋法公约》都对毗连区作了规定。

毗连区是领海以外的区域。因此，它的法律地位不同于领海。领海是国家领土的组成部分，受国家主权的支配和管辖，而毗连区是为了保护国家某些利益而设置的特殊区域，沿海国在此区域内对上述列举的事项行使必要的管制权，并对违反上述法律和规章的行为进行惩治。这与国家在其领海内行使主权是有区别的。沿海国对毗连区的管辖并不包括毗连区的上空。我国的《领海及毗连区法》中规定，我国有权在毗连区内，为防止和惩处在其陆地领土、内水或者领海内违反有关安全、海关、财政、卫生或者入境出境管理的法律、法规的行为行使管制权。

第四节　大　陆　架

一、大陆架的概念

地质地理学上的大陆架是指海岸向海延伸到大陆坡为止的一段比较平坦的海底区域。从这里再向外倾斜，坡度急转直下，水深可达3000米左右的区域称为大陆坡。在大陆坡脚覆盖着大量沉积物的地方，称为大陆基。以上三个区域组成地质学上的大陆边。

由于大陆架蕴藏着丰富的自然资源，特别是石油资源，早就引起了世界各国的重视。法律上大陆架概念的提出，是1945年9月28日美国总统杜鲁门发表的《大陆架公告》，宣布，“处于公海下，但毗连美国海岸的大陆架的底土和海床的自然资源属于美国，受美国的管辖和控制”。在美国的影响下，一些国家相继发表类似的声明，提出对邻接其海岸线的大陆架及其自然资源的权利主张。

国际法委员会于1950年开始研究大陆架的法律问题，1953年拟订了《大陆架公约草案》，1958年第一次海洋法会议通过了《大陆架公约》，提出了法律上的大陆架的概念。《大陆架公约》第1条规定，“大陆架”一词是指：“(1)邻接海岸但在领海范围以外,深度达200公尺或超过此限度而上覆水域的深度容许开采其自然资源的海底区域的海床和底土;(2)邻近岛屿海岸的类似的海底区域的海床和底土。”按照这项规定,大陆架的内部界限是在领海以外,即领海的外部界限大陆架的外部界限有两个标准,一个是200公尺深度标准,以200公尺等深线为大陆架的外部界限;另一个是技术上可开采的深度标准,当时在技术上可开采的深度大约也是200公尺左右。但由于科学技术的发展、可开采深度很快超过1000公尺,200公尺的深度标准显然落后于技术现实了。

在第三次海洋法会议上,对大陆架的概念又进行了广泛的讨论。《海洋法公约》第76条给大陆架确定了一个新的概念,它规定:“沿海国的大陆架包括其领海以外依其陆地领土的全部自然延伸,扩展到大陆边外缘的海底区域的海床和底土。如果从测算领海宽度的基线量起到大陆边的外缘的距离不到200海里,则扩展到200海里的距离。”这个概念表明,法律上的大陆架与地理上的大陆架有联系,但又不同。地理学上大陆架到大陆坡为止,而法律上的大陆架终止在大陆边外缘的海底区域的海床和底土,按照《公约》第76(3)条的规定,“大陆边包括沿海国陆块没入水中的延伸部分,由陆架、陆坡和陆基的海床和底土构成……”

至于大陆架的外部界限,《海洋法公约》采用了新的规定。明确指出了两种情况:一种情况是,如果全部自然延伸不到200海里,则扩展到200海里;另一种情况是,如果全部自然延伸超过200海里,则按下列两种方式之一确定其外部界限:(1)以最外各定点为准划定界线,每一定点上沉积岩厚度至少为从该点到大陆坡脚最短距离的1%;(2)以离大陆坡脚的距离不超过60海里的各定点为基准划定界线。用这两种方式之一划定的大陆架外部界线的各定点,不应超过从测算领海宽度的基线量起350海里,或不应超过2500米等深线外100海里。后一种情况是为了适当照顾宽大陆架国家的利益,但也考虑和尊重了其他国家的利益和要求,所以,《公约》规定,沿海国在超过200海里部分开发石油和其他自然资源的收入应与国际社会分享。

二、大陆架的法律地位

沿海国为勘探大陆架和开发其自然资源的目的,对大陆架享有主权权利。这一权利是专属的,即如果沿海国不勘探大陆架或开发其自然资源,任何人未经沿海国明示同意,均不得从事这种活动。而且,沿海国对大陆架的权利也不取决于有效或象征性的占领或任何明文公告。沿海国在其大陆架的权利主要包括:(1)开发自然资源的权利,包括海床的底土的矿物和其他非生物资源,如石油,天然气,以及属于定居种的生物,如牡蛎;(2)有权建造并授权建造、操作和使用和管理人工岛屿、设施和结构,并对它们拥有专属管辖权;(3)授权和管理为一切目的在大陆架上进行钻探的专属权利。但是,沿海国的上述权利,是在200海里以内大陆架上的权利。沿海国对200海里以外大陆架上的非生物资源的开发，应缴付费用或实物。

对于大陆架上覆水域和上空的法律地位，《海洋法公约》第78(1)条规定，"沿海国对大陆架的权利不影响上覆水域或水域上空的法律地位。"1958年《大陆架公约》曾经规定，大陆架的上覆水域具有"公海的法律地位"。但在专属经济区制度建立以后，在200海里范围以内，大陆架的上覆水域及水域上空应适用《海洋法公约》中关于专属经济区的规定，而在200海里以外的大陆架上覆水域和水域上空，则适用公海制度。

根据《海洋法公约》的规定，其他国家在大陆架的权利包括：(1)在大陆架上覆水域或水域上空航行飞越的权利；(2)在大陆架上铺设海底电缆和管道的权利。但管道的路线划定须经沿海国同意。

三、相邻和相向国家间大陆架的划界

沿海国的海岸线或与别国的海岸线相邻，或与别国的海岸线相对，因而相邻或相向国家之间经常发生大陆架划界问题。1958年《大陆架公约》第6条对大陆架划界作了规定：相邻或相向国家大陆架的疆界应由两国之间协定予以决定，在无协定的情形下，除根据特殊情况另定界线外，疆界应适用等距离线（中间线）予以确定。这就是所谓"协定和等距离——特殊情况"原则。但是，按照国际法院的意见，在《公约》签订时，"并不存在有利于等距离原则的国际习惯法规则，这样的规则也没有被《公约》第6条予以定型化"。在实践上，有相当一部分大陆架划界并非简单地、完全地适用等距离线，而是考虑了与划界有关的情况，对等距离线进行了调整。

1967年，联邦德国、荷兰和丹麦分别订立特别协定，将它们之间的争端提交国际法院，要求国际法院确定适用于三国之间大陆架划界的国际法原则和规则。1969年，国际法院作出判决，否定了荷兰和丹麦关于《大陆架公约》第6条是国际习惯法的主张，指出，划界应依公平原则，并考虑一切有关情况，使每一方尽可能多地得到作为其陆地领土自然延伸的一部分。

国际法院在"北海大陆架案"（1969年）中提出的公平原则，在大陆架划界实践中有重要意义。一般来说，公平原则是指把公平合理作为调整大陆架划界的方法，并表明，在大陆架划界中，不管采用何种划界方法，都必须作出公平的解决办法，或者产生公平的划界结果和达到公平的目的。这项原则在1969年以后的大陆架划界实践中得到了广泛的适用。其中包括：1977年"英法大陆架仲裁案"；1984年美国和加拿大关于"缅因湾海洋边界划定案"；1986年"几内亚—几内亚比绍海洋边界划定争端案"；1985年"利比亚—马耳他大陆架案"。《海洋法公约》虽然没有明确规定公平原则，但也肯定了"公平"的概念。《公约》第83条规定："海岸相

向或相邻国家间大陆架的界限,应在国际法院规约第38条所指国际法的基础上以协定划定,以便得到公平解决。”这一规定是有利于公平原则的主张的。但是,适用公平原则,并不否定等距离线作为一种大陆架的划界方法。划界时可以采取等距离方法,以求得公平的解决。

四、我国的大陆架

我国海域有着宽广的大陆架。其中黄海和东海属于世界最大的大陆架浅海之一。黄海地形平坦,全属大陆架,平均水深约44米。东海海域辽阔,有约2/3为大陆架,平均水深约70米。南海在福建以南包括四个离海岸较远的群岛:西沙群岛、南沙群岛、中沙群岛和东沙群岛,它们是中国的领土;我国在南海的大陆架也相当宽广。

在东海,我国与日本、韩国相向,东海大陆架位于三国之间。在东海大陆架的东西两部分之间有一个冲绳海槽区,我国在东海的大陆架是顺着领土的自然延伸,直达冲绳海槽。1974年1月30日,日本与韩国片面签订了《日韩共同开发大陆架协定》,并划出了“共同开发区”。对此,我国外交部于同年2月4日发表声明,指出,它们背着中国在东海大陆架划定所谓日韩“共同开发区”,这是侵犯中国主权的行为,中国政府绝不能同意。此后,中国政府多次发表声明,根据大陆架是陆地领土自然延伸的基本原则,中国对东海大陆架拥有不容侵犯的权利。东海大陆架涉及其它国家的部分,应由中国和有关国家通过协商加以划分。我国在黄海与韩国相向。韩国在1952年即以所谓“总统公告”的形式宣布了宽度为20海里到200海里的大陆架,又在1970年颁布“开发海底矿物资源法”,把沿海矿区分为7个区,其中第1—4区与中国相向,第4区从其海岸向南延伸,直达离岸250海里的冲绳海槽。

关于南海,我外交部早在1951年8月15日就发表声明,指出,西沙群岛和南威岛正如整个南沙群岛及中沙群岛、东沙群岛一样,一向为中国领土。此后,我国还在一系列声明中作了重申。我国1992年颁布的《中华人民共和国领海及毗连区法》第2条,以法律的形式再次指出:“中华人民共和国的陆地领土包括中华人民共和国大陆及其沿海岛屿、台湾及其包括钓鱼岛在内的附属各岛,澎湖列岛,东沙群岛、西沙群岛、中沙群岛、南沙群岛以及其他一切于中华人民共和国的岛屿。”我国政府一贯主张通过谈判和平解决南沙群岛等领土争端,反对诉诸武力。我国政府还作出了“搁置争议、共同开发”的建议,在条件成熟时分别同有关国家谈判,条件不成熟时可暂时搁置争议,不影响有关国家间的友好关系。至于南海诸岛大陆架与其他国家的界限,也应由我国与有关国家根据《海洋法公约》和国际习惯,通过协商划定。

第五节　专属经济区

一、专属经济区制度的形成

专属经济区是领海以外并邻接领海的一个区域,其宽度从测算领海宽度的基线量起,不应超过200海里。在这一海域中,沿海国享有对其自然资源的专属权利及其管辖权;其他国家享有航行权、飞越权以及铺设海底电缆和管道等权利。专属经济区制度是《海洋法公约》所确立的一项新的海洋法制度。

1947年6月23日,智利总统发表的《总统声明》宣布,其国家主权扩展到邻接其海岸的海域;凡距离智利海面200海里以内的海域均属智利国家主权的范围,由智利实行保护及控制,但是不影响其他国家公海自由航行的权利。1952年8月18日,智利、厄瓜多尔和秘鲁签署了《圣地亚哥宣言》,使用了"200海里海洋区域"名称,并宣布对这一海域享有专属主权和管辖权。1970年5月和8月,一些拉丁美洲国家先后签署了《蒙得维的亚海洋法宣言》和《利马宣言》,确定了国家有权划定"海洋主权或管辖权的范围"的主张。1971年,智利等国使用"承袭海"一词,指"从领海基线量起宽度不超过200海里的经济区"。1972年,加勒比海沿岸10国通过《圣多明各宣言》,对"承袭海"作出了更明确的规定。

"专属经济区"一词的正式使用,是由非洲国家提出的。1972年6月,阿尔及利亚等17个非洲国家,在喀麦隆首都雅温得举行的非洲国家海洋法会议上,正式建议非洲国家有权在其领海以外"设立一个经济区"。肯尼亚于同年8月向联合国海底委员会提交了一份《关于专属经济区概念的条款草案》。专属经济区概念的形成中可以看到,它得到了广大发展中国家的支持。它反映了广大发展中国家希望扩大对其沿海自然资源权利的要求。专属经济区是一种既不同于领海,又有别于公海,而介乎于二者之间的一种新的制度。这种制度规定于《海洋法公约》的第五部分。

二、专属经济区的法律地位

《海洋法公约》第55条和第56条明确规定,专属经济区不具有公海的性质,也不同于领海,而是自成一类的海域。专属经济区的法律特征,主要表现在以下两个方面:

(一)沿海国在专属经济区内的权利和义务

沿海国在专属经济区内的权利基本上是与自然资源和经济活动有关的权利,包括:(1)对勘探和开发、养护和管理海床和底土及其上覆水域的自然资源,不论为生物资源或非生物资源,有主权权利,以及对在该区域内从事经济性开发和勘探有主权权利。这些权利是沿海国的专属权利,未经沿海国同意,非沿海国不得进行开发和勘探。(2)对《公约》规定的下列事项有管辖权:a. 人工岛屿、设施和结构的建造和使用;b. 海洋科学研究;c. 海洋环境的保护和保全。另外,沿海国还享有《公约》规定的其他权利和义务。《公约》规定,沿海国在专属经济区内行使权利和履行其义务时,应适当顾及其他国家的权利和义务,并应以符合《公约》规定的方式行事。

(二)其他国家的权利和义务

《海洋法公约》的第58条规定,在专属经济区内,所有国家,无论为沿海国或内陆国,在《公约》有关规定的限制下,享有:(1)航行自由;(2)飞越自由;(3)铺设海底电缆和管道的自由,以及与这些自由有关的海洋其他国际合法用途。这几项自由实际上是重复了1958年《公海公约》四大自由中除捕鱼自由以外的三项自由。这表明专属经济区制度中明显保留着公海制度的痕迹。《公约》第58条还规定,《公约》第86条至第115条关于公海部分的规定以及其他国际法有关规则,只要与专属经济区部分不相抵触,均适用于专属经济区。

三、各沿海国对专属经济区的主张

与大陆架制度不同,专属经济区的权利并不是根据事实本身所存在的权利,而沿海国必须宣布建立其专属经济区并说明其宽度。截至1994年10月1日,世界上已有93个国家提出了200海里专属经济区主张,16个国家提出了200海里渔区的主张。一些国家还制订了关于专属经济区的国内法。

随着专属经济区的广泛建立将使全世界海洋面积的36%处于沿海国的管辖之下。在这个200海里宽的区域内,它包括了目前具有商业价值的鱼类的90%,世界已知海洋石油储量的87%,以及锰结核的10%。真正从专属经济区制度受益的是那些海域宽阔的国家,如美国、法国、印度尼西亚、新西兰、澳大利亚、日本、巴西、加拿大、墨西哥等。中国虽然是海洋国家,但并不是专属经济区制度的最大受益国。目前,我国还未颁布我国的专属经济区法。

四、专属经济区与大陆架的关系

专属经济区与大陆架的关系问题,曾在第三次海洋法会议上引起过争论。一种意见主张把二者合并为一项制度,管理200海里范围内的生物资源和非生物资源;另一种意见主张在200海里范围以内实行专属经济区制度,200海里以外实行大陆架制度。最后,多数国家认为,尽管已建立了专属经济区制度,大陆架制度仍应作为一项独立的制度继续存在。因此,在《海洋法公约》中,专属经济区和大陆架作为两项独立的制度,分别写在了第五和第六部分。

专属经济区和大陆架在200海里内是一个重叠区域,沿海国的权利也有重叠。《公约》第56(1)条和第57条所指的专属经济区内的海床和底土,实际就是指第76(1)条中大陆架的海床和底土。第56(1)条规定沿海国在专属经济区内有以勘探和开发、养护和管理海床和底土的自然资源为目的的主权权利;第77(1)条规定,沿海国为勘探大陆架和开发其自然资源的目的,对大陆架行使主权权利。为了解决这种重叠,第56(3)条又规定,本条所载的关于海床和底土的权利,应按照第六部分(大陆架部分)的规定行使。

专属经济区和大陆架虽然有着密切的联系,但二者又有很大不同。首先,沿海国对专属经济区和大陆架权利的依据是不同的。沿海国对大陆架的权利不依据于它对大陆架的占领或宣布,而是根据存在的事实。沿海国对专属经济区的权利则不同,除非沿海国宣布对专属经济区的主张,否则,这部分海域仍是公海。其次,二者的范围也有所不同。200海里是专属经济区的最大宽度,而却是大陆架的最小宽度,因此,在200海里专属经济区外,沿海国仍可能有大陆架。最后,沿海国在这两个区域内的权利义务不同。沿海国在专属经济区内对所有的资源,包括生物资源和非生物资源都有主权权利,而沿海国对大陆架的主权权利仅限于海床和底土的矿物资源和非生物资源。因此,专属经济区制度和大陆架制度是各自独立的,又是密切联系的。

五、海岸相向或相邻国家间专属经济区的划界

《海洋法公约》第74条规定:“海岸相向或相邻国家间专属经济区的界限,应当在国际法院规约第38条所指国际法的基础上以协议划定,以使得到公平解决。”这条规定与关于大陆架划界的规定是完全一致的。

第六节　海　　峡

一、概述

海峡是两块陆地之间、两端连接海洋的天然狭窄水道。全世界的海峡有几千个之多,其中有一些在国际航行方面具有重要价值,成为世界主要水道。随着世界上越来越多的国家采用12海里领海宽度,世界上将有116个海峡由于宽度不足24海里而处于沿海国的领海之内,而其中有约30个海峡被认为是“用于国际航行的海峡”,即构成世界主要水道,而且也是两端连接公海或专属经济区的海洋通道。

根据1958年《领海与毗连区公约》的规定,通过海峡的权利基本上取决于海峡水域的性质:如果海峡是公海,外国船舶享有航行自由;如果海峡是由一国或一

国以上的领海组成的，外国船舶则享有无害通过权。《公约》规定，沿海国为了保护国家安全，在其领海内可以暂时停止外国船舶的无害通过，但在连接公海一部分和另一部分或另一外国领海之间国际航行的海域中，沿海国不应停止外国船舶的无害通过。1949 年国际法院对于“科孚海峡案”的判决中认为，国家在平时有权派遣其军舰通过处在公海的两个部分之间的用于国际航行的海峡，无须得到沿岸国的事先批准，沿岸国无权在平时禁止此类海峡的通过。这个判决首次使用了“用于国际航行的海峡”，认为在这类海峡中，外国军舰享有无害通过权，沿岸国不得禁止这种通过。这个判决所指的这类海峡是“处在公海的两个部分之间的海峡”，而 1958 年《领海与毗连区公约》则将军舰无害通过权扩大到“公海一部分与另一外国领海之间国际航行的海峡中”。

二、过境通行制

第三次海洋法会议对海峡的讨论集中于：12 海里领海确定之后对构成世界主要水道的海峡通行权利的影响。一些国家主张，这类海峡实行公海自由通行制度；而另一些国家则主张，既然这些海峡已成为有关国家的领海，则应实行领海内的无害通行制。最后，妥协的结果，在《海洋法公约》的第三部分“用于国际航行的海峡”中创造了一项新的通行制度——过境通行制。

按照《海洋法公约》的规定，过境通行制“适用于在公海或专属经济区的一个部分和公海或专属经济区的另一部分之间的用于国际航行的海峡”。对于“用于国际海峡的海峡”，《公约》没有明确的定义，但《公约》规定了三种情况：(1) 在公海或专属经济区的一个部分和外国领海之间的海峡，这类海峡实行无害通过制；(2) 海峡是由海峡沿岸国的一个岛屿和该国大陆形成，而且该岛向海一面有在航行和水文特征方面同样方便的一条穿过公海或穿过专属经济区的航道，不适用过境通行制；(3) 如果穿过某一用于国际航行的海峡有在航行和水文特征方面同样方便的一条穿过公海或穿过专属经济区的航道，也不适用过境通行制。在这种航道中，适用《公约》其他有关部分关于航行和飞越自由的规定。《公约》第 34 条规定，用于国际航行的海峡的通过制度，不应在其他方面影响构成这种海峡的水域的法律地位，或影响海峡沿岸国对这种水域及其上空、海床和底土行使其主权或管辖权。过境通行不同于无害通过，所有船舶和飞机均享有过境通行的权利，过境通行不应受阻碍；潜艇可以在水下潜行；过境通行权利不可以被终止。

按照《公约》的规定，“过境通行”是指专为在公海或专属经济区的一个部分和公海或专属经济区的另一部分之间的海峡继续不停和迅速过境的目的而行使航行和飞越自由。但是对继续不停和迅速过境的要求，并不排除在一个海峡沿岸国入境条件的限制下，为驶入、驶离或自该国返回的目的而通过海峡。船舶和飞机在过境通行时的义务是：(1) 毫不迟延地通过或飞越海峡；(2) 不对海峡沿岸国的主权、领土完整或政治独立进行任何武力威胁或使用武力；(3)除因不可抗力或遇难外，不从事其通过所附带发生的活动以外的任何活动；(4)过境通行的船舶应遵守一般接受的关于海上安全的国际规章、程序和惯例；遵守一般接受的关于防止、减少和控制来自船舶的污染的国际规章、程序和惯例；(5)过境通行的飞机应遵守国际民用航空组织制定的适用于民用飞机的《航空规则》；随时监听国际上指定的主管空中交通管制机构所分配的无线电频率或有关的国际呼救无线电频率。海峡沿岸国为了行使其主权的管辖权，可就下列事项制定关于过境通行的法律和规章：(1)使有关国际规章有效，以防止、减少和控制污染；(2)防止渔船捕鱼；(3)防止违反海峡沿岸国海关、财政、移民或卫生的法律和规章。另外，海峡沿岸国可于必要时为海峡航行指定海道和规定分道通航制，以促进船舶的安全通过。

三、适用于特殊制度的海峡

根据《海洋法公约》第 35 条(C)款的规定，某些海峡的法律制度不受《公约》的影响，因为这种海峡的通过权已全部或部分地规定在长期存在、现行有效的关于这种海峡的国际公约中，这些海峡也构成世界主要的海洋通道，但由于在当时的历史条件下，已制定了专门的国际条约，规定了其法律地位和通行制度。如达达尼尔和博斯普鲁斯海峡，两岸均属土耳其所有，该海峡的法律制度仍适用于 1936 年的《蒙特利尔公约》。

第七节　公　　海

一、概说

1958 年《公海公约》第 1 条规定，公海是指“不包括在一国领海或内水内的全部海域”。现在，由于专属经济区制度和群岛国制度的建立，公海的定义已发生了变化。1982 年《海洋法公约》第 86 条规定，公海是指：“不包括在国家的专属经济区、领海或内水或群岛国的群岛水域内的全部海域。”

在古代和中世纪的前半叶，公海航行是完全自由的。但到中世纪后半叶开始有了对公海的某些部分主张主权的要求。这种主张一直坚持了几百年。1609 年，格老秀斯发表了著名的《海洋自由论》，主张海洋不能成为国家的财产，因为海洋在实际上是不能通过占领而取得占有的，因而海洋在本质上不受任何国家主权的控制。随着格老秀斯主张被逐渐承认，公海自由原则也得到了确立。

公海自由实际就意味着公海向所有国家开放，而又不属于任何国家的管辖和支配。《奥本海国际法》中就曾指出：“‘公海自由’一词表示公海不属于并且也永远不能属于任何国家主权选择的一个国际法规则。所以,既然公海不是任何国家的领土,任何国家通常就没有在公海的任何部分行使立法、行政、管辖或警察的权利。同时,既然公海永远不属于任何国家的主权,任何国家就没有用占领的方法取得公海的一部分的权利”。〔7〕

对于那些由两个或两个以上国家所环绕并由一个狭窄出口连接到海洋的海域,通常称为“闭海或半闭海”。这类海域的法律地位往往是根据沿岸国的协议确定的。它们通常被确立为公海的性质,但并不妨碍沿岸国在该海域内划定各自的领海、大陆架和专属经济区。

《海洋法公约》明确规定了公海的法律地位:公海对所有国家开放,无论其为沿海国或内陆国;任何国家不得有效地声称将公海的任何部分置于其主权之下;公海应只用于和平目的。

二、公海自由

在相当长的时期内,公海自由只限于船舶航行自由和捕鱼自由两项。随着科学技术的发展,国家对公海的利用逐渐增多,公海自由的内容也有了扩大。1958年《公海公约》将列举的公海自由为四项,即(1)航行自由;(2)捕鱼自由;(3)铺设海底电缆和管道的自由;(4)公海上空飞行自由。第三次海洋法会议根据各国在公海活动的新特点和新情况,将原来列举的公海的四项自由扩大为六项,即(1)航行自由;(2)飞越自由;(3)铺设海底电缆和管道的自由;(4)建造国际法所容许的人工岛屿和其他设施的自由;(5)捕鱼自由;(6)科学研究的自由。但是,这样的列举并不意味着已经概括了一切,而随着科学技术等的发展,还会发生变化。另外,公海自由的权利应由所有国家行使,而无论其为沿海国或内陆国。行使这些自由时,还须适当顾及其他国家行使公海自由的利益,并适当考虑《海洋法公约》所规定的进行国际海底区域内活动的权利。

公海自由最基本的一项是航行自由。它是指一切国家的船舶,无论军舰或商船,均有在公海任何部分完全无阻碍地航行的自由。按照国际习惯法规则,在公海上航行的船舶应各有其国籍,船舶所悬挂的旗帜就是它的国籍的证据,因此,船舶在公海上航行必须悬挂一国的旗帜。船舶取得船旗国的国籍,就受船旗国法律的管辖和保护,而无国籍船舶不享受任何保护。

国际法要求任何船舶都应具有国籍,但给予船舶国籍的条件则由国家自由决定,各国对于船舶悬挂它们的旗帜有不同的规则。《海洋法公约》规定,船舶和其国籍国之间应有“真正的联系”。在实践中,有的国家准许外国人的船舶悬挂该国的旗帜,有些船舶为了逃避本国的税收或其他原因而悬该国旗帜,这种旗被称为

---

〔7〕《奥本海国际法》,中文版,上卷第二分册,1981年,第101页。

“方便旗”。由于悬挂“方便旗”的船舶与其船旗国之间没有“真正的联系”，在发生问题时，方便旗是很难发生作用的。另外，在公海上航行的船舶，应该悬挂一国的旗帜，除所有权确实转移或变更登记的情形外，船舶在航程中或任何停泊港内不得更换其旗帜。悬挂两国或两国以上旗帜航行的、并视方便而换用旗帜的船舶，可视同无国籍的船舶。

公海自由的另一主要内容是捕鱼自由，即所有国家均有权在公海上捕鱼。但公海捕鱼自由并不是没有任何限制的。为了保护和管理公海的渔业资源，1958年日内瓦第一次海洋法会议在通过《公海公约》的同时，还通过了《公海捕鱼及养护生物资源公约》，规定各国均有任其国民在公海捕鱼的权利，但须遵守：(1)其条约义务；(2)《公约》所规定的沿海国的利益与权利；(3)关于养护公海生物资源的规定。《海洋法公约》对公海捕鱼作了新的规定，包括：各国在公海捕鱼须受其参加的条约义务的限制；关于一些特殊的鱼群，应受《公约》规定的沿海国权利、义务的限制；各国任其国民在公海上捕鱼的权利应受《公约》所规定的义务的限制。对于那些同时出现在专属经济区和公海邻接区鱼群的捕捞，应与有关国家进行协商，达成有关协议。《公约》还规定了各国为其国民采取养护公海生物资源措施的义务；各国在养护和管理生物资源方面的合作。这方面的内容包括：与其他国家合作确定某鱼种的总可捕量、捕捞方式；通过国际组织提供和交换有关的科学资料。此外，保护公海生物资源还包括对海上哺乳动物的保护。实际上，只有经过各国的通力合作，才能对公海生物资源进行有效的保护。

公海是自由的，公海上空当然也是自由的。《海洋法公约》中又重申了这项自由。至于在公海上空飞行应遵循的规则，在许多方面在航空法中有所规定。

公海自由还有一项内容是允许各国在公海内铺设海底电缆和管道。随着海底电缆的铺设，便产生了如何保护的问题。早在1879年，国际法研究院就曾讨论这个问题；1882年和1883年，在法国倡议下一些国家在巴黎举行国际会议，也讨论了这个问题；1884年，一些国家终于签订了《国际保护海底电缆公约》。1958年《公海公约》把铺设海底电缆与管道的自由作为公海自由的一项，并对各国在公海铺设海底电缆和管道的权利、保护措施、损害赔偿、处罚等作了规定。《海洋法公约》则在此基础上，对这项自由作了进一步的规定。

在海上建造人工岛屿和其他设施是本世纪60年代以后的事情。《海洋法公约》确认了各国均享有建造国际法所容许的人工岛屿和其他设施的自由，同时规定，应受《公约》第六部分(大陆架部分)的限制。第六部分第80条关于“大陆架上的人工岛屿、设施和结构”的条款规定，“第60条比照适用于大陆架上的人工岛屿、设施和结构”，而第60条是关于“专属经济区内的人工岛屿、设施和结构”的规定。这就意味着，在公海上建人工岛屿和其他设施要受《公约》第60条的限制。

科学研究的自由是《海洋法公约》新增加的一项公海自由，指各国均享有在公海上科学研究的自由。但是,各国在行使这项自由时,应受《公约》第六部分(大陆架部分)和第十三部分(海洋科学研究部分)规定的限制。

全世界约有30个国家是内陆国,即没有海岸的国家。这些国家与沿海国一样,平等地享受公海自由。实际上,内陆国公海自由的行使则需要有沿海国的配合。《公约》第十部分对内陆国出入海洋的权利和过境自由作了专门规定:"为行使本公约所规定的各种权利,包括行使与公海自由和人类共同继承财产有关的权利的目的,内陆国应有权出入海洋。为此目的,内陆国应享有利用一切运输工具通过过境国领土的过境自由。"

三、公海上的管辖权

公海上的管辖权是指对公海上的船舶、人和货物的管辖权。公海是自由的,任何国家不得对它主张主权;但公海自由并不意味着公海处于无法律状态,各国在公海上在一定的限度内可以合法地行使不同性质和形式的管辖权。

公海上的管辖权主要是与船舶所悬挂的旗帜相联系的,因为船旗国管辖是公海管辖的主要原则。它要求所有在领海上航行的船舶均应有一国国籍并悬挂其旗帜,该国对取得其国籍的船舶及船上的人、物和事有管辖权。《海洋法公约》第92条的规定,船舶在公海上应受其船旗国的专属管辖。第94条还规定:"每个国家应对悬挂该国旗帜的船舶有效地行使行政、技术及社会事项上的管辖和控制。"关于碰撞事项或其他航行事项的管辖权问题,《公约》第97条规定:"遇有船舶在公海上碰撞或任何其他航行事故涉及船长或任何其他为船舶服务的人员的刑事或纪律责任时,对此种人员的任何刑事诉讼或纪律程序,仅可向船旗国或此种人员所属国的司法或行政当局提出。"该条款又规定,"船旗国当局以外的任何当局,即使作为一种调查措施,也不应命令逮捕或扣留船舶。"另外,军舰和专门用于政府非商业性服务的船舶在公海上有不受船旗国以外任何其他国家管辖的完全豁免权。在公海上,为了维护正常的法律程序,各国对于在公海上发生的违反人类利益的国际罪行以及某些违反国际法的行为均具有普遍管辖权。这种管辖权的范围包括:对贩运奴隶的行为、海盗行为、非法贩运麻醉药品或精神调理物质的行为和从公海从事未经许可的广播的行为。

贩卖奴隶的行为是一种严重违反国际法的行为,各国均应采取措施,防止和惩罚准许悬挂其旗帜的船舶贩运奴隶,并防止为此目的而非法使用其旗帜。海盗行为是各国公认的国际罪行之一,海盗是人类的公敌,应受到各国的惩罚。海盗所控制的船舶是海盗船,各国均有权拿捕、扣押和处理。《公约》对海盗行为下了明确的定义。为禁止船舶非法贩运毒品,所有国家应进行合作。非法广播指在公海上从事的未经许可的广播,即"船舶或设施违反国际规章在公海上播送旨在使公众收听或收看的无线播音或电视广播。"

国家在公海上的这种管辖权一般是由军舰或经授权的国家公务船舶来行使的,它们在公海上代表国家行使管辖权。为此目的,它们在公海上享有一定的权利。军舰在公海上享有登临和检查权。即靠近和登上被合理地认为犯有国际罪行或其他违反国际法行为嫌疑的商船进行检查的权利。根据《海洋法公约》的规定,军舰在公海上发现其他船舶具有下列嫌疑,有权行使登临和检查:从事海盗行为;从事奴隶贩卖;从事未经许可的广播;没有国籍;虽悬挂一国旗帜或拒不展示旗帜而事实上与军舰属同一国籍。军舰有权登临该船,检查其证件,甚至进行搜索,如证明此嫌疑为无根据,应对该船所受的损失负赔偿责任。

另外,沿海国当局如有充分理由认为外国船舶违反该国法律和规章时,可对该外国船舶进行紧追。紧追权的行使须在追逐国的内水、群岛水域、领海、毗连区内开始,只有追逐未曾中断,才可在领海或毗连区外继续进行。如果外国船舶在专属经济区域内或大陆架上违反沿海国有关专属经济区和大陆架的规章时,也可开始紧追。紧追在被追逐船舶进入其本国或第三国的领海时必须终止。紧追只能由军舰、军用飞机或其他有清楚标志可以识别的为政府服务并经授权紧追的船舶或飞机进行。紧追权的行使应当慎重,如紧追不符合上述要求,追逐国要负赔偿责任。

第八节　国际海底区域

一、国际海底区域的法律地位

国际海底区域是指国家管辖范围以外的海床洋底及其底土,也就是领海、专属经济区和大陆架以外的深海洋底及其底土,在《海洋法公约》称为"区域",是《公约》提出的一个崭新的概念。这一部分约占全部海洋面积的65%以上,蕴藏着丰富的矿物资源。一般认为最有开发远景的是锰结核或称多金属结核。海洋科学技术的发展和新技术的发展使得深海采矿成为可能,也就产生了深海底及其资源的法律地位问题。

1967年8月17日,马耳他常驻联合国代表团向联合国秘书长建议,在第22届联大的议程中列入一项称为:"关于专为和平目的保留目前国内管辖范围外海洋下海床洋底及为人类利益而使用其资源的宣言和条约",并附有一项解释性备忘录。这个备忘录正式提出了"海床洋底是人类共同继承财产"。1970年第25届联大通过了第2749(XXV)号决议,即"关于各国管辖范围以外海床洋底与下属土壤的原则宣言"。《宣言》是国际海底开采制度形成和发展过程中一项很重要的决议,进一步充实和发展了1967年的马耳他建议。第25届联大还通过了第2750(XXV)

号决议,决定在1973年召开第三次联合国海洋法会议,以广泛讨论各种有关问题,其中包括要为深海底区域及其资源建立一项公平的国际制度。

二、国际海底区域的法律制度

《海洋法公约》将有关国际海底区域及其资源的法律制度规定在《公约》的第十一部分,及与此有关的附件三(探矿、勘探和开发的基本条件)和附件四(企业部章程)中,其主要内容包括:

(一)支配国际海底区域的基本原则

《公约》重申了1970年《原则宣言》的主要内容,明确宣布"区域"及其资源是人类的共同继承财产。关于"区域"及其资源的法律地位,《公约》规定,任何国家不应对"区域"的任何部分或其资源主张行使主权权利,任何国家或自然人或法人,也不应将"区域"或其资源的任何部分据为己有。"区域"内资源的一切权利属于全人类,由国际海底管理局代表全人类行使。

关于"区域"内活动所应遵循的原则,《公约》规定:各国对于"区域"的一般行为,应按照本部分的规定、《联合国宪章》所载原则,以及其他国际法规则,以维持和平与安全,促进国际合作和相互了解。"区域"内活动应依本部分的明确规定为全人类的利益而进行。"区域"应开放给所有国家,不论是沿海国或内陆国,专为和平目的利用,不加歧视。《公约》中还规定了一些其他原则,包括关于沿海国的权利和合法利益、海洋科学研究、技术的转让、海洋环境的保护以及考古和历史文物等;还对于发展中国家的参加作了特别的规定。

(二)国际海底区域资源的开发制度

国际海底法律制度的一项基本内容是资源开发制度,《公约》作了比较全面的规定。在由谁勘探开发"区域"资源的问题上,经过长期协商谈判,规定了所谓"平行开发制"。其具体作法是:申请者须向国际海底管理局同时作出两块具有同等估计商业价值的矿区,并提交关于这两块矿区的有关资料。管理局在45天之内应指定其中一个矿区作为管理局的保留区,留给企业部自己开发,或同发展中国家联合开发;另一矿区则作为合同区,由申请者在同管理局签订合同后自己开发。

在生产政策方面,《公约》作了具体的规定,其中要求:"保护发展中国家,使它们的经济或产品收益不致因某一受影响矿物价格或该矿物的出口量降低,而遭受不良影响。"《公约》还对海底每年生产规定了最高限额,并为那些受到海底生产的不良影响的发展中国家建立一种补偿制度。此外,《公约》还对转让技术的义务和合同的财政条件、定期审查和审查会议制度等,作了规定。

(三)国际海底管理局

国际海底管理局是缔约国按照《公约》对"区域"内的活动进行组织和控制、特别是对"区域"资源进行管理的专门机构,实际上具有对深海底勘探开发的专属权力。管理局成员为《公约》的所有缔约国。其主要机关为大会、理事会和秘书处的机关。大会由管理局的全体成员组成,"应视为管理局的最高机关",就管理局权限范围内的任何问题或事项制定一般性政策"。理事会是管理局的执行机关,向大会负责,有权依《公约》和大会所制订的一般政策制订管理局对于其权限范围内的任何问题或事项所应遵循的具体政策。理事会由36个成员国组成,任期四年,每个成员在理事会有一票表决权。《公约》对于理事会成员国的选出作了具体的复杂的规定。理事会还设立经济规划委员会及法律和技术委员会。秘书处由秘书长和其他工作人员组成。秘书长是管理局的行政首长,其职务是在大会和理事会以及任何机构的会议上执行职务,并执行管理局的任何机关交给他的行政职务。

企业部不是管理局的主要机关,但它是管理局从事国际海底采矿业务的机关。它可直接在"区域"内进行活动,以及从事运输、加工和销售从"区域"回收的矿物。

(四)争端的解决

对于海洋争端的解决,《公约》规定了四种导致有拘束力的解决争端的强制程序:国际法院、国际海洋法法庭、仲裁程序和特别仲裁程序。国际海洋法法庭的管辖权包括按照《公约》向其提交的一切争端和申请。其管辖权的行使须以争端各方自愿为条件,这一点与国际法院的任意强制管辖权相似。国际海洋法法庭的诉讼当事方不仅限于缔约国和管理局,而且还包括自然人和法人。国际海洋法法庭内设海底争端分庭,它对《公约》中所列有关"区域"内活动的争端应有管辖权。实际上,海底争端分庭享有一种强制管辖权。

三、《公约》第十一部分存在的主要问题及其解决

美国和几个西方国家对《公约》这部分十分不满,他们拒绝签署和批准《公约》,使得《公约》即使生效,也难以实施。

为了克服这一障碍,以便建立一个具有普遍意义的国际海底开采制度,有关国家进行了磋商,力图解决《公约》第十一部分的问题,使《公约》获得包括这些发达国家的广泛接受。为此,从1990年7月开始,联合国秘书长主持召集包括美国在内的有关国家就此问题进行了非正式磋商。磋商进行了两轮,共15次,最后一次是在1994年5月31日至6月3日,约90个国家参加。经过各方面的努力,终于形成了最后文本。在1994年7月28日举行的关于海洋法问题的第48届联大续会上,以121票赞成、7票弃权、零票反对通过了"关于执行1982年12月10日《联合国海洋法公约》第十一部分的协定和决议"。该决议指出:由于各种政治及经济上的变化,特别是对市场原则的依赖日增,使得有必要重新评价关于"区域"及其资源的制度的某些方面,并确认将《协定》视为《公约》第十一部分单一的法律文书而进行解释和适用。

在实质上,《协定》在缔约国的费用、企业部、决策程序、审查会议、技术转让、

生产限额、补偿基金及合同的财政条款等八个方面对《公约》第十一部分进行了修正,例如大大减少了缔约国的费用;由管理局秘书处暂行企业部的职务;将理事会关于实质问题的决定,由三级表决制改为双重表决制;取消了有关强制性技术转让的条款,等等。

值得注意的是,《协定》和《决议》虽然对《公约》第十一部分进行了修正,但它们都未提到"修改"或"修正",而用的是"执行"的词语。这样就避免了条约法上的一些问题。另外,《协定》所修正的仅是《公约》第十一部分及有关部分,并未涉及《公约》的其它规定。这就不仅解决了《公约》的普遍性问题,也维护了《公约》的完整性,避免了在海洋法方面出现多种法律制度并存的局面。

四、我国在国际海底开发方面的实践

我国一贯支持人类共同继承财产的概念。我国矿产资源丰富,但由于人口众多,矿产资源人均占有量远远低于世界人均水平。自 70 年代以来,我国政府有关部门相继开展了大洋海底资源的勘察活动,并制订了大洋多金属结核资源调查开发规划。1991 年,我国向联合国申请,将位于北东太平洋国际海底的 15 万平方公里的矿区登记为我国的开辟区,并获得批准。中国大洋矿产资源研究开发协会被"国际海底管理局和国际海洋法法庭筹委会"总务委员会批准为在国际海底进行开发活动的先驱投资者。

主要参考书目

1. 希金斯、哥伦伯斯合著,《海上国际法》,中文本,法律出版社,1957 年。
2. 魏敏主编,《海洋法》,法律出版社,1987 年 6 月。
3. 赵理海,《海洋法的新发展》,北京大学出版社,1984 年 6 月。
4. R. R. Churchill and A. V. Lowe, The Law of the Sea, 1983.
5. D. P. O' Connell, The International Law of the Sea, 1982.

第十章　空气空间与航空

第一节　航空法的历史发展

航空法是调整航空领域中产生的社会关系的法律。作为国际法的一个分支，航空法是20世纪的产物，随着“航空”现象的出现而产生，并随着航空技术的进步和广泛应用而发展。直至1783年11月21日，在巴黎，人们使用蒙哥尔菲埃兄弟发明的热气球首次载人飞行获得成功。这标志着人类开始征服空气空间而载入了航空发展史册。1900年，德国人齐柏林(Zepplin)推出了他发明的第一个巨大的硬壳飞艇，为人类在商业上应用航空器开辟了道路。1903年12月17日，美国人赖特兄弟(Wright)将由人驾驶、有动力驱动、重于空气的航空器试飞成功，翻开了航空发展史新的一页。此后，人们继续探索，不断促进科技进步，才有今天的涡轮喷气航空时代。

随着航空活动的出现，有关法律问题相继产生。1784年，在巴黎便颁布了治安法令，规定未经警察当局批准，禁止气球升空。1819年，法国塞纳省制定了第一部空中航行安全规章。1822年，美国根据普通法判决了第一个航空侵权案(“盖尔诉斯旺案”)。1880年，国际法研究院在英国牛津集会，将航空问题列入了议程。1889年，法国乘在巴黎举办国际博览会的机会，邀请巴西、美国、英国、俄罗斯、墨西哥等28国代表集会讨论航空问题，列入了4个航空法律问题。1899年，第一次海牙和平会议通过了《禁止自轻气球上放掷炮弹及炸裂品宣言》，1907年第二次海牙会议重申该宣言。

1910年5月18日至6月29日，第一次国际空中航行会议在巴黎召开。会议围绕德国提出的公约草案进行了讨论。讨论的问题是：飞行空域的法律地位以及空域所属国对飞越其领陆和领水上空进行管理和限制的权力。这次会议尽管最终未能达成协议，但公约草案所提出的很多关键性词汇、概念以及条文，被后来的国际公约所采纳；同时它也促使各国颁布了首批空中航行管理法令。因而，这次会议在航空法发展史上仍具有重大的意义。

1914—1918年第一次世界大战中，航空被广泛用于战争，刺激了航空技术的提高和航空制造业的发展，为战后和平时期发展民用航空准备了物质条件。1918

年2月,柏林—汉诺威/科伦之间有了航空邮运业务;1918年3月22日,在巴黎—布鲁塞尔之间首次开辟了国际定期航空邮运航班;1919年8月25日,首次在伦敦—巴黎之间开办了国际航空旅客运输服务。同时,1919年6月14日和15日,首次不降停飞越大西洋获得成功,更表现出发展航空运输的潜力。

1919年10月13日,在巴黎召开国际会议,签订了《关于管理空中航行的公约》,(以下简称1919年《巴黎公约》)。这是第一个关于国际航空法的多边条约。这个条约确立了领空主权原则并建立了常设管理机构——“国际空中航行委员会”,标志着航空法的正式形成,在航空法发展史上具有重要的意义。

1939—1945年第二次世界大战期间,除美洲外,民用航空几乎完全停顿。但是,战争中积累起来的巨大航空力量,为战后民用航空的蓬勃发展准备了物质条件。更重要的是,在战争期间,1944年11月1日至12月7日,由美国邀请和52国派代表团出席,在芝加哥召开了国际民用航空会议,签订了《国际民用航空公约》,并据此成立了国际民用航空组织。(中国是“国际民用航空组织”的创始成员国)。该《公约》取代了1919年《巴黎公约》,为战后国际民用航空重建了法律和组织框架,是现代国际航空法的基础。

1944—1994年50年间,民用航空迅速发展,仅以世界完成的定期航班总周转量计,50年增长了500多倍。在国际航空法领域中,无论是空气空间的法律地位,还是国际航空运输的管理体制、损害赔偿责任制度、国际航空刑法等方面,都出现了不少新情况和新问题,需要有特殊的原则和规则,从而形成国际法的一个新的领域——国际航空法。

第二节　空气空间的法律地位

地球上的空间有空气空间和外层空间。空气空间是环绕地球的大气层空间,空气空间是航空器运行的活动场所。航空器在空气空间的运行,是一般所称的空中航行。按照现代航空法,空气空间实行领空制度并以领空制度为基础,形成了空中航行所必须遵守的一整套法律制度。

一、领空的概念

地球上的空气空间有两部分,即国家领土上的空气空间,为领空,和国家领土以外的陆地和水域上的空气空间,为公空。领空是指处在一个国家主权支配之下,在国家领土之内陆地和水域之上的空气空间。一个国家的领空,同国家的领陆和领水一样,都是国家行使主权的空间。

领空概念是随着航空活动的出现而逐渐形成的。在航空活动中,一个国家的航空器将飞越另一个国家的领土,甚至在另一个国家的领土上降落。这就发生领土上空与领土之间的关系的问题。问题的焦点在于:是空中航行自由还是国家对空气空间拥有主权?这个争论到了1919年签订《巴黎公约》时得到解决,确立了每一个国家对其领土之上的空气空间具有完全的和排他的主权,从而形成了领空制度。但《巴黎公约》在海洋法的领海制度的影响下采纳了"无害通过"的概念,使领空主权受"无害通过"的限制。取代1919年《巴黎公约》的1944年《芝加哥公约》,则摒弃了"无害通过"的概念,终于彻底确立了完全的和排他的领空主权原则。

领空是以地球中心为顶点,由与国家在地球表面的领陆和领水的边界线相垂直的直线所包围的圆锥形立体空间,已为世人所公认。但领空范围是否有上限?这个上限高度又是多高?却有争论,至今尚未解决。

原来,领空的范围是不受限制的,可以直至"天穹",但是到了1957年第一颗人造卫星上天,出现了外层空间的新概念,领空就有上限的问题。对于这个问题,有种种学说和建议,但任何学说和建议都没有得到普遍的赞同。因此,领空的上限仍是一个悬而未决的问题。

二、空气空间的法律地位

1919年《巴黎公约》之前,关于空气空间的法律地位,由于受海洋法上"海洋自由论"(mare liberum)和"海洋封闭论"(mareclausum)的影响,有几种不同的学说:(1)完全的空中自由说,认为空气和海洋一样是人类的共同财富,因而是完全自由的。(2)空中有限自由说,认为人类既不能占有空气,也不能改变或改造空气,因此,在一定高度以上的空间是航行自由的,而在这高度之下,国家有自保的权利。(3)领土区域说,主张在毗连国家的空气空间建立领空区域,受国家主权的限制。(4)国家警察权说,承认国家对领空有自保权,但反对国家主权学说,因而空中和海洋一样应当自由航行,但国家为了安全、公共秩序、税收等项,可以行使警察权。(5)国际共管论,主张由国际共管,以方便空中航行。

在理论上虽有不同的学说,但在实践问题上却在原则上得到了解决。实践证明,由于空气空间的性质,国家对领土上空又有经济利益和安全要求,唯一正确的解决是国家主权说,空气空间完全自由或有限制自由的概念被排除了。同时,空气空间也不能与海洋相类比,在空气空间不可能有毗连区或无害通过的概念。1910年第一次国际空中航行会议通过的决议曾经明确指出:"覆盖领土和领海的大气应当被视为领土,受国家主权的支配。"领空主权论最终取得了胜利。1919年《巴黎空中航行管理公约》第1条明确规定,每一个国家"对其领土上空具有完全的和排他的主权"。此后,各国航空立法普遍地规定国家对其领土上空的主权。

接着,1944年《国际民用航空公约》有同样的规定。《公约》第1条规定:"缔约各国承认每一国家对其领土之上的空气空间具有完全的和排他的主权。”这一规定表明:(1)它明确宣告了领空主权原则。(2)领空主权是每一国家都享有的,无论是缔约国还是非缔约国。因此,领空主权原则不仅是国际条约法规则,而且是国际习惯法规则,具有普遍的法律约束力。(3)每一国家享有的领空主权是“完全的”和“排他的”。国家对其领空所具有的主权权利表现在四个方面:a. 自保权。一国领空不受侵犯。未经一国允许,任何外国航空器不得进入该国领空。任何国家都有保卫其领空安全,不受外来侵犯的充分权利。b. 管辖权。每一国家对其领空都享有管辖权。领空是一国领土不可分割的组成部分,国家对之行使的领空管辖权属于属地最高权的性质。当然,国家行使管辖权时,也应当履行所承担的国际义务,受所缔结或者加入的国际条约规定的限制。c. 管理权。每一国家都有权自行决定制定必要的法律和规章,以维护空中航行的正常秩序,保障空中交通安全,保护公众的合法权益,不受任何外国干涉。任何外国航空器在一国领土上空飞行或在该国领土内运转,都必须遵守当地关于航空器飞行和运转的现行法律和规章。d. 支配权。空气空间是航空活动赖以存在的场所。罗马法中早有格言:“谁有土地,谁就有土地的上空。”(Cujus est solum, ejusest usque ad coelum.)根据领空主权原则,国家对其主权下的空气空间拥有支配权。国家可以通过国内立法对领空实施支配权。国家可以规定公民有自由通行的权利,而对于外国通航则需要签订航空运输协定,给予运营权。

三、外国航空器的“无害通过权”问题

根据领空主权原则,外国航空器在一国领空中是没有“无害通过权”的。但是,1919 年《巴黎公约》曾对“无害通过”作了规定;1944 年《芝加哥公约》第 5 条的规定似乎含有“无害通过权”的意义,因此引起了问题。

1919 年《巴黎公约》在第 1 条明确规定每一个国家“对其领土之上的空气空间具有完全的和排他的主权”之后,又在第 2 条第 1 款规定:“每一缔约国承允,只要本公约规定的条件得以遵守,在和平时期给予其他缔约国的航空器无害通过其领土上空的自由。”这样的规定允许了“无害通过权”,但加以必须遵守的条件。这些条件是:(1)每一缔约国有权为军事需要和公共安全的利益,禁止其他缔约国的航空器飞越其领土的某些区域,对违者以立法规定论处。但此等规定在其私用航空器和其他缔约国的航空器之间不得有任何差别(第 3 条第 1 款)。(2)每一缔约国保留在和平时期的特别情况下,临时地限制或禁止飞越其全部或某一部分领土的权利并立即生效,但这种限制或禁止应不分国籍地对所有其他缔约国的航空器适用(第 3 条第 4 款)。(3)一缔约国的任何航空器有权不降停地飞越另一缔约国的空气空间,但须沿飞越国指定的航路飞行;因通常管理的需要,该航空器当接到按公约附件规定的信号指令时,得以降落(第 15 条第 1 款);并应遵守飞越国制定的航行规章和载运限制规定(见第5章和第6章)。(4)一缔约国凡可无人驾驶的任何航空器,非经特别许可,不得无人驾驶飞越另一缔约国的领土(第15条第2款)。(5)从一国飞往另一国的任何航空器,如果另一国的规章有所要求,必须在另一国指定的机场降落(第15条第3款)。(6)军用航空器以及警察和海关航空器不适用"无害通过"的规定,其飞越、降停或飞越边界必须经有关国家特许或有关国家之间作出特殊安排(第32条和第33条)。

从上述规定可以看出,《巴黎公约》虽然承认"无害通过"的权利,但是它一方面未给"无害通过"下定义,却又加以各种条件,而且这些条件有很大的任意性。因此,在实践中,这种"无害通过"的规定没有什么实际意义。领空和领海是不能相类比的。

因此,1944年《芝加哥公约》摒弃了"无害通过"的概念。但是,1944年《芝加哥公约》第5条的规定曾被认为实质上是"无害通过"权利。第5条的条文是:

"缔约各国同意其他缔约国的一切不从事定期国际航班飞行的航空器,在遵守本公约规定的条件下,不需要事先获准,有权飞入或飞经其领土而不降停,或作非商业性降停,但飞经国有权令其降落。为了飞行安全,当航空器所欲飞经的地区不得进入或缺乏适当航行设施时,缔约各国保留令其遵循规定航路或获得特准后方许飞行的权利。"

"此项航空器如为取酬或出租而载运乘客、货物、邮件但非从事定期国际航班飞行,在遵守第7条(国内运营权)规定的情况下,亦有上下乘客、货物或邮件的特权,但上下的地点所在国家有权规定其认为需要的规章、条件或限制。"将这条规定解释为"无害通过"是对条文的误解。首先,第5条和《公约》第6条都是针对航空运输的:第5条适用于不定期航空运输(不定期飞行),第6条适用于定期航空运输(即定期航班),与《国际航班过境协定》所称的"两大空中自由"和《国际航空运输协定》所称的"五大空中自由"同属一个概念,即航空运输的运营权。航空运输运营权与空中航行自由权是两个虽有紧密关联但有本质区别的不同概念。空中航行自由与领空主权相对应;而航空运输运营权是在坚持领空主权原则的前提下,由主权国家自行决定是否给予他国的问题。其次,虽然国际民用航空组织秘书处曾于1949年解释称,各缔约国无权对不定期飞行要求事先获得批准。但这种解释不代表大多数国家以及国际民用航空组织大会的意见。1952年5月10日,理事会正式否决了上述秘书处的意见,而仅声称:"根据第5条第2款要事先允许的任何要求,不应致使这种航空运输方式变得不可能或者无效。"在实践中,为了保护定期航班的正常经营,大多数国家都对不定期飞行规定了限制条件,在管理上只存在宽严不一的差别而已。而且,不定期航空运输业务的发展已使不定期飞行与定期航班的界线越来越模糊不清。第5条的规定早被认为已经过时。国际上将定期航班与不定期飞行纳入同一管理轨道是总的趋势。因此,可以肯定,在国际航空法中没有"无害通过"的制度。

1974 年 2 月 15 日,中国政府通知国际民用航空组织,决定承认 1944 年《芝加哥公约》时指出:根据《公约》第 2 章第 5 条(不定期飞行的权利)和第 9 条(禁区)的规定,为了飞行安全和公共安全的利益,外国民用航空器从事非定期航班飞入中国国境,需要事先向中国政府申请,在得到答复接受后方能进入,并应遵守关于遵循指定的航路和在指定的机场降落的规定。中国对《芝加哥公约》第 5 条的立场是十分清楚的。

四、无线电信

根据领空主权原则,不仅适用于航空,也适用于无线电信。因此,国家对其领土上空的无线电信传递拥有完全的管辖权,合法地保护本国无线电频谱资源,反对一切外来有害干扰。这项原则不仅是有关国际条约的具体规定的基础,而且也反映在关于无线电管理的国内立法之中。

人类发明无线电技术,对所有国家都具有极其重要的社会和政治意义。随着这一技术的进步和广泛利用,其重要性更为显著,情况也愈趋复杂,不仅涉及空气空间,而且涉及外层空间,也就更需要加强国际法律,扩大国际合作,使无线电信更有效地为人类服务。

早在 1865 年 5 月 17 日,20 国欧洲国家便在巴黎签署了《国际电报联盟公约》。1906 年 11 月 3 日,英美等 27 个国家又在柏林签署了《国际无线电公约》,1912 年和 1927 年相继在伦敦和华盛顿签署了《国际无线电公约》。1932 年 12 月 9 日,70 多个国家在马德里集会,决定将上述公约合并为《国际电信公约》,成立了现在的"国际电信联盟"。《国际电信公约》几经多次修改,现行的《国际电信公约》于 1982 年 11 月 6 日订于内罗毕,自 1984 年 1 月 1 日起生效。

由于公海与国家领土的法律地位不同,公海上空与领土上空的法律地位也不相同,公海上空是不受任何国家的主权支配的。但是,公海上空的无线电信也需要在国际上加以规定,关于电信的国际公约主要是适应这样的需要而订立的。同时,公海上空的无线电信对于公海航行的安全有特别的意义,因而有关公约在这方面有一些特殊的规定。

国际电信联盟是由原有的国际电报联盟改组而成立的,是联合国专门机构之一,其宗旨是维持和扩大国际合作,以改进和合理使用包括陆地、水上、航空、宇宙、广播等在内的各种电信业务;协调各国行动,促进技术措施的发展及其最有效的运用,以提高电信业务的效率;扩大技术设施的用途并尽量使之为公众普遍利用。它的主要职能和活动是分配无线电频谱并登记无线电频率的分配;协调各方面为消灭无线电台之间的有害干扰而进行努力;致力于为电信服务确定尽可能低的收费率;通过参加联合国的相应方案,鼓励发展中国家发展电信事业;督促采取各种措施，通过电信业务合作来保证生命安全；为其成员国的利益从事研究工作并提供建议和意见。

第三节　国际航空的法律制度

国际航空是指航空器经过一个以上国家领土之上的空气空间进行的飞行活动。国际航空所应遵循的原则主要是两项：(1)按照领空主权原则，外国航空器进入一个国家的领空须经该国允许，并应遵守该国的法律和规章。(2)在不属于任何国家领空的空气空间有航行的自由，但须遵守国际民用航空组织统一制定的航空规则。

一、航空器及其国籍

航空器是指可以以空气的反作用，但不是从空气对地球表面的反作用，而在大气中取得支撑力的任何机器。依据这一定义，凡利用空气对地（水）面的反作用取得支撑力的器械，如气垫车、气垫船之类，都不属于航空器；凡不依靠空气反作用取得支撑力飞行的器械，如火箭、导弹之类，亦不属于航空器。

航空器在法律上分为民用航空器和国家航空器，分别具有不同的法律地位。《国际民用航空公约》规定："用于军事、海关和警察部门的航空器，应认为是国家航空器"（第 3 条第 2 款）。因此，军用、海关和警察航空器是国家航空器，国家航空器之外的是民用航空器。但是，国家航空器中除军用、海关和警察航空器之外，是否还包括其他用途的航空器，在现行的国际航空法条约中并未有明确规定。划分民用航空器和国家航空器的标准是航空器的用途，而不考虑其他因素，并不以航空器的归属、即航空器的所有权来区分。因此，称"民（私）有航空器"和"国有航空器"是不正确的。

《国际民用航空公约》规定："一缔约国的国家航空器，未经特别协定或其他方式的许可并遵照其中的规定，不得在另一缔约国领土上空飞行或在此领土上降落"（第 3 条第 3 款）。关于特许进入一个国家的外国国家航空器 1919 年《巴黎公约》在第 32 条和第 33 条中曾作如下规定：除非有相反的规定，军用航空器原则上享有通常给予外国军舰的特权，即管辖豁免权，但被强迫降落或者被要求或被勒令降落的军用航空器，将因此不能获得这方面的特权。至于警察和海关航空器，可以由有关国家通过特别协议确定在何种情况准许飞越边境，但这类航空器在任何情况下都不享有上述的特权。1944 年《国际民用航空公约》在这方面未作规定，但在实践中这种规定仍是作为国际习惯法规则适用的。至于外国国家元首、政府首脑和执行特别使命的高级官员乘坐的专用航空器，则从外交特权和豁免权出发，享受上述特权是应该不存在问题的。

《国际民用航空公约》“仅适用于民用航空器，不适用于国家航空器”。(第 3 条第 1 款)根据《公约》的规定，民用航空器必须遵守飞入国的法律和规章；必须按规定在设关机场降停接受海关和其他检查，遵守关于入境、放行、移民、护照、海关及检疫规章，等等。《公约》还明文规定：“缔约各国的有关当局有权对其他缔约国的航空器在降停或飞离时进行检查，并查验本公约规定的证件和其他文件，但应避免不合理的延误”(第 16 条)。“每一国家在行使其主权时，对未经允许而飞越其领土的民用航空器，或者有合理的根据认为该航空器被用于与本公约宗旨不相符合的目的，有权要求该航空器在指定的机场降落；该国也可以给该航空器任何其他指令，以终止此类侵犯。”(第 3 条分条第 2 款)总之，民用航空器应受航空器所在地国家的管辖，并受该国法律的约束。民用航空器在外国不享受任何特权和管辖豁免权。

每一航空器都应具有国籍。《国际民用航空公约》规定：“航空器具有其登记的国家的国籍。”(第 17 条)“航空器在一个以上国家登记不得认为有效，但其登记可由一国转移至另一国”(第 18 条)。换言之，航空器不得具有双重国籍。“航空器在任何缔约国登记或转移登记，应按照该登记国的法律和规章办理。”(第 19 条)关于航空器登记的条件及登记程序，由登记国国内法加以规定。

航空器的国籍不具有自然人的国籍的类似法律效果，也不能因航空器具有其登记国的国籍，就认为航空器是其登记国领土的一部分。航空器国籍的意义在于，它是航空器与登记国(国籍国)之间联系的法律纽带。航空器登记国据此对具有其国籍的航空器享有权利和承担义务，并对航空器予以保护和施行管理。

每个航空器都应载有适当的国籍标志和登记标志。国籍标志是据以识别航空器国籍的标志，由一组字组成，从国际电信联盟分配给航空器登记国的无线电呼叫信号中的国籍代号系列中选用，并通知国际民用航空组织。登记标志是航空器登记国在航空器登记后所定的标志。登记标志是字母、数字或是两者的组合，列在国籍标志之后。另外，还有一种“共用标志”，是国际民航组织分配给共用标志登记当局的标志，用以对国际经营机构的航空器进行登记。共用标志须从国际电信联盟分配给国际民用航空组织的无线电呼叫信号的代号系列中选定。

二、国际航空的一般规则

根据《国际民用航空公约》的规定，航空器进行国际空中航行，应当遵守下列规则：(1)展示识别标志。“从事国际航行的每一航空器应载有适当的国籍标志和登记标志。”(第 20 条)(2)应携带必备的文件。“缔约国的每一航空器在从事国际航行时，应当按照本公约规定的条件携带下列文件：a. 航空器登记证；b. 航空器适航证;c. 每一机组成员的适当的执照;d. 航空器航行记录簿;e. 航空器无线电台许可证,如该航空器装有无线电设备;f. 列有乘客姓名及其登机地与目的地的清单,如该航空器载有乘客;g. 货物舱单和详细的申报单,如该航空器载有货物。"(第29条)(3)遵守飞入国的法律和规章。这些法律和规章包括:关于禁区和限制区的规定(第9条),航空器操作或航行的法律和规章(第11条),航空器飞行或运转的规则和规章(第12条),入境及放行规章(第13条)以及防止疾病传播的规定(第14条),等等。(4)在设关机场降停,接受降停国的检查。"除按照本公约的条款或经特许,航空器可以飞经一缔约国领土而不降停外,每一航空器进入一缔约国领土,如该国规章有规定时,应在该国指定的机场降停,以便进行海关和其他检查。当离开一缔约国领土时,此种航空器应从同样指定的设关机场离去。"(第10条)"缔约各国的有关当局有权对其他缔约国的航空器在降停或飞离时进行检查,并查验本公约规定的证件和其他文件,但应避免不合理的延误。"(第16条)(5)遵守飞入国关于货物限制的规定。a."从事国际航行的航空器,非经一国许可,在该国领土上空不得载运军火或作战物资。至于本条所指军火或作战物资的含意,各国应以规章自行确定,但为求得统一起见,应适当考虑国际民用航空组织随时所作的建议。"b."缔约各国为了公共秩序和安全,除(上述)第1款所列物品外,保留管制或禁止在其领土内或领土上空载运其他物品的权利。但在这方面,对从事国际航行的本国航空器和从事同样航行的其他国家的航空器,不得有所区别,也不得对在航空器上为航空器操作或航行所必要的或为机组成员或乘客的安全而必要携带和使用的器械加以限制"(第35条)。(6)不滥用民用航空。"缔约各国同意不将民用航空用于和本公约的宗旨不相符的任何目的。"(第4条)"本公约的宗旨"在于,使国际民用航空按照安全和有秩序的方式发展,并使国际航空运输业务建立在机会均等的基础上,健康地和经济地经营,以利于建立和保持世界各国之间和人民之间的友谊和了解,避免各国之间和人民之间的摩擦并促进其合作,保障世界和平。而滥用民用航空,则足以威胁普遍安全(见《公约》"序言")。

三、公海和专属经济区上空飞行自由

根据1982年《联合国海洋法公约》的规定,"公海对所有国家开放,不论其为沿海国或内陆国",其中包括航空器在公海上空"飞越自由"(第87条)。对航空器在公海上空飞行,有效的规则是国际民用航空组织根据《国际民用航空公约》制定的规则(《国际民用航空公约》第12条)。

《海洋法公约》规定:"在专属经济区内,所有国家,不论为沿海国或内陆国,在本公约有关规定的限制下,享有第87条所指的航行和飞越自由……"(第58条第1款)。因此,航空器在专属经济区上空有飞越的自由。然而,航空器在专属经济区上空,是在《公约》有关规定的限制下享有飞越自由的。同时,专属经济区既不

是公海,也不是领海,具有特定的法律地位,是国家管辖范围内的水域。因此,在专属经济区的航空自由,不是在公海上的那种自由,而是实际上是在区域的特定法律地位上的一种自由。沿海国为了在本国的专属经济区内行使主权权利和专属管辖权,有权制定有关的法律和规章,限制他国航空器在区域上空的飞越自由,以维护该区域的空中交通秩序,保障飞行安全,保护本国的合法权益。同时,沿海国则不应滥用对专属经济区的权利,不恰当地妨碍甚至实际上取消了他国航空器在区域上的飞越自由。

四、航空器的“过境通行权”和“群岛海道通过权”

根据1982年《海洋法公约》的规定,所有航空器在用于国际航行的海峡上空均享有“过境通行权”。所谓“过境通行”(transit passage),是指在上述海峡上空,为“继续不停和迅速过境的目的”,行使飞越自由(第38条第2款)。这种“过境通行”,不应受到阻碍(第37条第1款前项)。但是,行使过境通行权的航空器应履行下列义务:(1)毫不迟延地飞越海峡;(2)不对海峡沿岸国的主权、领土完整或政治独立进行任何武力威胁或使用武力,或以任何其他违反《联合国宪章》所体现的国际法原则的方式进行武力威胁或使用武力;(3)除因不可抗力或遇难而有必要外,不从事其继续不停和迅速过境的通常方式所附带发生的活动以外的任何活动;(4)遵守国际民用航空组织制定的适用于民用航空器的《空中规则》;国家航空器应遵守这种安全措施,并在操作时随时对航行安全予以应有的注意;(5)随时监听国际指定的主管空中交通管制机构所分配的频率或有关的国际呼救无线电频率(第39条)。上述关于继续不停和迅速过境的要求,并不排除为进入、离去或返回沿岸国而通过海峡时,受该沿岸国入境条件的约束。

根据《联合国海洋法公约》的规定,“群岛海道通过权”right of archipelalgic sea lanes passage是指专为在公海或专属经济区的一部分和公海或专属经济区的另一部分之间继续不停、迅速和无障碍地过境目的,行使正常方式的航行和飞越的权利(见第53条第3款)。《海洋法公约》作了下述规定:(1)群岛国可指定适当的海道和其上的空中航路,以便外国船舶和航空器继续不停和迅速通过或飞越其群岛水域和邻接的领海(第53条第1款)。(2)所有船舶和航空器均享有这种海道和空中航路内的群岛海道通过权(第53条第2款)。(3)这种海道和空中航路应以通道进出点之间的一系列连续不断的中心线划定,通过群岛海道的船舶和航空器在通过时不应偏离这种中心线25海里以上,但这种船舶和航空器在航行时与海岸的距离不应小于海道边缘各岛最近各点之间的10%(第53条第5款)。(4)如果群岛国没有指定海道或空中航路,可通过正常用于国际航行的航道,行使群岛海道通过权(第53条第12款)。(5)航空器行使群岛海道通过权应尽的义务,比照行使用于国际航行的海峡过境通行权应尽的义务执行(第54条)。

五、防空识别区

防空识别区(air defence identification zone),是指从一个国家的陆地或水域表面向上延伸的划定空域,在该空域内,为了国家安全,要求对航空器能立即识别、定位和管制。它是各国为了国防安全的需要而设置的。1950年和1951年,美国和加拿大先后建立"防空识别区",向大西洋和太平洋延伸几百海里。凡进入"防空识别区"的航空器,必须报告身份,以便地面国识别、定位和管制。现近20个国家或地区建立了这类区域。

由于"防空识别区"延伸至领空水平范围之外的公海上空,而且是单方面的行为,因而建立这种空域是否合法,在国际法上是有争论的:一方面,这种没有任何根据地将领空主权向外延伸的单方面行为,是对国际法的破坏;另一方面则认为,这如同海洋法中关于毗连区学说一样,建立"防空识别区",是地面国固有的自卫和自保的权利,因而称这种空域为"毗连空域"。

在实践中,对于和平时期建立的永久性防空识别区,并未引起异议。建立防空识别区并不被认为是地面国领空范围的扩大,也不意味着其领空主权向外延伸,而建立这种空域,能有效地将来犯敌机在进入领空之前予以识别,对于加强国防监控,保卫国家领空安全,是有重大意义的。只要不违反国际法关于在领空之外空中航行自由的原则,建立防空识别区应认为是与国际法相容的。

六、对民用航空器使用武器问题

根据领空主权原则,任何外国航空器未经一国准许而进入该国领空,均应视为构成对该国领空的侵犯。被侵犯的国家对入侵的外国航空器可以采取一切必要的合理措施,以保卫国防安全的正当权利。第二次大战后,国际上发生了多起民航客机进入外国领空而被击落事件。因此,1984年4月24日到5月10日,国际民用航空组织大会举行第25届特别会议,通过了决议,决定修改《国际民用航空公约》,增加第3条分条。其主要内容如下:

1. 缔约各国承认,每一国家必须避免对飞行中的民用航空器使用武器,如拦截,必须不危及航空器内人员的生命和航空器的安全。

2. 缔约各国承认,每一国家在行使主权时,对未经允许而飞越其领土的民用航空器,或者有合理的根据认为该航空器被用于与《公约》宗旨不相符的目的,有权要求该航空器在指定的机场降落;该国也可以给该航空器任何其他指令,以终止此类侵犯。为此目的,缔约各国可采取符合国际法的有关规则,包括《公约》的有关规定,特别是本条第1款规定的任何适当手段。每一缔约国同意公布其关于拦截民用航空器的现行规定。

3. 任何民用航空器必须遵守根据本条第2款发出的命令。为此目的,每一缔约国应在本国法律或规章中作出一切必要的规定,以便在该国登记的或者在该国有主营业所或永久居所的经营人所使用的任何航空器必须遵守上述命令。每一缔约国应使任何违反此类现行法律或规章的行为受到严厉惩罚,并根据本国法律将这一案件提交其主管当局。

4. 每一缔约国应采取适当措施,禁止将在该国登记的或者在该国有主营业所或永久居所的经营人所使用的任何民用航空器肆意用于与本公约宗旨不相符的目的。

这个修正案的通过一方面明确了每一国家不得对飞行中的民用航空器使用武器,如果采取拦截这样的强制手段,也必须不危及航空器内人员的生命和航空器的安全;另一方面又重申了每一国家的主权和自卫的权利。这条规定指的是"每一国家",因此不仅适用于缔约国,而且可以说构成对所有国家有拘束力的国际习惯法规则,对民用航空器的飞行安全是重要的法律保障。

第四节 国际航空运输

国际航空运输是指经过一个以上国家的领土之上的空气空间,以航空器运送旅客、行李、货物和邮件的公共航空运输。

国家之间的通航关系是建立在国家主权基础之上并涉及国家一系列的利益的。国际航空运输的法律制度是以尊重主权、平等互利、合理管理、友好合作等原则为基础的,其目的是"使国际民用航空得按照安全和有秩序的方式发展,并使国际航空运输业务得建立在机会均等的基础上,健康地和经济地经营"。(《国际民用航空公约》序言)

一、国际航空运输管理体制

国际航空运输管理体制是1944年芝加哥会议上签订的《国际民用航空公约》所形成的。《公约》的一个特点是把"在缔约国领土上空飞行"分为两类:"非航班飞行"和"航班飞行"。关于定期航班飞行,《国际民用航空公约》仅规定:"除非经一缔约国特准或其他许可并遵照此项特准或许可的条件,任何定期国际航班不得在该国领土上空飞行或进入该国领土。"(第6条)这就将定期国际航空运输纳入有关国家之间的双边协定的轨道。至于不定期飞行,《公约》规定缔约国之间在《公约》规定的条件下有飞越和过境的权利(第5条)。这是当时历史条件下的产物,在实践中并未起到应有的作用。

为了多边解决国际定期航空运输的运营权利,在签订《国际民用航空公约》的同时,另外签订了《国际航班过境协定》(通称《两大自由协定》)和《国际航空运输协定》(通称《五大自由协定》)。但是这两个协定未能得到多数国家的赞同,未达到预期的目的。

由于芝加哥会议未能解决国际航空运输的实际问题,1945 年 4 月 16 至 19 日,各国航空公司的代表在哈瓦那集会,成立了名为"国际航空运输协会"的国际组织。"国际航协"除运输业务活动外,其主要的功能是形成了多边航空运价制定的机制。

芝加哥会议之后,美英两国间的通航问题悬而未决。1946 年 1 月 15 至 2 月 11 日,美国和英国在百慕大举行双边谈判,签订了美英航空运输协定,这就是有名的《百慕大协定》。按照该协定,在确定航线表方面,美国争得了尽可能多的第五种自由运营权利;在运力管理方面,实行"事后审议法",即由航空公司根据市场情况投入航空运力,事后由政府审议调整;美国同意给予国际航协以豁免反托斯法的权利,将航空运价纳入国际航协的多边制定的机制。同时,双方承诺,今后各自与第三国签订双边航空运输协定,均以《百慕大协定》为模式,并以此精神修订以前订立的协定。此后,世界上很多国家也都按《百慕大协定》的模式签订双边航空运输协定。

国际航空运输管理体制采取双边主义,其要点是:(1)以领空主权原则为基础的国际空中航行法律制度,构成了国际航空运输活动的"框架",并由国际民用航空组织负责统一航空技术性规范。(2)经营定期国际航空运输由有关国家签订双边协定,主要是确定航线、交换运营权利和运力管理。而非定期航空运输则经申请由飞入国单方面管理。(3)通过国际航协多边运价制定的机制,统一协调世界各地的航空运价。

二、航空运营权利

运营权利是指一个国家指定的航空公司,根据本国政府与外国政府签订的航空运输协定,在协议航线上经营航空运输业务,在外国取得的飞越、经停该国或在该国上、下旅客、货物、邮件的权利。

关于航空运营权利,1944 年《国际航空运输协定》中作了规定,所规定的在国际上通称为"五种空中自由"(five freedoms of the air)。这五种空中自由是:(1)不降停而飞越其领土的权利;(2)非商业性降停的权利;(3)卸下来自航空器国籍国领土的旅客、货物、邮件的权利;(4)装载前往航空器国籍国领土的旅客、货物、邮件的权利;(5)装卸前往或来自任何第三国领土的旅客、货物、邮件的权利。

这些是五种运营权。但是,鉴于第一种和第二种自由是非商业性权利,第三种至第五种自由是商业性权利,因此,第三种至第五种自由被认为"运营权",而把第一种和第二种自由称为"过境权"。同时,把第五种自由又分成"前一点"、"中间点"和"以远点"三种情形。这样的区分是以有关双边航空运输协定的两国为基准点为准的,对于了解第五种自由的各种形式有一定的意义。第五种自由中的"以远点",就是通常所称的"以远权"。

另外有一种"第六种自由"的概念,但在国际上至今没有统一的定义。一般认为,第六种自由是指双边航空协定的一个缔约国指定的航空公司承运另一缔约国、即权利给予国的领土与第三国的领土之间的航空运输业务,而在该航空公司所属国的领土上降停的情形。这种业务从表面上看是承运人国旗国和权利给予国之间的第三或第四种自由加上承运人国旗国和第三国之间第三或第四种自由,而在实质上,从权利给予国来说,所给予的是来自或前往第三国的运营权利,这和第五种自由的内涵是一致的,不过,载运此种业务的航班必定在承运人国旗国领土上降停。利用第六种自由的概念获取运营权,是当前航空运输中值得注视的问题。

另外还有第七种自由和第八种自由的说法。所谓第七种自由是指航空公司完全脱离其所属国的领土,自由地在外国之间经营业务的权利。所谓第八种自由,即"国内运营权",是指在一国境内的一个地点用航空器载运旅客、货物和邮件前往该国境内另一个地点的权利。一国的国内运营权只给予本国的航空公司,是保护本国航空权益的重要措施。《国际民用航空公约》承认,这种权利为各国所专有,但要求对外国航空公司不得有任何差别待遇。

三、双边航空运输协定

双边航空运输协定,是一种国际条约,指两国之间就组织和经营国际航空运输业务所达成的协议。它是两国通航的主要法律依据;而且它所确定的规则,一经国际社会承认,并广为各国所采用,便成了国际航空运输法的渊源。

双边航空运输协定一般由序言、协定正文和附件组成;必要时,双方通过"换文"、谅解备忘录、声明等形式予以补充,构成双边协定不可分割的部分。双边航空运输协定的内容主要是:

1. 确定航线

航线,是指国际航班的走向,通常由始发点、经停点、目的点和以远点相连接的航迹构成。航线与运营权利紧密相连。在双边协定中,一般在协定的附件"航线表"中列出。

2. 交换运营权利

航空运输运营权利涉及国家的经济利益。各国无不把从本国始发的国际航空运输业务视为国家的资源和财富。没有取得运营权,航空公司无从经营航空运输业务;取得运营权越充分,航空公司的经营条件越有利,越能取得较好的经济效益。在双边协定的谈判中,一般遵循对等原则,同时对本国的运营权采取保护政策。

3. 指定空运企业

两国之间通航,由各自指定的航空公司经营航空运输业务。按照双边协定规定,缔约一方有权依其国内法指定、撤销或更改指定空运企业在规定的航线经营协议航班;缔约另一方则有权审查对方指定的空运企业的资格,按照法律和规章规定的条件,发给、暂停或撤销经营许可证。航空公司只有获得经营许可之后,方可开始运营业务。

4. 航空运力条款

航空运力条款是指双边协定中关于航空运力管理的规定。航空运力是指在一定航线上所提供的运输能力,涉及所使用的飞机小大(业载能力)和飞行的次数(航班次数)。航空运力就飞机而言,是指该飞机在航线或航段上可提供的商业载量;就航线而言,是指飞行这一航线的飞机的运力乘以飞机在一定时间内在该航线或航段上所飞行的班次。航空公司提供运力多寡,对该航空公司经营运输业务十分重要。对运力必须予以合理的管理,遵循协定确定的管理原则和管理办法。

5. 航空运价条款

航空运价条款是指双边协定中关于航空运价管理的规定。运价就是承运人运送旅客、行李、货物、邮件应收取的款额,也即是平常所说的票价和运费。然而,收取一定款额,是和一定运输条件相联系的,因此,运价包括价金和运输条件两个方面。1978 年 3 月 8 日,国际民用航空组织理事会通过的《双边协定标准运价条款》对"运价"下了定义:"运价是指旅客、行李和货物运输的价格(或应付的款额)和适用这些价格(或应付的款额)的条件,包括代理服务的价格(或应付的款额)和条件,但邮件运输的报酬和条件除外。"

运价是一个经济杠杆,是航空公司竞争的一个重要手段,又直接牵涉消费者的利益。航空运价应在合理的水平上制定,适当照顾一切有关因素,包括经济成本、合理利润、航班特点(如速度和舒适水平),以及其他航空公司在规定航线任何航段上所收取的运价。对航空运价必须适当管理,以避免盲目竞争,造成市场混乱。

6. 行政性条款

行政性条款,是指为了便利指定的航空公司经营协议航班,缔约双方关于海关、税务、商务、技术服务等方面的规定。这些涉及国际航空运输的辅助性权利。

7. 争端解决条款

争端解决条款,是指缔约双方在解释或实施协定发生争端,应通过什么途径予以解决的规定。通常是先由双方协商解决;如协商不成,则交付仲裁解决。在我国与外国签订的双边航空协定中,一般称为"协商"条款。如对协定的解释或实施发生争端,双方航空当局应通过协商解决;如协商不成,则通过外交途径解决,或通过其他途径解决。

8. 协定生效、修改和终止条款

协定生效,一般有两种方式:(1)自签字之日起生效;(2)自缔约双方履行各自的法律手续并以外交换文相互通知后生效。采取前种方式的国家,一般把航空运输协定列为技术性、商务性协定,划归为一般的国际条约之列;美国则将航空运输协定列为行政协定,因此不必经过批准程序。采取后种方式的国家要求经过批准程序。批准程序由各自国内法规定。采取经批准后生效的情况下,协定在正式生效前,一般可以自签字之日起临时执行。

关于协定的修改(包括补充规定),缔约一方可以随时要求与缔约另一方进行协商。协商可以口头进行,例如安排会谈;也可以采取书面形式,如交换信件。缔约另一方收到缔约一方的修改协定要求后,应在自收到之日起一定期限(如60天)内进行,除非双方同意延长这一期限。双方修改协定达成协议后,一般需通过换文确认后生效。在换文确认之前,修改协议可以临时施行。

双边航空运输协定一般自签订生效后长期有效。但缔约一方可随时终止协定,协定的终止一般自通知终止之日起12个月生效。双边航空运输协定也可以规定有效期限。但在这一期限后,如双方不表示终止协定,协定则将继续有效。

第五节 国际航空的损害赔偿责任

国际航空中的损害赔偿责任问题必须有统一的国际法律规则予以规定,才有利于国际航空的发展。1925年召开第一次国际航空私法会议以后,通过有关国际条约的签订,建立了一定的责任制度,统一了若干规则。

一、国际航空承运人的责任制度

1929年10月12日在华沙签订的《统一国际航空运输某些规则的公约》,是第一个国际航空私法公约,就国际航空运输的定义、运输凭证和承运人的责任制度等问题作了统一的规定。其后,《华沙公约》经过四次修改,形成了包括《华沙公约》在内的八个文件,总称为《华沙体制》。1955年《海牙议定书》修改了《华沙公约》,简化了运输凭证的内容,删去了航行过失免责条款,并将客运责任限额提高了一倍,但对《公约》未作实质的变动。1961年《瓜达拉哈拉公约》,是《统一非订约承运人所办国际航空运输某些规则以补充华沙公约的公约》,明确了“订约承运人”和“实际承运人”的概念及其相互关系,把这两种承运人同时纳入《华沙公约》的轨道。1971年《危地马拉议定书》和1975年《蒙特利尔第4号议定书》分别就客运和货运修改了《经海牙议定书修正的华沙公约》,把“主观责任制”改变成“客观责任制”,较大幅度提高了旅客及其行李运输的责任限额,进一步简化了运输凭证的内容,并就使用电子计算机出具货物运输凭证作了规定。1975 年《蒙特利尔第 4 号议定书》和《蒙特利尔第 1、第 2、第 3 号附加议定书》引入“特别提款权”作为赔偿金的计算单位。

1955 年《海牙议定书》修订《华沙公约》,并未对责任制度作实质性的变动,因而称为华沙/海牙制度,是一种以承运人的过失为基础并规定限额的责任制度。判断承运人有否责任是以承运人是否谨慎从事为标准的一种过失责任制,又称为主观责任制。由于这个制度采取过失推定方法,举证责任落在承运人身上。

《华沙公约》规定:“对于旅客因死亡、受伤或任何其他身体损害而产生的损失,如果造成这种损失的事故是发生在航空器上或在上、下航空器的过程中,承运人应承担责任。”(第 17 条)“对于交运的行李或货物因毁灭、遗失或损坏而产生的损失,如果造成这种损失的事件是发生在航空运输期间,承运人应承担责任”(第 18 条第 1 款)。“承运人对旅客、行李或货物在航空运输期间,因延误而产生的损失应承担责任”(第 19 条)。如果承运人要免除责任,就要举证“证明他及其受雇人为了避免损失的发生,已经采取了一切必要措施,或不可能采取这种措施”(第 20 条);或“证明损失的发生是由于受害人的过失所造成或者促成,法院可以按照它的法律规定,免除或减轻承运人的责任”(第 21 条)。承运人的责任是有限制的。

1971 年《危地马拉议定书》和 1975 年《蒙特利尔第 4 号议定书》分别就旅客和行李运输以及货物运输,修改了《经海牙议定书修正的华沙公约》,将主观责任制改成了客观责任制,称为危地马拉/ 蒙特利尔制度。

所谓客观责任制,是一种无过失责任,即在旅客死亡或遭受任何身体损害,或在行李、货物因毁灭、遗失或损坏而产生的损失,只要造成上述损失的事件发生在运输过程中,承运人就要承担责任,而不问是否有过失。但是,这种客观责任制并不是绝对的。当死亡或身体损害纯系旅客健康状况所致;行李损失纯系行李属性或本身的缺陷所造成;货物的损失是由于货物的属性或本身的缺陷,或者承运人或其受雇人以外的人包装不善;或者战争行为或武装冲突,或者公共当局采取的与货物入境、出境和过境有关的行为所造成;则承运人不负责任(《危地马拉议定书》第 4 条和《蒙特利尔第 4 号议定书》第 4 条)。同时,如果承运人证明,损失的发生是由于索赔人或有关人员的过失所造成或促成的,可以按情形全部或部分地免除承运人的责任(《危地马拉议定书》第 7 条、《蒙特利尔第 4 号议定书》第 6 条)。在这种制度中,对因延误造成的损失,仍然采取承运人的过失责任制。

《危地马拉议定书》还规定,各缔约国可自行决定建立和执行一种补偿制度,以补充在旅客死亡或身体损害的情况下索赔人按《公约》规定得到的赔偿金额。但这种制度“除在需要时向旅客征收税款外,不得向承运人附加任何财务上或行政上的负担”(第 14 条)。

二、航空器对第三者损害的赔偿责任

航空器对第三者损害的赔偿责任,主要是航空器碰撞和航空器对地(水)面上第三者造成损害的责任。关于航空器碰撞的规则,虽自 1931 年便开始编纂工作,并于 1964 年形成了最后的公约草案,但至今仍在研究之中。关于航空器对地(水)面第三者造成损害的责任问题,现行的规定是 1952 年在罗马签订的《关于外国航空器对地(水)面第三者造成的损害公约》。

1952 年《罗马公约》的目的在于力争在最大可能范围内,将世界各国适用于外国航空器对地(水)面第三者造成损害的责任规则统一起来,确保受害人获得适当的赔偿,同时合理地限制因此种损害而引起的责任范围。《公约》适用于在一缔约国领土内,由在另一缔约国登记的航空器在飞行中对地面或者水面上第三者造成的损害(第 23 条第 1 款)。为了公约的目的,在公海上的船舶或者航空器应被视为该船舶或航空器登记国的领土的一部分(第 23 条第 2 款)。《公约》不适用于:(1)对飞行中的航空器以及航空器上的人或财产造成的损害,即不适用于空中碰撞(第 24 条);(2)受害人与航空器经营人之间已签订有合同或他们的关系由劳动合同法律来调整的情况(第 25 条);(3)军事、海关或警察用的航空器造成的损害(第 26 条)。

1952 年《罗马公约》是建立在航空风险的基础上的,采取无过失责任原则,即客观责任制。《公约》规定:"凡在地(水)面上遭受损害的人,只要证明该项损害是飞行中的航空器或从飞行中的航空器坠落下的人或物所造成的,即有权获得本公约规定的赔偿。但是,如所受的损害并非造成损害的事件的直接后果,或受的损害只是航空器遵照现行的空中交通规则在空中通过的结果。则受害人无权要求赔偿"(第 1 条第 1 款)。

航空器对地面或水面上第三者造成的损害,由该航空器经营人承担责任(第 2 条),但在下列情况下可以免除或减轻责任:(1)如果损害是武装冲突或民事骚乱的直接后果,或者被公共权力机关的行为剥夺了使用航空器的权利,则按《公约》规定应负责的人将对该项损害不承担赔偿责任(第 5 条);(2)如果能证明损害全部或部分地是由于受害人或其受雇人的过失造成的,则可以免除或减轻赔偿责任。但是,损害虽是由于受害人的受雇人的过失所造成,而受害人证明其受雇人的行为超出了他所授权的范围,则不能免除或减轻赔偿责任(第 6 条)。此外,如果是两架或两架以上的航空器在飞行中相撞或者相扰而发生应予以赔偿的损害,或者两架或两架以上的航空器共同造成这种损害,则每一架航空器都被认为造成了这种损害,每一航空器的经营人都应在《公约》规定的条件及责任范围内承担责任(第 7 条)。

由于参加 1952 年《罗马公约》的国家为数不多(现仅有 38 国),《公约》的目的未能实现。问题的焦点在于对责任限额水平存在着严重的分歧。为了挽救 1952 年《罗马公约》,在国际民用航空组织的主持下,1978 年在蒙特利尔召开航空法会议修订《罗马公约》,制定了1978年《蒙特利尔议定书》,主要是提高了责任限额。但现在,该《议定书》的批准国家甚少,一时难以生效。

第六节　国际民用航空安全的法律保护

一、国际民用航空安全保护公约

制止利用航空器犯罪以切实保障民用航空安全,是早就引起人们注意的问题。关于制订这方面的国际条约,国际民用航空组织早在1950年就开始了工作。随着空中劫机和破坏事件的频频发生,国际上强烈要求用法律手段切实加强民用航空的安全。迄今为止,已制订了五个国际公约和议定书。(1)1963年《东京公约》,全称为《关于在航空器内犯罪和某些其他行为的公约》;(2)1970年《海牙公约》,全称为《制止非法劫持航空器的公约》又称为《反劫机公约》;(3)1971年《蒙特利尔公约》,全称为《制止危害民用航空安全的非法行为的公约》又称为《反破坏公约》;(4)1988年《蒙特利尔议定书》,全称为《制止在用于国际民用航空的机场发生的非法暴力行为》以补充1971年9月23日订于蒙特利尔的《制止危害民用航空安全的非法行为的公约的议定书》;(5)1991年《蒙特利尔公约》,全称为《注标塑性炸药以便探测的公约》。

前三个公约在形式上相互独立,但在内容上相互补充。1988年《蒙特利尔议定书》是1971年《蒙特利尔公约》的补充,在《议定书》各缔约国之间,《公约》和《议定书》应被视为一个单一的文件。1991年《蒙特利尔公约》是一个单独的文件,是鉴于存在使用软叶状或富于弹性的塑性炸药摧毁航空器或其他运输工具以制造恐怖活动,而塑性炸药难于探测,因此签订该《公约》,要求各国制造塑性炸药时加添"可探测物质",使之成为"注标塑性炸药",具有可探测性。《公约》规定,各缔约国应采取必要和有效的措施,在其领土上禁止和阻止生产、进口或出口非注标塑性炸药,对于储存和交换非注标塑性炸药应采取必要措施予以严格和有效地管理。

二、航空犯罪和惩罚

1963年《东京公约》未就犯罪下定义,它规定:"本公约适用于:(1)违反刑法的犯罪;(2)可能或确已危害航空器或其所载人员或财产的安全,或者危害航空器内的正常秩序和纪律的行为,不论此种行为是否构成犯罪"(第1条第1款)。因此,何谓犯罪主要依据有关国家刑法的规定。

1970年《海牙公约》(第1条)和1971年《蒙特利尔公约》(第1条)及其补充议定书(第2条),对什么是犯罪作了以下明确的规定:凡实施下列行为或其未遂行为以及实施此类行为或其未遂行为人的共犯,即构成犯罪:(1)在飞行中的航空器内用暴力或用暴力威胁,或用任何其他胁迫方式,非法劫持或控制该航空器;(2)对飞行中的航空器内的人实施暴力行为,如该行为足以危及该航空器的安全;(3)破坏使用中的航空器,或者对该航空器造成损坏使其不能飞行或足以危及其飞行安全;(4)无论采用何种方法,在使用中的航空器内放置或使他人放置一种装置或物质,该装置或物质具有破坏该航空器,或者对其造成损坏使其不能飞行或足以危及飞行安全的特性;(5)破坏或损坏航行设施或扰乱其工作,若任何此种行为足以危及飞行中航空器的安全;(6)传送明知是虚假的情报,由此危及飞行中的航空器的安全;(7)使用一种装置、物质或武器,在用于国际民用航空的机场内对人实施暴力行为,造成或足以造成重伤或死亡的;(8)使用一种装置、物质或武器,破坏或严重损坏用于国际民用航空的机场的设备或停在机场上未在使用中的航空器,或者中断机场服务以致危及或足以危及该机场的安全。

在以上八种犯罪中:所谓航空器"在飞行中",是指航空器从装载完毕、机舱外部各门均已关闭时起,直到打开任一机舱门以便卸载时为止,被认为是在飞行中;航空器被迫降落时,在主管当局接管对该航空器及其所载人员和财产的责任前,应被认为仍在飞行中。所谓航空器"在使用中",是指从地面人员或机组人员为一确定的飞行而对航空器进行飞行前的准备时起,直到降落后 24 小时止,该航空器被认为是在使用中;在任何情况下,使用的期间应包括航空器在飞行中的整个时间。《公约》对犯罪作了明确的规定,至于罪名则仍需依据追诉犯罪的国家的国内法确定。

同时,"缔约各国承允以严厉刑罚惩治犯罪"(1970 年《海牙公约》第 2 条、1971 年《蒙特利尔公约》第 3 条)。至于"严厉刑罚",《公约》未明确规定,因而仅能依据追诉犯罪的国家的国内法予以确定。在国内法关于犯罪的法定刑中量刑幅度最高的刑罚,应是《公约》所指的"严厉刑罚"。

三、空中刑事管辖权

关于刑事管辖权,国际法上有四项原则,即属地管辖原则、属人管辖原则、保护性管辖原则、普遍管辖原则。这四项管辖原则,在航空刑法中都有具体运用。但是,飞行中的航空器内发生犯罪如何行使刑事管辖权有复杂的问题,直至 1963 年签订《东京公约》才得以解决。

1963 年《东京公约》规定:"航空器登记国有权对在该航空器内的犯罪和行为行使管辖权"(第 3 条第 1 款)。这项规定确立了空中刑事管辖权的航空器登记国管辖原则,适用于飞行中的航空器和处在公海海面上或在不属于任何国家领土的其他地区地(水)面上的航空器内的犯罪和行为。这项规定的意义在于:以国际条约确认了航空器登记国的法律的域外适用,同时,以国际条约弥补了处在公海或不属于任何国家领土的地区的航空器内犯罪可能出现的管辖权问题致使犯罪分子逃脱惩罚,从而完善了惩治犯罪的管辖制度。但《东京公约》并“不排除根据本国行使刑事管辖权”(第3条第3款),也就形成了并行管辖制度。不过,《公约》对航空器飞经国根据其本国法行使刑事管辖权作了限制规定,即除五种例外情况外,“非登记国的缔约国不得为对航空器内的犯罪行使刑事管辖权而干预飞行中的航空器”(第4条)。所谓“干预飞行中的航空器”,是指要求、勒令或拦截飞行中的航空器使其降落,以便行使刑事管辖权。五种例外情况是:(1)犯罪在该国领土上具有后果;(2)犯罪人或受害人为该国国民或在该国有永久居所;(3)犯罪危及该国的安全;(4)犯罪违反了该国有关航空器飞行或运转的现行规则或规章;(5)为确保该国遵守其在多边国际协定中所承担的任何义务,有必要行使管辖权。

1970年《海牙公约》(第4条)和1971年《蒙特利尔公约》(第5条)在上述基础上就管辖权问题进一步作了具体规定,并引入了普遍管辖原则,明确了下列国家在《公约》规定的条件下有管辖权:(1)航空器登记国;(2)航空器承租人主营业所所在地国或其永久居所地国;(3)航空器降落地国;(4)犯罪发生地国;(5)被指称的犯罪分子所在地国;(6)其他国家根据本国法行使刑事管辖权。

四、起诉或引渡

1970年《海牙公约》和1971年《蒙特利尔公约》的第7条的规定采用了“引渡或惩罚”(aut dedere aut punire)的原则。该第7条的条文是:“在其境内发现被指称的犯罪分子的缔约国,如不将此人引渡,则不论犯罪是否在其境内发生,应毫无例外地将此案件提交其主管当局以便起诉。该当局应按照本国法律,以对待任何严重性质的普通罪案件的同样方式作出决定。”依此,该第7条并不是“引渡或起诉”的硬性规定。《公约》关于引渡的规定,是任意性的规定,没有确立引渡的义务;是否引渡,完全由被请求国自行决定。对此,1963年《东京公约》作了明确的规定(第16条第2款);1970年《海牙公约》和1971年《蒙特利尔公约》虽在各国自由裁量的前提下对引渡作了进一步规定,但其意义仅在于为各缔约国之间引渡犯罪分子提供了方便条件(见第8条)。

五、航空器机长的权力

机长是在飞行时间内负责航空器的飞行和安全的驾驶员。鉴于机长的责任重大,必须赋予机长相应的权力。在国际飞行中,机长的权力必须得到国际承认,在法律上有所保障。为此,1963年《东京公约》单列一章,就机长的权力作出了若干规定。按照这些规定,在航空器内如果发生违反刑法的犯罪,或者发生危害航空器或其所载人员或财产的安全,或者危害航空器内正常秩序和纪律的行为,机长有下列权力:(1)机长有正当理由认为某人在航空器内已经或即将实施上述犯罪或行为时,可以对此人采取必要的合理措施,包括看管措施。(2)机长可以要求或授权其他机组成员进行协助,并可以请求或授权(但不得强求)旅客给予协助,来看管他有权看管的任何人。(3)机长如果有正当理由认为某人在航空器内已经或即将实施危害航空器或其所载人员或财产的安全或者危害航空器内的正常秩序和纪律的行为时,只要是为保护航空器或者所载人员或财产的安全,为维持航空器内的正常秩序和纪律所必需的,可以使该人在航空器降落的任何国家领土内下机。(4)机长如果有正当的理由认为,某人在航空器内实施的行为,在他看来,按照航空器登记国刑法已构成严重犯罪时,可以将该人移交给航空器降落地的任何缔约国的主管当局。机长行使权力应遵循《公约》的规定。对于依据机长的权力采取的行动,无论是航空器机长、任何其他机组人员、任何旅客、航空器所有人或经营人、还是为其利益进行此次飞行的人,在因受到上述行动的人遭到损害而提起的诉讼中,都不能被宣布负有责任。

六、国家的权力和责任

《公约》对国家的权力和责任作了如下规定:

1. 确立管辖权

缔约各国对《公约》规定的管辖制度,应采取必要的措施,以确立其管辖权。

2. 准许机长使人下机和接受机长移交的人

《东京公约》规定:"任何缔约国应准许在另一缔约国登记的航空器机长,按照第8条第1款的规定,使任何人下机"(第12条)。"任何缔约国应接受航空器机长按照第9条第1款的规定移交给它的任何人"(第13条第1款)。对此,各国应及时判明情况,按问题的性质分别处理;必要时,应采取拘留或其他措施。

3. 引渡或起诉

引渡或起诉以严厉刑罚惩治犯罪。

4. 司法协助

《公约》规定,缔约各国对公约所指犯罪和其他行为提起的刑事诉讼,应相互给予最大程度的司法协助。此项规定在任何情况下,都应适用被请求国的法律;不影响因任何其他双边或多边条约在刑事问题上全部地或部分地规定或将规定的相互司法协助而承担的义务(《海牙公约》第10条、《蒙特利尔公约》第11条)。

5. 通报国际民用航空组织

缔约国应按照其本国法尽快地向国际民用航空组织就下列各项报告它所掌握的有关情况:(1)犯罪情况;(2)犯罪使飞行延误或中断后的恢复情况;(3)对犯罪分子或被指称的犯罪分子所采取的措施,特别是任何引渡程序或其他司法程序的结果。

6. 预防犯罪和对旅客、机组提供协助

缔约国应根据国际法和本国法，努力采取一切可行的措施，以防止发生公约所指的犯罪。当发生劫机或其他犯罪使飞机延误或中断时，航空器、旅客或机组人员所在的缔约国，应采取一切适当的措施，以恢复或维持合法机长对航空器的控制；应对旅客和机组人员尽快继续其旅行提供方便，并将航空器和所载货物不迟延地交还合法的占有人。

七、关于《公约》的适用范围

《公约》不适用于供军事、海关或警察用的航空器。

《公约》适用的时空范围规定如下：

1. 1963 年《东京公约》"适用于在任何缔约国登记的航空器内的人实施的犯罪或行为，无论该航空器是在飞行中或在公海海面上，或在不属于任何国家领土的其他地区地（水）面上"，但关于航空器机长的权力的规定，"不适用于在登记国领空、公海上空或不属于任何国家领土的其他地区上空飞行的航空器内的人已经或即将实施的犯罪和行为，除非前一起飞地点或预定的下一降落地点不在登记国领土上，或该航空器随后在非登记国领空内飞行而该人仍在航空器内。"这就是说，《公约》的适用在整体上而言不论是国内航班还是国际航班，只要航空器在飞行中、在公海海面上或在不属于任何国家领土的其他地区地（水）面上，《公约》均适用；至于航空器机长的权力，只在国际航班飞行或事实上已成了国际飞行的情况下，《公约》的规定才适用。

2. 1970 年《海牙公约》仅在实际上涉及两个以上国家的情况下才适用。因此，《公约》规定"仅适用于在其内发生犯罪的航空器的起飞地点或实际降落地点是在该航空器登记国领土以外，不论该航空器是从事国际飞行或国内飞行"；在建立航空运输联营组织或国际经营机构的情况下，在其内发生犯罪的航空器的起飞地点和实际降落地点是在同一个国家的领土内，而这一国家又是参加联营组织或国际经营机构的国家之一，则《公约》不适用；如果犯罪分子或被指称的犯罪分子在航空器登记国以外的一国领土内被发现，则无论该航空器的起飞地点或实际降落地点在何处，则《公约》第 6 条（关于拘留和初步调查的规定）、第 7 条（关于起诉或引渡的规定）、第 8 条（关于引渡条件的规定）和第 10 条（关于司法协助的规定）均应适用。

3. 1971 年《蒙特利尔公约》关于适用范围的规定与 1970 年《海牙公约》相同。关于破坏航行设施和在机场施行暴力行为的犯罪，只有当航行设施和机场用于国际民用航空时，《公约》才予以适用。

主要参考书目

1. 徐振翼，《航空法知识》，1985 年。

2. 迪德里克斯—费斯霍尔,《航空法简介》,中文版,赵维田译,1987 年。
3. Bin. cheng, The Law of International Air Transport, 1962.
4. Shawcross and Beaumont Air Law, 4th edition, 1977.
5. A. F. Lowenfeld, Aviation Law, 1980.
6. N. M. Matte Traité de Droit aérien-aero-nautique troisiéme edition, 1980.
7. Michel de Juglart, Traité de droit aérien tome 2, 2me édition, 1992.

第十一章　外层空间法

现代国际法的一个主要特征是同科学技术的发展密切结合。就外层空间而言,尤其如此。1957 年 10 月 4 日,苏联成功发射第一颗人造卫星,4 个月后,美国也成功发射人造卫星,宣告了人类空间时代的到来。此后近 40 年里,空间科技迅猛发展,创造了人类从事外层空间探索的一个又一个新纪录:1961 年 4 月 12 日,苏联宇航员加加林驾驶飞船成功地首次闯入太空;1969 年 7 月 20 日,美国的阿姆斯特朗等两名宇航员首次登上月球;1988 年 12 月 21 日,苏联两名宇航员创造了在太空整整飞行一年的纪录;1990 年 12 月 2 日,美国宇航员和苏联宇航员同时升空,创造了载人空间飞行方面同时在空间人数达 12 人的历史纪录。此外,天空试验室、空间站、深空探测器、哈勃望远镜等科研成果也取得喜人的进展。空间技术取得的巨大进步使人类改变了很多观念,并重新衡量着与宇宙的关系。在法律关系方面,首先被提上日程的是外层空间的法律地位问题,国家以任何理由对天体的全部或部分主张排他性权利,都会产生许多严重问题。同时,在外层空间活动过程中产生的一系列法律问题,无论是主权、自然资源使用,还是和平利用与国际合作等,在遵循国际法的普遍原则加以解决的同时,由于航天高科技往往涉及一些特殊问题,如宇航员作为人类使节应该具有什么地位、利用卫星传送电视节目是否可不受任何限制、因发射外空物体造成损害谁应承担责任及如何承担等。这些问题,还必须有一套根据航天高科技的特点而制定的独特的法律原则、规则和制度。因此,国际法的一个新分支——外层空间法便应运而生了。

第一节　外层空间法律地位

一、外层空间的概念

外层空间作为自然科学上的概念　一般指地球大气层以外的整个空间。物理学家按照地球上空空气性质的变化,将大气分为五层:对流层(海平面至 10 公里)、平流层(同温层,10—40 公里)、中间层(外平流层,40—80 公里)、热成层(电离层,80—370 公里)、外大气层(370 公里以上)。但由于在 16000 公里的高度空气继续存在,甚至在10万公里的高度仍有空气粒子,因此,从严格的科学意义来说,地球大气层和外层空间没有明确界限,只是随着高度的增加空气越来越稀薄,逐渐融合到外层空间中。

外层空间作为法律上的概念　一般指国家主权范围以外的整个空间,广义上包括所有天体在内,狭义上指星际空间,不包括各种天体。美国总统艾森豪威尔在1957年1月20日国情咨文中首次从法律角度使用外层空间的概念,联合国大会首次使用这个概念是在1957年11月14日关于裁军的决议中。此后,外层空间一词便被广泛使用。

二、外层空间定界之争

外层空间与空气空间的界限问题关系到国家主权的上部界限、外层空间的法律地位以及从事的活动适用何种法律制度等一系列问题,因而,这个问题成为自人类进入空间时代以来在法律方面长期争论却始终未能解决的问题之一。

早期争论的焦点是:外层空间是否为自由之地不得据为己有,国家主权是否及于外层空间。本世纪初年,航空的发展就曾引起关于空间的法律性质以及各国空间权利的范围的许多讨论。公海和无主地的上空是自由的、公海上面的空间不能被占有等习惯法规则已经确立,但关于已被占领的陆地及领水上空的法律地位,则有各种学说。居主导地位的学说认为无限高的空间完全属于在它下面的国家的主权。但也有类比领海的主张,即有低层的领空和其上无限高的自由空间。但也有认为整个空间都是完全自由的主张。当时,虽然外层空间的概念在法律上还是引入,但可以看出,关于空间自由的想法已经存在了。随着人类进入航天时代,美苏由于最早受益于航天技术而率先改变了主张,认为地球以外的空间分为空气空间和外层空间两个区域,各受不同法律制度的约束。国家的空中主权不适用于外层空间,国家主权不可及于无限上空,换句话说,外层空间不受一国家主权管辖,国家不得据为己有。

随后的争论焦点则是:既然国家空中主权不是无限的,那么,从法律观点看,国家空中主权止于何处,外层空间始于何处,即如何为外层空间与空气空间定界。所谓从法律观点看,即不是按自然科学上的概念真正划分空气空间与外层空间的界限,而是确定整个空间何处为国家主权管辖范围,何处为自由探测的界限。

关于外层空间划界的理论很多,大体上可分为两类,即空间论和功能论。

(一)空间论

它是以空间的某种高度作为基础划分国家主权与外层空间活动自由各自的有效范围,或称为划分外层空间与国家领空的界限的主张。具体标准之中较为代表性的有:

1. 以航空器能够上升的最高高度或大气同温层的高度为限。该主张主要依据是1944年《芝加哥公约》第七号附件解释“航空器”为依靠空气支持的任何飞行工具，而根据航空技术水平，目前飞机上升的最高限度离地面约30—40公里。

2. 以国家行使有效控制的能力为限。该主张主要依据是国家安全的需要，认为国家根据其安全需要可将主权扩至空气空间或大气层以外，但以国家在其主权管辖范围内有效控制的能力为限。

3. 以人造卫星轨道的近地点为准。一般认为这一高度为100—110公里，据此，迄今发射的所有卫星都在外层空间。

4. 以地心吸力终止处为准。该主张认为在地心吸力终止处，人造卫星已进入太阳引力的范围，不再会降落地面造成损害，因此应以此作为国家主权管辖的上部界限。

5. 以离心力开始取代空气成为飞行动力的地方为限。该界限离地面83公里，被称为“卡曼管辖线”。

6. 仿照海洋法，将整个空间分为领空、毗连空间（又称中层空间）和外层空间三部分。

7. 宇宙锥体说。国家主权可扩延到以其在地球上的领土为底的、包括在一个锥体内的全部外层空间。这些学说都遭到反对，被认为不合理或有困难的。

（二）功能论

它是从社会科学角度出发，以空间物体的功能及其作用的范围来定界限的理论。这种理论认为地面上空是一个整体，没有划分外层空间与空气空间的必要，仅应以航天器和航空器的不同功能来确定其适用不同的法律制度。按照这种理论，外层空间活动是指空间物体从发射到返回地面或在外层空间消失的全部过程，其间，无论空间物体位于何处都应适用外层空间法规范。与空间论不同在于，它不是以地面上空某一高度来划分国家主权管辖范围，而是根据飞行器本身的功能来划分，只要飞行器登记为航天器，其活动即为航天活动，不受相应地面国家主权的管辖，而适用外层空间法规范解决有关问题。迄今为止，有关外层空间的国际条约似乎都是按这种办法制订的。它们避开复杂的外层空间定界问题，而主要根据特定空间活动的性质和形式，对外层空间的法律地位及法律制度作了规定。在各种理论及主张中，以人造卫星轨道近地点为限的主张最为活跃，并为越来越多的人重视。空间研究委员会1976年向联合国外空委员会提出一份报告，称目前人造卫星轨道距地面的最低高度为130公里，椭圆形轨道的最低点为100公里，建议以地面上空100公里的高度为外层空间的最低界限。国际法协会也在1978年的一份决议中称，海拔100公里以上的空间已日益被各国从事外层空间活动的专家们接受为外层空间。

该主张的主要依据是，自发射第一颗人造卫星开始，及以后的历次发射，均未事先征求其他国家的同意，发射后也未遭到任何国家的抗议，说明这些卫星并未侵犯别国主权,在摆脱空气的重大阻力后即在地面国家主权管辖的空气空间以外,而卫星近地点的高度恰是卫星摆脱空气阻力的界限,因而,卫星在近地点以上的航行自由已形成为一种国际习惯。但也有学者认为有关各国对发射卫星未明确表示同意或抗议,并不意味着确立了一项新的习惯法准则,他们认为,空间活动最初是在国际上只有一小部分国家掌握了昂贵的空间技术的条件下发展起来的。在多数国家都不具备自己的技术手段,从而无力对空间活动施加影响的阶段,这些国家不可能采取积极有效的行动。国际法律关系的平等性原则不允许由于国际社会内存在着技术和经济水平差别而否定主权平等原则,也不允许不顾大多数国家的意志而形成具有普遍拘束力的法律条款。被动行为对习惯法形成过程的影响是有限的。各国的被动的默示行为可以包括各样的情形和态度,不排除可能会出现这样一种情况,即某个国家对某个特定的先例行为一无所知,其默示行为并非对该先例的反应,不能将其自动定性为同意;在有些情况下,默示行为可表示对先例行为持中立、不关心甚至保留态度。

由于空气空间与外层空间的界限就是一国主权的最高界限,因此定界问题显得很重要。如果把国家领土上空的主权界限定得太低,将不能满足国家主权和安全等方面的需要;如果太高,又会妨碍各国探索与利用外层空间,必须寻求一种适当的标准。因此,外层空间与空气空间并不如其表面看仅是地球物理学上的名词或单纯的自然科学问题,它在很大程度上是一个与各国主权和安全利益密切相关的政治和法律问题。

早在联合国外空委员会第一届会议上,外层空间定界问题便被提了出来,外空法律小组委员会在其第一届会议即将该问题列入应予讨论的问题单;联大于 1966 年 12 月通过 2222(XXI)号决议,委托联合国外空委员会着手研究关于外层空间的定义问题,此后该问题正式被列入外空法律小组委员会议程。应法律小组委员会要求,科技小组委员会于 1967 年研究后指出,目前不可能"订出科学和技术标准,为外层空间提供精确和长期有效的定义"。此后,该议题一直留在外空法律小组委员会的日程上,始终没有取得突破性进展。

三、外层空间法律地位

关于外层空间的定界问题虽无定论,但却不能因此得出结论说,外层空间的法律地位未定,事实上,在从人类进入空间时代后很短时间里,即已对外层空间法律地位从理论到实践得出了结论,且为各国普遍承认。外层空间为全人类开发范围,对所有国家开放,但不得据为己有,即使赤道国家对地球静止轨道提出主权要求时,也未否认外层空间不得占有这一原则,其争论点不在于国家主权范围能否及于外层空间,而在于各卫星轨道是否在外层空间。因此外层空间不属于任何国家主权和管辖,甚至也不属于国际社会或全人类所有,各国可以自由进入、探测、利用和开发,但应遵守国际法和《联合国宪章》。

在外层空间定界问题讨论过程中,另一个问题不可回避地被提出:空间物体往返外层空间与地球之间,势必要穿越空气空间,这一空气空间有时仅涉及本国领空或公海上空,但在更多情况下,必需穿越其他国家的领空,那么,空间物体是否具有领空过境权,即空间物体在进入外层空间或返回地球之前是否有在其他国家领空无害通过的权利。

关于这个问题,无论外层空间法或各国空间法律迄今都没有任何规则可循。在实践中,一方面,进行空间活动的各国发射空间物体时并不预先向可能穿越其空气空间的各国征求同意,而仅在发射时发出公告;另一方面,各国在他国空间物体飞越其领土时并未就这类飞行提出抗议或认为将来的飞行应征得其同意。30多年来的实践表明,关于领空过境的习惯似乎已经形成。这意味着为了合法探索和利用外层空间,除了宣告外层空间自由外,作为必然的附带条件,还必须承认无害通过空气空间的自由[1]。

现在,过境权在原则上是可以确立的,但是过境并非绝对自由,而是有条件的,即必须是必要的和不损害过境国安全的过境。在这方面,国家领空的过境与国家领海的过境有类似之处。

第二节 外层空间法律制度

一、形成与发展

国际外层空间法是国际法的一个部门,用以调整国际法主体之间在探索和利用包括天体在内的外层空间活动中的关系。外层空间法是航天高科技的产物,由于空间飞行是沿轨道进行的活动,无法局限在属于发射国主权的空间内进行,因此,这种活动从一开始就是国际性的,外层空间法也首先是国际性的,其次才包括空间活动参与国的国内法中的有关法律准则。因此,广义地说,外层空间法是管理在探索和利用外层空间及天体(空间活动)的过程中出现的法律问题的法律规范的总和。

在外层空间法形成与发展过程中,尤其在空间时代初期,美苏领先的空间技术确立了其在最初立法过程中的重要作用,1959年,美国律师协会决议宣称"为了全人类的共同利益,不得将各天体据为己有"。1960年9月,美国在联合国大会中提出:各国不得对天体提出主权要求,据为己有;不在天体上从事军事活动;不在轨道

---

[1] 拉克斯,《外层空间法》,中译本,1987年,第67页。

及外空站上放置大规模毁灭性武器。1966年,美苏两国分别向联大提出了研究制订《外空条约》的建议:美国在其声明中提出了几项原则:自由探索月球和天体,不得提出主权要求,科学考察自由,相互合作,防止污染环境;苏联也提出与美相同的四项原则。美苏的态度为《外空条约》的通过铺平了道路。

随着美苏发射卫星的成功,外层空间立法问题引起联合国的重视。苏联第一颗卫星发射成功后,联合国大会即于当年1957年11月14日通过决议指出,"为保障外层空间物体的发射完全用于科学及和平目的,应共同研究一套监督制度。"1958年12月13日大会通过决议,确认"外层空间是人类共同利益所在",强调"外层空间只能用于和平目的",并确定将要设立的外空委员会主要职责之一即为研究和平利用外层空间可能产生的法律问题。1959年外空特委会报告中指出:"必须对天体实行某种形式的国际管理。"

1961年12月20日,联合国大会通过了著名的第1721号决议提出以下原则:(1)国际法,包括《联合国宪章》适用于外层空间和天体;(2)外层空间和天体供一切国家按照国际法自由探测和利用,不得据为己有;(3)发射空间物体的国家须通知外空委员会以便登记。这是联合国大会在和平利用外层空间方面采取的第一个行动。其中前两项原则尤为重要,基本确立了外层空间的法律地位及外层空间法的最基本的原则。

1963年12月13日,联合国大会以第1962(XVIII)号决议通过了《各国探索和利用外层空间活动的法律原则宣言》(以下简称《宣言》)。《宣言》提出九条原则:(1)对外层空间利用应为全人类谋利益;(2)外空和天体由一切国家在平等基础上自由探索和利用;(3)各国不得将外层空间和天体据为己有;(4)各国探索和利用外层空间的活动应遵守国际法以维护国际和平和安全;(5)各国对其政府部门或非政府实体在外层空间的活动承担国际责任;(6)各国在外层空间进行活动应妥善考虑其他国家的相应利益;(7)向外层空间发射物体的登记国对该物体以及所载人员保持管辖和控制;(8)各国对其发射的物体在地球上、大气层或外层空间所造成的损害负赔偿责任;(9)各国应给宇航员以一切可能的援救,并将其送还登记国。

《宣言》从其文件形式上看,仅有建议性质,并不确立任何法律上的权利和义务,但其所宣布的原则,几乎概括了外层空间活动涉及的所有重要方面,对外层空间实践及立法活动均起着重大的指导作用,奠定了外层空间法原则的基础。《宣言》得到普遍的赞同,所附的各国声明都明确宣布各国政府将尊重《宣言》所规定的原则,认为该宣言与具有法律拘束力的文件有同样的重要性。因此,《宣言》是"已被作为法律来接受的一项文件"〔2〕。1958年联合国大会决定设立外空特设委员会;1959年改为常设机构,全称为联合国和平利用外层空间委员会(以下简称联

〔2〕 拉克斯,《外层空间法》,中译本,1987年,第145页。

合国外空委员会),但由于程序的问题,直到1962年才开始实质性工作。设立外空委员会的目的是制定外空国际合作项目,促进外空国际合作计划,研究外空探测和利用的有关科技问题和可能产生的法律问题。外空委员会从设立至今,其成员有过几次扩大,1994年,联合国大会将委员会成员国增至61国。外空委员会设有两个常设全体小组委员会:科学和技术小组委员会,法律小组委员会。外空委员会在外层空间领域的作用与影响很大,它协调全球性的空间活动,特别值得一提的是,它于1968年和1982年在维也纳分别召开了第一次及第二次外空大会,目前正在酝酿召开第三次外空大会。但外空委员会更显著的作用是在立法方面,作为唯一的外层空间法立法机构,外空委员会以法律小组委员会为主,对涉及外层空间活动的许多法律问题进行了探讨,草拟并交由联合国大会通过了一系列法律文件,对人类的外层空间活动及因此而发生的彼此关系起到了良好的协调作用。

对空间法的制订及发展较有影响的另一个机构是非政府间的国际空间法学会(隶属于国际宇航联合会)。国际空间法学会是一个非政府的学术机构,但由于它聚集了世界上最优秀的法学家、专家,对外空法的形成与发展起了重要的作用。

从60年代到70年代的十几年里,联合国外空委员会在各国的合作下完成了五个条约及三套原则的拟订工作,它们是:《关于各国探索和利用包括月球和其他天体在内外层空间活动的原则条约》(以下简称《外空条约》);《援救宇航员、送回宇航员和归还发射到外层空间的物体的协定》(以下简称《援救协定》);《空间物体造成损害的国际责任公约》(以下简称《责任公约》);《关于登记射入外层空间物体的公约》(以下简称《登记公约》);《指导各国在月球和其他天体上活动的协定》(以下简称《月球协定》);《各国利用人造地球卫星进行国际直接电视广播所应遵守的原则》;《关于从外层空间遥感地球的原则》;和《关于在外层空间使用核动力源的原则》。这些国际法律文件标志着外层空间法律制度的初步形成,虽还不太完善,有待进一步发展和补充,但其中已确立的基本原则及法律制度指导着人类外层空间活动的实践。

二、《外空条约》与外层空间法的基本原则

《外空条约》由联合国大会1966年12月19日第2222(XXI)号决议通过,1967年1月27日开放供签署,1967年10月10日生效。截至1994年3月,共有93个国家批准了该条约。该条约在《外空原则宣言》的基础上作了一些补充,因而是《外空原则宣言》的发展和补充。《外空条约》提供了国际外空法的基本框架,也是第一次以国际条约的形式将从事外空活动的各项基本法律原则确定下来,从而成为各国从事外空活动应遵守的原则和规则,被称为"外空宪章"。它规定了外层空间不得据为己有、自由探索和利用及应为全人类谋福利等重要原则,从法律上确立了外层空间的地位,同时又规定各国在从事外层空间活动中应彼此平等、不得歧视及

须遵守国际法等限定条件,构成了各国在外层空间活动自由的界限。《外空条约》也有不足之处:它确立了普遍性原则,但又为各国的不同解释留有很大余地;规定月球和其它天体专用于和平目的,但未包括外层空间和环绕地球轨道;禁止在环绕地球的轨道上放置核武器,但未禁止导弹及侦察卫星;等等。

外层空间法的基本原则是:

1. 共同利益原则

这是指探索和利用外层空间,包括月球和其他天体,应为所有国家谋福利和利益,而不论国家的经济或科学发展如何,并应为全人类的利益而开发。该原则表明,技术先进的国家不得仅仅为了自身的利益而利用外层空间。由于多数国家在许多年内不具备利用空间的技术能力,因此空间大国必须对国际社会具有采取某些负责的行为的义务。《外空条约》确立的这一原则突破了传统国际法的界限,引进了有利于发展中国家的内容。它要求各国从事外空活动积极地为一切国家谋利益并造福于全人类,而不是消极地不损害其他国家的利益。

2. 自由探索和利用原则

这是指所有国家应在平等基础上,不受任何歧视,自由探索和利用外层空间,包括月球和其他天体,并自由进入天体的一切区域。该原则表明任何对外层空间的探索和利用活动都是自由的,包括科学考察。探索和利用对每个国家来说,既是权利又是义务。每个国家既有在外层空间进行探索和利用的权利,又有对其他国家的自由探索和利用活动不设置任何障碍的义务。

3. 不得据为己有原则

这是指各国不得通过主权要求、使用或占领方法以及其他任何措施,把外层空间,包括月球和其他天体,据为己有,即在永久的基础上,对所占的部分行使排他性的使用或控制。该原则是绝对的,既不允许国家或政府占有,也不允许私人或私人企业占有;不得据为己有的对象既包括外层空间的空域,也包括外层空间资源。该原则与共同利益及自由探索原则密切联系,共同奠定了国际外层空间法的基础。

4. 限制军事化原则

这是指各国不得在绕地球轨道上放置任何携带核武器或任何其他类型的大规模毁灭性武器的物体,不得在天体配置这种武器;月球和其他天体须用于和平目的,禁止建立军事基地、设施和工事,禁止试验任何类型的武器及进行军事演习。上述规定不妨碍使用军事人员进行科学研究或用于和平目的,以及使用为和平探索所必需的设备的权利。由于在外层空间仅禁止放置核武器和大规模毁灭性武器,并未禁止其他外空武器及军用卫星的安放与使用,因此,该原则所确立的是月球和其他天体的完全非军事化及外层空间的部分非军事化。

5. 援救宇航员原则

这是指在宇航员发生意外、遇难或紧急降落时,各国应提供一切可能的援助,并尽速交还给登记国；在外层空间及天体活动时，宇航员应彼此提供一切可能的援助。在人类探索外空的初期，由于这项活动的巨大危险性及对人类开发宇宙的重要性，那些代表人类从事外层空间活动的宇航员受到特殊的尊重和荣誉，被称为“人类的使节”。但随着空间事业的发展，参与空间飞行的人日益增多，空间站的建立和航天飞机的飞行使宇航员的范围扩大，“人类的使节”在多大程度上还保留其最初的用义，是值得探讨的。

6. 国家责任和赔偿责任原则

这是指各国应对其在外层空间的活动承担国际责任，不论这种活动是由政府部门或非政府部门进行的。发射国应对其空间物体在外层空间对其他国家或个人造成的损害担负赔偿责任。

7. 对空间物体的管辖权和所有权原则

这是指空间物体登记国对其留置于外层空间或天体的物体及所载人员保持管辖及控制权。空间物体的所有权在任何情况下均不受影响。

8. 空间物体登记原则

这是指在外层空间进行活动的国家应以最大的可能和可行程度，将其活动的性质、进行状况、地点及结果通知联合国秘书长、公众及科学界。该原则具有强制性的特点。

9. 保护环境原则

这是指各国从事研究探索外层空间及天体时，应避免使外层空间及天体遭受有害污染，避免因地球以外的物质使地球环境发生不利变化，并应为此采取措施；如发现问题或有必要，可进行国际磋商。由于外层空间活动是从地面经过空气空间进入外层空间，因而保护环境涉及对整个空间，包括地面、空气空间、外层空间的保护问题。《外空条约》注意到这个问题，并建立了磋商制度，但没有具体规定。

10. 国际合作与互助原则

国际合作作为一项原则，在外层空间活动中具有重要的意义。由于外层空间活动本身具有跨越国界的全球性质，各国在从事外层空间活动中，不可能完全独立，而需要通过国际合作来促进自身和相互间的利益。因而，国际合作这一重要原则贯穿于《外空条约》确立的各项原则中。该原则要求最大限度地提供便利以促进利用与探索活动中的广泛联系和发展。互助意味着探索与利用外层空间时，应妥善照顾到所有其他国家的有关利益，不能对其活动造成潜在的有害干扰。

为了国际合作，国际上设立了一些有关研究和协调外层空间和天体的国际机构，全球性与地区性的，政府间与非政府间的，其中有国际通信卫星组织、国际海事卫星组织、国际空间通信组织等，以及国际宇航联合会和空间研究委员会等非政府组织；区域性组织更多，如欧洲空间局、国际宇宙方案、阿拉伯卫星通信组织、欧洲通信卫星组织、拉丁美洲遥感专家协会等；另一方面原有的机构也把其活动扩大到新领域,联合国体系的专门机构如国际电信联盟、世界气象组织、粮农组织、联合国环境计划署以及世界卫生组织、原子能机构、教科文组织、国际民航组织等政府间国际组织,以及国际法学会、国际法协会等非政府组织。

11. 遵守一般国际法原则

这是指国家要保证本国从事外层空间活动遵守国际法包括《联合国宪章》。该原则作为一项对外层空间自由原则的限制性规定,对保障外层空间探索与利用的秩序非常重要。由于各种具有实际用途的空间物体并不完全是用来探索宇宙本身,更多的是各国为了其本国的目的在地球上进行经济的或其他的活动。因此,不能排除损害其他国家的主权权利和合法利益的情况。为了避免使外层空间自由原则被用来作为从事这种违反公认的尊重国家主权原则的活动的借口,遵守国际法和《联合国宪章》就具有重要意义。

三、其他法律制度

(一)援救制度

由《援救协定》(以下简称《协定》)根据《外空条约》第5条和第8条确立的制度。《协定》由联合国大会于1967年12月19日第2345(XXII)号决议通过,1968年4月22日开放供签署,1968年12月3日生效。截至1994年3月,缔约国达83个国家。

援救制度的主要内容是:

1. 各国应尽量采取措施援救和帮助遇难的宇航员,包括:(1)通知发射当局;(2)寻找并援救宇航员;(3)立即交还发射当局。

2. 各国于获悉空间物体或其组成部分降落在其领土内或任何其他地方,应(1)通知发射当局;(2)如经请求,应协助发射当局寻找着陆在其领土上的空间物体并给予保护;(3)将其归还发射当局;(4)如发现其性质为危险和有害时,可立即采取有效措施消除可能造成危害的危险。

3. 履行保护和归还的费用由发射当局支付。

4. "发射当局"一词包括国际组织,但该组织必须宣布接受《协定》所规定的权利和义务,且该组织的多数会员国为《协定》及《外空条约》的缔约国。援救制度中仅涉及对宇航员及空间物体在地面的发现、通知、援救及送回等方面,未提及空间援救问题,而随着空间探索利用的广泛开展,空间遇难及救援问题已成为可能,因此对协定有必要进行修改。

(二)责任制度

由《责任公约》根据《外空条约》第6条和第7条确立的制度。《协定》由联合国大会于1971年11月29日第2777(XXI)号决议通过。1972年3月29日开放供签署,1972年9月1日生效。截至1994年3月,缔约国达75个国家。

责任制度的主要内容是:

1. 发射国对其空间物体对地球表面或飞行中的航空器造成的损害承担绝对责任，因为：(1)外层空间活动具有高度危险性，从而要求从事外层空间活动者特别注意防止造成生命财产的损害；(2)受害者一般缺乏外层空间活动的专业知识，无法证明加害者的过错，要求其负举证责任是不公平的；(3)一般公民或财产没有防范空间物体造成损害的保险，不能得到保险补偿，而空间物体发射者可以通过保险减少风险。

2. 发射国对在空间的物体或人员或财产造成的损害承担过失责任，因为加害者与受害者均为空间物体，其活动风险性相同，所处地位平等，任何一方无权要求得到特别保护，因而一方受损害时，须证明加害方确有过失，才能获得赔偿。

3. 发射国对其违法行为承担绝对责任，并对其合法活动造成的损害承担责任，除非能证明损害是要求赔偿方的重大疏忽或故意。

4. 两个或两个以上的发射国共同承担责任。

5. 上述关于发射国的规定适用于国际组织。

6. 关于损害的理赔程序，应在造成损失后一年内通过外交途径或联合国秘书长提出赔偿要求，如一年内外交谈判失败，则设立赔偿委员会裁决。

7. 赔偿额应依照国际法及公平合理的原则来确定。

8. 赔偿目的在于使要求赔偿各方得以恢复到未发生损害前的原有状态。

9. 对本国国民及自愿应邀参与发射的外国国民不予赔偿。

10. 各国为其政府部门或非政府团体在外层空间从事的活动承担国际责任，而且各国有义务采取适当步骤以保证其自然人或法人在外层空间按照国际法进行活动，包括对那些活动的批准和不断的监督。

(三)登记制度

由《登记公约》根据《外空条约》第 11 条确立的制度。《协定》由联合国大会于 1974 年 11 月 12 日第 3235(XXIX)号决议通过，1975 年 1 月 14 日开放供签署，1976 年 9 月 15 日生效。截至 1994 年 3 月，缔约国达 38 个国家。

登记制度旨在支持适用外空条约、援救制度、责任制度中有关责任、送回和赔偿责任等，规定了在强制的基础上设置一个由联合国秘书长保持的空间物体总登记册，发射国应将发射的空间物体的有关资料提供给秘书长进行登记，这些资料包括：发射的日期和地点、轨道参数、空间物体的适当标志或登记号码及一般功能；应协助各国辨认已造成损害或可能具有危险性或毒性的空间物体；公约适用于国际组织，但该组织必须宣布接受本公约所规定的权利和义务。且该组织的多数会员国为本公约及《外空条约》的缔约国。

登记制度的主要意义在于，根据登记确立对空间物体的管辖与控制。根据这一制度，各国均定期向联合国秘书长提供发射资料，这类资料在联合国外空委员会内定期散发。中国也两次进行了登记。

(四)月球开发制度

由《月球协定》根据《外空条约》中适用于月球和其他天体的许多条款确立的制度。该协定由联合国大会于1979年12月5日第34/68号决议中通过,1979年12月18日开放供签署,1984年7月11日生效。截至1994年3月,缔约国为9个国家。

月球开发制度的主要内容是:

1. 月球及其自然资源均为人类的共同财产,任何国家不得通过对月球的利用、占领或任何其他方法提出主权要求或据为己有;

2. 一俟月球自然资源的开发即将可行时,应建立指导此种开发的国际制度;

3. 月球应供各国专为和平目的之用,禁止在月球上使用武力,或以武力相威胁,或从事任何其他敌对威胁行为,禁止在月球上建立军事基地、设施、设置核武器、试验任何类型的武器及进行军事演习;

4. 月球及天体环境不应遭到破坏;

5. 月球的探索和利用应为全人类谋福利;

6. 应将探测、利用月球的活动尽可能通知秘书长、科学界及各国;

7. 各国对其在月球上的人员、运载器、站所保有管辖权和控制权;

8. 各国对其在月球上的活动负有国际责任。上述规定适用于其他天体。对该协定有争议的是第11条关于"月球及其自然资源是人类共同继承财产"及对月球资源建立国际开发制度的规定。美苏两国及其他西方发达国家均持反对态度,致使该协定生效已经10年,而参加国寥寥无几。

《月球协定》第18条规定,生效10年后,联合国应将其列入临时议程审查,以便参照过去的实施情况,审议是否需要修正。1994年是条约规定的10年期限,然而,对修订该协定特别是11条规定的问题,各国政府对该协定均持较为冷淡的态度;无论在联合国外空委员会或是在联合国大会,均未提出任何修订意见。

(五)卫星直接电视广播法律制度

由《各国利用人造地球卫星进行国际直接电视广播所应遵守的原则》确立的制度。

该原则由联合国大会于1982年以多数票通过了第37/92号决议通过,107票赞成,13票反对。

该原则的主要内容是:利用卫星进行国际直接电视广播不得侵犯各国主权,并且不得侵犯人人有寻求、接受和传递信息和思想的权利;计划建立国际直接电视广播卫星服务的国家应将此意图通知收视国,并且只应根据与任何提出协商要求的国家达成的协议来建立这种服务;各国均可取得卫星广播技术;卫星广播活动应遵照国际法,其中包括《国际电信公约》及《无线电规则》进行;卫星广播应以国际合作为基础,并应特别考虑到发展中国家利用这种技术促进其本国发展的需要。

1965年,美国发射"国际通信卫星一号"被认为是利用卫星进行电视广播的开始。在联合国文件中,电视广播卫星分为点对点通信卫星、节目分送卫星和直接电视广播卫星三类。点对点通信卫星是通过地面站,以间接方式传送电视广播;节目分送卫星及直接电视广播卫星均以直接方式传送电视广播,不过后者功率更大,无须任何地面接收站就可把节目送入普通家庭。在联合国拟订的这套原则中,后两类均被包括在内。

对于卫星直接电视广播,有尊重国家主权与传播消息自由的两个不同观点,其中关于"事先同意"又是争论的焦点。发展中国家坚持国际直接电视广播必须以尊重国家主权为原则,认为一国利用人造地球卫星对另一国从事直接电视广播涉及另一国的重大权益;由于卫星直接电视广播对观众具有巨大影响,每个国家根据主权原则有权拒绝政治上不可接受和文化上不相容的电视广播;自由传播消息只能在尊重国家主权原则的基础上进行。因此,向另一国进行直接电视广播须取得该国的事先同意。西方国家则认为必须坚持自由传播消息和交流思想的原则,否则就违反了联合国在世界人权文件中所确认的人人有权跨越国界寻求接受传递消息的权利,"事先同意"限制了这项原则。争论的结果,《宣言》既规定"利用卫星进行国际直接电视广播不得侵犯各国主权",又规定"不得侵犯人人有寻求、接受和传递信息和思想的权利"。关于"事先同意"问题,《宣言》规定,计划设立直接电视广播业务者应将意图通知收视国,且只应根据与任何提出协商要求的国家达成的协议进行直播。但是,西方国家对此妥协方案仍不接受,以致协商一致宣告失败而交付联合国大会表决。

(六)卫星遥感地球法律制度

由《关于从外层空间遥感地球的原则》确立的制度。由联合国大会于 1986 年第 41/65 号决议中通过。

该原则除对"遥感"等重要用语作出规定外,包括:遥感活动应为所有国家谋福利与利益,尤应考虑发展中国家的需要;遥感活动应包括国际合作和技术援助;遥感活动应促进保护环境和保护人类免受自然灾害的侵袭;当一国取得了另一国的数据时,被感测国得在不受歧视的基础上依照合理的费用条件取得这些数据。为了使遥感活动所带来的惠益在最大的范围内得到享用,这些原则鼓励各国在设立和操作数据收集、存储、处理及解释等设施方面进行区域合作。

1960 年 4 月,美国发射了第一颗观测地球大气的卫星;1972 年 7 月,美国"陆地卫星一号"发射成功标志着卫星遥感地球进入新阶段。此后,越来越多的国家认识到利用遥感卫星获取的数据和资料,对资源探测及普查、环境监测、气象预报等各方面有巨大意义。联合国外空委员会也在这时开始了拟订一套法律原则的工作。讨论的问题主要是两点:(1)从事卫星遥感是否须取得被感国的事先同意;(2)获取的数据和资料的散发是否须被感国的明白认可。对于前者,发展中国家主张被感国的事先同意为先决条件,而多数西方国家则认为事先同意违反自由探测与利用外层空间的原则。最后的妥协是:既强调应在平等基础上自由探索与利用外层空间,又说明进行这些活动应尊重所有国家和人民对其财富和自然资源享有完全和永久的主权,并应适当顾及其他国家依照国际法享有的权利和利益,且不得损及被感测国的合法权益。对于后者,发展中国家主张严格控制数据和资料的散发,向第三方散发须有被感国的明白认可,而被感国自己可以充分和无限制地获取有关其自然资源的数据和资料。西方国家则主张自由散发,认为各国在平等基础上自由取得遥感数据是国际法所允许的。最后是删除了对散发数据和资料的限制,实际上使自由散发成为合法,但在获得数据和资料方面,对发展中国家给予了适当照顾;《宣言》规定,被感国可在不受歧视的基础上依照合理费用条件取得数据和资料,并应特别考虑到发展中国家的需要和利益。

(七)外空使用核动力源法律制度

由《关于在外层空间使用核动力源的原则》确立的制度。由联合国大会于1992年第47/68号决议通过。该原则认识到使用核动力源对于执行某些外层空间任务是重要的,但这种使用涉及使公众意外地接触到某些有害辐射或放射物质的危险,因此规定:核动力源在外层空间的使用应限于用非核动力源无法合理执行的航天任务,载有核动力源的系统的设计应包括冗余设备、故障纠正系统、牵制和隔离及部件相互独立等功能,以防止或尽量减少公众接触辐射;核反应堆的设计应能使其在到达运行轨道前不得进入临界状态,使用之后应存放在足够高的轨道上,并有较长的运行寿命,以确保该系统再入大气层之前放射性物质可衰变到安全的水平;放射性同位素发电机的设计应使其能承受再入大气层和地表撞击,同时不将放射性物质散入环境;发射核动力源的国家应公开该系统对安全的评价;万一在该系统发生故障导致重返地球时,发射国应通知其他国家并帮助消除任何有害影响;对所造成的任何损害发射国应承担责任。这些原则不适用于核推进系统或其他新的核技术。

核动力卫星包括同位素和核反应堆两种,1961年美国首次成功发射同位素发电机卫星,1964年苏联研制出核反应堆卫星。它们都具有发电量大、工作寿命长、性能可靠、体积小及适应环境能力强等优点,但有高度危险性,一旦发生事故,任何国家都可能受影响,因此,一般主张对在外层空间使用核动力源应从严规定,以确保地球环境和人类安全不受损害,同时应防止核动力源被用于空间武器化和军事化的目的。

在制订该原则过程中,争论主要是关于安全标准的第三项原则,经过十几年艰难的谈判,1990年才达成一致。然而1991年,美国突然要求修改,要求以灵活措辞放宽对安全标准的限制并重新规定剂量限制。这一要求遭到了反对,1992年,美国被迫作出让步,同意作为妥协,在《宣言》中将"《原则》通过后不迟于十年进行审查与修订"提前为两年,以便审议由于应用新的核动力及辐射防护标准改变可能要求进行的修订。1994 年，当《原则》规定的审查与修订两年期限已到时，美国称根据国际形势的变化重新审查了其空间政策，认为它在外层空间使用核动力源的现行政策和做法完全符合《原则》的全部目标和意图，因而暂不提出修订意见。

目前，对于《原则》，各国已提出一些有可能需要改进的问题，如术语的明确定义、扩大《原则》的适用范围以便包括核能在外层空间的其他用途、概率危险评估的适用性、进行核动力空间活动的国家采用的安全措施等。

第三节　外层空间法的几个问题

一、地球静止卫星轨道

地球静止卫星轨道是一条离地面 35871 公里与赤道平行的空间地带。卫星沿该轨道绕地球一周需 24 小时，恰与地球自身旋转一周的时间相同，而且两者旋转方向相同，从地面看，卫星始终固定在轨道的一定位置上，似乎处于静止状态，因此被称为地球静止卫星轨道，在该轨道上的卫星为地球静止卫星。地球静止卫星发出的电磁波可覆盖地球表面 1/3，只要在该轨道上等距离放置三颗卫星，就可以实现环球通讯和广播。地球静止卫星的这一特点对空间通讯、直接电视广播、卫星导航、气象观测及太阳能发电等都具有极其重要的意义。但地球静止卫星轨道对卫星的容量是有限的，如以卫星上的电磁波发射器达到国际电联所允许的最大功能为准，则在这周长为 26 万公里的轨道上，同一时间内只能容纳 180 颗人造卫星，才不会彼此干扰。从这个角度来说，该轨道被视为一种“有限自然资源”。1982 年联合国第二次外空大会曾指出，虽然各国在划定空气空间与外层空间的明确界限方面缺乏协议，但大多数国家同意按照《外空条约》的原则，将地球静止轨道作为外层空间的一部分。对此，可以理解为，国际习惯法承认地球静止轨道为外层空间一部分，应适用外层空间法律制度，但因其为有限资源，有必要建立有关该轨道使用的法律制度。

地球静止卫星及轨道的特性引起各国特别是赤道国家的极大重视。1975 年 10 月，哥伦比亚首先在第三十届联大提出了该轨道的法律地位问题，声称哥伦比亚上空的地球静止卫星轨道（占全轨道总长的 1.25%）是哥伦比亚领土一部分，不属于外层空间，对其不适用《外空条约》。1976 年 11 月，巴西、厄瓜多尔、印尼、肯尼亚、哥伦比亚、刚果、乌干达和扎伊尔八个赤道国家在哥伦比亚首都波哥大举行会议，并于 12 月 3 日发表了著名的“波哥大宣言”，对地球静止卫星轨道正式提出了主权要求。其主张概括起来有以下几点：（1）地球静止卫星轨道是一种同地球实际有密切联系的物理效应，其存在完全取决于地心吸力，因而不能作为外层空间一部分;(2)现行国际法特别是《外空条约》均未明确外层空间的定界,因而静止轨道可以不属于外层空间;(3)静止轨道的相应地带构成赤道国家的领土组成部分,有关各国应对其行使主权;(4)静止轨道为有限的自然资源,随着空间技术的发展和日益增多的通讯联系需要,其重要性和价值已迅速提高,赤道国家有权根据联合国通过的《各国经济权利和义务宪章》对本国资源享有永久性主权;(5)目前静止轨道上的卫星为少数空间大国所有,实际上形成对该轨道的分配和占有;这种不公平状态必须改变,使赤道国家和发展中国家享有更大的利益;在该轨道设置卫星,必须事先经相应国家明白无误地认可并受其国内法管辖;(6)位于公海上空的静止轨道为全人类共同财产。

赤道国家的主权要求遭到许多国家的反对。反对的理由主要有以下几点:(1)静止卫星轨道和其他卫星轨道是由整个地球所有国家的土地和海洋而不是一个或几个国家的土地地心吸力造成的,任何国家都不能对静止轨道和其他轨道提出排他性的主权要求;(2)尽管目前尚未就外层空间定界问题达成协议,但如果允许对卫星的最低轨道或更高轨道行使主权,则等于废弃了外层空间自由和不得占有的两项原则,而这两项原则已成为普遍接受的国际法原则,任何国家均应受其约束;(3)静止轨道虽为有限的自然资源,但肯定是在外层空间内,不受各国主权管辖;(4)在轨道上放置卫星不构成对轨道的占有,因为《国际电信公约》明文规定,静止轨道上位置的分配不赋予任何持久的优先权或占有,其使用应服从《外空条约》所规定的法律制度。

1984 年,赤道国家对其立场作了第一次调整,不再坚持主权要求,而提出"优先权"和"批准"的权利。所谓优先权,是指赤道国家对其上空的那一段静止轨道享有优先权;而批准权利是指使用静止轨道需事先取得赤道国家批准。然而这一调整并未打开僵局。1991 年,赤道国家对其立场作了第二次调整,承认地球静止卫星轨道为外层空间一部分,并主张"在实践中,通过制定具体明确的优先次序达到公平目的。这种优先次序指:(1)发达国家和发展中国家提出使用同一轨道位置的同等要求时,或者已在使用的国家和尚未使用的国家有同行要求时,发展中国家或尚未使用的国家享有优先权。(2)在两个或多个发展中国家,或者在两个或多个发达国家提出同等要求,应适用'先到先占'原则。(3)尽管有前项规定,如果在最近的将来没有足够能力发射卫星的国家提出要使用静止轨道的某一位置的要求,而同时有能力立即发射卫星的另一国也提出要使用该位置的要求,则根据《国际电联公约》所宣布的效率性原则,后一国的经过证实的要求应享有优先权。"该文件的目的在于进一步发展公平有效的法律原则,并为此确立发展中国家及目前尚未得以利用该轨道的各国的某些优先权,以保证对静止轨道在实际上的公平占用。上述主张不再强调赤道国家对其上空的地球静止轨道享有优先权或主权,降低了权利要求;扩大了享有利益的国家范围,不仅包括赤道国家也包括其他发展中国家；与国际电联关于静止轨道分配的原则相接近，因而这一调整被认为是积极的，受到了各国不同程度的赞赏。

目前，关于地球静止轨道的分配使用问题仍未达成一致意见，但赤道国家立场的调整显示出对这一问题的灵活性，使发达国家也改变了其冷漠这一问题的立场，而对赤道国家的新主张充分发表评论，从而使留在联合国外空法律小组委员会议题上的这一问题的讨论有了较为可行的基础和较为乐观的前景。

二、共同利益问题

为了使共同利益原则具体化，1988 年联合国外空法律小组委员会增加了一项新议题，“审议关于实施外层空间的探索和利用应为所有国家谋福利和利益，特别考虑到发展中国家的需要这一原则的法律问题”。发展中国家希望通过该议题的审议，使共同利益原则更为充实和完善，更好地适应一切国家特别是发展中国家的需要，以使发展中国家更多参与外层空间活动，分享外层空间利用的成果。为此，一些发展中国家在该议题下提出工作文件“关于为和平目的探索及利用外空的国际合作的原则”。该工作文件涉及外层空间知识与技术的交流传播与转让、空间技术附带利益的分配、维护外层空间环境等方面的内容，主张空间国家在促进共同利益问题上负有特殊责任；在有关空间计划中发展中国家应享有优待，不需要提供互惠回报；要求合理、公平利用外层空间；以廉价获取技术资料，促进技术转让和重新分配空间科技的附带利益以及使外层空间活动为全人类特别是发展中国家的利益服务等。

发达国家则反对制定有关的合作原则，认为现阶段制定合作原则将限制一国自主确定其合作伙伴和方式的权利，它们认为：“合理”“公平”是国际电联为使用地球静止轨道而制定的原则，而将其适用于整个外层空间，将违反《外空条约》关于自由探索和利用的原则；在高技术和复杂的空间领域，不能强制性地采取类似于“最惠国待遇”的制度；由于目前发达国家本身出现的各种经济和社会问题已严重影响政府在国际合作方面的行动，因此技术转让应有适当的报酬；技术转让应考虑知识产权的国际协定，防止某些技术的扩散；发展中国家首先需完善本身的机构体制才能从合作中获得利益；仅仅区分“发达国家”和“发展中国家”并不能很好地解决问题，因为有些发达国家反而不如有些发展中国家具有空间能力。它们主张避免使发达国家具有一种必须向发展中国家转让空间技术与利益的义务，而应使各国有权决定合作的所有方面，避免使合作成为一种当然的义务。

外空法律小组委员会 1994 年届会仍在继续讨论这个问题，发达国家参与了讨论。

三、空间环境的保护——空间碎片问题

空间活动对环境造成和可能造成的污染和危害是多方面的，包括化学污染、生

物污染、放射性污染以及空间碎片碰撞产生的危害,等等。其中,空间碎片碰撞带来的危害被认为是对空间活动的最大威胁。根据联合国外空科技小组委员会1994年提供的报告,目前在外层空间约有3000吨碎片。停留在地球轨道的空间物体可以分为两类:一类是在运作中或者是在控制下的卫星;另一类是空间碎片。关于空间碎片,目前尚无准确定义。空间碎片可以认为包括已失效的卫星和同飞行任务有关的物体,如用完的各级火箭、解体的火箭和卫星的碎片、发动机排气中的颗粒、涂料碎片等,也可以解释为在宇宙空间运行的废弃的人造天体,包括工作寿命终止或因故障不再工作的航天器,用完的运载火箭末级,航天器抛弃的爆炸和航天器与陨星在空间碰撞后产生的碎片以及航天员扔出飞船舱外的垃圾等。

与定义相关的问题是碎片的来源。按照科学研究,碎片产生的原因主要是:(1)完成使命后留在轨道上的物体,包括失效的卫星和火箭末级;(2)爆炸,又分为意外爆炸和蓄意爆炸两类情况,意外爆炸多为火箭末级,一般在发射后一天到三年不等,蓄意爆炸多为军用卫星;(3)碰撞,指空间物体彼此碰撞而产生新的碎片;(4)飞行器表面剥落物;(5)人类航天活动过程中的废弃物;等等。目前环绕着地球的已知和可追踪的空间物体中,5%是运行中的航天器,20%是非运行中的卫星,25%是同飞行任务有关的完整物体,50%是卫星和推进器等解体后产生的碎片,其中因爆炸产生的碎片占比例最大。

空间碎片的危害是巨大的。它们停留在地球静止轨道上,由于地球静止轨道是一种不可更新的资源,很难通过自然界的力量将物体移走,从而导致地球静止轨道的拥挤;带有核材料的空间物体碰撞在空间和在地面造成污染;通过碰撞对运行中的卫星造成损害或损失;通过两次碰撞造成碎片扩散;干扰地面和空间的天文观察;干扰空间的实验;微粒会对太阳电池、光学表面造成侵蚀,等等。它们以每年10%的速度增加。空间碎片也带来其他一些问题,如关于责任者的辨认;如果一块漆片碰撞了航天器,导致该航天器的各种损害,就无法辨认责任者,因而无法判断应由谁来承担责任。空间碎片停留在轨道上对正在进行的空间活动构成威胁,对空间环境造成严重污染;意外重入在气层又对地面的人和环境造成严重危险。空间碎片所引起日益严重的环境污染问题和巨大的潜在威胁使人们相信,任何关于保护地球及其环境的讨论,如果不将空间碎片问题考虑在内,都是不全面的。

空间碎片很早就引起科学家与法学家的注意与重视。特别是国际天文学联盟、空间研究委员会、国际宇航联合会一直跟踪这一问题的发展,并做了大量的科学观测与研究。1989年,一些国家首次就空间碎片正式向外空法律小组委员会提出工作文件。同年的第44届联合国大会第44/46号决议中首次要求各国对空间碎片的碰撞问题予以注意并研究。1993年联合国大会第48/39号决议决定将“空间碎片”作为新议题列入联合国外空科技小组委员会的工作议程。小组委员会确定今后在此方面的工作重点是:在轨空间物体包括载有核动力源的在轨空间物体可能与碎片碰撞的问题的研究,碎片监测技术的开发,碎片资料的汇集和散发,了解碎片来源、碎片密度较高的近地轨道的范围、碰撞的可能性、后果及减少碎片生成的必要性,等等。各国提出的诸如定义、管辖权及控制权、国家责任等有关问题,均在进一步探讨中。

四、空间商业化中的责任问题

空间商业化,是指为利用外层空间而提供卫星发射、通信、遥感或其他空间服务以及开发空间产品和资源而获得一定报酬的商业活动,也就是开发空间的营利性交易。从事空间商业活动者可以是国家、国际组织,也可以是公营、公私合营或私营企业。空间商业化是空间技术不断发展的必然结果,并已成为各国空间机构努力发展的方向。目前,美国、法国、中国、俄罗斯、日本、欧空局等均投入空间商业活动中。据估计,在探测、开发与利用外层空间方面的空间商业活动的价值到2000年将达2000亿—3000亿美元;而近几年资源卫星遥感数据的销售额一直保持在20%—30%的年增长率。

空间活动由于耗资巨大,初期完全由国家垄断,但空间活动带来的巨大利益使西方国家的私营企业对空间的开发和利用表现出日益增长的兴趣;而《外空条约》的有关规定被普遍承认为私营企业参与空间活动提供了国际法依据。私营企业参加空间商业活动主要在两个方面:一是为国家的空间计划或项目提供产品或服务;二是直接制定空间项目,利用私人资本和空间技术开展空间活动。私营企业较多参与的是卫星通信及卫星遥感两个领域的活动,以及一次性运载工具的发射业务(国际商业性发射服务)。私营企业的参与使空间商业化竞争更为激烈。

空间商业化的一项主要内容是国际商业性发射服务活动。国际商业性发射服务活动是指一国政府或经其授权许可的非政府社团以其运载工具为另一国政府或经其授权许可的非政府社团或国际组织代为发射空间物体的国际商业性外层空间和平探索与利用活动。各国在从事国际商业性发射服务活动的过程中常涉及各方面的法律问题,如产品责任、出口许可、知识产权等。按照《外空条约》及《责任公约》的规定,从事空间活动涉及的责任包括两个方面:一方面,各国应对本国在外层空间的活动承担国际责任;另一方面,发射国对所发射的物体及其组成部分在地球表面、空气空间和外层空间使另一缔约国或其自然人或法人受到损害承担赔偿责任,也就是"第三方责任"。由于在实践中常出现甲国所有的卫星由乙国发射的情况,按照《外空条约》及《责任公约》的有关规定,甲乙两国均为发射国,应对可能造成的损害承担共同责任,但《公约》未规定如何分摊责任,而在实践中一般有如下几类:1. 发射方承担全部责任。如中美1988年12月12日签订的《关于发射责任的协议备忘录》规定由中国按照《外空条约》、《责任公约》及其他法律原则承担并补偿任何及一切赔偿责任。2. 发射方承担阶段责任。如中英1990年3月16日及4月2日换文确定中方负责卫星发射阶段(从发射器点火至卫星与发射器分离)的赔偿责任,也就是说,卫星入轨前由中方负责,入轨后由登记方(英方)负责。3. 发射方购买责任保险,即第三方责任保险。在实践中,保险额一般为5亿美元,保险期限一般为3年。

五、航空航天机的法律地位

航空航天机的出现使外层空间划界问题再次提到日程。1990年,苏联在联合国外空法律小组委员会提出载人航空航天器的法律地位问题,并于1992年提出工作文件"关于航空航天物体的法律制度问题",1993年又以主席名义散发非正式文件"关于航空航天物体的问题单",就航空航天物体在不同空间飞行所涉及的法律制度提出一系列问题,主要有:是否能将航空航天物体定义为射入外层空间在飞行的某一阶段可利用其空气动力特性在大气空间中持留较长时间的物体;适用于航空航天物体飞行的制度是否应视其位于大气空间还是外层空间而定;是否可对一切航空航天物体制订单一的或统一的制度,尽管其功能特性、空气动力特性和所用航天技术及设计特点各异;是否可把停留在大气空间中的航空航天物体视为飞机,由此具有这方面的一切法律后果;针对航空航天物体的制度是否应专门区分起飞和着陆阶段,使之在管制程度上不同于从外层空间轨道进入大气空间轨道并随后返回此种轨道;一国的航空航天物体在另一国空域中时对之是否应适用国家和国际航空法律规则,还是对此种情况制订特殊的法律规则,另订一项国际协定予以确认;使用航空航天物体是否需要在实践中实施关于发射和重返地球的特殊事先通知程序;航空航天物体穿越外国大气空间是否应以事先得到准许为条件;对于航空航天物体而言,关于射入外层空间物体登记的规则是否需要修改;对航空航天物体而言,"发射国"的概念是否需要修改或加以更精确的界定,等等。这份问题单实际上是要各国及有关国际组织对外层空间定义和定界问题从另一个角度表示态度,因而,各国的反应都很谨慎。对此,只有个别国家提出了看法,如英国认为,空间物体如果仅仅由于飞越了某一想象的界限而受不同的法律制度制约,是不恰当的,它应适用单一的法律制度。

现有的外层空间法律文件确实在很多方面不能解决因航空航天机(或称载人航天)引出的新的法律问题,如责任问题,由航空航天机造成或对航空航天机造成的损害应适用绝对责任还是过失责任;又如登记问题,航空航天机被认为不符合《登记公约》规定的空间物体的特征,按《登记公约》登记是有疑问的。1991年联合国外空法律小组委员会上,美国密西西比大学空间法研究中心、德国科隆大学航空和空间法研究中心和苏联科学院国家与法研究所联合散发了一份《载人航天的法律规则》,包括定义、登记、管辖权与控制权、载人航天飞行人员的权利和义务、空间相互援助、知识产权及安全保障等内容,但在外空委员会并未引起反应。

六、几个重要定义

外层空间法律制度在很大程度上依赖于空间科技的发展。由于对潜在的技术发展无法预见，又不能完全根据现有的空间科技及航天器材下定义，为了法律的有效性，在制定一些定义时不得不采取谨慎态度，或暂时留出空白，或制订出有相当大弹性的定义，使其不但成为一项于现实状况有用的规则，而且随着潜在技术的开发也仍具科学性和适用性。但由于重要的定义对完善的法律制度是必不可少的，因此尽管存在科技上的困难，关于这些定义的讨论从未停止过。

1. 发射国

在《外空条约》、《责任公约》、《登记公约》中，“发射国”是指发射或促使发射空间物体的国家和从其领土或设施发射空间物体的国家。《援救协定》中使用了“发射当局”的概念，指对发射负责的国家或政府间国际组织，所谓负责的国家仍应理解为其他几个公约中的发射国，而使用“发射当局”而不使用“发射国”不过是为了便于适用于国际组织。《关于在外层空间使用核动力源原则》中，“发射国”仅在关于赔偿的条款中采纳传统解释，而在其他条款中，“发射国”则指在与有关原则相关的某一时刻对载有核动力源的空间物体行使管辖权和控制权的国家。“发射国”是与对卫星的登记、管辖、控制及对损害的赔偿等问题联系在一起的。因此，如何制订出一个适合于各种不同情况又可对各种因素都作出妥善安排的定义，是有待解决的问题。

2. 空间物体

有时也称为“外空物体”或“外层空间物体”。外层空间法中的“空间物体”仅指人造空间物体，并不包括宇宙中的各种星体及微粒。一般说来，“空间物体”的定义应该足够广泛，把一切设计出来的下列物体都能包括在内：(1)准备放置在(A)环绕地球或月球或任何其他天体的轨道上作为其卫星，或(B)放置在月球或任何其他天体上的物体；(2)准备经过一些其他路线以到达、进入或穿越外层空间的物体。这样的定义应既便于现有法律的实际应用，又留有余地，使有关法律随着今后的发展更臻完善。

按照《责任公约》的规定，空间物体包括空间物体的组成部分、物体的运载工具和运载工具部件。但是，这个定义对于组成部分包括什么？人类从事空间活动时抛下的各种废弃物是否包括在内？飞行器剥落的漆片算不算？“空间物体”与“空间碎片”两个概念之间有什么关系等问题没有明确的规定。不过，《责任公约》的定义作为一个较有弹性的表述，对于后来的定义工作留下了余地。

第四节 中国与外层空间法

一、中国航天事业的发展

近三十多年来,中国航天事业发展很快。1970 年 4 月 24 日,成功发射第一颗人造卫星,标志着中国进入空间国家行列,成为继苏美法日之后第五个用自制运载火箭发射人造卫星的国家;1975 年 11 月 26 日,第一颗返回型卫星发射,回收成功,成为继美苏之后第三个掌握卫星回收技术的国家,到 1994 年 7 月,已发射了 16 颗返回型卫星;1981 年 9 月 20 日,用一枚火箭发射三颗空间物理探测卫星成功,成为继美国、苏联、欧空局之后第四个具有一箭多星技术的国家;1984 年 4 月 8 日,首次成功发射地球静止轨道试验通信卫星,成为世界上能发射这类卫星的五个国家之一;1988 年 9 月,成功发射第一颗极地轨道气象卫星"风云一号";1990 年 4 月 7 日,成功发射外星"亚洲一号"通信卫星,标志中国进入国际商业发射市场;1990 年 7 月,大型捆绑式运载火箭"长征二号 E"发射成功,使长征火箭的近地轨道运载能力从 2.5 吨一举跃到 9 吨,宣告中国在运载火箭技术方面跨入世界先进行列;1994 年 11 月 30 日,成功发射自行研制的新一代国内最大容量的通信卫星"东方红三号"。总之,从 1970 年至 1994 年年底,中国已研制、发射的人造卫星有科学实验卫星、技术试验卫星、遥感卫星、通信广播卫星、气象卫星等几个系列,成为目前国际上同时具有近地轨道返回型卫星、地球静止轨道通信卫星、太阳同步轨道气象卫星的三个国家之一,发射的卫星共达 44 颗。

与此同时,中国的运载火箭也发展成为著名的长征系列运载火箭。迄今,已研制成功并投入使用的运载火箭有五个长征系列,已经具备发射近地轨道、太阳同步轨道、地球静止轨道卫星的能力,截至 1994 年年底,长征系列运载火箭已实现第 36 次飞行。因此,中国的航天技术,包括卫星回收技术、一箭多星技术、卫星测控技术、高能低温燃料火箭技术、地球静止卫星发射技术等均已跻身世界先进行列,并开始步入国际市场。

在空间技术应用方面,中国的发展与成就同样令人瞩目。中国关于发展应用卫星的三个目标,即近地轨道返回型卫星、静止轨道通信广播卫星、太阳同步轨道遥感卫星,均有巨大经济和社会效益及重要的军事、经济和科学价值,在卫星电视广播、通信、国土资源与测绘、气象与防灾、科学研究及国防建设等方面发挥了很大作用。气象卫星提高了中国天气预报水平,且向世界各地提供资料;通信卫星开通了国内电话、电视、广播的传送;遥感技术是一个构成复杂、应用面广、效益明显的高新技术领域,中国自行研制的星载遥感仪器及返回型遥感卫星的成功使在该领域内的技术开发方面取得了明显进展。中国航天技术的成就表明中国已成为世界空间大国之一。

二、中国的双边多边活动

随着航天事业的发展，中国开始寻求国际合作。

（一）走入国际商业市场

经过30年的建设与发展，中国建立了完整配套的航天工程体系，具备了承担各种运载火箭，人造卫星及其地面设备的设计、制造、试验能力；能够承担各种轨道卫星的发射；航天测控网可为各种航天发射提供有效支持。而随着长征运载火箭发射次数的积累，其可靠性和发射成功率得到印证，表明中国航天技术已进入成熟阶段，它不仅可满足国内需要，还可为国外用户提供服务。1985年10月，中国政府正式宣布：长征系列运载火箭投入国际市场，承揽对外发射业务。1988年12月和1989年1月中美两国政府正式签署《关于卫星技术安全的协议备忘录》、《关于卫星发射责任协议备忘录》及《商业发射服务的国际贸易问题协议备忘录》，为利用中国火箭发射美制卫星铺平了道路。1990年4月7日，中国为亚洲卫星电讯有限公司发射"亚洲一号"卫星的成功，标志中国正式进入国际商业发射市场。此后的四年时间里，中国又陆续为巴基斯坦、瑞典、澳大利亚等国家及亚太通讯卫星有限公司发射卫星5颗，到1994年年底，共发射外星6颗。中国在国际发射服务市场上虽还是一名新成员，但确已取得了一定进展。

（二）双边合作

到1990年年底，中国已同十多个国家和政府间国际组织签订了空间合作协定，还同七十多个国家的空间机构建立了各种往来。较为引人注目的是同巴西共同研制地球资源卫星的合作。1988年7月，中巴两国政府关于核准研制地球资源卫星的议定书在北京签订，标志这一合作的开始。1989年，方案阶段结束了，进入工程设计和研制阶段。中巴的这一合作不仅对这两个资源大国具有巨大的经济效益，而且开创了发展中国家之间空间技术领域合作的先例。

（三）多边合作

中国积极参与在开发与利用空间和技术方面的国际多边合作。中国参加了有关方面的重要国际组织：1977年参加国际通信卫星组织，1979年参加国际海事卫星组织，1980年，中国成为联合国外空委员会成员；同年，中国宇航学会成为国际宇航联合会国家级会员，1993年3月，中国成为空间研究委员会正式会员。

中国还积极推动区域合作。1988年，中国提出筹建亚太空间组织的建议。1992年12月中国与巴基斯坦、泰国共同发起在北京召开了亚太地区空间技术与应用多边合作研讨会，与会的亚太各国代表就亚太地区空间合作应遵循的原则以及合作的可能性、方式和途径等初步达成共识，并决定设立联络委员会，首任协调员由中国出任。1994年1月在曼谷召开了首届亚太地区空间技术与应用多边会议。会议正式决定设立空间组织筹委会秘书处,并设在中国,授权秘书处就建立区域组织的技术法律问题进行研究并向下届会议提出报告。1995年4月,将在巴基斯坦召开第二届会议,审议有关问题。1994年9月,中国又同亚太经社会合作,在北京召开了亚太地区空间应用促进发展部长级会议,讨论通过《亚太地区空间应用促进发展的战略及行动纲领》,确定亚太地区空间应用促进发展的协调合作的机制。这是亚太地区首次在高层举办有关高科技应用方面的活动,会议的成功为该地区在空间应用方面的合作开创了新局面。

三、中国参与国际外层空间法活动现状

自从国际社会被人类外空活动吸引,从而开始热烈谈论外层空间立法时起,中国关于外层空间法的研究便也开始了。从60年代著名的国际法学家周鲠生先生主张国家主权可及于领土上空到无限高度〔3〕,到80年代中国参加联合国外空委员会并加入外空四条约,中国在很多问题上的立场观点更加明确了;而中国从一无所有到跻身世界先进航天技术行列并走入国际商业发射市场,从被动接受外层空间法到主动参与制定外层空间法,这其中的变化是最重要也最令人感慨的。

就被动接受外层空间法而言,中国曾面对五个外空条约,它接受并加入了其中四个,1983年12月,中国加入了《外空条约》,1988年12月,中国加入了《援救协定》、《责任公约》和《登记公约》。就参与制定外层空间法而言,1980年,中国派出观察员小组出席外空委员会第23届会议,同年第35届联大于11月3日第50次全会通过35/16号决议接纳中国为外空委员会成员,此后,中国政府派代表团出席了历届会议,参与制定了卫星遥感地球原则、电视直接广播原则、外空使用核动力源原则等,并对其他一系列较重大的问题,如地球静止轨道使用问题、外层空间定义定界问题、共同利益分享问题等,充分发表了意见。

但外层空间法在中国真正引起重视却很晚,有计划性地对外层空间方面的问题从科技和法律角度进行综合研究则始于90年代,以空间碎片研究组及中国空间法学会的成立为标志〔4〕。

(一)空间碎片研究组

1990年,长征四号运载火箭在完成"风云一号"发射任务后,留在轨道上的第

〔3〕"从正确的法律观点说,在国际社会没有订成具有一般约束性的国际公约作相反的规定以前,国家当然保留对各自领土上空包括外层空间的完全的排他的主权……"参见周鲠生《国际法》第413页,商务印书馆,1981年。

〔4〕80年代,现任国际法委员会委员(1994—1996)贺其治先生已作为国内知名空间法专家对外层空间法律问题进行了若干年卓著的研究,且著述丰硕。

三予级由于意外的爆炸碎成64块。美国观测到了这一情况，要求中国采取措施减少碎片的产生。此事引起中国的重视。1990年，由中国的科研、技术、政府等有关部门的科学家和法学家组成的空间碎片研究组成立。该组1991年、1993年的两份研究报告均被中国政府采纳并提交到联合国外空委员会。

研究组报告分析了碎片的成因及在轨物体现状，认为，空间碎片的逐渐增多，给外层空间环境和人类的空间活动造成严重的潜在威胁及现实损害。外层空间是全人类共同开发范围，保护外层空间环境是各国的共同义务；一些空间大国是生成空间碎片的主要国家，应对保护外层空间环境和控制空间碎片负主要责任；空间碎片是全球性问题，只有通过国际合作，控制空间碎片才能取得成效；中国是发展中国家，航天发射次数有限，产生的空间碎片少，但中国将认真对待和研究空间碎片问题，为保护外层空间环境作出应有的贡献。

关于防止和减少空间碎片的措施，结合中国的现实可行性，研究组提出以下措施：(1)对卫星和末级运载火箭的零组件中那些不进入外层空间轨道或进入后能够很快返回大气层的，无须采取措施；对其中进入较长外层空间轨道的，应通过设计使其与主体维系在一起，避免形成更多的碎片。(2)降低地球同步转移轨道的近地点高度，使其末级运载火箭可提前返回大气层，缩短末级火箭的轨道寿命。(3)对长征四号运载火箭的末级火箭研制了专门的排放系统，用于星箭分离之后，将末级火箭储箱中的剩余推进剂及增压系统中高压气瓶内的剩余气体排空，以消除末级火箭在轨解体的危险。(4)外层空间进行的科学试验，尽可能采用返回型卫星，同时提高卫星和运载火箭的设计、发射技术和可靠性，以减少废弃卫星在外层空间的数量。研究报告还建议联合国及有关机构应：(1)加强空间碎片对人类和平利用外层空间活动造成的严重危害性和及早治理的必要性的宣传，促使各国政府特别是对此负有主要责任的大国重视空间碎片对空间环境的污染问题，并采取控制和治理空间碎片的措施。必要时，可开展外层空间环境保护日活动。(2)组织和协调对空间碎片问题的学术交流和国际合作，内容可包括对空间碎片的认识，防止空间碎片数量增加的技术途径和经验，研究课题的分工和合作等。尤其是应采取帮助和支持发展中国家研究空间碎片及控制减少空间碎片的具体措施。(3)尽早制定预防和控制空间碎片的技术规范，以便为将来条件成熟时制定保护外层空间环境的基本准则及进一步制定国际公约打下基础。

（二）中国空间法学会

1992年12月，中国空间法学会在北京成立，这一具有全国性影响的举动标志着中国关于外层空间法研究的广泛开展。尽管其实质性活动的开展还有待时日，但迹象表明外层空间法的研究正引起中国国内的学术、技术及政府部门越来越认真的重视。可以预料中国会出现越来越多的空间法专家，并终将改变国际外层空间法领域尽数由欧美籍法学家驰骋的现状。

主要参考书目

1. 贺其治,《外层空间法》,1991 年。

2. 曼弗莱德·拉克斯,《外层空间法》,中译本,1987 年。

3. 盖伊斯贝尔塔·雷伊南,《外层空间的利用与国际法》,中译本,1985 年。

4. I. H. Ph. Dederiks-Verschoor, An Introduction to Space Law. 1993.

5. N. M. Matte, Space Activities and Emerging International Law. 1984.

6. C. Q. Christol, Modern International Law of Outer Space, 1986.

第十二章　外交和领事关系

第一节　概　　说

关于外交，下过不少定义。例如，“外交就是用谈判的方式来处理国际关系；是大使和特使用来调节和处理国际关系的方法；是外交官的业务或技巧”[1]；“外交是国家通过其授权代表，建立或保持相互关系，互相通讯，或办理政治或法律事务所用的任何手段”[2]。这些定义各有侧重。从国际法的角度看，外交似可认为是国家为了实现其对外政策，通过其主管机关或官员，用谈判、通讯、会议、参加国际组织和缔结条约的方法，处理其对外关系的活动。国家进行外交活动的方式通常有：互相在对方首都设立使馆，派遣或者接受特别使团，领导人访问，参加联合国等国际组织并派驻使团，和派代表团参加政府性国际会议。

外交关系在广义上是指国与国之间为了实现各自的对外政策，通过互设常驻外交代表机构和派遣或接受特别使团、国家领导人访问、举行国际会议、参加国际组织等方式进行交往所形成的关系；在狭义上则是指国家互相在对方领土内设立常驻使团并通过它们进行交往的关系。国与国之间互设使馆被认为是保持两国之间正常关系的最有效的、主要的方法，因而这种关系的存在表明这些国家之间有着正常的关系。

国家进行外交活动的机关和官员包括：国家元首、政府首脑、外交部门和外交代表机构。前三种是中央机关，最后一种是派出机构。外交代表机构，又分为常驻的和临时性的。常驻的有使馆（外交使团）。临时性的有特别使团和参加国际会议的代表团等。在对外关系上，这些机关或官员按其本国宪法、法律各有自己的职权范围，而在国际法上，都是代表本国进行外交活动的。

外交关系法是关于国家进行外交活动的中央机关和官员在外国时的地位，国与国之间外交关系的建立，常设外交代表机构和临时性外交代表机构的设立或派遣，这些机构的组成，外交代表的等级和优先位次，这些机构和它们的人员的特权

---

〔1〕 尼科尔松，《外交》（英文本），1939 年第 2 版，第 15 页。

〔2〕 布朗利，《国际公法原理》（英文本），1990 年第 4 版，第 346 页。

和豁免,以及它们对接受国的义务等的国际法原则、规则和制度的总称。

外交关系法的渊源,在第二次世界大战以前主要是国际习惯,只有个别的专门条约,如规定外交使节等级和位次的1815年《维也纳规章》及1818年《埃克斯·拉·夏佩勒会议议定书》。此外有一个地区性公约——1928年《哈瓦那外交官公约》。第二次世界大战后,签订了一些关于或涉及外交关系的国际公约和条约,其中主要的是:1961年《维也纳外交关系公约》和1969年《特别使团公约》。1973年《关于防止和惩处侵害应受国际保护人员包括外交代表的罪行的公约》。

1961年《维也纳外交关系公约》于1964年4月24日生效,现有约140个缔约国。我国于1975年11月25日交存加入书,对公约第14条、第16条(其中涉及教廷使节的规定)以及第37条第2、3、4款(涉及外交人员以外使馆人员的特权与豁免)持有保留。该公约于1975年12月25日对我国生效。我国政府于1980年9月15日决定,撤回对公约第37条第2、3、4款的保留。1969年《特别使团公约》于1985年6月21日生效。1973年《关于防止和惩处侵害应受国际保护人员包括外交代表的罪行的公约》于1977年2月20日生效。我国于1987年8月5日交存加入书,同时声明对第13条第1款(关于缔约国间在公约的解释或适用上所发生的争端应交付强制仲裁或司法解决的规定)予以保留。该公约于1987年9月4日对我国生效。

另外,1986年9月5日我国公布《中华人民共和国外交特权与豁免条例》。这个立法与《维也纳外交关系公约》的有关规定相一致,并体现了我国在外交特权与豁免方面的实践。

第二节 国家元首、政府首脑、外交部长

一、国家元首

国家元首在国家对外关系上是国家的最高机关。国家元首可以是个人的,如美国和法国的总统,英国的国王,也可以是集体的,如瑞士的联邦委员会。

国家元首在对外关系上的职权由本国宪法予以规定,一般有以下几方面:派遣和接受外交使节,批准和废除条约,媾和,宣布战争状态。有的国家元首,按照本国宪法和法律的规定,也可以出席国际会议,同外国进行谈判和签订条约。

按照我国宪法规定,中华人民共和国主席根据全国人民代表大会常务委员会的决定宣布战争状态,代表中华人民共和国接受外国使节;根据全国人民代表大会常务委员会的决定,派遣和召回驻外全权代表,批准和废除同外国缔结的条约和重要协定。中华人民共和国副主席受主席的委托,可以代行主席的部分职务。

一国元首作为本国最高机关,在外国境内时,按照国际习惯法,除礼仪上的特殊尊荣外,享有外交特权和豁免。关于国家元首的这种特别待遇的根据,主要是:作为主权国家的代表应受的尊重,主权国家平等和“平等者之间无管辖权”原则,确保其自由行使作为国家最高机关的职务的需要。不互相排斥,而是可以加以结合的。

1973年《关于防止和惩处侵害应受国际保护人员包括外交代表的罪行的公约》,把国家元首、包括依照有关国家宪法行使国家元首职责的一个集体机构的任何成员,当他在外国境内时,以及他的随行家属,列为应受国际保护人员(第1条)。《中华人民共和国外交特权与豁免条例》中规定,来中国访问的外国国家元首享有条例所规定的特权与豁免(第23条)。

二、政府首脑

政府是国家的最高行政机关。各国的对外关系一般是由其政府领导的。政府有权同外国政府进行谈判,签订条约和协定。我国国务院在对外关系方面的职权,除上述各项外,还包括:统一领导各部和各委员会、包括外交部的工作;任免外交部副部长、驻外使馆参赞和驻外总领事,以及相当于上列职位的外交行政人员;核准某些协定、议定书。

政府首脑可以与外国政府进行谈判,出席国际会议,签订条约,无须出示全权证书。政府首脑如担任特别使团团长,其地位应按照1973年《特别使团公约》的规定。按照国家习惯法,政府首脑作为本国的代表在外国时,享有外交特权和豁免。《关于防止和惩处侵害应受国际保护人员包括外交代表的罪行的公约》把政府首脑,当他在外国境内时,以及他的随行家属,列为应受国际保护人员(第1条)。《中华人民共和国外交特权与豁免条例》中规定,来中国访问的外国政府首脑享有外交特权和豁免(第23条)。

三、外交部门

外交部门是专门执行国家对外政策、处理日常外交事务的机关。在西方,外交部门在15世纪和16世纪已在大多数欧洲君主国成立,1648年《威斯特伐列利亚和约》以后更趋于普遍。我国历史上第一次正式设立外交部门是在1861年。在此以前,清政府中没有办理外交事务的专门机构。清政府设有理藩院和礼部,这些处理涉及外国事务的机关不是正式的外交部门。有一个时期具体对外交涉事务是由两广总督兼理的。第一次鸦片战争后,清政府设立了五口通商大臣办理对外交涉事务。1861年,清政府设立总理各国事务衙门,简称总理衙门,另外还分设南北口岸通商大臣。1901年《辛丑条约》订立后,总理衙门改为外务部,辛亥革命后称为外交部。

外交部门在多数国家称为外交部。但也有一些国家用别的名称,如美国称国务院;英国称外交与联邦事务部,瑞士称政治部。外交部的职权包括领导和监督驻外使领馆、特别使团和驻国际组织使团、出席国际会议代表团等的工作和活动,与外国使馆、特别使团等保持联系和进行谈判。本国政府及其各部门同外国政府和外国使馆的联系,一般都通过外交部。

外交部门的首长一般称为外交部长,但也有不同的名称,如美国称国务卿,英国称外交及联邦事务大臣。外交部长的职权除领导外交部、贯彻国家对外政策和处理日常外交工作外,还包括进行或参加同外国政府代表团的谈判,签订条约等。外交部长进行谈判,参加国际会议和签订条约,无须出示或提交全权证书。外交部长如担任特别使团团长,其地位应按照 1973 年《特别使团公约》的规定。按照国际习惯法,外交部长作为本国政府的代表在外国时享有外交特权和豁免。1973 年《关于防止和惩处侵害应受国际保护人员包括外交代表的罪行的公约》,把外交部长,当他在外国境内时,以及他的随行家属,列为应受国际保护人员(第 1 条)。《中华人民共和国外交特权与豁免条例》中规定,来中国访问的外国外交部长享有条例所规定的特权与豁免(第 23 条)。

第三节 使 馆

一、使馆制度的产生

各国之间互派遣临时性的使节,早在古代就有了。自从有国家交往,也就有临时性使节往还。古代中国同外国的使节往还史不绝书。我国古代不但同邻国如日本、印度,而且与大秦(罗马)、安息(伊朗)、大食(阿拉伯)等国有使节来往,有时还是相当频繁的。

常驻外交代表机关或使馆的出现和形成制度是欧洲 15 到 17 世纪的事。一般认为最早互相派遣常驻外交使团的是意大利各城市国。第一个有记录可查的常设使团据说是米兰公爵斯福査(Francesco Sforza)1455 年派驻热那亚的常驻使团。不久以后,米兰、佛罗伦萨和威尼斯互派常驻使团。到 15 世纪末,这些意大利城市国家又在英、法等国设立常驻使团。由于互派常驻外交代表机构的做法适应当时欧洲国际政治和经济的需要,其他欧洲国家相继仿效。到 17 世纪后半期,互派常驻使节在欧洲已相当普遍了。

中国接受欧美的常驻外交代表是在 19 世纪中叶。清朝政府起初不愿接受外国常驻使节,后来则被迫接受,由条约加以规定。1858 年中英《天津条约》,规定中国同意英国所派使节常驻京城。其他国家根据不平等条约,或者按照最惠国条款,也向中国派遣常驻使节。1877 年,中国第一个驻外使节派往伦敦,翌年中国在欧美其他一些国家设立使馆。

二、外交关系和使馆的建立

国家之间建立外交关系和互设使馆,需要双方的协议,这是一项久经公认的原则。《维也纳外交关系公约》重申了这一原则。该公约第 2 条规定:“国与国之间外交关系及常设使馆之建立,以协议为之。”至于协议采取什么形式,则由有关国家决定。过去往往缔结条约,近来多用换文、公报等形式。

一个国家同哪些国家、经过什么程序、按照什么条件建立外交关系和互设使馆,属于该国自由裁夺的事项。在建立外交关系和互设使馆之后,一国在认为必要时可以单方面决定暂时或长期撤回驻另一国的使馆,中止或断绝同另一国的外交关系。1965 年,七个非洲国家,因英国纵容罗得西亚种族主义政权单方面非法宣布“独立”而断绝同英国的外交关系,就是一例。

我国针对某些国家政府制造“两个中国”的阴谋,提出了承认中华人民共和国政府为中国唯一合法政府,台湾是中国领土的不可分割部分等捍卫我国主权和领土完整的建交条件,在这些条件的基础上,通过谈判,同愿意与我国建交的国家达成建交和互设使馆的协议。在建交实践中,我国按照具体情况,采取适当的方式,贯彻上述建交条件,而在原则上是坚定不移的。

三、使馆的职务

按照《维也纳外交关系公约》的规定,使馆有五项主要职务:(1)代表,即在接受国中作为派遣国政府的代表。使馆,特别是使馆馆长,是派遣国同接受国政府之间进行联系或者商讨有关两国关系事项的代言人。(2)保护,即在国际法许可的限度内在接受国中保护派遣国及其国民的利益。(3)谈判,即代表政府与接受国政府进行谈判。(4)了解和报告,即用一切合法手段了解接受国的政治、文化、社会和经济等方面的状况和发展情况,并向本国政府报告。(5)促进,即促进派遣国与接受国间友好关系和发展两国间经济、文化和科学关系(第 3 条)。

这五项是使馆的主要职务,但是使馆还可以担负国际法所许可的其他职务,例如,在接受国法律许可的情况下执行领事职务,经接受国同意保护另一国的利益。《公约》关于使馆职务的规定,不但有助于了解使馆活动的性质,也明确了使馆活动的范围,便于正确实施关于外交特权和豁免的规则。

四、使馆人员

(一)使馆人员的类别

在过去,外交使节以外的人员统称为使节的随从人员。根据现在使馆的实际情况,其人员可区分为外交人员、行政和技术人员和服务人员几类。外交人员

(《外交关系公约》中称为“外交职员”)是具有外交职衔的使馆人员,包括馆长和其他外交人员,如参赞,一、二、三等秘书,各种专员,如商务、文化专员,陆、海、空军武官。行政和技术人员,是从事使馆中行政和技术工作的人员,如使馆办公厅主任,译员,会计,打字员,无线电技术员。服务人员(《外交关系公约》中称为“事务职员”),包括汽车司机,传达员,维修工,清洁工等。此外,《公约》中还列有一种“私人仆役”,是指上述各类使馆人员的私人服务员,如保姆等。私人服务员不属于派遣国的工作人员,不属于派遣国雇用的人员,并不在使馆人员编制之内。

(二)使馆馆长的等级和优先位次

19世纪以前,关于外交使节的等级和位次并没有形成统一的规则,因而往往引起争执。1815年《维也纳规章》规定,外交使节分为三级:(甲)大使,教廷大使;(乙)公使,教廷公使;(丙)代办。第一级是代表国家元首(主权者)或教皇的,第二级是向国家元首(主权者)或派遣的,最后一级则是向外交部门首长派遣的。按照这一规定,大使的位次优先于公使,公使优先于代办。1818年《埃克斯·拉·夏佩勒会议议定书》中又规定了驻办公使一级,介于公使与代办之间。但这一等级在当时已很少委派,因而实际上没有什么意义。关于同一等级使节之间的优先位次问题,《维也纳规章》规定,按照使节通知抵达的日期来确定。

《维也纳规章》的这些规定,已为大多数国家所接受,成为公认的规则。1961年《外交关系公约》沿用《维也纳规章》中的三个等级。《公约》第14条规定,使馆馆长分为三级:(甲)向国家元首派遣的大使或教廷大使,及其他同等级位的使馆馆长;(乙)向国家元首派遣的使节、公使及教廷公使;(丙)向外交部长派遣的代办。以大使,公使或代办为首长的驻外代表机构,相应地称为大使馆、公使馆或代办处。应予指出,代办与临时代办不同。代办是一级馆长,临时代办则是在馆长职位空缺或不能执行职务时被委派暂代馆长,主持使馆日常行政事务的使馆外交人员。

《外交关系公约》第14条并规定,除关于优先位次及礼仪事项外,各使馆馆长不应因其所属等级而有任何差别。按照1815年《维也纳规章》,大使和教廷大使才具有代表性,因而过去曾认为只有大使级使节才有权要求国家元首接见。很明显,要求国家元首接见的权利,显然不仅仅是一种礼仪事项。

关于同级使馆馆长的优先位次问题,《外交关系公约》规定,使馆馆长在其各别等级中的位次应按照其开始执行职务的日期及时间先后来确定。至于馆长在什么时候被视为已在接受国开始执行职务,则依接受国的通行惯例而定,或者是递交国书之后,或者是在向接受国外交部门通知到达并将所携国书正式副本送交之后。我国采取的是前一种做法。递交国书或送交国书正式副本的次序,则依使馆馆长到达的日期和时间的先后来确定。

交换什么等级的使馆馆长,应由有关国家商定。在19世纪末20世纪初,曾经认为只有大国才能互派大使,而小国只能派遣和接受公使。这是不符合国家平等原则的。随着国际形势的发展,这种情况自那时以来已经有改变。第二次世界大战后,委派大使级馆长的做法越来越普遍。现在差不多所有国家,不论大小,都委派大使。中华人民共和国认为,各国之间都可以互派大使,但如果同有关国家另有协议,也可以互派公使级外交使节。中华人民共和国同瑞士、丹麦和前阿拉伯也门共和国(萨那)互换的外交使节曾经是公使级的,但后来都升格为大使级。国家间通常互派同一级的使馆馆长,但有例外情况。例如,瑞士在1957年前,虽然接受别国的大使,但向外国只委派公使。

国与国间互派代办是很少见的,往往是因为两国间关系存在问题。例如,1972年前,我国同英国和荷兰之间只交换代办,主要地是因为当时这两国在联合国中支持阻挠恢复我国合法权利的提案,特别是英国还与我国台湾地区保持着领事关系。在英、荷政府改变上述态度后,我国才同这两国达成协议互相把派驻对方的代办升格为大使。1981年年初,中华人民共和国政府鉴于荷兰政府批准向台湾出售海军潜艇的决定损坏了1972年中荷两国使馆升格公报的原则,向荷兰方面提出把两国互派的大使馆降格为代办处的要求,双方就此举行谈判,正式将两国互派的大使馆降格为代办处。以后,荷兰方面改变了上述决定,两国之间的外交关系又恢复到原来的级别。

(三)使馆人员的任命

使馆的人员是由派遣国任命的,但是由于使馆外交人员,首先是使馆馆长,对派遣国与接受国之间的关系有重要的影响,因此使馆人员,特别是馆长的人选,应是接受国能够接受的。为了达到这一点,外交关系法需要根据使馆人员的职位和类别规定一定任命程序。

使馆馆长任命前是否应先不公开地征求接受国的意见,各国做法原来不完全一致。一般认为,国家有权拒绝接受某一特定的人为外交使节,而且不必说明拒绝的理由。为了避免被拒绝接受可能引起的不良后果,许多国家事先就拟派遣的使节人选征求接受国的意见。《外交关系公约》确认了这种做法。《公约》第4条规定:"一、派遣国对于拟派驻接受国之使馆馆长人选务须查明其确已获得接受国之同意。二、接受国无须向派遣国说明不予同意之理由。"《公约》还规定,关于陆、海、空军武官,接受国可以要求先行提名,征求该国同意(第7条)。

使馆馆长和陆、海、空军武官以外的使馆人员,派遣国原则上可以自由委派。但是《公约》规定:派遣国应将使馆人员的委派通知接受国外交部,因此接受国也有可能对这些使馆人员的委派表示意见。

为了保障接受国的利益,防止外交特权和豁免被滥用,《外交关系公约》根据大多数国家的做法,规定了宣告使馆外交人员为不受欢迎的人和宣告使馆其他人员为不能接受的人的程序(第9条)。这种程序既可以适用于已到任的和在任的使馆人员,也可以适用于已被任命而尚未就任的人员。《公约》规定,对于使馆任何人员,接受国可以在他到达接受国国境前就宣告他为不受欢迎的人或不能接受。这样,宣告使馆外交人员为不受欢迎的人和宣告使馆其他人员为不能接受的程序,可以作为拒绝接受被发现不合适的人员的一种手段。

(四)外交团

外交团,狭义的是指驻在一国首都的所有使馆馆长,广义的则还包括这些使馆的其他外交人员,甚至包括外交人员的家庭成员。

外交团团长由驻在一国的使馆馆长中等级最高、开始执行职务最早的担任,这就使教廷大使也有可能取得这种地位。此外,在一些天主教国家,教廷大使按这些国家的传统往往任外交团团长。这点在 1961 年《外交关系公约》第 16 条有所反映。我国在加入该公约时声明,对该条持有保留。

外交团的作用随接受国在这方面的惯例而不同。它主要是在礼仪方面起作用,例如,外交团团长代表外交团成员在接受国的庆典、宴会上致词。此外,外交团团长可以应东道国政府的请求向外交团成员通知一些事情或传达一些意见;也可以向接受国政府转达外交团成员在一些日常事务方面的请求。但是,外交团采取政治性的行动,特别是向接受国施加压力,则为国际法所不许。在旧中国,外交团干涉中国内政和逼迫中国政府接受横蛮的要求的事例是屡见不鲜的。

五、外交特权和豁免

(一)外交特权和豁免的根据

使馆及其人员,首先是外交人员,享有外交特权和豁免。关于外交特权和豁免的根据,有三种学说:

1. 治外法权说。它以使馆和外交代表处于接受国领土之外这种拟制来说明外交特权和豁免。这种学说既不是以事实为根据,也不符合各国在外交特权和豁免方面的做法。

2. 代表性说。它把外交特权和豁免建立在使节的代表性上,认为使节是君主或国家的代表,根据平等者之间无管辖权的原则,其使节享有外交特权和豁免。这种学说虽有一定的事实根据,但不能充分说明问题。

3. 职务需要说。它以使馆和外交人员执行职务的需要来说明特权和豁免。这种学说认为,外交特权和豁免,使馆和外交官可以在不受当地法律的干扰和压力的条件下,自由地代表本国进行谈判,自由地同本国政府联系。这种学说比较能说明给予特权与豁免的理由,是现在被比较普遍地接受的一种学说。《外交关系公约》采取职务说,同时也考虑到外交人员的代表性。《公约》序言中说“确认此等特权和豁免目的……在于确保代表国家之使馆能有效执行职务。”

(二)使馆应享有的便利、特权和豁免

现在的趋势是把使馆看成一个国家机关,使馆人员是国家机关人员,馆长是这个国家机关的首长,因此,外交特权和豁免也分为使馆的和使馆人员的。

使馆应享有的便利、特权和豁免主要有以下一些:

1. 建馆和执行使馆职务的便利。《外交关系公约》规定,接受国应便利派遣国依照接受国法律在其境内置备派遣国使馆所需之馆舍,或协助派遣国以其他方法获得房舍;遇必要时,接受国并应协助使馆为其人员获得适当的房舍(第 21 条)。《公约》还规定:"接受国应给予使馆执行职务之充分便利"(第 25 条)。

2. 使用国旗和国徽。使馆及其馆长有权在使馆馆舍、及在使馆馆长寓邸和交通工具上使用派遣国的国旗或国徽(第 20 条)。

3. 使馆馆舍不可侵犯。使馆馆舍不可侵犯早已成为国际法规则。在欧洲若干地方,曾经形成一种"使馆区豁免",使馆据此在使馆区内享有不允许接受国当局逮捕在使馆附近居住的人等特权。这种使馆区豁免在欧洲到 17 世纪已被废弃。但各帝国主义国家在 19 世纪通过不平等条约,又在一些亚洲国家攫取了类似的特权。例如,根据《辛丑各国和约》(1901 年)规定,中国允诺,西方列强在北京东交民巷一带划定使馆区,完全由各使馆管辖,中国人不准在区内居住,而这些国家却可在区内驻兵。这是对中国主权的严重侵犯。帝国主义在中国划使馆区和其他有关特权直到二次世界大战后才被废除,而到了 1949 年中华人民共和国成立,被彻底取消。

《外交关系公约》中所称的使馆馆舍是指供使馆使用和供使馆长寓邸之用的建筑物或建筑物各部分,以及其所附属的土地,至所有权谁属,则在所不问(第 1 条)。

使馆馆舍不可侵犯有三个意义。第一,接受国官员不得进入馆舍执行公务。《公约》第 22 条第 1 款规定:"接受国官吏非经使馆馆长许可,不得进入使馆馆舍。"没有得到使馆馆长许可,接受国的警察、司法机关人员等都不得进入使馆。对使馆馆舍不可侵犯的规定,《公约》没有规定任何例外。使馆馆舍的不可侵犯是绝对的。第二,接受国对使馆馆舍加以特别保护的义务。《公约》第 22 条第 2 款规定:"接受国负有特殊责任,采取一切适当步骤保护使馆馆舍免受侵入或伤害,并防止一切扰乱使馆安宁或有损使馆尊严之情事。"所谓"负有特殊责任"就是说负有高于一般的维护秩序的责任;至于"适当步骤"则要根据具体情况决定。1979 年末到 1981 年初,美国驻伊朗使馆被侵占,使馆人员被扣做人质,这是外交关系上罕见的事件,显然是不符合公认的外交关系法规则的。国际法院在"美国在德黑兰的外交和领事人员案"的判决中指出,伊朗政府在美国使馆受到攻击时没有采取任何"适当步骤"保护使馆馆舍、人员和档案,事后也没有做出努力来迫使或说服侵入的人退出使馆,释放被扣的外交和领事人员,违反了 1961 年《外交关系公约》的有关规定。第三,《外交关系公约》第 22 条第 3 款并规定:"使馆馆舍及设备,以及馆舍内其他财产与使馆交通工具免受搜查、征用、扣押或强制执行。"

4. 档案和文件不可侵犯。使馆档案和文件,无论何时,也不论位于何处,都是不得侵犯的。1961 年《外交关系公约》没有对"档案"下定义,1963 年《维也纳领事关系公约》为档案所下的定义包括"一切文书、文件、函电、簿籍、胶片、胶带及登记册,以及明密电码、记录卡及供保护或保管此等文卷之用之任何器具。"《公约》中所谓"无论何时"包括外交关系断绝或发生武装冲突时,在时间上是没有限制的;所谓"不论位于何处",是指不论是在使馆馆舍内还是在使馆馆舍外,也不论是否装在外交邮袋内。《公约》加强和扩大了对档案和文件的保护。

5. 通讯自由。使馆的通讯自由包括以下几点:(1)使馆与派遣国政府及无论设于何处的该国其他使馆及领事馆通讯时,可以采用一切适当办法,包括外交信使及明密码电信在内,但使馆非经接受国同意,不得装置并使用无线电发报机;(2)使馆的来往公文不得侵犯;(3)外交邮袋不得予以开拆或扣留。

6. 行动及旅行自由。使馆人员的行动和旅行自由被认为是使馆执行其保护和了解等职务所需要的一种便利。问题在于这种自由是否必须是完全的或绝对的。在拟定有关这个问题的条文时有两种不同的意见:一种意见认为使馆人员应有这方面的完全自由;另一种意见认为国家基于安全的考虑有权制定这方面的规章、制度。《外交关系公约》第 26 条是两种意见妥协的产物。该条规定:"除接受国为国家安全设定禁止或限制进入区域另订法律规章外,接受国家应确保所有使馆人员在其境内行动及旅行之自由。"在实际上,有些国家在这方面对使馆的活动和旅行没有特别的法律、规章,另一些国家则有这种法律、规章。中华人民共和国根据本国的具体情况采取后一种做法,对驻华使馆人员的活动和旅行范围及手续作了一些规定,并按情况的发展对这种规定进行修改。

7. 免纳捐税、关税。按照《外交关系公约》的规定,使馆免纳捐税的项目包括:使馆馆舍免纳全国性或地方性各种捐税,但其为对提供的特定服务所应付的费用的,例如清除垃圾费,不在免除之列;使馆办理公务所收的规费和手续费免征一切捐税。在关税方面,使馆公务用品(如办公室家具、打字机、车辆)准许入境并免除一切关税和除了贮存、运送及类似的服务费用以外的一切其他课征。

(三)外交人员的特权和豁免

使馆馆长和其他外交人员都享有全部外交特权和豁免,是一项没有争议的国际法规则。外交人员的特权和豁免包括人身不可侵犯,寓所和财产不可侵犯,刑事、民事和行政管辖的豁免,以及免纳捐税和免征关税。

1. 人身不可侵犯

外交人员人身不可侵犯是外交关系法中最早得到公认的一项重要规则。1961 年《外交关系公约》肯定了这项国际习惯法规则,第 29 条规定:"外交代表人身不得侵犯。"

外交人员人身不可侵犯有两个含义。一是"外交代表不受任何方式之逮捕拘禁"(第 29 条)。对于接受国来说,它的有关机关对外交人员不得加以逮捕或拘留,不得对他们施加直接的强迫措施。但是外交人员人身不可侵犯,并不排除对这种人员的行凶进行防卫,或者在他破坏法律规章或者进行犯罪的场合,于情况需要时,采取必要的措施加以制止。二是“接受国对外交代表应特示尊重,并应采取一切适当步骤以防止其人身、自由或尊严受有任何侵犯”(第29条)。这就是说,接受国有义务对外交人员给以特别的保护。至于什么是“适当步骤”,要看具体情况而定,也可以由派遣国与接受国商定。

2. 寓所和财产不可侵犯

使馆馆长以外的外交人员的寓所(与馆舍相分离的),在各国的实践中也被公认是不可侵犯的。《外交关系公约》反映了这个实践,明确规定,外交人员的私人寓所同使馆馆舍享有同样的不可侵犯权和保护(第30条第1款)。私人寓所是指外交人员所住的地方,而不是表示私人所有的意思。寓所不可侵犯来源于外交人员的人身不可侵犯,所以寓所包括临时寓所如旅馆房间、别墅等。

《公约》还规定,外交人员的文书和信件是不可侵犯的。《公约》规定,外交人员的财产,除按《公约》规定不在免除强制执行之列的三种情况外,也是不可侵犯的(第30条第2款)。财产主要是指在外交人员私人寓所中的财产,但也包括汽车以及供外交人员个人使用的物品。《公约》规定不在免除强制执行之列的三种情况,就是不在民事及行政管辖豁免之列的三种案件,而执行处分又无损于其人身或寓所的不可侵犯权的。

3. 管辖豁免

(1)刑事管辖的豁免。大使或者其他外交人员的刑事豁免权的确立比较早。自17世纪以来,外交代表享有刑事管辖豁免就形成了惯例,得到公认。《外交关系公约》第31条第1款规定:“外交代表对接受国之刑事管辖享有豁免。”这种豁免是没有例外的。但这并不是说外交代表不必尊重接受国的法律规章,可以犯罪而不负责任,而是说外交代表如果犯罪不受接受国的管辖。接受国对于经查明犯罪的外交代表虽然不能行使管辖权,但是可以根据具体情况采取一定的措施,包括在案情较严重的场合要求派遣国放弃豁免权,以便加以审判,或宣布该外交官为不受欢迎的人。《中华人民共和国刑法》规定,享有外交特权和豁免的外国人的刑事责任问题通过外交途径解决。

(2)民事和行政管辖的豁免。外交代表民事管辖豁免作为一项规则的产生稍晚于刑事管辖豁免。大致到了18世纪20年代,才可以认为已经确立。但是,关于这种豁免的范围,以及是否可以容许例外,如果容许,可以有哪些例外,各国实践是有分歧的。

1961年《外交关系公约》规定民事和行政管辖的豁免及其三种例外:“(甲)关于接受国境内私有不动产之物权诉讼,但其代表派遣国为使馆用途置有之不动产不在此列;(乙)关于外交代表以私人身分并不代表派遣国而为遗嘱执行人、遗产管理人、继承人或受遗赠人之继承事件之诉讼；（丙）关于外交代表于接受国内在公务范围以外所从事之专业或商业活动之诉讼”（第31条第1款）。此外，外交代表或其他享有管辖豁免的人如主动提起诉讼而被告提起“与主诉直接相关之反诉”时，就不得对这种反诉主张管辖豁免（第32条第3款）。在以上这些情况下，接受国就可以行使管辖权。

（3）管辖豁免的放弃和执行豁免的放弃。外交代表和其他享有特权和豁免的人员对管豁的豁免可由派遣国放弃。豁免的放弃必须是明示的，派遣国的放弃决定通常由使馆馆长通知接受国。外交代表仅仅出庭辩护就不构成豁免的放弃。接受国法院只有在得到关于豁免经适当放弃的通知后，才可受理有关的诉讼。应特别指出，即使接受国可以行使管辖权，但对外交代表原则上不得采取执行措施，只有执行的豁免也由派遣国予以放弃，才可采取执行措施。《公约》规定，在民事或行政诉讼程序上管辖豁免的放弃，不得视为对判决执行的豁免也默示放弃，后面一项放弃须分别进行（第32条第4款）。

（4）作证义务的免除。外交代表没有以证人身份作证的义务，因此，不能强迫外交代表作证。但这并不等于外交代表一定要拒绝与接受国当局合作，而在某些场合由外交代表以适当的方式作证在道义上可能是合适的。在这种场合作证应当是出于自愿，采取适当方式，并且得到派遣国同意。

（5）免纳捐税。在1961年《外交关系公约》以前，外交代表在接受国享有免纳捐税的特权，但是，这种特权的根据是习惯法规则还是国际礼让，学说并不一致，而且，在免纳捐税的范围上，各国实践也不相同。《外交关系公约》第34条澄清了这个问题，从而提供了基本上统一的规则。《公约》第34条规定外交代表免纳一切捐税的一般规则，同时规定了六项例外。这些例外是：通常计入商品或劳务价格内的间接税；对于接受国境内私有不动产课征的捐税（除非是代表派遣国为使馆用途而置有的）；遗产税；继承税；对于在接受国内所获致的私人所得或商业投资所课征的税；为供给特定服务所付的费用，不动产登记费；抵押税。

（6）免除关税和查验。外交人员私人财物和用品入境而不征收关税，是已有几百年的历史。但在以前一般认为这是出于礼让、礼貌或者基于互惠，而不是由于法律义务。《外交关系公约》第36条第1款规定了上述物品免税入境的规则，同时也承认，在确保规则得以实行的前提下，接受国可以制定具体的法律、规章，规定应履行的手续并防止免税特权被滥用。这种法律，规章的内容可以包括例如限制进口自用物品的数量或者供安家用物品进口的期限，免税进口物品不得转让的期限或者转让前应办的手续。接受国法律禁止进出口的物品，前者如毒物、枪枝弹药，后者如珍贵文物、贵金属、通货，外交代表也不能携运进口或出口。按照我国实际做法，如果外交官携运进口的物品中有按章禁止出口的，应在进口后向海关登记，由海关发给进口证明书，以便以后准予凭证复运出口。

按照《外交关系公约》的规定，外交代表私人行李免受查验，但是有重大理由推定其中装有不在上述免税之列的物品，或接受国法律禁止进出口或有检疫条例加以管制的物品的，不在此限。遇有这种情形，查验需有外交代表或其授权代理在场才能进行(第36条第2款)。

(7)其他特权和豁免。此外，按照《外交关系公约》的规定，外交代表还享有下列特权和豁免：免于适用接受国施行的社会保险办法；免除一切个人劳务和各种公共服务，如服兵役、担任陪审员等；免除关于征用、军事募捐等军事义务。

(四)其他人员的特权和豁免

除外交人员外，还有哪些人员享有哪些特权和豁免权呢？在1961年《外交关系公约》以前，各国实践很不一致。在一些国家，例如英国和美国，从大使到大使的私人仆人都享有外交特权和豁免。在大多数国家，使馆行政和技术人员以及服务人员不享有或只享有某些特权和豁免。1961年《外交关系公约》对这个问题作了基本上统一的规定。

1. 外交代表的家属

按照《公约》的规定，除外交代表本人外，外交代表的同户家属，如果不是接受国国民，也应享有各项外交特权和豁免(第37条第1款)。外交代表的配偶和未成年子女属于"构成同一户口家属"，对这一点是没有什么争论的。除此以外，还有哪些人是外交代表的"构成同一户口之家属"，《公约》对此没有作具体的规定，应以接受国的法律规定或实践为准。我国《外交特权与豁免条例》规定，与外交代表共同生活的配偶及未成年子女，如果不是中国公民，享有与外交代表相同的特权和豁免(第21条第1款)。

2. 使馆行政和技术人员

对于使馆行政和技术人员的地位，在制订《外交关系公约》的过程中有两种不同意见。一种意见主张行政和技术人员应享全部外交特权和豁免，认为这类人员中有一些人执行的任务不一定比某些外交人员的任务不重要，他们掌握的秘密和机密也不一定比外交人员少，因此，这类人员应享受外交人员的待遇。另一种意见认为，一般说来，行政和技术人员担任的任务同外交人员是有区别的，参与机要工作的仅是其中某些人员，而享受外交特权和豁免的人员太多会造成接受国管理上的困难，因而不同意对这类人员给予外交代表的相同的特权和豁免。1961年《外交关系公约》的有关条款是对这两种意见的折中，是妥协的结果。

按照《公约》的规定，使馆行政和技术人员及其同户家属，如果不是接受国国民而且不在该国永久居留的，除下述两点外，享有外交人员所享有的各种特权和豁免。第一，他们对接受国民事和行政管辖的豁免仅限于执行职务范围之内的行为，或者按照《公约》的表述，民事和行政管辖的豁免不适用于他们的"执行职务范围以外"的行为。第二，他们依照接受国的法律和规章免纳关税限于新到任安家时运进的物品,而不能象外交人员那样可免税运进物品而不受规定期限的限制。此外,他们的私人行李也不免除海关的查验(第37条第2款)。

3. 使馆服务人员

按照《外交关系公约》的规定,使馆服务人员如果不是接受国国民而且不在该国永久居留的,享有职务上的豁免,仅就其执行公务的行为享有豁免,其受雇所得报酬免纳捐税,并免于适用接受国施行的社会保险办法(第37条第3款)。

4. 使馆人员的私人服务员

《公约》规定,使馆人员的私人服务员如果不是接受国国民而且不在该国永久居留的,其受雇所得的报酬免纳捐税。在其他方面,这些人员只能在接受国许可范围内享有特权和豁免。此外,接受国对他们行使管辖的方式必须不致对使馆职务的执行有不当的妨碍(第37条第4款)。

关于外交人员以外的使馆人员及其家属的地位,各国的实践并不一致,上述规定是超出订立时一般国际法要求的范围的,因而没有被普遍地接受。按照我国原来的做法,外国使馆人员中享有外交特权和豁免的限于使馆馆长(大使、公使、代办)和其他外交人员(参赞,一、二、三等秘书,随员,陆、海空军武官与副武官,商务、文化、财务、新闻参赞或专员)。此外,则依照中国所参加的国际公约或与各国所签订的条约、协定,对应享有外交特权和豁免的其他人员,也给予外交人员的待遇。我国政府于1975年加入1961年《维也纳公约》时,曾对包含上述规定的公约第37条第2、3、4款作了保留,但我国政府于1980年9月15日决定,撤回这项保留。1986年9月5日公布并开始施行的《中华人民共和国外交特权与豁免条例》,在使馆行政技术人员及与其共同生活的家属、使馆服务人员及使馆人员的私人服务员享有的特权与豁免方面,与维也纳公约也保持一致,个别优惠待遇还略有提高。

(五)使馆人员及其家属在第三国的地位

外交代表和使馆其他人员前往接受国就任或返任、或返回本国,往往需要途经第三国国境。这就引起这样一些问题:第三国是否有义务让这些人员过境,和这些人员在第三国境内时是否享有特权和豁免,如果享有,是哪些特权和豁免。

1961年《外交关系公约》根据一般实践作出规定:第三国没有义务让外交代表过境,但如果第三国发给所需的签证,它就应给予不可侵犯权和确保其过境或返回任所所必需的其他豁免。享有外交特权和豁免的家属如果与外交代表同行,或单独旅行前往会聚或返回本国,他们也享有上述不可侵犯权和豁免。对于使馆行政和技术人员或服务人员及其家属,在类似情况下,第三国不得阻碍其通过该国国境。因此,第三国至少应让他们过境,而并非必须给予不可侵犯权和豁免权。《中华人民共和国外交特权与豁免条例》规定,途经中国的外国驻第三国的外交代表和与其共同生活的配偶及未成年子女,相应享有在中国过境或者逗留期间所必需的豁免和不受侵犯(第22条)。

六、使馆和享有外交特权与豁免人员的义务

使馆、外交代表和其他享有特权和豁免的人员，在其行为和活动中必须遵守公认的国际法原则和规则，对接受国负有一系列的义务。这些义务是：

(一)使馆馆舍不得以与使馆职务不相容的方式加以使用

在这个问题上比较常见的有两种情形。一种是在使馆馆舍内庇护人，即所谓外交庇护，主要是庇护接受国政府所要逮捕的人。近时的一个案例是，1956 年，美国驻布达佩斯大使馆庇护匈牙利红衣主教明曾蒂，直至 1970 年匈牙利政府准许明曾蒂离境去罗马居住。在使馆馆舍内庇护人是侵犯接受国主权的行为，是违反一般国际法的。国际法院在庇护案的判决中指出，外交庇护“包含对该国主权的损害。它使罪犯不受当地国家的管辖，因而是对专属该国权限的事项的干涉”。一些拉丁美洲国家之间所缔结的关于庇护的条约承认外交庇护的做法。但这仅对这些国家有效，不影响一般国际法的上述规则。1961 年《外交关系公约》第 41 条第 3 款规定：“使馆馆舍不得充作与本公约或一般国际法之其他规则，或派遣国与接受国间有效之特别协定所规定之使馆职务不相符合之用途。”这里，“派遣国与接受国间有效之特别协定”可理解为包括一些拉丁美洲国家之间的关于庇护的条约，因而也就是实际上允许这种地区性的做法。另一种情形是在使馆馆舍内拘留人。这同样是以与使馆职务中不相容的方式使用使馆馆舍。1896 年，革命家孙中山被当时中国驻伦敦公使馆拘留在馆舍内，几天后使馆才被迫将他释放，就是一个著名的例子。

(二)尊重接受国的法律和规章

享有外交特权和豁免的人员，在不妨碍这种特权和豁免的情形下，都负有尊重接受国法律规章的义务。例如，接受国的治安规则、交通规则、卫生规章等，都是这些人员所必须尊重的。

(三)不干涉接受国内政

这些人员不得干涉接受国内政，这是公认的国际法规则。外交人员如果被指控干涉接受国内政，就可以被要求召回本国。此外，使馆奉本国政府指示同接受国洽商公务，应当同或者通过接受国外交部或者另经商定的其他部门进行。外交代表不应在接受国内为私人利益从事任何专业或商业活动。

七、宣告为“不受欢迎的人”

为了保障接受国的利益，防止外交特权和豁免被滥用，《外交关系公约》根据大多数国家的做法，规定宣告使馆外交人员为不受欢迎的人(persona non grata)和宣告使馆其他人员为不能接受的程序。

《公约》规定，接受国可以随时不加解释，通知派遣国，宣告使馆馆长或使馆任何外交人员为不受欢迎的人，或宣告使馆任何其他人员为不能接受。在这种情形下，派遣国就应斟酌情况召回该人员，或者在他是接受国国民的场合终止其在使馆

中的职务。如果派遣国拒绝或者不在合理期间内履行上述义务,接受国可以拒绝承认该人员为使馆人员。《公约》规定,接受国采取这种程序,可以不加解释,以避免发生争执,但接受国一般还是说明理由的,以表明其行动的合理性。

接受国宣告使馆人员为不受欢迎的人或不可接受的人,有各种原因,最常见的是由于该人员经查明干涉接受国内政或者从事间谍活动。1971 年英国政府要求包括苏联驻伦敦使馆许多外交人员的一百零五名苏联官员离境,是一次规模最大的宣告为不受欢迎的人的事例。此外,外交代表发表对接受国不友好或诋毁的言论,也可能引起接受国采取这种行动。1952 年美国驻苏联大使凯南在柏林的一次演讲中说在莫斯科的美国人的生活,与珍珠港事件后被拘留在德国的美国人的生活差别不大,被苏联宣布为不受欢迎的人。

八、使馆人员职务的终止

使馆人员职务终止的原因包括:(1)派遣国召回;(2)派遣国撤回使馆;(3)派遣国与接受国之间外交关系断绝;(4)派遣国或接受国发生革命或剧烈冲突,派遣国或接受国发生革命或剧烈冲突而成立新的政府时,所有原来的使馆外交及其他人员的职务可能即告终止;(5)接受国拒绝承认为使馆人员。

按照《外交关系公约》的规定,接受国通知派遣国,某使馆人员由于被宣告为不受欢迎的人或不能接受,而派遣国拒绝或未在相当期间内按照情况予以召回终止其职务,接受国可拒绝承认该员为使馆人员(第 9 条)。

九、特权和豁免的开始和终止

享有外交特权和豁免的人员,自其进入接受国国境前往就任之时起享有这种特权和豁免,已在该国境内的,自其委派通知接受国外交部门之时开始享受。享有特权与豁免人员的职务如果终止了,这种特权和豁免通常于该员离境之时或听任其离境的合理期间终了之时停止;而且,即使有武装冲突情势,也应继续有效至该时为止。对于以使馆人员资格执行职务的行为,豁免应始终有效。在使馆人员死亡时,其家属应继续享有其所应享的特权和豁免,至听任其离境之合理期间终了之时为止。

第四节 特 别 使 团

一、概说

按照 1969 年《特别使团公约》,特别使团是指一国经另一国同意,为了就特别问题同该另一国进行交涉，或为了同该另一国有关的特别任务，而派往该国的、代表其本国的临时使团。特别使团的出现远较使馆为早，但是在使馆制度形成后，特别使团的作用曾经大大减小。最近几十年来，由于国际关系广度和深度大大发展，交通日益方便，特别使团被相当频繁地用来执行重要的谈判或缔结各种条约、协定的任务，它们的作用又变得重要起来了。在相当一段时期内，关于特别使团的法律地位，没有形成一套明确的国际法规则。实际上，特别使团的法律地位往往由有关国家协议决定，或者由接受国参照一般实践予以确定。

联合国大会于1969年12月8日通过了《特别使团公约》。这个公约于1985年6月21日生效。特别使团和常设外交使团都是外交代表机构，但前者是临时性的，后者是常驻的，任务性质上也有差异，因此这个公约同《外交关系公约》在一些方面虽然相似，但有其特点，存在一些差别。

二、特别使团的派遣、组成、其人员的任命

《特别使团公约》规定，特别使团的派遣应通过外交途径或者其他双方同意或共同接受的途径事先取得接受国的同意。特别使团的职务也应由双方同意而予以决定。特别使团的派遣或接受不以存在外交关系为必要条件。

特别使团应由派遣国的一名或几名代表组成，派遣国可以从其中指定一人为团长。特别使团可以包括外交人员、行政和技术人员，以及服务人员。

派遣国在向接受国提供了关于特别使团的规模和组成，特别是它准备任命的人员的姓名和职务等一切必要的情况后，在原则上可以自由任命，但接受国可以不加说明而拒绝任何一人为特别使团成员（包括团长、代表和其他人员）。

接受国的外交部或经商定的其他机构应获得关于包括下列事项的通知：特别使团的组成以及后来的任何变动；特别使团成员的到达和最后离境，以及他们在使团中的职务的终止；特别使团团长的任命；特别使团所使用房舍的地点和享有不可侵犯权的私人住所的地点。

《公约》对特别使团执行任务的方式的若干问题作了规定。关于开始执行任务，《公约》规定，特别使团一经同接受国的外交部或者经商定的其他机构进行正式接触，即开始执行它的任务，而不决定于有派遣国常设外交使团的介绍或者提交信任状或全权证书。

关于由何人代表特别使团行事，《公约》规定，特别使团团长，或者在派遣国未任命使团团长时，由派遣国指定的一名代表，受权代表特别使团行事，并由他向接受国递送文件。接受国应将关于特别使团的文件直接或通过常设外交使团递送给特别使团团长，或者在没有团长时递送给上述代表。

《公约》还规定，派遣国委托特别使团同接受国办理的一切公务，应同接受国的外交部或通过外交部，或者同可能商定的接受国其他机关进行。

三、特别使团及其人员的便利、特权和豁免

按《公约》的规定,特别使团及其各类人员分别地大体上享有《外交关系公约》中所规定的使馆及其各类人员的特权和豁免,而在一些问题上,则作了某些变动和限制。总的原则是,使团应当根据其任务的性质,给以为正常执行其职务所必需的便利、特权和豁免。这些特权和豁免也可分为特别使团的和特别使团成员的。

(一)特别使团的便利、特权和豁免

《公约》规定,特别使团享有如下便利、特权和豁免:

1. 特别使团应享有在使团占用的房舍上和在它用于公务的交通工具上使用派遣国国旗和国徽的权利。

2. 接受国根据特别使团的性质和任务,应给予特别使团为执行其任务所必需的便利。如果特别使团提出要求,接受国应协助它取得必需的房舍,并为它的成员获得适当的住所。

3. 在符合特别使团任务的性质和期限的范围内,派遣国和特别使团中代表该使团行事的成员,应免缴对特别使团所占用房舍的一切全国的、地区的或市政的捐税,但相当于支付特殊服务的费用除外。

4. 特别使团的房舍不可侵犯,包括:(1)接受国的办事人员不得进入使团的房舍,除非获得特别使团团长的允许,或者在适当情况下,获得派遣国驻接受国的常设外交使团团长的允许。在发生火灾或其他严重危及公众安全的灾难的情况下,并且只有在不可能获得特别使团团长的允许,或者在适当情况下不可能获得常设外交使团团长的允许的情况下,才可以认为已经获得这项允许。(2)接受国负有特殊责任采取一切适当步骤,以保护特别使团的房舍免遭任何侵入或毁坏,并防止使团的安宁受到骚扰或尊严受到损害。(3)特别使团的房舍、装备、供使团使用的其他财产和交通工具,都应豁免搜查、征用、查封或强制处理。

5. 特别使团的档案和文件无论在何时何地都不可侵犯。这些档案和文件于必要时应带有易于识别的外部标记。

6. 在遵守因国家安全的理由而禁止或限制进入某些地区的法律规章的条件下,接受国应保证特别使团全部成员在其领土内为执行特别使团的任务所必要的行动和旅行自由。

7.《公约》第28条的规定包括:接受国应准许和保护特别使团为执行一切官方任务的通讯自由,为此特别使团可以使用一切适当的手段,包括信使和明码或密码文件;特别使团只有经接受国同意才能设置和使用无线电发报机;特别使团的官方信件不可侵犯;特别使团在可行的情况下应使用派遣国常设外交使团的通讯工具,包括邮袋和信使。

8. 免除关税《公约》规定,供特别使团公务用的物品,接受国应准许入境,并免

除一切关税、征税以及除贮存、运送和类似的服务费用外的其他一切费用。

（二）特别使团中的派遣国代表和外交人员的特权和豁免

《公约》规定，特别使团中的派遣国代表和外交人员享有以下特权和豁免。

1. 特别使团中的派遣国代表和外交人员人身不可侵犯。他们不受任何形式的逮捕或扣留。接受国应以应有的尊重对待他们，并采取一切适当步骤防止他们的人身、自由或尊严受到任何侵犯。

2. 上述人员的私人住所应享受与特别使团房舍同样的不可侵犯权和保护。他们的文件、信件以及他们的财产，除《公约》另有规定的情况外，都享有不可侵犯权。

3. 上述人员享有接受国刑事管辖的豁免。除《公约》所规定的四种诉讼外，他们也享有民事和行政管辖的豁免。在这四种不在豁免之列的诉讼中，有三种与《外交关系公约》所规定的相同，另外则增列一种"关于有关人员在公务范围之外由于使用车辆肇事造成损害的诉讼"。关于对上述人员一般不得采取强制措施的规定，与《外交关系公约》的相应规定也是一致的。此外，特别使团中的派遣国代表和外交人员也免除作为证人作证的义务，免除社会保险法规的约束，免缴各种捐税（但规定有几项例外），免除一切个人役务，免除关税和检查。

实际上，不少特别使团的团长或代表是由国家元首，国家高级官员，包括政府首脑或外交部长担任的。对于参加特别使团的国家元首、政府首脑、外交部长和其他高级官员的待遇，《公约》规定他们除享有《公约》所规定的特权和豁免外，还应享受国际法所赋予的便利、特权和豁免。

《中华人民共和国外交特权与豁免条例》规定："来中国访问的外国国家元首、政府首脑、外交部长及其他具有同等身份的官员，享有本条例所规定的特权和豁免。"（第23条）

（三）其他人员的特权和豁免

特别使团的行政和技术人员享有的特权和豁免，除两点外，与外交人员相同。这两点是：对接受国的民事和行政管辖的豁免，不适用于他们不是在执行职务时采取的行为；他们输入的个人使用的物品免除关税限于最初进入接受国国境时输入的物品，他们也不享受私人行李免受查验的特权。行政和技术人员的伴随家属，如果不是接受国国民或永久居民，享有的特权和豁免与行政和技术人员相同。

特别使团的服务人员在执行其职务时所采取的行为应享受接受国管辖的豁免，免缴对他们由受雇所得的报酬而征收的捐税，并免受社会保险法规的约束。特别使团成员的私人服务员应免缴由受雇所得报酬而征收的捐税。

（四）豁免的放弃

派遣国可以放弃特别使团中的派遣国代表和外交人员以及享受豁免的其他人员的司法管辖豁免。豁免的放弃都须明确表示。

此外,《公约》还规定特别使团工作人员及其接受家属的通过第三国国境、特权和豁免的期限,基本上与《维也纳外交关系公约》相应的规定相同。

四、特别使团及其人员的义务

特别使团及其人员的义务,与使馆及其人员相同,即尊重接受国的法律规章,不干涉接受国内政,不将前使团的房舍用于与使团的任务不相容的用途。此外,特别使团中的派遣国代表和外交人员在接受国内不得为私人利益从事任何专业性或商业性活动(第48条)。

五、宣告为不受欢迎的人

接受国也可以随时不加解释地通知派遣国,宣告特别使团的任何代表或外交人员为不受欢迎的人或任何其他人员是不能接受的。发生这类情况时,派遣国应视情形召回或终止该人员在特别使团中的职务。接受国也可以在该人员到达接受国境内以前宣布其为不受欢迎的人或不能接受。如果派遣国表示拒绝,或未在合理期限内履行这种义务,接受国可以拒绝承认有关人员为特别使团成员。

六、特别使团任务的终止

《公约》规定的特别使团任务终止的情况如下;经有关各国取得协议;特别使团任务的完成;未经特别使团指定的期限届满,除非明确地予以延期;派遣国发出通知说它正在结束或召回特别使团;接受国发出通知说它认为特别使团已结束。《公约》还规定,派遣国和接受国之间外交关系或领事关系的断绝,其本身不应造成在断交时存在的特别使团的结束。

第五节 领 事 关 系

一、领事制度概说

领事是一国为了实行其对外政策,经另一国同意派驻在该国一定地点,以便在该国一定区域内执行领事职务的人员。领事制度的产生较常设外交使团为早。领事的萌芽在古希腊就曾经有了。中世纪,在地中海一带,领事制度在国家之间贸易增长的基础上得到发展。随十字军东侵到西亚各国的意大利、西班牙和法国商人,常从本国侨商中选出领事,代表他们同当地当局打交道,保护他们的利益并对他们之间的争讼进行审判。中世纪后期,意大利、西班牙和法国商业城市中的外国商人,也常从同国人中推选一、二人在商务争讼中充当仲裁员,称为“领事法官”。15

世纪,西欧一些国家相互间和在西亚各国已派有不少领事。到了 16 世纪,领事逐渐不再从当地侨商中挑选,而改由国家委派。18 世纪中叶以后,随着资本主义的发展,领事制度得到更大重视和进一步发展。资本主义大国利用领事作为争夺市场和向外扩张的一种工具。在中国,1842 年《南京条约》规定英国有权在广州、福州、厦门、宁波、上海五处通商口岸派驻领事官员。西方大国不但把领事制度带到东亚各国,而且在这些国家、特别是从中国攫取了破坏主权原则的领事裁判权。列强在中国的领事裁判权直到第二次世界大战结束后,才由于中国人民的长期斗争而被彻底取消。

二、领事关系法

领事关系法的一个特点是有大量的关于领事的双边条约。据统计,现在,双边领事条约有几百个。我国在 50 年代末 60 年代初,曾开始订立了三个领事条约,即 1959 年的中苏、中德(东德)条约和 1960 年的中捷条约。1980 年以来,我国同外国缔结的领事条约呈增长之势。截至 1994 年,中国与外国缔结或重订的领事条约有约二十个。

1963 年《维也纳领事关系公约》是关于领事制度的一个比较全面的公约。这个公约于 1967 年 3 月 19 日生效。现在《公约》有约 120 个缔约国。我国于 1979 年加入该公约,同年 8 月 1 日该公约对我国生效。《领事关系公约》不影响双边领事条约,也不排除另订领事条约加以确认或补充。

1990 年 10 月 30 日我国公布并开始施行《中华人民共和国领事特权与豁免条例》。该条例与《维也纳领事关系公约》是一致的。《条例》第 27 条规定:"中国缔结或者参加的国际条约对领事特权与豁免另有规定的,按照国际条约的规定办理,但中国声明保留的条款除外。中国与外国签订的双边条约或者协定对领事特权与豁免另有规定的,按照条约或者协定的规定执行。"

三、领事关系和领事馆的建立

《维也纳领事关系公约》规定,"国与国间领事关系之建立,以协议为之";"除另有声明外,两国同意建立外交关系亦即谓同意建立领事关系。"《公约》还规定:领馆须经接受国同意始得在该国境内设立;领馆的设立地点、类别及其辖区由派遣国决定,但须经接受国同意。领事辖区或领区是指为领馆执行领事职务而设定的区域。

四、领事职务

按照《领事关系公约》的规定,领事职务主要是:(1)保护:在国际法许可的限度内在接受国内保护派遣国及其国民——个人与法人——的利益;(2)促进:增进派遣国与接受国间商业、经济、文化及科学关系的发展,并在其他方面促进两国间的友好关系;(3)了解和报告:以一切合法手段了解接受国内商业、经济、文化和科学活动的状况及发展情形,并向派遣国政府报告;(4)发护照、签证等:向派遣国国民发给护照及旅行证件,并向希望到派遣国旅行的人士发给签证或其他适当文件;(5)帮助派遣国国民;(6)公证登记和行政事务:执行公证、民事登记等职务和办理若干行政性质的事务,但以接受国法律、规章未加禁止为限;(7)监督和协助派遣国的船舶、航空器及其航行人员。

领事馆和使馆都是国家的对外关系机关,两者之间的主要区别在于:使馆全面代表派遣国,同接受国政府进行外交往来,领馆通常是就领事职务范围内的事项同地方当局进行交涉;使馆所保护的利益一般对派遣国说是带全局性的,而领馆的保护则一般表现于经常性的事务;使馆的工作和活动范围是接受国全境,而领馆则一般限于在领区。

五、历史上的领事裁判权

在历史上,西方国家曾在亚非国家攫取领事裁判权。领事裁判权是指西方列强在亚非各国的领事按照其本国法律对其本国侨民行使司法管辖权的片面特权。这种制度最初是在一些穆斯林国家推行的。随着属地优越权的逐步确立,这种制度的违反属地主权原则越来越明显。但西方列强迟至 19 世纪还以亚非国家的法律制度劣于或异于它们的制度为借口,强迫订立不平等条约,将领事裁判权强加于许多亚非国家。

列强在中国的领事裁判权首次规定于 1843 年中英《五口通商章程》。1844 年中美《望厦条约》又加以明确和扩大。以后,其他西方国家也根据条约和最惠国条款在中国攫取了领事裁判权。在这种领事裁判权制度下,中外混合民事案件,如果外国人是被告,由该外国人所属国的领事或领事法庭按照其本国法律审判。中外混合刑事案件,如果罪犯是外国人,也由该外国人所属国的领事或领事法庭审判。外国人之间的案件,则完全由有关外国的领事法庭审判,中国不能过问。

中国人民为废除这种破坏我国主权的领事裁判进行了长期的斗争。直到 1943 年中国分别同美国和英国以及其后同法国等国家签订了有关条约后,西方国家在我国的领事裁判权才被废除,而在 1949 年中华人民共和国成立后才被彻底取消了。现在,领事裁判制度可以说在全世界范围内已经一去不复返了。

六、领事馆的人员

(一)领馆人员的类别

按照《领事关系公约》,领馆人员分为领事官员、行政和技术人员(《公约》中称为"领馆雇员")和服务人员。领事官员是执行领事职务的人员,包括领馆馆长。行政和技术人员包括例如办公室秘书、译员。服务人员包括汽车司机、传达员等。此外,《公约》还提到私人服务人员,指领馆人员的私人服务员,不属于领馆人员之列。

(二)名誉领事

有一些国家从居住在其领馆所在地国家的人士中选任领事,称为名誉领事。任名誉领事的大多是商人或律师。名誉领事不属于委派国国家人员编制,也不领取薪金,通常以领馆所收的手续费、规费为报酬。有些国家所派的名誉领事的数目比职业领事还多。名誉领事制度在《领事关系公约》中有反映。我国不派遣、也不接受名誉领事。

(三)领馆馆长和其他人员的委派

领馆馆长由派遣国委派,并由接受国承认准予执行职务。《领事关系公约》和国际习惯法并不要求委派领馆馆长须事先征求接受国同意,但有些国家要求事先征求同意。在这种情况下,有关国家之间可以商定事先征求同意的程序。中国现行的做法是,对外国驻华领馆馆长的任命,除两国另有协议外,中国政府不要求派遣国政府事先征求同意。中国政府任命中国驻外国的领馆馆长,如接受国规定需事先征求其同意,则中国政府尊重其规定。

《领事关系公约》规定,领馆馆长奉派任职,应由派遣国发给"委任文凭"(中国政府发给的此种文书称为"领事任命书"),经由外交途径送交接受国政府。领事馆馆长须经接受国以发给"领事证书"的形式给予准许,才能执行职务。发给领事证书,实际上也是接受国承认或接受的一种方式。但领馆馆长在获得领事证书之前可以暂时准予执行职务。一国拒绝发给领事证书,无须向派遣国说明拒绝的理由。《公约》还规定,如果接受国同意,派遣国可以向接受国致送通知,载明馆长的全名、等级等,以代替送交"委任文凭"。

近来,领馆馆长的委派和接受程序有趋于简化之势。如1980年《中美领事条约》规定,派遣国通过外交途径向接受国致送任命领馆馆长的书面通知,其中载明领馆馆长的全名、官衔等,接受国如无异议,应毫不迟延地予以书面确认。1990年的中国与老挝《领事条约》也作了类似规定。

馆长以外的领馆人员,在原则上,由派遣国自由委派,派遣国一般只需将名单连同职衔书面通知接受国即可。

(四)领馆馆长的等级和优先位次

《领事关系公约》规定,领馆馆长分为四级:总领事、领事、副领事和领事代理人。领馆也分为总领事馆、领事馆、副领事馆和领事代理处。《公约》列举四级馆长,并非表示国家在实践中必须派遣或接受这四级馆长。目前,中国在外国只设立总领事馆和领事馆,外国在中国设立的领馆均为总领事馆。

《公约》同时规定,上述关于领馆馆长等级的规定"并不限制任何缔约国对馆长以外之领事官员设定衔名之权"(同条第2款)。在实践中,各国根据其国内法,可委派各种职衔的领事官员。中国目前委派的有总领事、领事、副领事和领事随员。

关于领馆馆长的优先位次,《领事关系公约》规定,领馆馆长在各别等级中的优先位次,依发给领事证书的日期确定。如领馆馆长在获得领事证书之前经暂时准予执行职务,其优先位次依暂时准予执行职务的日期确定(第16条)。

(五)领事团

领事团不是依领事关系法成立的组织。但按照国际惯例,驻在一个城市的各领馆可以成立领事团。领事团团长一般由职衔最高、获得领事证书或得到许可暂时执行职务最早的领馆馆长担任。领事团的活动通常是礼仪性的。领事团团长的职责主要是代表领事团在某些典礼和交际场合致词、祝酒,或向地方当局提出日常事务方面的要求。接受国地方当局对领事团的正常活动给予一定的便利。

七、领事特权和豁免

《领事关系公约》对于领事特权和豁免的根据,像《外交关系公约》一样,采取职务需要说,同时也考虑到代表性。《公约》序言指出:"此等特权及豁免之目的不在于给予个人以利益而在于确保领馆能代表本国有效执行职务。"

使馆和领馆起源不同,职务也有区别,因而外交特权与豁免和领事特权与豁免也有相当多的差别。但是,领事特权与豁免的目的"在于确保领馆能代表本国有效执行职务"。因此,领馆也是代表本国的。公约关于领事特权和豁免的规定是各国处理领事特权和豁免问题的标准,但是各国在某些方面的实践,较之《公约》中的规定有所发展,趋向于接近外交特权与豁免。

中国自1980年以来,已同约二十个国家在平等互惠的原则下缔结或重订了领事条约。这些领事条约在《领事关系公约》有关规定的基础上,也对领事特权与豁免的某些方面有所发展。《中华人民共和国领事特权与豁免条例》规定:"中国缔结或者参加的国际条约对领事特权与豁免另有规定的,按照国际条约的规定办理,但中国声明保留的条款除外。中国与外国签订的双边条约或者协定对领事特权与豁免另有规定的,按照条约或者协定的规定执行"。所以,要了解有关国家的领馆及其人员应享有的特权和豁免,除了《领事关系公约》的规定外,还应看双边领事条约。

领事特权和豁免分为领馆的和领馆人员的。

(一)领馆的便利、特权和豁免

1.《公约》首先规定,接受国应给予领馆执行职务的充分便利。《公约》还规定,接受国应便利派遣国置备馆舍或协助领馆以其他方法获得房舍,在必要时并应协助领馆为其人员获得适当房舍。

2. 领馆所在的建筑物及其正门上,以及领馆馆长寓邸和在执行公务时所使用的交通工具上,可以悬挂派遣国国旗和展示国徽。

3. 领馆馆舍是指专供领馆使用的建筑物或建筑物的各部分及其所附属的土

地。《公约》对领馆馆舍规定了不可侵犯，但是，这种不可侵犯是有限度的，《公约》在这个问题上作了三点规定。

(1)“接受国官吏非经领馆馆长或其指定人员或派遣使馆馆长同意，不得进入领馆馆舍中专供领馆工作之用之部分。惟遇火灾或其它灾害须迅速采取保护行动时，得推定领馆馆长已表示同意。这里关于推定同意的规定，和将保护范围限于领馆的办公处所，使得领馆馆舍的不可侵犯有一定的限度。”

(2)“接受国负有特殊责任，采取一切适当步骤保护领馆馆舍免受侵入或损害，并防止任何扰乱领馆安宁或有损领馆尊严之情事”。这款规定也是有条件的，因为这款规定受上面(1)的限制。

(3)“领馆馆舍、馆舍设备以及领馆的财产与交通工具，应免受国防或公用目的而实施之任何方式之征用。如为此等目的确有征用之必要时，应采取一切可能步骤以免领馆职务之执行受有妨碍，并应向派遣国为迅速、充分及有效之赔偿”。在给予所规定的赔偿的条件下，这种征用还是容许的。

在国家实践中，领馆馆舍的有限度的不可侵犯在发生变化。在中国与南斯拉夫、中国与意大利的领事条约中，规定了《公约》的上述关于“推定同意”的条款。在中国与美国、中国与老挝领事条约中规定的领馆馆舍不可侵犯是完全的，并扩大适用于领事官员的住宅。例如，中国与老挝领事条约中相应的条款规定：“领馆馆舍和领事官员的住宅不受侵犯，接受国当局人员未经领馆馆长或派遣国使馆馆长或他们两人中一人指定的人的同意，不得进入领馆馆舍和领事官员的住宅。”

在关于领馆馆舍的免予征用问题上，也有类似的发展。在一些双边条约中，我国同意关于领馆在必要时在给予赔偿的条件下，可以征用。同时，在互惠的基础上，我国也与一些国家达成协议，对领馆馆舍完全免予征用。在有些双边领事条约中，领馆馆舍的不可侵犯已被提高到接近使馆馆舍不可侵犯的标准。

4. 领馆档案及文件无论何时也不论位于何处，都不得侵犯。领馆档案是指领馆的一切文书、文件、函电、簿籍、胶片、胶带及登记册，以及明密电码、记录卡片及供保护或保管这些文卷之用的任何器具。

5. 领事关系公约关于通讯自由的规定包括以下几点：(a)领馆与派遣国政府和无论在何处的该国使馆及其他领馆通讯，可以采用一切适当方法，包括外交或领馆信差、外交或领馆邮袋及明密码电信在内。但领馆装置和使用无线电发报机必须经接受国许可。(b)领馆的来往公文不得侵犯。(c)领馆邮袋不得予以拆开或扣留。但如接受国主管当局有重大理由认为邮袋装有不在来往公文及公务文件或专供公务之用之物品时，可以请派遣国授权代表一人在该当局前将邮袋开拆。如果派遣国当局拒绝这项请求，邮袋应予退回至原发送地点。

6.《公约》规定：“除接受国为国家安全设定禁止或限制进入区域所订法律规章另有规定外，接受国应确保所有领馆人员在其进境内行动及旅行之自由”(第

34 条)。

7. 领馆馆舍和领馆馆长寓邸,其所有权人或承租人是派遣国或代表派遣国的人员的,免纳国家、区域或地方性的一切捐税,但对提供的特定服务的收费不在此列。领馆可在接受国境内征收派遣国法律和规章所规定的领馆办事规费与手续费,这种规费与手续费的收入款项以及收据,免纳接受国的一切捐税。领馆公务用品应准予入境,并免除一切关税和一切其他课征。

8. 为了便于领馆执行其对派遣国国民的职务起见,领事官员可以与派遣国国民自由通讯和会见;领事官员有权探访受监禁、羁押或拘禁的派遣国国民,与之交谈或通讯,以及为他们聘请法律代表。此外,为了便利领馆执行职务,《公约》规定,遇有下列情事,而接受国主管当局如获有关情报,有义务通知有关领馆:派遣国国民死亡,需要为具有派遣国国籍的无充分行为能力人指定监护人或托管人,具有派遣国国籍的船舶,在派遣国登记的航空机在接受国领域发生事故。

(二)领事官员及其他领馆人员的特权和豁免

按照《领事关系公约》的规定,领事官员及其他领馆人员享有的特权和豁免有:

1. 人身自由或尊严受保护、人身不受侵犯

《公约》规定:"接受国对于领事官员应表示适当尊重并应采取一切适当步骤以防其人身自由或尊严受任何侵犯"(第40条)。对领事官员,只有在他犯了严重罪行,并且依主管司法机关的裁判执行,才能予以逮捕候审或羁押候审;除了有上述情形,并为执行有确定效力的司法裁决外,也不得对领事官员施以监禁或对其人身自由加以任何其他方式的拘束。如果对领事官员提起刑事诉讼,该官员须到管辖机关出庭,但应予以适当照顾。

在有些双边领事条约中,领事官员的人身不可侵犯的标准有所提高。例如,中国与老挝领事条约中规定:"领事官员人身不受侵犯,不得对其予以拘留或逮捕。接受国应采取适当措施防止领事官员的人身自由和尊严受到侵犯"(第34条)。中国与美国领事条约中规定:"接受国应给予领事官员适当的保护,以防止他们的人身、自由或尊严受任何侵犯。"(第7条)

2. 管辖豁免

《领事关系公约》规定,领事官员和领馆行政和技术人员,对其为执行职务而实施的行为不受接受国司法或行政机关的管辖。但下列民事诉讼不在豁免之列:(1)因领事官员或领馆行政和技术人员并未明示或默示以派遣国代表身份而订立契约所引起的诉讼;(2)第三者因车辆、船舶或航空机在接受国内所造成的意外事故而要求损害赔偿的诉讼。

《公约》所规定的管辖豁免限于有关人员的职务行为。在国家实践中,这个规则也已有发展。中美领事条约在此问题上规定,领馆成员及其家庭成员免受接受国的刑事管辖。依此,刑事管辖的豁免不限于执行职务的行为,而且享有这项豁免

的人员范围也扩大了。但这些人员的民事和行政管辖豁免仍限于执行领事职务时的作为。在有些领事条约中,例如中国与老挝条约、中国与吉尔吉斯条约,对领事官员和领馆其他成员加以区别,领事官员免受接受国的司法或行政管辖(除特定的几种民事诉讼外),但领馆行政和技术人员和领馆服务人员免受接受国的上述管辖限于执行公务的行为。《中华人民共和国领事特权与豁免条例》规定:"领事官员和领馆行政技术人员执行职务的行为享有司法和行政管辖豁免。领事官员执行职务以外的行为的管辖豁免,按照中国与外国签订的双边条约、协定或者根据对等原则办理。"

3. 特权与豁免的放弃

《公约》规定的要点有:(1)派遣国可以就某一领馆人员放弃规定的人身不可侵犯、管辖豁免和作证义务方面的任何一项特权和豁免;(2)领事官员或领馆行政和技术人员如就依规定本可免受管辖的事项,主动提起诉讼,即不得对与本诉直接相关的反诉主张管辖豁免;(3)除(2)项所述的情形外,特权和豁免的放弃都必须明示,并应以书面通知接受国;(4)民事或行政诉讼程序上管辖豁免的放弃,不得视为对司法判决执行处分的豁免也默示放弃,对这种处分的豁免的放弃,须分别表示。

4. 作证义务

《领事关系公约》规定,领馆人员可被召在司法或行政程序中到场作证,但领馆人员就其执行职务所涉及的事项,没有担任作证或提供有关来往公文及文件的义务。对于领事官员,要求其作证的机关应避免对其执行职务有所妨碍,在可能情形下,可以在其寓所或领馆录取证言,或接受其书面陈述。领馆人员就其执行职务所涉及的事项,没有担任作证或提供有关来往公文及文件的义务。领馆人员并有权拒绝以鉴定人身份就派遣国的法律提出证言。但除上述情况外,领馆行政和技术人员和领馆服务人员不得拒绝作证。对于领事官员,要求其作证的机关应避免对其职务有所妨碍,在可能情形下,可以在其寓所或领馆录取证言,或接受其书面陈述。如领事官员拒绝作证不得对其施行强制措施或处罚。

现在,国家实践在领馆人员的作证问题上也有发展。中国同有些国家订立的领事条约中的规定,与《公约》的上述规定类似。中国在与另一些国家缔结的领事条约中,也同意领事官员享有完全的作证免除,而对于领馆行政和技术人员和领馆服务人员的规定,则基本上与《公约》相似,但在作证的方式方法上有较多照顾。

5. 免纳捐税、关税和免受查验

《领事关系公约》在这方面的规定主要是:领事官员和领馆行政和技术人员以及与其构成一户口的家属免纳一切对人或对物课征的国家、区域或地方性捐税,但间接税、遗产税等不在此列。领馆服务人员由于其服务而得的工资,免纳捐税。领事官员或与其构成同一户口的家属的私人自用品,包括供其初到任时定居之用的物品在内,免除关税。消费用品不得超过有关人员本人直接需要的数量。领馆行政和技术人员初到任时运入的物品,免纳关税。领事官员及与其构成同一户口的家属所携带的私人行李,免受查验,仅在一定情况下和依规定的条件,才可加以查验。

6. 其他特权和豁免

《领事关系公约》所规定的其他特权和豁免有:领馆人员免除接受国法律规章对外侨登记和居留证所规定的一切义务;免除接受国关于雇用外国劳工的法律规章所规定的任何有关工作证的义务;免予适用接受国的社会保险办法;免除个人劳务和公共服务,及有关征用、军事捐献及屯宿等军事义务。

7. 不享受特权和豁免的人员

《领事关系公约》规定下列人员不应享有公约有关条款所规定的特权和豁免:在接受国内从事私人有偿职业的领馆行政和技术人员或服务人员;这些人员的家属或私人服务人员;领馆人员家属本人在接受国内从事私人有偿职业的。《中华人民共和国领事特权与豁免条例》规定:"领事官员如果是中国公民或者在中国永久居留的外国人,仅就其执行职务的行为,享有本条例规定的特权与豁免。领馆行政技术人员或者领馆服务人员如果是中国公民或者在中国永久居留的外国人,除没有义务就其执行职务所涉及事项作证外,不享有本条例规定的特权与豁免。私人服务人员不享有本条例规定的特权与豁免。"(第22条)

(三)领馆人员及其家属在第三国的地位

《领事关系公约》规定,如果领馆官员前往就任或返回派遣国途经第三国国境或在该国境内,而该国已经发给他所需要的签证,第三国应给予为确保其过境或返回所必需的一切豁免。与领事官员构成同一户口而享有特权和豁免的家属如果与领事官员同行或单独旅行前往会聚或返回派遣国,也应给予上述豁免。其他领馆人员或与其构成同一户口的家属,在类似情形下,第三国不应阻碍他们经过该国国境。《中华人民共和国领事特权与豁免条例》的有关规定比较宽松,但中国政府按照具体情况根据对等原则给予相应的待遇。《条例》规定:途经中国的外国驻第三国的领事官员和与其共同生活的配偶及未成年子女,享有为此所必需的特权与豁免。但"如果外国给予中国驻该国领馆、领馆成员以及途经或者临时去该国的中国驻第三国领事官员的领事特权与豁免,不同于中国给予该国驻中国领馆、领馆成员以及途经或者临时来中国的该国驻第三国领事官员的领事特权与豁免,中国政府根据对等原则,可以给予该国驻中国领馆、领馆成员以及途经或者临时来中国的该国驻第三国领事官员以相应的领事特权与豁免(第26条)。

八、领事馆和享有领事特权和豁免人员的义务

领馆、领馆人员和其他享有领事特权和豁免的人员,其行为和活动必须遵守公认的国际法原则和规则,对接受国负有以下义务:领馆馆舍不得以任何与执行领事

职务不相容的方式加以使用,领事官员和其他享有领事特权和豁免的人员在不妨碍这项特权和豁免的情形下,都负有尊重接受国法律、规章的义务。这些人员负有不干涉接受国内政的义务。此外,领馆人员有以下义务:领事、职业领事官员不应在接受国内为私人利益从事任何专业或商业活动;领馆人员对于接受国法律、规章就使用车辆、船舶或航空机对第三者可能发生的损害所规定的任何保险办法应加遵守。

九、宣告为不受欢迎的人

为了维护接受国的利益,防止领事特权和豁免被滥用,《领事关系公约》规定宣告为不受欢迎的人的程序:

"1. 接受国得随时通知派遣国,宣告某一领事官员为不受欢迎人员或任何其他领馆官员为不能接受。遇此情事,派遣国应视情形召回该员或终止其在领馆中之职务。

"2. 倘派遣国拒绝履行或不在相当期间内履行其依本条第一项所负之义务,接受国得视情形撤销关系人员之领事证书或不承认该员为领馆官员。

"3. 任何派为领馆人员之人得于其到达接受国国境前——如其已在接受国境内,于其在领馆就职前——被宣告为不能接受。遇此情形,派遣国应撤销该员之任命。

"4. 遇本条第一项及第三项所称之情形,接受国无须向派遣国说明其所为决定之理由"(第23条)。

从这些规定不难看出,宣布为不受欢迎的人或不能接受的人,既可以在必要时适用于在任的领馆人员,也可以用于已任命而尚未就职的人员。在实践中,接受国作出这种决定,大都由于领馆人员从事——或被指控从事——与领事职务不相符的活动。

十、领馆人员职务的终止

领馆人员职务终止的原因是多种多样的,其中包括:(1)派遣国通知接受国,该人员的职务已终了;(2)领事证书被撤销;(3)接受国通知派遣国,接受国不复承认该人员为领馆官员;(4)领馆关闭或领事关系断绝;(5)派遣国与接受国之间发生战争。按照《公约》的规定,断绝外交关系并不当然断绝领事关系。派遣国与接受国之间断绝外交关系时,领事关系是否断绝,要看两国的意图而定。

十一、特权和豁免的开始和终止

《公约》第55条规定的各类人员的特权和豁免的开始和终止:

领馆人员自进入接受国国境前往就任之时起享有上述特权和豁免,其已在该国境内的，自其就领馆职务之时起开始享有。

领馆人员的与其构成同一户口的家属和私人服务人员，自领馆人员依上述规定享有特权和豁免之日起，或自本人进入接受国国境之时起，或自其成为领馆人员的家属或私人服务人员之日起，享有《公约》所规定的特权与豁免，并以在后的日期为准。

领馆人员的职务如果终止，其本人的特权和豁免以及与其构成同一户口的家属或私人服务人员的特权和豁免，通常应于各该人员离接受国国境时或者离境的合理期间终了时停止，以在先的时间为准。领馆人员的家属和私人服务人员的特权和豁免在其不复为领馆人员家属或不复为领馆人员雇用时终止。但如果这些人员愿在稍后的合理期间内离接受国国境，其特权和豁免应继续有效，至其离境之时为止。领事官员或领馆行政和技术人员为执行职务所作的行为，其管辖豁免应继续有效，无时间的限制。

如果领馆人员死亡，与其构成同一户口的家属应继续享有应享的特权和豁免，至其离开接受国国境，其离境之合理时间终了时为止，以在先的时间为准。

主要参考书目

1. B. 森:《外交人员国际法与实践指南》，中译本，1987 年。

2.《萨道义外交实践指南》，第五版，中译本，1984 年。

3.《新中国领事实践》，《新中国领事实践》编写组，1991 年。

4.《领事法和领事实践》，中译本，1975 年。

5. J. Hardy, Modern Diplomatic Law, 1968.

6. E. Denza, Diplomatic Law, A Commentary on the Vienna Convention on Diplomatic Relations 1976.

7. Luke T. Lee, Consular Law and Practice, 2nd editon, 1991.

第十三章　条　　约

第一节　概　　说

一、条约的概念

条约是两个或两个以上国际法主体依据国际法确定其相互间权利和义务的一致的意思表示。按照这个定义,条约具有以下四个方面特征:(1)条约的主体,即条约的缔约方,必须是国家或其他国际法主体;(2)条约必须符合国际法;(3)条约规定的是缔约方之间在国际法上的权利和义务关系;(4)缔约方必须有一致的意思表示。

1. 条约的主体必须是国家或其他国际法主体

只有国家和其他国际法主体才能缔结条约。国家是最重要的国际法主体,也是条约最主要、最常见的当事方。政府间国际组织在一定的范围内也是国际法的主体,所以也可以成为条约的当事方。在争取民族独立的斗争中,一个民族可能在某一阶段里没有能够获得政治上独立,但是它已具有了作为一个民族所固有的民族主权的一些属性,其中包括缔结条约的能力。国际实践表明,代表该民族的政治实体,通常可以参加国际谈判,并缔结国际条约。国家和外国个人或法人签订的协议不是条约,国际法院对"英伊石油公司案"(1952 年)所作的判决明确地阐述了这一点。

2. 条约必须符合国际法

条约必须以国际法为准。1969 年《维也纳条约法公约》和 1986 年《维也纳国家与国际组织间或国际组织间条约法公约》都作这样的明确规定。根据这项原则,一个条约在国际法上是否有效成立,应该用国际法来衡量。

3. 条约规定缔约方间在国际法上的权利和义务关系

首先,条约规定的是缔约方间在国际法上而不是在国内法上的权利义务关系。有时国际法主体间缔结的协议中可能明文规定适用于该协议的法律是某一当事方的国内法,而不是国际法,因而所规定的是国内法上的权利,而不是国际法上的权利。这样的协议就不是条约,其次,条约规定的是缔约方相互间在法律上的权利义务关系。一项国际协议是否依据国际法在当事方间创设、改变或废止权利义务关系,是甄别该协议是否是条约的要件之一。

4. 缔约方必须有一致的意思表示

条约的缔约方必须就某个或某些问题达成协议,达成一致的意思表示。这是国际法上的条约同国内法上的契约的共同之处。但不同之处在于,条约的缔约方,如国家,是一个集体。集体不能象自然人那样表达自己的意思,而必须通过其代表机关代为表示其意思。在国际法上,代表机关的意思表示被归属于它所代表的国际法主体,即成为该国际法主体的意思表示。意思表示的内容必须一致这一条件表明,至少需要两个这样的意思表示才能成为条约。

条约通常以书面形式缔结,因为书面形式是规定缔约方权利义务关系最常见、最清楚和最可靠的方式。《公约》中的"条约"仅指以书面形式缔结的协议,但是同时又明确指出,假如一项协议不是以书面形式缔结的,并不影响该协定的法律效力和《公约》有关规定的适用。所以,书面形式以外的协议,以口头形式达成的协议,即口头条约,并没有被排除在"条约"概念之外。常设国际法院在"格陵兰案"(1933 年)和国际法院在"核试验案"(1974 年)中都肯定了口头协议对当事方的法律效力。《联合国宪章》第 102 条规定:条约必须登记和公布。只有书面形式的条约才能登记和公布,但是,这一条规定并没有否定口头协定的法律效力。所以,就条约的概念而言,书面形式并不是条约成立的不可缺少的要素,而可以有口头条约。

二、条约的名称

"条约"一词有广义和狭义两种意义。广义的"条约"是指符合上述定义的国际法主体间的一切一致的意思表示,而不论以何种名称出现。狭义的"条约"是指以"条约"作为名称的一种国际法主体间的一致的意思表示。

关于条约的名称,国际法上没有一个确定的规定和标准。缔约方可以自由地选择所缔条约的名称,如公约、条约、协定、议定书、换文等。不同名称的条约并不意味条约法律效力的不同。国际法院在"西南非洲案"(初步异议)(1962 年)的判决中曾指出,"术语并不是确定一个国际协议或承诺的性质的决定性因素。在国家和国际组织的实践,以及国际法院的司法实践中,(条约名称的)用法是多种多样的。(在国际上)有很多不同种类的文件,但它们都具备了条约约定的性质"。

比较常见的条约名称有以下几种:

1. 条约。条约是广义的"条约"中最正式的一种,用以规定缔约方间最基本和最主要的法律关系和法律地位,需要经过比较烦琐的程序缔结,有效期也比较长,如,和平条约、友好条约、边界条约、商务条约、航行条约、防务条约和领事条约等。

2. 公约。公约通常指许多国家或在国际组织的主持下为解决某个或某些重大问题举行国际会议、通过多边谈判方式缔结的多边条约。例如,在联合国主持下签订的《联合国海洋法公约》(1982 年)。

3. 协定。协定多指缔约方为解决某一方面的具体问题而达成的协议。既有多边协定，如 1987 年《国际天然胶协定》，也有双边协定，如 1987 年《中华人民共和国和法兰西共和国关于民事、商事司法协助的协定》。

4. 议定书。通常指辅助性的法律文件，所规定的事项比协定更具体一些。议定书可以分为独立的议定书和附属的议定书两种。独立的议定书本身就是一个独立的条约，如 1925 年《关手禁止毒气或类似毒品及细菌方法作战的日内瓦议定书》。而有的议定书则是一个条约的附属文件，用以补充、说明、解释或改变主条约的规定，如《欧洲联盟条约》的后面附加了 17 份议定书，它们随同该条约一起生效。

5. 宪章、盟约、规约。这类名称一般用于国际组织的组织条约，以示其庄严，如《联合国宪章》、《国际联盟盟约》和《国际法院规约》。"规约"有时也被用于一个特定的国际制度的条约，如《关于多瑙河的公约和确定规约》(1923 年)。

6. 换文。换文通常是两国政府就某一特定事项分别发出或交换两个或两个以上内容相同或相似的文件，其中一个文件作出明确的要约，另一个文件对这个要约作出明确的承诺，从而双方就该事项达成意思一致——缔结条约。换文的程序比较简单，便于解决具体问题，所以在条约中所占比例比较大，在联合国登记的条约中至少有 1/3 是换文。

7. 文件。文件常被用来指在国际会议上通过的规定一般国际法规则或解决一般国际法问题的多边条约。有时用"总文件"一词，如 1928 年《关于和平解决国际争端的日内瓦总文件》。有时还用"最后文件"一词，如 1815 年《维也纳公会最后文件》。但是，最后文件通常不是条约，而是用于叙述或概括国际会议的过程，列举会议上所通过的条约或公约等，有时还用于表示建议或愿望。签署这样的最后文件不等于签署它所列举的条约或公约，这些条约或公约还须单独签署。

8. 宣言或声明。宣言或声明常用来指两个或两个以上的国家就某一重大问题举行会谈或会议，在会谈或会议后公开发表的有关会谈或会议的文件。宣言或声明的情况比较复杂，能否构成条约，应该从当事方的意思表示和文件措辞中作出判断。如果一份宣言或声明明确规定了当事方具体的权利和义务，该宣言或声明就构成了条约，如《中华人民共和国政府和大不列颠及北爱尔兰联合王国政府关于香港问题的联合声明》(1984 年 12 月 19 日签字)。

9. 谅解备忘录。谅解备忘录一般用于在当事方间处理比较小的或次要的事项，如 1986 年《中英双方关于"香港身份证明书"问题的备忘录》，由英方备忘录和中方备忘录及附件组成，具体规定了"香港身份证明书"的有关法律问题。

10. 联合公报。同宣言或声明相似。联合公报通常是两个国家在会谈或会议之后就会谈或会议所公开发表的文件。多数联合公报不构成条约，但有的却是条约。这主要看当事方是否有创立、改变或废除法律权利和义务的意思表示。国际法院在"爱琴海大陆架案"(1978 年)的判决中肯定了这一点。

三、条约的种类

对于条约没有普遍接受的分类方法。常见的有以下几种：

1. 按缔约方的数目，可以把条约分为：(1)双边条约；(2)有限制的多边条约；(3)一般性的多边条约。双边条约指仅有两个缔约方的条约。大多数双边条约是在两个缔约国间缔结的。而有时，一个缔约方可能包括一个以上的国家，如1947年《对意和约》，一方是意大利一个国家，而另一方则是包括前苏联、美国、英国和中国在内的二十个国家。有限制的多边条约指两个以上有限的缔约方缔结的条约。这类条约常见于区域一体化组织的条约，如1951年《欧洲煤钢共同体条约》(旧译《欧洲煤钢联营条约》)。由西欧的法、德、意、荷、比、卢六国在巴黎签订，创立了欧洲煤钢共同体。其他欧洲国家都可以申请加入，但必须经该共同体理事会全体一致同意，由共同体现有成员国一起同申请国谈判、签署《加入条约》，该条约需经过所有现有成员国和申请国批准后方可生效。这类条约，按其法律效果来说，类似于双边条约。一般性多边条约，又称多边条约或集体条约，指数目众多的缔约方缔结的旨在规定一般国际法原则和规则或处理某些国际社会公共利害关系事项的条约，一般对所有国家开放，如1961年《维也纳外交关系公约》。

2. 按缔约方的性质，条约可以分为：(1)国家间条约；(2)国家和国际组织间缔结的条约或国际组织相互间条约。国家和国际组织在缔结条约方面一个重要的区别在于国际组织的缔约权力及其范围由该组织的文件严格限定，所以国际组织只具有有限的缔约权。国家间的条约由1969年《维也纳条约法公约》加以规范，而国家和国际组织间以及国际组织相互间缔结的条约则由1986年《维也纳国家与国际组织间或国际组织间条约法公约》加以规范。

3. 按缔结条约程序，可以把条约分为缔约程序繁复的条约和缔约程序简单的条约。比较繁复的缔约程序通常包括：(1)谈判；(2)签署；(3)批准；(4)交换批准书；(5)公布。简单的缔约程序只需要经过谈判和签署，这类条约称为简化条约。为了方便国家间的交往，简化条约在现代缔约实践中比较流行。

此外，还有一种分类方法，即按条约的性质，把条约分为造法性(或立法性)条约和契约性条约。所谓造法性条约通常指缔约方有创立以后相互间必须遵守的共同行为规则的目的，即创立法律的目的，这类条约大多是一般性多边条约，例如《联合国宪章》。而契约性条约指的是缔约方为了解决当前某个或某些具体问题而规定具体行为规则的条约。但是，国际上没有超国家的立法机关，因而并无真正的"立法"可言。严格地讲，即使那些缔约国十分广泛的一般性多边公约，也只是对缔约国有条约约束力，并不能约束非缔约国。

除上述分类法之外，还可以根据条约内容进行分类。中华人民共和国外交部编辑的《中华人民共和国条约集》把中国缔结的条约分为十四类：政治类、法律类、边界类、边境问题类、经济类、文化类、科学技术类、农林类、渔业类、卫生保健类、邮政电信类、交通运输类、战争法规类和军事类。这种分类法的好处是便于查找条约,但同条约的效力、修改、解释和终止等问题没有直接的关系。

四、条约的结构和文字

关于条约的结构,国际法上没有必须遵守的规则。比较正式的条约由五个部分组成:(1)条约的名称。条约的名称可以反映出条约的精神和缔约方的意图。(2)序言。序言主要载明缔约方的名称、缔约目的、全权代表的姓名和权限等。序言对条约的解释是有作用的。(3)正文。这是条约的主体部分,具体规定各缔约方的权利和义务。(4)最后条款(或结语)。主要是杂项条款,规定诸如有效期、批准、生效程序、第三国的加入、文字、签字时间和地点等事项。(5)签名。这是指缔约方全权代表的签名。在以上这五个部分之外,有的条约还可能附有其他文件,如议定书、声明、协议记录等。这些文件是否构成条约的组成部分,主要根据缔约方的意图而定,通常在条约中有明确规定。

关于条约的文字,国际法上也没有统一的规定。根据主权平等原则,缔约国有权用本国文字缔结条约。在双边条约的情况下,通常有两份约文正本,分别用缔约双方的官方语言写成,两种文本具有相同的法律效力。有时,缔约双方也通过协商,选择第三国的文字作为约文正本所使用的文字。在国家和国际组织缔结的双边条约的情况下,通常把缔约双方的官方文字都当作作准文字。在有限制的多边条约和一般性的多边条约的情况下,条约的正式文本不可能使用所有缔约方的文字,这样就产生了确定作准文字的问题。在中世纪的欧洲,绝大多数多边条约用拉丁文写成。到了19世纪,作准文字通常是法文。第一次世界大战以后,几种文字可以同时成为作准文字。例如,1969年《维也纳条约法公约》的作准文字有五种:英文、中文、西班牙文、法文和俄文。1982年《联合国海洋法公约》在以上五种作准文字之外又增加了阿拉伯文。在这种情况下,各种作准文本具有相同的法律效力。

五、条约的历史发展

条约的历史非常悠久,在近代意义的国际法产生之前,就出现了条约。在古代,条约最初同战后恢复和平有关,但除了为了恢复和平之外,还可能为了建立同盟、划定疆界等方面的事宜。这些条约多属双边条约,有时刻在石碑上以示庄重。公元前1296年埃及第19王朝法老拉姆西斯二世和赫梯国王哈图希里三世缔结了同盟条约,被认为是迄今所发现的最古老的条约之一。古代的印度、希腊、罗马和中国也都有缔结条约的记载。那时,缔结条约通常伴有向神祈祷和宣誓等仪式。在中世纪,欧洲许多国家尚未独立,宗教和封建势力十分强大,条约制度没有很大的发展。

近代意义上的条约一般被认为始于1648年10月24日签订的《威斯特伐里亚和约》。从那时起到1815年的维也纳公会，条约仍以双边条约为主，其内容主要是政治性的，如媾和条约、同盟条约、割让条约等，并出现了商务和航行方面的条约。1815年维也纳公会后签订的《最后文件》开始具有多边条约（或集体条约）的雏形。到了1856年的《巴黎条约》签订时，现代多边条约的方式基本上发展成熟。条约所涉及的范围进一步扩大，包括经济、文化、社会、科技、邮电、司法等各个领域。条约的数量也大幅度增加，条约开始成为国际法的重要渊源。自国际联盟成立以来，条约实践有了新的发展，国际组织逐渐开始参与并增加缔约活动，成为当代国际条约的重要缔约方。

中国同外国签订的近代意义上的条约始于17世纪。1662年，中国同荷兰签订了《齐兰迪亚条约》。1689年，中国同俄国签订了《尼布楚条约》，这是中国签订的第一个近代意义的条约。1842年，英国强迫中国签订了《南京条约》，这是第一个强加于中国的不平等条约。从1842年8月至1949年9月，中国同外国签订了大约一千多个条约，这些条约当中有很多属于不平等条约。1949年10月1日，中华人民共和国的成立，标志着中国的条约关系进入了一个新的阶段。早在新中国成立之初，《共同纲领》就规定，对旧条约要加以审查，分别予以承认、废除、修改或重订。到目前为止，绝大多数不平等条约都已经被废除或终止，其余的也将随着时间的推移得到清理。新中国成立四十多年以来，同很多国家和国际组织缔结了内容广泛、数量众多的条约。从1949年到1994年，中国缔结的条约的总数（多边和双边条约）已超过一千个，其中包括业已失效的条约。

六、条约法及其编纂

条约法是指关于条约的缔结、解释、效力等问题的法律原则、规则和规章的总和。条约是国际法的重要渊源，条约法是国际法的重要组成部分。条约法的作用在于调整和规范国际法主体间的条约关系。在很长时间里，条约法主要是国际习惯，经过国家很长时间的实践才得以确立。1969年《维也纳条约法公约》的制订使条约法条约化。同时，《公约》以及后来其他有关条约法的公约对条约的习惯进行了比较系统的编纂和发展。司法判例和法学家的学说对条约法的发展也起到了不可忽视的作用。

在历史上，条约法的编纂最初始于个人和学术团体。早在第一次世界大战之前，国际法研究院就研究过条约的公布问题。第一次世界大战之后，条约法成为国际法编纂运动中一个重要的项目。1935年哈佛大学国际法研究部发表了《条约法公约草案》，对后来的条约法编纂产生了重要的影响。在1924年至1929年，国际联盟也曾尝试过对条约法进行编纂，但是没有取得成功。1928年哈瓦那美洲国家会议期间，曾提出过条约法草案。50年代，美洲法律委员会和欧洲理事会也曾试图对条约法进行编纂,但这些努力均未获成功。

联合国成立以后,条约法的编纂工作有了很大的发展。联合国国际法委员会在1949年第一届会议上就决定把条约法的编纂作为最优先考虑的题目之一。但是,在最初一段时间里,条约法的编纂进展比较迟缓,但从1961年起,条约法的编纂进度快了起来。1969年,维也纳外交会议通过了《维也纳条约法公约》,并于1980年1月27日生效。

《公约》由八编85条和一个附件组成。内容涉及条约的缔结和生效、条约的遵守、条约的适用和解释、多边条约的加入和保留、条约对第三国的效力、条约的修改和修正、条约的终止和停止施行以及条约的保管机关、通知、更正和登记等方面。《公约》一方面对长期以来的习惯进行了系统的编纂,使之更加明确清楚;另一方面又适当地发展了条约法,使之更能适应现代国际社会的需要。《公约》被认为是一部成功的条约法法典。

嗣后,联合国国际法委员会还主持起草了《关于最惠国条款的条文草案》(1978年7月);《关于条约的国家继承维也纳公约草案》(1978年8月)和《维也纳国家和国际组织以及国际组织之间的条约法公约草案》(1986年3月)。后两个公约的草案已分别于1978年8月23日和1986年3月21日在外交会议上通过并开放签字。1986年《维也纳国家和国际组织以及国际组织之间的条约法公约》同1969年《维也纳条约法公约》在实质性规定方面基本是一致的,但是根据国际组织组成和职能上的特点,1986年《公约》在具体规定方面作了必要的增补和修改。

第二节　条约的缔结

一、缔约能力和缔约权

关于条约的缔结,有两个概念应加以区别:缔约能力和缔约权。缔约能力是指在国际上合法缔结条约的能力,是国家和其他国际法主体作为国际人格者的一种固有的属性。而缔约权则指国家和其他国际法主体内部某个机关或个人缔结条约的权限。前者主要由国际法决定,而后者主要由国家和其他国际法主体的内部法律决定。条约是国家和其他国际法主体依据国际法缔结的协议,因此只有国家和其他国际法主体才有缔约能力。缔约权由国家和其他国际法主体的内部法律所决定,而各国和其他国际法主体内部的有关法律可以有不同的规定。

1969年《条约法公约》第6条规定:"每一国家皆有缔约之能力"。这是关于缔约能力的规定。根据国家主权原则,任何国家在不违反国际法的条件下都有同其他国家和其他国际法主体缔结条约的能力。缔约能力是国家主权的重要组成部分，不得任意剥夺。而有关缔约权和缔约权的行使方面的具体规则由国家宪法和其他有关法律加以规定。在单一制国家，通常只有中央政府才有缔结条约的权力，国家的下属行政区域（如省或郡）一般无权缔结条约。香港和澳门《基本法》，对回归后的香港和澳门有一些特殊的规定。这两个特别行政区，在一定的范围内可以订立国际协议。但是，这些有限的缔约权是全国人民代表大会通过基本法的形式赋予的。在联邦制国家，情况比较复杂。有的联邦制国家，如奥地利、澳大利亚和印度等国，联邦宪法都明确规定处理国际关系或缔结条约的权力归联邦议会、联邦政府或联邦总统，联邦的下属行政区域，如邦或州，没有缔结条约的权力。而另一些联邦国家，如瑞士、德国、加拿大和美国等国，联邦中的邦或州享有一定的缔约权力；有时，有的区域性的条约必须由联邦政府和有关邦或州的政府同时参加方可缔结。

对于国际组织来说，并不是所有的国际组织都当然地拥有缔结条约的能力。国际法院 1949 年在"损害赔偿案"的咨询意见中，对政府间的国际组织的国际法律人格问题作出了肯定的回答。1962 年，国际法院在"西南非洲案"中又明确肯定了国际组织具有缔约能力。1986 年《条约法公约》第 6 条规定："国际组织缔结条约的能力依该组织有关规则的规定"。从而确认国际组织可以拥有缔约能力，如果该组织的规则是这样规定的。至于国际组织的缔约权，也主要由该组织的规则而定。根据该公约第 2 条的解释："组织的规则"指组织的组织法文件、按照这些文件通过的有关决定和决议以及确立的惯例。从国际组织的缔约实践可以看出，国际组织不仅具有组织文件明文赋予的明示缔约权，而且还具有从实践发展而来的默示缔约权。但是，由于国际组织是派生的国际法主体，其缔约权是有限的，通常只能缔结那些为了实现其宗旨和目的所必需的条约，这也是确定国际组织默示缔约权范围的标准。

二、缔约程序

条约的缔结必须有一定的程序。对于缔约程序，国际法上没有硬性规定。由于缔约权和缔约权的行使主要由国家和其他国际法主体的内部法律决定，国家或其他国际法主体一般都参照 1969 年和 1986 年《条约法公约》在内部法律中作出相应的规定。有的国家还专门制订了具体的缔约程序的法律，我国 1990 年颁布了《中华人民共和国缔结条约程序法》。双边条约和多边条约的缔约程序有些不同，下面分别加以说明。

（一）双边条约

双边条约在缔约实践中占很大比例。其缔结程序基本上分为两种：繁复程序和简化程序。在一般情况下，内容重要的条约通常采用繁复程序，而议定书或换文往往采用简化程序。繁复的程序主要包括：谈判和议定约文；约文的认证；签署；批准;批准书的交换;登记和公布。

1. 谈判和议定约文

谈判是缔约双方为了就条约内容达成一致而进行的交涉,是缔结条约的第一步。谈判通常由宪法规定的拥有缔约权的国家机关进行,或由它授权的代表代为进行。国家机关主要包括国家元首、政府和外交部。国家元首是国家对外关系上的最高代表,被认为具有"全面代表权"可以亲自参加谈判。中央政府是国家的最高行政机关,领导和管理对外事务;政府首脑有权代表国家进行谈判。外交部是专门执行国家对外政策,处理日常外交事务的机关;外交部长通常也有权进行谈判。由于国家元首、政府首脑和外交部长在国家对外关系中的特殊地位,他们在进行谈判时,可以无须出示全权证书。1969 年《条约法公约》(第 7 条)和我国《缔结条约程序法》[第 6 条(2)]都作了这样的规定。但在实践中,上述人员也可以在谈判时提交全权证书。

全权证书是指一国或国际组织主管当局或主管机构所颁发,指派一人或数人代表该国或国际组织谈判、议定或认证条文,表示该国或国际组织同意受其约束,或完成缔结条约的任何其他行为的文件。全权证书必须是书面的,通常由国家元首签署,外交部长副署,并明确规定谈判代表的权限。我国《缔结条约程序法》第 6 条规定,(1)以中华人民共和国名义或者中华人民共和国政府名义缔结条约、协定,由外交部或者国务院有关部门报请国务院委派代表。代表的全权证书由国务院总理签署,也可以由外交部长签署;(2)以中华人民共和国政府部门名义缔结协定,由部门首长委派代表。代表的授权证书由部门首长签署。部门首长签署以本部门名义缔结的协定,各方约定出具全权证书的,全权证书由国务院总理签署,也可以由外交部长签署。

谈判开始时,双方全权代表互相交换全权证书,审查对方代表全权证书的真实性及内容,特别是授权的范围。有时全权证书也可稍迟出示,但最迟在条约签字以前应该相互校阅。如果一个条约是由未经授权的代表所为,除非当事方事后同意,不产生法律效力。双方就条约内容取得一致意见后,开始起草约文。有时可以由一方提出约文草案,对方同意、修改或另提草案;有时也可以共同起草。

2. 约文的认证

条约起草完毕后,进入约文认证阶段,即谈判双方确认约文是正确的和作准的。只有在约文已经确定而不再变更的情况下,才能进入缔约的下一个阶段——签署。约文的认证通常采取草签、暂签或签署的方式。草签时,谈判代表将其姓名的第一个字母(我国代表用其姓的第一个汉字)签在约文的下面,以表示对约文的认证。暂签或待示签字是附加条件的签署,仅有认证约文的效力,如果当事方事后明确确认,这样的签字也可以具有签署的效力。签署或完全签署指全权代表把其全名签于条约约文的下面。签署在条约法上可能产生三种意义:(1)仅表示对约文的认证;(2)除认证约文外,还表示该方已确定同意缔结该条约,接受其约束;(3)除认证约文外,仅表示该方已初步同意缔结该条约,但只有经过批准才能接受其约束。在某一个特定的场合,签署代表哪种意义,依当事方的意思表示来确定。

3. 签署

签署指完全签署,在一般情况下,除认证约文外,仅表示该方初步同意缔结条约,只有经过批准才能接受其约束。1969 年《条约法公约》的第 12 条规定,在下列情况下,签署也可以表示确定同意接受条约的拘束:(1)条约规定签署具有这样的效果;(2)谈判方另经仪定签署具有这样的效果;(3)谈判方在全权证书上或在谈判时作出这样的意思表示,使签署有这样的效果。在繁复程序中,签署应仅具有第三种效果,即条约在签署后还要经批准和批准书的交换才能生效。条约的签署通常在一定的仪式下进行。根据国家主权原则,双边条约的签署通常采用轮换制,即,签署条约时,签字是左右相对,左方为首位,右方为次位。双方全权代表在本国保存的文本上在左方签字,另一国在它的右方签字,依次轮换。

4. 批准

条约的批准有国内法意义上的批准和国际法意义上的批准。国内法意义上的批准是指缔约方内部权力机关按照其宪法或组织文件的程序对其全权代表签署的条约予以确认,授权行政机关向缔约另一方表示同意接受条约约束的行为。而国际法意义上的批准是指缔约方表示最后同意缔结该条约,并将这种同意通知缔约另一方的行为。如果缔约一方的权力机关根据其内部法程序批准了条约,但并没有把这种同意的意思表示以递交批准书的方式通知给缔约另一方,这样的批准在国际法上没有批准的效力。1969 年《条约法公约》第 14 条规定,在下列情况下,批准表示一缔约方同意接受条约的约束:(1)条约有这样的规定;(2)谈判方另经议定条约需要批准;(3)该方代表已作出须经批准的签署;(4)该方代表的全权证书或在谈判时有这样的意思表示。从缔约实践来看,绝大多数条约都会明确规定该条约是否需要批准。如果条约没有明确规定,通行的观点是条约须经缔约方的批准。有的国家的国内法规定,特定的条约必须经过批准。我国 1990 年《缔结条约程序法》第 7 条(2)规定,条约和重要协定的批准由全国人民代表大会常务委员会决定。这里的条约和重要协定指:(1)友好合作条约、和平条约等政治性条约;(2)有关领土和划定边界的条约、协定;(3)有关司法协助、引渡的条约、协定;(4)同中华人民共和国法律有不同规定的条约、协定;(5)缔约各方议定须经批准的条约、协定;(6)其他须经批准的条约、协定。

条约在签署后之所以需要批准,主要是因为:第一,批准使缔约方的权力机关和行政机关有时间对已经签署的条约作进一步和全面的审查,以便最后作出确定接受条约约束的结论。第二,批准可以避免由于谈判代表主观上的错误而对条约进行的签署。第三,批准可能因为缔约方内部法律有这样的规定。此外,在有些国家,条约的实施还有赖于国内立法机构通过相应的国内立法,所以要以后切实履行条约,就必须事先得到国内立法机构的同意和支持。批准通常没有追溯效力,国际法院在"西班牙国王仲裁裁决案"(1960 年)中,驳回了条约的批准具有追溯效力的主张。通常国家对其全权代表谈判签署的条约是予以批准的,但在实践中也发生过拒绝批准或长期不予批准的情况。1879 年,清朝大臣崇厚与俄国签署了《中俄伊犁条约》,清政府就曾拒绝批准。1919 年,美国总统威尔逊签署了《凡尔赛和约》,但美国因参议院的否决而没有批准。拒绝批准的法律后果是条约不发生效力。

5. 批准书的交换

条约在批准以后,一般需要互换批准书。这是指缔约双方相互交换各自批准该条约的证明文件,使条约在国际法上约束各缔约方。交换批准书的日期和地点,一般在条约中明文规定。自批准书交换之日,条约开始对缔约方发生约束力。通常批准书的交换没有追溯效力。批准书一般由国家元首或国家权力机关签署,外交部长副署。我国《缔结条约程序法》第 7 条也作了这样的规定。批准书主要由三个部分组成:(1)序文,声明该方内部权力机关已经审查了该条约;(2)主文,载明条约的约文或仅条约的名称和序言等;(3)结尾,声明该条约已经批准,正式宣告条约将予以遵守。

为了简化缔约程序,便利条约的缔结,实践中出现了一种条约的接受和核准制度,代替传统的条约批准制度。1969 年《条约法公约》第 2 条规定,接受和核准同批准和加入一样,都表示当事方在国际法上确定接受条约约束的国际行为。在条约签署之后,由签署方政府或行政机构接受或核准,并通知其他签署方,从而条约对该方发生约束力。接受或核准的决定由行政机关作出,无须立法机关的参与,因而可以避免立法机关参与时可能出现的延迟。这一制度通常在国家与国际组织间的条约中使用。关于条约的核准,我国《缔结条约程序法》第8 条规定,该法第7 条(2)所列范围以外的国务院规定须经核准或者缔约各方议定须经核准的协定和其他具有条约性质的文件签署后,由外交部或者国务院有关部门会同外交部,报请国务院核准。

6. 条约的登记和公布

条约的登记制度,从国际联盟时期就已经开始。联合国成立以后,继承了这一制度。《联合国宪章》第 102 条规定,联合国的任何会员国应将缔结的一切条约及国际协定尽速在秘书处登记,并由秘书处公布。如果当事方没有登记,不得在联合国任何机关援引。所以,向秘书处登记所缔结条约是联合国会员国履行《宪章》的义务。但是,不向秘书处登记,并不影响该条约的法律效力,只是不得向联合国任何机关援引。

凡在秘书处登记、归档和备案的条约或协定,均由秘书处用原来文字在联合国

《条约集》上公布，另附有英、法两种文字的译本。截至1992年，联合国共出版了1503卷《条约集》，收录25919个条约。根据我国《缔结条约程序法》第17条的规定，中华人民共和国缔结的条约和协定由外交部按照《联合国宪章》的有关规定向联合国秘书处登记。中华人民共和国缔结的条约和协定需要向其他国际组织登记的，由外交部或者国务院有关部门按照各该国际组织章程规定办理。除此之外，条约还需要以一定的方式在国内公布，中华人民共和国缔结的条约和协定由外交部编入《中华人民共和国条约集》予以公布，截至1983年，共出版了30卷，收录了2337个条约。此外，外交部还编辑出版了《中华人民共和国多边条约集》，截至1993年，共出版了6卷，收录了中华人民共和国参加的190个多边条约。

以上是缔结双边条约应经过的程序。这种缔约程序比较繁复，需要的时间较长。除内部法律明文规定的条约外，缔约方经过协商可以通过简化程序缔结条约。简化程序是指在一个阶段里完成缔结条约的所有行为，通常省去条约的批准或核准阶段，条约一经签署或换文，即告完成缔约程序，开始对缔约方发生约束力。我国法律没有明文规定哪些条约可以通过简单程序缔结，只规定了部分条约须经过批准或核准程序。因此，凡不属于批准或核准范围内的条约，都可以通过简化程序缔结。在实践中，缔结以下几类条约时，通常采用简化程序：(1)有关贸易、支付和货币比价的协定和议定书；(2)有关铁路、航空和海上运输等交通运输的协定和议定书；(3)有关技术援助和技术合作的协定和议定书；(4)有关卫生和保健方面合作的协定和议定书；(5)有关邮政、电信和广播方面的协定和议定书；(6)有关农业的协定和议定书；(7)有关互派留学生或实习人员的协定和议定书，等。

(二)多边条约

多边条约的缔结与双边条约的缔结有相同的地方，也有一定的不同：

1. 缔结

多边条约的谈判多是在有关国家或国际组织召集的国际会议上进行的。国家或国际组织的全权代表要出示全权证书。约文的起草通常有三种方式：(1)各方代表共同起草；(2)会议组成的专门委员会起草；(3)或交由一个国际组织起草。一些多边公约是由联合国国际法委员会起草的。对于多边条约约文的认证往往需要缔约方的特定多数票决定或者是协商一致通过。签署的顺序一般是按照缔约方名称的字母排列，依次签字。在多边条约的情况下，由于缔约方数目众多，无法交换批准书，一般是将批准书交给保存条约正本的某个缔约国政府或国际组织。负责保管批准书的机关在接到批准文件后，应向所有条约缔约方发出通知。保管机关有权审查各缔约方的批准书是否手续完备。

2. 加入

加入是指在条约签署后，没有在条约上签字的国家表示同意接受条约约束的一种正式的法律行为。双边条约不发生加入的问题，因为如果第三国希望接受条约的约束,三个国家可以共同签订一个新的条约,而不必采用加入的方式。多边条约经常有加入的情况,特别是那些开放性的多边条约。以加入表示同意接受条约约束的情况有三种:(1)条约有这样的规定;(2)另经谈判方协议;(3)全体当事方嗣后协议。很多开放性的多边条约都明确规定加入条约所应遵循的程序。加入的法律效果,除条约另有规定外,应与签署或批准的法律的效果相同,即后加入条约的缔约方与原始缔约方享有同样的权利,并承担同样的义务。加入条约时,可以加入业已生效的条约,也可以加入尚未生效的条约。

根据我国《缔结条约程序法》第 11 条的规定,加入多边条约的程序同缔结双边条约的程序相似。加入属该法第 7 条(2)所列范围的多边条约、协定,由外交部或者国务院有关部门会同外交部审查后,提出建议,报请国务院审核;由国务院提请全国人民代表大会常务委员会作出加入的决定。加入书由外交部长签署,具体手续由外交部办理。加入不属于该法第 7 条(2)所列范围的多边条约、协定,由外交部或者国务院有关部门会同外交部审查后,提出建议,报请国务院作出加入的决定。加入书由外交部长签署,具体手续由外交部办理。

3. 保留

条约的保留是指国家或国际组织在签署、批准、接受、核准或加入条约时所作的单方面声明,不论措辞或名称为何,其目的在于摒弃或更除条约中若干规定对该国或国际组织适用时的法律效果,保留具有三个方面的含义:(1)保留应在表示接受条约约束时作出;(2)保留可以采用任何措辞或名称,其性质属于单方面的声明;(3)保留的效果是排除条约中某些规定对提出保留的缔约方的约束力。

允许缔约方提出保留,等于允许缔约方不履行或更改条约中的某个或某些条款的规定,直接影响到条约所确立的权利义务关系。双边条约一般不存在保留问题,因为如果缔约一方不同意某个条款的规定,可以提出新的建议,双方重新谈判,拟定双方都能接受的条款。多边条约通常是所有或大多数缔约方利益和要求的妥协,不能保证所有的缔约方对所有的条款都能满意。因此,提出保留就成为那些其利益没有得到充分满足的缔约方在条约范围内寻求补偿的手段。

并不是所有的多边条约都允许保留。1982 年《联合国海洋法公约》第 309 条规定,“除非本公约其他条款明示许可,对本公约不得作出保留或例外”。为了更进一步明确这项规定,第 310 条又规定,“第 309 条不排除一国在签署、批准或加入本公约时,作出不论如何措辞或用何种名称的声明或说明,目的在于除其他外使该国国内法律和规章同本公约取得协调,但须这种声明或说明无意排除或修改本公约规定适用于该缔约国的法律效力”。根据国际法院“关于灭种罪公约的保留问题的咨询意见”(1951 年)和 1969 年《条约法公约》第 19 条的规定,在下列三种情况下保留是不允许的:(1)该项保留为该条约所禁止;(2)该条约只允许作出一些特定的保留,而提出的保留不在其内;(3)在不属于前两者规定的场合,该项保留与该条约的目的和宗旨不相容。

国际法院在“关于《灭种罪公约》的保留问题的咨询意见”(1951年)中对保留的一些问题作了回答。

对于1948年《防止及惩治灭绝种族罪公约》。若干国家在接受时提出了若干保留。有些国家反对保留,认为保留会损害《公约》的基础。联合国大会于1950年11月16日通过决议,请求国际法院就该《公约》的保留问题发表咨询意见。主要问题是:(1)如果一些缔约国反对一项保留时,提出这项保留的国家是否是《公约》的缔约国?(2)有关这项保留在保留国和反对保留国、保留国和不反对保留国之间有什么效力?国际法院于1951年5月28日以7:5票通过了咨询意见:第一,即使一个公约没有保留条款,并不表明保留是被禁止的;如果一国提出的保留不为全体缔约国所反对,就可以被认为是该公约的缔约国,只要保留符合该公约的宗旨和目的。第二,保留的效力具有相对性。反对保留的国家如果认为保留不符合公约的宗旨和目的,可以不把保留国当作缔约国。而不反对保留的国家则可以把保留国当作缔约国。这一咨询意见成为1969年《条约法公约》关于条约保留制度的规定的基础。

对于保留。缔约方可以接受也可以反对,1969年《条约法公约》第20条规定了四种情况:(1)明文准许保留的条约,不需要其他缔约方嗣后予以接受,除非条约有相反的规定;(2)对谈判方数目有限的条约,由于谈判方的有限的数目、条约的宗旨和目的的关系,全体当事方必须接受所有的条款时,保留必须经全体当事方的接受;(3)如果条约是一个国际组织的组织文件,保留须经该组织主管机构的接受,除非另有规定;(4)凡不属于上述三种情况时,除非条约另有规定,保留经另一缔约方接受,对保留接受方而言,保留方是条约当事方,但条约须在这些国家或国际组织均已生效;保留经其他缔约方反对,并不妨碍该条约在反对方和保留方之间生效,除非反对方确定地表示了相反的意思;一国或国际组织表示同意接受该条约的拘束而附有保留的行为时,只要至少有另一个缔约方已经接受该项保留,这一行为就被视为有效。该条第5款还规定保留可以用默示的方式接受。就上述第二和第四两类条约而言,如果国家或国际组织在接到保留方通知后12个月的期间届满之日,或到该方表示同意接受条约拘束力之日为止,尚未对保留提出反对,该保留即被视为经该方接受。在这两个日期中,以后一个为准。

1969年《条约法公约》第21条规定,保留只涉及保留方与其他缔约方之间的关系,并不影响其他缔约方相互间的关系。凡按照《公约》的有关规定,对另一当事方成立的保留,在保留方与该当事方之间,在保留的范围,改变该保留所涉及的条约规定;在其他当事方之间则并不改变这些规定;如果反对方并未反对条约在该方和保留方之间生效,该保留所涉及的规定,在保留的范围内,则不适用于该两方之间。第22条还规定,除非条约另有规定,保留和对保留提出的反对都可以随时撤回,无须经业已接受保留的国家或国际组织的同意。撤回保留及撤回对保留的反对,都应及时通知有关当事方。撤回自保留接受方或提出保留方收到通知时起开始发生效力。关于保留的程序,第 23 条规定,保留、对于保留的明示接受和反对,都必须以书面形式提出,并通知各缔约方和有权成为该条约当事方的其他国家或国际组织。保留如在签署须经批准、接受或核准的条约时提出,该项保留由保留方在表示同意受该条约约束时正式予以确认。在这种情况下,该项保留应认为在其被确认之日提出。明示接受保留或反对保留的,在该项保留被确认前提出时,无须予以确认。撤回保留或撤回对保留的反对,必须以书面形式提出。

我国在参加多边条约时,对一些多边条约作出了保留。例如,我国在 1956 年 11 月 5 日决定批准 1949 年四个《日内瓦公约》时曾对这些公约的一些条款作出保留。又如,1975 年 12 月 25 日在加入 1961 年《维也纳外交关系公约》时,对第 14 条、第 16 条以及第 37 条(2—4)作了保留,但于 1980 年 9 月 15 日撤回对第 37 条(3—4)的保留。再如,1993 年 1 月 26 日对 1979 年《反对劫持人质国际公约》第 16 条(1)关于将争端提交仲裁和国际法院审理的规定作出保留。上述保留都是这些公约允许并按照公约的程序提出的。

三、条约的保管

双边条约由缔约方各保存一份。多边条约则应将条约正本交条约规定的保管者保存。这就是条约的保管问题。1969 年《条约法公约》第 76—78 条对条约的保管作了规定。根据《公约》,条约的保管机关应由谈判方在条约中或以其他方式确定。保管机关可以是一个或几个国家,也可以是某一国际组织或该组织的负责人。通常的实践是,条约在哪一个国家签字,哪个国家就是条约正本的保管者。《联合国宪章》的批准书交给美国政府保存。联合国主持制定的多边条约一般交由秘书长作为保管机关保管。

保管机关的职务主要是:保管条约的正本;准备条约的正式副本并分送有关缔约方;接受条约的签署,并接受有关条约的文书、通知和公文;审查条约的签署及有关条约的任何文书是否妥善,如有必要时,将此事通知有关缔约方;向联合国秘书处登记条约等。

关于条约在国内保管的问题,我国《缔结条约程序法》第 14 条规定,以中华人民共和国或者中华人民共和国政府名义缔结的双边条约、协定的签字正本,以及经条约、协定的保存国或者国际组织核证无误的多边条约、协定的副本,由外交部保存;以中华人民共和国政府部门名义缔结的双边协定的签字正本,由本部门保存。

第三节 条约的生效和效力

一、条约的生效、暂时适用和有效期

(一)条约的生效

条约的生效是指一个条约在法律上成立,对各缔约方发生约束的法律效果。对于条约,各缔约方必须予以善意履行。条约的生效具有两层意义:(1)条约在国际法上对缔约方产生法律效果,条约约束各缔约方;(2)条约在各缔约方国内法上产生法律效力,条约成为各缔约方国内法。国际法对条约的生效没有统一的规定,由缔约方自行决定。1969 年《条约法公约》第 24 条规定,条约生效的方式和日期,依条约的规定或依谈判方的协议而定。在条约实践中,双边条约的生效一般有以下几种方式:(1)自签字之日起生效,无须经过批准和交换批准书的程序。(2)自批准之日起生效,相互通知批准日,但无须交换批准书。如果双方先后批准条约,以最后一个批准日为条约生效日。(3)自批准书交换之日或之后若干天起生效。

多边条约的生效有以下几种方式:(1)自全体缔约方批准或各缔约方明确表示接受条约约束之日起生效。(2)自一定数目的缔约方交存批准书或加入书之日或在此之后若干日起生效。例如,《联合国海洋法公约》第 308 条第 1 款规定,"本公约应自第 60 份批准书或加入书交存之日后 12 个月生效"。第 2 款规定,"对第 60 份批准书或加入书交存以后批准或加入本公约的每一国家,在第 1 款限制下,本公约应在该国将批准书或加入书交存后第 13 天起生效"。(3)自一定数目的国家,其中包括某些特定的国家交存批准书后生效。例如,《联合国宪章》第 110 条第 3 款规定,"一俟美国政府通知,已有中国、法国、苏联、英国、美国以及其他签字国过半数将批准书交存时,本宪章即发生效力"。

(二)暂时适用

有的条约自签字之日起就生效,而有的条约则需要批准和交换批准书方可生效。对那些需要批准的条约,从签字到批准一般需要一段甚至相当长的时间。在这段时间里,条约没有约束力,但这并不是没有任何法律效力。1969 年《条约法公约》第 18 条规定,在条约生效前,缔约方本着善意的原则,承担着不破坏条约的目的和宗旨的义务,除非该缔约方已明确表明不成为条约的当事方。国际法院在"西班牙国王仲裁裁决案"(1960 年)和"军事和非军事行动案"(1984 年)都肯定了条约在批准前具有一定的法律效力,尽管没有正式的约束力。1969 年《条约法公约》第 25 条还规定,条约可以暂时适用。暂时适用可以由条约本身规定,也可以由谈判方以其他方式协议而定。此外,没有正式生效的条约中的条款也可能成为

习惯国际法规则的证据，在这种情况下，这些条款可以作为习惯法规则适用。

(三)有效期

条约的有效期长短不一。条约一般对有效期都作明确的规定。从条约实践来看，条约分为无限期的条约和有限期的条约两种。无限期的条约通常规定，除非再订新约，该条约一直有效，常见于一般性的多边条约，如《联合国宪章》和《维也纳外交关系公约》等。有关边界的双边条约一般也是无限期的条约。有限期的条约的期限由各个条约明文规定。可能一年到十年，甚至更长。有效期届满时，有两种情况：一种是按照条约规定或另订协议予以延长；另一种情况是自动失效。

二、条约对缔约方的效力

缔结条约是为了在国际法主体之间创立、改变或废除某种权利义务关系。条约生效后，有关缔约方就应遵守条约的规定。"约定必须遵守"是一项古老的习惯法原则，源于古罗马法。"对契约的遵守"的原则，后来移植到国际法上，并得到了公认。1969 年《条约法公约》第 26 条规定，凡有效的条约对其各当事方有拘束力，必须由各当事方善意履行。条约必须是合法缔结的，这是遵守条约的前提。只有合法缔结的条约才是应该遵守的。所谓善意履行是指诚实和公平地履行条约，要符合条约的精神，按照条约真实的含义予以履行。国际常设法院在"希腊——保加利亚 1927 年协定的解释问题的咨询意见"(1932 年)中指出，一个国家约定了有效的国际义务，就必须在它的立法中作出保证履行已经承担的义务所必需的修改。在条约当事各方的关系中，国内法的规定不能优于条约的规定，这是一项普遍接受的国际法原则。1969 年《条约法公约》第 27 条规定，条约的当事方不得援引其国内法或其组织内部规则为理由而不履行条约。但是，"约定必须遵守"并不是一项绝对原则。违反强行法规则的条约是不应遵守的，此外它还受"情事根本变更"规则的限制。

三、条约的适用

条约的适用有时间范围和空间范围两方面的问题；同时还有条约的冲突的问题。

(一)条约适用的时间范围

条约生效后，一般自生效之日起开始适用，没有追溯效力，除非条约有不同的规定。根据 1969 年《条约法公约》第 28 条的规定，除非条约表示不同意思，或当事方另经确定，条约对一个当事方在条约生效日以前所发生的任何行为或事实或已停止存在的任何情势无约束力；又根据第 70 条(1)的规定，条约的终止并不影响各当事方在该条约终止前由于实施该条约所产生的任何权利、义务或法律情况。

条约不溯及既往包含着时际法的原则。在国际法上，时际法的概念首次出现于 1928 年 4 月 4 日对"帕尔马斯岛仲裁案"的裁决。根据对该案的裁决，一个法律事实必须按照与之同时的法律，而不是按照该事实发生争端时或解决该争端时的法律予以判断。条约不溯及既往是这个时际法原则在国际法上的适用。但是不溯及既往不是一个绝对的原则，尤其是对国家立法机关而言，这个原则可以有例外。

（二）条约适用的空间范围

条约适用的空间范围，通常是条约当事方的全部领土，除非条约另有规定或当事方另有协议。1969 年《条约法公约》第 29 条也是这样规定的。对于国际组织而言，“全部领土”通常指该组织成员国的全部领土之和。不过，有的条约因为它所涉及的主题事项，明文规定或另经当事方协议，条约的全部或部分规定，只适用于当事方的部分领土或某一地区。例如，《中华人民共和国政府和丹麦王国政府关于鼓励和相互保护投资协定》（1985 年）就规定，该协定不适用于丹属法罗群岛和格陵兰。此外，条约中的某些条款，如“联邦条款”和“殖民地条款”也对条约适用的空间范围加以限制。

对我国来讲，条约适用的空间范围当然包括我国全部领土。但是，依据 1984 年《中英联合声明》和 1990 年《中华人民共和国香港特别行政区基本法》的规定，中华人民共和国缔结的国际协定，中央政府可根据香港特别行政区的情况和需要，在征询香港特别行政区政府意见后，决定是否适用于香港特别行政区。这样，中国缔结的条约不一定都适用于香港特别行政区。澳门的情况也是如此。

（三）条约的冲突

在实践中，缔约方先后订立的条约可能发生冲突。条约之间发生冲突，就产生了哪个条约优先适用的问题。条约的冲突常见于以下几种情况：（1）缔约双方就同一事项先后订立两个条约，而两个条约发生冲突；（2）一方已同另一方缔结了一个条约，承担某种义务，后来该方又同第三方缔约，而该方在后约中承担的义务同前约中的义务冲突；（3）一个多边条约中的两个当事方间缔结了违反该多边条约的条约或某一当事方同第三方缔结了违反该多边条约的条约。为此，1969 年《条约法公约》第 30 条作了以下的规定：（1）如果联合国会员国相互间订立的条约，无论在《宪章》之前或《宪章》之后，与《宪章》的规定冲突的，《宪章》的规定优先。（2）如果条约明文规定，该条约不得违反先订或后订的条约，或不得视为与先订或与后订的条约不符，则该先订或后订的条约优先。（3）如果先订条约的全体当事方同时也是后订条约的全体当事方，而先订条约依法并未终止或停止施行，适用后订条约的规定。（4）如果后订条约的当事方不包括先订条约的全体当事方，在同为先后两约的当事方之间，适用后订条约；而在同为两约的当事方与仅为一约的当事方之间，适用同为当事方的条约的规定。先订条约之所以在某些情况下继续有效，主要出于两方面的考虑：一是条约当事方必须善意履行条约，违约不能对违约者产生有利的法律后果；二是约定对第三方无损益。条约有时明文规定该条约同先约和后约的关系。

四、条约在国内的适用

（一）条约在国内法上的接受

条约经过一定的缔约程序首先在国际上生效，但是，条约在国际上生效并不等于自动地在所有的缔约国国内生效。一个已经在国际上生效的条约，其规定要在缔约国国内得到执行，还必须在国内生效，即该条约必须得到各缔约国国内法律的接受。条约在国内法上接受有两类情况：（1）条约须经转变才可以成为国内法；（2）条约无须转变就可以直接纳入国内法。

在有些国家，条约在国际上生效后，必须再经国内立法机关用国内立法的形式把它转化为国内法，才使条约在国内生效。在实践上，这是为了保证国会的立法垄断权，从而有利于保护人民的权利和利益。比较典型的国家有英国和意大利。

在另一些国家，根据宪法或其他国内立法的规定，可以把条约直接纳入国内法。条约在国际上生效后，在国内就自动生效，无须再通过国内立法使之成为国内法。比较典型的国家有美国和西班牙。我国《宪法》（1982 年）没有规定条约是否必须经过转变才可以成为国内法。但从其他国内立法中可以看出，我国倾向于直接纳入的做法。《民事诉讼法》（1991 年）第 238 条："中华人民共和国缔结和参加的国际条约同本法有不同规定的，适用国际条约的规定。但是，中华人民共和国声明保留的条款除外"。这条规定成了若干国内立法所遵循的模式。它虽然直接规定的是条约与国内法冲突时谁优先的问题，但是它也间接地回答了条约在国内法上的接受问题，即：条约在国际上生效后直接纳入国内法，在国内直接适用，无须转变为国内法。

条约被接受为国内法后，接下来的问题是条约对自然人或法人具有什么样的效力，即：自然人或法人是否可以直接享受条约赋予的权利，并要求国内法院保护这些权利。有些国家把条约分为自动执行的条约和非自动执行的条约两种。自动执行的条约，是指条约经国内接受后，无须国内立法机关再作出补充性规定，就由国内司法或行政机关予以适用。非自动执行的条约则相反，必须由国内立法机关作出补充性规定后，国内司法或行政机关才可以适用。这样的区分是因为：第一，有的条约具有这样的规定；第二，有的条约的效力在原则上只涉及缔约方政府本身，如果要将其效力扩展到自然人或法人，必须通过相应的补充性立法；第三，有的条约规定过于笼统，所以需要补充性立法；第四，有的条约不是用本国文字缔结，所以需要译成本国文字，并以法律的形式予以公布。

（二）条约与国内法上的冲突

条约与国内法冲突时谁优先的问题，在实践中，大体有四种做法：（1）国内法优先。国内法明文规定的比较罕见，如阿根廷。（2）国内法与条约地位相等。如果冲突，有两项原则：一是在解释中适用调和的原则；二是后法优于前法的原则。

如美国和德国。(3)条约的地位优越于国内法。我国《民事诉讼法》及其他一些法规作了明确的规定。(4)条约的地位优越于宪法,如荷兰。

五、条约对第三方的效力

第三方是指条约的非当事方(国家或国际组织)。条约在原则上,只对当事方有约束力,不能约束第三方。这就是"条约对第三方无损益"的原则。根据1969年《条约法公约》第34—38条的规定,条约非经第三方同意,不得为该方创设权利和义务。如果一个条约有意为第三方设定一项义务,应得到第三方书面明示的接受。如果一个条约有意为第三方创立一项权利,也应得到第三方的同意,但第三方无相反的表示,可以推断第三方接受了该项权利。关于第三方权利或义务的撤销和变更问题,《公约》第37条规定,依照第35条第三方的一项义务已经发生时,非经该条约当事方和该第三方同意,该项义务不得撤销或变更,但经确定其另有不同约定时不在此限。依照第36条第三方的一项权利已经发生时,如经确定,非经该第三方同意不得撤销或变更该项权利,该条约各当事方不得予以撤销或变更。

但是,在某些情况下,条约会对第三方产生法律效果:首先,条约的规定形成了国际习惯法规则。在这种情况下,第三方的权利义务的法律根据不是条约,而是国际习惯法,即一项规则最初是条约中的规定,但在实践中已逐步演变为国际习惯法规则。国际法院在"北海大陆架案"(1969年)和"军事和非军事行动案"(1986年)的判决中,都肯定了这种从条约产生习惯法的过程。其次,边界领土条约,尽管只涉及缔约国间的边界位置、走向、制度,但其规定无疑应为第三方所尊重。最惠国条款也是为第三方创设权利最明显的例子。再次,某些国际公约也曾经为第三方创设权利。例如,关于国际水道的航行公约,其中可能规定该水道对所有的国家开放,如关于苏伊士运河的《君士坦丁堡公约》(1888年);规定非军事化、中立化或国际化的条约,如关于南极法律地位的《南极条约》(1959年);建立新国家并规定其义务的条约,如第一次世界大战后创立了但泽自由市的《凡尔赛和约》。这些条约被称为创立"客观制度"的条约。

应特别指出,《联合国宪章》包含了一些有关非会员国的条款。《宪章》第2条(6)规定,在维持国际和平及安全的必要范围内,应保证非联合国会员国遵行第2条所列原则。这一规定通常被解释为《宪章》的规定对非会员国有效。《宪章》还赋予非会员国一定的权利:非会员国如果是安理会所考虑的争端的当事方,有被邀请参加讨论该争端的权利(第32条);非会员国如果是一个争端的当事方,在预先声明就该项争端接受《宪章》所规定的和平解决的义务后,有将该项争端提请联合国大会或安理会注意的权利(第35条);安理会对任何国家采取防止或执行办法时,非会员国遇有因此办法的执行而引起特殊经济问题时,有与安理会会商解决此项问题的权利(第50条);《宪章》不得认为授权联合国干涉在本质上属于任何国家国内管辖的事件[第2条(7)],这一条对非会员国也适用。国际法院在“关于为联合国服务而受损害的赔偿问题的咨询意见”(1949年)中肯定了联合国可以向非会员国提出求偿要求;在“关于纳米比亚(西南非洲)问题的咨询意见”(1971年)中,国际法院还指出,联合国非会员国也要按联合国的决定行事。但是应该注意的是,上述这些有关联合国和第三国关系的规定,是由于联合国在维护世界和平与安全的重要地位和作用而拥有的特殊性质所决定的,而非其他国际组织可比。

第四节 条约的解释

一、条约的解释

条约的解释是对条约某个或某些具体规定的正确意义的阐明。条约缔结后,各有关当事方必须善意履行条约。而要善意履行条约,首先必须弄清条约具体规定的正确意义。在缔结条约的时候,有关缔约方通常会尽可能把条约规定得清楚明了,减少出现歧义和误会的可能。但是尽管如此,条约用语却不免含义不清,需要加以解释。

条约的解释可以分为不同的种类。按照解释的主体,可以分为学理解释和官方解释。学理解释是指国际法学者在其著作中对条约作出的理论上的解释。官方解释是指条约的当事方或授权的国际机关(如国际法院)对条约作出的解释。按照解释的效力,又可以分为有权解释和非有权解释。有权解释是指条约当事方全体同意的解释,官方解释有可能成为有权解释,条件是必须得到所有当事方的同意。未经全体当事方同意的解释是非有权解释。

条约当事方在缔约时预见到将来可能发生条约解释方面的问题,在缔约前、缔约后或缔约过程中,可以就条约的解释作出一定的安排:(1)在条约中增加“解释条款”,就条约的用语进行解释;(2)附加“解释性声明”或“解释性议定书”;(3)当事方还可以在条约中明确规定,遇有条约解释方面的争端,当事方必须将争端提交国际仲裁或司法解决。

二、条约的解释机关

(一)当事方的解释

条约的当事方当然有权对条约进行解释,当事方既是条约规定的制定者,也是它的履行者。根据当事方平等的原则,无论是双边条约还是多边条约的当事方都有权对条约进行解释,每一当事方对条约所作的解释具有同等的价值,都属于官方解释。如果当事方解释是所有当事方全体同意的解释,那么这种解释就成为有权解释。

(二)国际组织的解释

国际组织在原则上有权解释建立该组织的条约、公约或章程等国际条约。国际组织的解释仅在该组织的范围内有效。

(三)国际仲裁或司法机关的解释

如果条约当事方就条约具体规定的解释达不成一致时,可以求助于国际仲裁或国际司法机关解决。在多边条约的情况下,条约中一般含有争端解决条款,规定出现争议时的解决办法。这种规定包含:第一,争端当事方间谈判解决;第二,如果谈判无效,只要有一个当事方提出,就应该将争端提交仲裁。交付仲裁时,争端当事方首先要对仲裁人或仲裁庭的组成达成协议。同意交付仲裁并不能保证就仲裁人和仲裁庭的组成达成协议;第三,在要求仲裁之日起6个月内对仲裁的组织达不成协议时,任何一个当事方都得将争端提交国际法院审理。《国际法院规约》第36条(1)规定,法院的管辖包括各当事方提交的一切案件,及《联合国宪章》或现行条约及协约中所特定的一切事件。这里需要注意两点:(1)国际仲裁机关和国际法院并不是当然的条约解释机关,尽管它们通常具备这方面的职能。只有在争端当事方就条约的解释达不成协议时,应当事方的请求,国际仲裁机关或国际法院才有权就条约的规定对当事国作出有拘束力的解释。(2)国际仲裁机关和国际法院的解释仅对提交争端的当事方有效。《国际法院规约》第62—63条规定,其他利益相关国家也可以申请参加诉讼,这时法院的判决对诉讼参加国也产生效力。

三、条约解释规则

关于条约的解释规则,争论很多。国际法学者在条约的解释问题上,大致分为三个学派:主观学派、客观学派和目的学派。在1969年《条约法公约》之前,关于条约解释只有习惯法规则。现在,有关条约解释的规则有《条约法公约》第31—33条的规定。

(一)条约解释原则

1969年《条约法公约》的第31条(1)的规定,条约应就其用语按照上下文并参照其目的和宗旨所具有的通常意义,善意地予以解释。根据这一规定,解释条约应遵循三个总的原则:第一,按照善意的原则进行解释;第二,应推定条约用语具有通常的意义;第三,条约用语的通常意义应按照用语的上下文并参考条约的目的和宗旨决定。

善意的原则来源于"约定必须遵守"。所谓善意,就是从诚实信用的立场进行。这是常设国际法院对"德国在波属上西里西亚的利益案"(1925—1929年)等一系列司法判例中所确认的。

条约的用语应推定具有通常的意义。国际法院在"关于联合国大会在接纳会员国问题上权限的咨询意见”(1950 年)中明确指出,解释和适用条约的首要任务是让该条款在其上下文中产生自然和通常的意义。但是,这一原则并不是绝对的,国际法院在“西南非洲案”(1962 年)的判决中指出,在采用这种解释方法所得到的意义与载有该文字的条款或文件的精神、目的和上下文不相容时,就不可能令人信服地依赖这种方法。此外,如果能够证明当事方旨在给某一用语以特定的意义时,该用语应具有其特定意义。举证的责任在提出该用语具有特定意义的一方。

条约用语的通常意义是全面考察该用语的上下文、条约的宗旨和目的后得出的。应该考察的内容包括:条约约文、序文和附件。此外,根据第 31 条(2)的规定,上下文还包括:全体当事方之间就该条约的缔结所订立的与该条约有关的任何协定;一个或几个当事方就该条约的缔结所作出并经其他当事方接受为与该条约有关的任何文件。第 31 条(3)规定,应与上下文一并考虑的还有:各当事方嗣后订立的有关该条约的解释或其规定的适用的任何协定;嗣后在条约适用方面确定各当事方对该条约解释的意思一致的任何惯例和适用于各当事方之间的关系的任何有关国际法规则。

(二)补充资料的使用和作用

尽管按照上述原则,并全面考察了上述有关资料后,条约解释所得到的意义仍:(1)不明或难解时;(2)或显然荒谬或不合理时,为了确定该用语的意义,可以使用补充的解释资料,包括该条约的准备资料及条约缔结的情况。条约的准备资料及条约缔结情况包括谈判记录、条约的历次草案和讨论条约的会议记录等。补充资料同第 31 条(2)、(3)所列举的因素不同,第一,只有在用尽第 31 条(2)、(3)所列因素之后,仍不能得出满意的解释时,才可以使用;第二,补充资料不具有权威性,仅起补充说明的作用。常设国际法院在“关于《夜间雇用女工公约》的解释问题的咨询意见”(1932 年)中强调,对该《公约》进行解释,应考虑缔结《公约》的环境,从而使《公约》字句具有自然的意义,而对准备资料的考虑也是为了确定《公约》字句的自然意义。国际法院在使用补充资料问题上也持比较慎重的态度。在“关于接纳联合国会员国问题的咨询意见”(1948 年)中,国际法院指出该约文清楚明白,因此法院认为不应该背离常设国际法院的一贯立场,即如果一个公约的约文本身清楚明白,就不要使用补充资料。当然,补充资料也可以被用来确认业已得出的正确意义。

(三)用多种语文缔结的条约的解释问题

条约实践表明,使用一种以上语文缔结条约的情况越来越频繁。同时,用多种语文缔结条约,出现了哪一种或哪几种语文是作准语文的问题。根据 1969 年《条约法公约》第 33 条的规定,条约用两种或更多语文认证时,其约文按每种语文同一作准,但该条约规定或该条约各当事方约定在有分歧的情况下以一个特定的约文为准时除外。在双边条约的情况下,作准语文通常是缔约双方的官方语文作为作准语文。有时在双方语文之外再加上一种作准语文。多边条约不可能把所有缔约国的语文当作作准语文,通常选择几种作准语文,现在一般是阿拉伯文、中文、英文、法文、俄文和西班牙文文本同为作准。

条约的规定只有一套,但是作准文本却是几种,难免出现约文意义分歧的情况,在几种文本之间发生分歧时,根据《公约》第33条(3)和(4)规定,应推定条约用语在各种作准约文内意义相同。条约解释者应将各作准约文予以对照比较;对照比较的结果的确发现各约文具有不同意义时,应当适用第32条及第33条的解释规则予以解释;如果仍不能消除分歧时,应参照该条约的目的和宗旨,采用最能调和各约文的那种意义。

第五节 条约的修订

一、条约的修订

条约的修订是条约的当事方在缔结条约后但在该条约有效期内改变条约规定的行为。世界上的事物处在不断的发展变化中,为了适应这种变化,对条约规定可能需要作适当的更改。条约的修订既然是改变原条约的规定,这就引起了一系列的法律问题,主要涉及多边条约,因为双边条约的当事双方如果认为有必要改变原条约的规定,可以缔结新的条约,更改或废除原约,其程序和适用的法律同缔结新条约没有什么本质上的区别。按照1969年《条约法公约》第39—41条的规定,条约的修订分为两种:修正和修改两种。修正是指原条约全体当事方对原条约规定进行的更改;修改则是指原条约若干当事方在彼此间对原条约规定进行的更改。在理论上,修正与修改是有区别的,但在实践上,修正和修改往往混用,不作严格的界定。

条约的修订通常发生于业已生效且在有效期内的多边条约,对于尚未生效的条约是否可以进行修订的问题,1969年《条约法公约》没有明确规定。为了确保多边条约的普遍性,条约一般规定在交存一定数量的批准书后方可生效。而从条约的签字到条约的生效,少则几年,多则十几年。《联合国海洋法公约》从1982年开放签字到1994年交存《公约》生效所需的第60份批准书用了近12年的时间。而且,在《公约》生效之前,原《公约》缔约国对《公约》的第11部分"区域"进行了修订。此外,条约可以通过后面的条约加以修订,也可以通过原条约当事方嗣后的实践加以修订,尽管《条约法公约》没有对此明文规定。

二、条约的修订程序

条约修订应按照一定的程序进行,并遵守一定的规则。最主要的规则是,条约的修订必须经原条约当事方的同意。多边条约的情况比较复杂。根据1969年《条约法公约》第40条的规定,在全体当事方间修正多边条约时,必须通知所有的缔约方,各缔约方均有权参加:(1)关于对此种提议采取行动的决定;(2)关于修正条约的协定的谈判和最后的缔结。凡是有权成为条约当事方的国家或国际组织亦应有权成为修正后条约的当事方。就修正条约所缔结的协定,对于那些原条约的当事方但不是该修正协定的当事方没有约束力。在这些当事方间,仍适用没有修订过的原条约。凡在条约修正协定生效后加入条约的当事方,如果没有不同的意思表示,应视为修正后条约的当事方。在其与不受修正条约的协定约束的条约当事方之间的关系上,适用没有修正过的条约。多边条约一般都明文规定该条约的修订程序。例如,《联合国宪章》第108条规定,本宪章之修正案经大会会员国三分之二表决并由联合国会员国三分之二、包括安全理事会常任理事国、各依其宪法程序批准后,对于联合国所有会员国发生效力。

对于多边条约的修改,在1969年《条约法公约》第41条中作了规定。如果多边条约的若干当事方彼此间修改条约,必须满足以下条件:(1)条约内必须有这种修改的规定;或(2)该项修改不为条约所禁止,而且不影响其他当事方的权利和义务;和(3)该项修改不涉及有效实现整个条约的目的和宗旨;(4)按上述原则对条约修改后,应将修改内容通知其他当事方。

第六节　条约的无效、终止和暂停施行

一、条约的无效及其原因

国际法主体在国际法允许的范围内享有缔结条约的自由,但是在某些情况下,他们所缔结的条约可能是无效的。条约无效有两个不同方面:相对无效和绝对无效。相对无效是指只能由受害国援引以主张条约无效,如错误;这类无效的原因仅同受害国有利害关系。绝对无效是指任何有关第三国都有权援引以主张条约无效,受害国无须提出要求,任何国际法庭或国际机构在其职权范围内都可以宣告条约无效,如在强迫下签订的条约。这类绝对无效的条约对整个国际社会都有利害关系。如果允许这样的条约得以执行,那将损害国际和平与安全以及国际法制,为了整个国际社会的利益必须认定这类条约无效。

按照1969年《条约法公约》的规定,条约无效有以下几种情况:

(一)违反国内法有关缔约权的规定

一般各国宪法或有关法律,都对国家机关的缔约权限和缔约程序作明确的规

定。如果违反这些规定,可能导致条约无效。但是对这项规则若不作任何限制,缔约方可以利用它拒绝履行业已作出的承诺从而影响条约的稳定性。所以《公约》第45条对这一规定加以严格的限定:第一,所违反的国内法必须是有关缔约权限的规定;第二,所违反的国内法必须对该国具有根本重要意义;第三,所违反的国内法必须是显而易见的。常设国际法院在“东格陵兰案”(1933年)和“上萨瓦及节克斯自由区案”(1932年)中都从严适用这一规定。此外,第47条对缔约方代表越权缔约问题还规定,如果一个缔约方代表表示该方同意接受某一条约约束的权力附有特定的限制,除非该方在表示同意前已将此项限制通知其他谈判方,该方不得援引该代表未遵守该项限制的事实以主张条约无效。

(二)错误

缔约方在表示同意接受条约约束时,所依据的事实或情势存在根本的错误,在这种情况下,条约可能无效。错误可以分为两种情况:第一,缔约一方或双方对有关事实或情势有错误的认识而缔结了条约,如划界所依据的地图存在错误;第二,缔约一方或双方无第一种错误,但在表述其意思时使用了错误的字句,如专有名词的拼写错误。错误在什么情况下才影响条约效力的典型案例是“隆端寺案”(1962年)。在此案中,依据1904年的一个条约,泰国和柬埔寨间的边界应沿分水岭划出,负责勘界的混合委员会未能完成勘界和绘制地图的工作。泰国政府委托法国的一个调查队绘制了该地区地图。地图于1908年在巴黎出版,泰国政府得到数十份地图,广为分发。按照这份地图,隆端寺在柬埔寨一边,对此泰国政府没有表示异议。但在1935年以前,发现地图有误:如果严格按照分水岭划界,隆端寺应在泰国一边。1941年后,泰国派人看守该寺,认为该寺属于泰国。法国(当时为柬埔寨的保护国)多次交涉无效后,于1959年向国际法院起诉。法院判决指出,泰国政府如果不同意地图上所标示的界线,应当在相当的时间内向法国政府提出,但是泰国政府并没有这样做。泰国以自己的行为接受了该地图。尽管这条国界线背离了1904年条约的规定,在法律上仍然是有约束力的。1969年《条约法公约》第48条(2)规定,如果错误是该国本身的行为所铸成,或者如当时情况足以使该国有知道错误的可能,该国就不得援引错误,撤销其受条约约束的同意。对于条约使用的字句的错误,第48条(3)规定,这不影响条约的效力,可按第79条的规定对约文作适当的更正。

(三)诈欺

1969年《条约法公约》第49条规定,谈判一方可以援引条约是由于另一方的诈欺行为诱使缔结的为由以主张条约无效。

(四)贿赂

根据1969年《条约法公约》第50条的规定,缔约一方可以援引条约是由于另一方直接或间接贿赂该方代表而缔结为由以主张无效。

（五）强迫

在条约关系中，缔约一方可能会在另一方的强迫之下订立条约。1969 年《条约法公约》第 51 条规定，缔约一方同意受条约约束的表示是通过对其代表实施强迫而取得的，其同意的表示应无任何法律效果。第 52 条又规定，违反《联合国宪章》中所包括的国际法原则以武力威胁或使用武力而缔结的条约无效。国际法院在“渔业管辖权案”（1973 年）的判决中明确肯定了，缔约方所作的真正的同意，而不是在强迫之下所作的同意，是条约有效性的条件之一。

关于第 52 条所指的“武力”是否包括政治和经济压力问题，在国际法委员会起草 1969 年《条约法公约》时和条约法外交会议上都引起了争论，最后的妥协是政治和经济压力没有包括在“武力”一词中，但是 1969 年《条约法公约》最后文件中的一份声明谴责任何国家违反国家主权平等和同意自由的原则，威胁或使用任何形式的压力，不论是军事的、政治的或经济的，以强迫另一国家实行有关缔结条约的任何行为。根据 1970 年联合国大会通过的《国际法原则宣言》，《宪章》中的“不干涉内政原则”是指，“任何国家都不得使用或鼓励使用经济的、政治的或任何其他性质的措施以强迫另一国家把它的主权权利的行使处于从属的地位或者从它取得任何利益”。缔结条约当然属于行使主权的一种形式，通过政治和经济强迫而缔结的条约显然违反《宪章》中不干涉内政的原则，从而使这样的条约绝对无效。

（六）与强行法规则冲突

根据 1969 年《条约法公约》第 53 条的规定，条约在缔结时与一般国际法强行法规则抵触者无效。就适用《公约》而言，一般国际法强行法规则指国家的国际社会全体接受并公认为不许损抑且只有以后具有同等性质之一般国际法规则方可以加以更改的规则。至于哪些规则是国际法上的强行法规则，没有一个普遍接受的范围，但是至少《联合国宪章》序言、第 2 条和其他一些条款所规定的一些原则得到了国际社会的普遍接受。

关于强行法规则是否具有追溯效力问题，从第 53 条的规定来看，只要条约在缔结时与当时的一般强行法规则不发生冲突就是有效的，所以强行法规则没有追溯效力。至于第 53 条本身是否具有追溯效力，《公约》没有作出明确的规定。《公约》的第 4 条规定，《公约》只适用于各方在《公约》对之生效后所缔结的条约，但不妨碍《公约》中所载任何规则的适用。如果一些强行法规则在《公约》生效之前就业已存在，并不以《公约》的存在与否为其存在的先决条件，那么，第 53 条就应具有追溯效力，违反国际法强行法规则的条约自始至终都是无效的。

关于不平等条约，国际上是有争议的。有的学者认为，这是一个含义不清的政治概念，不是法律上的概念。但也有的学者认为，不平等条约是客观存在，条约法不应忽视它。不平等条约大体具有两个基本特征：第一，条约通常是在使用武力或威胁使用武力的情况下缔结的；第二，条约中所规定的义务存在极大的不平等性。

1969 年《条约法公约》虽然没有对不平等条约作出明确规定,但是从第 52—53 条对强迫和强行法的规定中可以看出,《公约》肯定了不平等条约的绝对无效性。对于不平等条约,中华人民共和国的态度是:第一,不平等条约是使用武力或武力威胁强加的,违反了国家主权和平等的原则;第二,由于这类条约是违反国际法的,它们自始至终都是绝对无效的;第三,由于历史的原因,这类条约在涉及领土问题时,暂时维持现状,以后通过有关当事方的谈判,以适当的形式予以解决。

二、条约的终止和暂停施行

条约的终止是指一个有效的条约由于某种法定的原因对该条约的当事方发生条约效力终止的情况。条约的暂停施行是指一个有效的条约由于某种法定的原因对该条约的当事方发生条约效力暂时停止的情况。这两者之间的区别在于:条约的终止是指条约效力对当事方永久地停止;而暂停施行则不同,条约的效力在一定的条件下通过一定的程序可以恢复,并不是永久停止。

条约的终止和暂停施行同条约的无效有本质上的不同:条约的无效是指条约在缔结的时候就有原始的瑕疵而自始就不能产生国际法所承认和保证的法律效果;而条约的终止或暂停施行则是指根据国际法业已生效的条约,后来由于某种法定原因,发生了条约法律效果终止或暂时停止情况。条约效力的终止或暂停施行可以及于全体当事方,也可以及于部分当事方。在后一种情况下,条约可以在其他当事方间仍然继续有效。

三、条约终止和暂停施行的原因

《条约法公约》的第 54—64 条对条约终止和暂停施行的原因作了规定,概括起来,基本上可以分为三个方面的原因:

(一)按照该条约规定终止或暂停施行

现代条约,尤其是多边条约,大多规定条约终止条款。从条约实践来看,导致条约效力终止的情况有:

1. 条约期满:条约通常规定有效期,有效期满条约自动失效。实践中更常见的作法是,缔约一方若希望终止条约,应在条约规定的终止期满前一定的期限内,通知其他缔约方终止该条约,否则该条约继续有效。

2. 条约规定条约失效的条件,如《防止及惩治灭绝种族罪公约》(1948 年)第 15 条规定,如因退约结果,致本公约的缔约国数目不满十六国时,本公约应于最后的退约通知生效之日起失效。

3. 单方面解约或退约:单方面解约多用于双边条约,而单方面退约多用于多边条约。双边条约中的一个缔约方提出解约,如另一方在一定的期限内不提出反对,该条约便终止。在多边条约的情况下,缔约一方提出退约,在一定的期限内,如其他缔约方不提出反对,该条约对退约方终止效力。条约一般对退约问题都作规定。国际组织的规章中通常规定暂停或中止会员资格条款。这也就是条约的暂停或暂停施行。有时有的条约允许缔约方在一定特殊的情况下,暂时部分停止履行条约义务。

(二)全体当事方嗣后同意该条约终止或暂停施行

条约生效后,经全体当事方的同意,条约可以终止或暂停施行。全体当事方的同意可以采用明示同意,如全体当事方在另一个条约中明确规定如此,或默示同意,如当事一方提出终止条约,另一方并不提出异议。《公约》第 54 条(乙)和第 57 条(乙)规定,明示同意必须同所有接受条约约束的缔约方磋商后,并且被磋商方都表示同意后方可终止或暂停施行条约。默示同意则主要发生在后条约默示地终止前条约的情况下。在多边条约情况下,如果部分当事方希望暂停施行条约时,第 58 条规定了一定的条件:在通知其他当事方的情况下,(1)条约内提供了这种可能;(2)条约不禁止,而且不影响其他条约当事方享有条约上的权利和履行其义务;(3)同条约的目的和宗旨不发生冲突。

(三)一般国际法规定的原因

除上述两个方面的原因外,由于一般国际法原则或规则所确认的一些原因也可以使条约终止或暂停施行。这方面的原因包括:

1. 条约当事方丧失国际人格。1969 年《条约法公约》没有明确规定这种情况,但是如果缔约一方的国际人格已不复存在,它所缔结的条约,显然就失效了。

2. 条约嗣后履行不可能。条约缔结后,如果发生意外使条约的履行不可能,可以终止或暂停施行条约。《公约》第 61 条规定,如果因实施条约所必不可少的标的物永久消失或毁坏以致不可能履行条约时,当事方可以以此为理由终止或退出条约,如不可能履行属于暂时的性质,当事方可以援引暂停施行条约。但是如果不可能履行是由该当事方违反条约义务或违反对条约其他当事方所承担的任何其他国际义务所致,则该当事方就不能援引此项理由。

3. 条约长期不适用。条约缔结后,缔约一方如果长期不予适用,而其他当事方又不提出异议,默认这样的状况继续下去,就可以使条约终止。

4. 嗣后出现与条约不相容的强行法规则。按照《公约》第 53 条的规定,与强行法规则冲突的条约自始就是无效的。而如果条约缔结时与当时存在的强行法规则并不冲突,但是如果后来出现了一个与该条约不相容的新的强行法规则,根据第 64 条的规定,该条约自新的国际强行法规则产生之时起无效而终止。

5. 条约履行完毕。有的条约的目的是执行一项具体的义务,该项义务执行完毕,条约的目的即告达到,条约随即失效。

6. 情事根本变更。这是一个在条约法上引起很多争论的原则,指缔结条约时,缔约方之间存在一个假设,即缔约时所能预见到的情况不会发生变化,这是条约有效的前提;如果情况发生了根本变化,缔约方有权终止条约。这项原则又称为

"事物如恒"。这项原则的目的是对"约定必须遵守"原则作补充,被认为是条约法中的一个"安全阀"。1969年《条约法公约》第62条对援引情事变更作为终止或退出条约提出了严格的限制:(1)发生变更的一些情事必须存在于缔约当时;(2)发生的情事变更必须是根本性的;(3)发生变更的情事必须是当事各方所未能预见到的;(4)这些情事的存在必须是原来构成各当事方同意接受该条约拘束的必要基础;(5)发生的情事变更的效果必须是将根本改变依该条约尚待履行的义务的程度。只有在满足上述的条件时才可以援引这个原则以主张条约的终止或退出。国际法院在"渔业管辖权(管辖)案"(1973年)的判决中指出,国际法承认情事根本变更作为终止或暂停施行条约的理由,法院认为,1969年《条约法公约》第62条是对现行习惯法的编纂。中国在1926年曾运用这一原则要求修改《中—比友好、通商、航海条约》(1865年),1928年双方通过谈判缔结了新的条约,代替了1865年的条约,比利时在华的领事裁判权有条件地被废止。

7. 一方违约。条约当事一方违反条约时,他方可以终止或暂停施行根据该条约所承担的义务。"对不履行者不必履行",是公认的国际法原则。但是根据1969年《条约法公约》第60条的规定,并不是所有单方面的违约都导致条约的终止或暂停施行,只有重大违约才构成条约终止或暂停施行的原因。重大违约是指下列两种情况之一:一是废弃条约,而此种废弃非《公约》所准许;二是违反条约规定,而此项规定是实现该条约目的或宗旨所必要的。

8. 单方面解约或退出条约。条约本身可能含有关于单方面解约或退出条约的规定,条约当事方可以按照条约的规定行使单方面解约或退约的权利。如果条约对此没有明确规定时,1969年《条约法公约》第56条规定,当事方不得解约或退约,除非遇有下列情况之一:一是经确定,该条约各当事方的原意允许解约或终止条约的可能性;二是从该条约的性质可以认为隐含解约或退约的权利。

9. 外交关系和领事断绝。外交和领事关系的断绝当然会影响到缔约方间的条约关系,但是根据1969年《条约法公约》第63条的规定,缔约方间外交和领事关系的断绝并不影响彼此间由条约确定的法律关系,但是外交和领事关系的存在是适用条约所必不可少的条件的例外。

10. 战争。关于战争对条约关系的影响,国际法委员会在《条约法公约》编纂时认为不属于《公约》的范围,所以没有加以规定。一般来说战争期间,有的条约会失效,如和平友好条约;但有的则可能继续有效,如关于战争法规的条约不会因为战争的爆发而失效。此外,建立客观制度的条约和一些"造法性"多边条约也不会因战争而失效。

四、条约无效、终止和暂停施行的程序

条约当事一方在提出条约无效、终止和暂停施行时,要遵守一定的程序,1969

年《条约法公约》第65—68条规定了有关程序。该当事方必须将其主张以书面的形式通知该条约其他当事方，此项通知里应该载明拟对该条约采取的措施及理由。在接到通知后至少三个月的期间届满以后，除特别情况，如果没有其他当事方提出反对，该当事方可以采取拟定的措施。但是如果其他当事方在期限内提出反对，则各当事方应按《联合国宪章》第33条所提出的办法解决，如谈判、调查、调停、和解、公断和司法解决等和平的方法。这些规定并不影响条约各当事方按照对其有拘束力的任何有关解决争端的其他现行规定所产生的权利和义务。第66条接着还规定了司法解决和仲裁和解的程序。

五、条约无效、终止和暂停施行的后果

(一)条约无效的后果

条约经确定无效后，其后果因条约无效的原因不同而不同。凡违反强行法规则以外的原因无效的，1969年《条约法公约》第69条规定：凡依《公约》确定无效的条约无法律效力；要求当事方尽可能恢复原状；在条约无效前善意实施的行为不因条约无效而非法；凡违反强行法规则而确定无效的自始无效。

(二)条约终止的后果

条约终止的后果，原则上应适用缔约方意思自治的原则解决。

(三)条约暂停施行的后果

1969年《条约法公约》第72条规定，在暂停施行期间，暂停施行条约的当事方之间，解除履行条约的义务，此外，则不影响其他当事方之间的法律关系。在此期间，各当事方应避免倾向于阻挠该条约恢复施行的行为。

主要参考书目

1. 李浩培，《条约法概论》，1987年。

2. P. Reuter, Introduction to the Law of Treaties, trans. by J. Mico and P. Haggenmacher, 1989.

3. P. K. Menon, The Law of Treaties between States and International Organizations, 1992.

4. Sir. R. Jennings, and Sir. A. Watts, eds. , Opphenheim's International Law, Volume I, 9th edition, 1992.

第十四章　国际环境保护

近几个世纪以来,随着科学技术的高速发展和工业文明的迅猛进步,人类活动在创造出前所未有的经济增长和物质财富的同时,对于构成人类生存和发展的自然基础的地球生态环境,也施加了空前沉重的压力。当代的环境危机已经严重影响到地球生物圈的各个部分和世界的各个地区。环境污染不仅对当代的人类造成重大的社会和经济损失,而且由于它削弱乃至在某些方面摧毁了人类社会赖以存在和发展的自然生态基础,因而将对后代人类的生存和发展造成巨大的危害。如果不及早采取有效的措施保护和改善环境,环境危机将是人类文明存在和发展的最大威胁。

当代环境危机的一个显著特点是它的国际性。流水、大气、野生物种乃至整个自然环境都不受人为国界的限制;一国境内严重的环境污染,其危害在许多情况下会波及多个国家乃至影响整个地球的生态系统。环境问题的有效解决,单靠各国的国内立法是难以实现的,国际合作是保护人类环境的必由之路,而国际法(尤其是国际条约)则是保证国际环境合作取得成功的必要基础。自20世纪70年代以来,有关国际环境保护的法律原则、规则和制度经历了迅速的发展,逐渐形成了国际法上一个新的分支——国际环境法。

第一节　国际环境法的发展和基本问题

一、国际环境法的历史发展

有关环境保护的国内立法,早在中世纪时就在一些国家出现。但国际上保护环境的努力,直到20世纪初才逐渐开始。最早的有关环境保护的国际条约,主要涉及两个方面:一是界河和国际河流的渔业管理和水污染的防治,这方面最著名的例子是美国和加拿大1909年签订的《美加界水条约》;二是野生物种的保护,例如1900年《保护非洲的野生动物、鸟类和鱼类的伦敦公约》和1902年《保护对农业有益的鸟类的公约》等。后一方面的国际合作,到20世纪三四十年代发展成为两项重要的区域性国际公约,即1933年《关于保全自然状态下的动植物的公约》(适用于非洲)和1940年《西半球自然保护和野生生物保全的华盛顿公约》。

第二次世界大战之后,有关环境保护的国际条约开始不断增多。从50年代起,海洋环境的保护成为国际立法的重点。1954年《国际防止海上油污公约》是这一领域里最早的国际公约。1958年的第一次联合国海洋法会议通过了四项海洋法公约,其中《捕鱼和公海生物资源养护公约》直接涉及海洋生物资源的养护,而《公海公约》和《大陆架公约》也包含了重要的保护海洋环境的条款。其他领域的国际公约,也都加入了保护环境的条款。例如,1959年的《南极条约》禁止在南极进行任何核爆炸或处理放射性废物,并规定缔约国可以考虑有关南极生物资源保护和保全的措施;1963年的《禁止在大气层、外层空间和水下进行核试验的条约》限制了核试验对环境可能造成的危害;1967年《关于各国探索和利用包括月球和其他天体在内外层空间活动的原则的条约》也规定各国在外层空间活动中应避免使外层空间遭受有害的污染或因引入地球外物质而使地球环境发生不利的变化。

此外,一些国际司法和仲裁判例也对国际环境保护的基本法律原则及其适用作出了重要的阐述。在著名的"特雷尔冶炼厂案"(1941年)中,仲裁庭在裁决中判称:没有一个国家在使用其领土或允许他人使用其领土时,有权以烟气对另一国家的领土或其中的财产或人员造成损害。国际法院在1949年的"科孚海峡案"中也指出,一个国家有义务不得故意将其领土用作违反他国的权利。在法国和西班牙之间的"拉穆湖案"(1956年)中,仲裁庭也提到,对界水的污染会有损别国的权利。

到了60年代后期,环境保护主义思潮开始兴起,国际环境立法的步伐也因此大大加快。这一期间通过的有关环境保护的重要国际文件有:1968年《非洲自然和自然资源养护公约》,1968年《欧洲关于控制空气污染的原则宣言》和《欧洲水宪章》,关于防止海洋环境因油污和倾倒受到污染的几个国际公约,以及保护野生生物资源的几个公约。1968年12月3日,联合国大会通过决议,建议1972年在斯德哥尔摩召开联合国人类环境会议,经过三年多的准备,联合国人类环境会议于1972年7月5日至16日在斯德哥尔摩举行,会议通过了著名的《斯德哥尔摩人类环境宣言》、一份"行动计划"、一项向联合国大会提出的有关机构和财务安排的建议,以及其他决议。

《斯德哥尔摩宣言》本身并不直接具有法律上的拘束力,但它表达了各国有关环境保护的共同信念,对于后来国内和国际环境法的发展具有深远的影响。《宣言》中所阐述的某些原则,已经为各国的实践普遍接受,成为国际习惯法的一部分。《宣言》的序言宣告:保护和改善人类环境是关系到全世界各国人民的幸福和经济发展的重要问题,也是全世界各国人民的迫切希望和各国政府的责任。序言号召全世界所有公民、团体、企业和机构以及各国政府和国际组织,为着全体人民和它们的子孙后代的利益而作出共同的努力,以维护和改善人类环境。

《宣言》的26条原则,大体上可分为三个部分。第一部分(第1—8条)是整个宣言的基础,它阐明了各国所应承担的保护自然环境和自然资源的义务。第1条把环境保护提升到基本人权的高度,指出:人有权在一种能够过尊严和福利的生活的环境中,享有自由、平等和充足的生活条件的基本权利,并且负有为这一代和将来的世世代代保护和改善环境的庄严责任。第2条至第7条分别就自然资源、再生资源、野生生物、不能再生的资源、有毒物质的排放和海洋环境污染等方面,规定了各国应遵循的准则。《宣言》的第二部分(第8—20条)涉及同环境保护相联系的几个重要方面,其中第8条至第13条专门讨论环境同经济发展的关系,第14条至第20条则分别阐述了合理的计划、人的定居和城市化、人口政策、国家机关、科学技术、环境教育及科学研究和开发同环境保护的相关性。《宣言》的第三部分(第21—26条)对有关环境保护的国际法的发展具有特别重要的意义。其中,第21条被公认为表述了一项习惯国际法的原则。该条规定:"按照联合国宪章和国际法原则,各国有按自己的环境政策开发自己资源的主权权利,并且有责任保证在它们管辖或控制之内的活动,不致损害其他国家的或在国家管辖范围以外地区的环境。"其他原则分别就污染和其他环境损害的责任和赔偿、不同国家环境标准的差异、加强国际合作、国际组织的作用、禁止核武器和其他大规模毁灭性武器等问题作出了规定。

斯德哥尔摩会议还通过了一份《人类环境行动计划》。这份计划包含多项关于保护和改善环境的国际行动的建议。这些建议分三个部分:第一部分是被称为"地球观察"的评估计划,主要是对环境进行监测、评估、研究并交换有关的情报,第二部分是关于环境管理的建议,第三部分是关于辅助措施(主要是教育、培训、宣传和财务等事项)的建议。另外,会议向联合国大会提出一项建议,建议成立新的国际机构以协调环境保护方面的国际合作。联大根据这一建议,于1972年12月15日通过决议,成立了联合国环境规划署。

斯德哥尔摩会议是国际环境法发展史上一座重要的里程碑,会议及其通过的文件大大提高了国际社会对环境保护的重要性和实现环境保护的方法的认识,国际环境法也由此开始,成为国际法中的一门独立分支。1982年《联合国海洋法公约》为海洋环境的保护和保全作出了系统而全面的规定。在野生生物的保护方面,1972年《保护世界文化和自然遗产公约》和1973年《濒危野生动植物种国际贸易公约》是两项最重要的国际法律文件。在防止大气污染方面,1979年欧洲经济委员会主持制订的《远距离跨界大气污染公约》为解决欧洲的酸雨问题建立了基础。在保护水资源和生物资源方面,通过区域性公约和双边条约实行的国际管制也有很大的发展。1982年10月28日,也就是联合国人类环境会议召开十周年之际,联合国大会通过了《世界自然宪章》。

《世界自然宪章》是由一个非政府组织——国际自然和自然资源养护同盟起草,得到非洲统一组织的支持,最后由联合国大会通过的。《宪章》重申了《斯德哥尔摩宣言》的许多原则,并有所发展。《宪章》序言在人和自然的关系这一环境保护的根本问题上,提出了比《斯德哥尔摩宣言》更进一步的观点,指出:人类是自然的一部分,文明起源于自然,自然塑造了人类的文化,而人类的行为或行为的后果,能够改变自然,因此,人类必须充分认识到迫切需要维持大自然的稳定和素质,以及养护自然资源。《宪章》正文包括 24 条原则,分三个部分。第一部分是“一般原则”,规定:应尊重大自然,不应损害大自然的基本过程;地球上的遗传活力不得加以损害;不论野生或家养,各种生命都必须至少维持其足以生存繁衍的数量,为此目的应该保障必要的生境,等等。第二部分“功能”是对第一部分基本原则的具体适用,它要求在规划和进行社会经济发展活动时,应适当考虑到养护自然是这些活动的一个组成部分。第三部分“实施”要求把《宪章》的各项原则列入每个国家的以及国际统一的法律中,并予实行;应提供必要的资金、计划和行政机构以实现养护大自然的目的。这些规定对有关自然保护的国际法的发展具有重要的影响。

进入 80 年代中后期以后,国际环境法的发展又进入了一个新的阶段。最为成功的一个领域是关于臭氧层的国际保护。1985 年《维也纳保护臭氧层公约》虽然没有对消耗臭氧层的物质规定具体的管制措施,但随着国际社会对臭氧层消耗的严重性的认识不断加深,1987 年《关于消耗臭氧层物质的蒙特利尔议定书》规定了管制氯氟烃等物质的国际制度。《蒙特利尔议定书》在 1990 年和 1992 年又作了两次重大的修正,从而完善了保护臭氧层的国际制度。1989 年的《控制危险废物越境转移及其处置的巴塞尔公约》对危险废物的进出口施加了严格的控制。1991 年,《关税与贸易总协定》专家组在墨西哥和美国之间的“金枪鱼—海豚争端案”中的报告,把环境保护同《关贸总协定》下的自由贸易体制之间的冲突尖锐地提到了国际议事日程上来。1989 年 12 月 22 日,联合国大会通过决议,决定于 1992 年在巴西召开联合国环境与发展大会,以讨论和解决世界环境与发展的问题。

在斯德哥尔摩人类环境会议二十周年之际,联合国环境与发展大会于 1992 年 6 月 3 日至 14 日在巴西里约热内卢召开。大会的主题是持续发展,与会各国普遍接受了环境和发展的密切关系。大会通过了《里约环境与发展宣言》、《21 世纪议程》、《气候变化框架公约》、《生物多样性公约》和《关于森林问题的原则声明》等多项重要文件。

《里约环境与发展宣言》在许多方面对《斯德哥尔摩人类环境宣言》有重要的发展。《宣言》最鲜明的一个特点在于它把环境保护和经济发展联系起来,强调发展对于国际环境保护的重要意义。《宣言》首先指出,人类处于普受关注的可持续发展问题的中心,他们应享有以与自然相和谐的方式过健康而富有生产成果的生活的权利。原则二基本上重申了《斯德哥尔摩宣言》的第 21 条,而原则三则明文确认了“求取发展的权利必须实现”。原则四至原则八从不同的角度阐述了持续发展的意义。原则九至原则十四则分别对科学技术、公众参与、环境立法、国际经济制度、环境损害的责任与赔偿以及有害活动和物质的转移等与环境保护有重要关系的问题作出了规定。原则十五至原则十九确认了国际环境保护中应当遵循的几项重要原则,它们规定:环境保护中应当广泛适用预防措施,污染者原则上应承担污染费用,对于可能对环境产生重大不利影响的活动,应进行环境影响评价,对于可能对他国环境产生有害影响的自然灾害以及其他紧急情况和活动,各国有义务通知受影响的国家。《宣言》的最后几项原则强调妇女、青年和土著居民在环境保护中的重要作用、谴责战争对持续发展的破坏,要求各国和平地按照《联合国宪章》采取适当方法解决其一切环境争端并应诚意地本着伙伴精神,促进持续发展方面国际法的进一步发展。

《21 世纪议程》全面和详尽地提出了人类在环境和发展领域从 20 世纪末到 21 世纪的行动蓝图,涉及同世界各国持续发展有关的所有问题。这个文件讨论了各国在持续发展中所面临的主要问题和解决问题的途径。第 39 章"国际法律文件和机制"对国际环境法的未来发展提出了一系列的目标和方法,并指出国际环境法 4 个需要优先发展的领域是:回顾和评价现有的有关持续发展的国际法;完善国际环境条约的实施机制;保证各国都能有效参与国际立法过程;考虑和研究持续发展领域里的争端解决办法。各国同意成立一个新的联合国持续发展委员会,以监督和评估《21 世纪议程》的执行情况。

二、环境保护和经济发展

为了在全球范围内有效地保护具有国际重要性的环境资源,尤其是为了把环境保护的原则和标准适用到广大发展中国家身上,必须考虑环境保护同经济发展的关系,适应和满足发展中国家追求经济发展的迫切愿望。在当前国际经济状况下,发展中国家理所当然地要把经济发展列为国家首要的目标。环境保护的政策从表面看要限制发展的模式,提高发展的成本,因而许多发展中国家不可避免地会对发达国家所倡导的国际环境保护抱有某些顾虑。这些顾虑主要表现在:第一,认为环境污染仅仅是工业化国家的现象,发展中国家不需要参加国际环境合作;第二,担心执行严格的环境保护标准会耗费本国有限的经济资源,降低经济增长的速度;第三,担心环境保护政策会影响本国的出口贸易,例如,如果发达国家推行严格的环保政策,很可能会对发展中国家的出口产生不利的影响;如果发展中国家自己推行严格的环保政策,则很可能会因提高生产成本而削弱本国产品在国际市场上的竞争力;第四,担心国际上对于发展的援助会被转移到环境保护的项目中去,而新的发展援助会以实现环境保护为先决条件;第五,认为发达国家试图把环境保护的标准强加给发展中国家,有损于发展中国家对本国自然资源所拥有的主权,是一种"环境殖民主义"。

随着国际社会对环境危机的科学认识日益加深和国际环境保护的不断发展,

发展中国家开始认识到世界环境问题的严重性和普遍性,逐渐接受环境保护为各国共同承担的义务。第一,为了保护全球性的环境资源,少数几个国家的努力是无法奏效的,发展中国家的参与对国际环境保护的成功是必不可少的;第二,世界环境质量的退化,对发展中国家同样有不利的影响,环境污染对它们所造成的损害往往会比对发达国家更为严重;第三,保护和改善环境从长远来说有利于国民经济的发展,预防污染的成本通常要大大低于治理污染的费用;第四,由于发展中国家实施较低的环境标准,一些发达国家的公司、企业常常把在它们本国境内受到禁止的带有高度污染性质的产业、技术和物质转移到发展中国家,给发展中国家的环境和人民的福利造成严重的后果。现在,发展中国家原则上都已接受了保护和改善环境的国际义务,但同时也要求国际环境保护的法律制度应当反映和满足发展中国家的特殊利益和需要。

环境和发展的问题在斯德哥尔摩会议上就成了各国讨论的焦点之一。《斯德哥尔摩宣言》序言中承认,在发展中国家中,环境问题大半是由于发展不足造成的,发展中国家必须致力于发展工作,牢记他们的优先任务和保护及改善环境的必要。《宣言》指出:为了保证人类有一个良好的生活工作环境,为了在地球上创造那些对改善生活质量所必要的条件,经济和社会发展是非常必要的;所有国家的环境政策应该提高,而不应该损及发展中国家现有或将来的发展潜力,也不应该妨碍大家生活条件的改善;应筹集资金来维护和改善环境,其中要照顾发展中国家的情况和特殊性,照顾到他们由于在发展计划中列入环境保护项目而需要的任何费用,以及应他们的请求而供给额外的国际技术和财政援助的需要;在所有情况下必须考虑各国的现行价值制度和考虑对最先进的国家有效,但是对发展中国家不适合和具有不值得的社会代价的标准的可行程度。《宣言》第21条也体现了在各国开发自己资源的主权权利和保护环境不受损害的责任两者之间所应实现的恰当的平衡。

环境保护应当同经济发展互相结合,共同提高,这一思想在斯德哥尔摩会议以后逐渐得到国际社会和广大发展中国家的普遍接受。1974年《各国经济权利和义务宪章》强调:为了今代和后世而保护、维护和改善环境,是所有国家的责任。所有国家都应根据此项责任制订它们自己的环境和发展政策。所有国家的环境政策应对发展中国家当前的和未来的发展有所增进,而不发生不利影响(第30条)。进入80年代以后,这一思想又进一步发展成一个新的法律概念——持续发展。1987年世界环境与发展委员会在题为《我们共同的未来》的报告中,对“持续发展”作了如下的定义:“持续发展是满足当代人类的需要同时又不损及后代人类满足他们自身需要的能力的发展。”“持续发展”的概念较好地表达了环境保护与经济发展之间所应实现的平衡,因而很快得到世界各国的普遍接受。“持续发展”的定义中包含了两个基本要素:第一是当代和后代人类的“需要”,这一概念尤其体现了发展中国家渴望消除贫困、追求经济和社会发展的立场;第二是后代人类满足其自身需要的"能力",这一概念强调了地球资源的有限性和生态环境的脆弱性,要求当代人类的发展不应损害后代发展所需依赖的自然生态基础。

《里约环境与发展宣言》对持续发展的原则作了进一步的充实和发挥。《宣言》首先确认了为了公平地满足今世后代在发展与环境方面的需要而必须实现的发展权的原则,并进而指出:为了实现持续发展,环境保护工作应是发展进程的一个整体组成部分;所有国家和所有人都应在根除贫穷这一基本任务上进行合作,这是实现持续发展的一项不可少的条件;发展中国家,特别是最不发达国家和在环境方面最易受伤害的发展中国家的特殊情况和需要应受到优先考虑。《21 世纪议程》同样也把持续发展作为其基本主题,并为在各个具体领域里实现持续发展规定了目标和措施。在联合国环境与发展大会之后,持续发展已成为国际环境保护的首要目标和核心价值观念,它将是在一个相当长的时期内指导各个国家、国际组织、国内团体和个人在环境和发展领域里的行为的一般准则。

在环境和发展的问题上,联合国环境与发展大会还确认和发展了另外两项重要原则:一是"共同但又有差别的责任"的原则,二是发达国家向发展中国家提供持续发展方面的财政和技术援助的义务的原则。《里约宣言》明确指出:"各国应本着伙伴精神,为保存、保护和恢复地球生态系统的健康和完整进行合作。鉴于导致全球环境退化的各种不同因素,各国负有共同的但是又有差别的责任。发达国家承认,鉴于他们的社会给全球环境带来的压力,以及他们所掌握的技术和财力资源,他们在追求可持续发展的国际努力中负有责任。"(原则 7)从国际环境立法的角度讲,发达国家在国际环境保护制度中应当承担更重的条约义务,在更短的时间内实施更严格的管制措施,而对于违约则有更少的抗辩理由。

为了保证全球环境保护的成功,发达国家负有特殊的义务向发展中国家提供财政和技术援助,以帮助发展中国家保护和改善全球环境,实现持续发展。发达国家的援助不仅是发展中国家实际履行国际环境保护义务所必需的,而且从公平的角度考虑,也是发达国家应负的义务。发展中国家对于它们在选择有利于全球环境的发展模式中所需付出的机会成本,有道德和法律上的权利向发达国家要求补偿。由于无视对环境的影响,发达国家在工业化过程中长期以来一直得益于某种潜在的补贴,而由于发达国家的污染行为,发展中国家现在已不能选择成本较低但对环境危害较大的发展模式。因此,发达国家现在有义务向发展中国家提供财政和技术援助,并不是基于它们的慷慨或恩惠,而是代表了发达国家对人类环境早在几个世纪以前就应该付出的成本。发达国家的这一义务,得到了大量国际文件和国际条约的确认,并也为发达国家所承认。如何在具体的环境保护制度中落实有关的援助安排,切实地保障发展中国家的正当权益,是国际环境法在未来的发展中所要解决的一个重要问题。

三、环境保护和自由贸易

环境保护同国际贸易自由化的关系，是近年来国际环境法律和政策中的一个重要问题。这一问题突出地表现在两个方面：第一，一些重要的国际环境条约规定以贸易限制措施作为实现其环境目标的手段。第二，一国国内实施的环境保护措施或标准，往往会对该国或其他国家的进出口贸易产生影响。实施较高的环保标准的国家，其产品常常会因计入环境保护的成本而在国际市场的竞争中处于较为不利的地位；实施较低的环保标准的国家，其产品往往会因产品本身或产品的生产不符合进口国的环境保护要求，使产品的出口受到不利的影响。在后一种情况下，进口国的环境保护措施常常被出口国指责为保护主义性质的贸易壁垒。

调整世界贸易自由化的主要法律文件是《关税与贸易总协定》。《关贸总协定》第 20 条规定了 10 种例外情形，缔约国可以据此采取不受《总协定》义务限制的措施。在这 10 种情形中，与环境有关的是（乙）和（庚）两种情形，根据这两款的规定，只要缔约国"对情况相同的各国，实施的措施不得构成武断的或不合理的差别待遇，或构成对国际贸易的变相限制"，它们即可采用或实施"（乙）为保障人民、动植物的生命或健康所必需的措施"和"（庚）与国内限制生产与消费的措施相配合，为有效保护可能用竭的天然资源的有关措施"。需要注意的一点是，对环境有害的产品，必须同产品本身无害但产品生产或加工的方法对环境有害的情形相区别。《总协定》第 3 条第 4 款规定："一缔约国领土的产品输入到另一缔约国领土时，在关于产品的国内销售、推销、购买、运输、分配或使用的全部法令、条例或规定方面，所享受的待遇应不低于相同的本国产品所享受的待遇。"这一条款强调了"产品"，而不论具体的生产或加工的方法是否对环境有害。

在如何把"关贸总协定"的有关条款适用于国际环境保护的问题上，1991 年美国和墨西哥之间的"金枪鱼—海豚争端案"是最为著名和重要的案例。由于在东太平洋的热带海域捕捞金枪鱼常常会偶然地同时捕获住海豚，美国的《海洋哺乳动物保护法》不仅要求美国的渔民和在美国的海域内捕鱼的人应当使用特定的捕鱼方法以减少海豚的捕获，而且要求美国政府对于那些在捕鱼时捕获海豚的数量超过美国捕获量 1.25 倍的国家（包括墨西哥），禁止进口用如此方法捕捞的金枪鱼及其产品。1991 年 1 月，墨西哥援引《关贸总协定》第 23 条第 2 款，要求缔约国全体成立一个解决争端的专家组，以考虑美国的法令是否符合《总协定》的要求。专家组在其报告中，认为美国的行动构成了数量限制，违反了《总协定》第 11 条。专家组指出，《总协定》第 20 条第（乙）和（庚）款的例外规定仅适用于当要保护的资源位于采取保护措施的国家的管辖范围以内的情况，而不适用于旨在保护公海上的海豚资源的美国法令。该报告还指出，美国的限制措施作为一种国内规章，也不符合《总协定》第 3 条第 4 款的要求，因为第 3 条第 4 款强调的是对"产品"的比较，虽然捕捞金枪鱼的不同方法对于海豚的危害有所不同，但它并不影响金枪鱼这一"产品"本身。换言之,即使产品的生产或加工方法有害于环境,只要产品在其他方面仍然是"相同"的产品,就不得针对该产品采取单方面的贸易限制措施。这一报告强调自由贸易在《关贸总协定》体制中占有比环境保护更大的重要性,在国际上受到了很多环境保护组织和人士的批评。

1992 年《里约环境与发展宣言》重申:"为环境目的而采取的贸易政策措施不应该成为国际贸易中的一种任意或无理歧视的手段或伪装的限制。应该避免在进口国家管辖范围以外单方面采取对付环境挑战的行动。解决跨越国界或全球性环境问题的环境措施应尽可能以国际协调一致为基础。"(原则十二)1994 年 4 月 15 日,参加多边贸易谈判乌拉圭回合的各国代表在摩洛哥的马拉凯什签署了《乌拉圭回合最后文件》决定成立世界贸易组织来管理乌拉圭回合之后的国际贸易制度。《乌拉圭回合最后文件》中有两个部分同国际环境保护有重要的关系。一是《对贸易的技术性障碍的协定》,二是《适用卫生和植物检疫措施的协定》。这两个协定都强调各国在制定技术性规章或采取卫生或植物检疫措施时,应遵循现有的国际标准。如果一国所采取的措施符合有关的国际标准,它们将被推定为符合《关贸总协定》的要求。如果一国要采取超过国际标准的措施,那么根据前一协定,该国必须表明,有关的国际标准"例如由于根本性的气候或地理因素或根本性的技术问题,对于实现所要追求的合理目标而言是无效的或不合适的方法。"根据后一协定,一国只有在"有科学上的理由"或者在通过该协定所规定的程序而确定了"适当的保护水平"的情况下,才能超越有关的国际标准。马拉凯什会议还制订了一份《环境与贸易工作规划》,由世界贸易组织中的贸易与环境委员会负责实施。有关环境与贸易的国际法规则将会随着世界贸易组织的建立和活动,将有进一步的发展。

四、国际环境法的制定和实施

有拘束力的国际环境法规则,主要渊源在于国际条约,但由于环境问题的特殊性和国际社会在这一领域的特殊需要,国际环境法在制定和实施方面有某些显著的特点。

(一)"软法"现象

"软法"是国际环境保护领域中一个十分引人瞩目的现象,它是指在严格意义上不具有法律拘束力、但又具有一定法律效果的国际文件。国际组织和国际会议的决议、决定、宣言、建议和标准等绝大多数都属于这一范畴。"软法"对各国不具有法律上的拘束力,通过的程序较为简易,可以在各国就有拘束力的法律规范达成共识之前,迅速地反映国际社会或有关国家对某一领域或问题的关注和愿望。"软法"在国际环境保护中得到广泛的应用。有些"软法"性质的文件,如《斯德哥尔摩宣言》、《世界自然宪章》和《里约环境与发展宣言》等,反映了国际社会对环境保护的重大问题所普遍持有的政治和道德态度,为国际环境法的进一步发展确立了目标和纲领。有些“软法”原则，经由各国的国家实践，可以转化为具有法律拘束力的习惯法规范，或者被采纳到正式的国际条约中，对缔约国产生法律拘束力。

（二）框架公约模式

国际环境问题有两个方面，对于条约的缔结和修正有重要的影响。一方面，环境危机往往具有紧迫性，在环境破坏的事实被披露之后，公众舆论的压力常常会迫使国际社会迅速采取措施，以消除和防止环境的进一步恶化。另一方面，环境问题经常带有不确定性，对某一特定环境现象的科学认识，在相当长的一段时间里常常是不全面、不准确和不清楚的，使各国不愿意采取代价昂贵的环境保护措施。框架公约模式适应了这两个方面的特点，在国际环境保护领域中得到了广泛的应用。

最近二十年里缔结的有关环境保护的国际公约，许多都带有框架公约的特点。在实体义务方面，它们通常只用笼统和含糊的语言对缔约国规定在某一领域里实行环境保护的目标和一般义务，而并不规定实现这些目标所需采取的具体的管制措施和时间期限。但在程序事项方面，这些公约却包含了许多详细而具体的规定，涉及到对环境的监测、情报交换、通知、报告、定期审查、协商、公约的修正、议定书的通过和修正及公约附件的通过和修正等。为公约的审查、修正、实施和进一步发展规定了明确、简便的程序，实际上是为公约缔结以后进一步的国际合作铺平了道路，这样的公约本身，只是为某一环境保护领域里的法律规则树立了一个框架，而具体的、强制性的保护和管制措施则规定在未来的实施公约的议定书之中。框架公约使得各国在环境保护的早期阶段能够绕过由于科学认识的不确定性以及各国政治立场和社会经济利益的冲突所造成的障碍，先制定原则性的公约，而把具体的实体义务上的分歧留待以后的合作（通过议定书）加以解决。

（三）差别待遇

国际环境公约的一个显著特点是为不同类型的国家规定有差别的权利和义务。鉴于当代环境问题的国际性，全球环境的保护需要世界各国的普遍参与。考虑到各国在拥有财政和技术资源方面相差极为悬殊，环境保护措施对各国的经济发展有着不同的影响，而各国对造成环境危机的责任又各有差别，这就使国际环境法中的差别待遇成为必要而合理的立法安排。

尽管差别待遇会带来某些消极的后果，但如果不规定有差别的权利义务，为了在各国间取得共识和缔结条约，条约的实体规范就只能建立在缔约国中的最低水平之上。差别待遇要求某些国家（尤其是发达国家）在国际环境保护中负担更重的义务，在较短的时间里实施更严格的保护措施，同时又给另外一些国家（尤其是发展中国家）以优惠待遇，吸引它们参与到环境保护制度中来。《里约环境与发展宣言》原则七对国际环境条约中的差别待遇给予了肯定。

（四）国际环境法的实施

国际环境纠纷通常需要迅速的解决，纠纷的持续往往会给环境造成无法弥补的损害;环境纠纷本身常常包含不确定的科学和社会经济因素,它们不仅涉及国家的主权权利,而且经常涉及国际社会的共同利益。基于环境纠纷的这些特点,强制性的争端解决方式(司法方式和仲裁)一般不适合于解决国际环境争端。有关国家责任的国际法规则对于促使各国遵守环境保护的义务和保证环境污染的受害者取得赔偿具有重要的意义,但对于大部分环境纠纷而言,有关国家责任的国际法规则并不能对纠纷的有效解决具有实际的作用。这主要是因为,许多环境条约主要包含了技术性的规则、规章和标准,这些规范是否构成实在的、可执行的法律义务,一般是难以确定的;环境损害很多是由多个来源远距离地和在较长时期内造成的,一般很难把损害确定地归因于某一特定国家的行为;许多环境污染的事件,是由于当事国缺乏经济和技术上的能力执行环境保护规章而引起的,这些国家可以以已经尽了"适当谨慎"的义务为抗辩理由,否认自己的责任。基于这些因素,绝大部分国际环境条约都不包含国家责任的条款;虽然不少环境条约允许缔约国自愿选择国际法院或仲裁作为争端解决的方式,但实际上真正通过司法或仲裁手段解决的国际环境纠纷,是很少的。

国际环境保护制度很多是通过框架公约加上实施公约的议定书而形成的。在这些制度中,有效力的规范常常会随着对环境现象的科学认识以及各国间合作的发展而有所变化,缔约国在发展这些规范时一般会考虑所有相关的因素,以便公正地平衡缔约国间的不同利益。公约和议定书的条文并不必然反映制度内真实的有效规范。因此,国际环境保护制度倾向于采用非强制性的"内部化"的程序来保证公约的实施。在这种程序下,缔约国定期举行会议,各国有义务报告本国实施公约的情况,并相互进行审查。一旦有违约情况发生,缔约国会从要实现的环境目标出发,这种程序成功的关键,在于缔约各国能够获得有关环境状况和各国实施情况的全面而准确的情报资料。在这方面,非政府的环境保护组织可以发挥重要的作用。这种非强制的、协商性的程序在实践中能否有效地保证有关公约的实施,还需要在未来的发展中进一步考察。

第二节 大气层的保护

大气层是人类共同的环境资源。大气质量的变化会对人类的生存和发展产生直接的影响。近年来国际上保护大气层的努力主要集中在以下三个领域:防止酸雨的国际合作、臭氧层的保护和防止气候变化的国际合作。

一、防止酸雨的国际合作

酸雨是长期以来困扰工业化国家的大气污染现象。酸雨的产生有自然原因,但在人口稠密和高度工业化的地区,人类排放的二氧化硫(SO_2)和氮氧化合物

(NO_x)是造成酸雨的主要因素。人类工业生产和生活过程中烧煤能产生二氧化硫,二氧化硫在进入大气后经过复杂的化学过程可以转化为硫酸,氮氧化合物主要来自烧煤、汽车废气和其他工业燃烧过程,它们在进入大气后能转化为硝酸,这类酸性物质可以随风飘流到远距离以外的地方,形成酸性的雨、雪、云、雾或尘埃而返回地面。酸雨在回到地表后,会对生态环境造成多重有害的影响。

酸雨问题在很多情况下是一个国际性的问题。一国境内的酸雨,很可能是另一国境内排放的二氧化硫、氮氧化合物或其他有害气体所造成的。近年来,国际上防止酸雨的努力主要集中在工业发达、酸雨污染比较严重的地区。欧洲经济委员会的《远距离跨界大气污染公约》和美国—加拿大的《大气质量协定》是这一领域国际合作较为成功的例子。

(一)《远距离跨界大气污染公约》

1975年在赫尔辛基召开的欧洲安全与合作会议呼吁与会各国促进发展和实施保护环境的国际法,包括针对远距离大气污染的法律制度。根据这一倡导,联合国欧洲经济委员会于1979年在日内瓦主持制订了《远距离跨界大气污染公约》,目的在于解决以酸雨为主的跨界大气污染问题。《公约》本身只是规定了防止远距离大气污染的一些基本原则,而具体的限制义务和程序在嗣后的议定书中才予以确定。《公约》首先要求缔约国应努力限制并尽可能逐渐减少和防止包括远距离跨界大气污染在内的大气污染,并规定,缔约国应考虑国内和国际已作出的努力,通过交换情报、协商、研究和监测,不过分迟延地发展政策和规划,以作为对抗大气污染物排放的手段。缔约国还承诺发展包括大气质量管理系统在内的最佳政策和规划和作为其一部分的符合协调发展的管制措施,尤其是使用可能获得的并且经济上可行的最佳技术和低废或无废技术。《公约》规定成立一个执行机构,负责审查《公约》的实施。缔约国有义务交换情报和审查各自的政策、科学活动和技术措施,并就远距离跨界大气污染问题进行磋商。由于公约的条文中使用了灵活的词语,缔约国在该公约下所承担的义务实际上很不确定;各国在实施时有很大的灵活性。但公约中有关审查、交换情报和磋商等方面的规定,实际上是建立了一种雏形的内部化的实施机制,对以后这一领域里法律制度的发展具有重要的影响。

《远距离跨界大气污染公约》本身并没有对欧洲和北美大气污染的防治规定多少实质性的规范,但它为这一领域里后来条约规则的谈判和发展提供了出发点。在《公约》之后,缔约国先后缔结了四个实施《公约》的议定书。第一个议定书是1984年《为监测和评估欧洲远距离空气污染传播的合作项目提供长期资助的日内瓦议定书》,为监测和评估欧洲远距离空气污染传播的合作项目建立了一个提供资助的机制。1985年《至少减少30%硫排放量或跨界流量的赫尔辛基议定书》则把缔约国控制大气污染的义务具体化,对缔约国减少二氧化硫排放量规定了明确而具体的义务,但履行这一义务的具体措施则由各国自行决定。1988年《控制氮氧化合物的排放及其跨界流动的索非亚议定书》的特点在于,对氮氧化合物的控制规定了两个阶段。在第一个阶段,缔约国应当采取有效措施,控制或减少氮氧化合物的排放量或跨界流量;在第二个阶段,各国应当最晚在议定书生效的六个月后,开始就进一步减少全国每年氮氧化合物的排放量或跨界流量进行谈判。《议定书》还规定缔约国应对《议定书》作定期的审查。缔约国应当将实施公约的国内方案、政策和战略告知执行机构,并就有关的进展和变化每年向执行机构作出报告。1994 年在奥斯陆缔结的《进一步减少硫排放量的议定书》在防止大气污染方面确定了一项新的原则,即缔约国应当尽可能在不造成过多成本的情况下,确保硫氧化合物的沉积不超过硫的"临界负荷"。该议定书的附件二列明了各缔约国在 2000 年、2005 年和 2010 年的最高硫排放量。缔约国应根据该附件的期限和水平减少和维持每年的硫排放量。在实施方面,《议定书》详细规定了一套"内部化"的机制——缔约国应定期向执行机构报告实施议定书的情况,执行机构会议将经常审查议定书所规定的各项义务。《议定书》还成立了一个实施委员会,专门负责审查议定书的实施和缔约国遵守义务的情况,并可就此提出报告和建议。这套内部化的实施机制,是该议定书对这一领域国际合作的新发展。

(二)1991 年美国—加拿大《大气质量协定》

美、加两国在 1980 年签订《关于跨界大气污染的意向备忘录》,任命特使研究两国间的酸雨污染问题。在双方特使于 1986 年发表联合报告后,加拿大先通过国内法律,将加拿大往美国的二氧化硫流量减少 50%。在双方长期的谈判和调查研究之后,美国终于在 1990 年通过《清洁大气法》修正案,把美国往加拿大的二氧化硫流量也减少 50%。1991 年两国又正式签订了《大气质量协定》。

美、加《大气质量协定》指明《协定》的一般目的是要控制两国间的跨界大气污染。《协定》的附件具体载明了两国承担的限制和减少包括二氧化硫和氮氧化合物在内的大气污染物的义务。《协定》要求两国对本国管辖范围内将要进行的、有可能造成严重的跨界大气污染的活动进行评估,并在作出决定之前,尽可能早地把需要评估的活动情况通知另一国,并同另一国进行磋商,以便采取适当的措施避免或减少此类活动的潜在危险。在实施方面,协定规定成立一个双边大气质量委员会,负责审查协定的实施情况,并定期向两国提交进度报告。该进度报告应向公众公开,并由美、加两国间的国际联合委员会负责征求公众意见并予以汇总,两国将在此基础上对进度报告的内容进行磋商。《协定》还要求美、加两国每隔五年对协定及其实施情况进行审查,以考虑必要的修改。美国和加拿大的《大气质量协定》可以说是相似发展程度的国家之间通过双边国际合作解决环境问题的范例。

二、臭氧层的国际保护

臭氧层位于大气圈上部的平流层中,具有吸收外层空间照射到地球的紫外线辐射的作用。臭氧层的耗减会增强紫外线辐射,臭氧层的损耗,主要是由于人类活动中所排放的多种消耗臭氧的物质,其中使用最广、总体危害最大的是氯氟烃。自80年代以来,臭氧层的耗减日益引起科学界和公众的严重关切。在过去的十多年里,南极上空的臭氧含量在春季常常会大幅度下降,形成所谓"臭氧洞",而世界其他地区也都发现严重的臭氧层耗减的现象。80年代中后期,保护臭氧层的国际努力成了国际环境合作最重要的方面之一。

(一)《维也纳保护臭氧层公约》

有关保护臭氧层的国际行动从70年代末开始在联合国环境规划署的组织和安排下展开。1985年3月,各国代表在维也纳召开会议,通过了《维也纳保护臭氧层公约》(中国政府于1989年7月批准)。《公约》要求缔约国根据《公约》和有关议定书的规定,采取适当措施,保护人类健康和环境不受那些改变或有可能改变臭氧层的人类活动的不利影响。为此,各国应当在研究和系统观测方面进行合作,交换同公约有关的科学、技术、社会经济、商业和法律方面的情报。《维也纳公约》对于缔约国承担的实体义务规定得十分笼统和概括,其主要条文是关于程序性的问题。《公约》有关程序的规范,使它不只为缔约国静止地规定确定不变的义务,而是使它成为一个持续性的造法过程的基础和开端。

(二)《蒙特利尔议定书》

《维也纳公约》通过之后,1987年9月,各国代表在蒙特利尔开会,通过了《关于消耗臭氧层物质的蒙特利尔议定书》(以下简称《蒙特利尔议定书》)。《蒙特利尔议定书》为缔约国规定了具体的管制措施,以减少消耗臭氧层物质的使用。它规定,缔约国应分阶段逐步减少氯氟烃的消费和生产,在1990年以前实现把氯氟烃的消费和生产减少到1986年消费量和生产量的50%;同时应把列在附件甲第二组的物质的消费和生产冻结在1986年的水平。在这些受管制物质的生产方面,缔约国可以以两种理由超过议定书规定的限额:(1)为了满足《议定书》第5条所涉及的国家(发展中国家)的"基本国内需求";(2)为了实现缔约国之间产业的合理调整。《议定书》还规定,缔约国从1990年起,应当对议定书规定的管制措施进行评估,以决定是否应当对受管制的物质实行进一步的调整和削减。

《蒙特利尔议定书》有两方面的规定特别值得注意。第一是关于限制缔约国同非缔约国之间的贸易的规定。议定书第4条规定,(1)缔约国应当在规定期限内禁止从非缔约国进口或向非缔约国出口受管制的物质;(2)缔约国应当制定一份"含有受管制物质的产品"的清单,作为公约的附件,凡是不反对该附件的缔约国应禁止从非缔约国进口此类产品;(3)缔约国还应考虑禁止或限制从非缔约国进口"用受管制物质制造但不含有受管制物质的产品"的可行性。另外,缔约国还应当限制向非缔约国出口制造或使用受管制物质的技术。这些对于非缔约国的歧视性规定,主要是因为臭氧层耗减是一个全球性的问题,需要世界各国普遍参与才能实现《议定书》的目标,因此需要用贸易限制措施来迫使尽可能多的国家加入保护臭氧层的国际制度。

《议定书》另一方面的重要规定是关于发展中国家特殊情况的规定。《议定书》第5条第1款把适用特殊规定的国家界定为每年人均消费受管制物质在0.3公斤以下的发展中国家。这类国家为了满足其"基本国内需求",在实施《议定书》所规定的管制措施方面,享有十年的宽限期。在开始实施管制措施时,这类国家不必用1986年的消费量为基础,而可以用1995—1997年的平均消费量或0.3公斤为基础。《议定书》对于向发展中国家提供财政和技术援助也作了原则上的规定。

(三)《蒙特利尔议定书》的调整和修正

《蒙特利尔议定书》通过后不久,国际社会很快意识到它所规定的措施是很不充分的。同时,《蒙特利尔议定书》没有充分反映发展中国家在采取保护臭氧层的措施时取得财政和技术援助的正当要求。对《议定书》的管制措施进行调整,并对其涉及发展中国家的部分进行修正,便成了臭氧层保护制度取得成功的关键。

1990年6月,在伦敦举行了《蒙特利尔议定书》缔约国第二次会议,通过了对《议定书》的调整和修正(中国政府于1991年6月批准)。经过调整和修正的蒙特利尔议定书增加了受管制物质的种类,要求缔约国在2000年时将氯氟烃的消费和生产减少到零,并在2000年或2005年将其他受管制物质的消费和生产减少到零。《伦敦修正案》具体规定了对发展中国家提供财政和技术援助的机制。《修正案》规定成立一项多边基金,向发展中国家提供财政上的援助。在技术援助方面,修正案要求缔约国采取实际可行的步骤,确保以公平和最优惠的条件向第5条第1款所指的国家(发展中国家)转让最佳的、对环境安全的替代物质和技术。修正案还规定,发展中国家要发展其遵守和实施《议定书》管制措施的能力,有赖于《议定书》中有关财政合作和技术转让的条款的有效实施。如果发展中国家在采取了一切可行的步骤以后,由于财政和技术援助条款没有得到充分实施而不能履行《议定书》中有关管制措施的义务,缔约国会议应考虑有关事项并决定采取适当的行动。在缔约国会议作出决定之前,对当事国不适用《议定书》中规定的违约程序。伦敦会议还通过了适用于《蒙特利尔议定书》的违约程序。所规定的程序是典型的通过缔约国之间协商、以制度内部的对话解决环境争端的程序,得到了缔约国的普遍接受。

1992年11月,在哥本哈根举行的《蒙特利尔议定书》缔约国第四次会议上,又通过了对《蒙特利尔议定书》进一步的调整和修正。这次调整和修正进一步扩大了受管制物质的范围,并提前了淘汰受管制物质的期限。《修正案》要求缔约国在1996年时将氯氟烃的消费和生产减少为零。对于其他多数受管制物质,《修正案》也要求缔约国应在1994年或1996年停止消费和生产。

三、防止气候变化的国际合作

地球大气层中的某些气体具有吸收来自太阳的热辐射、使地球表面的热量难以释放出去的性质。这些气体在大气层中造成一种"温室效应"，自然的温室效应有助于保持地表的气温和气候的稳定。但随着人类活动所排放的温室气体不断增多，地表的气温会因温室效应而不断上升，从而改变世界气候，给人类环境造成灾难性的影响。温室效应会使全球气温升高。全球气温升高的后果之一是极地冰块的融化引起海平面上升，从而威胁岛屿和沿海地区居民的生存。大气的温室效应还会对气候的其他方面（如降水和风等）产生影响，有可能严重危害自然生态系统和人类的生存与活动。

作为全球环境保护的一部分，防止气候变化的国际合作涉及一些特殊的问题。第一，当前科学界对于温室效应和气候变化的认识还很不清楚。有些国家曾主张，在对气候变化有较清楚的科学认识之前，不宜采取代价高昂的防护措施。然而，国际社会逐渐形成共识，应当从预防的角度出发，及早采取措施，控制人类对温室气体的排放，以扭转全球气候变化的趋势。第二，防止气候变化的合作涉及复杂的南北关系问题。一方面，发达国家长期以来一直是温室气体的主要排放者，应当对气候变化的危机负主要的责任；另一方面，发展中国家随着经济的发展，温室气体的排放量也在迅速增加，并有可能在不久的将来取代发达国家成为温室气体的主要排放者。发达国家和发展中国家都有义务控制和减少温室气体的排放，而发达国家在这方面负有更大的责任，并且有义务向发展中国家提供财政和技术援助，以帮助发展中国家履行这方面的义务。第三，气候变化牵涉到某些国家集团的特殊利益。一方面，小岛国和有低洼沿海地区的国家是大气温室效应的直接受害者；另一方面，限制温室气体的排放意味着各国减少矿物燃料的使用，这对于以矿物燃料的生产和出口作为主要收入来源的国家，必然会造成严重的经济冲击。因此，防止气候变化的国际合作，必须公平地照顾到不同国家集团的正当利益。

从 70 年代末起，联合国环境规划署、世界气象组织和国际科学联盟理事会等机构开始积极规划和协调对气候变化的科学研究和对策。到 80 年代后期，全球气候变化的问题开始日益引起国际社会的关切。联合国大会在 1988 年 12 月通过了《为人类今世后代保护全球气候的决议》，呼吁各国和国际组织合作努力以防止对气候和生态平衡的不利影响。1989 年 3 月，20 个国家在海牙签署了《海牙宣言》，指出由于大气污染的问题波及全球，只有全球性的努力才能解决这一问题；国际社会应当承担维护生态系统和为今世后代保全大气质量的义务。《宣言》承认工业化国家应对大部分排放到大气层中的废气负责，发展中国家将受到大气变化的严重危害，但它们对于这一变化过程只负有很小的责任；国际社会尤其是工业化国家负有特殊的义务向发展中国家提供援助。1992 年联合国环境与发展大会通过了《气候变化框架公约》（中国政府于 1992 年 11 日批准），这一公约是迄今为止防止气候变化方面最重要的国际法律文件。

《气候变化框架公约》首先对缔约方为实现公约的目标和履行其各项规定而采取行动确立了五项重要的原则:(1)各缔约方应当在公平的基础上,并根据他们共同但有区别的责任和各自的能力,为人类当代和后代的利益保护气候系统。因此,发达国家缔约方应当率先对付气候变化及其不利影响。(2)应当充分考虑到发展中国家缔约方尤其是特别易受气候变化不利影响的那些发展中国家缔约方的具体需要和特殊情况,也应当充分考虑到那些按《公约》必须承担不成比例或不正常负担的缔约方特别是发展中国家缔约方的具体需要和特殊情况。(3)各缔约方应当采取预防措施,预测、防止或尽力减少引起气候变化的原因,并缓解其不利影响。当存在能造成严重或不可逆转的损害的威胁时,不应当以科学上没有完全的确定性为理由推迟采取这类措施,同时考虑到应付气候变化的政策和措施应当讲求成本效益,确保以尽可能最低的费用获得全球效益。(4)各缔约方有权并且应当促进可持续的发展。(5)各缔约方应当合作促进有利的和开放的国际经济体系。

基于"共同但又有区别的责任"的原则,《公约》的一个显著特色是对缔约方进行了具体的分类。作为经济合作与发展组织成员的 24 个发达国家和欧洲共同体被专门列入公约的附件 2,附件 2 中的发达国家缔约方加上 11 个苏联与东欧国家(被称为"正在朝市场经济过渡的缔约方")一起被列入公约的附件 1,被列入两个附件的国家和未被列入附件的发展中国家分别承担不同的条约义务。《公约》第 4 条规定,所有缔约方(包括发达国家和发展中国家)应承担的义务包括:编制和公布有关温室气体的人为排放和清除的全国性清单;制订和执行国家和区域计划,其中包含着手减缓气候变化的措施,以及便利充分地适应气候变化的措施;促进和合作发展与应用各种用来控制、减少或防止温室气体的人为排放的技术;以及向缔约方会议提供有关履行的信息等。列入附件 1 的缔约方还应承担额外的义务,其中最重要的是:应制定国家政策和采取相应的措施,通过限制其人为的温室气体排放以及保护和增强其温室气体库和汇,减缓气候变化;应定期就上述的政策和措施以及其他温室气体源的人为排放和汇的清除,提供详细信息,目的在个别地或共同地使二氧化碳和《蒙特利尔议定书》未予管制的其他温室气体的人为排放在 2000 年时回复到 1990 年的水平。在履行这些义务时,正在朝市场经济过渡的缔约方应允许有一定程度的灵活性,以增强这些缔约方应付气候变化的能力。被列入附件 2 的发达国家,除了要履行所有上述的义务外,还承担了以下的特殊义务:应提供新的和额外的资金,以支付发展中国家缔约方为履行公约义务而招致的全部费用;应帮助特别易受气候变化不利影响的发展中国家缔约方支付适应这些不利影响的费用;应采取一切实际可行的步骤,酌情促进、便利和资助向其他缔约方特别是发展中国家缔约方转让或使它们有机会得到无害环境的技术,以便他们能够履行公约的各项规定。对于发展中国家,《公约》特别强调,它们能在多大程度上有效履行其公约义务,将取决于发达国家缔约方对其在公约下所承担的有关资金和技术转让的承诺的有效履行,并将充分考虑到经济和社会发展及消除贫困是发展中国家缔约方的首要和压倒一切的优先事项。

1995 年 4 月,《气候变化框架公约》的缔约国在柏林举行缔约方会议,通过了一份不具有法律拘束力的文件,承认《公约》中要求发达国家在 2000 年时把温室气体的排放控制在 1990 年水平的目标是不够的,同意在 1997 年以前通过谈判制定《公约》的议定书,以确定发达国家在 2000 年以后限制和减少温室气体排放的具体目标和期限。

第三节　海洋环境保护

近一个世纪以来,人类活动日益对海洋环境造成严重的影响。人类在陆地上的生产和生活活动产生大量有毒有害的工业和生活废物,被直接或间接地注入海洋,或者因人为的倾倒而被抛入海洋;航运业的发展也对海洋造成严重的污染,捕渔业的过度发展,已对某些具有重要的经济和生态价值的海洋生物资源的存续构成了威胁,同时海洋污染也使得大量海洋生物体内污染物富集,危害人体的健康;近年来新的海上活动的发展,更增加了海洋环境受到污染的危险。

海洋环境污染具有内在的复杂性。不同海域的海洋环境有其不同的特点,同时,海洋污染的来源和污染物的类型也是多种多样的,可能是故意造成的,也可能是偶然造成的。海洋环境保护的法律规则必须针对不同的情况,分别制定不同的规范。当前,有关海洋环境保护的一般原则和主要规则,集中包括在 1982 年《联合国海洋法公约》之中。但适用于不同类型的污染和不同海域的具体规则和标准,则包含在大量多边国际公约、区域性国际条约和双边国际条约之中。区域性条约现已包括世界上许多重要海域,如波罗的海、地中海、阿拉伯海、波斯湾、红海、加勒比海、南太平洋、东南太平洋、东非海域和西非海域等,它们是对普遍性国际公约的重要补充。

《联合国海洋法公约》有关海洋环境保护的规则主要集中在公约第十二部分中,但《公约》其他部分也含有重要的保护海洋环境的规定。《公约》第 192 条在历史上第一次为各国规定了保护和保全海洋环境的一般义务。《公约》规定各国开发其自然资源的主权权利必须“依据其环境政策和按照其保护和保全海洋环境的职责”而行使。《公约》进一步规定:“各国应在适当情形下个别或联合地采取一切符合本《公约》的必要措施,防止、减少和控制任何来源的海洋环境污染,为此目的,按照其能力使用其所掌握的最切实可行的方法,并应在这方面尽力协调它们的政策。”根据不同的污染来源,《公约》作了不同的规定。

(一)陆地来源的污染和来自大气层的污染

陆地来源的污染占全部海洋污染的3/4,包括生活垃圾、工业废物和农业用的化学物质(化肥和农药)等通过河流进入或直接倒入海洋。海洋中来自大气层的污染大多是陆源污染的一种特殊形式——陆地上排放的有害废气、烟气和农药喷雾等通过降水进入海洋,但也有的是航空器排放的有害废物直接落入海洋。《海洋法公约》和其他普遍性的多边国际公约都没有对陆地来源的污染和来自大气层的污染作具体的规定。这主要是因为,陆源污染和大气层污染主要是由一国在其领土内的活动造成的,这些活动只受领土国的管辖权支配,其他国家无权干涉。由于各国经济、社会和政治情况的巨大差异,要在陆源和大气层污染方面实现国际社会的共识是比较复杂和困难的。《海洋法公约》要求各国制定法律和规章,以防止、减少和控制陆地来源对海洋环境的污染,同时考虑到国际上议定的规则、标准和建议的办法及程序;还要求各国为防止、减少和控制来自或通过大气层的海洋环境污染,制定适用于其主权下的上空和悬挂其旗帜的船只或在其国内登记的船只或飞机的法律和规章,同时考虑到国际上议定的规则、标准和建议的办法及程序以及航空的安全。

国际上防止陆源污染的法律规则主要规定在区域性的公约之中。例如,1974年《防止陆地来源的污染的巴黎公约》,适用于北大西洋与北冰洋的一部分和北海。其他涉及陆源污染的区域性公约有1974年《保护波罗的海海域海洋环境的赫尔辛基公约》,1980年《保护地中海不受陆地来源污染的雅典议定书》和1983年《保护东南太平洋不受陆地来源污染的基多议定书》等。

(二)海底活动造成的污染

海底活动引起的污染,基本上是由偶发事件造成的,《海洋法公约》和其他普遍性国际公约也都没有作详细的规定。这类污染有两种情况。一是国家管辖内的海底活动(在领海和大陆架内)造成的污染。《海洋法公约》第208条要求沿海国应制订法律和规章,以防止、减少和控制来自受其管辖的海底活动或与此种活动有关的对海洋环境的污染以及来自在其管辖下的人工岛屿、设施和结构对海洋环境的污染。此外,各国还应通过主管国际组织或外交会议采取行动,制订全球性和区域性规则、标准和建议的办法及程序,以防止、减少和控制此类海洋环境污染。这方面的国际合作主要是在区域性的范围内进行,目前还没有产生专门涉及此类污染的公约。二是在国际海底区域的活动所造成的污染。《海洋法公约》第145条规定,应按照《公约》对“区域”内活动采取必要措施,以确保切实保护海洋环境,不受这种活动可能产生的有害影响。为此目的,国际海底管理局应制定适当的规则、规章和程序,以防止、减少和控制对包括海岸在内的海洋环境的污染和其他危害,并防止干扰海洋环境的生态平衡,以及保护和养护“区域”的自然资源,并防止对海洋环境中动植物的损害。同时,《公约》第 209 条也要求各国制定法律和规章以防止、减少和控制由该国的船只或设施所进行的“区域”内活动造成对海洋环境的污染。这种国内法律和规章的要求的效力应不低于管理局所制定的国际规则、规章和程序。

(三)倾倒造成的污染

倾倒在 50 年代和 60 年代被视为处理陆上废物的简便而经济的方法。但是,其后,倾倒对海洋环境的严重危害已经被国际社会所公认。《海洋法公约》对倾倒作了原则性的规定,要求各国应制定法律和规章,以防止、减少和控制倾倒对海洋环境的污染,这些国内法律、规章和措施在防止污染方面的效力应不低于全球性规则和标准。

有关倾倒的具体的国际法规则,主要包含在 1972 年《防止倾倒废物及其他物质污染海洋的伦敦公约》(中国政府于 1985 年 11 月批准)。根据《公约》的规定“倾倒”指从船舶或航空器上有意地在海上倾弃废物或其他物质的行为,但不包括船舶或航空器正常操作所产生的废物的处置。《公约》把废物分为三类,对于毒害最大的(“黑名单”)废物,应禁止倾倒;对于毒害较大的(“灰名单”)废物,其倾倒应事先获得特别许可证。对于其他废物,其倾倒需要事先获得一般许可证。《公约》要求每一缔约国将其实施《公约》的措施适用于:(1)在其领土上登记的或悬挂其国旗的所有船舶和航空器;(2)在其领土上或领海内装载行将倾倒的物质的所有船舶和航空器;(3)在其管辖下的被认为是从事倾倒活动的所有船舶和航空器。缔约国还应在其领土内采取适当的措施,以防止和处罚违反《公约》规定的行为。各缔约国应通过协商会议或特别会议不断审查公约的履行情况,并审查和通过对《公约》及其附件的修正案。除了《伦敦公约》这一普遍性公约以外,一些区域性公约也对倾倒作了禁止性或限制性的规定,同《伦敦公约》大体上相似。

(四)来自船只的污染

来自船只的污染,一部分产生于船舶本身的操作,但大部分来自船上装载的货物,尤其是当大型油轮或其他运载有毒有害或放射性物质的船舶发生海难事故时,邻近的海域会受到严重的污染。《海洋法公约》和其他公约对来自船只的污染作了详细、具体的规定。

首先,对于防止、减少和控制船舶污染的具体标准,《海洋法公约》未作规定。这方面的规则,主要包括在两个国际公约——1954 年《国际防止海上油污公约》和 1973 年《国际防止船舶污染公约》(中国政府于 1983 年 7 月批准经 1978 年修正的《公约》)之中。《国际防止海上油污公约》禁止在距离陆地 50 海里以内的区域和某些特定的海域(北海、波罗的海和黑海等)排放油及油类混合物。该《公约》1962 年的修正案扩大了禁排区的范围,1969 年的修正案取消了禁排区的概念,要求船舶不得在任何海域进行排放,同时还要求油轮实行“顶装制度”的排污方式,排油每海里不得超过60升，排油总量不超过油轮载重量的一万五千分之一。《国际防止船舶污染公约》的目的在于对付各种形式的船源污染并取代《国际防止海上油污公约》，该公约具体的污染标准规定在五个附件中，分别涉及油类、散装有毒液态物质、经包装的海上运输的有害物质、生活污水和垃圾。该公约经1978年的议定书修正后，规定参加公约的国家必须接受附件一的规则，附件二将在议定书对该国生效的三年（或更长时间）后才具有拘束力。附件一的规则在许多方面同《国际防止海上油污公约》是相似的。

关于船源污染的另一个重要问题，是不同国家间管辖权的划分问题。《海洋法公约》恰当地平衡了沿海国和港口国同船旗国之间的利益冲突。在立法管辖方面，船旗国不仅有权利而且有义务"制定法律和规章，以防止、减少和控制悬挂其旗帜或在其国内登记的船只对海洋环境的污染。这种法律和规章至少应具有与通过主管国际组织或一般外交会议制订的一般接受的国际规则和标准相同的效力。"（第211条第2款）沿海国在领海、用于国际航行的海峡和专属经济区的不同海域里对污染的立法管辖权有所不同。港口国在遵守公约规定的程序的情况下，可以"制订关于防止、减少和控制海洋环境污染的特别规定作为外国船只进入其港口或内水或在其岸外设施停靠的条件"（第211条第3款）。在司法和执行管辖方面，根据《海洋法公约》的规定，船旗国不仅有权利而且有义务确保悬挂其旗帜或在其国内登记的船只，遵守为防止、减少和控制来自船只的海洋环境污染而制订的国际规则和标准以及该国国内法律和规章；"船旗国应作出规定使这种规则、标准、法律和规章得到有效执行，不论违反行为在何处发生。"（第217条第1款）关于沿海国的司法和行政管辖第220条和第233条对违反行为发生在领海、用于国际航行的海域和专属经济区作了分别的规定；同时对于港口国的司法和执行管辖也作了规定。应当注意的是，沿海国和港口国行使司法和执行管辖，应遵守《公约》第223—233条规定的"保障办法"。

最后，关于船只对海洋环境造成污染损害的责任和赔偿问题，《海洋法公约》没有具体的规定。这方面的国际法规则主要包含在其他多边国际公约中。这些公约中，最重要的是1969年《国际油污损害民事责任公约》（中国政府于1980年4月批准）和1971年《建立国际赔偿油污损害基金的公约》。《责任公约》规定，船舶所有人应对船舶的漏油或排油对缔约国领土（包括领海）所造成的损害以及所采取的任何预防措施的费用，承担严格责任。船舶所有人依该公约承担有限的责任，如果事故是由于船舶所有人的实际过错或明知而造成的，船舶所有人的责任将不受限制。《基金公约》规定，如果船舶所有人因《责任公约》中的免责事项而不负责任，或者财务上没有能力履行其全部赔偿义务，或者污染损害超过责任限额，国际油污赔偿基金将向受害人支付赔偿；如果船舶所有人的责任按照《责任公约》超过每吨1500金法郎或总额超过1.25亿金法郎，基金可向船舶所有人提供补偿。但如果损害是由于船舶所有人的有意不良行为或由于他未能遵守有关航运安全或油污的公约规定而造成的,船舶所有人将无权取得补偿。在程序方面,《责任公约》规定污染损害的受害人只能在损害发生地所在国的法院提起赔偿诉讼。

第四节　自然资源的管理和养护

各国对于位于其境内的自然资源享有开发和利用的主权权利,但一国对自然资源的滥用,往往会对他国乃至全球的生态环境造成有害的影响。近二十年来,自然源的管理和养护日益成为国际社会共同关切的问题,各国在双边和多边基础上缔结了大量条约,为自然资源的管理和养护规定了国际法义务。在这方面,生物资源和水资源是国际法规则较为发展的两个领域。

一、保护生物资源的国际合作

1982 年《世界自然宪章》庄严宣告:"每种生命形式都是独特的,无论对人类的价值如何,都应得到尊重。"近一个世纪以来,人口的高度膨胀,工业化和城市化的发展,森林面积的减少和日益严重的沙漠化现象,对地球的生物资源造成了空前严重的威胁。人类活动对生物资源的危害,现在已不仅仅限于传统的滥捕滥杀,更多的则是人类的发展活动干扰和毁灭自然物种的栖息条件(生境),从而对野生生物整个物种的生存造成威胁。

保护野生动植物的国际合作从 19 世纪起就已开始。迄今为止,有关保护野生生物资源的国际条约和文件已数以百计。保护生物资源的多边公约可分为普遍性公约和区域性公约两类,而每一类公约又都可分为:(1)保护不特定的生物资源的公约;(2)保护某一特定地区或自然条件中的生物资源的公约;和(3)保护特定生物物种或物种类型的公约。其中普遍性的、保护不特定的生物资源的公约主要有 1972 年《保护世界文化和自然遗产公约》(中国政府于 1986 年 3 月批准)、1973 年《濒危野生动植物种国际贸易公约》(中国政府于 1981 年 4 月批准)和 1992 年《生物多样性公约》(中国政府于 1992 年 11 月批准)。

(一)《保护世界文化和自然遗产公约》

《保护世界文化和自然遗产公约》以"全人类世界遗产"这一概念为核心,为全面保护世界各国的自然和文化资源提供了国际合作的基础。《公约》指出:某些文化遗产和自然遗产具有突出的重要性,因而需作为全人类世界遗产的一部分加以保存;任何文化或自然遗产的坏变或消失都构成使世界各国遗产枯竭的有害影响;因此有必要通过《公约》的规定,为集体保护具有突出的普遍价值的文化和自然遗产建立一个依据现代科学方法组织的永久性的有效制度。缔约国承认,保护本国领土内的文化和自然遗产,主要是有关国家的责任;但是,缔约国在充分尊重文化遗产和自然遗产所在国的主权,并不使国内立法规定的财产权受到损害的同时,承认这类遗产是世界遗产的一部分,因此,整个国际社会有责任进行合作,予以保护。

《遗产公约》规定,在联合国教科文组织内,建立一个保护具有突出的普遍价值的文化遗产和自然遗产的政府间委员会,称为"世界遗产委员会"。委员会应制订一份《世界遗产目录》,其中列入具有突出的普遍价值的文化和自然遗产。委员会在必要时还应制订一份《处于危险的世界遗产目录》,列入已列在《世界遗产目录》之中、需要采取重大活动加以保护并需按《公约》给予援助的文化和自然遗产。《公约》规定,设立一项保护具有突出的普遍价值的世界文化遗产和自然遗产基金,称为"世界遗产基金"。《公约》具体规定了国际援助的形式。最后,《公约》要求缔约国在向教科文组织递交的报告中,提供它们为实施公约而通过的立法和行政规定以及采取的其他行动的情况。这一公约现已为世界上大多数国家所接受。

(二)《濒危野生动植物种国际贸易公约》

野生动植物因其具有的独特的经济价值,长期以来一直是国际贸易的重要对象。为了保护濒临灭绝的野生动植物,制止濒危物种的贸易活动,出口国、进口国和过境国需要大力合作,制定相应的国际法规范。1973 年签署的《濒危野生动植物种国际贸易公约》就是这一领域里的主要法律文件。

《贸易公约》的基本框架是以列入其附录的濒危物种清单为基础的进出口许可制度。《公约》包括三个附录,附录一包括所有受到贸易影响而有灭绝危险的物种,涉及这些物种的贸易受到最严格的管制,只有在特殊的情况下才允许进行贸易。附录二所列的是"目前虽未濒临灭绝,但如对其贸易不严格管理,以防止不利其生存的利用,就可能变成有灭绝危险的物种",以及其他必须加以管理的物种。附录三则是缔约国自行决定应进行管理以防止或限制开发利用,需要其他缔约国合作控制贸易的物种。有关列入附录中的物种标本的贸易,必须依照《公约》的规定进行。对于附录一所列物种,公约规定,此类物种标本的出口,应事先取得出口许可证。对于附录二所列物种,《公约》规定,此类物种标本的出口,应事先取得出口许可证,其条件与附录一物种标本所需的出口许可证相同,但没有第(4)项条件。此类物种标本的进口,需事先取得出口许可证,但不需要进口许可证。对于附录三所列物种,《公约规定》,此类物种标本在从将该物种列入附录三的国家出口时,应事先取得出口许可证。此类物种标本的进口,应事先交验原产地证明书。《公约》要求缔约国采取相应措施执行《公约》的规定,并禁止违反《公约》规定的标本贸易。

(三)《生物多样性公约》

《生物多样性公约》是在 1992 年联合国环境与发展大会上签署的,它是迄今为止保护生物资源的国际公约中保护范围最广、内容最为全面的一个。生物多样性的保护，主要也在于如何处理南北国家的关系问题。发展中国家因工业化和城市化的程度较低，生物资源的多样性较少受到人类活动的破坏，许多发展中国家（尤其是热带雨林地区）蕴藏着丰富多样的生物资源，它们自然而然地把这些资源视为未来经济发展的物质基础；而发达国家相对而言已没有太多天然的生物资源，它们相关产业和科技（尤其是生物技术）的发展，要依靠发展中国家多样的生物资源。因此要制定保护生物多样性的国际法规范，其义务和负担大多要落在发展中国家身上，为此，发展中国家要求从发达国家取得财政和技术上的援助，尤其应有权分享发达国家的企业利用发展中国家独特的生物资源所开发的先进技术，而一些发达国家则强调应保护私人企业所享有的同科学技术相关的知识产权。《公约》是发达国家和发展中国家之间利益妥协的产物。

《公约》重申各国对自己的生物资源拥有主权权利，有责任保护自己的生物多样性并以可持久的方式使用自己的生物资源，但同时也确认生物多样性的保护是"全人类的共同关切事项"。《公约》的目标是"保护生物多样性、持久使用其组成部分以及公平合理分享由利用遗传资源而产生的惠益；实现手段包括遗传资源的适当取得及有关技术的适当转让，但需顾及对这些资源和技术的一切权利，以及提供适当资金"。《公约》详细规定了缔约国查明与监测生物多样性的状况、就地保护、移地保护和生物多样性组成部分的持久使用等方面的义务，但为了适应发展中国家的特殊情况，所有这些义务都只要求"尽可能并酌情"履行。

《公约》对于发达国家利用发展中国家的资源和向发展中国家转让技术的问题作了详细的规定。《公约》第 15 条先确认各国对其自然资源拥有主权权利，取得遗传资源的决定权属于各国政府，并依该国的法律行使。然后公约从有利于发达国家的角度出发，规定每一缔约国应致力创造条件，便利其他缔约国取得遗传资源用于无害环境的用途，不对这种取得施加违背《公约》目标的限制。最后，《公约》规定每一缔约国应酌情采取立法、行政或政策性措施，以期与提供遗传资源的缔约国公平分享研究和开发此种资源的成果以及商业和其他方面利用此种资源所获的利益。这种分享应按照共同商定的条件。

在技术转让方面，公约第 16 条以灵活的语言为发达国家施加了较其他环境公约更严格的义务。该条第 2 款规定，技术的取得和向发展中国家转让，应按公平和最有利条件提供或给予便利，包括共同商定时按减让和优惠条件提供或给予便利。此种技术属于专利上和其他知识产权的范围时，这种取得和转让所根据的条件应承认且符合知识产权的充分有效保护。

《公约》同时还对资金和财务机制作了规定。《公约》第 20 条要求发达国家提供新的额外的资金，以使发展中国家能支付他们因履行公约义务而承受的全部附加费用，并确认，发展中国家有效履行公约义务的程度将取决于发达国家有效履行其根据公约就财政资源和技术转让所作出的承诺，并将充分顾及经济和社会发展以及消除贫困是发展中国家的首要优先事项这一事实。公约所建立的财务机制将在赠与或减让条件的基础上向发展中国家提供资金。《公约》规定为有关生物多样性保护的法律制度的进一步发展确立了基础。

二、水资源的国际保护

自近代以来,人类工农业活动的发展和对自然资源的不断开发,频繁地污染了江河湖泊和地下水中的淡水资源。由于许多河流、湖泊跨越多个国家,或者直接构成国家间的边界,水资源的污染问题在很多情况下需要通过国际合作才能解决。

(一)国际水道污染的一般国际法规则

关于国际水道的使用,还没有普遍性的公约。联合国国际法委员会从1971年起把"国际水道非航行使用法"列入其工作议程,但工作进展很慢,一直到1991年才通过《国际水道非航行使用法条文草案》(以下简称《条文草案》)。另一方面,国际法协会在1966年8月曾通过《关于国际河流使用的赫尔辛基规则》(以下简称《赫尔辛基规则》)。《赫尔辛基规则》虽然只是一个非政府团体所制订的文件,但它对国际河流的管理、分享和保护制度具有很大的影响,许多条款被视为对习惯国际法的表述。

《条文草案》和《赫尔辛基规则》都确认了国际水道使用的一项基本法律原则,即:沿岸国有权在其领土内对国际水道进行公平合理的使用。什么样的使用是公平合理的,取决于对多个因素的综合考虑。根据《赫尔辛基规则》,需要考虑的因素有:地理条件;水文条件;气候条件;过去的利用情况,特别是现有的利用情况;各国的经济和社会需要;依赖水道生活的人口;各国为满足其社会和经济需要而可供选择的方法的成本比较;可以获得的其他资源;利用水道时应避免的不必要的浪费;调整不同用途的冲突时补偿沿岸国的可行性;在不对另一沿岸国造成严重损害的情况下,一国的需要得到满足的程度。《赫尔辛基规则》和《条文草案》都指出,在国际水道若干不同的用途发生矛盾的情况下,没有一种用途必然地优先于另一种用途。

在国际河道的污染问题上,《条文草案》首先把"特雷尔冶炼厂案"中所阐述的习惯法原则适用到国际水道的问题,规定:"水道国在利用国际水道时,不得对其他水道国造成明显的损害。"如果一国在本国境内对国际水道的使用,对另一国境内的水道或其他自然资源或环境造成了较大的损害,这种使用就不属于"公平合理"的使用,有关国家应对其行为承担国家责任。《条文草案》进一步明确规定:水道国应单独或共同保护和保全国际水道的生态系统,并应预防、减少和控制可能对其他水道国或其环境带来明显损害的国际水道污染。水道国应采取措施协调它们在这方面的政策。在任何水道国提出要求时,水道国应进行协商,以便确定禁止、限制、调查或监测放入国际水道水域中的物质清单。《条文草案》还规定水道国为实现国际水道的最佳利用和充分保护而有相互合作的义务，包括定期交换资料和情报、将可能对其他国家有明显的不利影响的拟议措施通知他国，就此类措施进行协商和谈判以及在紧急情况下适用的程序等。这些规定实际上总结了大量国际河流管理的条约规则，反映了国际立法的一般趋势。

（二）美国—加拿大界水

美国和加拿大早在1909年就签订了《美加界水条约》，对美加边界上水资源的管理和利用予以规定。这一条约至今仍然有效，是美加界水制度的基础。这一条约最重要的特点在于它规定成立了国际联合委员会，负责处理两国间在界水的利用和其他边境问题上的争端。

《美加界水条约》首先规定了两国在界水上的航运自由和对本国一侧的界水使用和改道享有专属的管辖和控制权。但任何一方对界水的使用、阻塞和改道，或者修建水坝工程，如果对另一侧界水的自然水平造成影响，应当取得国际联合委员会的批准。双方同意，任何一方都不得污染界水，以致对另一方的健康或财产造成损害。

条约规定成立一个由六人（每方三人）组成的国际联合委员会。有权审理任何涉及界水的使用、堵塞或改道而需要它批准的案件。条约对于委员会在审理案件时应当适用的规则作了具体的规定。缔约双方还可以随时将两国边境上产生的其他有关权利、义务和利益的问题交给委员会处理，委员会可根据两国的要求，对提交的问题的事实进行审查和提出报告，并作出结论或建议。1978年，美加两国就五大湖区的水质问题缔结了《大湖水质协定》，该协定要求国际联合委员会为协定的实施提供帮助。1991年的美加《大气质量协定》也授权委员会履行一定的职能。国际联合委员会成为解决美加两国间跨界的水资源环境问题的有效机制。

（三）莱茵河

莱茵河是西欧最重要的国际河流。由于莱茵河流经西欧高度工业化的地区，河水的污染一度十分严重。长期以来，莱茵河的环境保护一直是西欧沿岸各国共同关切的问题。莱茵河环境保护的法律制度比较复杂。不仅一般国际法的规则可以适用，一些普遍性或区域性的环境保护公约以及欧洲联盟（欧洲共同体）的法令也可能适用于沿岸国。莱茵河沿岸国也缔结了一些专门保护莱茵河环境的条约。1963年4月莱茵河沿岸国缔结了《保护莱茵河不受污染国际委员会的伯尔尼公约》（以下简称《伯尔尼公约》），决定成立保护莱茵河不受污染国际委员会，作为保护莱茵河环境的主要国际机构。根据《伯尔尼公约》，该国际委员会的主要职责是根据缔约国政府的建议，对莱茵河污染的性质、程度和来源进行研究并加以记录。莱茵河沿岸国于1976年12月又签署了两个重要的环境保护公约，即《保护莱茵河不受化学污染公约》和《保护莱茵河不受氯化物污染公约》。

《保护莱茵河不受化学污染公约》规定了莱茵河河水应当达到的水质目标。公约按照化学物品的有害程度，分别把它们列入附件一（"黑名单"）和附件二

(“灰名单”)。对于附件一中所列的物质,缔约国应当逐步停止其排放,并且建立排放的许可制度,只有在有限的时间里和规定的限度内才允许排放。对于附件二中所列的物质,各国当局也应当加以管理,以便对此类物质予以严格的限制。在任何情况下,此类物质的排放必须取得主管机关的事先许可,并遵守有关的排放标准。缔约国应当向国际委员会报告实施公约的方案和结果,并递交全国排入莱茵河流域的附件一物质的清单等。《保护莱茵河不受氯化物污染公约》要求缔约国控制莱茵河的氯化物污染,并逐步减少氯化物的排放量。缔约国每年应向国际委员会提出公约实施情况的报告。

第五节 危险废物的管理和越境转移

工业活动中产生的大量有毒、有害废物,如果得不到安全、适当的管理,会对人体健康和环境造成严重的危害。这种危害在很多情况下具有跨国界的影响。随着国际经济贸易合作的发展,一些国家的企业(尤其是跨国公司),常常把危险物质或技术转移到其他国家,对进口国的人民健康和自然环境构成严重的威胁。一些重大灾难性事件反复提醒国际社会,应当通过法律手段对危险物质的管理和越境转移加以严格的国际控制。

危险废物的管理和越境转移是密不可分的,越境转移常常是企业对危险废物的管理计划的一个组成部分。种种因素决定了危险废物的国际转移不能放任由市场力量来自我调节,而必须由各国政府以法律和行政手段予以控制和管理。由于危险废物的越境转移涉及一个以上的国家,而危险废物的事故常常对其他国家的环境造成损害,因此危险废物的转移问题就必然需要国际合作才能有效地解决。

联合国环境规划署、经济合作与发展组织和欧洲联盟等国际机构对于危险废物的管理和转移制订了许多规范性的文件。在《巴塞尔公约》通过之前,联合国环境规划署理事会于 1987 年 6 月通过了《无害环境的危险废物管理的开罗准则》。这一准则本身没有拘束力,但它是后来《巴塞尔公约》的基础。它要求各国采取立法或其他措施以保护健康和环境。废物的生产应减少到最低限度,污染应尽量避免。每个国家都应指定一特别机关,负责规划、授权和监督危险废物的管理。《开罗准则》还包括了若干监督涉及危险废物活动的原则,并建议各国在其国内立法中制定有关危险废物所造成的损害的责任、保险和赔偿的规则。不过,该准则对于危险废物的转移,并没有作详细的规定。

1989 年 3 月,105 个国家加上欧洲经济共同体在瑞士巴塞尔签署了《控制危险废物越境转移及其处置的巴塞尔公约》(中国政府于 1991 年 9 月批准)。《公约》

并没有全面禁止危险废物的越境转移,而只是对这类转移加以控制。《公约》要求缔约国采取适当措施,把危险废物的产生和越境转移减少到最低限度,并保证参与危险废物管理的人员采取必要的步骤以防止因危险废物造成的污染,而一旦产生污染,应尽量减少污染对人类健康和环境的影响。《公约》在其附件中列举了危险废物和其他废物的种类,但允许缔约国以国内立法将其他物质定为危险废物。《公约》充分确认各国享有禁止来自外国的危险废物进入其领土或在其领土内处置的主权权利,并规定,如果一缔约国禁止进口危险废物,或者没有以书面形式对某一进口表示同意,其他缔约国就不得允许向它出口危险废物。而且,每个缔约国应当要求,拟出口的危险废物必须以对环境无害的方式在进口国或其他地方处理;如果出口国有理由相信此类废物不会按照缔约国会议所决定的标准在进口国以无害环境的方式加以处理,则也不得允许危险废物的出口。缔约国应采取适当措施,确保危险废物的越境转移仅在下列情况下才予以许可:(1)出口国没有技术能力和必要的设施、设备能力或适当的处置场所以无害于环境而且有效的方式处置有关废物;(2)进口国需要有关废物作为再循环或回收工业的原材料;(3)有关的越境转移符合由缔约国决定的其他标准,但这些标准不能背离公约的目标。缔约国不得允许从非缔约国进口或向非缔约国出口危险废物。

在越境转移的程序方面,《公约》规定,出口国或者危险废物的生产者或出口者,应当将拟议的危险废物的越境转移以书面形式通知有关国家的主管当局。进口国应当作出书面答复,表示无条件或有条件同意转移、不允许转移或要求进一步资料。出口国应当证实通知人已得到进口国的书面同意,并且进口国已证实出口者和处置者之间已订立合同,详细说明对有关废物的无害环境的管理办法,然后才能允许开始越境转移。过境国在收到通知之后,可以在60天内作出书面答复,表示无条件或有条件地同意转移、不允许转移或者要求进一步资料。除非过境国决定不要求任何事先的书面同意,出口国在收到过境国的书面同意之前,不得准许开始越境转移。如果危险废物的越境转移不能按照合同的条件而完成,出口国在没有其他安排的情况下,应确保出口者把危险废物运回出口国。关于危险废物的非法运输,《公约》要求缔约国把危险废物的非法运输定为犯罪。公约所定义的非法运输包括下列情况的越境转移:没有依照公约规定向所有有关国家发出通知,没有依照《公约》规定得到一个有关国家的同意,通过伪造、谎报或欺诈而取得有关国家的同意,与文件所列材料不符,或者违反公约以及国际法一般原则,造成危险废物的蓄意处置(如倾倒)。在越境转移引起损害的法律责任方面,《公约》规定,危险废物的任何越境转移都应有保险、保证或进口国或过境国可能要求的其他担保。缔约国应进行合作,以期在可行时尽早通过一项议定书,就危险废物的越境转移和处置所引起损害的责任和赔偿方面制定适当的规则和程序。这一议定书至今尚未通过。在程序事项方面,《公约》也作了具体的规定。虽然巴塞尔公约未能彻底禁止危险废物的越境转移,但它对于加强危险废物无害环境的管理和控制危险废物的国际转移,具有重要的意义。在巴塞尔公约的影响下,非洲国家在1991年1月通过了《禁止向非洲进口危险废物和在非洲内控制危险废物的越境转移和管理的巴马科公约》,禁止向非洲进口非洲以外的国家所产生的危险废物;对于非洲内部产生的危险废物,则规定了与《巴塞尔公约》相似的控制措施。

《巴塞尔公约》的规定不适用于受其他国际文件管制的放射性废物。放射性废物的管理和越境转移,主要受双边和区域性条约的支配。在具有普遍意义的文件中,最重要的是国际原子能机构1990年通过的《放射性废物国际越境转移的业务守则》(以下简称守则)。《守则》要求每个国家为了保护人体健康和环境,应采取必要的适当步骤,以保证在其领土内或在其管辖或控制下的放射性废物得到安全的管理和处置。并应采取必要的适当步骤,尽量减少放射性废物的数量。《守则》承认每个国家都有禁止放射性废物离开、进入或通过其领土的主权权利。每个国家都应采取必要的适当步骤,以保证放射性废物的国际越境转移只有在根据各国的法律和规章事先对发出国、接收国和过境国作出通知并取得同意之后才能进行。接收国除非有行政和技术能力和管理机构对放射性废物以符合国际安全标准的方式进行管理和处置,不应允许接收此类废物以作管理和处置。发出国也应根据接收国的同意,在放射性废物的国际越境转移开始之前,查明以上要求业已得到满足。另外,每个国家都应采取适当步骤,对于放射性废物的国际越境转移中可能产生的损害,在其国内法律和规章中引入必要的有关责任、赔偿和其他补救的规则。《守则》虽然不直接具有法律上的拘束力,但为各国在放射性废物的管理和转移方面规定了必要的行为规范,是对巴塞尔公约的重要补充。

主要参考书目

1. 王铁崖、田如萱,《国际法资料选编》,1986年。

2. 王铁崖、田如萱,《国际法资料选编(续编)》,1993年。

3. Lynton K. Caldwell, International Environmental Policy: Emergence and Dimensions, Second Edition, 1990.

4. Alexandre Kiss and Dinah Shelton, International Environmental Law, 1991.

5. Winfried Lang, et a1. (eds.), Environmental Protection and International Law, 1991.

6. Daniel B. Magraw (ed.), International Law and Pollution, 1991.

7. Allen L. Springer, The International Law of Pollution: Protecting the Global Environment in a World of Sovereign States, 1983.

8. Edith B. Weiss (ed.), Environmental Change and International Law: New Challenges and Dimensions, 1992.

第十五章　国际经济法

第一节　国际经济法的体系、特点与发展

国际经济法是国际法的一个部门，广泛地说它是规范国家政府、国际组织、私人公司和个人之间的相互经济交易和经济关系的法律原则、规则和制度的总称。国际经济法学是以国际经济法为研究对象的一门学科，通常所说的国际经济法事实上是指国际经济法学，而非国际经济法。国际经济法的形成以各国在经济上的相互依赖关系为基础，以跨国界的经济交易和经济关系的存在为前提。鉴于国际经济法的历史尚短，并且其所基于存在的经济交易和关系不断变化，关于国际经济法的概念、范围，法学界的意见并不完全一致。本章主要介绍国际经济法学中涉及国家政府和国际组织的行为的方面。

一、国际经济法的基础

与其他法律一样，国际经济法是建立在国际经济关系之上的上层建筑。它反映国际政治、国际经济关系，特别是各国在经济上的相互依存关系。当今国际社会的特点是国际经济与商业交往急剧增加。因此，不同国家间的经济上的相互依赖关系变得越来越明显，特别是在劳动力的分工、生产的专业化与合作方面，这种相互依赖关系就变得更为显著。换言之，现代生产力的集中程度及水平已使产品的制造与国际市场的关系无法割裂，使纯粹为国内需要或潜在需要所进行的生产成为不可能。生产国际化的发展经常改变各国间经济交往的模式并使整个国际社会的生活国际化。全球性经济上的相互依赖关系使每一个国家乃至每一个人的生活和安全均受到其所在的地区或国家之外的其他因素的极大影响。

现代化国际经济相互依赖关系并非简单的国际间或各国政府间的相互依赖。这是一种多层次的态势。这种相互依赖关系一方面表现在不同社会制度、不同经济发展水平国家间的合作与依赖，另一方面亦表现在不同区域之间的相互合作。各国间相互依赖和相互合作的具体标志是国际社会商业关系和交易的急剧发展。

国际经济关系和交易的多层次交叉发展使规范国际贸易、国际投资、国际金融与银行的法律制度逐步向多层次发展。这种多层次的经济上的相互渗透和合作关

系的急剧加强,使原来就无法严格分开的国内法与国际法的自然联系变得更为密不可分。许多交易不仅受到国内法而且受到国际条约的规范。例如,涉及国际投资的争端与投资风险的保险等,不仅受投资东道国法律的管辖,而且也受相关国际条约的规范。再如,外汇合同、国际贸易合同等一方面受到相关国家法律的规范,另一方面也受到国际条约、国际组织的决议和国际惯例的约束。

二、概念、规范和特点

现代国际经济关系和国际交易的特点以及以其为基础的国际经济法的特性,使国际经济法成为一门新的法律学科。国际经济法以综合为特点,包含国际多边和双边条约、国际经济组织、国内法涉及外国经济交易的部分、国际经济交易惯例,包括国际组织或其他团体制定的并在实践中被广泛接受的模范条约和合同条款等。

国际经济法的范围和内容包括与国际经济关系和交易相关的国际贸易法、国际投资法、国际货币金融法、国际税法、国际运输法、国际经济组织法等,广而言之,国际经济法主要包括三个层次的法律规范,即(1)国家政府间缔结的调整政府间和政府与私人(包括法人和其他团体)间经济关系的条约和协定;(2)国家政府通过的涉外经济法律与规定;(3)在国际经济交易中被普遍接受的对当事各方具有拘束力的国际性或者区域性习惯和惯例。

三、历史的演进

自从有社会的时候起,商业交易即已存在,并且几乎可以肯定此类交易是由远古时代的规则所规定。在古罗马,普通的商业交易系由民法加以规定。上述规则后来与罗马法中关于银行和海商的规则一起被纳入商法典。当时世界上的商法规则之所以鲜为人知是因为商人的行为系由习惯所规定,商人间的争端亦由其他商人以“法官”的身份作出对商业交易的进行最有利的裁决。因此,国家便没有必要制定对商人具有拘束力的法律。国家之所以没有必要对商人间的交易进行规范,主要是因为在第一次世界大战以前,交通和通讯设施均不发达,不同地区的价差较小,并且当时各国所实行的外汇政策亦减少了商业交易的投机性。

然而,这并不是说国家在第一次世界大战以前从未对国际经济交易加以任何形式的干预。早在18世纪,西方国家便开始实行关税制度。到了19世纪上半叶,关税已经成为西方国家干预国际经济交往的主要形式。然而,第一次世界大战以前,各国的关税税率相对较低。因此,资金和货物的国际流通几乎不受任何限制。现代的非关税壁垒,如进口配额制度等,在当时几乎不存在。当时各国政府为实现高就业率、高经济增长率所采取的措施主要集中在货币政策方面,即通过调整货币的含金量或货币的兑换率实现预期的经济目标。

第一次世界大战的爆发摧毁了原来世界经济关系赖以生存的金本位制。战后,各国均急于发展本国经济,并将恢复金本位制作为长远目标。然而,战争带来的通货膨胀和失业率的大幅度上升,特别是30年代的世界性经济大萧条,从根本上动摇了各国恢复金本位制的信心。30年代初,关税成为各国推动出口、减少进口以及最终实现降低失业率和促进经济增长的手段。当时各国竞相贬值货币以促进出口。其他对国际贸易有抑制作用的非关税壁垒形式,如补贴和倾销等以及国家为抑制此类行为所采取的反补贴、反倾销措施亦相继出现。

为了避免重复第二次世界大战前各国对国际贸易横加限制,任意贬值货币汇率的噩梦重演,在第二次世界大战行将结束时,国际社会建立了以《关税与贸易总协定》、国际货币基金组织和世界银行为三大支柱的国际经济法律关系,即"布雷顿森林制度"。根据《关贸总协定》,各成员相互给予其他成员最优惠待遇,并鼓励成员国实现贸易的自由化。国际货币基金组织设立的目的则在于稳定成员国货币的汇率以及对经常性国际交易支付限制之取缔。其另一个职能是向遇有国际收支困难的成员提供短期临时性国际融资。世界银行的职能在于向成员国提供长期性融资,用于恢复战后经济和发展国民经济。在布雷顿森林制度下,各成员不仅不应对贸易加以非关税限制,同时,亦不应对经常性国际交易支付进行限制。布雷顿森林制度的设计者们原以为只要各成员信守条约的规定,国际贸易和经济的发展将在稳定的基础上进行。

但是,60年代,原殖民地国家纷纷独立,形成一股强大的国际力量。另外,西欧和日本恢复战争的创伤后,立即成为在经济上可与美国一较高下的强大力量。原有的国际经济关系发生了深刻的变化。交通运输技术和设施的现代化,特别是电子信息时代的开始,也加速了国际经济交易的进行。

国际经济关系和国际经济交易的深刻变化和大幅度发展将建立在布雷顿森林制度下的国际经济法向前推进了一大步。例如,战后国际贸易的成倍增长使一些政治性较强的国际组织,如联合国,也开始对国际贸易法的问题进行研究并积极推动关于贸易的国际公约或模范公约条款的制定,以对国际货物交易和服务加以规范。

80年代以来,各国经济关系的进一步相互渗透和相互依赖之加深,国际经济交易形式的多样化,特别是发达国家私人企业向发展中国家投资的发展,使关于保护投资的国际立法重新成为国际社会的重要议程。80年代初,发展中国家债台高筑,投资风险相对加大,跨国公司向各该国的投资急剧减少。然而,发展中国家则希望扩大外资的投入,并为此积极制定相应的政策、法律和措施。各国还为实现此目标签订双边投资保护协定或单方面提供投资保护。在这种形势下,国际社会意识到,原有的以1965年《关于解决国家和它国国民之间投资争端的公约》和双边条约无法给予国际投资者以充分的信心。因此,在1985年世界银行理事会年会上,各国达成了《建立多边投资保证公约》,向私人国际投资者提供投资保险并为解决投资争端提供便利。

第二节 国际贸易法

国际贸易法的历史悠久,内容广泛,包含多边条约、双边条约、国际组织的决议、与跨国贸易相关的各个部门法,如海关法、各国货物销售法的涉外部分、合同法、商品检验法、进出口许可证法和反限制公平竞争法,以及国际惯例等。但是,整体而言,《关贸总协定》和乌拉圭回合达成的各项协定以及《联合国货物销售合同公约》为多边协议中最重要者。

鉴于国际贸易不仅涉及国际公法,而且涉及相关国家的国内法,自 30 年代以来,人们一直尝试统一与国际贸易相关的法律。1930 年 4 月 29 日,统一私法国际研究所(罗马研究所),指定一个专家委员会起草一项国际贸易统一法。1935 年,该专家委员会完成了国际货物统一法的起草工作,并于 1939 年完成了第二稿。但是,由于第二次世界大战的爆发,统一国际贸易法律的工作被迫搁置下来。

第二次世界大战结束以后,统一私法国际研究所再次呼吁各国政府考虑通过上述专家委员会起草的《国际销售统一法草案》。1964 年 4 月,28 个国家在荷兰首府海牙举行国际会议,通过了《关于国际货物销售合同的订立统一法公约》和《关于国际货物统一法的公约》,该两个公约于 1972 年生效。然而,由于其适用范围太窄,上述两个公约并未达到统一国际货物销售合同公约的目的。

1966 年成立的联合国贸易法委员会也不断为贸易法的统一做出努力,并促成《联合国国际货物销售合同公约》的制成。除《国际货物销售合同公约》外,还先后制成了《国际商品协定》、《多种纤维协定》、《石油产量和价格协议》等。双边贸易安排则更是不胜枚举。在上述诸多边和双边协定与安排中,《关税与贸易总协定》的参加国最多,对国际贸易具有举足轻重的影响。

一、《关税与贸易总协定》产生的背景

《关税与贸易总协定》的产生是以世界保护主义的风行为背景。1939 年第二次世界大战的爆发,将整个世界拖入战争的漩涡,使复苏经济的努力付之东流。战争使大部分国家遭遇通货膨胀的恐慌和物资的短缺。第二次世界大战行将结束时,美、英等国便开始考虑制定战后的国际经济秩序。在总结过去经验的基础上,美、英等国认为,为了避免重演战前各国所推行的以邻为壑的贸易和金融政策,必须建立国际组织、协调各国的货币和金融政策、贸易政策,并向各国提供资金援助,

以医治战争的创伤。国际货币基金组织、国际复兴与开发银行以及国际贸易组织便成为设计中的战后国际经济制度的三大支柱。但是,由于一些国家的国内原因,国际贸易组织的建立最后破产,从而被《关税与贸易总协定》取而代之。

《关税与贸易总协定》的制定可以追溯到第二次世界大战中,美国是主要发起国。1945年12月,美国外交部宣布邀请一些国家进行多边谈判,以期达成多边贸易协定。

1946年2月,联合国经社理事会举行第一次会议并通过决议,呼吁召开联合国贸易与就业会议,起草国际贸易组织宪章以及进行世界性削减关税的谈判。根据该决议,经社理事会设立一个筹备委员会,负责审查美国提交的《国际贸易组织宪章草案》。1947年年初,筹备委员会下设的小组起草委员会在美国纽约成功湖举行会议,讨论审查《国际贸易组织宪章草案》。1947年4月至10月,筹备委员会在日内瓦召开全体会议,进行关于关税的多边谈判,并起草《国际贸易组织宪章》。当时参加谈判的国家认为,它们达成的关税协议将于晚些时候召开的哈瓦那会议上被纳入《国际贸易组织宪章》。因此,《国际贸易组织宪章》的关税部分条款与各国达成的关税协议一致。

哈瓦那会议于1947年12月1日召开,历时4个月。然而,由于发达国家和不发达国家之间的意见分歧,《国际贸易组织宪章》未能通过。《关税与贸易总协定》便作为临时安排而成为规范国际贸易的最主要的国际条约。

二、关税与贸易总协定的基本原则

(一)非歧视原则

《关贸总协定》的基本原则是非歧视原则。根据这一原则,《关贸总协定》缔约方达成的减免关税优惠和豁免的协议应无条件的适用于所有其他缔约方;各缔约方应给予无条件的最惠国待遇。最惠国待遇不适用于下述情况:(1)在签订《关贸总协定》以前即已存在的关税同盟、自由贸易区特惠关税和其他毗邻国家之间的优惠安排;(2)发达国家向发展中国家的进口商品提供的普遍优惠待遇。

非歧视原则的另一表现形式是《关贸总协定》缔约方相互给予其他缔约方国民待遇。任何《关贸总协定》缔约国向其他国家出口的商品在税收、销售、运输、库存和流通环节等享受不低于当地同类商品应享有的待遇。

(二)互惠原则

《关贸总协定》缔约方的关税一方减让是以互惠为基础。一旦各缔约方就关税减让达成协议,任何一方均不得随意提高关税。但是这一原则有例外。例如,有《关贸总协定》超过半数的缔约方参加投票的会议(赞成票超过参加投票缔约国总数的2/3)可以决议,免除任何缔约方的《关贸总协定》义务。从原则上来讲,这种免除应在特殊情况下给予。此外,如果大量进口使得进口国的国内工业遭受严重损害,进口方可以援引《关贸总协定》的免责条款,终止履行《关贸总协定》的减免义务。

(三)禁止非关税壁垒措施

禁止缔约方限制进口商品的数量也是《关贸总协定》的基本原则之一。根据这一原则,《关贸总协定》任何缔约方不应通过进口配额或进口许可证等方式对来自于其他缔约方的商品进行数量限制。除数量限制外,《关贸总协定》就在下述问题上所采取的措施或制定的法律加以规范:政府采购政策、海关评值、工业、卫生和安全检查、包装和标签、反倾销和反补贴等。在过去的四十几年中,《关贸总协定》缔约方就政府采购、海关评值、反补贴和反倾销等问题达成单项协议。

三、乌拉圭回合与世界贸易组织

进入 80 年代以后,国际贸易形势逐渐恶化,南北矛盾增加,各国关于国际贸易的立法互不协调,农产品贸易、服务业贸易和贸易的保护主义成为国际社会极为关注的问题。这种情况最后导致各国于 1986 年正式重开关于国际贸易的多边谈判,即乌拉圭回合。乌拉圭回合于 1992 年年底结束,谈判各方就成立世界贸易组织和与贸易相关的问题达成数项协议。

世界贸易组织的职能包括:便利乌拉圭回合达成的多边协议的执行,并为履行上述协议提供一个相应的架构,为缔约各方关于多边贸易谈判提供场所,负责解决缔约各方的贸易争端,以及为更好地协调全球性经济政策,与国际货币基金组织和世界银行及其附属机构合作。

世界贸易组织的最高权力机构为部长级会议,至少每二年举行一次。部长级会议由各缔约方的代表组成。与《关贸总协定》一样,世界贸易组织的成员,即缔约方,可以是主权国家,也可以是主权国家的特别关税区(香港即为一例)。此外,世界贸易组织还设有总理事会,由缔约方派代表参加。总理事会为常设机构,在部长级会议休会时代行部长级会议的职责。总理事会还负责各缔约方的争端解决以及贸易政策的审查问题。总理事会下设关于货物贸易、服务贸易以及与贸易相关的知识产权问题的理事会。世界贸易组织的办事机构为秘书处。

在乌拉圭回合上,各缔约方重新确认并通过了 1947 年达成的并经修改的《关税与贸易总协定》,统称为《关税与贸易总协定(1994)》。根据乌拉圭回合的协议,非《关税与贸易总协定(1994)》的缔约方,须首先加入总协定,然后方可成为世界贸易组织的成员。从整体上来讲,《关税与贸易总协定》的原则在乌拉圭回合得到全盘的承认。

除《关税与贸易总协定》外,各缔约方还就国际贸易中的反倾销、反补贴问题达成协议。这些协议是以东京回合的协议为蓝本。乌拉圭回合还将农产品贸易、服务贸易、海关评值、与贸易相关的投资措施以及贸易的技术性障碍等分别达成协议。这些协议的共同点是:《关贸总协定》的非歧视性原则、最惠国待遇和国民待遇。例如,关于与贸易相关的投资措施的协定规定:缔约方应给予外国投资者以国民待遇,不得对外国投资者向投资东道国的进口以及就使用当地的产品、部件和配件等加以规定。换言之,投资东道国不得规定外国投资者关于产品本地化的义务。此外,乌拉圭回合还就国际贸易的争端解决达成协议。根据该协议,世界贸易组织成员间的争议应遵循《关贸总协定》第22条和第23条的原则和精神,即通过会员间的磋商,得以解决。同时,关于解决争端的规则和程序协议还规定,世界贸易组织内应设立一个争端解决机构。争端解决机构有权根据需要成立调查小组,并应设立一个常设机构。

按照《关贸总协定》的传统作法,遇有争端,当事各方首先通过协商解决。如果各方无法于60天内通过协商解决争端,任何一方均可请求世界贸易组织争端解决机构成立调查小组。调查小组的成员应由合格的政府官员或非政府人士组成。除非经当事方同意,否则,争议任何一方的国民均不得作为成员参加调查小组的工作。调查小组的成员由世界贸易组织秘书处推荐。遇有争端涉及一个发达成员和一个发展中成员的情形,发展中成员有权要求调查小组包括至少有一名发展中国家国籍的个人。调查小组有权就争端的事项收集证据和情况,并就争端的解决向世界贸易组织争端解决机构提交报告。如果争端各方不就调查小组的报告提起上诉,争端解决机构必须于收到报告的60天内讨论通过调查小组的报告。

解决争端的规定和程序协定还规定,如果其他协议就争端解决问题作出了特别规定,则以特别规定为准。乌拉圭回合关于反倾销、贸易的技术性障碍、补贴与反补贴、海关评值、纺织品以及服务贸易协议等均对争端解决有具体的规定。这些规定如与争端解决规定和程序协议有冲突,则以前者的规定为准。

四、《联合国国际货物销售合同公约》

《联合国国际货物销售合同公约》是规定国际贸易合同的订立、执行和解释的最重要国际公约。它适用于:(1)营业地在不同国家的当事人之间订立的货物销售合同。条件是这些国家是《公约》的缔约国;(2)营业地在不同国家的当事人之间所订立的货物销售合同,这些国家或者其中一个国家不是缔约方,但是根据国际私法的原则,相关合同适用某一缔约方的法律,则该合同亦适用《国际货物销售合同公约》。《公约》只适用于国际货物销售合同的订立和买卖双方的权利和义务。它不适用于关于私人、家人或家庭使用的货物的销售合同;经由拍卖的销售,根据法律执行令或其他令状的销售,公债、股票、投资证券、流通票据或者货币的销售,船舶、船只、气垫船或飞机的销售、电力的销售等合同,也不适用于补偿贸易。

《国际货物销售合同公约》是关于国际贸易的统一实体法,在一定程度上解决了法律的冲突问题。它并对买卖双方的权利和义务,如交货地点、货物的品质、与货物相关的权利、交货日期、价款的支付和货物的提取等作出了明确的规定。《国际货物销售合同公约》还对买卖双方在何种情况下可以撤销合同以及如何取得法律救济、货物和风险的转移等作出了具体的规定。从这个意义上来讲,《国际货物销售合同公约》体现了国际贸易中多年形成的惯例和习惯,有助于促进国际贸易的发展。

作为国际贸易法的补充,国际惯例及习惯,特别是国际商会通过的国际贸易条规也构成国际贸易的实体法。国际贸易合同经常纳入国际贸易条规的规定,依此界定当事各方的权利和义务,并以此简化合同的复杂程度。

五、国际运输法

国际贸易离不开运输。目前,国际运输主要包括海上运输、航空运输、铁路运输以及上述几种方式混合使用的联合运输。与国际运输相关的国际条约和国际惯例及习惯主要是规定当事各方的权利和义务以及相关的运输单证的性质和法律效力。例如,海运提单作为物权文件的可转让性便由国际条约加以规范。鉴于国际运输是国际贸易的重要组成部分,并且各国关于运输的法律差异较大,早于20世纪初,国际社会便开始制定与国际运输相关的协议。

1921年,国际法协会属下的海上法委员会在荷兰的海牙开会,起草了一套规则。该规则于1924年在布鲁塞尔召开的国际会议上作了修改后通过并定名为《关于统一提单的若干法律规则的国际公约》(通称为《海牙规则》)。目前已有80多个国家和地区加入,并通过国内法付诸实施。

1968年,各国在布鲁塞尔召开外交会议,通过了《修改海牙规则的议定书》,又称《1968年布鲁塞尔议定书》,因该议定书的准备工作系在维斯比完成,故其亦被称为《维斯比规则》。《维斯比规则》于1977年生效。《规则》对《海牙规则》作一些修改,提高了承运人对货物损害赔偿的最高金额,明确了集装箱和托盘运输中计算货物损害赔偿最高金额的数量单位。《维斯比规则》是一个独立的公约。参加该公约的国家可以亦可以不加入《海牙规则》。同样的原则亦适用于《海牙规则》的缔约方。

1978年,78个国家的代表在汉堡开会,正式通过了由联合国国际贸易法委员会草拟的《海上货物运输公约》,即通称的《汉堡规则》。《公约》将于21个国家提交批准书一年后生效。目前,提交批准书的国家尚未达21个。

《汉堡规则》对《海牙规则》和《维斯比规则》作了实质性修订。《汉堡规则》主要在下述方面修改了《海牙规则》和《维斯比规则》:(1)《汉堡规则》适用于除租船合同外的两个国家间的所有海上运输合同,包括不涉及提单的海运合同;(2)延长了承运人的责任期间;(3)摒弃了《海牙规则》中承运人的免责条款,确立了以过失确定赔偿责任的原则;(4)对承运人和实际承运人加以区分,规定承运人对运输的全程责任,承运人和实际承运人负有连带责任;(5)提高了承运人的最高赔偿责任限额,以特别提款权计算。

随着铁路运输的发展,各国亦先后签订了两个关于跨国界的铁路运输的条约。一个是欧洲国家于1961年在伯尔尼签订的《关于铁路货物运输的国际公约》(以下简称《国际货约》)。另一个是苏联和东欧国家于1951年签订的《国际铁路货物联运协定》(以下简称《国际货协》)。

《国际货协》对运输合同的订立、运单的性质和作用、承运人的权利和义务、托运人的权利和义务、索赔和诉讼等作出了具体的规定。例如,根据《国际货协》的规定,运单是国际铁路运输合同的形式。运单和运单副本由发货人在托运货物时按规定的格式填写,由发货人签字后向始发站提出。从始发站承运货物并在运单和运单副本上加盖戳记时起,运输合同即告成立。运单随同货物从始发站到终点站全程附送。运单的主要作用是作为铁路运输合同的凭证和证明铁路业已收到并承运单内所列货物的依据。同时,运单亦为铁路在终点站向收货人收取运杂费的依据。从表面看,运单与提单无异。但从法律上讲,运单与提单有本质上的区别。首先,运单不能转让。其次,运单也不是货物所有权的凭证。运单的副本经铁路加盖戳记后退回发货人。虽然运单的副本并不具有运单的效力,但是根据中国与其他国际货协成员国贸易交货共同条件,它也是卖方通过银行与买方结算货款的主要单证之一。

航空运输适用于体积小、重量轻和价值高的物品。在航空业发展之初,各国均无专门法律规范航空运输中当事各方的权利和义务。各国法律的不统一以及航空运输快捷和经常涉及多国家的特点使人们很快意识到制定国际统一法律规范的迫切性和必要性。1929年10月12日,德国、奥地利、法国、比利时、巴西等国在华沙签订了《统一国际航空货物运输某些规则的公约》,即《华沙公约》。《华沙公约》主要解决了法律冲突、管辖权、时效、航运单证的统一、承运人的责任等问题。

《华沙公约》是在国际航空运输业刚刚兴起时签订的。因此,时隔不久,国际社会便认识到应对《华沙公约》加以修订,以使其更符合国际航空运输的需要。修订工作于第二次世界大战时中止,战后继续。1955年9月28日,27个国家签署了《修改1929年10月12日在华沙签订的统一国际航空运输某些规则的公约的议定书》(以下简称《海牙议定书》)。《海牙议定书》于1963年8月1日开始生效。《海牙议定书》对华沙公约的主要修订是关于承运人责任限制。《海牙议定书》和《华沙公约》没有解决的一个重要问题是哪些人是承运人。在国际航空运输中,经常发生的情况是:与托运人签约的机构可能并不负责实际承运货物。1961年,在国际民用航空组织的倡导下,各国在墨西哥的瓜达拉哈拉召开会议,签订了《统一非缔约承运人的国际航空运输某些规则以补充华沙公约的公约》,即《瓜达拉哈拉公约》,将《华沙公约》适用于承运人的规定扩及到非合同实际承运人。该公约于1964年5月1日生效。

根据国际多式联运的发展和特点,联合国贸发会议主持起草了《联合国国际货物多式联运公约》。该公约于1980年5月在联合国召开的贸发会议上通过。包括中国在内的67个国家在会议最后文件上签字。该公约对多式联运提单的内容和性质、联运人的责任、索赔与诉讼等作出了规定。

六、区域性安排

除适用于大多数国家和地区的多边条约和惯例外,国际贸易也由地区性条约和安排加以规定。目前,影响力较大的区域性安排包括欧洲共同体、北美自由贸易区、东南亚联盟、安第斯共同市场以及即将成形的亚太经济合作组织等。除按地理位置划分的区域性安排外,基于经济发展水平而成立的经济合作与发展组织(成员全部为发达国家)也具有区域性组织的特点。

区域性组织和安排的主要目的是针对本地区或成员间的具体情况,在贸易政策、法律和规定等方面加以协调。例如,区域性组织的成员可协议相互减让关税、相互开放市场等。从整体上讲,区域性安排基本上都是世界性贸易制度的例外,在一定程度上体现了小集团的利益。换言之,区域性安排是扩大了的国家贸易保护主义的体现,不利于国际贸易的自由化和制度化,但又是目前情况下不可或缺的。

第三节 国际金融法

国际金融法的核心是《国际货币基金组织协定》和《国际复兴与开发银行协定》。该两个协定同时于1945年12月27日生效。从而形成一个国际性的货币金融制度。国际货币金融制度的建立是为了调整各国的货币金融政策以及向成员国提供金融和其他援助。

一、国际货币基金组织

《国际货币基金组织协定》自1945年12月27日生效后,曾先后经过两次修订。第一次修订案于1969年7月28日生效,主要是增设特别提款权。第二次修订案于1978年4月1日生效,重点是允许成员国采取浮动汇率和其他外汇安排。在过去50年间,国际货币基金组织(以下简称基金)的成员和业务范围有很大的变化,但是其总目标和总方针则没有重要改变。

基金的目的是:(1)通过一个常设机构就国际货币问题进行商讨,以促进国际货币方面的合作;(2)便利国际贸易的扩张与平衡发展,以提高就业和真实所得水平以及为发展中成员国的生产资源作出贡献;(3)促进国际汇兑之稳定,维持成员国间有秩序的外汇安排、避免外汇的竞相贬值;(4)协助建立成员国间经常交易的多边支付制度和取消有碍国际贸易发展的外汇限制;(5)在充分保障的条件下,通过向成员国提供临时性一般资金,给予后者增强信心的机会,以便解决收支平衡问题,而不必诉诸有害于国家和国际繁荣的措施;(6)依上述诸项原则,缩短成员国解决国际收支问题的时间,减轻由此带来的负担。

为了实现上述目标,《基金协定》规定基金的职能包括:监督成员国的国际贸易方针和政策的执行;促进外汇汇兑的稳定和外汇安排;避免竞相贬值通货,协助实现货币的自由流通,以排除外汇管制对国际贸易和经常性项目支付的干扰等。

(一)成员国与投票制度

《国际货币基金组织协定》规定,只有国家可以作为基金的成员,包括创始成员和加入成员。成员国的国内政治和经济制度不应构成基金考虑成员资格的因素或条件。主权国家加入基金的唯一条件是必须承诺履行《基金协定》的义务。

基金采用加权投票制度。每个成员国的投票权与其在基金的配额(向基金的认股份额)成正比。根据布雷顿森林会议,每个成员国有基本投票权250票,另每增加相当于10万美元的配额,便增加一票。由于每个成员国的基本投票权相等,在决策过程中,各国的配额便起到决定性的作用。

(二)组织机构

基金的机构包括理事会、执行理事会和总经理领导下的秘书处。理事会是基金的最高权力机构,理事由成员国指派,每个成员国有权指派理事和候补理事各一人参加理事会工作。

执行理事会是基金理事会的下设机构。执行理事会由22位执行理事组成,附加总经理为主席。22位执行理事中,5位为常任执行理事,由英国、美国、德国、法国和日本分别指派代表担任。其余16位执行理事由其他成员国选举产生,任期两年。执行理事会为常设机构,负责基金的日常决策。基金执行理事会负责基金重要事项的政策和决议的制定。总经理和其他职员,为执行理事会起草文件、提供建议并负责贯彻执行理事会的政策与决议,以及与成员国进行谈判等。经过40余年的实践,基金总经理和其领导下的秘书处对基金的决策有举足轻重的影响。

(三)提款制度

国际货币基金组织成员国遇有国际收支平衡困难时,可以本国货币向基金购买其他国家发行的货币或者特别提款权。这种以本国货币为交换条件,从基金一般资源账户或特别提款权账户取得外汇的权利与过程被称为提款权。它之所以被称为提款权而不是借款权,是由于提款的成员国均负有购回本国货币的义务。

除一般资源账户外,基金成员国还可在特别提款权账户下提款。特别提款权是包含一定比例美元、英镑、德国马克、日元和法国法郎的货币篮。目前,特别提款权已成为国际储备,并在国际信贷和结算中作为记账单位使用。在特别提款权账户下的提款方式与一般资源账户的提款方式相同。成员国亦应以本国货币兑换特别提款权。目前,特别提款权账户主要是为发展中国家服务。

基金成员国还可以在保证与扩大安排、总贷款协定和其他基金设立的为了稳定国际货币金融情势的安排下提款。实践说明,基金的提款权制度对减轻发展中国家国际收支失衡的压力有很大的作用,对各国国内经济建设亦有积极的影响。

(四)外汇和汇率制度

根据《基金协定》的规定,成员国可以选择接受第8条义务或者第14条关于外汇管制的义务。接受第8条义务的成员国不应对经常性国际交易支付加以任何限制。目前,接受第8条义务的成员国包括西方发达国家和一些发展中国家。

《基金协定》第8条主要是要求成员国不得对经常性国际贸易的支付进行限制,但是它并不禁止成员国对资本项目的支付加以限制。成员国对资本项目支付进行限制时,不得采取任何歧视性措施,如实行多种汇率等。

接受第14条义务的成员国在加入基金时可继续保留或依情势的变迁改变对经常性国际交易支付与货币转移的限制,但是这种限制必须是在相关成员国加入基金时即已存在的。假如接受第14条义务的成员国计划对经常性国际交易支付附加新的限制,它必须首先征得基金的批准。任何成员国在加入基金时均有权选择接受第8条的义务或者第14条的义务。然而,已经接受第8条义务的成员国不得改为接受第14条的义务。作为一贯的政策,基金鼓励接受第14条义务的成员国逐步改为接受第8条的义务。

关于汇率制度,基金主要禁止成员国采取复汇率制或多种汇率制度。但是在特殊情况下,经基金批准,成员国亦可以采取多种汇率制度。基金的此类批准主要是基于成员国国内经济形势的需要以及国际收支平衡的需要。

二、世界银行

世界银行的正式名称是国际复兴与开发银行。作为国际货币基金组织的姐妹机构,世界银行建立之初主要是向受第二次世界大战创伤的成员国提供金融援助,以便恢复经济。随着国际经济关系的变化,世界银行先后设立国际开发协会和国际金融公司。

世界银行的组织机构与国际货币基金组织一样,投票制度也相同。每个国家在该两个组织的投票权亦基本一致。

(一)宗旨

世界银行成立的主要目的在于便利国际贷款的进行,以促进遭战争破坏的国家和地区重建,落后地区的开发,以及成员国长期国际收支失衡的解决。作为最后的贷款机构,世界银行负责提供长期贷款。其贷款可以用来解决长期国际收支失衡问题或用于经济的复兴与发展。为实现上述目标,世界银行通过提供担保或参加私人贷款和其他投资方法，促进私人的对外投资，以补充私人投资之不足。世界银行的宗旨还包括鼓励成员国从事生产资源的开发，以促进国际贸易的长期均衡发展，维持国际收支的平衡，协助发展生产能力，提高成员国的生活水平和改善劳动条件。

（二）业务

世界银行的业务主要包括向成员国提供贷款，为成员国从其他渠道取得贷款提供担保，以及向成员国提供经济金融技术咨询服务。建立之初，世界银行的贷款主要是针对遭到战争破坏国家的经济恢复。近年来，世界银行的贷款主要用于支持发展中国家的经济发展项目。根据世界银行协定，世界银行提供或由世界银行担保的贷款必须用于经济复兴与发展项目，特殊情况除外。该项规定主要是为了将世界银行的贷款限于一个较小的范围和固定的模式。实践中，世界银行也给予该项规定以广义的解释。目前，世界银行的贷款项目包括广泛的经济领域，不仅包括成套的经济发展项目，同时，也包括相互联系不大的、各小项目的组合。例如，兴建水坝的贷款可能包括水利发电及高压运输线路所需要的资金。世界银行的项目贷款也可用于经济的某一个部门，如教育、农业、交通或交通的一个分支，如高速公路的兴建等。总之，世界银行的项目贷款几乎可以包括所有经济领域。世界银行还可以向私人企业提供直接贷款。但是此类贷款必须由相关政府担保或通过成员国政府机构向私人企业转贷。

三、国际开发协会

国际开发协会于1960年成立，其成员资格以世界银行成员资格为先决条件。国际开发协会的建立是基于下述认识：世界经济的健康发展和国际贸易的平衡发展，有利于维护世界和平与繁荣，不发达地区的经济发展，将使整个国际社会受益。国际开发协会的主要任务是通过提供不苛刻的和低息的贷款协助不发达地区的经济发展。因此，国际开发协会实际上是对世界银行业务的补充。国际开发协会的资金来自于成员国的认购和成员国的捐赠。捐赠国主要是西方工业发达国家和少数较先进的发展中国家。国际开发协会主要是向经济发展水平较低和贫穷的国家提供贷款。其贷款条件宽松，一般为期50年、无息，另加10年宽限期。国际开发协会仅向借款国收取相当于贷款总额0.75%的手续费。有时，国际开发协会与世界银行同时向同一个项目提供混合贷款。

四、国际金融公司

国际金融公司于1956年建立，其成立的目的是为了向发展中国家金融公司，特别是最不发达国家和地区的金融公司提供援助，以贷款和投资的方式扶助私有生产企业的发展。国际金融公司的作用之一是将国外与国内投资联合起来，发展投资机会,发挥自由企业的精神,鼓励私人向成员国新企业投资,或者向现有企业补充投资,使之现代化和多样化。根据国际金融公司协定,其宗旨是:(1)在合理的条件下向可能对成员国的经济发展作出贡献的私人公司投资,条件是各该企业无法在合理条件下通过私人渠道取得资金,并且上述资金应用于建立、改善或扩充企业的生产能力;(2)联合国内投资者和有经验的管理专家,寻求和创造投资机会;(3)努力促进投资形势的发展,以便民间资本流入成员国的生产企业。

目前,国际金融公司资助的对象已不限于私人企业。有些国家政府参与的项目或企业,甚至国家政府占有50%以上的股份企业,国际金融公司亦可对之进行投资。国际金融公司提供贷款和投资的标准是经济效益原则,同时,亦努力避免与其他金融机构特别是私人金融机构竞争。

五、区域性开发银行

区域性开发银行的建立是战后国际政治经济形势发展的结果。60年代,许多原殖民地国家纷纷独立,为了发展国民经济,各新独立的国家需要吸引国外资金,取得所需要的技术与设备。与此同时,发达国家面临的是技术换代和如何扩大海外投资的问题。发展中国家国内经济建设的需要为发达国家的资本密集型经济和先进的技术提供了充足的市场。为了促进和提高发展中国家的集资条件以及维护发达国家的投资利益,建立国家间和政府间的国际性和区域性组织成为必要。国际开发协会和国际金融公司就是在这种情况下应运而生。然而,多边性国际金融组织涉及范围较广,参加国众多,因此较难满足不同区域国家的特殊需要,或针对各该国的特点提供经济与技术援助。区域性开发银行则弥补了多边国际组织的这一不足。区域性开发银行或其他经济金融组织不仅能够针对相关地区的特点制定政策,其发展目标亦可以该地区为基础。60年代,国际关系的演变,发展中国家和发达国家在经济方面相互依赖和相互补充关系的加强,导致泛美开发银行(泛美银行)、亚洲开发银行(亚银)和非洲开发银行(非银)的建立。

一般地说,亚银、非银和泛美银行的基本宗旨和目标、组织结构、资本结构和业务均同世界银行相似。由于亚银建立于非银和泛美银行之后,又鉴于亚洲地区国家本身的社会经济特点,亚银在有些方面与其他两个银行不同。例如,非银的会员国仅限于非洲国家和中美洲国家(南非无资格),泛美银行的会员国则包括美国在内的南美洲和中美洲国家。亚银的会员国则比较广泛。

亚银的目的在于通过在亚太地区内和地区外集合金融和技术资源,促进本地区的经济发展与合作。亚银的主要职能是:(1)促进亚太地区在经济发展方面的政府和私人投资;(2)利用其拥有的资源,向亚太地区发展中国家,特别是弱小和不发达国家和地区的发展项目和方案提供融资;(3)为上述发展项目和方案的筹备、融资及执行,包括具体方案的制定和技术性援助等提供奖金;(4)同向亚太地区发展基金投资的国际组织和各国的公共和私人实体合作，并向各该国际组织和实体提供新的投资和援助机会。

亚银的会员包括：亚太经社理事会会员和联系会员；其他具有联合国会员资格的亚太地区国家或亚太地区以外的发达国家。目前，亚银共有会员 52 个，其中 36 个为亚太地区国家和地区。亚太地区的发达国家会员为日本、澳大利亚、新西兰，亚太地区以外的发达国家会员有美国、加拿大和一些欧洲国家。

亚银以商业银行的业务原则和亚太地区发展中成员经济发展的需要为贷款的指导方针。在其建立后的初期，亚银在贷款方面比较保守，比较注重从银行业务的角度考虑问题。其早期提供贷款的性质和涉及的项目也与商业银行相同，主要集中在重工业的发展，如电力和交通运输，部分用于农业基础项目。目前，商业银行的业务原则依然是亚银提供贷款的标准。近年来，亚银逐步注意向会员的重要发展项目提供贷款，并注意贷款的社会效益。亚银亦逐渐增加向发展项目以及与人民生活密切相关的项目，如食品、肥料、燃料和土特产品等项目，提供贷款。

六、区域性金融安排

除多边国际组织和区域性开发银行外，战后，各国亦依地缘、政治和经济原因建立了一些区域性融资安排和制度，以解决国际收支平衡和经济发展融资问题。区域性金融安排有助于减轻多边国际组织（如国际货币基金组织和世界银行等）的压力。同时，区域性金融制度的建立亦加强了相关国家间的合作，在一定程度上壮大了各该国的经济力量。然而，区域性金融制度的建立及其所遵循的原则则有可能不符合多边国际组织的规定。对非会员的歧视便是一例。

（一）欧洲共同体的货币合作制度

欧洲共同体于 1957 年 3 月成立后，一方面在贸易方面调整会员国的政策，另一方面亦促进金融与货币方面的合作。通过不断的努力，欧洲共同体于 1979 年 3 月 13 日建立了欧洲货币体系。

欧洲货币体系建立后，比利时、丹麦、意大利、德国、爱尔兰、法国、卢森堡、荷兰等会员国，就本国货币的兑换规定了中央汇率。所有会员国均有义务将本国货币的比值维持在中央汇率的水平。遇有任何一个国家的货币与其他成员国货币汇率距中央汇率的波幅大于 2. 25%（意大利则为 6%），该国的中央银行便有义务在外汇市场进行干预，以防止本国货币进一步偏离中央汇率。在该制度下，各成员国货币汇率保持相对平价，共同在外汇市场浮动。欧洲货币单位货币篮内的八种货币作为一个整体在中央汇率的法定幅度内浮动。这种联合浮动汇率制度便是人们通称的蛇形汇率。

1987 年，欧洲货币体系重建。改组后的欧洲货币体系内的货币实行一种以德国马克为基准货币的联系汇率。这种汇率机制是为了进一步推动欧洲的一体化。

1991 年 12 月 10 日,欧洲共同体首脑在荷兰马斯特里赫特草签了《欧洲经济与货币联盟条约和政治条约》(以下简称《马约》),协议在本世纪末,欧洲共同体将实行单一的货币,即欧洲货币单位,制定统一的货币兑换率及建立一个制定和执行欧洲共同体政策的欧洲中央银行体系。

(二)国际清算银行

国际清算银行(以下简称清算银行),亦为国际金融合作的主要机构之一。1930 年 1 月 20 日,瑞士、比利时、法国、德国、意大利、日本、英国在荷兰海牙签订《关于建立清算银行的协定》。该协定于 1930 年生效。会址设在瑞士巴塞尔的清算银行是以私人股份公司的形式成立,资本为 15 亿金法郎,其中 85% 的股份由成员国中央银行拥有,其余 15% 的股份由个人所有。清算银行的私人股权者没有投票权,所有的投票权均掌握在作为股东的中央银行手中。目前,持有清算银行股权的中央银行有 28 家。

清算银行归成员国中央银行所有,由各中央银行管理,起到中央银行的中央银行作用,即各中央银行均为其主要客户。清算银行成立的目的在于促进各国中央银行间的合作和为国际金融合作进一步提供便利。清算银行的职能之一是根据各国中央银行的协议,作为各中央银行国际结算的信托人和代理人。

国际清算银行负责接受中央银行的活期和定期存款及协助中央银行的国际结算。它并可向各中央银行提供贷款,从事买卖黄金、外汇、可转让证券以及其他银行业务。虽然清算银行通过上述业务获得利润,但盈利并非其主要目的。清算银行曾多次向成员国中央银行提供巨额短期贷款,以应付后者所属国家的收支失衡问题。这种被称为“渡难关”的贷款不仅可以向成员中央银行所属国家提供,亦可向其他国家提供。

国际清算银行对业务的管理与普通商业银行相似,存款保密、提款自由。成员中央银行将相当于其所属国家国际储备的 10% 存入清算银行。国际清算银行亦可以代表成员中央银行进行外汇买卖,或干预外汇市场,或以清算银行的身份从事外汇的买卖。目前,清算银行已经成为比较重要的国际金融机构,其业务相当广泛。但是,鉴于清算银行的股东主要是发达国家的中央银行,其政策的制定和协调亦以发达国家的利益为主。

除上述机构外,其他区域性金融安排还包括欧洲支付同盟、安第斯准备基金、阿拉伯货币基金、中美洲票据交易所和亚洲支付同盟等。

第四节 国际投资法

国际投资是指资本的跨国界流动和转移。这种资本的流动可以直接组建合营企业、设立全资子公司、购买业已存在的公司股权、购买债券、提供贷款等方式进行。根据投资的性质和投资人的目的之不同,国际投资可细分为直接投资和间接投资两种。直接投资和间接投资的主要区别表现在投资者对被投资的企业的控制。如果投资者的目的是为参与被投资企业的经营决策或对被投资企业实行某种程度的控制,这种投资便为直接投资,否则便为间接投资。

目前,国际投资的主要参与者包括跨国公司和中小型企业。国家政府机构或国营企业也从事国际投资活动。现代国际投资的特点是发达国家和发展中国家相互在对方国家投资,从而打破了社会、法律制度和文化背景不同的界限,使国际投资呈现全方位的态势。

国际投资法是规定跨国界投资活动的法律和惯例的总和,源于各国国内法律的涉外投资法律、双边条约、国际惯例以及一些国际组织通过的具有宣布现存国际投资法律的决议等。

一、双边条约

为促进资本的流入,许多国家,特别是发展中国家,在过去的几十年中先后与其他发展中国家和发达国家签订了保护投资的双边条约。在通常情况下,国际投资双边保护条约大多需要解决下述问题:受条约保护的投资人、投资利益、最惠国待遇和国民待遇、货币兑换、国有化或征用的赔偿以及争端的解决。

为保护海外投资者的利益,必须首先确定哪些个人或企业以及哪些投资利益受到条约的保护。双边条约一般规定,缔约任何一方的国民或公司在缔约另一方领土内的投资,应始终受到公正和公平的待遇和持久的保护和保障。条约保护的实体则以相关企业的组建或注册地点为准。双边投资保护条约一般适用于:(1)动产、不动产和任何其它财产权利,如抵押、留置权或质权;(2)公司的股份、股票和债券或财产权益;(3)对金钱的请求权或其它请求权;(4)著作权、专有技术和商誉;(5)法律或法律允许通过合同赋予的经营特许权,包括勘探、耕作、提炼或开采自然资源的特许权。

在通常情况下,外国投资者在进入一个新的市场前较害怕东道国通过税收、补贴、进出口许可证以及东道国当地原材料或成品的使用和劳工管理等对其形成不公平或不公正的待遇。因此,大多数双边投资保护协定均规定,缔约各方相互给予对方的国民或企业以最惠国和国民待遇。

货币兑换也是国际投资者十分关注的问题。这主要是因为目前大多数发展中国家仍然根据《国际货币基金组织协定》第14条的安排,对外汇的自由兑换实行一定的限制。对于外国投资者而言,除非其投入的资金及投资所得,可以自由兑换货币汇出投资东道国,否则该外国投资者便可能事实上失去对资金的使用权。这一问题在相当程度上构成外国投资者向发展中国家投资的障碍。为了增强外国投资者的信心,许多国际投资保护协定规定,投资东道国政府允许外国投资者将其投入的资本及投资利润以可自由兑换的货币汇出东道国。

国有化或征用亦经常成为外国私人投资者的困扰和忧虑。为保证国际投资的有效顺利进行,各国在签订投资保护协定时大多对国有化和国有化赔偿问题作出具体的安排。通常情况下,缔约双方承认任何一方均有权对其领土上的本国企业和资产实行国有化或征收。同时,各方一般同意执行国有化或征收的国家应承担赔偿责任。

二、多边条约

关于国际投资保护的多边条约主要有《多边投资保证机构公约》(以下简称《汉城公约》)和《解决国家和它国国民间投资争端公约》(以下简称《华盛顿公约》)。

(一)《汉城公约》

《汉城公约》的主要目的在于通过提供投资风险担保,促进国际投资。手段是建立多边投资保证机构。多边投资保证机构(以下简称机构)的目的是为鼓励在机构会员国的投资,特别是向发展中国家会员国的生产性投资,"以补充国际复兴开发银行、国际金融公司和其他国际开发金融机构的活动"。为实现上述目标,多边投资保证机构的业务主要包括:(1)在某些会员国从其他会员国引进资本时,对投资的非商业性风险予以担保。包括共保和分保;(2)开展合适的辅助性活动,以促进向发展中国家会员国和发展中国家会员国间的投资;(3)为达致上述目标,行使必要和适宜的附带权力。机构承保的险别包括:(1)货币兑换;(2)征收和类似的措施;(3)违约;(4)战争和内乱。

虽然与货币兑换、征收、战争和内乱相关的投资风险目前几乎毫无例外地被纳入各国海外投资保险机构的承保范围,但是,关于货币风险的界定,由于投资东道国违约以及因投资者自身责任而导致的非商业性风险是否有资格取得担保,目前是颇有争议的问题。对上述问题,机构已作出较为明确的规定。投资人无法自由将其投资所得、相关投资企业破产的清算收入以及其他收益兑换成可自由使用的货币,或者根据投资东道国的法律,无法将相关收益汇出东道国的情势应被作为货币汇兑风险处理。

此外,投资人将投资东道国货币兑换成其它货币时,可能受到的汇率歧视,机构亦提供担保。这种担保主要是针对投资东道国政府为了限制投资人将投资所得汇出国外而采取的多种汇率制度,即对投资人汇出的货币实行歧视性或非优惠的汇率。但是,如果投资东道国实行的是多种汇率制度并且对每一类货币汇出所应适用的汇率有明确的规定,只要投资东道国未违反上述规定,投资人便无权从机构取得担保赔偿。

关于征收和类似的措施可能导致的投资风险,机构的担保具有下述特点:机构所提供的担保仅包括投资东道国所进行的正式的征收或与征收相似的措施,同时包括隐含的征收。隐含的征收是指尽管投资东道国所采取的措施并不构成对投资人资产的征收,但是如果将投资东道国所作出的一系列行为可能对投资人所产生的结果综合考虑,该类行为具有与征收无异的效果,每一个单项行为便应被视为征收。隐含征收包括所得税的增加、关税的增加、职工最低工资标准以及职工技术训练的规定等。但是,在确定隐含征收存在以前,投资人必须证明投资东道国政府所做出的行为事实上使得相关企业的收入出现严重亏损或使得相关企业的经营成为不可能。机构关于国际投资风险担保的另外一个特点是,如果投资人对其所遭受的非商业性投资风险和损失负有责任,机构对此类损失不负赔偿责任。这一规定体现了多年来发展中国家在联合国和其他国际机构所作的努力。

《汉城公约》规定,机构只对在发展中国家会员国的投资给予担保。机构担保的投资包括相关项目或公司的股权投资,以及股权人发放或担保的中长期贷款等。任何自然人和法人都有资格取得机构的担保,条件是:(1)该自然人不是投资东道国的国民;(2)该法人不具有投资东道国的法人资格或在投资东道国设有业务地点;(3)相关法人的经营是以营利为目的。

机构的成员国资格以世界银行成员国资格为先决条件。与其他国际组织不同,机构将其成员国划分为发达国家和发展中国家两部分。发达国家成员国包括大多数欧洲经济共同体成员国、澳大利亚、加拿大、日本、瑞士、南非和美国等经济发达国家。发展中国家成员国有128个,包括亚洲、非洲、中东和南美洲的国家。上述发达国家和发展中国家成员国均为机构的创始成员国。每个创始成员国所拥有的机构股权亦在《汉城公约》附录A中列明。根据上述规定,机构的法定资本为十亿特别提款权,共分为10万股,每股价值为一万特别提款权。每个成员国的认股不得低于50股。新成员加入时,理事会有权依照特别多数票表决增加其在机构的股份。

机构的投票制度是世界银行所采用的加权投票制度。根据《汉城公约》的规定,每一个成员国均享有177基本票,并且按照其所持有的股份,每一股增加一票。这就是说,一个成员国认股越多,投票权就越大。《汉城公约》规定,在公约生效的三年内,发达国家和发展中国家所持有的投票权总数应大致相平,如果任何一类国家的投票权低于机构总投票权的40%,该类成员国便有权增加投票权以便达到

40%的最低限度。但是上述规定仅限于公约生效后的三年。公约生效三年期满时,机构理事会应重新分配尚未认缴的股份,以便使发达国家和发展中国家两类成员国的投票总数持平。同时,成员国在机构成立后的三年期间内不得退出机构。假如任何成员国拒不履行公约所规定的义务,机构有权暂停该国的会员资格。但是该成员国应承担的义务并不因此得以免除。

机构设有理事会、董事会、总裁和职员等机构。理事会为机构的最高权力机构。理事会可以将权力委托董事会行使。但是关于新成员的接受、成员资格的暂停、资本的增加等对机构有至关重大影响的决策必须由理事会直接作出,不得委托董事会行使。理事会每年应至少举行一次会议。经五个成员国或持有25%总投票权的成员国请求,董事会应召开理事会议。董事会事实上是机构的执行机关,负责机构的一般业务。董事长由世界银行行长兼任。董事长除在董事会赞成和反对票相等时得投一决定票外,无投票权。总裁和职员属于国际公务员。他们对机构负责,而不对任何其他国际组织或国家机构负责。

(二)《华盛顿公约》

《华盛顿公约》对国际投资的主要贡献是建立解决投资争端国际中心。解决投资争端国际中心的目的在于保护外国私人投资者在公约签字国的利益。《华盛顿公约》明确规定,为了经济发展进行国际合作的必要以及为了发挥国际私人投资对发展国际经济关系的作用而设立解决投资争端国际中心,为解决签字国同外国私人投资者投资的争端提供便利,通过调解或仲裁平息投资争端。解决投资争端国际中心设在华盛顿世界银行所在地,具有完全的国际法人资格,有能力缔结条约、契约、取得和处理动产和不动产、起诉和应诉。与其他国际组织相同,该中心在各缔约国领土内享有《公约》所规定的豁免和特权。其财产不得作为诉讼标的。中心工作人员享有其它国际公务员所享有的特权和豁免。

中心设有理事会,由《公约》签字国指派代表和副代表参加,负责中心政策性问题的决策。中心还设有一秘书处,作为中心的代表机构负责理事会决议和政策的具体执行。中心设有调停小组和仲裁小组各一个,缔约国均有权向各该小组指派一名成员,可以是本国国民,也可以是其它国家的国民,条件是该成员必须具有类似于国际法院法官的资格。

解决投资争端国际中心解决争端的方法是调解和仲裁相结合,首先努力通过调解解决,调解不成再进行仲裁。解决投资争端国际中心的管辖权必须满足下述三个条件:一是争端必须因投资而直接产生;二是争端必须以《公约》缔约国为一方并以另一缔约国国民为另一方。国民包括自然人和法人;三是争端必须由当事各方书面协议呈交中心。当事任何一方一经同意将争端提交中心解决,便不得撤回其认可。并且争端当事各方同意仲裁便意味着不再采取任何其它解决方式。

三、关于跨国公司的国际法律规则

目前,对跨国公司较具影响的国际法律规则包括卡特赫那协议委员会第24号决议、经合组织《关于跨国公司的宣言》和《联合国跨国公司行为守则(草案)》。卡特赫那协议委员会第24号决议于70年代初由安第斯共同市场组织国家通过,适用于安第斯市场成员国的外国直接投资和技术转让。第24号决议的显著特点是鼓励投资东道国对外国投资者实行较严格的控制并努力摆脱对后者的依赖。

1976年6月21日,经合组织成员国通过《关于国际投资和跨国企业宣言》。《宣言》的附录包括《跨国企业指导原则》。虽然《指导原则》对成员国或跨国公司不具有法律效力,但各成员国在立法或制定政策时,经常参照《指导原则》的相关规定。同时,经合组织成员国每隔三年对《指导原则》的程序及效力进行一次审查,以改进和完善《指导原则》的规定。《指导原则》所规定的跨国公司应遵守的政治、道义和社会标准需通过经合组织成员国国内立法予以执行。因此,经合组织《关于跨国公司的指导原则》充其量是为制定统一的国际性规则的谈判奠定了基础。《指导原则》的一个突出特点是规定了在某种特定情形下,跨国公司母公司对子公司的行为负责。该规定类似于西方国家公司法关于剥去公司面纱的规定。

《联合国跨国公司行为守则草案》共分六部分,分别为:(1)序言和目标;(2)定义和适用范围;(3)跨国公司的活动;(4)跨国公司业务所在国政府应给予跨国公司的待遇以及国有化、国有化赔偿和管辖权;(5)各国政府为实施守则必须进行的国际合作;(6)《守则》的实施。《守则》规定跨国公司应尊重其营业所在地国家的主权和当地的法律、条例及行政管理办法。跨国公司在开展业务时,必须遵从相关国家的经济发展目标、政策和优先事项。此外,《守则》还规定跨国公司应遵从投资东道国社会及文化目标及社会价值观,尊重人权和基本自由并不干涉相关国家的内部政治事务及政府间关系。该部分的规则在于保证跨国公司及其所属的分公司在从事业务活动时,应接受投资东道国的管辖并应对相关国家的经济发展目标作出贡献。《守则草案》规定跨国公司应根据投资东道国的法律条例和行政管理办法,受到公平和公正的待遇。

《跨国公司行为守则》的谈判和起草已进行数年,但尚有一些重要问题未能得到解决。跨国公司的定义、《守则》适用的范围、跨国公司活动的管理以及跨国公司的待遇等,各国尚未达成协议。鉴于《守则草案》的谈判尚未结束,目前还难以评价《守则草案》对国际投资的可能影响。

四、国际投资税法

税法到底在多大程度上可以影响外国投资者的决策,很难断定。一般地说,如果各国投资环境相同,外国资本便会流入税率较低的国家或地区。虽然东道国的税法制度对外国投资者最初进行的投资决策影响不很明显,但其对外国投资者的再投资决策则具有举足轻重的影响。

国际投资税法主要是解决跨国界投资中的双重税收和逃税、避税问题。解决国际双重税收问题的最佳方案是通过签订多边协定，规定适用的、划一的规则和规范，在最大限度内避免或减少双重税收。然而，由于国际税务本身的复杂性以及不同国家的利益所在，各国很难在具体问题上达成较为详尽的多边协议。一般的原则性协议也很可能流于形式。在此种情况下，各国惯于采用双边协议的方法，解决双重税收和避税问题。

税务协议并非签字国的税法。任何税务协定均不明确规定签字国所遵循的税务原则。税务协定的主要目的在于划分和确定相关国家税法的适用范围，其主要受益者是纳税人。国家通过签订协定使其国民或企业免受双重税收之苦。为达此目的，税务协定必须明确规定其所适用的范围及纳税人。

在通常情况下，国际税务协定解决双重税收问题可采取下述三种方法：(1)以条约形式将税收权统归纳税人居留地国家行使，收入来源地国家不对未在其领土注册或居留的纳税人之收入征税。(2)缔约双方可议定按收入来源地国家的法律征税，即纳税人所在地国家放弃行使征税的权力。(3)纳税人所在地和收入来源地国家共同行使税收权，同时由纳税人所在地国家给予依照收入来源地国家交税的收入部分以抵免。

目前，尚没有关于投资税务的多边条约。对各国签订双边协议有较大影响的是经合组织《避免双重所得税和资本税收示范条款》和《发达国家与发展中国家间双重税收公约草案》，即《联合国示范条款》。经合组织《示范条款》的两个基本特点是要求纳税人居留地国家通过抵免或免税方法解决双重税务问题。它要求收入来源地国家及投资母国限制税收权力并降低税率。发达国家在与发展中国家签订协议时，大多以经合组织《示范条款》为蓝本。在通常情况下，发展中国家并不反对经合组织《示范条款》所规定的通过纳税人居留地国家的抵免或免除方法避免双重税收问题。但是，在限制发展中国家行使税收权力和降低税率方面，发达国家和发展中国家存有重大的分歧。《联合国示范条款》的特点在于它摆脱经合组织《示范条款》偏袒发达国家的倾向，力图平衡收入来源地国家和纳税人居留地国家间的利益。它规定收入来源地国家在行使税收权力时，应遵照下述原则：(1)资本所得税的征收必须以相关资本所得的纯收入为基础；(2)税率不宜过高，以致影响外国投资的进行；(3)适当考虑与投资母国共享税收所得。

综而言之，经合组织《示范条款》对发达国家较为有利。《联合国示范条款》则比较合理地反映了发达国家和发展中国家的共同和不同利益。它一方面考虑到如何促进国家资本的流通，另一方面也顾及到不同经济发展水平国家的特殊利益。因此，《联合国示范条款》一般被认为是不带倾向性或较少倾向性的条约草案。发达国家在与发展中国家签订双边协议时，有时采用《联合国示范条款》。

五、国际技术转让

国际技术转让主要是指，在一个国家发明或发展的技术或从其他地区取得的技术，通过买卖或其它形式转移到另一个国家，供当地公司或个人使用。此类技术的转移可以是商业性的，也可以是非商业性的交易。无论通过何种方式转移的技术均涉及诸如机械、设备、产品、蓝图、样本或制作方法等，同时亦包括相关的使用方法。因此，任何技术转让均包括技巧、技术秘密等方面的转移。技术转让可以直接贸易的形式完成，亦可通过投资的方式进行。复杂的技术转让则大多通过国际投资进行。

国际技术转让法是指与技术跨国界有偿转让相关的、调整交易当事各方关系（权利和义务）的法律规则的总和。调整国际技术转让关系的法律规则包括各国的国内法、国际条约和国际惯例等。其中，国内法基本可以分为两类，即直接调整技术转让交易当事各方关系的法律和间接调整技术转让交易各方关系的法律。前一类包括合同法和技术引进法等。后一类则包括各国的专利法、商标法和版权法等。与技术转让相关的国际条约主要包括各国就专利、商标的注册和保护以及版权等达成的协议，如《保护知识产权巴黎公约》、《世界知识产权公约》、《专利合作条约》、《世界版权公约》、《伯尔尼公约》等以及一些区域性条约。此外，联合国还就国际技术转让问题起草了一份《行动守则》。《联合国国际技术转让行动守则》目前尚未生效，不具法律效力。

第五节　新的国际经济秩序

新的国际经济秩序于60年代提出，主要是由于不合理的旧的国际经济秩序阻碍发展中国家的经济发展，单方面有利于发达国家并严重影响世界经济的长远发展。当时，许多原殖民地国家纷纷独立，作为一个整体，发展中国家的经济力量和政治地位均有显著提高，使其有可能对原有的国际经济秩序的不合理性进行质询并要求建立较为合理的新的国际经济秩序。

关于建立新的国际经济秩序的建议，可以追溯到1961年。当年，在第一次不结盟国家会议上，南斯拉夫总统铁托建议召开世界性贸易与发展会议，以解决发展中国家所面临的问题。尽管该建议当时遭到以美国为首的发达国家的反对，联合国经社理事会决定依77国的建议于1964年在日内瓦召开第一次联合国贸易与发展会议。该会议有来自于120个国家的约2000名代表参加。第一次联合国贸发会议宣布："现有的世界贸易原则与形式仍然主要对发达国家有利。目前的国际贸易新趋势不能帮助发展中国家促进经济的发展与多样化。相反,它阻碍发展中国家为实现高速度经济发展的努力。因此,这种趋势必须扭转。”为实现上述目标,联合国贸发会议提议采取一些有效措施,包括各国应依非相互原则逐步减少和取消对第三世界出口的壁垒;扩大第三世界初级产品的出口;稳定制成品和半制成品的价格;减少运输、保险等方面对第三世界的歧视性待遇。会议同时呼吁各国在贸易与援助项目等方面进行较好的合作。第一次贸发会议的最大成果是使发达国家承认发展中国家与发达国家贸易发展的悬殊和不平等地位这一事实,指出除非发达国家在贸易和其它方面给予发展中国家以优惠,否则后者很难摆脱其贫穷的境况。此外,第一次贸发会议还设立了秘书处,专门负责会议服务,并使贸发会议成为联合国的常设专门机构。

第二次贸发会议于1968年在印度新德里召开。77国集团的形成加强了第三世界的团结,壮大了力量。以77国集团为主的发展中国家在第二次贸发会议上列举了关税壁垒的许多问题,要求发达国家取消关税壁垒。然而,发达国家对新的国际经济秩序的敌视态度和其在60年代末所遇到的收支平衡问题使解除关税壁垒的问题成为不可能。第三次贸发会议于1972年在智利首都圣地亚哥召开。该会议主要以如何改革国际金融体系为目标。与会代表对国际货币基金组织的工作及制度,特别是特别提款权的作用发表了广泛的意见。各国强调应增加对发展中国家的资金援助。会议要求尚未执行普遍优惠制的国家立即实施该制度。扩大来自于发展中国家的进口等问题也成为讨论的中心。同时,各国亦表示希望统一政策以便第三世界对多国公司进行管理,增加先进技术的进口,保护国家对自然资源的主权。

1974年5月1日,联合国第六次特别大会通过了《建立新的国际经济秩序宣言》。《宣言》的主要原则包括联合国会员国庄严宣布在主权平等、相互依赖、共同受益和合作的基础上,不问其经济和社会制度如何,各国协力合作共同建立国际经济制度。该制度应改变国际经济关系中现存的不平等和不合理状况,最终缩短发达国家和不发达国家间不断增加的差距,并保证经济和社会的不断发展。《宣言》的具体实施办法以同日通过的行动纲领为主。1974年12月,在发展中国家的推动下,联合国通过了《各国经济权利和义务宪章》。宪章以120票对6票通过,12票弃权。持反对意见的国家有:比利时、美国、前联邦德国、丹麦、卢森堡和英国。弃权的国家有:澳大利亚、日本、加拿大、法国、意大利等一些工业较发达国家。

《建立新的国际经济秩序宣言》。包括七项原则:(1)呼吁所有国家在平等的基础上倾全力和有效地参与解决当前的世界经济问题;(2)各国均有权制定其认为合理的经济和社会制度;(3)各国对其自然资源和经济活动具有完全的永久主权;(4)各国有必要规范和监督跨国公司的行动;(5)呼吁实现发展中国家出口产品价格与其进口产品价格间的合理关系;(6)呼吁发达国家向发展中国家转让技术，并提高后者的技术水平；(7)呼吁发展中国家在经济、贸易、金融和技术领域进行更好的合作(南南合作)。

《各国经济权利和义务宪章》主要包括下述几个方面：(1)每个国家均对其财产和自然资源有完全和永久的主权，包括使用与转让资源的权利。各国均有权从事经济活动，享有完全和永久的主权，并有权自由行使其主权；(2)每个国家均有权没收或转让外国人所拥有的财产或将其国有化。在从事上述行为时，实行国有化的国家应参照相关的法律规定与情况，并且应给予原资产所有者适当的赔偿。因补偿而引起的争端应依实行国有化国家的国内法由其国内司法机构裁决；(3)各国均有责任为国际贸易的发展作出贡献，特别是通过签订长期多边初级产品协议或其它安排实现上述目标，并考虑生产者与消费者的利益；(4)各国均有权参加初级产品生产者组织，以促进国民经济的发展和取得金融货币的稳定形势以及为促进世界经济的持续发展提供援助。为实现上述目标，所有国家均有责任尊重生产国的权利而不应采取经济或政治手段干涉其他国家的决策。

整体说来，关于建立新的国际经济秩序的建议代表了发展中国家的要求。虽然联合国大会通过了一些相关的决议，包括《各国经济权利和义务宪章》，但是这些决议到底在多大程度上对联合国会员国具有约束力，目前还是一个有争议的问题。因此，与建立新的国际经济秩序相关的文件大多不是严格意义的有法律拘束力的文件。同时，在讨论新的国际经济秩序的过程中，发展中国家提出的一些建议则在一些国际条约中得到体现。例如，1972 年修订的《国际货币基金组织协定》，在一定程度上反映了发展中国家在贸发会议上提出的关于修改国际货币制度的建议，扩大了发展中国家的特别提款权的配额。国际货币基金组织和世界银行近年来提供的提款和贷款已较为注重发展中国家的利益。在乌拉圭回合谈判达成的国际贸易协议中，发展中国家，特别是不发达国家的利益在一定程度上得到体现。发达国家同意在与不发达国家进行贸易时，不遵循相互原则，并给予不发达国家较为优惠的待遇。这就是说，关于建立新的国际经济秩序的要求和建议在一定程度上由一些法律文件予以确认和规范。

随着冷战的结束和多极政治的形成，各国的注意力大多集中在全球性的和区域性的经济合作组织的发展。乌拉圭回合谈判的结束和世界贸易组织的建立，为历时八年的贸易谈判画上了句号。与此同时，人们也开始注重区域性的合作关系。美国、加拿大和墨西哥建立了北美自由贸易区。欧洲共同体国家通过了经济与货币联盟条约和政治联盟条约，从而使欧洲经济共同体成员国形成一个有机的实体，成为可以与美国和日本抗衡的经济力量。为保持其领导地位，美国积极推动亚太地区的经济合作关系。但是，由于亚太地区各国经济发展水平不同，政治文化背景不同，在亚太地区建立类似于北美贸易区和欧洲经济共同体的区域性组织非一朝一夕可以成功。1994 年 11 月，在印尼举行的亚太经济合作组织领导人非正式会议,虽然通过了《茂物宣言》,宣布在2020年实现亚太地区贸易和投资自由化。这一目标的实现,仍有待于亚太地区各国家和地区的努力,还有许多困难需要克服。与此同时,南美洲国家也积极建立南美自由贸易市场。这些建立区域性组织的努力,淹没了关于建立新的国际经济秩序的呼声,因此,新的国际经济秩序之建立,将是一个相当遥远和困难的过程。

主要参考书目

1. 陈安(主编),《国际经济法学》,1994年。

2. 陈安(主编),《国际贸易法》,1987年。

3. 王贵国,《国际货币金融法》,1993年。

4. 王贵国,《国际贸易秩序:经济·政治·法律》,1987年。

5. John H. Jackson, Legal Problems of International Economic Relations: Cases, Materials and Texts, 1977.

6. John H. Jackson, World Trade and the Law of GATT, 1969.

7. Tessace P. Stewart, The GATT: Uruguay Round, 1993.

第十六章　国际组织

第一节　概　　说

一、国际组织与国际组织法

国际组织是一种跨越国界的以促进国际合作与理解为目标的多国机构。一般地说，凡是两个以上的国家，其政府、民间团体、个人，基于某种目的，以一定协议形式而创设的各种机构，均可称作国际组织。广义上的国际组织包括政府间国际组织和非政府间国际组织，不过这两类组织不论在其法律地位、法律行为能力与责任能力，还是在其组成、运作与作用上，都存在重大差异。

国际法上的国际组织指政府间国际组织，是由两个以上的国家组成的一种国家联盟或国家联合体，是由其成员国政府通过符合国际法的协议而创立的，并且具有常设体系或机构，其宗旨是依靠成员国间的合作来谋求符合共同利益的目标。国际组织通常具有以下基本特征：

1. 建立在主权国家之间。国际组织不是凌驾于主权国家之上的世界政府机构，而是国家之间的组织，它不能违反国家主权原则去干涉那些本质上属于成员国国内管辖的事务。国际组织的参加者主要是主权国家，虽然少数国际组织也接纳某些非独立国家的政治实体或地区为准成员甚至正式成员，但组织的主体无疑是国家。

2. 依据国家间的正式协议而创立。一项阐明其组织宗旨、结构、职权与运作方式的基本文件，构成该组织成立与运作的法律基础，通常表现为国家政府间的一种多边条约。

3. 设有一套承担一系列持续职能的常设机构。国际组织与国际会议在组织结构上的最大差别，就在于有无一套常设机构。

4. 拥有自主权。国际组织有自己的法律人格和单独意志。其自主权存在于一套不同于成员国的机构系统和独立的决策程序。

5. 具有国家间合作的职能。国际组织是执行基本文件所确定的组织职能的工具，在那些超出了成员国单个的行动权力的领域内发挥国家间合作的职能。

国际组织数目的急剧增长及其在世界事务中作用的加强，给现代国际关系带来了深刻变化，也对国际法造成了重大冲击，形成了许多新规则、新习惯。在国际组织的存在与运作过程中,存在着大量相关的法律问题,促使从国际法的角度对它们进行研究。第二次世界大战后,以国际组织为研究对象的新学科——国际组织法悄然而生,逐步发展成为国际法的一门重要分支。

国际组织法是用以规范和调整国际组织的创立、法律地位、内外活动及有关法律关系问题的所有法律原则、规则和制度的总称。国际组织法可以分为外部法和内部法。外部法指调整国际组织同成员国、非成员国及其他国际组织的关系的规则;内部法则指调整组织内部各种关系的规则,如各机构间的关系规则、议事规则、财务规则、人事规则等。外部法以及内部法都属于国际法的范畴。

国际组织法以政府间国际组织为研究对象,其研究范围非常广泛,通常涉及的问题有:国际组织的基本文件、法律地位、法律人格、法律责任、参与者、组织结构与职权、议事规则与表决制度、组织决议的效力与实施、组织的对外权利能力与行为能力、组织的法律秩序、组织内争端的解决,以及组织经费的来源与管理等。

二、国际组织的历史演进

国家间组织古已有之。远在2500多年以前的古希腊城邦国家之间,就存在用于军事目的的各种同盟。中国春秋战国时代的合纵连横,也可认为是简单的国家结盟形式。不过,现代意义上的国际组织的产生却是非常晚近的事,是国际政治经济发展到一定阶段的产物。它们是在工业革命和法国大革命之后,经由欧洲的会议制度和行政联盟,在19世纪发展演进而来的。

国际组织的产生有两个先决条件,即独立主权国家的多国家体系的形成,及对国家间多边交往的需求。这两个条件在19世纪的欧洲已大致具备。当时流行于欧洲的两个趋势构成了国际组织形成发展的直接渊源。第一个趋势是以“欧洲协调”为标志的会议制度。自1815年维也纳会议始,欧洲列强以会议方式协商处理欧洲或与欧洲相关的重大问题的多边外交机制,持续了整整100年。这种定期协商制度发展了会议外交的技巧,形成了大型国际会议的新的议事规则,逐步完善多边外交的活动程序,为日后国际组织提供了可资效法的经验与规章制度。其次,欧洲协调积累和发展了多边条约的技术,使之成为国际规则与立法的表现手段,后来则为国际组织所用,成为其创立的法律手段。第二个趋势是国际行政联盟的出现。工业革命迅速改变着欧洲国家间交往的传统模式,超越国界的大量技术性、行政性问题层出不穷,急需各国之间通力合作解决。国际行政联盟这一新的国家间组织形式因此应运而生。1815年成立的莱茵河委员会开其先河,随后一大批关于农业、铁路、关税、电报、邮政、商标、版权、度量衡制度、公共卫生等方面的行政性、技术性组织纷纷成立,行政联盟为国际组织的发展做出了重大贡献。首先,创造了便利各国政府合作而功能不同于政府的组织形式,它们不是各国政府的一部分,而是各国合作处理国际问题的工具。其次,创立了常设机关——国际事务局,担负日常行政事务及多边条约范围内的机构性活动,使国际会议制度化。常川存在的国际事务局的出现,是国际组织演进中有决定性影响的步骤,成为当今国际组织秘书处的前驱。第三个趋势在组织框架上,创造性地分别设立有决策职能的大会与负责执行的理事会,日后国际组织大会与理事会的分野,于此可见端倪。最后,大大推动了国际合作技术方面的进步,如多边公约的起草、审议与表决、吸纳专门人才为国际公务员等。

1899年和1907年的两次海牙和会对现代国际组织的生成具有重大影响。首先,与会国突破了欧洲的界限,而扩及其他各洲,表现出普遍性特点;其次,与会各国不论大小强弱均享有一个投票权,国家平等原则至少从形式上在国际会议上确立;最后,会议拟定了和平解决国际争端的程序,在借助国际法与国际组织改善国际关系上达到了一个高峰。

如果说19世纪是国际组织的准备和初步发展时期,那么20世纪则是国际组织的兴盛发展时期,国际联盟代表这一时期的第一阶段,联合国则代表它的第二阶段。1919年,由战胜的协约国召开的巴黎和会通过了包括26个条文的《国际联盟盟约》,作为《凡尔赛和约》的一部分。国际联盟(League of Nations)于1920年1月10日宣告成立,成为人类历史上第一个一般政治性国际组织。

国联的主要宗旨在于"促进周际和平","实现国际和平与安全";同时,也以促进国际合作为职责。其原则精神是集体安全,国际争端仲裁,裁减军备,公开外交;在促进国际合作方面,则包括国际公益事业的开展,专门机构的管理等。

国联的主要机构有:(1)大会,由国联所有成员国的代表组成,处理盟约范围内或影响世界和平的任何事项。(2)行政院,由五个主要协约国的常任代表与四个任期三年的非常任国代表组成。其职权范围与大会基本相同,但在集体安全、裁减军备、国际争端解决方面拥有较多的专属职权,是国联各机关中起支配作用的执行机关,不过其决议对成员国没有拘束力。(3)秘书处,是国联的常设事务机关,由秘书长主持,职员为国际公务员,为整个国联服务。(4)国际常设法院,职权在于审理属于国际性质的法律争端,并可就行政院或大会提出的事项或问题发表咨询意见。

国联的成员分成三个类型:(1)创始成员国,即《凡尔赛和约》的签字国;(2)中立国,非《凡尔赛和约》缔约方;(3)其他自治的国家,自治领或殖民地。国联先后共有成员国63个,但同一时期内的成员国,最多时只有59个。

国联存在的第一个10年,在解决国际危机或争端方面曾有过较成功的记录,并且缔结了1924年的《日内瓦议定书》和1928年的《非战公约》。但是当一系列违反盟约的行为发生时,却未能采取决定性行动,未能阻止第二次世界大战的爆发。国联的失误同它的缺陷是分不开的。首先,其议事程序规定,除特定事项外,大会与行政院的决定都须经由全体一致同意才能通过,从而大大限制、影响了国联的效能与灵活性,使之面对重大国际危机往往无所作为。其次,由于《盟约》规定的缘故,它未能有效地制止其成员的自由退出,以致形成30年代一批批成员国退出的溃散局面。再次,对于将一项争端强制性提交国际常设法院的问题,没有做出明确规定,以致大大束缚了这一机构职权的发挥。最后,更重要的是大国的霸权地位和自私行为,妨碍了国联通过和平方式解决成员国间的争端,影响了国联宗旨的实施。

第二次世界大战的爆发导致了国联的瓦解。在1946年4月举行完最后一届大会后,国联正式宣告解散。国联在维护世界和平与安全方面的失败,并没有熄灭人们对世界性组织的希望之火,相反,更加激发人们去追求和创造一种更为有效的集体安全体系。这样,联合国便在第二次世界大战的战火中和废墟上酝酿产生了。

导致创建联合国的最初步骤,可以追溯到1941年6月12日的《伦敦宣言》。《宣言》强调"持久和平的唯一真正基础是,自由的人民在一个摆脱了侵略威胁,人人都可享有经济与社会保障的世界中的自愿合作"。两个月后,美国总统罗斯福同英国首相丘吉尔签署《大西洋宪章》,提出了建立"广泛而永久的普遍安全体系"的设想。1942年1月1日,美英苏中等26个国家在华盛顿签署了共同抗击德意日法西斯的《联合国家宣言》,根据罗斯福的提议,第一次采用了"联合国家"的名称。1943年10月30日,美英苏中四国代表在莫斯科会议上发表了《莫斯科普遍安全宣言》,主张"有必要在尽早可行的日期,根据一切爱好和平国家主权平等原则,建立一个普遍性国际组织,以维护国际和平与安全,所有爱好和平的国家,无论大小,均得加入这一组织"。同年12月,美英苏三国首脑在德黑兰会晤,重申了建立这一组织的决心。着手创建联合国的关键性步骤,是1944年夏末秋初美英苏中四国代表在敦巴顿橡树园会议上采取的。会议提出了《关于建立普遍性国际组织的建议案》,就未来国际组织的目的、结构和职能达成了协议,描绘出拟议中的联合国蓝图,其中包括把安全理事会设计为联合国维护世界和平与安全的主要机构,中法苏英美五国在安理会拥有常任代表,并对非程序性事项的决议采取大国一致原则。1945年2月美英苏三国首脑的雅尔塔会议,就安理会表决程序问题达成协议,形成了所谓"雅尔塔方案",为联合国的创立铺平了道路。

1945年4月25日,联合国家国际组织会议在旧金山召开,共有50个国家代表出席了会议。经过两个月的时间,各国代表在全体会议和各委员会会议上,对敦巴顿橡树园建议案、雅尔塔表决方案及各国提出的修正案进行了激烈争议与妥协,起草了有111条款的《联合国宪章》。6月25日,与会代表一致通过了《宪章》。在中法苏英美五大国及其他过半数的签署国交存了批准书后,《宪章》于1945年10月24日开始生效,联合国正式宣告成立。

联合国的创立是国际组织历史上的一个伟大的里程碑,开创了国际组织发展的新阶段。第二次世界大战后,由于国际形势的新发展,国际组织的演进出现了一些新特点。

首先,是国际组织以空前未有的速度与规模急剧发展,其活动范围遍及当代世界的所有方面。据国际协会联盟1992年6月出版的《国际组织年鉴》第29版的统计,本世纪初的 1909 年,各类国际组织有 213 个,其中重要的政府间组织有 37 个。到 1956 年,其总数猛增到 1117 个,重要的政府间组织有 132 个。及至 1992 年,各类国际组织与机构已多达 32068 个,其中重要的政府间组织有 286 个。这些组织的 90% 以上是在第二次世界大战后建立的。其次,是区域性组织迅猛发展。不仅在欧洲,而且在美洲、亚洲和非洲,多样化的区域性和非区域性国际组织竞相建立起来,在地区层次上展开国际合作与一体化进程。最后,随着亚非新兴独立国家的崛起,第三世界逐步成为国际社会中的重要势力,对改变国际政治格局和建立国际新秩序产生了重大影响。其重要组织有:不结盟运动,77 国集团,石油输出国组织,伊斯兰会议组织等。

战后国际组织发展的又一个特点是,国家间经济组织的迅速增加。经济贸易关系越来越取代政治军事关系成为当代国际关系的主流。国际经济组织作为国家间经济交流与合作的一种经常形式,已发展成为现代专门性国际组织的特殊类型。除全球性和区域性经济合作组织外,各种原料生产国和输出国组织也大量涌现,在协调成员国的经济政策,保护本国资源及实现国际市场生产、销售的长期平衡方面,发挥着重要作用。

最后值得一提的是联合国地位和作用的加强,这是战后国际关系和国际组织发展史上最引人注目的变化之一。虽然 40 多年的东西方对抗局面阻碍、限制了联合国作用的发挥,但联合国在维护世界和平与安全、促进国际合作与发展方面仍然做出了重大贡献。冷战的结束使联合国面临其成立以来从未有过的良好机遇,骤然被推到世界舞台的中心。改革联合国现行机制,加强其作用,推动建立一个和平、稳定、公正、合理的国际新秩序,已成为世界各国的共同愿望。

三、国际组织的类型

现代国际组织名目繁多,其宗旨、组成、职能和程序各有不同。目前国际上并不存在统一的分类方法或标准,但从中不难找出某些共同点。经常使用的是以下五种分类标准。

1. 依据组织同政府间的关系来划分,可分为政府间组织与非政府间组织。一般来说,前者成员为成员国政府,即代表主权国家的政府,而后者通常是非官方的、民间的社会、经济、宗教或专业性团体的国际组合。按照这一标准,可以将 4878 个政府间组织或机构同 27190 个非政府间国际组织区别开来。

2. 依据组织成员的构成范围来划分,可以分为普遍性组织与封闭性组织。前者负有全球性使命和责任,其成员资格对全世界所有国家开放,力求其成员的普遍性。最重要的普遍性国际组织有联合国、属于联合国系统的 16 个专门机构,以及国际原子能机构、世界贸易组织等。后者仅包括国际社会的某一部分国家,只对具有某种共同特质的国家开放。依封闭性标准的不同,这类组织又有三种类型:首先的、主要的是区域性国际组织,其成员以一定地域范围为限制,如美洲国家组织、非洲统一组织、欧洲委员会等。在少数情况下,地域条件不是非常严格的,区域组织不一定包括该区域所有国家,如加拿大不属于美洲国家组织,南非共和国不属于非统组织。另一方面,区域之外的国家也可能加入进来,如美英法参加东南亚条约组织,古巴、蒙古、越南参加前经济互助委员会。其次,有某种共同背景的国家组成的封闭性组织。这种背景可以是政治的、军事的、经济的,也可以是文化的、民族的、宗教的或意识形态的。如北大西洋公约组织、英联邦、伊斯兰会议组织、阿拉伯国家联盟等。最后,封闭性职能性组织。这类组织的职能限定于某一特别领域,并非所有国家都能在此领域发挥作用,如石油输出国组织、国际铝土协会等。

3. 依据组织宗旨与职能来划分,可以分为一般性国际组织与职能性或专门化国际组织。前者具有广泛的宗旨与职能,不但包括经济、社会、文化方面的活动,也包括政治、军事方面的活动。只有很少数国际组织,如国联、联合国,才具有这种一般性或政治性宗旨。后者限于某一特定领域,具有单一的宗旨与专门化职能,如各种技术性、行政性组织。

4. 依据组织的权力性质来划分,可分为咨询性组织、立法性组织与执行性组织,主要取决于它们是否被授权作出有拘束力的决定,并且能否实施这些决定。

5. 依据组织同成员国主权的关系来划分,可分为政府间组织与超国家组织。前者基本上不发生国家主权或超国家权力的移转,其职能主要限于促进成员国之间的合作。后者最明显的特点是国家主权、政府权力,部分地从成员国移转到超国家组织,能制定约束成员国及成员国公民的法律。当今世界只有极少数超国家组织的存在,如过去的欧洲共同体,现在的欧洲联盟。

第二节 国际组织的参与者

参与国际组织活动,并在其中享受权利、承担义务的国际法主体及某些非主权的地区实体,构成国际组织的参与者。这些参与者因其本身的地位及承受的权利义务不同,在成员资格上可分为以下五种类型:完全会员、准会员、部分会员、联系会员和观察员。

一、完全会员

(一)完全会员的类型

国际组织的参与者一般享有完全成员资格。国家是国际组织最重要的成员,是主要的完全会员。多数国际组织的基本文件都规定只有国家才能享有会员资格。在少数情况下，一些尚未独立的殖民地国家及民族解放运动，可以成为国际组织的成员。在历史上，也有国家的一部分成为国际组织会员的先例，如苏联的加盟共和国自俄罗斯和乌克兰是联合国的会员。少数专业性组织允许能独立处理该组织所涉及的专业性问题的非主权领土成为其成员。这种成员资格并不能表明这些领土因此获得国际法主体资格。某些专业性国际组织，如世界气象组织，国际刑警组织，允许政府的相关部门成为其完全会员。只是在涉及重大对外关系问题时，仍须由这些国家的政府作出最终决定。在少数情况下，国家集团或国际组织也可以成为国际组织的完全会员。

（二）会籍的取得

取得国际组织会籍的方式主要有两种，一是参与创立国际组织，成为创始会员国，二是加入已存在的国际组织，成为纳入会员国。在大多数情况下，两种会员国的法律地位没有明确区别，权利义务基本一样。国际组织的基本文件一般都规定有接纳新成员国的条件与程序。普遍性组织负有全球的广泛责任，希望将尽可能多的国家吸纳进来，因此在加入条件上把限制降低到最低限度，接受程序也比较简便。相对而言，加入封闭性组织有较多的限制与条件，如在地域、社会制度、宗教、民族以及经济发展程度等方面的限制。

《联合国宪章》第 4 条，对接纳新会员国的条件与程序做出了明确规定。凡是爱好和平的国家，接受宪章所载的义务，经联合国认为确能并愿意履行这些义务者，都可以成为联合国会员国。上述国家只有在经安理会推荐并由大会作出决议后，才能被接纳为联合国会员国。

一般国际组织审议和核准接纳新会员国的机关是它们的最高决策机关大会。对接纳新成员决议的通过，各组织所需求的票数不等。有的仅要求简单多数，有的则要求 2/3 多数或其他特定多数。

（三）国际组织成员的权利和义务

一个国际法主体一旦被接纳为国际组织成员，就对国际组织享有某种权利并承担某种义务。成员国必须善意履行基本文件所规定的各项义务，同组织进行真诚合作，必须按时向组织交纳会费，给予国际组织及其职员以必需的特权与豁免等。鉴于某些特殊情况，组织本身可以有权免除某些成员在涉及组织内部运作方面的部分义务，但有关组织活动与职能方面的义务是不能免除的。在同一个国际组织内，各成员国所承担的义务可能不完全相同。在联合国，安理会成员国，特别是常任理事国，就比其他会员国承担有更多的维持国际和平与安全的责任。

作为组织的组成部分，成员国在组织中享有相应的权利。其代表有权出席组织召开的有关会议，有权对有关事项提出动议，发表意见，对决议案行使表决，有权使本国文件在组织各机构与成员国中散发。成员国作为一个整体，还分享着国际组织的所有权力。它们有权修改组织章程，甚至解散组织。

(四)会籍的丧失

会籍的丧失有四种方式:一是成员国自身的退出;二是组织的驱逐;三是成员国本身不复存在;四是组织本身不复存在。

成员国的自动退出,通常意味着削弱了组织的完整性和代表性,因此组织基本文件往往不对退出问题作出明确规定。但也有一些组织的章程明确允许成员国可以单方面退出,但必须在中止会籍前作出通知,并在一段时间后,退出才能生效。

在基本文件没有退籍规定的情况下,一些国际组织,如世界卫生组织,联合国教科文组织,甚至联合国都曾发生过成员国退出的事情。至于这种退出是否合法,在国际法学界是有争议的。一般认为,在没有退籍规定情况下不允许成员国单方面随意退出的法律依据,是公认的条约法规则,即《维也纳条约法公约》第56条。

驱逐是中止成员国与国际组织的关系的一种确定的长期的法律行为,常常被认为是国际组织的制裁手段和自卫手段。如果一个成员国有意违反组织宗旨和原则,不履行其义务,或破坏组织的工作,或不参与组织的活动,只享受权利而不尽义务,或以各种方式阻碍组织达成协商一致,将其驱逐是保护国际组织行使正常职能的唯一方法。但是,在国际组织实践中,被驱逐的案例是不多见的。

如果某成员国完全不存在了,或不再符合作为成员国的标准了,该国在国际组织中的会籍也就中止了。国际组织通常以正式宣言来确定这一事实,虽然在实践中成员国的消失是不易确认的。

成员国的会籍随国际组织本身的解散而中止的情况是至为明显的,国际联盟即属此例。一般而言,解散一个国际组织必须得到所有成员国的同意。

二、准会员

某些国际组织中有一些权利受到限制和非完全成员,称为准会员。在许多情况下,国际组织设立准会员的目的是便于一些非独立国家的非自治领土也能参与组织的活动。有些非自治领土在取得独立后而未被吸收为完全成员前,仍继续以准会员身份在组织内活动。随着绝大多数非自治领土取得独立,国际组织中的这类准会员也越来越少了。有些国际组织的章程允许非主权国家的地区或地区政府成为其准会员。据此,香港获得联合国亚太经济社会委员会、亚太电讯组织的准会员资格。一些区域性组织允许区域外国家成为其准会员,加拿大和美国曾以准会员资格加入欧洲经济合作组织。一般而言,准会员在国际组织的重要机构中没有表决权、选举和被选举权。世界卫生组织大会对准会员的权利与义务的性质与范围做出过明确规定,并为其他一些组织所仿效。

三、部分会员

有些国际组织允许非成员国成为其下属机构的正式成员,称为部分会员,其权利义务通常只限于该下属机构之内。50 年代中期，有几个欧洲国家在未加入联合国之前，已成为联合国欧洲经济委员会成员。瑞士与列支敦士登虽然不是联合国会员国，但都是国际法院的当事国。澳大利亚与新西兰在成为经济合作与发展组织的正式会员前，曾分别参加了该组织下属的发展援助委员会与农业委员会的工作。

部分会员的地位常常引起一些行政上的问题。在联合国，部分会员在其为成员的机构中的预算一般作单独计算，但它们不得出席负责预算的机构的会议。部分会员也不能参加组织的选举。国际法院的当事国参与法官选举和修改《国际法院规约》的情况算是例外。

四、联系会员

少数专门性国际组织设有联系会员（也称为附属会员），目的在于吸收非主权领土或非政府组织参与组织的有关活动。香港是国际海事组织的联系会员，而世界旅游组织的联系会员多为非政府间组织。联系会员通常以观察员身份出席组织的大会。

五、观察员

大多数国际组织可接纳观察员参与其活动。非成员国、民族解放运动组织、政府间国际组织、非政府间国际组织，甚至个人都可成为国际组织的观察员。观察员能出席国际组织的有关会议，但没有表决权。他们向本国政府或派出组织汇报派往组织的活动情况，或尽力将本国政府、派出组织或个人意见提供给派往组织参考。通常，这类具有较大主动性的观察员也被称为“咨询会员”。邀请观察员的决定一般由组织的最高权力机构作出，它们与观察员派出国或组织达成某种协议。在多数情况下，观察员是每次会议临时接纳的，但也有国际组织接纳常驻观察员代表团，如非联合国会员国、国际组织及民族解放运动组织在联合国总部设有常驻代表团。

非成员国一般是在国际组织讨论涉及该国问题时，被邀请以观察员的身份出席会议的。民族解放运动组织则是从 70 年代初开始，逐渐取得在国际组织中的观察员地位。国际组织邀请民族解放运动组织的代表出席其会议，并非必需承认该组织是其领土的正式代表，也不等于承认其为合法政府。但在多数情况下，其观察员地位相当于非成员国的观察员。国际组织之间可根据双边协定参与相互的工作。这方面最重要的是联合国与专门机构之间的协定。除专门机构外，其他国际组织也有权向联合国派遣观察员代表团。区域性组织也常同其他国际组织签订相互咨询的协定。

非政府组织因其在专门领域内具有丰富的知识，常被政府间国际组织允许参加某些会议,协助工作。这样的非政府组织必须具备某些必要条件,如设有总部与行政首长,有以民主方式通过的章程,并能代表其成员利益发表意见等。联合国经社理事会将非政府组织分为三类:第一类是关心经社理事会所有活动并经表明能对联合国的工作做出贡献的组织,如国际商会、国际议会联盟、工会与雇主组织等;第二类是对经社理事会的某些问题具有专门知识和兴趣的组织,如国际航空运输协会、国际教师学会、国际建筑师联盟等;第三类是未能列入上两类但被列入一个“名单”的组织,它们在某些方面同联合国的工作有关系,如国际民航飞行员协会、世界童子军执行局等。此外,经联合国秘书长同意,还有数十个组织被列入第三类的名单。截至1993年年底,在联合国经社理事会享有咨商地位的这三类非政府组织的数目分别为42个,373个和265个。属于第一、二类别的组织可以参加经社理事会的公开会议及其下属委员会的会议,并可提交书面发言稿,而在“名单”上的组织只能出席与其有关的会议。所有这三类组织的代表都可列席联大的公开会议。

在国际组织内担任重要职务的个人,如组织的行政首长、秘书处高级官员、技术专家等,也可认为是国际组织的参与者并发挥某种重要作用。除其官方身份外,在有的情况下,个人也可以在某些国际组织内取得咨询地位,如个人或私人公司,能够成为国际电讯联盟咨询委员会的成员,享有成员国的某些权利,只是在其所属国家也参加的大会上没有表决权。

第三节　国际组织的法律地位

一、国际组织的国际人格

在传统国际法中,只有国家才被承认具有国际人格而成为国际法的主体。随着国际组织日益成为国际关系的重要参与者,其国际人格逐渐为国际法所承认。但是,任何国际组织的法律人格都不是其本身所固有的,而是依据组织的基本文件及其制定者的意志。从理论上来看,关于国际组织国际人格主要有两种学说。一种是“授权说”,认为国际组织的法律人格只能来源于并限于组织章程的有关明文规定;一种是“暗含权力说”,认为国际组织的国际人格不仅来源于基本文件的明示规定,而且可以来源于国际组织为实现其宗旨所必需的权能。国际法院在其1949年“赔偿案”的咨询意见中,运用授权说与暗含权力说相结合的原则,论证了联合国具有国际人格。

虽然国际组织具有国际人格,但这种人格同作为国际法基本主体的国家的国际人格是有差别的。国际组织只能在一定范围内和一定程度上参与国际法律关系，具有一定限度的权利能力和行为能力。它们的国际人格是派生的，是成员国通过基本文件而授予的，或是从基本文件中引申出来的，其权力与活动范围都不得超越组织章程的规定。

二、国际组织的对外权利能力和行为能力

国际组织的国际人格，表现为在对外关系中享有为执行其职能及达成其宗旨所必需的权利能力和行为能力。国际组织对外关系的对象包括两类，一类是完全的国际法主体——国家，既有成员国又有非成员国，还包括正在形成中的国家，如民族解放运动；一类是不完全的国际法主体——政府间国际组织。其对外权利能力和行为能力，具体体现为下列各项。

（一）缔约权

国际习惯法早已赋予国际组织以缔约的能力。1986 年 3 月 21 日订立的《关于国家和国际组织间或国际组织相互间条约法的维也纳公约》以公约的形式承认国际组织的缔约权。一般来说，国际组织只在其职权范围内或由于组织存在的必要而与国家或其他国际组织签署条约，这些条约一般称为协定，如特权与豁免协定、总部协定及国际组织之间的关系协定等。不论组织基本文件中有无缔约权的明文规定，在实践中都不影响国际组织缔约权的行使。

国际组织在多边国际条约的订立方面起着重要作用。第二次世界大战以来，大多数多边国际条约都是在国际组织的主持下制订的。不仅如此，国际组织还可以成为多边条约的缔约方。尽管如此，国际组织一般不直接加入其主持制订的国际公约，除非该公约的内容与国际组织有着直接联系。

（二）对外交往权（使节权）

国际组织具有接受和派遣外交使团的能力。首先，它具有消极使节权。自国联创建以后，国际实践逐步确认了这种权利。不仅成员国，而且非成员国，甚至其他国际组织，都可以向国际组织派遣常驻或临时代表机构。但该权利的实现需要得到东道国政府的协助。其次，国际组织还具有积极使节权，它可以和国家一样，向其成员国、非成员国、其他国际组织和国际会议派遣常设使团或特别使团。在实践中，由于国际组织接受了成员国的常驻代表团，所以向成员国派驻代表团的情况并不常见。但联合国系统的许多机构为经济技术援助起见，通常向受援国派驻代表或机构。联合国本身则为了行使某类特殊的政治使命也常常派出特别使团。

国际组织的使节权与国家的使节权有所不同。国家之间的外交关系建立在完全平等的基础上，而国际组织与国家及其他国际法主体之间的使节权不存在同样性质的平等问题，而且往往不要求对等。国际组织与成员国之间有时表现为对外关系，在多数情况下则是一种对内关系。国际组织的派出机构多属于秘书处的一部分，而非全权代表国际组织。国际组织的被动使节权不但涉及到派出国与组织

本身,而且涉及到东道国,因而构成一种三边而不是双边关系。

(三)承认与被承认的权利

国际组织一般是通过接纳成员国或观察员、订立协定或邀请参加组织的会议等方式,来承认一个国家、政府、领土主权、民族解放运动或其他国际组织的。但是,国际组织的承认并不构成其成员国的集体承认。作为唯一的普遍性政治性国际组织,联合国对新国家或新国际法主体的承认无疑具有特别重要的意义。国际组织关于承认的决定都是由其最高权力机构作出的。当成员国国内同时出现两个或两个以上政府并都声称拥有该国在国际组织的代表权时,国际组织只能选择承认其中的一个,不能同时承认两个政府。国际组织一般是以接受政府提交的全权证书的形式来决定对有关政府的承认。

国际组织同时又是国际法上承认的客体。不论是成员国还是非成员国,当它们接受组织章程、加入该组织,或是向组织派遣观察员时,都是以对该组织的承认为前提的。

(四)国际索赔和国际责任

具有索赔权利和承担国际责任,是国际法主体法律人格的重要特征。国际组织具备这样的特征。国际法院在其 1949 年关于"赔偿案"的咨询意见中判定,当联合国人员执行公务时受到损害,联合国有权以自己的名义就该组织被害人或其继承人受到的损害,向法律上和事实上的政府提出索赔的要求。这种权利是建立在联合国具有一定的国际人格及完成其职能的需要的基础上。其他国际组织以这两点理由为依据,同样也具有国际索赔的权利。同时,根据权利义务对等原则,国际组织必须对其损害国家及其国民利益的行为承担国际责任。例如,联合国的某些维持和平行动、某些国际组织的外层空间发射活动等,有可能对有关国家及其国民造成损害,因此国家有向其提出索赔要求的权利。

(五)继承权

国际组织作为国际法律人格者,在组织解散时产生继承权问题。国际组织的继承通常所涉及的是:一是组织职能的继承。被解散组织未能完成的剩余职能,由一个或多个国际组织所继承。二是法律行为的继承。当某组织解散时,多数法律行为失效,但仍有一部分由继承组织承担并对其成员国有效,不过,对于没有参加继承组织的国家不再发生效力。一般而言,国际组织的解散,并不影响其所制订的国际公约的效力。被解散组织与其他国际法主体所订立的双边条约,通常那些只涉及组织本身运作的条约失去效力。私法性质的合同将随国际组织的解散而失效,对所欠债务只能在组织解散时的清盘中得到补偿。三是涉及国际组织的职员的继承。国际组织解散了,为其服务的国际职员也就失业了。其解雇的条件以雇用合同中的规定为准。一般而言,继承组织没有义务接受被继承组织的所有国际职员;继承组织是否愿意雇用被继承组织的全部或部分职员,则有赖于这两个组织的延续性与相关协议。四是国际组织的财产的继承。在原则上,国际组织解散时,其财产似应在其成员国之间按会费比例分配。但国际组织由于其在国际法上的法人地位而有能力任意处置其财产。在多数情况下,被继承组织将其财产全部移交给继承组织,一般而言其剩余责任也随剩余财产的继承而继承的。

(六)召集国际会议的能力

随着国际组织的发展,由国际组织取代国家召开国际会议的做法,已成为启动多边国际会议的一种重要方式。这是因为许多国际会议的议题,原本是有关国际组织的宗旨与职能范围的组成部分,召开相关国际会议是国际组织的职责之一;同时,现代国际组织的完善机构、常设性质及工作经验,使它们能够成为国际会议的最好发起者、筹备者或主持者。

(七)国际组织对外关系方面的其他权利

国际组织为其工作人员履行国际职能之必要与方便,有权向他们颁发旅行证件,作为出入有关国家的通行证。这种旅行证件在一定程度上具有类似主权国家颁发的护照的效用,持证者还可凭此在相关国家享有一定的外交特权与豁免。在特殊情况下,联合国还可向其负责代管领土的居民颁发护照。

国际组织可以充当国际条约保管者和登记者。1969 年《维也纳条约法公约》规定,国际组织可以担任条约保管者,负责保存条约的正本,制作副本分送有关国家,接受批准、签署、加入、接受、退出等文书并通告有关国家。这些行政性职责常由国际组织秘书处承担。此外,国际组织还有登记条约的职能。联合国不但登记成员国之间缔结的条约,还可接受非成员国及其他国际组织所缔结条约的登记。国际组织还可以承担通常属于国家行为的船舶与飞机的登记;但允许船舶与飞机同时以另一主权国家的名义登记。

此外,国际组织有权使用自己的旗帜、印章和徽志。

三、国际组织的特权与豁免

国际组织的法律人格的又一个重要特征,是它们享有必要的特权与豁免。国际组织的特权与豁免是国际法晚近的新发展。自联合国成立后,情况发生了根本变化,国际组织的特权与豁免开始制度化、条约化。

(一)有关国际组织特权与豁免的法律文书

构成国际组织特权与豁免的法律基础的文书主要有三类:第一类是国际组织基本文件中关于该问题的规定;第二类是有关的多边条约;第三类是总部协定与东道国协定。

国际组织基本文件中对特权与豁免做出最明确规定的首推《联合国宪章》。《宪章》第 104 条规定联合国在其会员国境内应享受与其执行职务、实现宗旨所必要的法律行为能力;第 105 条规定联合国及其工作人员、各会员国代表应享有相关的特权与豁免。各国际组织的基本文件中也都有类似的条款。最重要的国际法律文书是1946年《联合国特权与豁免公约》;1947年《联合国专门机构特权与豁免公约》;和1973年《关于防止和惩处侵害应受国际保护人员包括外交代表的罪行的公约》。国际组织及其工作人员、各国代表的特权与豁免问题,也可以通过该组织与东道国之间的双边协定加以调整。其中总部协定是国际组织与其常驻地国政府订立的协定,东道国协定是国际组织为了在一国国内举办某种活动而与该国政府专门订立的协定。

少数国家为了履行有关国际公约与东道国协定的规定,还专门制订了相应的国内法,明确规定本国为成员国的国际组织在其国内法上具有独立法人的地位,如《英国国际组织(特权与豁免)法》、《美国国际组织法》等。

(二)国际组织特权与豁免的内容和范围

按享受的对象与享受的内容的不同,国际组织的特权与豁免可以分为以下几类情况:

1. 国际组织本身的特权与豁免

各类国际组织依其性质与职能的差异,享有不同范围与级别的特权与豁免。联合国享有最高限度的特权与豁免,包括司法豁免权,会所与房舍不可侵犯权,档案文件的不可侵犯权,持有及自由兑换货币的权利,免除税捐,以及通讯的便利等。联合国专门机构和其他国际组织享受的特权豁免低于联合国的标准。国际金融组织具有筹集资金的职能,部分地卷入商业活动,其享受的特权与豁免较少。如世界银行就不能享受免于被诉的特权,会员国代表及专家也不享有特权与豁免。至于以从事商业活动为主要目的的国际经济贸易组织,则只能享有非常有限的特权与豁免,通常只限于为执行组织职责所绝对必需的官方活动。

2. 国际组织职员的特权与豁免

国际组织官员享有的特权与豁免,以为独立执行其职务所必需者为限度。以联合国为例,其官员以公务资格发表的口头或书面言论及所实施的一切行为免于诉讼程序;其得自联合国的薪金津贴免纳税捐;对东道国而言,他们在国民服役义务、移民限制和外侨登记(连同家属)及汇兑管制方面享有豁免;遇国际危机有权要求遣返;初次就任时可免纳关税运入家具和用品。高级官员则可以享有外交使节的全部特权与豁免。

3. 常驻代表团的特权与豁免

各国常驻普遍性国际组织的代表团通常享有外交使团的特权与豁免。联合国会员国常驻使团成员在履行其职责或往返会议地点期间享受司法豁免,不受拘捕、拘禁或被扣行李。他们执行公务时的言行免受法律诉讼,其馆舍、住所及文书档案不可侵犯,有权使用密码、信使和外交邮袋。其本人与家属不受移民限制,免于外侨登记及国民公共义务,享有汇兑自由,个人行李免检,等等。不过,各会员国并无义务给予本国代表以同等特权与豁免，而东道国无权宣布某国常驻代表团成员为不受欢迎的人。

4. 国际组织与会人员的特权与豁免

出席国际组织会议的与会人员的特权与豁免，一般是按与会人员的身份地位而区别对待的。如果是国家元首、政府首脑或外交部长充任代表团团长，则他们享受的特权与豁免比外交使节还要高。如果是其他官员为团长的代表团，其享受的特权与豁免则略低于外交使节待遇。出席国际会议代表团的特权与豁免是有一定期限的，一般是从其进入东道国国境时算起，到其离境时为止。

（三）国际组织特权与豁免的法理依据

对国际组织特权与豁免从法理上予以解释的主张主要有两种，一为职能必要说，二为代表性说。职能必要说认为，给予国际组织特权与豁免的理由和目的，是为了保障国际组织在法律上和实践中的独立性，以便其完成任务，也就是说国际组织的特权与豁免是实现组织宗旨，履行组织职能所必需的。这一点往往明确规定于国际组织的基本文件及有关国际公约中。职能必要说是公认的有关国际组织特权与豁免的主要法理依据。

代表性说认为，国际组织是由国家组成的。国际组织在忠实履行本组织的宗旨和原则的范围内代表了成员国的愿望与利益。因此，作为国家集合体的国际组织应在一定程度上享受外交特权与豁免。各国与国际组织的关系，在很多方面属于两个国际法主体之间的平等者关系。不论是组织本身还是各国常驻代表团，在交往过程中都应享有类似外交代表的特权与豁免。这一点在有关国际公约中的规定，显然也是以代表性说为依据的。

第四节　国际组织的机构与职能

现代国际组织的基本特征之一在于它的制度化。这种制度化表现于它们有完整的组织结构与职能。但是，国际组织内部机构的设置并没有统一的划分标准及种类，通常都是根据各组织特定的活动领域与宗旨，按照不同的职能需要来设计和确立自己的组织结构的。从职能需要的原则出发，国际组织的内部机构大致有以下几种。

一、议事与决策机构

议事与决策机构是国际组织根据各自的基本文件而设立的最高权力机关，由全体成员国代表组成，可以讨论、审议其职能范围内的任何问题与相关事项以及组织任何其他机构的职权,并就重大问题作出决议。这类机构为全体成员国提供讨论问题的论坛,其性质基本上是建议性、监督性机构。其名称一般为大会、代表大会,全体会议,在某些国际经济组织中则称为管理董事会。

在国际组织发展初期,这类机构发挥了重要作用。随着国际组织不断扩大,组织成员迅速增加,议事与决策机构难以及时有效地对紧急事件作出反应和决定。为了解决这一问题,各组织采取了不同方式:有的建立了专门处理复杂和耗时较长事务的下属机构,负责起草决议草案,以缩短大会的会期;有的召集成员国低一级别官员参加的较灵活的议事与决策机构会议,处理重大或紧急事项,或为高级别会议做准备;有的在大会之下设立各种委员会,分别主管某一类专门事项;还有更多的组织则是另行设立执行与主管机构,处理基本文件规定或大会授权的专门性事务。

议事和决策机构除了向成员国提供论坛外,还承担着对组织活动非常重要的一系列职能,如接纳新成员国,选举组织其他机构的成员和最高行政管理官员,审议各机构的年度报告,审批组织的财政预决算,修改基本文件等。

目前,各国际组织的议事与决策机构大多每年或数年定期举行一次全体会议,在决策时,多数国际组织实行一国一票的多数表决制。

二、执行与主管机构

执行与主管机构通常是由组织中部分成员国组成,由议事与决策机构选举产生,在一定任期内轮换。该机构负责具体处理组织所承担的专门性问题。在一般性国际组织中,由于其管辖范围的广泛性,往往有数个此类机构并存,分别负责不同领域的活动。该类机构的名称一般是理事会、委员会、董事会、执行或协调委员会、执行局等。

近来,执行与主管机构处理的问题日趋重要,有的是专门负责本组织最重要的政治性问题,有些则涉及组织活动的所有领域,使执行与主管机构在组织中发挥实质作用。这类机构根据授权不但独自处理职权范围内的事务,而且积极参与最高机构的决策过程。不少国际组织最高机构的决议,常常是由执行与主管机构磋商决定后,再由最高机构正式通过,可见执行与主管机构在组织决策过程中的重要地位。

执行与主管机构的职能范围与活动方式各有不同。根据基本文件的规定,有的是主管组织内某一专门领域的事务,定期或不定期地召开会议,对本机构职权范围内的事项做出决议和决定,如联合国安全理事会、经济和社会理事会、托管理事会等主要机关。有的是最高权力机关休会期间的常设机关,负责履行组织的各项职能,每年定期或不定期召开会议,联合国系统内各专门机构的理事会、执行局或委员会即属这类情况。有的则以年会的方式在最高权力机关会议之前开展活动,处理各业务问题并向最高机关提出报告。为工作需要,执行与主管机构常设立各种下属的职能委员会,作为辅助机关。

执行与主管机构通常是依据地域公平分配的原则来确定不同地区的成员数额。成员当选后在限定任期内参与机构的活动,享有平等的投票权。在极少数组织的该类机构中,某些成员根据基本文件可享有形式不同的加重投票权。有的机构所做出的决定对成员国还具有强制约束力,因此很受各成员国政府的重视。在实践中,该类机构的地位和作用有加强的趋势。

三、行政与管理机构

行政与管理机构是国际组织内为其他机构提供服务的常设性行政与管理部门。该机构处理组织的日常管理事务,执行各机构制定的方针政策和计划方案。其名称早期称为"国际事务局"或"执行局",现在多称为"秘书处"。其最高行政长官一般称为秘书长或总干事,有时也称作执行秘书、总裁或主席。秘书长是国际组织的最高行政首脑和对外代表,由最高权力机关选举产生,有的还需同执行与主管机构协商确定,当选后在一定任期内为本组织服务,行政与管理机构的成员由秘书长依有关规章聘任各国公民组成。高级职员的聘任,一般是由各成员国政府按分配办法先行推荐,然后由秘书长正式委派。所有职员以个人身份担任国际公务员,为本组织服务,不寻求或接受任何政府或本组织以外的任何当局的指示。

四、辅助与工作机构

国际组织在不同级别上建立有一定数量的辅助与工作机构。这类机构是各主要机构根据组织基本文件的规定设立的,为实现组织宗旨、完成各机构职能所必需的工作性辅助性机构。辅助与工作机关是多种多样的。它们可以是由全体成员也可以是由部分成员组成,可以由政府代表组成也可以由政府选派的技术专家组成,还可能是以专家个人身份组成。它们可能是全球性的,也可能是区域性或跨区域的。它们又可以是常设的也可以是临时性的。另外,从职能范围看,可以是负责某一专门领域的技术性事务,也可以是专门处理某一项技术问题。这类机构多数为技术性或咨询性委员会,讨论、研究各主要机构职能范围内的技术性问题,并向各主要机关提出报告或建议。

五、司法机构

司法机构是在国际组织中设立的专门负责审理法律问题和通过司法手段解决国际争端的机构。最早建立的这类机构是根据《海牙和平解决国际争端公约》而于1900年规定成立的常设仲裁法院。其后有成立于1922年的常设国际法院。联合国成立时决定建立国际法院,作为联合国系统内的主要司法机关。并把《国际法院规约》列为《联合国宪章》的组成部分。区域组织中也有设立法院的，如欧洲联盟中的欧洲法院。

普遍性国际组织中法院法官的产生有严格的条件和程序。他们通常是从各国政府推荐的著名国际法学家候选人中选举产生的，法官全体应能代表世界各大文化和各主要法系，但本身又必须是独立的。法院工作有规约作为依循，根据授权对诉讼事务或咨询事务行使管辖权，对其适用的法律一般也有明确规定。

在少数国际组织中还设有行政法庭。这是组织内的诉讼系统，是为国际公务员在其与雇主发生劳务或人事纠纷时所设立的必要的法律救助措施。在这方面最具代表性的是联合国行政法庭，根据有关规定，联合国工作人员在其他内部投诉程序已全部使用后即可向行政法庭起诉。行政法庭审理案件后作出的判决具有约束力。

第五节 国际组织的议事规则

国际组织的议事规则，通常是指组织的各机构在行使职能和维持正常运作过程中所遵循的程序性规则，包括一般规则与制度、决策程序、表决制度等项内容。国际组织基本文件常常只对其主要机构的活动程序作出原则性规定，更详细具体的操作一般有赖于专门为此制订的议事规则。

一、一般规则与制度

（一）会议

国际组织的主要机构通常有常会和特别会议两种形式。常会是定期举行的会议，具体时间因组织而异。一般性国际组织通常每年举行一次，专门性组织则是每隔几年举行一次。在某些情况下，国际组织可在常会之外针对特定问题召开特别会议。特别会议或由大会决定或由组织某一机构或应一定数目会员国的请求而召开。此外，还可依一定程序召开紧急特别会议。

（二）议程

议程是指常会和特别会议所要讨论的具体项目及其次序，其内容通常都在各机构的议事规则中予以规定。会议议题一般包括临时议程、补充项目和增列项目。会议召开之初首先对临时议程进行讨论、修改，可增列补充项目。临时议程经全体会议通过后即成为正式议程。大会程序可包括一般性辩论、议题的分派、准备与讨论，各成员国代表团的陈述，程序性动议，对议案的表决等项。

（三）代表团

国际组织各成员国均以派代表方式参加组织活动。其出席人数的多少，因各组织、各机构情况不同而异,通常有固定人数代表与非固定人数代表之分。代表团构成有五种情况:(1)政府代表,可以是国家元首、政府首脑、政府部长、外交官或其他政府官员,也可以是政府任命的专家;(2)国会议员代表;(3)国内特定利益集团的代表;(4)在特定情况下聘用外国专家为代表;(5)由多团组成一共同代表团。

(四)全权证书

派往国际组织的代表通常需持有由成员国元首、政府首脑、外交部长或政府其他职能部门颁发的证明其身份与代表权限的全权证书,一般由特定委员会审查,审查合格后才被承认享有代表资格。这类审查通常只是一个程序问题,但有时涉及一些实质性问题,如颁发证书的政府是否为该国唯一合法政府。

(五)会议主席及总务委员会

国际组织各机构的会议均设主席一名,副主席若干名。其产生办法可以是由高一级机关任命,可以由成员国选举,也可以由成员国轮流担任。该主席职权主要包括主持会议,裁决程序性问题及对外代表该机构。副主席协助主席工作,并负责主席分派的某一方面的事务,当主席不能履职时代行主席职权。国际组织的大会通常设有总务委员会,由大会主席、副主席、专题报告员及大会各委员会主席共同组成,是一个重要的程序委员会。其主要职责包括:审议大会议程,协助大会主席处理其职权范围内的一般性事务,研究大会及各主要委员会的进展情况,提出促进会议进程的建议。

(六)语文和记录

国际组织中使用的语言文字分为工作语文和正式语文两种。前者指国际组织日常活动中使用的语文,后者指该组织重要文件必须使用并具有法律效力的语文。同一组织的同一机构中,这两种文字通常是一致的。工作语文与正式语文一般均在两种以上,各国代表使用其中任一工作语文,均可通过同声翻译译成其他工作语文。联合国大会的工作语文与正式语文为阿拉伯文、中文、英文、法文、俄文和西班牙文,而安理会的工作语文中没有阿拉伯文,经社理事会的工作语文是英、法文与西班牙文,托管理事会与国际法院的工作语文则为英文和法文。国际组织中的工作记录包括会议记录以及各机构为发挥职能所必要的记录。会议记录用以记录会议过程中的代表发言及会议形成的决议。记录方式为逐字记录、简要记录与录音记录三种。记录一般由秘书处编制,并由会议任命的秘书处成员充当报告员,完成会议报告。

(七)会议的公开性问题

国际组织各机构的会议有公开与秘密两种形式。在绝大多数情况下,会议是公开的,允许公众旁听或传媒直播。少数机构在涉及特定问题时可以以秘密方式举行会议。非公开会议通常都是在那些规模较小、技术性或政治敏感性较强的委员会进行。非公开会议谢绝公众、新闻界及非该机构成员到场。

（八）辅助委员会

国际组织各主要机构为确保其职能的履行设有各种辅助性专门委员会。通常大会下设的这类委员会称作大会主要委员会。主要委员会审议大会按不同类别分派的相关议题，准备决议草案，下面可以再设若干小组委员会。委员会负责向大会提交所审议项目的决议草案，并以提交工作报告的方式结束自己的工作。

二、决策程序

决策程序是国际组织讨论、审议问题、做出决定的过程，通常包括动议的提出、文本的起草与讨论。表决、生效、终止等环节。

（一）动议的提出

国际组织中任何可能导致产生决定的提议称为动议。成员国政府是国际组织最重要的动议者，组织内其他机构，特别是秘书处和专家机构，也是动议产生的主要渠道之一。某些国际组织相互之间可根据协议向对方组织提供议程项目，但是这种提议只能作为原始动议的依据。有关的利益集团，如非政府组织，在其享有协商地位的国际组织中可以有动议权。

（二）文本的起草与讨论

一项动议被有关机构接受后，由提议者或由有关机构拟定决议草案。联合国各机构决议的文本起草过程大致沿用国际联盟大会 1931 年 9 月 25 日决议所确立的程序，该程序也为其他许多组织仿效。

决议草案必须在会议召开前一定时间内提交给有关机构，以便各成员国充分了解和研究，并在会上发表意见。一项提案在提交前后或在会上讨论期间均可进行修正，所有成员国均有提出修正案的权利。国际组织各机构对决策过程一般都有一定的时间限制，但是某些重大项目的决策需要较长时间，通常以各成员国达成协议为准。一项议案及其修正案在提出后至表决前，都可允许由提案人撤回。

（三）提案的表决（详见后述）

（四）决定的生效与终止

国际组织所通过的大多数决定一旦为议事规则所要求的多数通过，即告生效。具有拘束力的决定通常需要一定时期后才产生法律效力。如果某项决定的产生过程有两个机构同时参与，则该决定必须在两机构达成协议后方可生效。在某些情况下，一个机构决定的生效需要上一级机构的批准。还有些国际组织的某些决定需要成员国事先明示同意后才能生效。此外，组织基本文件的修订以及组织所通过公约的附件，一般也需要所有成员国明示同意方可生效。

国际组织的决定可以被修改，其被修改部分的原有内容的效力即告终止，对一项决定的最彻底修改就等于该决定的撤销。通常一项决定为另一项决定所取代，也就意味着前者被撤销。某成员国从国际组织退出后通常不受该组织的决定的约束。有些组织以决定形式宣布一些普遍适用的国际法原则,其有效性不受成员国退出与否的影响。当国际组织宣告解散时,其有拘束力的决定因此自然失去效力,除非这些决定正存在于成员国法律秩序内,或存在于其他国际组织内。

三、表决制度

国际组织中的表决,是指成员国对组织决议草案表示赞同或反对的具体方式,是组织决策程序的核心。各种国际组织的表决制度上不尽相同。

(一)一国一票一致同意制

该表决制度是指组织内所有成员国都平等享有一个投票权,组织的决议须经出席会议并参加投票的全体成员国同意方可通过。这种制度是建立在国家主权平等的原则基础上的。国际联盟曾将之引为表决制度的基本原则。

一国一票一致同意原则充分尊重国家主权平等,但是它过于强调成员国的个别意志,实际上赋予每一成员国以否决权。现在仍有少数组织坚持有条件适用一致同意原则,但为多数国际组织所不取。

(二)一国一票多数表决制

该表决制坚持各成员国的平等投票权,即一国一票;组织决议的通过仅须获得出席并参加投票的多数成员国的赞同票。这里的多数表决可分为简单多数与特定多数两种。前者指决议只需获得超过投票数的1/2即可通过,主要适用于程序性事项或其他不很重要的决议。后者则要求决议获得限定的大于1/2的多数同意,通常适用于一些比较重要问题的决议。所谓特定多数,在通常情况下是以2/3为准,但也有规定为3/4,4/5甚或更高比例的。联合国成立后将多数表决制规定为表决规则,推动了这一规则在战后国际组织中的普遍适用,并逐步成为现代国际组织最广泛的表决方式。一般来说,以多数表决通过的大多是不具拘束力的建议性决议,其适用范围受一定限制。多数表决是有拘束力的决议,往往限于技术性事项或不甚重要的政治性事项。

(三)一国数票的加权表决制

在某些涉及经济、金融事务的国际组织中,其表决程序是按照一定规则和标准分别给予成员国以不同票数或不同等质量的投票权,即所谓加权投票权。这种制度有五种类型:(1)加重投票权与基本投票权结合制;(2)集团投票制;(3)国际农业发展基金模式;(4)欧共体模式;(5)联合国安理会模式。加权表决制在加权标准与表现方式上呈多样化特点,但在成员国之间实行不同量或不同质的投票权这点上是共同的。尽管它自产生之日起就受到非议,被认为违背了国家主权平等原则,但仍在许多国际组织中适用,说明其存在有一定合理性。首先,它比较真实地反映了国际组织成员国之间在人口、经济实力、贡献大小等方面的差异。其次,它将各成员国的权利同它们对组织的贡献与责任结合起来,有利于保障组织基金的来源,增强组织的能力,也有利于组织决议的形成与实施。尽管如此,加权表决制毕竟造成了成员国之间在决策程序中的不平等,使发达国家与发展中国家拥有的投票权相差甚大。因此,发展中国家要求平等参与、增加基本投票权的呼声日益高涨。

(四)协商一致的决策程序

自本世纪60年代开始,国际组织和国际会议中逐渐发展形成一种新的决策程序——协商一致(consensus)。这是成员国之间通过广泛协商达成一种不经投票而一致合意的决策方法。在实践中,该程序大致包括:(1)在作出决定前,当事各方先行充分协商,以取得最广泛的同意;(2)各方在协商的基础上对议案的基本点已表同意,而在非基本点纵有不同意见也不作正式反对,即可认为已经取得协商一致,作出决定;(3)协商一致的事实须经直接参加协商的会议主席确定,而不经过投票通过;(4)当事各方如有不同意见,可以解释或保留的方式提出,并在会议议定书中予以记录,以表明其对所作决定的同意程度。

协商一致程序虽然避免了硬性投票表决,有较大的灵活性和实用意义,但是,由于它允许有关各方对决议提出保留,或发表自行解释的声明,甚至表示反对意见,从而影响决议的全面实施。同时协商一致的概念还相当模糊,远未形成一套固定的广泛适用的具体规则,而往往因反复协商而耗时多。这种程序还有待在实践中改进和完善。

第六节 国际组织的法律秩序

一、国际组织法律秩序的概念与特点

国际社会的法律秩序建立在以国际法的法律原则、规则、制度和习惯的基础上,用以约束国际关系的所有参与者。作为国际社会的重要角色,国际组织也有自己的法律秩序,用以管理组织各机构的职能与权限,调整组织内各机构之间、组织与职员之间、组织与成员国及其他国际法主体之间的关系,将组织的日常工作与各项活动维持在一个法律框架或体系之下。构成该秩序的各种规则,除来源于适用于国际组织的国际法原则、规则、制度和习惯法外,主要来源于国际组织的基本文件以及各机构以决议形式出现的规则。国际组织所形成的一个单一的法律秩序,通常称为国际组织的法律秩序。国际组织的法律秩序又可分为外部秩序与内部秩序。前者主要由调整组织与成员国、非成员国及其他国际组织等外部关系的法律规则组成;后者主要由调整内部各种关系的规则组成。但是二者的界限并不严格,有相互交叉、重合的情况。关于外部秩序,本章前面几节已有论述,这里主要涉及内部秩序。

国际组织内部法律秩序的特点首先是它的等级制,即这是一个由各种不同等

级的法律规则组成的法律秩序。处于这个秩序最高层的是该组织的基本文件，基本文件不但约束组织的各成员国，而且对组织的所有机构及其职能都有拘束力，可以说是组织内部法中的宪法。在基本文件之下并依据它，组织的各主要机构有权作出各项决定，制订各种规则。在主要机构之下，又有各下属机构或辅助机构，通常也都能在其各自权限范围内制订规则，但须遵从上级机构的规则或决定。国际组织内部法律秩序的另一特点在于它的相对独立性。它不同于且不从属于任何成员国的国内法律系，而是在基本文件限定的范围内独立地发挥效力，调整组织各职能的运作。每一个国际组织都有自己特有的、独立的内部法律秩序。

二、基本文件

国际组织赖以建立和进行运作的，是由各成员国政府缔结的特别协议或条约，统称为国际组织的基本文件或组成条约。这类文件有各种不同的形式和名称。它们往往被称为组织法，或称为宪章、规约、盟约、公约、条约或协定。但基本文件的内容大致相似，包括各该组织的宗旨、原则、法律地位、组织结构、职权范围、议事程序、成员国权利与义务等项，而且其性质也大体相同，多属于政府间多边条约或协定，是各组织据以存在的法律基础。在多数情况下，基本文件表现为一个独立的法律文书，但也可以是一项公约或条约的一部分，甚至可以是普遍性国际组织的一项特别决议。

基本文件首先规定了组织本身的建立、作用和地位，如创立该组织的法律人格，赋予它权利能力与行为能力，确定组织的宗旨原则等，是组织据以创立的法律依据。其次，它规定了组织内各机构的组成、职权范围、活动规则与制度，是组织据以运作的法律依据，在组织的内部法体系中居于最高等级的地位。最后，为了实现组织的宗旨与职能，可以以基本文件为依据，引申出组织所必要的暗含权力。基本文件对组织各成员国有法律拘束力。而创立普遍性国际组织的条约往往还规定有国际社会需要共同遵守的一般性规则。

国际组织的基本文件具有不同于一般条约的一些特征：第一，它不仅规范成员国之间的权利义务，而且可以创设新的国际法主体，即国际组织自身的法律人格。第二，基本文件限制甚至禁止其成员国对文件作出保留。第三，为维护组织的稳定性，许多国际组织的基本文件不对成员国的退出问题作出明确规定。第四，国际组织为适应国际社会的发展有必要相应调整、变动自己的职能，即使其基本文件没有关于修正的规定，对它们进行修改或重新解释的能力也是被承认的。

三、国际组织的决议

国际组织的决议，是指组织各机构依程序规则以书面形式通过的决定，它们常常表现为阐述对某议案讨论结论的一种正式文本，由序言和正文两部分组成。国际组织的决议因各组织和机构的不同，有各种形式与名称：可以是一项建议或请求，可以是一项决定或命令，可以是一项规则，也可以是一项声明、宣言或公约，或者是几种含义混合的一项书面文件。它们可以是对成员国的决议，对本组织其他机构或附属机构的决议，对其他国际组织的决议等。它们的文件形式，可以是决定、命令、规则、建议、宣言等。按决议的法律性质，它们可以是建议性决议或拘束性决议。国际组织为自身法律秩序而作出决议、制定规则的权力是被普遍承认的。这种决议又分为内部决议与外部决议，分别具有不同的法律效力。

（一）内部决议

在国际组织决议中占有主要的比重。据统计，联合国前25年通过的决议中有近4/5属于内部性质。内部决议主要用于组织各机构职能的管理和行使，包括：制定各机构的议事规则；建立各机构的辅助机构并规定其任务；选举成员国或个人为机构成员；接纳和开除成员国，停止成员国权利的行使；审议和批准组织预算，制订财务管理章程，规定各成员国会费数额；为处于国内法管辖之外的各机构及其建筑物、资产、职员制订专门法规，并为组织内部各种关系制订私法和行政法性质的规则。个别组织还能以决议形式适当改变组织的责任范围，减少成员国的义务。上述用来管理和行使组织各机构职能的内部决议具有拘束力，这种拘束力源于基本文件的直接赋予。

大多数国际组织无权作出有拘束力的外部决议，但是有一部分内部决议的效力超出组织本身而具有外部效力，对成员国的活动与行为产生法律效果。最重要的是该组织为其业务活动（如经济技术援助）而作出的决议。这些活动必须在某个或某几个成员国领土上进行。这种性质的内部决议一般是经有关国家的同意后方能作出的。

（二）外部决议

是国际组织单纯为外部目的而通过的决议，对国际组织本身也会产生影响，而且作为组织的下属机关也都要遵守。国际组织的外部决议可大致分为四类：(1)建议；(2)宣言；(3)公约；(4)拘束性决定。

建议。建议通常用来叙述国际组织的不具拘束力的建议性决议，它们一般向成员国发出，但也可直接向组织的其他机构或另一组织发出。它们虽然在一般情况下不具有法律拘束力，但可以具有法律效力，如引起某些法律后果，改变法律情势及对法律的形成和发展产生影响等。使组织的建议具有法律效力的因素有：基本文件作出的规定；作出建议的机构的等级；建议的制定方法；成员国对建议的接受；国际社会对建议内容的需求；部分成员国对建议的实施；国际社会对建议的道义效力或合法效力的默认；以及建议内容一再为其他国际文件所重申等。

宣言。是国际组织用以阐述对某项问题的看法或解释，或为某些新领域制订规则的决议形式。它往往不是改变现存状况，而仅对已存的法律事实或尚待实施的法律规则作出阐述，其结果可能导致法律规则的适用。宣言比建议更有影响力。有的宣言中也可包含有拘束力的规则，如对习惯法和一般法律原则进行编纂的宣言；对基本文件或某些规则作出解释或澄清的宣言；暂时用来填补法律空白的宣言等。但这类宣言的通过须获得全体一致或接近全体一致的同意。

公约。国际组织起草的造法性质的多边条约通常称为公约。普遍性国际组织常被其基本文件授权制订职权范围内的公约。国际组织主持制订的公约往往是对现存的法律规则或广泛承认的法律原则进行编纂。但是，公约只有在获得一定数目成员国的批准后才能产生完全的法律效力，并且只对那些予以批准的国家发生效力。在一般情况下，公约对该组织所有成员国开放，不论它们是否参与公约的谈判与起草。

拘束性决定。是指有法律拘束力的决定。它们可以改变现存的法律或赋予成员国某种义务。一般而言，国际组织的决定不具有外部拘束力，但是某些国际组织有能力在某些特定领域或特定问题上对其成员国政府作出有拘束力的决定。依据基本文件向成员国政府发出拘束性决定，是国际组织所能采取的最有效的决定之一，它们不需要成员国议会的批准而能立即对成员国产生拘束力。某些国际组织可用决定的形式向其成员国发布普遍适用的规则，这在一些技术性专门机构经常使用。这些一般性规则的实施无须成员国议会的批准。它们既适用成员国也拘束组织本身，因此既是外部决定又是内部决定。

四、国际法

处于国际法律秩序中的国际组织，虽然不是一个完全的国际法主体，但在很大程度上受国际法的制约与规范。它们依据国际法而成立，遵循国际法而运作，大量地运用国际法原则与规则。国际法上的强行法不但构成国际组织法律秩序的一部分，而且优先于国际组织的其他规则。

国际组织通常不被接受为多边造法条约的缔约方，但在原则上也必须遵守一般造法性条约，因为这些条约中所含有的一般法律原则对国际组织也具有拘束力。至于国际组织在对外关系方面的权利能力和行为能力，包括其特权和豁免，则均应适用外交关系法中的原则与规则。另外，国际习惯是国际法的重要渊源之一，它们在国际组织的实践中被广泛运用并获得迅速发展。国际组织还能够在其决议中宣示或确认某种习惯，并且通过实践创设、形成新的习惯规则。至于一般法律原则，它们也构成国际组织法律秩序的组成部分。基本文件及相关决议只能形成一个初步的法律体系，它还要适用成员国国内法律制度所形成的一般法律原则。国际司法机构都注意借助一般法律原则来填补组织内部法律秩序的空白。国际组织的暗含权力的原则就是从一般法律原则中引申出来的。

五、国际组织内争端的解决

在国际组织运作过程中,往往产生于组织内的争端,包括成员国之间、成员国与组织之间、组织各机构之间,以及组织与成员国国民或组织雇员个人之间发生的争端。争端的内容多涉及对基本文件或有关规章的解释与适用。这种争端具有明显的多边性质。对这种争端,所有成员国通常都被要求或有权利参加争端的解决程序,甚至与争端没有直接利益关系的成员国也可以发起各种解决程序。争端的多边性质常常使组织本身也成为争端的一方。

国际组织内争端的解决分为司法程序和非司法程序两类。非司法程序主要表现为谈判与外交途径。在组织框架内,由某机构出面发起和干预争端各方的谈判,或由某机构出面主持调停与和解,均由基本文件或其他章程予以规定。司法程序是指组织内的各项争端,可依基本文件和相关法院(庭)规约的规定,交由相关国际常设性法院(庭)审理的过程,或为诉讼管辖,或为咨询管辖。

第七节　联合国体系

联合国是全球最大最重要的一般性普遍性国际组织,成立50年来在维持和平、促进发展方面发挥着举世瞩目的重要作用。这里就其组织体系加以说明。

一、联合国的宗旨和原则

《联合国宪章》规定联合国的宗旨和原则,组织结构、职权范围和活动程序,是联合国一切活动的法律依据。《宪章》由一个序言和19章共110条组成,《国际法院规约》是《宪章》的组成部分。

《宪章》第1条将联合国的宗旨规定为四项:(1)维持国际和平与安全。为达此目的,《宪章》规定了两项方法,即"采取有效集体办法,以防止且消除对于和平之威胁,制止侵略行为或其他和平之破坏","以和平方法且依正义及国际法之原则,调整或解决足以破坏和平之国际争端或情势"。《宪章》第6、7两章分别对这项办法的实施作了具体规定。(2)发展国家间的友好关系。其基础和依据,则是"尊重人民平等权利及自决原则"。(3)进行国际合作,以解决国际经济、社会、文化和人道主义问题,并促进对人权的尊重。《宪章》第9至13章对此作出了具体规定。(4)作为协调各国行动的中心,以达成上述共同目的。

为了实现联合国的宗旨,《宪章》第2条为联合国本身及其成员国规定了应遵循的七项基本原则:(1)所有会员国主权平等;(2)所有会员国都应善意履行宪章规定的义务;(3)各会员国应以和平方法解决其国际争端;(4)各会员国在其国际关系中不得以武力相威胁或使用武力;(5)各会员国对联合国依宪章采取的行动应尽力予以协助,联合国对任何国家正在采取防止行动或强制行动时,各会员国不得协助该国;(6)联合国在维持和平与安全的必要范围内,应确保使非会员国遵行上述原则;(7)联合国不得干涉在本质上属于任何国家国内管辖的事项。但该原则不应妨碍对威胁和平、破坏和平或侵略行为所必须采取的强制行动。这几项原则,特别是第(1)、(2)、(3)、(4)、(7)项,均系国际社会全体接受的国际法基本原则,其效力远超出一个国际组织基本文件的限制,而对世界各国产生约束力。

二、联合国的主要机关

为实现《宪章》所规定的宗旨,联合国设有六个主要机关:大会、安全理事会、经济及社会理事会、托管理事会、国际法院和秘书处。除此而外,各主要机关还设有执行其职能所必需的各种辅助机关。

(一)大会

大会由联合国全体会员国组成。每一会员国出席大会的代表限为5人,但仅有一个投票权。重要问题的决议,须由出席并参加投票的会员国2/3多数通过,程序性问题则以简单多数表决。大会具有广泛的职权,可以讨论《宪章》范围内或《宪章》规定建立的任何机构的任何问题,但除安理会正在审议者外。大会可向会员国或安理会同时或分别提出建议。

具体地说,大会职权主要包括:审议为维持和平与安全进行合作的一般性原则;讨论会员国、安理会或非会员国向它提出的有关和平与安全的任何问题,并可提出建议;提请安理会注意足以危及国际和平与安全的情势,并建议和平解决的措施;发动研究并提出建议,促进政治、经济、社会等方面的国际合作;鼓励国际法的逐渐发展与编纂;协助实现全体人类的人权与基本自由;接受并审议联合国其他机构的报告;选举安理会、经社理事会、托管理事会的须经选举产生的理事国;和安理会各自选举国际法院的法官;根据安理会推荐,委任联合国秘书长;接纳会员国;审议、批准联合国的经常预算,分派各会员国应摊付的经费,审查各专门机构的行政预算等。

大会下设有七个主要委员会、两个程序委员会和若干特别委员会。大会每年举行一届常会,必要时可临时召开特别会议。

大会主要是一个审议和建议机关,是在一定意义上具有世界议会性质的国际论坛。它无权迫使任何一国政府采取任何行动,而只能以建议形式表达国际舆论,发挥重要影响。大会与安理会一道在联合国各机关中居于中心地位。

(二)安全理事会

安理会是负有维持国际和平与安全的主要责任并唯一有权采取行动的机关,在联合国六个主要机关中占有首要的政治地位。安理会由五个常任理事国——中国、法国、苏联(现由俄罗斯取代)、英国和美国——和十个非常任理事国组成。后者由大会选出,任期两年。每一理事国有一个投票权,实质性问题的决议应以九个理事国的可决票通过,其中应包括五个常任理事国的同意票。

安理会采取常年性行使职能的组织形式。其重要职权,在和平解决争端方面,包括:可以促请争端各当事国用和平方法解决争端;可以调查任何争端或情势,以断定其继续存在是否足以危及国际和平与安全;对上述性质的争端或情势,可以在任何阶段建议适当的调整程序或方法;任何会员国、一定条件下的非会员国、大会或秘书长均得提请安理会注意可能危及国际和平与安全的争端和情势。在维持和平与制止侵略方面,包括:应断定任何对和平的威胁、破坏或侵略行为是否存在;为防止情势恶化,可促请有关当事国遵行安理会认为必要或适当的临时措施;建议或决定采取不涉及使用武力的强制措施,如经济制裁、断绝外交关系等,并促请会员国协同执行;倘上述措施不足以解决问题,可采取必要的军事行动,以维持或恢复国际和平与安全。所有会员国应承诺依安理会倡议商定的特别协定,向安理会提供维持国际和平与安全所必需的军队、协助和便利。

安理会还负责制定军备管制的方案;在战略性地区行使联合国的托管职能;建议或决定为执行国际法院判决而应采取的措施;同大会平行选举国际法院法官;向大会推荐新会员国和联合国秘书长等。

常任理事国的否决权建立在"大国一致"原则的基础上,是安理会表决制度的核心。在实践中形成一种惯例,一个常任理事国在投票中可以弃权,弃权并不被认为是一种否决。近年来,有关安理会的改革争议,多集中在安理会的组成、常任理事国的增设和否决权的弃留问题上。

(三)经济及社会理事会

经社理事会是在大会权力之下指导和协调联合国经济、社会、人权和文化活动的综合系统。其 54 个理事国由大会选举产生,任期三年,交替改选,可连选连任。理事会每年举行两届会议,以简单多数表决,每一理事国享有平等的一个投票权。经社理事会的主要职权包括:就有关经济、社会、文化、教育、卫生等事项的国际性行动从事研究并提出建议;促进对人权和基本自由的尊重;就其职权范围内的事务召集国际会议,起草提交给大会的公约草案;与各专门机构商订确立相互关系的协定,协调其活动;依一定条件为会员国及专门机构提供服务;同与经社理事会处理的事务有关的非政府组织进行磋商。

(四)托管理事会

托管理事会的职责是在大会权力之下监督管理国对托管地的管理,而托管制度的基本目的在于增进托管领土趋向自治或独立的逐渐发展。该理事会由三类会员国组成:管理托管领土的会员国,未管理托管领土的安理会常任理事国,由大会选举的其他非管理国的会员国(任期三年)。理事会有权派出视察团视察托管地,接受并审查申请书，审查管理当局的年度报告。

自联合国成立以来，置于国际托管制度下的领土共有 11 个。到 1975 年止，其中 10 个托管地已成为新独立国家，或者已并入相邻国家实行自治。最后一块托管地太平洋岛屿，已由安理会于 1990 年通过决议，决定终止部分领土托管协定，其最终独立或自治将于近期完成。随着托管领土的逐渐独立，托管理事会的职能及地位将是联合国改革中有待解决的一个问题。

（五）国际法院

国际法院是联合国的主要司法机关，依据《国际法院规约》进行活动。《国际法院规约》包括其组织构成、职权范围、程序规则等项。

（六）秘书处

秘书处是设在纽约联合国总部及其他地方办事处的管理联合国组织日常事务的常设性国际工作人员班子，由秘书长和其他国际公务员组成。其任务是为联合国其他机构服务，并执行这些机构制定的方案和政策。

秘书长是联合国的行政首长，由大会根据安理会的推荐任命，任期五年。除行政管理职责外，秘书长还依据《宪章》执行其他主要机构委托的其他任务。特别是担负将可能威胁国际和平与安全的任何事项提请安理会注意的政治职责，这是此前任何国际组织行政首长所未享有的特权。

秘书长和秘书处职员的具体职责包括：在争端解决中进行斡旋与调解；管理维持和平的行动；同有关国家政府进行交涉；考察世界经济和社会趋势及问题；研究人权、自然资源等专门问题；组织国际会议；监督联合国机构的决定的执行情况；口译发言和笔译文件；向世界新闻媒体提供服务等。秘书长和秘书处职员是独立的国际公务员，对联合国负责，为联合国工作，不得寻求和接受任何政府或联合国以外的任何当局的指示。

三、联合国的专门机构

根据《宪章》第 57 条和第 63 条的规定，联合国可以与对某一特定业务领域负有广大国际责任的政府间专门性国际组织订立关系协定，使之成为联合国体系下的专门机构。迄今为止，同联合国经社理事会签订关系协定或根据联合国决定而创设的各种专门机构有 16 个，即国际劳工组织，联合国粮食及农业组织，联合国教育、科学及文化组织，世界卫生组织，国际复兴开发银行，国际金融公司，国际开发协会，国际货币基金组织，国际民用航空组织，万国邮政联盟，国际电信联盟，世界气象组织，国际海事组织，世界知识产权组织，国际农业发展基金，联合国工业发展组织。此外，国际原子能机构和关税及贸易总协定也列为同经社理事会建立关系的机构，其地位与专门机构类似。1995 年 1 月 1 日成立的世界贸易组织将取代关贸总协定成为同联合国有关系的专门机构。

上述专门机构，少数成立于联合国之前，多数创设于联合国之后。它们有各自的组织基本文件，这些文件原则上确立了它们独立的法律人格。联合国与各专门机构订立的关系协定，不仅确认了它们在国际社会中的法律地位，而且规定了它们同联合国进行联系的特殊形式：联合国承认专门机构的职权范围；专门机构承认联合国有权提出建议并协调其活动，并应定期向联合国提出工作报告；双方互派代表出席彼此的会议，但均无表决权；经请求时，相互把有关议事项目列入自己的会议议程；彼此交换情报与文件；彼此协调人事、预算与财政方面的安排等项。

联合国经社理事会负责协调同各专门机构的关系。为此，经社理事会分别设立了两个委员会：同政府间机构协商委员会和协调行政委员会。前者负责同各专门机构谈判、订立关系协定，后者负责实施上述协定并加强各机构之间的工作配合。

专门机构按照关系协定被纳入整个联合国体系，但从组织体制上来看，它们保持自己独立自主的地位，并不构成联合国的附属机构。它们有各自的成员国、基本文件、组织结构、议事规章、经费来源与工作总部。其决议与活动也不需要联合国批准。

专门机构都是在某一特定业务领域负有广泛国际责任的普遍性国际组织，其成员覆盖世界上的每个部分。不过一般而言，只有国家才能加入，因为专门机构属于政府间国际组织。但也有些专门机构，如关贸总协定、世界卫生组织、国际电信联盟、世界气象组织等，允许非自治领土或地区加入，其成员资格与权利往往受到一定限制。非联合国会员国经特定程序，也可申请加入专门机构。

专门机构的组织体系多采取规范的三级机构，即以全体大会为最高权力机关，以理事会或执行局为执行机关，以国际秘书处为常设管理与协调机关。此外，各机关还可设立执行其职能所必需的其他辅助机关。多数专门机构以一国一票多数(包括特定多数)通过为表决制度。而国际农业发展基金与四个国际金融机构则采取不同形式的加权表决制。

第八节 区域性国际组织

一、概说

区域性国际组织是一定区域范围内的，因共同利益或政策而结合起来的国家集团。区域性国际组织具有明显的组织特征：首先，区域组织的成员一般限于特定地区内的国家或地区，具有显著的地理性质。其次，成员国之间往往有某种共同的利益关系或政策背景。它们或者在民族、历史、文化、语言、宗教上具有密切联系，或者有共同关心的政治、军事、经济或社会问题,形成某种相互依存关系。最后,特定区域内的国家在维持本区域内的和平与安全、发展经济文化关系方面,有着进行广泛合作并结成永久组织的需要。在区域组织中,虽然也有一般政治性组织和专门性组织之分,但是通常重要的区域组织,都不仅具有政治方面维持和平与解决争端的职能,而且也有促进和调整本区域内社会、经济及其他专门领域关系的职能。

《宪章》第 8 章确认了区域组织的法律地位,将它们纳入到联合国维持国际和平与安全的世界体制之中。《宪章》强调区域组织的基本职能是以区域行动来维持国际和平与安全,但其活动不得违背联合国的宗旨和原则,从而使区域组织对联合国而言处于合作与补充的地位。《宪章》第 8 章为区域组织规定了两方面的任务。一方面是和平解决争端。特定区域组织内的联合国会员国,在把地方争端提交安理会之前,应首先通过区域组织力求争端的和平解决。另一方面是协助安理会实施特定的强制行动,但此种行动必须以安理会授权为限。此外,区域组织在这方面所进行或准备进行的活动,均应向安理会作充分汇报。尽管《宪章》把区域组织纳入到联合国维持世界和平与安全的体制内,但区域组织本身并不属于联合国的组成部分。它们依各自的基本文件而创立,有各自的成员、组织结构、职能范围、活动程序与经费来源,在国际法上拥有独立的法人资格,能直接承受国际权利与义务。区域组织同联合国的关系,仅仅是在维持国际和平与安全这一点上同联合国合作或辅助联合国而已。

二、各类区域性国际组织

区域性国际组织除了政治性区域组织外,还有各类经济性、金融性以至军事性区域组织。

(一)政治性区域组织

在各类区域组织中,政治性组织居于首要地位,其组织宗旨与职能相当广泛。自第二次世界大战以来,区域性政治组织大批涌现。目前,各大洲主要的区域性政治组织有:

1. 美洲国家组织

这是历史最悠久的区域性组织,原为 19 世纪末的美洲国家商务局,后更名为美洲共和国联盟。1948 年再改名为美洲国家组织,以《波哥大公约》为其组织宪章,代表了泛美政策发展进程中的一个重要里程碑。该组织现有 31 个成员国,包括美国和 30 个拉丁美洲国家。古巴于 1962 年被取消成员资格,加拿大、圭亚那仅派有观察员。该组织的宗旨是:加强美洲大陆的和平与安全,安排抵御侵略的共同行动;保障成员国之间和平解决争端;寻求成员国间的政治、法律、经济问题的解决,促进各国经济、社会、文化发展方面的合作,加速拉美国家的一体化进程。

2. 非洲统一组织

这是区域组织中成员国最多的一个(已超过50个),除南非外包括了全非洲的所有独立国家。它成立于1963年,以《非洲统一组织宪章》为基本文件,组织宗旨为:促进非洲国家的统一与团结;协调、加强它们之间的全面合作,保卫非洲国家的主权、领土完整和独立;从非洲根除一切形式的殖民主义;促进国际合作。

3. 阿拉伯国家联盟

它是西亚、北非地区的泛阿拉伯国家的组织,也是最大的单一民族国家间组织(成员国超过20个)。它成立于1945年,以《阿拉伯国家联盟公约》为基本文件。其宗旨为:加强成员国之间的联系;协调彼此间的政策与活动,捍卫独立和主权;整体考虑阿拉伯国家的事务和利益;在经济、财政、交通电讯、文化、国籍、社会福利与卫生保健等方面密切合作。该公约还规定成员国之间应和平解决争端,不得诉诸武力。

4. 东南亚国家联盟

它是一个准区域性国际组织,成立于1967年,以《东南亚国家联盟宣言》为组织章程,现有成员国7个。其宗旨为:加强合作,促进本区域的经济增长、社会进步、文化发展以及和平稳定。

5. 欧洲共同体

它是最重要的欧洲区域组织。欧共体由西、北、南欧的12个国家组成的逐步走向高度一体化的经济和政治实体,是一种带有超国家性质的区域组织。欧共体是欧洲煤钢共同体、欧洲经济共同体和欧洲原子能共同体的联合组织,最早成立于1952年,其主要组织文件是1957年《罗马条约》。欧共体由以关税同盟和共同的农业政策为支柱的经济一体化逐步向政治一体化发展,于1992年在马斯特里赫特订立《欧洲联盟条约》,规定分三个阶段实现和完成经济货币联盟和政治联盟的最终目标。欧共体也因此更名为欧洲联盟。欧共体在其实践中形成了一种特殊的法律体系——欧共体法,作为国际组织中的一种特殊类型,欧共体——欧洲联盟的发展对国际法与国际组织法提出了一系列新问题。

其他重要的区域性政治组织还有:

1. 英联邦,由英国和现已独立的前英属殖民地、附属国组成的结构松散的政治、经济协商性组织,现有成员50个。

2. 欧洲委员会,是一个准议会咨询机构,成立于1949年,旨在鼓励和建议成员国之间在政治、经济和社会事务方面的合作,现有成员国已超过21个。

另外还有西欧联盟、北欧理事会等。

(二)经济性区域组织

这是一类在世界特定区域内建立的旨在促进成员国之间经济、社会、文化合作的组织,借以消除贫困、饥馑,取消贸易和关税壁垒,改善社会与文化生活,通过区域合作安排提高人类生活品质。它们也试图协调成员国之间的经济政策,以更充分地实现经济福利和某种一体化。区域经济组织还是力图建成非政治性组织,把注意力集中在改善所有成员国的福利上。

比较重要的区域经济组织有:亚马逊合作条约组织(1978 年)、安第斯共同市场(1969 年)、亚洲和太平洋理事会(1966 年)、加勒比共同体和共同市场(1973 年)、中美洲共同体和共同市场(1960 年)、经济互助委员会(1949 年)、欧洲自由贸易联盟(1959 年)、欧洲经济共同体(1958 年)、拉丁美洲一体化协会(1960 年)、经济合作与发展组织(1961 年)、南亚区域合作联盟(1985 年)、亚太经济合作组织(1989 年)、北美自由贸易区(1992 年)、南部非洲发展协调委员会(1980 年)等。

(三)金融性区域组织

在亚洲、非洲、中东、加勒比地区以及拉丁美洲成立有许多金融性组织,从事各该地区的经济、社会问题研究,向成员国政府提供建议、咨询和资金援助;促进成员国经济发展等。主要的区域金融组织有非洲开发银行(1964 年)、亚洲开发银行(1966 年)、阿拉伯非洲经济开发银行(1974 年)、阿拉伯货币基金组织(1977 年)、加勒比开发银行(1970 年)、中美洲经济一体化银行(1961 年)。

(四)军事性区域组织

区域性军事组织是第二次世界大战后为特定地区内的成员国提供集体安全与相互援助的军事集团。严格地说,这些军事组织很难说是现代国际法意义上的区域组织,因为它们多数同联合国《宪章》的宗旨与原则相抵触。区域军事组织主要有 6 个:北大西洋公约组织(1949 年)、澳新美理事会(1951 年)、中央条约组织(1955 年)、东南亚条约组织(1954 年)、华沙条约组织(1955 年),以及西欧联盟(1955 年)。目前,亚洲、中东地区和太平洋的三个军事集团和华沙条约组织已不再发挥作用了。东南亚条约组织、中央条约组织和澳新美理事会分别于 1977 年、1979 年和 1986 年自行消亡。至于北约和西欧联盟,它们继续存在的理由是大可值得怀疑的。

第九节　非政府组织

一、概说

非政府间国际组织是各国民间的团体、联盟或个人,为了促进在政治、经济、科学技术、文化、宗教、人道主义及其他人类活动领域的国际合作而建立的一种非官方的国际联合体。联合国经社理事会的两份决议认为非政府组织的本质特征是非经政府间协议而创立,不过这类组织是可以接受政府指定的成员的组织,但以这种成员资格不干预组织自主权为条件。

非政府组织肇始于19世纪前半期,与政府间组织几乎同时生成,早期活动主要集中在人道主义和宗教事务方面,而目前已扩展到人类生活的所有领域。其数目由本世纪初的100多个发展到数以万计。截至1993年6月,各类非政府组织和机构达27190个,经常活跃于国际社会的也不少于3000个。

非政府组织不具有国际法上的主体资格,但它们是当代国际社会中不可缺少的重要角色,成为一股强大的力量,对各国政府及政府间组织产生不可忽视的影响。政府间国际组织同非政府组织进行协商,是联合国的创造,并为联合国各专门机构所仿效。一些区域性政府间组织,如美洲国家组织、欧洲理事会等也采取同样的做法。

非政府国际组织的数目急剧增长,并在各自的活动领域有广泛的代表性,并有丰富的专门知识与经验,引起政府间组织的重视。并成为国际法的新问题。

二、非政府组织同联合国的关系

《联合国宪章》第71条规定联合国处理与非政府组织关系的原则,即经社理事会可以就与非政府组织有关并属于经社理事会职权范围内的事项征询非政府组织的意见。根据这一原则,经社理事会通过了第1296(XLIV)号决议及其附件——"理事会与非政府组织之咨商办法",具体规定非政府组织享有的咨商地位的条件与程序,并为处理和协商与非政府组织的关系成立了专门的辅助机关——非政府组织委员会。

取得经社理事会咨商地位的非政府组织必须具备一定条件:(1)该组织的主管事项应属于经社理事会的职权范围;(2)该组织的宗旨与原则应与《联合国宪章》精神相符;(3)该组织应承诺维护联合国的工作,促进对联合国原则与活动的认识;(4)该组织应具有代表性与公认的国际地位;(5)该组织应有组织基本文件、完善的组织结构、固定会场与执行人员;(6)该组织应有授权其会员为代表进行发言的权利;(7)该组织的基本经费应主要来自其成员的会费。

非政府组织如要取得咨商地位,必须首先向经社理事会提出申请,由经社理事会非政府组织委员会进行审理,如审查合格,须经该委员会协商一致向经社理事会建议授予咨商地位,最后由经社理事会以决议形式批准。已取得咨商地位的非政府组织如从事违反咨商关系性质的活动或在三年中对联合国有关工作没有贡献,非政府组织委员会可建议经社理事会中止或撤销其咨商地位。被撤销者三年内不得再度申请。

截至1993年年底,已经获得联合国经社理事会咨商地位的非政府组织共有680个。这些非政府组织按其活动性质与范围,以及经社理事会或其辅助机关对这些组织所能提供协助的预期程度,分为三种类型:(1)一般咨商地位。这种地位是授予那些对经社理事会大部分活动有利害关系的组织的。目前享有第一类咨商地位的非政府组织有 42 个，如国际自由工联、国际商会、国际妇女理事会等。(2)特别咨商地位。这种地位是授予那些与经社理事会少数活动领域有关，具有专长并享有国际声誉的组织的。目前享有第二类咨商地位的非政府组织有 373 个，如残疾人国际、绿色和平国际、国际律师协会、国际人道主义法协会等。(3)列入名册。凡有时能对经社理事会工作做出有效贡献及临时咨询的非政府组织，可以列入登记册。目前被经社理事会确认列入名册的有 232 个组织，经秘书长确认列入名册的有 33 个。二者的地位没有区别。这类组织有警官国际协会、国际太阳能协会、泛美发展基金等。此外，该名册也列入了联合国专门机构授予同样地位或与其建立类似关系的非政府组织 272 个。

上述三类咨商地位不同的非政府组织参与咨商活动的范围与能力不同。第一类、第二类组织可以派出全权代表，作为观察员参与经社理事会及其下属机构的公开会议，而列入名册的组织代表只能出席与其权限范围有关问题的会议，都无表决权。第一类组织可对经社理事会及其辅助机关会议的临时议程提出建议，并在会上陈述意见。所有三类组织都可以向所出席的会议书面陈述意见，但后两类组织只能在经社理事会的下属机构会议上口头陈述意见。此外，这三类组织都可以参与经社理事会召集的国际会议的咨商活动。非政府组织原则上不参与联合国其他主要机构的工作，唯一的例外是红十字国际委员会被联合国大会授予观察员地位。

主要参考书目

1. 梁西，《国际组织法》，1993 年。

2. 饶戈平主编，《国际组织法》，1995 年。

3. Henry G. Schermers, International Institutional Law, 1980.

4. D. W. Bowett, The Law of International Institutions, 4th edition, 1982.

5. A. LeRoy Bennett, International Organizations: Pninciples and Issues, 5th edition, 1991.

6. P. Taylor, International Organizations in the modern World: the Regional and the Global Process, 1993.

第十七章　国际争端的解决

第一节　概　　论

一、国际争端的产生和特点

国际争端随着国家的产生、国际关系和交往的形成和发展而出现的。国际争端可以是两个国家之间的争端,也可以是涉及若干个国家或地区,甚至几个地区或全世界的争端。国际争端完全不同于其它任何种类的争端,其一,它的主体主要是主权国家;其二,国家之间不存在一个超国家的权力机关或裁判者——高于国家的立法机关和司法机关——来制定法律和裁判争端;其三,国际争端往往涉及国家和人民的重大利益,比其他任何争端都复杂和难以解决;其四,国际争端的起因往往比较复杂,既有政治的因素,也有法律的因素,还可能有事实的因素;其五,国际争端的解决受到国际关系力量对比的制约,同样的争端在不同的情况下解决的方法和结果可能有所不同;其六,国际争端解决的方法和程序是随着历史的发展和变化而发展和变化的。

二、国际争端的种类和性质

国际争端因其发生的原因的不同,一般可以分为四大类:

(一)法律争端

它指争端当事国的各自要求是以国际法为根据的争端。法律争端在传统国际法上也被称为"可裁判的争端"(justifiable dispute),即可以通过法律方法解决的争端。这类争端关系到国家的被法律承认和保护的权利和利益。

(二)政治争端

它指起因于政治利益的国际争端。政治争端在传统国际法上也被称为"不可裁判的争端"(non-justifiable dispute),即不能通过法律方法或有关国家不愿意通过法律方法解决的争端。这类争端一般对国家的独立和主权等问题有重大影响,很难用国际法和法律方法来解决。

(三)混合型争端

它指既涉及国家法律权利,也涉及国家政治利益的国际争端。事实上,在国际关系中，单纯的法律争端和政治争端并不多见，更多的国际争端都是属于混合型争端，政治利益的冲突往往含有法律争端的因素。这类争端的解决往往既可以采用法律的解决方法，也可以采用政治的解决方法，还可以采用法律和政治方法并用的解决方式。

（四）事实争端

它指起因于有关国家对某项事实、某种情况、某项事项真相争执不下的国际争端。这类争端的起因往往是由于事实问题不清楚，争端各方对事实真相各执一词。因此，事实争端的解决比较适合于采用特殊的争端解决方法，例如：调查、和解等。

三、国际争端的解决方法

在传统国际法上，解决国际争端的方法被区分为和平解决方法和强迫解决方法。

所谓国际争端的和平解决方法，是以武力以外的方法解决国际争端，即用政治的方法（亦称为外交的方法）或法律的方法来解决国际争端。政治的解决方法一般是指谈判、协商、调查、斡旋、调解、和解等方法；而法律的方法一般是指仲裁和司法解决争端的方法。和平解决国际争端的具体方法究竟有哪些，在国际法上并无定论，并不限于前面提到的那些方法。事实上，随着国际形势关系的发展和变化，和平解决国际争端的方法随之有新的发展和变化。

所谓国际争端的强迫解决方法，是指一个国家为了使另一个国家同意它所要求的对争端的解决和处理，而采用的某些带有强制性的解决措施。这些强制的解决措施一般认为包括反报、报复、平时封锁和干涉。这些措施包含有武力的使用，而武力的使用或武力的威胁是不符合《联合国宪章》的宗旨和原则的。在原则上，上述解决国际争端的强迫方法不是解决国际争端的合法方法。然而，在国际法上并不完全排除使用强制的方法解决国际争端。首先，根据《联合国宪章》第 51 条，单独和集体的自卫是国家的固有权利，国家在受到武力攻击时，在安全理事会采取必要办法、以维持国际和平与安全之前，有权单独或与其它有关一道以自卫的方式解决它（们）与攻击国之间的争纷或争端。其次，根据《联合国宪章》第 7 章，安全理事会在断定存在任何对和平的威胁、对和平的破坏或侵略行为时，应建议或选择不涉及使用武力的各种强制措施，包括经济关系、铁道、海运、航空、邮电、无线电及其它交通工具的局部或全部停止，以及外交关系的断绝。最后，如果安全理事会认为上述强制措施被证明或可能被证明不足以维持国际和平与安全的情况下，安全理事会可以采取必要的空、海、陆军行动。《联合国宪章》所规定的上述强制方法的主要目的是为了维持国际和平与安全，是联合国体制下的对争端的解决。

第二节 和平解决国际争端的意义

和平解决国际争端原则是一项国际法基本原则。

其一,《联合国宪章》对和平解决国际争端有明确的规定。《宪章》第1条第1款规定:"维持国际和平与安全;并为此目的:采取有效集体办法,以防止且消除对于和平之威胁,制止侵略行为或其他和平之破坏;并以和平方法且依正义及国际法之原则,调整或解决足以破坏和平之国际争端或情势"。第2条第3款还规定:"各会员国应以和平方法解决其国际争端,俾免危及国际和平、安全及正义"。《联合国宪章》第6章专章规定了和平解决国际争端的各种方法和程序。

其二,联合国通过的一些重要决议和宣言中都确认和重申了和平解决国际争端的原则。例如,1970年10月24日联合国大会通过的"联合国25周年纪念宣言"、1970年12月16日通过的"加强国际安全宣言"、1985年11月8日通过的题为"庄严呼吁冲突中的各国停止进一步的军事行动,通过谈判解决它们之间的争端;呼吁联合国成员国通过政治方法解决紧张和冲突局势以及已存在的争端,禁止威胁或使用武力,禁止干涉其他国家内部事务"的决议等;又如,1970年联合国大会通过的"关手各国依《联合国宪章》建立友好关系及合作的国际法原则宣言"郑重宣布"各国应以和平方法解决其与其他国家之国际争端,俾免危及国际和平、安全及正义。各国因此应以谈判、调查、调停、和解、公断、司法解决、区域机关或办法之利用或其所选择之他种和平方法寻求国际争端之早日及公正之解决。于寻求此项解决时,各当事方应商定与争端情况及性质适合之和平方法。……国际争端应根据国家主权平等之基础并依照自由选择方法之原则解决之。……"再如,联合国1982年通过的"关于和平解决国际争端的马尼拉宣言"、1988年通过的"关于预防和消除可能威胁国际和平与安全的争端和局势、关于联合国在该领域的作用的宣言"和1991年通过的"关于联合国在维持国际和平与安全领域中的实况调查宣言"等。

其三,很多重要的区域性国际组织的章程和区域性条约都明确规定了以和平的方法解决成员国之间的争端的义务。例如,1957年《欧洲和平解决争端公约》、1948年《美洲国家组织宪章》、1948年《美洲和平解决争端条约》和1963年《非洲统一组织宪章》等。

其四,和平解决国际争端原则与其它国际法基本原则密切相关,共同构成国际法的基础。例如,和平解决国际争端原则与在国际关系上不使用武力原则、不干涉别国内部事务原则、国家主权平等原则等都是相辅相成的。

其五,由于国际社会的反复实践和反复确认,和平解决国际争端原则已经成为国际习惯法的一部分。这样,和平解决国际争端原则就不仅对有关国际组织或区域组织的成员国、有关条约或国际公约的缔约国有法律拘束力,而且对国际社会的所有成员都有法律拘束力。

在历史上,战争曾作为推行国家政策的工具,其合法性在传统国际法上得到肯定。19 世纪末 20 世纪初,于 1899 年和 1907 年先后两次召开海牙会议,签订了两个《和平解决国际争端的条约》,提出并确立了和平解决国际争端的国际法原则。第一次世界大战以后,《国际联盟盟约》第 12 条规定了会员国以和平方法解决它们之间争端的义务。然而,国际联盟并没有规定完全禁止以战争方式解决国际争端,而只是规定在一定的时间内、一定的条件下不得从事战争。

1928 年 8 月 27 日签订的《关于废弃战争作为国家政策工具的一般条约》(简称《巴黎非战公约》或《白里安—凯洛格公约》),在法律上第一次禁止以战争作为推行国家政策的工具。《公约》第 2 条规定:"缔约各方同意,它们之间可能发生的一切争端或冲突,不论其性质或起因如何,只能用和平方法加以处理或解决"。

第二次世界大战之后,《联合国宪章》把"维持国际和平及安全"作为联合国的首要目的。为了实现这一目的,《宪章》规定了两个步骤:第一个步骤是"以和平方法且依正义及国际法之原则,调整或解决足以破坏和平之国际争端或情势";第二个步骤是"采取有效集体方法,以防止且消除对于和平之威胁,制止侵略或其它和平之破坏"。在联合国 50 年的历程中,和平解决国际争端始终是联合国的首要任务之一,而且取得了相当的成功。

现在和平解决争端已经成为国际法基本原则;和平解决国际争端既是国家的义务,也是国家的权利。国家不仅有权要求与其存有分歧或争端的国家以和平方法解决它们之间的争端,而且还有权自由选择和平解决争端的具体方法。国家有权根据自己的意愿,根据争端的具体情况,通过与争端另一方的协议,选择和决定自己认为合适的争端解决方法。这项原则以及国家在这项原则下的权利和义务在《联合国宪章》有明确的规定,并在其它重要的和平解决国际争端的国际文书也有类似规定。

第三节　和平解决国际争端的政治方法

一、概论

和平解决国际争端的政治方法,有时亦被称为外交方法,是指法律方法以外的争端双方解决方法和争端当事国以外的第三方解决方法。解决国际争端的政治方法一般包括:谈判、协商、调查、斡旋、调停、和解。政治方法的特点是:(1)适用于各种不同类型的争端。只要争端当事国同意,无论是政治争端,还是法律争端,无论是混合型争端,还是事实的争端,都可以通过政治方法予以解决。(2)争端当事国的主权得到充分的尊重。政治方法都是在争端当事国享有充分的自由的情况下提出和采用的,争端当事国始终享有充分的自由裁量权。(3)不影响争端当事国同时或今后采用其它的争端解决方法。争端当事国可以在一种政治方法解决争端不成功的情况下,随时采用另一种政治方法或政治方法以外的解决方法。

二、谈判与协商

谈判(negotiation)和协商(conciliation)是指两个或两个以上的国家为了有关冲突、矛盾或争端得到谅解或求得解决而进行的直接交涉,包括澄清事实,阐明观点,消除隔阂和误会,增进相互了解和信任,以寻求双方都能接受的解决办法。在国际实践中,谈判和协商是和平解决国际争端的初级、正常、基本方法,属于和平解决国际争端的政治方法,可适用于一切类型的国际争端。协商则是近半个世纪以来发展起来的一种解决国际争端的方法,它与谈判有着许多共同之处,有时也被看作是谈判的一种形式。

谈判与协商的共同特点是:(1)争端当事国之间直接交换意见,自始至终地参加和掌握谈判和协商的整个过程;(2)适用于各种类型的国际争端,包括政治性的、法律性的、事实性的、技术性的和混合性的各种争端;(3)一方面,谈判和协商是各国最经常用来解决争端的方法,虽然不能全部取得圆满或成功的结果,但在实践中确实解决了大多数的争端;另一方面,由于谈判和协商是争端当事国之间直接进行的,其谈判和协商结果一般是能够得到争端当事国的执行或遵守;(4)在谈判中,争端当事国在原则上处于完全平等的地位,它可以提出、接受、拒绝或修正任何解决争端的建议;(5)除另有协议外,争端当事国可以在任何时候选择它自己认为合适的其它争端解决方法。

谈判和协商的结果有三种:一种是争端一方让步,放弃自己的主张或要求,接受争端另一方的意见、主张或要求;另一种是争端双方互相让步,相互妥协,找出双方都能接受的解决争端的方法;第三种是争端各方坚持己见,互不让步,造成谈判破裂,而只能采用其他的争端解决方法。

用谈判的方法解决国家之间的争端在历史上很早就出现了,到了近代特别是现代,谈判的方法则日益普遍起来,并且发展成为一套有比较固定的形式和程序的争端解决方法。例如,1899 年和 1907 年制定的《海牙和平解决国际争端公约》、1919 年《国际联盟盟约》、1928 年《和平解决国际争端日内瓦总议定书》、1945 年《联合国宪章》、1970 年联合国大会通过的“关于各国依《联合国宪章》建立友好关系及合作的国际法原则宣言”等重要的国际法律文件都对解决国际争端的谈判方法和程序作了比较具体和详细的规定，并明确地把谈判作为和平解决国际争端的首要方法。

协商方法作为解决国际争端的一种方法的出现，则是在现代。在传统的国际法中，协商只是谈判的一个组成部分或一个步骤，并没有成为单独的一种解决争端的方法。但是到了50年代以后，协商的方法越来越受到国际社会的肯定和重视，并在国际实践中成功地解决了一些相当复杂或困难的国际争端或问题。60年代以后，协商的方法无论是作为谈判的一种形式，还是作为一种单独的解决争端的方法，都更加广泛地得到应用，越来越多地被国际条约作为争端解决的方法予以规定，越来越多的国家在解决它们与其它国家之间的矛盾和争端时诉诸于协商方法。协商已成为和平解决国际争端的一种新的重要方法。

谈判和协商的几个主要的问题：

1. 谈判和协商的形式是多种多样的，可以是口头形式或是书面形式，或者是两种形式并用；可以是争端国家之间的双边形式或是由若干个国家召开国际会议的多边形式。

2. 谈判或协商是由发现有争端的一国邀请另一国进行谈判或协商，而另一国接受这个邀请而开始的。

3. 参加谈判或协商的人员可以是国家元首或政府首脑，也可以是外交部长、外交代表或者临时派遣的特别代表；可以是争端当事国派遣的代表团，也可以是政府任命的个人代表。参加谈判或协商人员的级别可以由争端当事国协商决定，在一般情况下，各国人员的级别基本对等。

4. 谈判或协商的地点通常在争端当事国之一的首都，也可以轮流在每一争端当事国的首都举行，还可以在争端各国领土以外的某地或某一国际组织所在地举行。

5. 谈判或协商的持续时间视不同情况而不同，有些谈判或协商可以在几天之内结束，有些则可能旷日持久，长达几年或几十年。有些条约具体规定了谈判或协商的时限，超过时限后争端当事国可以采用其它的争端解决方法。

6. 如果谈判或协商取得成功，争端当事国通常发布文件反映通过谈判或协商达成的协议。文件的形式可以是协定，也可以是联合声明、公报、备忘录，等等。文件的形式取决于争端当事国的协议。如果谈判或协商未获成功，争端当事国可以无限期地停止谈判或协商的过程，也可以发表公报宣布谈判或协商失败。如果争端涉及到条约的解释或适用，还可能导致其中一方缔约国退约。

7. 谈判或协商的公开程度主要取决于争端当事国的共同决定，可以是秘而不宣，也可以是公开宣布。

三、调查

调查（investigation）又称“查询”或“查明事实”（factfinding）。指在特别涉及对事实问题发生分歧的国际争端中,有关争端当事国同意第三方为解决争端而通过一定的方式调查有争议的事实,查明是否有争端当事国所声称的情势的存在,以最终解决争端的一种方法。调查作为查明事实和调查研究的公正的第三方解决方法,也属于解决争端的政治方法。调查的特点是:(1)把外交和法律、技术的优点结合起来,既可以为争端当事国就争端中的问题提出一份公正的报告,又可以提出解决该争端的办法;(2)进行调查工作的机构的组成、调查工作的方法和程序以及调查机构的职能等一般由有关条约加以具体规定;(3)调查往往是和平解决国际争端方法的第一步,只有查明有争议的事实问题,才能决定是否存在争端当事国所声称的情势,以合理解决争端;(4)调查的结果应编写一份调查报告,提供给争端当事国和有关机构,报告的内容一般是只限于叙述已查明的事实,对争端当事国没有拘束力。

调查的方法一般都有一定的组织或机构,而名称不同,如"国际调查委员会"、"国际实况调查委员会"等。这些机构和组织根据有关条约、各自的章程或规约来履行其职责。

早在1899年,第一次海牙和平会议上就创立了以国际调查委员会解决国际争端的方法。此后,调查的方法又根据多革滩事件的调查委员会的经验,在1907年第二次海牙和平会议上作了修改。在历史上,调查方法第一次被用于1904年英俄之间关于北海渔船事件。其后,美国政府为了解决其与许多国家之间的纠纷,根据国务卿布赖恩的建议,于1914年秋天在华盛顿签订了一系列"布赖恩和平条约"。根据这些条约,各缔约国同意将一切为外交方法所不能调整或解决的争端提交一个常设国际委员会进行调查并由该委员会作出报告,各缔约国同意在报告提出前不开始敌对行动。第一次世界大战以后,调查方法得到包括《国际联盟盟约》和《联合国宪章》在内的一些重要的国际组织基本章程以及区域性国际组织章程的多次确认和提倡,并且在实践中得到进一步的发展。80年代以后,各国更加充分认识到调查方法特别地有助于防止发生国际争端、促进和平解决国际争端以及预防和消除对和平的威胁,制定并通过了一系列有关的国际文件。1988年联合国大会通过了《关于预防和消除可能威胁国际和平与安全的争端和局势以及关于联合国在该领域的作用的宣言》,要求国际社会充分利用联合国安全理事会、大会和联合国秘书长的事实调查能力,进一步加强联合国在维持国际和平与安全方面的作用和效力。1991年联合国大会审议并通过了"《联合国宪章》和加强联合国作用特别委员会"历经数年制定的"关于联合国在维持国际和平与安全方面的实况调查活动的宣言草案",进一步对联合国在和平解决国际争端方面采用调查方法和程序作了具体的规定。

根据上述国际文件,调查方法所涉及的几个主要的问题有:

1. 调查的开始。主要取决于有关条约的具体规定。常设的调查委员会和临时的调查委员会的开始往往是不同的;对于常设的调查委员会而言,有关设立这个委员会的条约的缔约国一般是预先接受调查委员会的管辖,同意在条约规定的条件下接受委员会的调查方法和程序,调查的开始时间是根据条约的具体规定;而临时的调查委员会则是取决于决定设立调查委员会的有关国家在争端发生以后所达成的有关协议,调查的开始时间则是根据争端当事国的意愿作出的具体规定和安排。

2. 调查的组织机构。既可以是由若干人组成的调查委员会或调查小组,也可以是单独的一个人。在国际实践中,一般是若干人组成的调查委员会或调查小组。例如,根据联合国有关事实调查的宣言和文件,联合国秘书长、其他专门机构的行政首长可以应争端当事国要求,指派一个调查团(或小组)甚至一个人进行有关事实方面的调查。

3. 调查组织机构的工作地点。可以在某一固定的地点,也可以在第三国的首都,还可以在调查组织机构自行决定的任何地点。在某一国际组织或机构主持调查工作的情况下,调查组织机构的工作地点通常是有关国际组织或机构的总部或区域办事处,但是,争端当事各国同意必须进行实地调查的情况除外。

4. 调查的方法。主要包括听取争端双方的意见,询问证人,收集证据,查看有关现场等。这些方法的目的是查明和弄清事实真相,促使争端在此基础上得以和平解决。

5. 调查的结果。主要是由调查委员会(或小组)或调查人编写一份调查报告,提供给被调查的争端当事国和有关机构。报告的内容因赋予执行任务的调查组织机构的职能和权限的不同而有所不同。报告可以是只限于叙述已确定的事实,而对争端各国并无拘束力;也可以是对有关事实的结论性意见,并对争端各国有拘束力。

四、斡旋和调停

斡旋(good offices)和调停(mediation)是指在争端当事国之间不能通过直接谈判或协商的方法解决争端时,第三国根据自己的好意主动进行有助于促成争端当事国直接谈判,协助争端当事国解决争端的方法。虽然斡旋和调停都是第三方解决国际争端的方法,而且在一些多边条约和国际实践中对它们不作严格区分,但在理论上,斡旋和调停是两种不同的和平解决国际争端的方法。斡旋的特点是,第三方主动进行有助于促成争端当事国之间直接谈判的行动,但斡旋者本身不参加谈判,而调停的特点是,第三方以中间人的身份推动争端当事国采取和平方法解决它们之间的争端,包括提出建议作为争端当事国重新谈判的基础,并且直接参加争端当事国之间的谈判,促成争端当事国达成妥协。然而,无论是斡旋还是调停,争端当事国均对争端的解决保持完全的自由,不因斡旋或调停的进行而承担任何义务;进行斡旋或调停的第三方不能把自己的意见和建议强加于争端当事国,无论斡旋或调停是否成功,第三方都不承担任何法律义务。

1899 年,《海牙和平解决国际争端公约》就对斡旋和调停作有详细的规定,1904 年的日俄战争,由于美国总统的斡旋,以 1905 年 9 月 5 日《朴茨茅斯和约》的缔结而告结束。玻利维亚和巴拉圭之间于 1928 年发生的查科战争,在历时八年之后,由于阿根廷、智利、巴西、美国、秘鲁和乌拉圭六国的调停,于 1936 年以召开布宜诺斯艾利斯会议而宣告结束。

斡旋和调停的几个主要问题:

1. 斡旋或调停。可以是由提供斡旋或调停并为争端当事各国所接受的第三方提出开始的建议被接受而开始,或者是由争端各当事国主动提出邀请第三方并为第三方所接受而开始。

2. 斡旋的工作方法。在一般情况下,是第三方通过与争端各当事国进行的非正式会议与各国取得联系,了解各国的立场,然后向各国转达彼此对争端的立场,使争端当事国能够重新坐到谈判桌前。

3. 调停的工作方法。主要包括第三方与争端各当事国交换意见,澄清问题,草拟解决争端的建议,作出临时安排以替代最终的争端解决办法等,调停的工作方法是保密的和非正式的。

4. 进行斡旋或调停的第三方不能把自己的意见或建议强加于争端各当事国,并且对争端各当事国不产生法律后果。如果调停人的建议被争端当事国所接受,这些建议将成为争端当事国解决争端的基础。

五、和解

和解(conciliation)有时也称为"调解",是指争端当事国通过条约或其它形式商定把它们之间的争端提交一个由若干人组成的委员会,由委员会通过对争端事实的调查和评价,向争端当事国澄清事实并在听取争端各当事国意见和作出使它们达成协议的努力后,提出包括解决争端建议在内的报告的争端解决方法。和解也是一种第三方解决争端的方法,其特点是:(1)争端当事国根据条约或其他协议把争端交给一个数人组成的和解委员会,委员会有一定的组织、工作方法、程序等。(2)和解委员会不仅调查争端和事实,而且还提出解决争端的建议。(3)和解的结果对争端当事国有道义上的拘束力。

和解是一种和平解决国际争端的传统方法,产生于 19 世纪末期,在 20 世纪,特别是第一次世界大战以后得到了进一步的发展。两次海牙国际和平会议、国际联盟、联合国和一些区域性国际组织都为和解方法的完善和发展作出了贡献。由于和解方法基本上是以条约和国际公约为法律根据的,所以和解方法因条约、国际公约的不同在具体应用上有一些差异。但是,和解的基本程序和工作方法是:(1)用调查或其它方法搜集一切与争端有关的、必要的情况;(2)设法使争端当事国就解决争端达成协议;(3)设法提出适当的解决争端的条件和方法,供争端当事国考虑和采纳;(4)规定争端当事国作出是否接受和解的最后期限。

和解不同于调查,和解委员会也不同于调查委员会,其主要区别在于,前者的目的是通过和解委员会的工作积极协助和推动,使争端当事国就解决争端达成协议;而后者的目的则是查明事实真相,在此基础上希望争端当事国能够自行解决它们之间的争端。和解也不同于调停,前者是争端当事国把争端交给一个由若干人组成的和解委员会,以便通过委员会的公正和客观的调查以及其所提出的建议来谋求争端的解决;而后者则是进行调停的第三国以各种方法,努力使争端当事国进行谈判,促成其讨论和寻找解决争端的办法。

在规定以和解方法解决国际争端的条约或国际公约中,和解基本上是任择性质的第三方解决国际争端的方法,而近 30 年又出现了一种新的发展趋势,使和解在某些情况下具有一定的强制性。

在历史上,有关或涉及和解的重要的国际公约和双边条约有:1899 年和 1907 年的《海牙和平解决国际争端公约》,美国在 1914 年秋天根据当时的国务卿布赖恩的建议与英国等一系列国家签订的所谓《布赖恩和平条约》,1948 年的《美洲和平解决争端条约》(《波哥大公约》),1949 年修订的《日内瓦和平解决国际争端的总议定书》,1969 年《维也纳条约法公约》和附件,1982 年《联合国海洋法公约》和附件五,正在制定中的《联合国国家间争端和解的示范规则》等。

和解的几个主要问题是:

1. 和解委员会是和解的重要要素。和解委员会的组成一般都在有关的国际公约或双边条约中有明确和具体的规定。和解委员会的成员人数是单数,可以是三人或五人。争端当事国双方各指定三名和解员中的一名或五名和解员中的两名,其他一名和解员由争端当事国双方协商指定,且应为第三国国民。争端当事国协商指定的这名和解员一般被同时指定为和解委员会主席。在通常情况下,最后一名和解员是由争端当事国双方协商指定或由争端当事国双方已指定的二名或四名和解员的共同决定来指定的。但在某些情况下,如果争端当事国双方就指定该名和解员发生困难而妨碍和解委员会的组成时,争端当事国可授权第三方(通常是第三国或一名知名人士,如联合国秘书长或国际法院院长)来指定。事实上,在近几十年制定的国际公约中,有关和解委员会的组成和指定程序上已发生了某些变化,一般都是规定要事先编制并保持一份区分不同类别的和解员名单,以供争端当事国从中挑选和指定和解员。

2. 和解可以是根据有关条约中的特别规定或和解条款而开始,也可以根据争端当事国的一致同意而开始。前一种情况反映了某种发展趋势,即根据有关条约的特别规定或和解条款,争端当事国一方可以单方面提出和解要求,这种单方面要求一旦提出即可以开始和解程序,也就是单方面的强制性质的和解。后一种情况属于传统形式的和解程序,即和解的开始需要争端当事国双方的一致同意,也就是属于任择性质的和解。

3. 在一般情况下,和解委员会应自行决定和解的程序规则,或者除非各争端当事国不同意,和解委员会应决定其工作程序。和解委员会有关其程序规则、报告和建议等问题的决定应由其成员的多数票作出。

4. 和解的工作方法是:第一个步骤是调查,和解委员会听取争端当事国的陈述、审查其权利主张和反对意见、召集和听取证人与专家的陈述、在征得争端当事国同意的条件下到与争端有关地区实地调查或访问等。第二个步骤是听证,争端当事国委派代理人、辩护人和专家出席和解委员会的会议,委员会听取他们的意见和发言,并可以要求当事国提供其进行和解工作所必要的文件和情况。第三个步骤是编写报告,和解委员会在结束工作时要编写并提出一份包括有关问题的调查情况和解决争端建议的正式报告。报告应分发各争端当事国、有关的组织和机构。

5. 在早期的有关和解的条约和条款中,一般是规定六个月的期限,而现代的规定多是十二个月的期限。和解可以是在和解的期限内完成工作而告结束,也可以是因和解的期限已满而告结束。前者意味着和解已完成其预定的任务,而无论和解期限是否已到;后者意味着虽然和解尚未完成其预定的任务,但和解期限已过,只能终止和解程序。

6. 在传统上往往是做出以对争端当事国没有拘束力的建议为结果,但现代出现了作出对争端当事国的有一定拘束力的建议的结果,即和解委员会作出的决定或建议是最后的,而且对争端当事国具有拘束力。

第四节　和平解决国际争端的法律方法

一、概论

和平解决国际争端的法律方法是指用仲裁和司法判决来解决国家之间的争端。法律方法的特点是:(1)适用解决法律争端和混合型争端;(2)解决争端和裁判争端依据的是法律规则,而不是一般的道德规范、社会习俗、世俗的是非标准等;(3)有相对比较完善的组织机构和相对比较固定的程序规则;(4)仲裁裁决和司法判决对争端当事国有拘束力,争端当事国有义务诚实执行裁决或判决;(5)是解决争端的最后方法,争端当事国一般不再诉诸于其它任何争端解决方法。

二、仲裁

仲裁(arbitration)是指争端当事国一致同意把它们之间的争端交给自己选任

的仲裁人来裁判并承诺服从其裁决的一种解决争端的方法。从其形式上讲，仲裁类似于司法判决，但实际上仲裁与司法判决不同。它是“自愿管辖”性质，由争端当事国自愿把争端交给自己选任的仲裁人，仲裁人在争端当事国协议规定的权限范围内根据争端当事国选择的法律作出裁决。同时，仲裁也不同于解决国际争端的政治方法，其根本区别在于仲裁裁决对争端当事国是有拘束力的。

仲裁的特点是：首先，它是一种争端当事国的自愿接受管辖。一方面，争端当事国愿意把争端提交仲裁解决，另一方面，争端当事国自己选择仲裁人。其次，仲裁裁决对争端当事国有拘束力，争端当事国把争端提交仲裁，就表明争端当事国愿意诚实服从和执行仲裁裁决。最后，仲裁裁决是依据法律作出的，争端当事国有权选择仲裁所依据的法律。

仲裁是国际关系和国际法上一种很古老的制度。早在古代希腊和中世纪欧洲国家之间都曾采用过仲裁方法解决争端。从 18 世纪末期开始，仲裁得到越来越广泛的采用，特别是 19 世纪后期，仲裁越来越受到重视，并成功地解决了一些严重的国际争端，突出地提高了仲裁的价值和地位。据统计，1820 年至 1840 年有仲裁案 8 件；1840 年至 1860 年有仲裁案 30 件；1860 年至 1880 年有仲裁案 44 件；1880 年至 1900 年仲裁案件高达 90 件。同时，仲裁案件所涉及的争端也是各种各样的，有涉及国家主权和利益被侵犯的争端，也有涉及国家领土的纠纷，还有关于海上中立法和海上捕获法等方面的争端。这样，仲裁逐渐发展成为现代国际法上一个很重要的和平解决国际争端的方法。

（一）仲裁的法律根据

仲裁是自愿管辖，因此，进行仲裁的先决条件是争端当事国同意把争端提交仲裁，而争端当事国表示同意一般是采取以下两种形式：

1. 订立仲裁条约或协定。

仲裁条约或协定的订立表明争端当事国把争端交付仲裁的合意，并因此承担了诚实服从和执行仲裁裁决的义务。仲裁条约或协定可以是两个国家之间订立的，也可以是两个以上的国家之间订立的；可以是在争端发生以后为解决争端而临时订立的，也可以是为了今后可能发生的争端而事先订立的；可以是一般性或永久性的仲裁条约或协定，也可以是附属于其它条约或公约以处理有关条约或公约的解释与适用中所发生的特殊争端的附加仲裁协定。但是，无论是上述任何种类的仲裁条约或协定，其基本内容都包括：提交仲裁的具体争端、争端的主要问题、仲裁法庭建立的方法、仲裁法庭的组成、争端当事国代理人的指派、仲裁法庭的程序规则和工作方法（包括法庭所使用的语言、适用的法律、仲裁所在地、费用、财务安排、仲裁裁决的效力、争端当事国的权利和义务等）。

2. 订立并接受条约或国际公约中的争端解决条款或仲裁条款。

条约或国际公约中的这类条款一般只是规定缔约国在某种条件下应以仲裁方

法解决有关条约或国际公约的解释或适用所产生的争端，措辞比较概括，仅是在原则上表示争端当事国同意把某种争端的全部或部分提交仲裁。

（二）仲裁法庭的组成

这是仲裁制度的一个重要的问题，也是仲裁的主要的特征，即由争端当事国自己选任的仲裁员担任仲裁职务。仲裁法庭通常由三名仲裁员组成，有时也由五名仲裁员组成，也有只有一名仲裁员的仲裁法庭。每一方争端当事国有权根据自己的具体情况选任三名仲裁员中的一名或者五名仲裁员中的两名，第三名或第五名仲裁员一般由争端当事国双方共同指派，或由争端当事国双方已指派的仲裁员共同指派。仲裁法庭的庭长由该名共同指派的仲裁员担任，有时称为"公断员"（umpire）。仲裁法庭一经建立，在其作出裁决前，其组成应保持不变。如某一仲裁员因死亡、解职或辞职而空缺时，则应按原来指派仲裁员的程序予以补缺。

（三）仲裁裁决的争端范围

适合于提交仲裁裁决的争端主要是：(1)法律性质的争端，特别是关于国际公约的解释或适用的争端；(2)争端当事国认为可以提交仲裁的其他争端。在过去的国际实践中，除涉及国家重大利益、独立、荣誉或第三国利益的争端被认为不宜提交仲裁解决外，其他争端都可以提交仲裁解决。目前常见的不宜于提交仲裁的争端则还有被认为是关于一国国内管辖事项、过去的争端、第三国的利益、特殊的领土和政治利益的争端。

（四）仲裁适用的法律和程序

争端当事国可以事先就仲裁所适用的法律达成协议，这种争端当事国共同同意适用的法律可以是国际法原则和规则，如果争端当事国愿意，也可以是以"公允及善良"原则为基础的公平规则，还可以是争端当事国为特定案件而特别规定的其它规则。仲裁的程序可以根据争端当事国的协议，也可以在争端当事国没有协议的情况下或者在争端当事国协议的程序不充分的情况下，由仲裁法庭规定全部或部分程序规则。仲裁员也可以决定在仲裁过程中出现的程序问题。

（五）仲裁裁决和效力

仲裁裁决通常是书面的，是在仲裁法庭秘密讨论后由仲裁员多数票作出的，需要经过仲裁法庭庭长签字，并注明作出裁决的具体时间。除争端当事国另有协议外，仲裁员可以对仲裁裁决附上单独意见或不同意见。仲裁裁决是最终的，一经正式宣布并通知争端当事国或代理人后，即开始生效，不得上诉。争端当事国如果对仲裁裁决的解释或执行发生任何争端，除有相反的约定外，应提交作出裁决的仲裁法庭处理。仲裁裁决对提交仲裁的争端当事国有拘束力，各争端当事国应善意地诚实遵守和执行仲裁裁决。

（六）仲裁的地点

在一般情况下，仲裁条约或协议规定仲裁的地点，在条约或协议无规定的情况下,仲裁法庭庭长可以决定仲裁的地点。

(七)仲裁的费用

一类费用由争端当事国分别承担,其中包括律师费、专家费、取证费、翻译费等。另一类费用是由争端当事国共同分摊,例如:仲裁法庭的公共开支,包括仲裁员的工资、书记官和其他工作人员的工资以及办公设备等。

(八)常设仲裁法院

常设仲裁法院(Permanent Court of Arbitration)是1899年海牙《和平解决国际争端公约》的缔约国,根据《公约》第20条至第29条(1907年《海牙公约》则为第40条至第50条)的规定,于1900年在荷兰海牙建立的。常设仲裁法院的目的和任务是:"……便利将不能用外交方法解决的国际争议立即提交仲裁……该法院随时受理案件,除当事国另有规定外,按照《公约》所载之程序规则办事";"除非当事国协议成立特别法庭,常设仲裁法院有权受理一切仲裁案件"。常设仲裁法院包括三个不同的机构,即法院的常设行政理事会、法院的国际事务局和仲裁法院本身。

1. 常设行政理事会。由《公约》各缔约国驻荷兰的外交代表和荷兰外交大臣组成,荷兰外交大臣任理事会主席。理事会的任务是指导和监督国际事务局的工作,决定有关仲裁法院的一切行政问题,制定理事会议事规则和其它必要的规章,就法院的日常工作、行政工作、经费情况等向缔约国提出年度报告等。

2. 国际事务局。是常设仲裁法院的书记处和有关法院开庭事项的文件转达机关,负责保管档案和处理法院的一切行政事务。

3. 常设仲裁法院。由各缔约国遴选任命的若干"公认深通国际法和道德名望极著"的个人组成。每一缔约国最多可以选择任命四人担任仲裁职务;两个或两个以上国家可以共同任命一人或数人,同一人可以由不同的国家任命;每人任期六年,可连选连任。这些人都列入法院的仲裁员名单,并由国际事务局通告各缔约国。遇有缔约国将特定的案件提交仲裁法院解决时,法院并不是作为一个整体来裁决案件,而是由争端当事国双方在法院的仲裁员名单中各选定两名仲裁员,再由被选定的仲裁员共同选定第五名仲裁员组成仲裁法庭,审理和裁决争端案件。

从常设仲裁法院成立至1993年的90多年的时间里,法院共受理了27个案件,其中一件撤诉,两件正在审理中尚未结案,24件已作出判决。在已作出判决的案件中,有14件是第一次世界大战以前作出的,从1920年至现在的70多年仅就10个案件作出了判决。据法院报告,1993年9月有78个成员国,由成员国中的63个国家的"各国团体"选任并列入仲裁法院的仲裁员名单的仲裁员有250人。近年来,由于和平解决国际争端的呼声越来越高,特别是"联合国国际法十年"活动方案要求世界各国更多地利用常设仲裁法院,常设仲裁法院重新受到国际社会的重视,其本身也在进行一定的必要调整,以适应国际社会在新形势下的需要。1993年9月10日至11日,常设仲裁法院在荷兰海牙和平宫召开了法院历史上第一次全体仲裁员大会,共54个国家的94名仲裁员和16名特邀人士出席了会议。会议集中讨论了两项议题:(1)常设仲裁法院的未来;(2)有关制定第三个海牙和平解决国际争端公约的建议。一些与会的仲裁员主张扩大法院的管辖权范围,在法院系统内增加和平解决国际争端方法的范围和灵活性,建立一整套平行的仲裁解决争端的任择性规则,以适用于国家之间的争端和仅争端当事一方为国家的争端的解决。一些仲裁员建议加强法院与联合国之间的联系,法院应申请在联合国大会的观察员地位。还有些仲裁员建议建立一个基金会以帮助一些国家克服提交仲裁的经费上的困难。1994年第49届联合国大会一致同意接纳常设仲裁法院为联合国大会观察员。这样,常设仲裁法院在重新建立其在和平解决国际争端方面的地位方面迈出了重要的一步,使其有可能从此比较积极地参与和平解决国际争端的工作,为维持国际和平与安全作出自己的贡献。

三、司法解决

司法解决(judicial settlement)是一种和平解决国际争端的法律方法,是指争端当事国把争端提交给一个已事先成立的、由独立法官组成的国际法院或国际法庭,根据国际法对争端当事国作出具有法律拘束力的判决。

司法解决和仲裁虽然都是以法律方法解决国际争端,但司法解决的特点是:(1)法院或法庭是固定的和事先组成的,而不是象仲裁法庭那样临时组成的;(2)法院或法庭的法官不取决于争端当事国的选择,是由有关国家事先和定期选举产生的,在一段时间内保持不变;而仲裁法庭的仲裁员则是争端当事国为特定的案件而逐案专门选任的;(3)法院或法庭审判案件适用国际法,而仲裁法庭所适用的法律则需要争端当事国的一致同意,有较大的任意性;(4)法院或法庭的判决对争端当事国具有法律拘束力,争端当事国有义务必须执行和服从,而仲裁裁决则需要靠有关当事国的善意遵守和执行。

(一)国际常设法院

在人类历史上,第一个严格意义上的司法解决国际争端的机构是第一次世界大战以后由国际联盟创立的国际常设法院(Permanent Courl of International Justice)。常设仲裁法院由于还不是一个通常意义上的真正的法院,不能满足国际社会以法律方法解决国际争端的要求,因此,创立一个真正的国际法院的设想就产生了。第一次世界大战以后成立的国际联盟实现了这个设想。《国际联盟盟约》第14条规定:“行政院应筹拟设立国际常设法院之计划并交联盟各会员国采用。凡各方提出属于国际性质之争议,该法院有权审理并判决之。……”根据上述规定,1920年2月国际联盟行政院在伦敦会议上决定任命法学家组织委员会,起草《国际联盟法院组织草案》。同年7月,法学家组织委员会完成了起草工作,经国际联盟行政院和大会审议修正,于同年12月13日和14日分别由大会和行政院通过而成为《常设国际法院规约》。1921 年,根据《规约》的规定,国际联盟大会和行政院分别投票选举了十一名法官和四名候补法官(1929 年以后,法官增为十五名,并取消了候补法官)。1922 年 2 月 15 日,国际常设法院在荷兰海牙正式宣告成立。

国际常设法院是一个以法律方法解决国际争端的司法机关。它并没有取代既存的常设仲裁法院,前者进行司法审判,后者从事仲裁,各司其职,各负其责。这两个以法律方法解决争端的国际机构之间的唯一联系是《法院规约》第 4 条规定的由常设仲裁法院的"各国团体"提名法官候选人。

国际常设法院成立以后,从 1922 年至 1942 年的二十年中,共受理了争端案件 65 个,其中作出判决的 32 个,此外,还提出了 28 项咨询意见。由于第二次世界大战爆发,在海牙的国际常设法院被迫停止工作。1945 年,在筹建联合国组织的旧金山会议上,关于国际常设法院的命运引起了激烈的讨论,会议所设立的法学家委员会拟定了关于修改《国际常设法院规约》的报告;会议决定结束国际常设法院,建立一个新的国际法院来代替它。于是,1945 年 10 月国际常设法院举行最后一次形式上的开庭;1946 年 1 月 1 日,国际常设法院的全体法官提出辞职;同年 4 月,国际联盟最后一次大会解散了国际常设法院。

(二)国际法院

国际法院(International Court of Justice)是根据 1945 年的《联合国宪章》的规定而设立的联合国主要司法机关。《国际法院规约》是《联合国宪章》的一个不可分割的组成部分,联合国会员国是国际法院规约的当然当事国。根据《联合国宪章》和《国际法院规约》的有关规定,联合国大会和安全理事会于 1946 年分别进行法官选举,选出 15 名法官。同年 4 月 3 日国际法院在海牙召开第一次会议,宣布国际法院的正式成立。从那时起至 1994 年,国际法院共收案 86 件,其中诉讼案 63 件,咨询案 23 件。近几年来,和平解决国际争端越来越受到国际社会的重视,作为联合国主要司法机关的国际法院也进入了一个比较活跃的新时期。

1. 国际法院的组织

国际法院由十五名法官组成,其中不得有两名法官为同一国家的国民。法官候选人由常设仲裁法院的各国团体提名,或者由在常设仲裁法院没有代表的联合国会员国另行成立的国内团体提名,每一团体提名不得超过四人;联合国大会和安全理事会同时并分别选举,在大会和安全理事会同时获得绝对多数票者即当选为国际法院法官。法官应是品格高尚并在本国具有最高司法职位的任命资格或为公认的国际法学家。这些法官作为整体应确能代表世界各大文化及各主要法系。

法官任期九年,得连选连任。法官是专职的,不是其国籍国的代表,不得担任任何政治或行政的职务,或执行其它任何职业性质的任务。除其余法官认为其不再符合法官所必要的条件的情况外,法官不得被免职。法官在执行法院职务时,应享受外交特权和豁免。

为了审理特定的案件,法院可以根据《法院规约》第 31 条选派一名或一名以上的专案法官参与案件的审理。专案法官在参加案件的审判工作时,与其他法官权力和地位完全平等。

法院院长主持法院的工作和一切会议,并监督法院行政事务。法院院长和副院长任期三年,由法官秘密投票选举产生,获多数票即为当选,并立即就职。法院院长职位出缺或院长不能执行职务时,应由副院长代行职务。

2. 国际法院的管辖权

国际法院的管辖权由诉讼管辖权和咨询管辖权两部分组成。

国际法院的诉讼管辖权可分为:

(1)对人管辖。根据《国际法院规约》第 34 条,只有国家才能在国际法院成为诉讼当事方。首先,联合国会员国是《法院规约》的当然当事国。非联合国会员国的国家,可以根据《联合国宪章》第 93 条第 2 款规定的条件,成为《当院规约》的当事国。非联合国会员国亦非《规约》当事国的国家,可以根据安全理事会决定的条件,预先向国际法院书记官处交存一项声明,表明该国愿意根据《联合国宪章》和《国际法院规约》以及《法院程序规则》的条件,承认国际法院的管辖,保证认真执行法院的判决,并承担《联合国宪章》第 94 条规定的各会员国的一切义务,成为国际法院的诉讼当事国。截至 1994 年 7 月 31 日,法院规约当事国有 184 个联合国会员国和瑙鲁、瑞士。

联合国和其它国际组织不能成为国际法院的诉讼当事方,个人也不能成为国际法院的诉讼当事方。

(2)对事管辖。根据《国际法院规约》第 36 条的规定,国际法院的对事管辖权有三类:(A)争端当事国提交的一切案件,不限于法律性质的争端;(B)《联合国宪章》和现行条约中特别规定的事件或争端;(C)国家事先声明接受国际法院管辖的一切法律争端。国际法院对第一类争端的管辖统称为“自愿管辖”,对第二类事件或争端的管辖统称为“协定管辖”,对第三类争端的管辖统称为“任择性强制管辖”。

根据国家主权平等原则,国际法院不是也不可能是凌驾于主权国家之上的超国家的司法机构。因此,国际法院的诉讼管辖权是建立在国家同意基础之上的,即:只有在国家明示表示同意接受国际法院管辖的情况下,国际法院才能行使其对特定案件的管辖权。国家可以采取以下三种形式表示同意接受国际法院的诉讼管辖权:(A)特别协议。争端当事国为把它们之间的某项具体争端提交国际法院,共同订立的就该案接受国际法院管辖的特别协议;(B)条约规定的争端解决条款。现行有效的双边条约或多边条约的缔约国,根据条约或公约中的明文规定,同意把今后它们之间因条约或公约所载事项所发生的争端,提交国际法院解决;(C)强制管辖权。《国际法院规约》当事国根据规约第 36 条 2 款的规定,随时作出单独声明,就与接受同样义务的任何其他国家发生的某些性质的法律争端,承认国际法院的强制管辖权,而不须另行订立特别协议。截至 1994 年 7 月 31 日,只有不到联合国会员国总数 1/3 的 58 个国家声明接受国际法院的强制管辖权,而且其中相当一些国家还附有各种保留。

国际法院的咨询管辖权是国际法院管辖权的另一个重要方面,它不同于法院的诉讼管辖权,是指法院作为联合国的司法机关,对于法律问题提供权威性的意见。根据《联合国宪章》第 96 条的规定,联合国大会、安全理事会、经济及社会理事会、托管理事会、大会临时委员会、要求复核行政法庭所作判决的申请书委员会以及经大会授权的十六个联合国专门机构和其它机构,可以就执行其职务中的任何法律问题请求国际法院发表咨询意见。国家不能请求国际法院发表咨询意见,也不能阻止国际法院发表咨询意见,任何个人,包括联合国秘书长,也都无权请求国际法院发表咨询意见,只有联合国大会、安全理事会和经大会授权的联合国其它机关和联合国专门机构才有权请求国际法院发表咨询意见。国际法院发表的咨询意见虽然属咨询性质,但仍具有重要的法律意义:一方面,从法律上为国际争端的和平解决提供法律意见和依据,特别是帮助安全理事会和大会履行对于提交给它们的争端进行和平解决和报告的义务,甚至有时对争端的解决发生决定性的影响或效果;另一方面,对国际法的发展有重要的影响。

3. 法院审理案件的组织形式

国际法院审理案件,一般应由全体法官出席开庭,但可以在下列情况下设立分庭:(1)法院为了迅速处理案件,每年可以组织由五名法官参加的简易程序分庭;(2)法院随时可以设立由三名或三名以上法官组成的处理特种案件(如劳工案件、过境和交通案件)的分庭;(3)法院经争端当事国请求、为处理某个特定案件而随时成立的特别分庭。在国际法院近五十年的实践中,大多数案件都是由全体法官开庭审理的,只有少数案件是由特别分庭审理的,而且还都是发生在 80 年代和以后的。迄今为止,国际法院还未有过简易分庭和特种案件分庭审理案件的实践。

4. 国际法院适用的法律

根据《国际法院规约》第 38 条第 1 款的规定,国际法院应依国际法审判案件,适用的法律有四类:(1)国际条约。无论是双边条约,还是国际公约,只要是诉讼当事国明确承认有效即可以适用。(2)国际习惯。只要被证明已为国际社会普遍接受为国际习惯法即可以适用。(3)为世界各国所普遍承认的一般法律原则。(4)司法判例和各国权威最高的公法学家学说。司法判例和各国权威最高的公法学家的学说是作为确定法律原则的辅助资料适用的。此外,第 38 条第 2 款还规定,国际法院经诉讼当事国同意,可以依照“公允及善良”原则裁判案件。在国际法院的审判实践中,法院主要适用的法律是国际条约和国际习惯,很少适用一般法律原则。至于“公允及善良”原则迄今尚未在国际法院的审判实践中适用过。

5. 国际法院的程序

(1)起诉。争端当事国可以以请求书或以特别协议的形式向国际法院提交争端。以请求书向国际法院提出诉讼案件,必须在请求书中叙明请求的当事国、被告当事国和争端事项,同时,还应在请求书中尽可能说明法院管辖权的根据和其诉讼请求的确切性质,并简要陈述诉讼请求所依据的事实和理由。请求书原件应由请求当事国的代理人或该国驻荷兰的外交代表或其他经正式授权的人签署。法院书记官长应立即将请求书副本转送被告当事国。以特别协议的形式向国际法院起诉,争端当事国应将其所订立的特别协议通知法院书记官长,通知书应写明争端的明确事项及争端的各当事国。通知书可以由各争端当事国联合提出,也可以由其中一国或几国提出。无论以哪种方式在国际法院起诉,法院书记官长都应该立即把请求书或特别协议通知书副本转送联合国秘书长、联合国各会员国和有权出席法院开庭的其他国家。

(2)诉讼程序。国际法院的诉讼程序分为书面程序和口头程序两部分。书面程序是指有关争端当事国的诉状、辩诉状及必要时的答辩状连同可作证明的各种文件和公文文书送达法院及各诉讼当事国。口头程序是指法院讯问证人、鉴定人、代理人、律师和辅佐人。法院进行口头讯问,应由法院院长或副院长主持,公开进行,但法院另有决定或各争端当事国要求拒绝公众旁听时除外。

(3)判决。法庭辩论终结后,法官退席讨论判决。讨论应是秘密进行,并永守秘密。一切问题,包括判决在内,应由出席开庭的法院法官的过半数票决定。如果投票数相等,法院院长或代理院长有权投决定票。任何法官对判决的全部或部分有不同意见时,有权发表个别意见或不同意见。判决应在法院开庭时宣读,并应事先通知各争端当事国的代理人。

除上述基本程序外,国际法院还有一些在特定情况下可以采用的特别程序,包括临时保全措施、反对、参加、共同诉讼、中止诉讼等。临时保全措施是指诉讼开始以后,法院有权在必要的情况下,为争端当事国指定保全措施,以保护有关当事国的合法权益。反对是指被告当事国对于法院的管辖权、对请求书的准许及关于下一步程序的决定提出反对意见。反对意见应在递交辩诉状的限定时间内以书面形式作出。参加或共同诉讼是指第三国参加诉讼。这发生在以下两种场合:第一,第三国在认为某一案件的判决可能影响属于该国具有法律性质的利益时,可以向法院申请参加诉讼,由法院决定其是否被允许参加;第二,在公约发生解释问题时,除诉讼当事国以外的其它公约签字国应得到法院书记官长的通知,得到通知的国家有参加诉讼的权利。如果参加诉讼程序,法院判决中对有关公约的解释对该国具有同样的拘束力。中止诉讼是指在判决最后宣告前,如果争端各当事国联合或单独以书面形式通知法院,它们已就争端达成协议而不再继续进行诉讼,则法院应记录诉讼的中止,并将案件从法院案件清单上注销。

6. 国际法院的判决

国际法院的判决是最后的终局判决，不得上诉。判决对争端各当事国有确定的拘束力。《联合国宪章》第 94 条规定，联合国的每一会员国在其为当事国的任何案件中承诺遵守和执行国际法院的判决。如果任何案件当事国（无论是否联合国会员国）不履行依法院判决所承担的义务时，其他当事国可以向安全理事会提出申诉；安全理事会在认为必要时，可以提出建议或决定应采取的方法，以执行国际法院的判决。在国际实践中，迄今尚无任何一个争端当事国拒绝遵守和执行国际法院判决的情况发生。虽然国际法院的判决是最终判决，但争端当事国可以在两种情况下请求法院作出解释或申请复核：一是由于对判决的意义或范围发生争端，可以请求国际法院作出解释；二是由于发现在判决宣告时所不知道的并具有决定性的新事实时，可以请求法院对案件进行复核。

第五节　联合国与国际争端的解决

一、概论

在以集体行动解决国际争端的问题上，国际联盟迈出了重要的一步，《国际联盟盟约》标志着这方面的一个重要的进展。在第二次世界大战之后创立的联合国则进一步为以集体行动解决国际争端作出了贡献。《联合国宪章》在关于联合国的宗旨的规定中指出“以和平方法且依正义及国际法之原则，调整或解决足以破坏和平之国际争端及情势”；并且关于联合国的原则的规定中强调：“各会员国应以和平方法解决其国际争端，俾免危及国际和平、安全及正义”。和平解决国际争端是联合国最重要的任务之一。《联合国宪章》有关联合国大会、安全理事会、秘书处的条款中都明确而具体地规定了这些机构在和平解决国际争端方面的职能和作用，第 6 章还专门规定了联合国在和平解决国际争端方面的具体方法和程序。同时，联合国通过了一系列关于和平解决国际争端的宣言、决议和文件。另一方面，联合国具体参与了一些国际争端的解决。联合国作为解决争端方法的第三方（以调查人、斡旋人、调停人等的身份）直接参与了争端解决的过程和工作。

二、联合国主要机关在和平解决国际争端中的职责和权力

根据《联合国宪章》的有关规定，联合国大会、安全理事会和秘书处在联合国和平解决国际争端方面分别负有重要责任。

（一）联合国大会

联合国大会由联合国全体会员国组成，是联合国的主要机关。大会具有广泛

的职权,它可以讨论《联合国宪章》范围内或有关联合国任何机关职权的任何问题或事项,可以在一定的条件下向会员国或安全理事会提出关于这些问题或事项的建议。大会在和平解决国际争端方面的职权是进行讨论和提出建议。

根据《联合国宪章》第10条,大会可以讨论《宪章》范围内任何问题或事项,包括有关解决国际争端的问题,并且可以向联合国会员国或向安全理事会或兼向二者提出对任何问题或事项的建议,也包括解决争端的有关建议。因此,大会不仅可以直接向争端当事国发出呼吁和平解决争端,而且可以协调联合国各机关为防止及和平解决争端所进行的活动方面发挥重要作用,但受宪章第12条的限制。

根据《联合国宪章》第35条,大会对于会员国或非会员国向大会提出的争端或可能导致国际摩擦或惹起争端的情势,与安全理事会有同样的管辖权,包括进行调查和为此目的设立常设的或临时的委员会或机构。根据《宪章》第11条第2款,大会可以讨论联合国任何会员国向大会提出的关于维持国际和平与安全的任何问题。在第12条的限制下,大会可以向有关的国家或安全理事会,提出任何关于这种问题的建议。根据第11条第3款,大会对于足以危及国际和平与安全的情势,可以提请安全理事会注意。

根据《联合国宪章》第14条,大会对于其认为足以妨害国际间公共福利或友好关系的任何情势,不论其起因如何,包括由于违反宪章所规定的联合国原则而引起的情势,可以建议和平调整办法,但不得违反《宪章》第12条的规定。

《联合国宪章》第12条是对大会在行使其在和平解决国际争端方面的职责和权力范围的限制,也是关于大会和安全理事会之间在和平解决国际争端方面职权的划分。根据第12条,大会对安全理事会正在按照宪章所赋予的职权进行处理的争端或情势,除经安全理事会请求外,不得提出任何建议。

大会通过对于国际争端或情势的讨论和审议,最终以大会决议的形式提出关于争端或情势的解决方法或条件的建议,但是,这种建议对争端当事国没有法律拘束力,只是一种政治和道义上的力量。

(二)安全理事会

根据《联合国宪章》第24条的规定,安全理事会是联合国解决国际争端的主要机构,“对维护国际和平与安全负有主要责任”,安全理事会在这方面职权的法律根据是《联合国宪章》第6章、第7章和第8章,其中最主要的是第6章的规定。安全理事会在和平解决国际争端中的具体职责是:

1. 调查。安全理事会对任何争端或可能引起国际摩擦或惹起争端的任何情势可以自行进行调查,以断定该争端或情势的继续存在是否足以危及国际和平与安全的维持(第34条)。在这种情形下,安全理事会可以合法地行使其对于争端的管辖权,即对整个争端进行调查和讨论。当然,安全理事会的调查权力并不限于上述目的,安全理事会可以在为解决争端建议适当程序或调整方法时(第36条)

行使调查的权力,还可以在断定需要采取《宪章》第 7 章所规定的执行行动的情势的存在时行使调查的权力。为行使调查的权力和职责,安全理事会可以设立常设或临时的调查委员会。争端当事国根据《联合国宪章》的有关规定,有义务对安全理事会所设立的调查机构给予一切必要的支持。

2. 建议适当的争端解决程序或调整方法。根据《联合国宪章》第 36 条,安全理事会对足以危及国际和平与安全的争端或情势,可以在任何阶段,提出适当的争端解决程序或调整方法的建议。安全理事会的建议可以是一般性的,也可以是解决争端的具体条件。安全理事会根据第 36 条提出的关于争端解决程序或调整方法的建议,虽然对争端当事国具有政治上和道义上的拘束力,但没有法律上的拘束力。

3. 进行调停、斡旋或和解。虽然在《联合国宪章》中并没有对安全理事会进行调停、斡旋或和解的职能作出具体或明确的规定,但是,安全理事会由于其对维持国际和平与安全所负有的主要责任,可以在提出适当的争端解决程序或调整方法的建议的同时,进行调停、斡旋或和解的活动。这既包括安全理事会本身进行这种活动,也包括安全理事会指派某个个人或机构担任这种工作。

4. 断定存在对和平的威胁、破坏或侵略行为,并建议应付或解决的办法。安全理事会根据《联合国宪章》第 7 章的规定,应首先断定是否存在对和平的威胁、破坏或侵略行为。在就上述问题作出断定以后,安全理事会应提出应付或解决的办法的建议,以维持或恢复国际和平与安全。安全理事会在这种情况下作出的建议或通过的决议,可能是既有拘束力的又可以强制执行的。

5. 鼓励或利用区域机关或区域办法。安全理事会可以根据《联合国宪章》第 8 章的规定,鼓励或利用区域机关或区域办法来解决区域性或地方性争端。《宪章》赋予各会员国选择解决争端和平方法和程序的自由裁量权,争端当事国有权选择在什么情况下把争端交区域机关或区域办法解决,或者在什么情况下把争端提交安全理事会解决。而且,根据第 8 章的规定,只有区域性或地方性争端,才可以提交区域机关或区域办法解决。

（三）秘书处

联合国秘书处在解决国际争端方面的作用和职责主要是通过秘书长的作用和职权体现的。根据《联合国宪章》第 15 章的规定,秘书长是联合国组织的行政首长(第 97 条)。秘书长在大会、安全理事会、经济及社会理事会及托管理事会的一切会议上,应以秘书长资格履行职务,并应执行各该机关所托付的其它事务(第 98 条)。秘书长可以将其认为可能威胁国际和平与安全的任何事件提请安全理事会注意(第 99 条)。因此,秘书长在解决国际争端方面有着非常广泛的权力。秘书长在和平解决国际争端方面的职责是:

其一,秘书长由于其工作的地位,可以密切注视世界各地的潜在的冲突或争端,提请联合国有关机关和各国重视。秘书长的这种职能,被认为是最理想、最有效的预防性外交的一个重要组成部分。

其二,秘书长为使国际争端得到和平解决,可以向争端当事国发出含有交涉和呼吁进行谈判或协商内容的文件,直接与争端当事国进行讨论和磋商,开展实况调查活动,参与谈判、调停、斡旋、和解或仲裁等和平解决争端方法和程序的工作,甚至在必要时建议建立联合国维持和平部队或在安全理事会或大会的授权下统率联合国维持和平部队。秘书长可以本人直接履行其解决国际争端方面的职权,也可以通过其指派的高级幕僚或特别代表进行。

其三,秘书长在争端得以和平解决后,特别在争端各方就解决争端达成协议后,通过密切地注视有关协议的实施情况来监督争端当事国执行解决争端的方法和结果。秘书长的这种监督职能表现在:有关争端当事国对协议的解释或适用发生争执时,根据《联合国宪章》和国际法解释有关的协议;发生不执行或破坏协议的情况时,呼吁有关争端当事国遵守协议,并动员国际社会的力量来推动争端当事国对协议的执行。

其四,秘书长通过向大会提送关于联合国组织的工作年度报告,对联合国在维持国际和平与安全方面进行的工作作出回顾和评价,并且在可能时提出如何改进联合国在预防和解决国际争端方面职权的建议。

三、联合国在和平解决国际争端方面的实践和发展趋势

在联合国近五十年的历程中,联合国,特别是联合国的几个主要机关,在调整或解决国际争端或可能导致破坏和平的情势方面,作出了很大的努力,有着丰富的实践。最近几年,联合国开始加强了其在维持国际和平与安全、协调或协助各国和平解决国际争端等方面的作用,并且已经取得一定的成就。联合国在近五十年中,采用了和平解决国际争端的所有方法,包括谈判、磋商、斡旋、调停、和解、仲裁和国际司法,并且在程序上和具体做法上还有一些创新,以适应国际现实的需要。联合国近年来通过的一些国际文件重视联合国大会的作用。1982 年《联合国和平解决国际争端的马尼拉宣言》和 1988 年《关于预防和消除可能威胁国际和平与安全的争端和局势、关于联合国在该领域的作用的宣言》都敦促争端或局势当事国考虑与联合国大会的接触,“以便取得关于处理其争端或局势的预防方法的咨询意见或建议”;同时,还强调大会应在适当情况下考虑支持在区域一级由有关各国或区域安排或机构为预防或消除该地区的争端或局势所做的努力;在一项争端或局势已提交大会时,大会应考虑“按照《宪章》第 11 条的规定及在第 12 条的限制下,在其建议中更多地利用事实调查能力”。同时,这些国际文件还强调安全理事会在防止与和平解决国际争端方面的作用。1982 年《联合国和平解决国际争端马尼拉宣言》鼓励安全理事会“更广泛地利用它为行使《宪章》所赋予它的职权而设立的

附属机构,来促进和平解决国际争端"。1988年《关于预防和消除可能威胁国际和平与安全的争端和局势、关于联合国在该领域的作用的宣言》提出,有必要为了预防的目的而在与各国高层政府机构就国际局势定期交换意见的基础上加强安全理事会的监测能力,因而呼吁安全理事会"考虑经常不定期举行会议——包括特别是有各国外交部部长参加的高层会议——或磋商,来审议国际局势并寻求改善局势和有效方法"。

联合国现任秘书长布特罗斯-加利在其依照安全理事会首脑会议1992年1月31日声明的要求提出的题为《和平纲领》的报告中,从预防性外交(包括建立信任的措施、事实调查、预警、预防性部署等)、建立和平(包括国际法院、提供援助等)和同区域安排或区域组织合作等几个方面进行了比较系统和具体的分析和阐述,并提出了联合国今后的努力方向和具体打算。关于预防性外交,《和平纲领》提出"可以由秘书长本人或通过高级幕僚或专门机构或方案进行,可以由安全理事会或大会进行,也可以由区域组织同联合国合作进行。预防性外交需要采取措施建立信任;需要以资料收集和正式的与非正式的事实调查为基础的预警方法;也可能需要预防性部署,有时候还需要设置非军事区"。"预防性步骤必须基于及时正确地了解事实"。"……事实调查可以由秘书长主动要求……或由安全理事会或大会主动要求。根据情况需要,可以选用各种方式……""在发生国家间争端时,如果两国认为由联合国派人员驻在边界两方能够抑制敌对行动,便可以进行这种部署……"《和平纲领》对建立和平具体提出"现在安全理事会决定按照《宪章》设想的方式解决国际争端,就开辟一条途径以便安全理事会发挥更积极的作用……敦促安全理事会充分利用《宪章》的规定,按照这些规定,安全理事会可以建议解决争端的适当程序或方法,如经争端各方要求,安全理事会可向各方建议和平解决国际争端的方法。大会像安全理事会和秘书长一样,根据《宪章》的规定,在维持国际和平与安全方面,也具有一种重大的作用,必须承认大会作为一个世界性论坛,有资格审议和建议适当的行动","调停和谈判可由安全理事会、大会或秘书长指派的个人进行"。"秘书长与安全理事会之间必须不断密切协商,才能确保充分认识到如何最好地运用安全理事会的影响,并拟定和平解决具体争端的共同战略"。《和平纲领》"建议按照《宪章》第96条第2项的规定,授权秘书长利用国际法院发表咨询意见的权力,并建议已经获得这种授权的其它联合国机构更经常地请求国际法院发表咨询意见";建议"在2000年'联合国国际法十年'结束之后,所有会员国应根据《国际法院规约》第36条,毫无保留地接受国际法院的普遍管辖。如果因国内结构无法做到这一点,各国应以双边或多边方式商定一项详细清单,开列它们愿意提交国际法院的事项,并应撤销它们在多边条约的解决争端条款中对国际法院管辖权的保留";"如果实际上无法将一项争端提交合议庭,应提交分庭处理";"各国应支持无力负担将某一项争端提交国际法院所需费用的国家而设的信托基金;这类国家应充分利用该基金以解决其争端”。加利秘书长的这些建议说明联合国在这方面是大有潜力可挖,大有进一步改善和加强的余地。

四、区域机关或区域办法

区域机关(regional agency)或区域办法(regional arrangement)作为一种和平解决国际争端的方法和途径,在《联合国宪章》第33条和第8章中都有明确的规定。但是,《宪章》没有对区域机关或区域办法作出定义。根据加利秘书长在《和平纲领》中的解释,区域机关或区域办法是指在联合国成立前或成立后根据条约建立的组织,包括为共同安全和防务而设立的区域组织,为一般区域发展或为特定经济问题或职能进行合作而设立的组织,以及为应付当前所共同关注的某个政治、经济或社会问题而成立的团体。这类区域机关或区域办法的特点是以地理接近为基础,以条约为建立的法律根据,设有共同的机关,以合作和互助(尤其是政治方面的合作和互助)为目的。

由于建立区域机关或区域办法的条约的不同,它们在解决区域性或地方性国际争端方面的职能和权力有所差别,在解决争端的方法和程序上也不尽相同。有的职能和权力广泛一些,有的局限性大一些;有的可以采用多种解决争端方法和程序,有的只能采用有限的一两种方法和程序。然而,根据《联合国宪章》的有关规定,区域机关和区域办法都应该具有以下几个特点:

1. 区域机关或区域办法只能解决区域性或地方性的国际争端,而不能解决世界性的国际争端,因为利用区域机关或区域办法的目的是“用以应付关于维持国际和平与安全而宜于区域行动之事件者”(第52条第1款)。

2. 作为某一区域机关或区域办法成员的联合国会员国在把区域性或地方性国际争端提交安全理事会之前,应按照该区域办法或由该区域机关争取和平解决(第52条第2款)。在这里,争端当事国有义务把区域性或地方性争端先提交区域机关或区域办法解决,在争端不能解决的情况下,才可以把争端提交安全理事会。但是,这并不影响安全理事会根据《宪章》第34条和第35条关于调查任何争端或情势,以断定其是否危及国际和平与安全的职权,也不影响联合国会员国可以向安全理事会或大会提请注意该争端或情势的权利。

3. 区域机关或区域办法可以在安全理事会的授权下,采取执行行动;安全理事会对于其职权内的执行行动,在适当情况下,应利用有关的区域机关或区域办法(第53条第1款)。换言之,区域机关或区域办法没有安全理事会的授权,不能采取执行行动,但有一个例外,就是区域机关或区域办法根据宪章第107条规定对第二次世界大战中的任何敌国采取的行动或步骤不受这个限制。

4. 区域机关或区域办法有义务为维持国际和平与安全的目的,对其已采取或正在考虑采取的行动,随时向安全理事会作出充分的报告(第54条)。区域机关或区域办法所采取或正在考虑采取的行动，在这里被视为与维持国际和平与安全有直接的关系，也正因为如此，区域机关或区域办法承担了向安全理事会作出及时和充分报告的义务。

下面是几个在和平解决国际争端方面比较重要的区域机关或区域办法：

1. 阿拉伯国家联盟。阿拉伯国家联盟于 1945 年正式宣告成立，《阿拉伯国家联盟条约》是该组织的组织章程。根据《联盟条约》规定，如果两个阿盟成员国之间的争端不涉及一国的独立、主权和领土完整，并且该成员国向阿盟理事会提出解决它们之间争端的申请，阿盟理事会可以进行仲裁。理事会作出的仲裁决定有拘束力，争端当事国必须执行。阿盟理事会由所有成员国的代表组成，但争端当事国不得参与理事会审议争端和作出决定。《阿拉伯国家联盟条约》还规定，对两个成员国之间发生的可能导致战争的争端，阿盟理事会应进行调停，以便它们和平解决争端。而在事实上，阿盟理事会对所有争端都采用斡旋、调停与和解的方法，而不论这些争端是否威胁到和平。另外，虽然《阿拉伯国家联盟条约》没有明文规定阿盟秘书长在和平解决争端过程中的作用，但理事会通过内部条例使秘书长可以在这方面发挥积极的作用，例如，经常邀请秘书长参加理事会为进行调停和实况调查而设立的专门机构。

2. 美洲国家组织。美洲国家组织是世界上历史最悠久的区域组织，现有 35 个成员国。1948 年在波哥大召开的第九届美洲国家会议通过的《美洲国家组织章程》（称为《波哥大宪章》）规定“美洲国家之间可能发生的一切国际争端，在提交联合国安全理事会之前，必须交由本章程所规定的和平方法来处理”。《章程》第 6 章还规定了和平解决国际争端的具体方法：直接谈判、斡旋、调停、调查、和解、仲裁、司法解决以及争端当事国选择的其它解决方法。美洲国家组织的常设理事会下设解决争端委员会，具体负责处理美洲国家之间的争端。其秘书长在解决争端方面被赋予了与联合国秘书长类似的权力。

3. 非洲统一组织。非洲统一组织成立于 1963 年，现有成员国 53 个。《非洲统一组织宪章》第 19 条规定了和平解决争端的原则，并建立了一个调停、和解与仲裁委员会。根据《宪章》的规定，争端可以由各有关争端当事国共同提交、或由一个争端当事国单独提交、或由非统组织部长理事会或国家和政府首脑大会提交调停、和解与仲裁委员会。如一个或数个争端当事国拒绝服从该委员会管辖，委员会可以把争端提交部长理事会审议。除《非统组织宪章》规定的以上三种争端解决方法外，非统组织解决争端时还使用了其它解决争端的方法，例如，利用非洲的一些政治家进行斡旋。

4. 欧洲安全和合作会议。欧洲安全和合作会议建立之初的参加国有除阿尔巴尼亚以外的欧洲各国以及美国和加拿大，现发展到 53 个参加国，主要讨论欧洲安全、经济合作、人员与文化交流以及续会等四方面的问题。根据 1975 年欧安会通过的《赫尔辛基文件》、1990年《建立新欧洲巴黎宪章》和1991年欧安会和平解决争端问题专家会议的报告,欧安会各国承诺将根据国际法,利用谈判、调查、调停、和解、仲裁、司法解决或它们自己选择的其他和平方法,包括它们在发生争端之前商定的任何解决争端方法,和平地、迅速地和平等地解决它们之间的争端。如果在一段合理的时间内,争端各方不能通过直接谈判或协商解决争端或商定适当的争端解决程序,争端任何一方可以要求设立欧安会争端解决机构。该机构可对解决争端的程序问题和实质问题提出一般性或具体评论或意见。此外,欧安会还规定了在某些特定情况下由高级官员委员会参与解决争端的制度。

5. 东南亚国家联盟。东南亚国家联盟于1967年在曼谷宣布成立,现有成员国六个。根据1967年《东南亚国家联盟宣言》、1971年《东南亚中立化宣言》、1976年《东南亚友好合作条约》和《东南亚国家联盟协调一致宣言》,东盟国家主张和坚持以协商方法解决成员之间的内部争端,并要求各成员国根据国际法和《联合国宪章》,以和平方法解决它们与其他国家之间的国际争端。

区域机关或区域办法在和平解决国际争端方面进行了大量的工作,并取得一定的成效。联合国秘书长加利在《和平纲领》中也对区域机关或区域办法给予了高度评价:“……显然区域安排或区域机构在很多情况下都具有潜力,应该利用这种潜力来发挥本报告所说的各种功能:预防性外交、维持和平、建立和平、在冲突后缔造和平。根据《宪章》的规定,安全理事会负有并将继续负有维持国际和平与安全的主要责任,但是,以区域行动作为一种分权、授权和配合联合国努力的方式,不仅可以减轻安全理事会的负担,还可以有助于加深国际事务方面一种参与、协商一致和民主化的意识”。1994年11月,第四十九届联合国大会通过了《关于增进联合国与区域办法和机关之间在维持国际和平与安全领域的合作的宣言》。区域机关或区域办法在未来的争端解决方面是有潜力的,并且可以和能够为维持地区和国际和平与安全作出重要贡献。

五、联合国维持和平行动

维持和平,在《联合国宪章》中并没有明文规定,是联合国在维持和平活动和实践中不断发展起来的。从1948年联合国建立第一支联合国巴勒斯坦停战监督组织起到现在已有46年的历史。在这46年中,联合国共建立了34项维持和平行动,估计共有70万军事、警察和文职人员参加了联合国维持和平行动。

联合国维持和平行动是指联合国军事观察团和联合国维持和平部队的各种维持和平的活动,还包括联合国派出的安全部队(警察部队)以及监督选举或公民投票的观察团等的活动。联合国新闻部出版的《蓝盔——联合国维持和平的回顾》中指出,联合国维持和平行动是“由联合国建立的、在冲突地区帮助维持或恢复和平的包括军事人员在内的、没有强制力的一种行动”。对维持和平行动,有不同的提法。但是,一般认为联合国维持和平行动的法律依据是《联合国宪章》第6章的规定和第7章的部分规定,由安全理事会或大会通过决议建立的、由秘书长指挥的、使用武装或非武装的军事人员包括警察部队和文职人员进行解决国际冲突或争端以维持国际和平的一种行动。近年来,联合国维持和平行动的性质有较大的变化,维持和平行动已不限于传统上根据《宪章》第6章建立的、需要接受维持和平部队的国家事先同意的行动。这种演变一方面适应了一些国家对维持和平行动的新的需求;另一方面,一些国家则对此感到担忧和不安。

联合国维持和平行动的目的是为了缓和与遏制冲突或争端,防止地区性或局部性的冲突或争端的扩大,以致影响或威胁国际和平与安全。维持和平行动的任务一般包括:观察、报告有关地区的局势;监督该地区的停火、停战;执行脱离接触协议;监督或督促有关方面撤军;监督已达成的军事分界线或隔离区;维持当地治安;保持平民活动和从事人道主义援助;等等。依此,联合国维持和平行动应该是:由联合国安全理事会或大会通过决议建立的国际部队,人员由联合国会员国提供,由秘书长指挥或控制;应取得维持和平行动所在国的同意,除自卫外,维持和平部队人员不得使用武力;应保持中立,不得偏袒一方而反对另一方,不应干涉东道国的内部事务,不得以任何方式影响东道国的内部纷争;行动应克制。

联合国维持和平行动对于和平解决国际争端有着积极的意义。争端当事国可以在联合国维持和平行动所创造的比较缓和的气氛中,进行谈判或协商,或者在谈判或协商的基础上,找出争端各方都能接受的争端解决方法或结果。在某些情况下,维持和平行动对争端的和平解决和对维持国际和平与安全是必要的。

第六节　其他国际组织与争端的解决

除联合国外,世界上还有为数众多的其他各种国际组织,这些组织对于和平解决争端起着一定的作用。下面是一些较有代表性的或较特殊的国际组织,在和平解决国际争端方面的作用、职权、方法和程序的简单情况。

一、国际劳工组织

国际劳工组织是1919年根据《凡尔赛和约》作为国际联盟附属机构成立的,1946年成为联合国专门机构。根据《国际劳工组织章程》的规定(第26条至第33条),任何会员国认为其他会员国未遵守其批准的任何国际劳工组织公约时,可以向国际劳工局提出申诉;理事会可视情况设立调查委员会审议该项申诉;调查委员会在进行充分调查和充分审议申诉的基础上,提出报告,报告内容包括委员会对于确定各方争执的有关一切事实问题的裁决,委员会认为适宜的关于处理该案应采取的步骤及采取这些步骤的期限的建议,等等。委员会的报告由国际劳工局长送交理事会和与争端有关的各当事国政府;各有关国家的政府应在三个月内通知国际劳工局长其是否接受调查委员会报告中的建议,如果不接受是否把该争端提交国际法院。国际法院对向其提交的争端或事项应作出判决,其判决是最终的,不得上诉;国际法院可以确认、更改或撤销调查委员会的任何裁决或建议。如果任何会员国在指定时间内不执行调查委员会的建议或国际法院的判决,理事会可以提请大会采取其认为明智和适当的行动,以保证上述建议和判决的执行。

二、国际民用航空组织

国际民用航空组织成立于 1944 年 4 月,同年 5 月成为联合国的一个专门机构。根据《国际民用航空公约》的规定(第 84 条至第 88 条),如果《公约》缔约国对《公约》及附件的解释或适用发生争议、不能协商解决时,经任何争议当事国请求,可由理事会裁决。对于理事会的裁决,任何缔约国可以向争端另一方同意的特设仲裁法庭或向国际法院起诉。仲裁法庭以多数票作出裁决。仲裁裁决和国际法院的判决是最终的和有拘束力的。各缔约国承诺,如果理事会认为一缔约国未遵守上述最终裁决或判决,将立即不准该国空运企业在其领空飞行。大会对于违反上述规定的任何缔约国,应暂停其在大会和理事会的表决权。

三、《关税与贸易总协定》

《关税与贸易总协定》是一项多边条约,也是一个国际组织。《总协定》体系内的解决争端方法和程序是:

1. 协商和再协商。主要是指双边协商,如果一国采取的贸易措施被另一国政府认为具有抵损总协定宗旨的后果,前者应考虑后者提出的陈述,进行双边协商;如果双边协商不能产生满意的解决办法,缔约方全体可以在任何一缔约方的要求下,与任何缔约方就未决问题进行联合再协商。

2. 和解。在协商和再协商未能取得令人满意的解决结果的情况下,争端任何一方可以根据《总协定》第 23 条第 2 款的规定,把争端提交缔约国全体进行和解。应争端一方要求,可以建立专门小组或特别小组,小组的职能是调查案情,客观评价提交给小组的问题,包括评价案件事实及《总协定》是否适用,作出建议,向理事会提出报告。报告在理事会讨论后,应取得全体缔约方包括争端当事方的一致同意;缔约方全体根据报告作出裁决。

3.《总协定》理事会主席裁定。在争端提交缔约全体以后,如果缔约方全体认为合适,可以要求理事会主席进行裁定。有关争端当事国应按照裁定履行其义务。

4. 工作小组裁决。这是《总协定》体制早期解决争端的主要方法和程序。工作小组由缔约方驻《总协定》的代表团组成，人数五至八人；小组成员各自代表本国政府，争端当事国是小组的当然成员，每一成员的地位相同。争端当事方在第三方的参与下面对面地讨论争端的解决方法，第三方参与争端问题的讨论和决定。

5. 斡旋。在1992年部长级会议上，又增加了斡旋作为解决缔约方之间争端的一种方法和程序。《总协定》总干事长可以应任何争端一方的请求，并征得另一方同意，自己本人或指定某个个人或小组，在争端当事方之间进行斡旋，以求解决争端。

四、世界气象组织

世界气象组织于1950年3月成立，其前身是国际气象组织。根据《世界气象组织公约》第29条的规定，争端当事国有关《公约》的解释或适用的问题和争端，如果不能通过协商或大会解决，必须提交国际法院院长委派的独立的仲裁员解决。

五、国际原子能机构

国际原子能机构是根据1954年第九届联合国大会决议，于1957年7月成立。根据《国际原子能机构规约》的规定，有关该规约的解释或适用的任何问题或争端，应以谈判方法解决；如果未能解决而有关各方又未商定其他解决方法，应按照《国际法院规约》提交国际法院。国际原子能机构的大会和理事会，经联合国大会授权，可以向国际法院就机构活动范围内任何法律问题，请求发表咨询意见。

六、国际货币基金

国际货币基金组织于1945年12月正式成立。根据《国际货币基金组织协定》的规定：(1)凡会员国与基金之间或会员国之间对于该协定条文的解释发生任何异议时，应立即提交执行董事会裁决。(2)对于执行董事会作出的裁决，任何会员国仍可以在裁决后三个月之内要求将异议提交理事会作最后裁决。提交理事会的异议将由理事会的解释条文委员会考虑，委员会的决定即视为理事会的决定。(3)当基金与退出基金的会员国之间或基金在清理期间与会员国之间发生争议时，应提交由三人组成的法庭仲裁。仲裁法庭由基金指定的一人、有关会员国指定的一人和一名公证人组成。除争端双方另有协议外，公证人应由国际法院院长或基金协定所规定的其它权力机关指派。公证人对双方争议的程序问题全权处理。

第七节　中华人民共和国与和平解决国际争端

中华人民共和国自成立以来，就一贯奉行和平外交政策，主张和平解决国际争端,并在中国与其他国家的关系中坚持以和平方式处理一切历史遗留问题和现实问题。在一些重大的国际问题或争端的处理方面,中国始终主张和坚持以和平方法予以解决,并为这些问题或争端的最终解决作出了很大的努力和贡献。

一、谈判或协商

中华人民共和国始终主张以谈判协商的方式解决国家之间的争端。1953 年 10 月 8 日周恩来总理在赞同苏联关于召开五大国外长会议的建议的声明中表示:"中华人民共和国中央政府认为朝鲜停战的实现,已为缓和国际紧张局势创造了有利的条件,并已证明一切国际争端是可以用和平协商方法求得解决的"。1954 年 1 月 29 日,周恩来总理就恢复关于朝鲜政治会议的双方会谈发表声明,指出:"中华人民共和国中央人民政府本着以和平协商方式解决朝鲜问题的一贯立场,并为了满足全世界爱好和平的人民和国家要求和平解决朝鲜问题以利于缓和远东和世界紧张局势的殷切期望,坚决主张立即恢复关于朝鲜政治会议问题的双边会谈,以迅速安排朝鲜政治会议的召开"。1954 年 5 月 12 日,周恩来总理在日内瓦会议上关于印度支那问题的发言中声明,中华人民共和国认为亚洲国家应该以和平协商方法解决各国之间的争端,而不应使用武力或以武力相威胁。1955 年 4 月,周恩来总理在亚非会议全体会议上发言指出:"在保证实施和平共处五项原则的基础上,国际间的争端没有理由不能够协商解决"。

在中国的对外关系中,中国政府通过与有关国家的直接谈判或协商解决了一些重大问题和历史遗留问题。例如,1954 年 4 月 29 日,中国通过谈判协商与印度政府达成了《关于中国西藏地方和印度的交通和通商的协定》,解决了取消原英国遗留下来的印度在中国西藏地方的特权问题及印度与中国西藏地方的通商和交通问题。1955 年 4 月 22 日,中国和印度尼西亚通过谈判签订了《中华人民共和国和印度尼西亚共和国关于双重国籍问题谈判的公报》,解决了同时具有中华人民共和国国籍和印度尼西亚共和国国籍的人的国籍问题。1960 年 1 月 28 日,中国和缅甸通过外交谈判方式签订了《中华人民共和国和缅甸联邦政府关于两国边界问题的协定》,彻底解决了中国与缅甸之间的边界问题。此后,中国又先后通过谈判或和平协商方法分别与尼泊尔、巴基斯坦等邻国解决了边界问题。1984 年 12 月 19 日和 1987 年 4 月 13 日,中国分别与英国、葡萄牙通过谈判解决签订了《中英关于香港问题的联合声明》和《中葡关于澳门问题的联合声明》,就解决香港、澳门这两个长期未决的历史问题达成了协议。

二、斡旋或调停

迄今为止,中国尚无明确以斡旋者身份进行斡旋解决国际争端的实践。海湾战争前,钱其琛外长赴伊拉克访问,表达了中国政府希望伊拉克与科威特进行对话,谈判协商解决它们之间的领土争端的愿望。钱外长的这次访问带有一些类似于斡旋的性质。

调停曾经作为一种解决中国与其它国家之间争端的方法为中国政府所接受。在1962年10月中国和印度发生边界争端以后,亚非六个国家于12月在科伦坡会议上提出关于调停中印边界争端的科伦坡建议,中国政府于1963年1月接到科伦坡建议后,由周恩来总理给锡兰总理西丽玛沃·班达拉奈克夫人复信表示在原则上同意中印接受六国建议作为中印直接谈判的基础。但是,由于印度无理地要求中国无保留地接受六国建议,而六国建议实际上是偏袒印度,致使科伦坡六国调停没有取得成功。为了推动和促成柬埔寨问题的和平解决,中国积极参与了联合国主持下的、安全理事会五常任理事国和其它有关国家参加的集体调停活动,使长达十三年的柬埔寨问题终于1992年10月以柬埔寨问题巴黎会议的召开和柬埔寨和平条约的签订而告解决。中国在这次集体调停中起了重要的作用,受到世界各国的公认和好评。

三、调查和和解

迄今,中国尚未有过以调查、和解方法解决中国与其它国家之间争端的实践。但是,在原则上,中国是不反对一国自由选择以上述方法来解决国际争端的。

四、仲裁解决

对于以仲裁的方法解决国际争端,中华人民共和国自建国以来一直坚持非常慎重的态度。在中国与外国缔结的条约中,除一些对外贸易议定书外,几乎都没有载入任何仲裁条款。在中国签署、批准或加入的多边条约或国际公约中,对有以仲裁解决争端内容的争端解决条款,中国几乎都作出保留。在实践中,1962年中印(度)边界争端发生以后,印度政府提议,双方协议"接受由通过两国同意的方式提名的一个人或一些人进行某种国际仲裁",以作出"对两国政府都具有拘束力的裁决"。中国政府严词拒绝了印度方面的提议,认为"中印边界争端是涉及两国主权的重大问题,而且涉及的领土面积又有十几万平方公里之大。不言而喻,它只能通过双方直接谈判求得解决,决不可能通过任何形式的国际仲裁求得解决"。

80年代后期,中国对以仲裁方式解决国际争端问题的政策有所调整。在中国与外国签订的专业性、贸易、商业、经济、科学技术、文化等非政治性的政府间或国家间的协定中,开始同意载入仲裁条款或在争端解决条款中包括仲裁的方法。在中国签署、批准或加入国际公约时,也开始对一些规定有仲裁解决争端的条款不再保留,但仅限于有关经济、贸易、科技、交通运输、航空、航海、环境、卫生、文化等专业性和技术性的国际公约。在实践中,也开始有一些经济、贸易、海运等方面的争端通过提交国际仲裁得到解决。

1993年7月，钱其琛外长致函常设仲裁法院秘书长，代表中国政府"按照1907年《海牙公约》第44条的规定，向常设仲裁法院指定公认的精通国际法问题、享有最高道德声望并愿意接受仲裁人职责的中国著名人士四名为常设仲裁法院仲裁员"，同年9月，中国的4名仲裁员出席了在海牙召开的常设仲裁法院第一届仲裁员大会。

五、国际法院

中华人民共和国成立以后，由于国民党政府仍然窃据着中国在联合国的合法席位，中华人民共和国与国际法院没有任何联系。1971年联合国大会通过第2958(XXVI)号决议，恢复了中华人民共和国在联合国的合法席位。1972年9月5日，中国政府宣布"不承认过去中国政府1946年10月26日关于接受国际法院强制管辖权的声明"。中华人民共和国政府一方面撤销了原中国政府对国际法院强制管辖权的承认；同时，另一方面从未与其它任何国家订立过将争端提交国际法院的特别协议，对中国签署、批准或加入的国际公约中带有提交国际法院解决争端的争端解决条款，几乎无例外地作出保留。在事实上，中国拒绝通过国际法院解决中国与其它国家之间的争端。

80年代开始以来，联合国在维持国际和平与安全方面的作用有所加强，作为联合国主要司法机构的国际法院在和平解决国际争端方面的作用也受到重视。特别是国际法院的组成发生了变化，来自发展中国家的法官有所增加；在国际近期审理的一些案件和发表的咨询意见中，法院主持正义，作出了公正的判决。这些情况使包括中国在内的一些国家开始改变对国际法院不信任的态度。

1984年倪征燠当选为国际法院法官，接着，1993年史久镛又当选为国际法院法官。同时，中国对由国际法院解决国际争端的态度也发生了变化。除对涉及中国重大国家利益的国际争端仍坚持通过谈判协商解决外，对中国签署、批准或加入的国际公约，改变过去对提交国际法院解决国际争端的条款一概保留的做法，对有关经济、贸易、科技、航空、环境、交通运输、文化等专业性和技术性的公约一般可以不作保留。但迄今为止，中国尚未向国际法院提交任何争端或案件。

主要参考书目

1. 周鲠生，《国际法》，下册，1983年。

2. 劳特派特修订，《奥本海国际法》，第8版，中译本，下卷，第1分册，1971年。

3. 阿·费德罗斯，《国际法》中译本，下册，1981年。

4. Karin Oellres-Frahm and Norbert Wuhler, Dispute Settlement in Public International Law, 1984.

5. United Nations, Handbook on Peaceful Settlement of Disputes Between States, 1992.

6. Boutros Boutros-Ghali, An Agenda for Peace, 1992.

7. Marce Brus, The United Nations Decade of International Law: Reflections on International Dispute Settlement, 1991.

第十八章　战争与武装冲突法

第一节　概　　论

在现代国际社会中,战争与武装冲突还不能完全避免。国际法承认这一事实,因而有对战争与武装冲突加以限制和规定的规则。这些规则是各交战国或冲突各方在彼此之间发生战争与武装冲突时应予遵守的。这些规则构成国际法中的战争与武装冲突法。概括地说,战争与武装冲突法是在战争和武装冲突中,以条约和惯例为形式,用来调整各交战国或武装冲突各方之间、交战国与中立国之间以及交战行为的原则、规则和制度的总体。

传统国际法一向认为:只有国家间的战争才是国际法上的战争。战争是敌对国家之间相互使用武力造成的冲突。战争是具有相当规模和范围,并持续一定时间的武装冲突。偶然发生的、地方性的、短暂的边界冲突等,不构成国际法上的战争。

现代国际法倾向于采取"适用于武装冲突中的规则"的提法,而不提"战争法"。这是因为第一次世界大战以后、特别是第二次世界大战以后,"战争"的提法不常有了,甚至具有明显国际性质的大多数武装冲突在法律上也都没有被称为战争。武装冲突中的规则,即通常所称的"武装冲突法",则不但在经过宣战、存在战争状态的战争中适用,而且在一切武装冲突(包括非国际性武装冲突)中适用。1949 年《日内瓦四公约》第 2 条明确规定:"本公约适用于两个或两个以上缔约国间所发生之一切经过宣战的战争或任何其他武装冲突,即使其中一方不承认有战争状态。"其他许多国际文件中,也都使用"武装冲突"以代替"战争",如 1954 年的《在武装冲突时保护文化财产公约》,1961 年的《维也纳外交关系公约》以及联合国安理会有关设立前南斯拉夫战犯国际法庭和卢旺达国际法庭的决议等。1969 年的《维也纳条约法公约》和 1977 年《禁止为军事或任何其他敌对目的使用改变环境的技术的公约》等,则使用"敌对行为"一词,而"敌对行为"与"武装冲突"这两个词语在实质上是没有什么区别的。因此,在现代国际法中,"武装冲突"与"战争"这两个概念同时存在,而"武装冲突法"有取代"战争法"的趋势。其原因主要有以下几点:

(一)实践的变化

传统国际法上的战争,必须符合一定的规则,如战争的开始必须通过宣战。

1907年《关于战争开始的公约》第10条明确规定："除非有预先的和明确无误的警告，彼此间不应开始敌对行为。警告的形式应是说明理由的宣战声明或是有条件宣战的最后通牒。"然而，国家为了规避本国法律上的规定，或为了能在战争一开始就取得军事上的优势，往往不宣而战。这种情况尤其发生在第二次世界大战以后，如1967年的以色列阿拉伯战争，伊拉克和伊朗之间的战争（1980年9月22日伊拉克的进攻），1982年英国和阿根廷的马岛之战，以及1990年伊拉克对科威特的进攻等，都是未经事先宣战而开始的。未经宣战的战争也必须适用有关战争的、尤其是国际人道主义法方面的规则。因此，实际上，"武装冲突"一词涵盖了不管是经过宣战的战争还是不经过宣战的武装冲突。

《联合国宪章》禁止使用武力，不论是以战争的形式还是以武装冲突的形式。《宪章》禁止使用武力或武力威胁，而未提及"战争。"这样就不仅禁止战争，而且禁止不宣而战以及战争以外的使用武力或武力威胁。禁止使用武力和武力威胁当然包括一切武装冲突，而不问是否存在战争状态。

（二）内战或民族解放运动的地位

传统国际法把战争仅限于国家之间的武装冲突，不承认殖民地人民反抗殖民主义和种族主义的民族解放战争是国际法意义上的战争。另外，内战，只有在反政府一方被本国政府或其他国家承认为交战团体或叛乱（起义）团体时，才取得国际法上的地位，才适用战争法规。然而，第二次世界大战以后，民族自决和民族解放已成为被奴役的民族的不容置疑的权利。面对这一形势，1949年《日内瓦公约》，有专门为非国际性武装冲突中冲突各方应遵循的最低限度的规则。1977年该公约的《第二附加议定书》更是一个专门适用于有关国家内部武装冲突的法律文件。由此可见，传统国际法的"战争"概念正在发生变化。"武装冲突"不仅包括国际性的武装冲突，也包括非国际性的武装冲突。

（三）日内瓦公约体系的发展和影响

战争法在传统上分为两个体系：海牙公约体系和日内瓦公约体系。海牙公约体系主要是规定关于战争如何开始、进行和结束的规则和制度；而日内瓦公约体系主要是关于保护那些不直接参加战争或已退出战斗那部分人的人道主义的法律规则，又称"国际人道主义法"。第二次世界大战以前，海牙公约体系与日内瓦公约体系都有不断的发展。但在其后，在1949年，联合国国际法委员会通过决议，决定把战争法排除在该委员会"编纂和发展国际法"的任务之外，认为"既然《联合国宪章》已宣布战争为非法，对战争法事实上不再有研究的必要"。然而，战争不断发生，武装冲突依然存在。改善战场上伤、病员待遇的需要以及对战俘、平民保护的迫切要求，使国际人道主义法（日内瓦公约体系）得到了很大的发展，而在国际人道主义法的主要法律文件中，都用"武装冲突"这个措辞。由于国际人道主义法的广泛传播，"适用于武装冲突中的规则"的提法得到了广泛的接受和使用。

综上所述,由于实际存在的武装冲突大都是不宣而战,又由于民族解放运动或内战团体地位的改变和国际人道主义法的传播及影响,“武装冲突法”这一概念正在取代“战争法”。但这并不意味着原来的战争法的概念和制度已不存在。因此,战争法和武装冲突法可以结合成为战争与武装冲突法。

战争与武装冲突的基本概念是:

第一,战争与武装冲突是国与国之间、政府与敌对武装团体之间或敌对武装团体相互之间的武装争斗。战争与武装冲突的主体主要是国家,但又不限于国家,它还包括民族解放组织和非国际性武装冲突中的交战各方,如内战中的叛乱团体。换句话说,战争与武装冲突既包括国与国之间的武装冲突,如 1990 年伊拉克对科威特的武装侵入,也包括发生在一国国内的武装冲突,如 1994 年也门国内南、北之间的军事战斗和索马里各派别之间的武装冲突。

第二,战争与武装冲突是一种法律状态又是事实状态。按照传统国际法,战争是一种法律状态。法律意义上的战争主要看交战各方是否有“交战意思”,以及非交战国和国际组织的态度。如果交战一方或双方宣战,非交战国家宣布中立,那就意味着法律上战争状态的存在和交战双方和平关系的正式结束,战争法和中立法开始适用,并由此而产生一系列的法律后果。然而,在国际实践中,既有“宣而不战”,如 1917 年 4 月 7 日和 12 月 10 日之间,一些拉丁美洲共和国(巴拿马、古巴和巴西)对中欧国家的宣战,但实际上不存在战争的情况;也有过“不宣而战”,如 1950 年至 1951 年,美国与北朝鲜之间的战争,或者在 1956 年 10 月至 11 月法国与英国武装干涉苏伊士运河时与埃及实际进行的武装冲突,战争与武装冲突就既是一种法律状态,又是一种事实状态。战争主要是指交战双方有“交战意思”的法律状态,而武装冲突主要是指武装敌对行为的事实。这两者都要分别适用战争与武装冲突法的原则、规则和制度。

战争与武装冲突法在国际法的不同发展阶段上的地位是不同的。传统国际法承认战争是国家推行政策的工具,是解决国际争端的合法手段。“诉诸战争权”是主权国家的合法权利。但随着国际法的发展变化,国家的“诉诸战争权”逐渐受到了限制。

1899 年和 1907 年两个海牙《和平解决国际争端公约》都规定,各缔约国应尽量用和平方法解决争端,遇严重争议或争端时,在诉诸武力之前,应酌情请一个或数个友好国家出面斡旋或调停。1907 年海牙《限制用兵索取契约债务公约》更明确规定:凡一个国家的政府因别国政府欠其人民订有契约的债务,不得以兵力向其索偿。但欠债的国家不得拒绝公断的请求或置之不答,或准许后仍不能使公断书订立,或公断后不遵照判决办理。“尽量用和平方式解决争端”、“用兵之前”、“不得以兵力”等规定虽未提及“战争”,但显然是对所谓“诉诸战争权”的限制。

20 世纪 20 年代之后,国际上签订了一系列法律文件,宣布废弃战争作为实现国家政策的工具。宣布废弃战争的第一个重要文件则是1928年签订的《关于废弃战争作为国家政策工具的一般条约》(以下简称《巴黎非战公约》或《白里安——凯洛格公约》)。《公约》序言宣称:“相信断然地废弃战争作为实行国家政策工具的时机已经到来。”第1条规定:“缔约各方以它们各国人民的名义郑重声明,它们斥责用战争来解决国际纠纷,并在它们的相互关系上废弃战争作为实行国家政策的工具。”第2条规定:“缔约各方同意,他们之间可能发生的一切争端或冲突,无论其性质或起因如何,只能用和平的方法加以处理或解决。”

《巴黎非战公约》在法律上和在原则上禁止战争作为推行国家政策的工具,但其规定是不够明确的,仅笼统地废弃以战争为推行国家政策的工具。但在缔约国签署、批准或加入时还以不损害各当事国的合法自卫权为条件。

《国际联盟盟约》进一步限制“战争权”。《国际联盟盟约》序言中声称:“为增进国际间合作,并保持其和平与安全起见,特允承受不从事战争之义务。”第12条规定会员国以和平方法解决它们之间争端的义务,并规定:“非俟仲裁员裁决或法庭判决或行政院报告后三个月届满以前,不得从事战争”。根据第16条,国联会员国如果违反规定而从事战争,则应即视为对于所有国联其他会员国有战争行为,其他所有会员国还应立即与之断绝各种商业上或财政上之关系,禁止其人民与破坏《盟约》国人民的各种往来,并阻止其他任何一个国家(无论为国联会员国或非会员国)的人民与该国人民在财政上、商业上或人员上的往来。另外,“遇此情形,行政院应负向关系各政府建议之责,俾联盟各会员国各在陆、海、空之实力组成军队,以维护联盟盟约之实行”(第16条〔2〕)。

从《国联盟约》的规定看来,它并没有全面禁止以战争解决国际争端。它只规定在一定的时间内、一定的条件下不得从事战争。而且,《盟约》用了“不得从事战争”这个提法,使从事战争的国家避免用“战争”这个措辞,以逃避责任。但尽管如此,《盟约》使会员国在法律上承担一定的义务,对于禁止战争以及以废弃战争作为国家政策的工具,还是有一定意义和作用的。

禁止使用武力的概念,主要是来自《联合国宪章》的。《宪章》序言宣布联合国组织的目的是“欲免后世再遭今代人类两度身历惨不堪言之战祸”,因而为达此目的“保证非为公共利益,不得使用武力”。《宪章》第2条第4项规定:“各会员国在其国际关系上不得使用威胁或武力,或以与联合国宗旨不符之任何其他方法,侵害任何会员国或国家之领土完整或政治独立。”《宪章》禁止使用武力或武力威胁是国际法在战争方面的进一步的发展。破坏国际法基本原则的战争和使用武力,但是,《宪章》并没有禁止所有的武力使用,而在以下情况下使用武力是合法的:

1. 自卫。《宪章》第51条规定:“联合国任何会员国受武力攻击时,在安全理事会采取必要办法,以维持国际和平及安全以前,本宪章不得认为禁止行使单独或集体自卫之自然权利。”

2. 联合国安理会授权或采取的行动。《宪章》第 42 条规定:“安全理事会如认为第 41 条所规定之办法不足或证明为不足时,得采取必要之空海陆军行为,以维持或恢复国际和平及安全。”第 43 条还规定会员国在安理会采取行动时,“依特别协定,供给为维持国际和平及安全所必需之军队、协助及便利,包括过境权”。

3. 为争取民族自决权而进行的反对殖民地或外国统治的民族独立或民族解放运动。《联合国宪章》明确地承认民族自决权为普遍性国际法原则。1952 年联合国大会通过的《关于人民与民族自决权》的决议,1960 年联合国大会通过的《给殖民地国家和人民独立宣言》都宣布所有的人民都有自决权。1970 年联大通过的《关于各国依联合国宪章建立友好关系及合作之国际法原则之宣言》,再次确认了民族自决原则,指明“此等民族在采取行动反对并抵抗此种强制行动以求行使其自决权时,有权依照宪章宗旨及原则请求并接受援助。”这里的抵抗“强制行动”的“行动”,包括武装行动,从而肯定了进行民族独立或民族解放运动行为而使用武力的合法性。

与禁止使用武力概念紧密相联的还有关于侵略的概念。1974 年 4 月 14 日,联合国大会通过了有关侵略定义的第 3314 号决议。该决议给侵略下的定义是“一个国家使用武力侵犯另一个国家的主权、领土完整或政治独立,或以与《联合国宪章》不符的任何其他方式使用武力”(第 1 条)。侵略包括对一个外国领土的入侵、攻击或军事占领;对一个外国领土进行轰炸;海上封锁;一个国家违反其与另一国家订立的协定所规定的条件,使用其根据协定在接受国领土内驻扎的武装部队,或在协定终止后,延长该项武装部队在该国领土内的驻扎期间;使用一个外国领土从事侵略行为;派遣武装团体、非正规军到一外国领土。(第 3 条)这样,侵略的定义明确了使用武力的含义。但是,决议也保留了自卫的权利。第 6 条规定,“侵略”的定义“绝不得解释为以任何方式扩大或缩小《宪章》的范围,包括《宪章》中有关使用武力为合法的各种情况的规定在内。”因此,禁止武力使用并不排除按照《联合国宪章》所规定的合法的武力使用。

第二节 战争与武装冲突法的编纂和发展

战争与武装冲突法是以条约和习惯为形式,来调整各交战国或冲突各方之间、交战国与中立国之间在战争与武装冲突中的关系,以及交战行为的原则、规则和制度。它随着社会的发展、军事技术的改进和战争和武装冲突的规模而变化和发展。

一、战争与武装冲突法的内容和范围

战争与武装冲突法的内容主要分为两方面:一方面是关于战争和武装冲突的

开始和结束，以及战争和武装冲突期内交战国或冲突各方之间、交战国与中立国之间的法律关系的原则、规则和规章制度；另一方面是关于作战手段和作战方法以及如何在战争和武装冲突中保护平民和其他战争和武装冲突受难者、改善伤病员待遇的原则、规则和制度。

第一方面的内容主要是传统战争法中的宣战、缔结和约、中立等方面的制度。第二次世界大战以后，几乎所有重大的国际武装冲突都不是以战争的名义进行的。由于没有宣战，也就没有缔结和约；由于没有战争状态的存在，也就没有中立的地位。传统战争法的内容在第二次世界大战以后基本上没有什么发展。第二方面的内容既适用于传统意义上的战争，也适用于非战争的国际武装冲突，同时也适用于发生在一个国家内部的武装冲突（又称非国际性武装冲突），这一方面的内容在第二次世界大战以后有了很大的发展。

在战争与武装冲突的发展过程中又分为两个部分。一个是以海牙公约为主的，但也包括1856年《巴黎海战宣言》、1868年《圣彼得堡宣言》、1925年《日内瓦议定书》等关于作战手段和方法的条约和惯例；另一个则是以日内瓦公约为主的，是关于保护平民和战争受难者的。这两个部分既有差别，又有联系。它们最大的共同点就是以"人道原则"为基础。海牙公约中的许多规定，例如，战俘待遇、军事占领等已经分别纳入了1929年和1949年的日内瓦公约，而1977年的日内瓦公约的《附加议定书》，则通过其关于限制作战方法和手段的规定，使日内瓦公约的部分不但包括改善伤、病员境遇，保护战俘、平民和其他战争受难者的原则和规则，同时也包括作战方法和手段方面的原则和规则。因此，这两个部分往往是结合起来了的。

二、战争与武装冲突法的编纂

战争与武装冲突法是在"军事必要原则"和"人道原则"这两者之间长期相互适应的妥协中产生的。当然，它不是永恒不变的。相反，它们是不断地适应变化的世界的需要而变化的。

战争与武装冲突法，是国际法中最古老的一个部分。早在中国古代，特别是春秋战国时代，就有一些战争规则。另外在埃及、巴比伦、印度、古希腊和罗马，也都有关于作战规则的记载。然而，战争与武装冲突法的正式编纂则是在19世纪中叶以后开始、并在19世纪末到20世纪初进入到高潮。

迄今为止，历史上编纂的有关战争与武装冲突法的国际法律文件主要有：

1. 1856年4月16日《巴黎会议关于海上若干原则的宣言》。
2. 1864年8月22日《改善战地武装部队伤者境遇的公约》。
3. 1868年12月11日《禁止在战争中使用某些爆炸性子弹的圣彼得堡宣言》。
4. 1899年7月29日海牙公约和宣言：

(1)《陆战法规和惯例公约》（海牙第2公约）及其附件：《陆战法规和惯例的

章程》；

(2)《关于1864年8月22日日内瓦公约的原则适用于海战的公约》(海牙第3公约)；

(3)1899年7月29日海牙第一次和平会议的三个宣言:《禁止从气球上或用其他新的类似方法投掷投射物和爆炸物宣言》(第一宣言)、《禁止使用专用于散布窒息性或有毒气体的投射物的宣言》(第二宣言)和《禁止使用在人体内易于膨胀或变形的投射物,如外壳坚硬而未完全包住弹心或外壳上刻有裂纹的子弹的宣言》(第三宣言)。

5. 1904年12月21日《关于战时医院船免税公约》。

6. 1906年7月6日《关于改善战地武装部队伤者和病者境遇的公约》。

7. 1907年10月18日海牙第二次和平会议公约与宣言:

(1)《关于战争开始的公约》(第3公约)；

(2)《陆战法规和惯例公约》(第4公约)及其附件:《陆战法规和惯例章程》；

(3)《中立国和人民在陆战中的权利和义务公约》(第5公约)；

(4)《关于战争开始时敌国商船地位公约》(第6公约)；

(5)《关于商船改装为军舰公约》(第7公约)；

(6)《关于敷设自动触发水雷公约》(第8公约)；

(7)《关于战时海军轰击公约》(第9公约)；

(8)《关于1906年7月6日日内瓦公约原则适用于海战的公约》(第10公约)；

(9)《关于海战中限制行使捕获权公约》(第11公约)；

(10)《关于建立国际捕获法院公约》(第12公约)；

(11)《关于中立国在海战中的权利和义务公约》(第13公约)；

(12)《禁止从气球上投掷投射物和爆炸物宣言》。

8. 1909年2月26日《伦敦海军会议文件》。

9. 1922年2月6日《关于在战争中使用潜水艇和有毒气体的公约》。

10. 1925年6月17日《禁止在战争中使用窒息性、毒性或其他气体和细菌作战方法的议定书》。

11. 1929年7月29日的日内瓦公约:

(1)《关于改善战地武装部队伤者病者境遇的日内瓦公约》；

(2)《关于战俘待遇的日内瓦公约》。

12. 1930年4月22日《限制和裁减海军军备的国际条约第四部分关于潜艇的作战规则》。

13. 1936年11月6日《1930年4月22日伦敦条约第四部分关于潜艇作战规则的议定书》。

14. 1937年9月14日《尼翁协定》及其附件:1937年9月17日《尼翁协定的补

充议定书》。

15. 1945 年 8 月 8 日《关于控诉和惩处欧洲轴心国主要战犯的协定》及其附件:《欧洲国际军事法庭宪章》。

16. 1946 年 1 月 19 日《远东盟军最高统帅部宣布成立远东国际军事法庭的特别通告》及其附件:《远东国际军事法庭宪章》。

17. 1946 年 12 月 11 日《联合国大会确认纽伦堡宪章承认的国际法原则的决议》。

18. 1949 年 8 月 12 日日内瓦公约:

(1)《改善战场武装部队伤者病者境遇的日内瓦公约》(第 1 公约);

(2)《改善海上武装部队伤者病者及遇船难者境遇的日内瓦公约》(第 2 公约);

(3)《关于战俘待遇的日内瓦公约》(第 3 公约);

(4)《关于战时保护平民的日内瓦公约》(第 4 公约)。

19. 1954 年 5 月 14 日《关于发生武装冲突时保护文化财产的公约》。

20. 1961 年 11 月 24 日《禁止使用核及热核武器宣言》。

21. 1963 年 8 月 8 日《禁止在大气层、外层空间和水下进行核武器试验条约》。

22. 1967 年 1 月 17 日《关于各国探测及使用外层空间包括月球及其他天体活动所应遵守原则的条约》。

23. 1967 年 2 月 14 日《拉丁美洲禁止核武器条约》及其附件 1:《第 1 号附加议定书》、附件 2:《第 2 号附加议定书》。

24. 1968 年 7 月 1 日《不扩散核武器条约》。

25. 1968 年 11 月 26 日《战争罪及危害人类罪不适用法定时效公约》。

26. 1971 年 2 月 11 日《禁止在海床洋底及其底土安置核武器和其他大规模毁灭性武器条约》。

27. 1972 年 4 月 10 日《禁止细菌(生物)及毒素武器的发展、生产及储存及销毁这类武器的公约》。

28. 1973 年 12 月 3 日《关于侦察、逮捕、引渡和惩治战争罪犯和危害人类罪犯的国际合作原则》。

29. 1974 年 12 月 4 日《在非常状态和武装冲突中保护妇女儿童宣言》。

30. 1974 年 12 月 14 日《武装冲突中对人权的尊重》。

31. 1977 年 5 月 18 日《禁止为军事或任何其他敌对目的使用改变环境的技术的公约》。

32. 1977 年 6 月 8 日关于 1949 年 8 月 12 日日内瓦四公约的议定书:

(1)《1949 年 8 月 12 日日内瓦四公约关于保护国际性武装冲突受难者的附加议定书》(第 1 议定书);

(2)《1949 年 8 月 12 日日内瓦四公约关于保护非国际性武装冲突受难者的附

加议定书》(第2议定书)。

33. 1980年10月10日《禁止或限制使用某些可被认为具有过分伤害力或滥杀滥伤作用的常规武器公约》:

附件一:《关于无法检测的碎片的议定书》;

附件二:《禁止或限制使用地雷(水雷)、饵雷和其他装置的议定书》;

附件三:《禁止或限制使用燃烧武器议定书》;

附件四:《关于小口径武装系统的决议》。

34. 1988年12月4日《反对招募、使用、资助和训练雇佣军国际公约》。

35. 1992年9月10日《禁止研制、生产、贮存和使用化学武器以及销毁此种武器公约》。

三、战争与武装冲突法的特点

战争与武装冲突法最明显、最突出的特点是它不仅存在于迄今已制订的许多条约之中,而且还以各国公认的习惯的形式发挥作用。由于战争法规则是古老、悠久的,有关战争与武装冲突的条约的大部分规定,只是宣示现行的国际习惯法和编纂已经存在的惯例。正如1907年第二次海牙和平会议修订了的《陆战法规和惯例章程》的序言中所明确指出的:该公约的目的并不在于制订一个完整的陆战法典,它之"所以将战争法规及其惯例重新加以修正,其目的所在,或明立限界,使益精确,或加以限制,使免残酷"。

战争与武装冲突法的另一个特点是,一些条约虽然已经为新的条约所代替,但长时间内,对于未批准或加入新约的国家而言,旧约仍然有效。1906年日内瓦公约虽然早已为1929年日内瓦公约所代替,但直到1970年哥斯达黎加加入1949年日内瓦公约后,1906年日内瓦公约才正式失效,而1929年日内瓦公约却因为缅甸未加入1949年日内瓦公约而仍然未完全失去效力。

在这里,有必要提及在该领域中经常被引用的、并已被规定在1907年海牙第四公约和1977年日内瓦公约第一附加议定书中的所谓"马顿斯条款"。根据这一条款,即使是在缔约国所签订的公约规定没有包括进去的情况下,平民和战斗员仍然受国际法原则的保护,仍然受国际法原则的支配,这些原则是"来自文明国家之间已确立的惯例、人道法则和公众良心的要求"。

在战争与武装冲突法领域中修订或编纂公约,目的是使一些原则和规则更加明确、更加具体。如果有的原则或规则还未制订为条约,或者有的虽然已经制订为条约、但还未被批准或未生效,只要原则和规则已经是公认的国际习惯,就仍然是有效的。

而且,事实上,尽管有关战争与武装冲突法的条约的范围已经很广,数量也很多,但它们显然并没有将所有的原则和规则都包罗进去,甚至重要的原则和规则也没有包括进去。条约规定以外的事项仍然应按照习惯规则加以处理。如果因为科学技术的发展和武器的不断更新而在战争与武装冲突法领域内出现的新的问题，那么，努力制订新的、更加明确性的国际法律文件，是有积极和重要的意义的。

第三节　战争与武装冲突状态

战争或武装冲突状态的开始和存在，意味着各交战国或武装冲突各方之间的关系由和平关系转入战争与武装冲突的关系，也意味着各交战国或武装冲突各方之间开始适用有关战争与武装冲突法的原则、规则和制度，并因此而产生一系列的法律后果。

一、战争与武装冲突的开始

战争可以通过交战双方或一方宣战而开始。“宣战”，在传统战争法中标志着国家之间的关系由和平状态进入战争状态的一个重要的和必要的程序。

宣战程序可以说是一项古老的惯例，如古希腊、罗马时代国家间就经常以宣战的方式表明敌对关系的开始。格老秀斯认为宣战是战争开始的必要方式。1907年《关于战争开始的公约》第10条规定：“缔约各国承认，除非有预先的和明确无误的警告，彼此间不应开始敌对行为。警告的形式应是说明理由的宣战声明或是有条件宣战的最后通牒”。

宣战是一种法律程序，其作用在于宣告国家进入战争状态，并使对方和其他国家获悉这种战争状态已经开始存在。过去，交战国一般在宣战书中声明作战的理由和决心，或提出最后通牒。最后通牒是一种有条件的宣战书，向对方提出最后的绝对要求，限期答复，如对方不如期接受要求，即采取战争手段。

第二次世界大战爆发以后，包括中国在内的许多国家都对德国、日本等国宣布战争。现在，许多国家的宪法也还有关于宣战的规定。《中华人民共和国宪法》第67条第18款规定：全国人民代表大会常务委员会“在全国人民代表大会闭会期间，如果遇到国家遭受武装侵犯或者必须履行国际间共同防止侵略的条约的情况，决定战争状态的宣布”；第80条规定：中华人民共和国主席根据全国人民代表大会的决定和全国人民代表大会常务委员会的决定“宣布战争状态”。

宣战表明国家之间的战争状态，但在国际实践中，却有以下两种情况。

第一，战争状态的出现意味着战争的正式开始。但并不意味着有关国家之间一定有武装敌对行为。换句话说，国家之间在成立战争状态之后，可以未进行武装敌对行为，甚至始终没有武装敌对行为。例如，在第二次世界大战时，一些拉丁美洲国家与轴心国之间的关系就是这样。

第二,国家往往会因为军事利益上的需要,发动突然袭击,以便在战争一开始即获得对自己非常有利的形势,而且,由于各种原因,国家之间会发生武装冲突而不宣战和不承认战争状态的存在。第二次世界大战以后,几乎所有重大的国际冲突都没有宣战,也没有战争状态的存在。然而,不管是在宣战后始终没有实际的武装敌对行为,还是不经宣战而实际存在的武装冲突状态,有关战争与武装冲突的原则和规则都将在各交战国或武装冲突各方相互之间适用。

二、战争与武装冲突开始的法律后果

战争与武装冲突的开始,使各交战国或武装冲突各方之间的法律关系发生重大的变化,并由此产生一系列的法律后果。在传统的战争法上,战争开始的法律后果主要是:

1. 外交和领事关系的断绝。战争开始后,交战国之间一般就断绝外交关系和领事关系。交战国关闭其在敌国的使领馆,外交代表和领事官员以及领事馆的有关人员有返回派遣国的权利,但接受国政府在例外情况下可以在他们返回国前暂予扣留。派遣国对其使、领馆的档案、馆舍、寓所、财产以及侨民的权益可以委托接受国认可的第三国保管。

2. 经贸关系的断绝。战争开始后,交战国间的政治、经济、军事等诸方面都处于敌对状态。断绝通商往来是通常采取的措施。对方国家成为敌国,对方国家的人民成为敌人。人民之间的贸易和商务往来是被禁止的。但是,对已履行的契约或已结算的债务则并不废除。

3. 条约关系发生变化。战争开始对有关的条约的效力发生重大的影响。这种影响主要有以下三种情况:

(1)在双边条约和协定中,凡以维持共同政治行动或友好关系为前提的条约,如同盟条约、互相条约或和平友好条约立即废止。因为两国关系已经变成了战争敌对关系,根本不存在友好关系,也不可能维持共同的政治行动。一般政治性和经济性条约,如引渡条约、商务条约等,除条约另有规定外,应停止生效,战后是否自动恢复效力或重订,由缔约国在条约中明确。

(2)受战争影响的交战国与非交战国为当事国的多边条约有两类:一类是普遍性的多边条约或有关卫生、医药的条约不因战争开始而终止,但其中与交战行为相冲突的条款,可以停止执行,待到战争结束后恢复效力。另一类是明文规定战时停止效力的条约,如 1944 年《芝加哥国际民用航空公约》规定该公约于战时停止效力。当然,凡是有关战争行为规则的条约于战争开始后立即生效。

4. 对交战国人民和财产的影响。处在敌国领土上的交战国人民或被扣押或被允许离境。敌国的财产应分为国家财产和私人财产;动产和不动产;还可以分为军事性质的财产和非军事性质的财产。敌国国家财产如果是不动产，除使领馆外，可以没收，也可以使用，但不得变卖。属于军事性质的财产，可以破坏；如是动产，则可以没收。私人财产，原则上不得侵犯，但可加以限制，如禁止转移、冻结和征用等。

上述是传统战争法中一般出现的战争所引起的法律后果。第二次世界大战以后发生的许多重大国际武装冲突不是战争，武装冲突各方不承认有战争状态的存在。因此传统战争法所发生的法律后果也发生了变化。在武装冲突爆发时，武装冲突各方面继续保持外交关系和领事关系，同时也不发生战争所引起的法律效果。这是战争法之外的武装冲突法的一个特点。

三、战争与武装冲突的结束及其法律后果

从国际实践来看，战争与武装冲突的结束一般分两步，即停止敌对行动和结束战争状态。敌对行动的停止不同于战争状态的结束。敌对行动只是一种临时的为实现最终和平而作出的过渡性的安排。战争状态的结束，则意味着所有问题的最终解决和恢复彼此间的和平关系。

（一）敌对行动的停止

敌对行动可以单纯地停止而不采取任何正式的停止行动的方式，但也可能采取停战或投降。

1. 停战。

停战是根据交战方之间签订的协议而停止军事行动。停战可以是全面的，也可以是局部的。全面停战是交战方之间在各处的战斗都停止；局部停战仅是在特定地区内停止战斗。局部停战一般是为了派遣军使、打扫战场、交换俘虏、安排投降等。此外还有停火。停火与局部停战相类似，只是地区更为有限，时间更为短暂。一般地说，局部停战协定由双方在有关地区的司令官签订，而全面停战协定则需由双方军队的统帅或政府签订。

停战可以定有期限，也可以不定期限。如果不定期限，交战国可以随时再行开战，但应按停战条件的规定对对方提出警告。交战一方如果有严重破坏停战条件的行为，另一方有权废除停战协定，情况紧急时可立即恢复战争行动。但是，如果违反停战协定的是个人，且是出于个人动机，则受害一方可只要求惩处违约者。

至于停战协定的形式和内容，法律上没有严格的规定。在第二次世界大战即将结束时，盟国代表以联合国家的名义与意大利、罗马尼亚、芬兰、保加利亚和匈牙利签订了停战协定。其中除军事条款外，还包括许多关于在这些国家内清除法西斯势力和使国家制度和社会生活民主化的重要政治性条款。1953 年 7 月 23 日签订的朝鲜停战协定，除规定军事分界线和非军事区以及停火的具体安排、成立军事停战委员会和中立国监察委员会以及关于战俘的安排以外，还规定应召开双方高一级的政治会议,以协商解决从朝鲜撤退一切外国军队和和平解决朝鲜问题等。

2. 无条件投降。

投降是战败国向战胜国降服。无条件投降是指战败国只能按照战胜国规定的条件而自己不得附加任何其他条件的投降。第二次世界大战期间,联合国家方面为了彻底粉碎德、日法西斯侵略势力,对它们宣布了无条件投降的命令。1945 年 5 月 8 日,德国统帅部的代表在柏林签署了无条件投降书;同年 9 月 2 日,日本也签署了无条件投降书。德国无条件投降书后来为 1945 年 6 月 5 日关于《战败德国及行使德国最高权力的宣言》所补充,其主要内容是:(1)停止一切军事行动;(2)完全解除法西斯军队的武装;(3)遣返联合国家的战俘;(4)交出纳粹党魁及负有战争罪行的人员;和(5)四大国政府有权在必要时继续向德国提出政治、军事和其他要求。

日本无条件投降书的主要内容是:(1)无论在何处的日本军队均接受无条件投降;(2)停止军事行动并交出各种船舶、飞机及军事物资;(3)释放盟国的一切战俘及被拘禁之公民;和(4)所有日本公民、陆海军及其他公职人员均应固守其岗位,而日本天皇及日本政府管理国家的权力则隶属于盟国最高统帅。

(二)战争状态的结束

交战方之间的战争状态的结束是终止战争和停止战争行动并对一切政治、经济、领土和其他问题的全面的、最终的解决,以结束战争状态和恢复和平状态。

结束战争状态的方式通常有以下三种方式:

1. 单方面宣布结束战争即由战胜国单方面宣布结束战争状态。如 1955 年 4 月 7 日,中华人民共和国主席发布《关于结束中华人民共和国同德国之间的战争状态的命令》,宣布结束与德国之间的战争状态。

2. 联合声明。交战国双方以发表联合声明的方式结束战争状态。如苏联于 1956 年 10 月 19 日与日本发表联合声明,宣布结束它们之间的战争状态;又如 1972 年 9 月 29 日,中日两国发表联合声明宣布结束两国间的战争状态。

3. 缔结和平条约。缔结和平条约是结束战争状态的最通常的方式。和平条约的缔约和生效,意味着战争状态的结束,从而一切作战行为不再被允许,双方不得再行攻击、征用或没收等行为。

和平条约一般都详细规定与交战国之间相关的全部未决事项。它的内容一般包括:完全停止军事行动;释放和遣返战俘;部分或全部恢复战前条约的效力;恢复外交、贸易等关系。有些和约还包括赔款或赔偿、割让领土、惩办战犯等条款。1947 年 2 月 10 日在巴黎签订的由中、法、英、美、苏五国外长会议草拟的对意大利、匈牙利、罗马尼亚、保加利亚和芬兰的和约,主要包括以下组成部分:(1)关于国界的划定;(2)关于政治方面的安排;(3)关于惩办战犯的规定;(4)关于限制军队及遣返战俘的规定;(5)关于赔偿、恢复原状的规定;(6)关于盟军撤退的规定;(7)关于联合国家权益的规定;(8)关于经济方面的规定;和(9)关于解决争端的规定。

（三）关于战争与武装冲突的结束的新发展

在战争与武装冲突的结束及其法律方面，现代实践中又有了一些新发展，主要是下述两个方面：

第一，停战协定原来只是临时性的安排，它仅有暂时中止敌对行动的效力。然而，现代的趋势是全面停战不仅表现为长时期的全面停止敌对行动，而且是在事实上结束战争或武装冲突，最后由和约或类似和约的国际法律文件予以确认。这方面最典型的例子是1953年《朝鲜停战协定》和1990年"对德和约"。

第二，以前国际法上的战争结束及其法律后果问题，基本上都集中于国家之间的战争，而在现代国际实践中，除国家以外，还有象联合国这样的国际组织，以合法使用的集体武力来对付个别国家非法使用武力的行为，以消除对于和平的威胁或制止侵略行为，并对非法使用武力的国家实施制裁。最典型的例子是联合国对伊拉克实施的制裁。在伊拉克对科威特进行军事入侵后，联合国安理会于1990年8月6日通过第661号决议，决定对伊拉克实行强制性经济制裁和武器禁运。在联合国多国部队在对伊拉克发动代号为"沙漠风暴"的军事行动以后，联合国安理会又于1991年4月通过第687号决议，重申按照国际法，伊拉克应负责赔偿因其非法入侵和占领科威特而对外国政府、国民和公司造成的任何直接损失、损害和伤害。联合国对伊拉克所采取的这些制裁措施，是伊拉克入侵科威特而引发的法律后果和责任。

第四节　作战手段和方法

战争与武装冲突的目的，是为了制服敌人，为此，就要击败对方的武装力量，就要对敌方施用各种武力。然而，这并不意味着可以毫无限制地使用任何武力手段和方法。根据"人道主义"原则，战争与武装冲突法从来都对作战的手段和方法规定了若干的限制。以便在不能消灭战争与武装冲突之前，尽量减轻其给人类带来的残酷性。所谓"手段"（means）是指所使用的武器，而所谓"方法"（methods）则包括如何使用武器及其他作战方法。

一、作战手段和方法的基本原则

关于作战手段和方法，有一些在战争与武装冲突中长期发展形成的、具有普遍意义和具有广泛法律效力并构成战争与武装冲突法基础的一些原则。这些基本原则主要有以下几个：

1. 限制原则。在战争与武装冲突中应对一些作战手段和方法加以限制。在原则上,各交战国和冲突各方对作战方法和手段的选择都应受到法律的限制,例如,禁止使用不分青红皂白的作战手段和方法;禁止使用大规模屠杀和毁灭人类的作战方法和手段;禁止使用滥杀滥伤、造成极度痛苦的作战方法和手段。

2. 比例原则。这项原则主张作战方法和手段的使用应与预期的、具体的和直接军事利益成比例,而禁止损害过分的攻击,以及引起过分伤害和不必要痛苦性质的作战方法和手段。

3. 区分原则。这项原则是把平民居民与武装部队中的战斗员与非战斗员、有战斗能力的战斗员与丧失战斗能力的战争受难者、军用物体与民用物体以及民用目标与军事目标等区分开来,并在战争与武装冲突中分别给以不同的对待。

4. "军事必要"(military necessity)不能解除交战国义务的原则。这项原则强调,尽管在战争与武装冲突中存在有"军事必要"的原则,但"军事必要"不能被用来解除各交战国或武装冲突各方尊重和适用战争与武装冲突法中的原则、规则和制度的义务。

5. 在条约没有规定的情况下,战争与武装冲突各方亦有尊重国际法义务的原则。

由于战争与武装冲突法的原则、规则和制度,不仅存在于条约之中,而且还通过习惯的形式发挥作用,而且它们还由于军事和新式武器的科学技术的发展而迅速发展,因此,在战争与武装冲突法尚无具体规则的情况下,有关各方不能为所欲为。根据"马耳顿条款"(Martens clause),在国际协定未规定的情况下,平民和战斗员仍然受来源于既定习惯、人道原则和公众良心要求的国际法原则的保护和支配。

二、陆战

战争与武装冲突法中对作战手段和方法的限制早就适用于陆战。早在1868年,《圣彼得堡宣言》就明确宣布:"战争之行动应服从人道之原则,故需限制技术使用之范围。"1899年和1907年的《海牙第四公约附件》明文规定:关于用以伤害敌人的手段,各交战国的权利不是没有限制的。该附件的第23条还列举了一些特别禁止的手段和方法。

迄今为止,被限制或禁止的作战手段和方法主要有:

(一)具有过分伤害力和滥杀滥伤作用的武器

使用具有过分伤害力和滥杀滥伤作用的武器,有时又被称为"野蛮或残酷的方法和手段"。这类武器有毒气、化学和生物武器。这种手段和方法包括不分皂白的、背信弃义的以及改变环境的作战手段和方法。

1. 极度残酷的武器。

极度残酷的武器一般是指在给战斗员造成极度痛苦后使之死亡的武器。由于作战的目的在于削弱对方的军队战斗力,使之失去反抗力量。而使用极度残酷的武器,显然超过了这一目的的范围。它的使用是违反人道原则的。

关于禁止使用极度残酷的武器,早在1868年的《圣彼得堡宣言》中就提出来了。该《宣言》宣布,缔约国在发生战争时放弃使用任何轻于400克的爆炸性弹丸或是装有易爆易燃物质的弹丸,因为这类弹丸会给战斗员造成极度的痛苦。1899年《海牙第三宣言》禁止各缔约国使用在人体内易于膨胀或变形的投射物,"如外壳坚硬而未全部包住弹心或外壳上刻有裂纹的子弹。"这种易胀易扁的弹丸(如达姆弹),在射入人体后会发生破裂,造成伤口扩大和感染,难以治愈。现在的小口径高速度步枪,由于子弹速度极快,进入人体后也会造成类似达姆弹的效果。另外,还有那些射出大量碎片、小箭、小针之类的集束炸弹或地雷也同样地属于极度残酷的武器。

针对由于科学技术的发展而出现的新式武器,联合国于1980年又通过了《禁止或限制使用某些可被认为具有过分伤害力或滥杀滥伤作用的常规武器公约》。该《公约》进一步强调在战争与武装冲突中的人道主义原则,禁止或限制使用那些能使人致残或陷入长期痛苦的常规武器,如能产生进入人体后无法用X光线检测的碎片的武器、地雷(水雷)和饵雷,燃烧武器以及小口径武器系统等。

2. 有毒、化学和生物武器。

早在1899年,《海牙陆战法规和惯例章程》就特别禁止使用毒物或有毒武器。同年的《海牙第二宣言》宣布禁止使用窒息性瓦斯或毒气弹的投射物。1907年海牙第四公约附件也作了禁止使用毒物或有毒物武器的规定。1925年《禁止在战争中使用窒息性、毒性或其他气体和细菌作战方法的议定书》不仅重申了上述条约的规定,而且提出禁止使用细菌武器。1972年《禁止细菌(生物)及毒素武器的发展、生产及储存以及销毁这类武器的公约》除规定禁止使用细菌和毒素武器外,还规定永远禁止在任何情况下发展、生产、贮存、取得和保留这类武器。

禁止化学武器是世界各国十分关注的问题。联合国经过24年的谈判,终于在1992年9月裁军谈判会议上通过了《禁止研制、生产、贮存和使用化学武器以及销毁此种武器公约》。1993年1月在法国巴黎的大会上,有140多个国家签署该公约,并有可能在两三年后生效。《化武公约》在世界范围内禁止研制、生产、获得、拥有、转让和使用化学武器,规定各缔约国必须在该公约规定的期限内销毁各自的化学武器及其生产设施。这个《化武公约》有四个特点:第一,全面禁止。《化武公约》不仅禁止使用,而且还禁止研制、生产、贮存和转让化学武器等全部活动。第二,范围广泛。《化武公约》涉及的范围不仅涵盖化学武器、有毒化学品、化学武器生产设施,而且还包括"遗留化武"、毒剂前体以及对工、农、医等领域有用的化学品等。第三,销毁彻底。《化武公约》不仅规定要全面彻底销毁现有化学武器,而且还要在规定的期限内拆除和销毁其生产与装填的全部设施,并销毁"老化学武器"和"遗留化学武器"。第四,有效核查。《化武公约》对缔约国的可能违约规定了严格的投诉程序、核查机制和制裁措施。国际组织将派官员进行不定期的现场视察,并定期使用检测仪器进行核查。

在被禁止的武器方面,不少学者认为,在现代战争中除了禁止使用极度残酷的武器、有毒、化学和生物武器以外,还特别禁止核武器。国际法对"使用核武器是合法还是非法"的问题,迄今为止没有明确的定论。1993 年,世界卫生组织就"使用核武器的合法性"问题,请求国际法院发表咨询意见。根据《联合国宪章》第 96 条第 2 款,联合国大会在 1994 年第 49 届会议上通过决议,请求国际法院就"使用核武器的合法性问题"提供咨询意见。

(二)不分皂白的战争手段和作战方法

战争与武装冲突法为了平民的安全和使民用物体免遭破坏,规定各交战国和武装冲突各方不得使用不分皂白的作战手段和方法。

根据 1907 年《海牙第四公约》附件的规定,不得以任何方式攻击或炮击不设防的城镇、乡村或住宅,"围攻及炮击时,凡关于宗教、技艺、学术及慈善事业之建筑物、历史纪念物、病院及病伤者收容所等,在当时不供军事上使用者,务宜尽力保全。"1949 年《日内瓦第四公约》规定不得攻击医院和安全地带,并规定得设立中立化地带。《1977 年日内瓦四公约第一附加议定书》更明确"禁止不分皂白的攻击",并且列举了"不分皂白"的攻击。它们是:不以特定军事目标为对象的攻击;使用不能以特定军事目标为对象的作战方法和手段;使用任何将平民或民用物体集中的城镇、乡村或其他地区内许多分散而独立的军事目标视为单一的军事目标的方法或手段进行轰击或攻击;和可能附带使平民生命受损失、平民受伤害、平民物体受损害,或三种情况均有而且与预期的具体和直接军事利益相比损害过分的攻击。

(三)背信弃义的战争手段和作法方法

早在 1907 年,《海牙第四公约附件》就规定禁止以背信弃义的方式杀伤属于敌方的人员。然而,在战争与武装冲突中只禁止使用背信弃义的作战方法,但不禁止使用诈术。诈术是旨在迷惑对方或诱使对方作出轻率行为,同时又不违反任何适用于战争与武装冲突的国际法规则的行为,如使用伪装、假目标、假情报等。

《1977 年日内瓦四公约第一附加议定书》比较明确地规定:"禁止诉诸背信弃义行为,以杀死、伤害或俘获敌人。以背弃敌人的信任为目的而诱取敌人的信任,使敌人相信其有权享受或有义务给予适用于武装冲突的国际法规则所规定的保护的行为,应构成背信弃义行为。"该议定书还列举了以下背信弃义的情况:"1. 假装有在休战旗下谈判或投降的意图;2. 假装因伤或因病而无能力;3. 假装具有平民、非战斗员的身份;4. 使用联合国或中立国家或其他非冲突各方的国家的记号、标志或制服而假装享有被保护的地位。"

(四)改变环境的作战手段和方法

禁止使用改变环境的作战手段和作战方法,主要是指禁止使用旨在可能改变自然环境使其发生广泛、长期而严重损害的作战手段和方法，如使用某种方法改变气候，引起地震、海啸、破坏自然界的生态平衡、破坏臭氧层等。

联合国大会相继于1971年和1974年通过决议，认为“维持和改进环境是国际社会的责任”，并“禁止为了军事或其他敌对目的影响环境和气候的行动”，并于1976年12月通过了《禁止为军事或任何其他敌对目的使用改变环境的技术的公约》。《公约》规定不得使用具有广泛、长期或严重影响的改变环境的技术，对任何缔约国造成毁灭、破坏或损害。《1977年日内瓦四公约第一附加议定书》也包括着禁止环境战争的规定；第35条规定“禁止使用旨在或可能对自然环境引起广泛、长期而严重损害的作战方法或手段”。

三、海战和空战

所有陆战法规和惯例如果能够适用于海战和空战的，都应该适用。1907年海牙会议文件中提到：“在任何情况下，国家在海战范围内尽可能适用陆战法规与惯例的原则。”作战手段和方法也是这样。

然而，由于海战的主要目的是击败对方的海军、消灭敌国商船、破坏敌国的海岸军事设施等；空战的主要问题是轰炸。所以它们在被禁止或限制的作战手段和方法上有着它们的特点。

(一)海战

在海战中被限制的作战手段和方法主要有以下四个方面：

1. 关于战斗员、军舰和商船

海军部队包括战斗员和非战斗员，不论是编入各类舰艇的还是编入海岸要塞的战斗员，均为海战战斗员，都享有合法战斗员的权利，同样受战争法规和惯例的保护并承担同等的义务。

海战中军舰是作战的主要工具，也是攻击的目标。在海战中，海军部队只能使用属于自己编制的船舰攻击敌舰，禁止使用其他船只。私掠船是被禁止的。商船改装成为战舰，具有军舰的地位，但必须符合1907年《关于商船改装为军舰公约》规定的条件。另外，为了防御的目的武装商船是允许的，但武装商船是为了自卫和防御，如果主动攻击敌国军舰或商船，则将失去国际法的保护。

2. 海军轰击

对于海军的轰击，1907年《关于海军轰击公约》规定了如下的特殊限制：(1)禁止以海军轰击未设防的城市、海港、村庄、房舍及建筑，并特别说明：不得以港口设置自动海底触发水雷为设防。(2)可以轰击处在不设防地点的军事设施，但在轰击前应通知有关地方当局限期拆除，如不执行，才可以轰击，但在轰击时应设法使城市中所受损害减至最小限度。(3)地方当局如果拒绝征集海军提出的、当时必需的粮食或生活用品，可以进行轰击，但征收不得超过当地的资力，也不得因征收现银或课税不遂而进行轰击。(4)轰击时必须尽力保全一切“宗教、美术、技艺、慈善事业所用之建筑,历史上之古迹及病院和伤病员收容所,”条件是,这些地方当时不是用于军事目的的,这些受保护的建筑上,应以容易看到的标志标明。

3. 潜艇攻击

虽然潜艇攻击始于第一次世界大战期间,但对于潜艇攻击的规则,只是到了1922年《关于在战争中使用潜水艇和有毒气体的条约》的签订。该《条约》虽未生效,但仍包含有适当的规则。按照该《条约》,潜艇不得对遇到的商船立即攻击,在拿捕商船前应先命令它接受临检,以便确定它的性质。对拒绝临检,或拿捕后不遵守指定的航线行驶者可以加以攻击;在确有必要情况下破坏商船,须先将商船上人员置于安全地方。除此之外潜艇还应遵守关于军舰的轰击的规定。

由于1922年的《条约》未生效,1930年又签订了关于海军作战的《伦敦条约》。其中除重申1922年条约的规定以外,还强调除对拒绝停驶或反抗临检的商船外,潜艇不得予以击沉或破坏;并且不得在将船上人员和船舶文件安置安全地方前将该船击沉或使其不能航行。1936年《关于潜艇作战规则的伦敦议定书》和1937年《关于把潜艇作战规则推行于水面船只和飞机的尼翁协定》再次确认了上述规定。

4. 水雷和鱼雷

为了保护国家航运和中立国的合法权利,1907年的海牙第八公约对水雷和鱼雷的使用作了规定和限制,主要是:(1)禁止敷设没有系缆的自动触发水雷,但失去控制一小时后失效者除外;(2)禁止敷设虽有系缆,但离开系缆后仍能为害的水雷;(3)禁止敷设射击不中以后仍有危险性的鱼雷;(4)禁止以断绝贸易通航为目的在敌国沿岸或港口敷设自动触发水雷;(5)使用系缆自动触发水雷时,应尽力避免威胁海上和平航行的安全;(6)中立国在其海岸敷设自动触发水雷时,也应遵守上述规定。

(二)空战

从战争与武装冲突的实践来看,空战的主要问题是如何限制和减少空中轰炸的残酷伤害。迄今为止,关于空战规则尚未有任何专门国际条约和协定。尽管如此,有不少国际法律文件有可以适用于空战的原则和规则,如:(1)1899年和1907年的《海牙宣言》提出禁止用气球或类似方法投掷投射物和爆炸物;(2)1923年海牙法学家委员会草拟的《空战法规草案》提出:只有军事航空器才能交战;(3)1907年《海牙第十公约》规定:轰炸只能针对军事部队、军事工程、军事建筑物或仓库、军工厂和用于军事目的的运输线;要尽量避免轰炸宗教、艺术、科学和慈善事业的建筑物、历史纪念碑、医院船、医院及收容伤病员的其他场所;(4)1937年《尼翁补充协定》规定把潜艇作战规则适用于空战;(5)《1977年日内瓦四公约第一附加议定书》第49条第3款规定:“本段规定(关于进攻的定义和适用范围)适用于可能影响平民居民、平民个人或民用物体的任何陆战、空战和海战。”第51条至第56条和第 59 条所规定的对平民、民用物体、文物和礼拜场所、自然环境、不设防地的保护，以及对含有危险力量的工程和装置的保护的规定均适用于空战。关于陆地的其他作战方法和手段的限制也适用于空战。

第五节　国际人道主义法

1949 年 8 月 12 日订立的《日内瓦四公约》属于战争与武装冲突法的一个特殊部分。它们形成所谓“日内瓦条约体系”以别于构成传统战争法规的“海牙条约体系”，日内瓦条约体系在它的发展过程中不涉及战争的法律地位或交战国间的一般关系，亦不涉及交战国使用的作战方法和手段，更不涉及交战国和中立国间的权利义务，而只是从人道主义的原则出发给予战争受难者（武装部队的病者、伤者、战俘和平民等）以必要的保护。战争与武装冲突法的这个部分被称为“国际人道主义法”（International Humanitarian Law）。它的内容主要包括 1949 年《日内瓦四公约》和 1977 年该公约的两个《附加议定书》。它是第二次世界大战以后唯一独立于联合国组织以外编纂、发展的法律，也是自成一体的法律体系。

一、国际人道主义法的形成与发展

1949 年日内瓦四公约及其 1977 年的两个附加议定书不是完全新的，而是从最初的日内瓦公约发展而成的。其中经过若干阶段和百多年的历史。它们基本上是在以前的公约的基础上，吸收历次战争的经验，经过修订和补充而订立的。

早在 1862 年，瑞士人亨利·杜南（Henry Dunant）发表了他的《沙斐利洛的回忆》（Souvenir de Sarajevo），描写了 1859 年法、意对奥帝国战争中沙斐利洛战场的惨状，以唤起世人对于战时救护伤病员问题的注意。他提倡各国创立救护团体，并建议由各国政府订立“协定的神圣的原则”，作为各国救护团体活动的基础。由于他的那本书的影响，在瑞士随即发起了红十字组织运动。1863 年创立红十字会组织的日内瓦国际会议，通过决议，表示希望使伤员和医务人员“中立化”；而这一希望由于 1864 年瑞士联邦政府召集的外交会议而获得实现。该会议订立了一个《改善战地伤兵境遇的公约》，即 1864 年《日内瓦公约》。这是最早的日内瓦公约，也是狭义的、传统意义上的日内瓦公约。它的意义在于它是第一次订立战争法中有关伤病员待遇的原则，从而使陆战规则“法典化”迈出了第一步。该公约树立一项原则，即军人负伤、患病，从而失去战斗力和防卫能力的，都应当不分国籍予以尊重和照顾，并且完全为着伤兵的利益的军事救护车和医院以及医务人员应予保护，不使他们遭到敌对行为。

1864 年《日内瓦公约》只有十条，比较简单，而且它只适用于陆战。为弥补这个缺点，瑞士政府于 1866 年召集了一个国际会议，草拟了一个有 15 条规定的《公约》，前五条补充 1864 年《公约》，后 10 条将 1864 年《公约》的原则适用于海战。然而，这个会议拟定出的《公约》始终未被批准，到了 1899 年的第一次海牙会议，才签订了《推行 1864 年日内瓦公约原则于海战的公约》，并且希望瑞士政府设法召开另一次会议修正《日内瓦公约》。其结果，1906 年 6 月在日内瓦制订了《改善战地伤者病者境遇的日内瓦公约》。

《日内瓦公约》的人道主义保护原来只适用于战争中的伤者病者。经过第一次世界大战，战争的其他受难者，尤其是战俘的境遇，引起了注意。在战俘问题上，虽然 1907 年《海牙第四公约》里有所规定，但多半还只属于原则性的规定。况且，第一次世界大战的经验证明，海牙第四公约不能满足保护战俘的需要，而对于战俘待遇有作全面规定的必要。因此，1929 年日内瓦会议除对于 1906 年《改善战地伤者病者境遇的日内瓦公约》又加以修正和补充外，订立了一个《关于战俘待遇的公约》。

在战争受害者中还有平民需要保护。《海牙第四公约》所附规则对于占领当局的权力的限制和居民的保护，作了一些原则性的规定，但这些规定对于战时保护平民是不足的。在第二次世界大战爆发之前原来已有召开国际会议讨论拟定战时保护平民公约的计划，由于大战的爆发而未能实现。以至于在二战期间，随着战争范围的扩大和深入，战争受难者的境况越来越惨。尤其是在德国、日本法西斯占领地域，大量的平民遭受了拘禁、残杀和其他种种非人道的待遇。这些就使有对战时保护平民专门拟定公约以贯彻《日内瓦公约》的人道主义原则的必要性。

1949 年 4 月至 8 月召开的日内瓦会议，目的是为了将人道主义原则进一步落实在各种类型的战争受难者的保护方面。会议通过并订成的日内瓦四公约，修正补充了 1929 年《改善战地伤者病者境遇公约》和《关于战俘待遇的公约》及 1907 年《推行日内瓦公约于海战的海牙公约》，产生了一个战时保护平民的公约，从而把对战争受难者的保护原则，从陆地的伤者、病者，海战的伤者、病者和遇船难者、战俘，一直推及于平民。至此，日内瓦条约体系算是基本上完成了。

1949 年以后，虽然没有再发生过新的世界大战，但国际性的和非国际性的武装冲突始终不断。国际实践的发展要求对战争与武装冲突法进行新的研究、补充和发展。红十字国际委员会根据第 21 届国际红十字大会通过的决议，于 1971 年和 1972 年召开了各国专家会议。以后，该委员会将两个《附加议定书草案》，提交给 1974 年至 1977 年召开的“关于重申和发展适用于武装冲突的国际人道主义法的外交会议”。这两个《附加议定书》最后于 1977 年 6 月 8 日一致通过。这样，一个较为完整的关于保护战争与武装冲突中受难者的国际人道主义法法典形成了。

二、国际人道主义法的内容和范围

国际人道主义法主要是关于保护伤病员、战俘或平民（又称为“战争受难者”）的法律体系，其内容主要包括 1949 年的《四个公约》和 1977 年该公约的两个《附加议定书》。分别言之，主要内容是：

（一）伤病员待遇

1864 年、1906 年、1929 年和 1949 年先后订立的关于《改善战地武装部队伤者病者境遇公约》的主要内容是：

1. 敌我伤病员在一切情况下应无区别地予以人道的待遇和照顾，不得基于性别、种族、国籍、宗教、政治意见或其他类似标准而有所歧视。对其生命的任何危害或对其人身的暴行均应严格禁止，尤其不得加以谋杀或消灭、施以酷刑或供生物学的试验，不得故意不给予医疗救助及照顾，也不得造成使其冒传染病危险的情况。只有医疗上的紧急理由，才可以予以提前诊治。当冲突之一方被迫委弃伤者、病者于敌人时，在军事的考虑许可范围内，应留下一部分医疗人员与器材。

2. 冲突各方的伤者、病者如落于敌手，应为战俘，国际法上有关战俘之规定应适用于他们。

3. 每次战斗后，冲突各方应立即采取一切可能的措施搜寻伤者、病者，予以适当的照顾和保护；环境许可时，应商定停战或停火办法，以便搬移、交换或运送战场上遗落之受伤者。

4. 冲突各方应尽速登记落于其手中之每一敌方伤者、病者，或死者之任何可以证明其身份之事项，并应尽速转送情报局，该局转达上述人员之所属国。

5. 冲突各方应保证在情况许可下将死者分别埋葬和焚化之前，详细检查尸体，如可能时，应经医生检查，以确定死亡，证明身份并便于作成报告。

6. 军事当局，即使在入侵或占领地区，也应准许居民或救济团体自动收集和照顾任何国籍之伤者、病者。任何人不得因看护伤者、病者而被侵扰或定罪。

海战中伤病员的待遇，如适用范围、保护对象、基本原则等方面与陆战的制度完全相同，但由于海战特点而作了一些特殊规定：

1. 在海上受伤、患病或遇船难的武装部队人员或其他人员，在一切情况下，应受尊重与保护。“船难”一词应理解为系指任何原因的船难，并包括飞机被迫降落海面或被迫自飞机上跳海者在内。

2. 交战者之一切军舰应有权要求交出军用医院船，属于救济团体或私人的医院船，以及商船、游艇或其船只上的伤者、病者或遇难船者，不拘国籍，但须伤者、病者处于适合移动的情状，而该军舰具有必要的医疗适当设备。

（二）战俘待遇

在国际人道主义法中对战俘待遇作出规定的公约有：1929 年和 1949 年《关于战俘待遇的日内瓦公约》以及 1977 年《日内瓦公约第一附加议定书》。按照这些

公约的规定,战俘自其被俘至其丧失战俘身份前应享受以下各方面的待遇:

1. 交战方应将战俘拘留所设在比较安全的地带。无论何时都不得把战俘送往或拘留在战斗地带或炮火所及的地方,也不得为使某地点或某地区免受军事攻击而在这些地区安置战俘。

2. 不得将战俘扣为人质,禁止对战俘施以暴行或恫吓及公众好奇的烦扰;不得对战俘实行报复,进行人身残害或肢体残伤,或供任何医学或科学实验;不得侮辱战俘的人格和尊严。

3. 战俘应保有其被俘时所享有的民事权利。战俘的个人财物除武器、马匹、军事装备和军事文件以外的自用物品一律归其个人所有;战俘的金钱和贵重物品可由拘留国保存,但不得没收。

4. 对战俘的衣、食、住要能维持其健康水平,不得以生活上的苛求作为处罚措施;保障战俘的医疗和医药卫生。

5. 尊重战俘的风俗习惯和宗教信仰,允许他们从事宗教、文化和体育活动。

6. 准许战俘与其家庭通讯和收寄邮件。

7. 战俘享有司法保障,受审时享有辩护权,还享有上诉权。拘留国对战俘的刑罚不得超过对其本国武装卫队人员同样行为所规定的刑罚。禁止因个人行为而对战俘实行集体处罚、体刑和酷刑。对战俘判处死刑应特别慎重。

8. 讯问战俘应使用其了解的语言。

9. 不得歧视。战俘除因其军职等级、性别、健康、年龄及职业资格外,一律享有平等待遇。不得因种族、民族、宗教、国籍或政治观点不同加以歧视。

10. 战事停止后,战俘应即予以释放并遣返,不得迟延。

需要特别指出的是:关于战俘待遇的《日内瓦第三公约》禁止战俘在任何情况下放弃《公约》所赋予的上述权利。作出这一规定的考虑,主要是因为在敌方控制下的战俘不可能自由地表示其意志。有时,自愿往往只是形式上的,而且即便有极个别战俘愿意放弃自己的权利,也不能因为这极少数人的特殊要求而放弃有关保护战俘的一般利益的原则。

(三)战时平民的保护

国际人道主义法的基本原则之一是对交战者和平民加以区别,区别的目的是为了在战争与武装冲突期间更有效地实行对平民的保护。

对于落入交战国权力下的平民保护,原来1899年和1907年的两个《陆战法规和惯例公约》有些规定,而1949年《关于战时保护平民的日内瓦公约》则作了详细的规定。

落入敌国管辖或支配下的平民的保护有两种情形:一种是战争或武装冲突发生时对交战国或武装冲突国境内的敌国平民的保护,另一种是对占领区的平民的保护。

在战争或武装冲突发生时,在交战国武装冲突国境内的敌国平民一般应允许离境,而对继续居留者应给予以下人道主义的待遇:(1)平民居民本身及平民个人不得成为攻击的对象。禁止以在平民中散布以恐怖为主要目的的暴力行为或暴力威胁;(2)禁止对平民的攻击实施报复;(3)保障平民的合法权益,不得把他们安置在某一地点或地区,使该地点或地区免受军事攻击;(4)不得在身体上和精神上对平民施加压力,强迫提供情报;(5)禁止对平民施以体刑和酷刑,特别禁止非为医疗的医学和科学实验;(6)禁止实行集体刑罚和扣为人质;(7)应给予平民以维持生活的机会,但不得强迫他们从事与军事行动直接相关的工作;(8)只有在于安全的绝对必要的情况下,才可把有关敌国平民拘禁或安置于指定居所;(9)对妇女和儿童的特殊保护,主要包括:第一,应防止强奸、强迫卖淫和对妇女任何其他形式的非法侵犯,并应在最大可能范围内努力避免使孕妇或抚育儿童的母亲因犯有与武装冲突有关的罪行而被宣判死刑;第二,应向儿童提供其所需要的照顾和援助,尤其是应采取一切可能的措施,使15岁以下的儿童不直接参加敌对行动。

在军事占领下,占领当局只能在国际法许可的范围内行使军事管辖权,并对平民应给予以下国际人道主义的待遇:(1)不得剥夺平民的生存权。占领当局在行使权利的同时,有义务维持社会秩序和居民生活;(2)对平民的人格、尊荣、家庭、宗教信仰应给予尊重;(3)不得对平民施以暴行、恐吓和侮辱,不得把平民扣为人质,或进行集体惩罚,或谋杀、残害及用作实验;(4)不得用武力驱逐平民;(5)不得为获取情报对平民采取强制手段;(6)不得强迫平民为其武装部队或辅助部队服务或加入其军队;(7)不得侵犯平民的正常需要的粮食和医药供应;(8)不得废除被占领国的现行法律,必须维持当地原有法院和法官的地位并尊重现行法律。

三、国际人道主义法的特点

《日内瓦四公约》和两个《附加议定书》都是以维护人道主义为目的的。为有效地保护战争受难者,1949年《日内瓦四公约》和1977年该公约的两个《附加议定书》有一个共同特点,即尽可能扩大《公约》的适用范围。

《日内瓦四公约》共同第2条规定:"于平时应予实施之各项规定之外,本公约适用于两个或两个以上缔约国间所发生之一切经过宣战的战争或任何其他武装冲突,即使其中一国不承认有战争状态。凡在一缔约国的领土一部分或全部被占领之场合,即使此项占领未遇武装抵抗,亦适用本公约。冲突之一方虽非缔约国,其他曾签订本公约之国家于其相互关系上,仍应受本公约之拘束。设若上述非缔约国接受并援用本公约之规定时,则缔约各国对该国之关系,亦应受本公约之拘束。"《日内瓦四公约》共同第3条规定:"在每一缔约国之领土内发生非国际性的武装冲突之场合,冲突之各方最低限度应遵守下列规定:(一)不实际参加战事之人员,包括放下武器之武装部队人员因病、伤、拘留,或其他原因而失去战斗力之人员在内,在一切情况下应予以人道待遇……冲突之各方应进而努力,以特别协定之方式,使本公约之其他规定得全部或部分发生效力。上述规定之适用不影响冲突各方之法律地位。"从以上两条的规定,可以看出下述几点:

1.《公约》的适用不仅限于国际法传统意义上的战争,而且包括任何其他武装冲突,即便其中一方不承认有战争状态。按照1907年《海牙第三公约》的规定,战争应该通过宣战而开始,不宣而战是违反《公约》规定的,因而是非法的。然而,在1907年《海牙第三公约》缔结以后,不宣而战的例子很多。1937年"七七事变"以后日本对中国的武装侵略,德国1939年8月对波兰和1941年6月对苏联的进攻,苏联1939年11月对芬兰的进攻,以及日本1941年12月对美国的进攻,都是以不经通知而采取突然袭击的方式。正是由于这些实例,《日内瓦四公约》共同第2条规定,《公约》适用于缔约国之间经过宣战的战争或任何其他武装冲突。其目的是为了避免任何一方以未经宣战和战争状态不存在为借口而拒绝遵守《公约》规定的义务。它肯定了《日内瓦四公约》既适用于战争,也适用于武装冲突。

2.《公约》的适用不限于缔约国,也适用于非缔约国的战争和武装冲突。这就打破了国际公约中的所谓"普遍参加条款"的限制。海牙各公约都包括有"普遍参加条款"。1899年《海牙第二公约》规定:"第1条所指《章程》各条款只对缔约国在它们之中两个或两个以上国家之间发生战争的情况下具有拘束力。在缔约国之间的战争中,一俟一个非缔约国参加交战一方时,此《章程》的条款就失去拘束力。""普遍参加条款"的原意,是防止未参加公约的交战一方,由于不需要承担《公约》规定的义务而单方面地在军事上取得优势。但这样一项规定的效果是,在多数国家参加的战争中,只要其中一国不是缔约国,或者在战争进行中有一个非缔约国参加,则条约对全部交战国就都不适用。在第一次世界大战中,《海牙公约》自1917年8月8日起就停止适用了,因为那时利比里亚参加战争,而它不是《海牙公约》的缔约国。鉴于第一次世界大战中的教训,在《日内瓦公约》共同第2条的规定下,不再存在这样的限制。根据第2条的规定,如果冲突一方不是公约缔约国,其他参加冲突的缔约国在其相互关系上,仍受日内瓦公约的拘束。

3.《公约》可以对非缔约国适用。严格地说,条约只拘束缔约国,对第三国没有拘束力。在原则上,一个国家如果愿意受《公约》的拘束,必须按照《公约》规定的程序加入《公约》成为缔约国。然而,《日内瓦公约》共同第2条允许非缔约国在接受并援用《公约》规定的条件下,可以与缔约国在武装冲突期间同等地受《公约》的约束。1917年《第一议定书》第96条重申了这项规定。

这项规定是其他一般国际公约所不具有的。这是因为它们各自适用的场合不同:一般国际公约适用于和平时期,国际人道主义法则主要适用于战争与武装冲突期间。在和平时期,一般国际公约在其履行方面的迫切性不太突出,非缔约国如果愿意受公约的拘束,可以经过批准、加入、同意和接受等通常的缔结条约的程序,与其他缔约国建立条约关系。然而,战争或武装冲突一发生,马上就出现保护战争受难者的问题。在第二次世界大战时期,由于日本不是1929年《日内瓦战俘公约》的缔约国,使当时远东战争中战争受难者遭受惨痛的命运。因此,有关国际人道主义法的公约特别作出这项例外的规定。

4.《公约》也适用于缔约国的内战。按照国际法,只有完全主权的国家才有成为交战国的法律资格。但是,一个国家之内的交战团体虽然不是国家,却拥有武装力量,使它们有可能在事实上进行战争。只要存在着内战和普遍敌对行为的概念,只要交战国团体占领并在某种程度上有秩序地管理和控制着相当大的一部分国家领土,而且只要在一个负责当局指挥之下作战的团体遵守作战规则,第三国就有明确它们对这样的内战的态度的实际需要。所以,国际法上有承认交战团体的地位及其权利和义务的原则和规则。对于内战,在反对政府的一方被承认为交战团体的情况下和一定的限度内,战争法规则是可以而且应该适用的。1949年《日内瓦四公约》第3条第一次明文规定《公约》对内战或称非国际法武装冲突的适用。

1977年两个《议定书》扩大了《日内瓦四公约》共同第3条的适用范围。《第一议定书》第1条规定"各国人民在行使庄严载入《联合国宪章》和《关于各国依联合国宪章建立友好关系及合作的国际法原则之宣言》中,对殖民统治和外国占领以及对种族主义政权作战的武装冲突",适用国际人道主义法。1977年《第二议定书》则是一个专门关于保护非国际性武装冲突受难者的国际法律文件,发展和补充了1949年《日内瓦四公约》共同第3条的内容。

第六节　中　　立

中立是指国家在交战国进行的战争中采取一种不偏不倚的态度。中立国不仅不参加交战国间的敌对的武装行动,而且也不支持或援助交战国的任何一方。中立国在法律上具有一定的权利和义务;另一方面,交战国对于中立国也有一定的权利和义务。但是,在现代国际实践中,由于战争被废除,代替的是武装冲突的概念,传统的中立制度受到了冲击并发生了很大的变化。

一、中立的概念

中立主要是传统战争法中的一个概念,主要有下述几个特征:

1. 中立法是规定交战国与中立国之间权利和义务关系的原则、规则和制度,目的在于使交战国与中立国之间的利益保持平衡。

2. 一个国家在战争中是否宣布中立,不是法律问题,而是政治问题,但在宣布中立后则引起交战国和中立国的权利和义务关系,受战争法中关于中立的原则、规则和制度的支配。

3. 一个国家选择中立地位的方式,可以通过发表中立宣言或声明,也可以不发表宣言或声明而采取事实上遵守中立义务的方式。如果一个国家事先承担了中立义务,它的中立地位就在事先已经确定。国家可以事先缔结条约,规定中立地位。由条约产生的中立有两种:一是国家之间平时缔结的条约规定在缔约一方与第三国发生战争时,应守中立;二是国际条约宣布一个国家为永久中立国。

4. 战时中立不同于中立化。国家在战时的中立是战争开始后选择的,是国家自由决定的,而不是国际法的义务,因而可以随时宣布结束其中立地位。中立化的国家,即永久中立国,不仅在战时保持中立,在平时也要遵守中立。它的中立地位是由国际条约确定的,永久中立国是不得任意放弃这样的地位的。

5. 战时中立不同于政治意义上的中立、中立主义和不结盟。政治意义上的中立指不参加联盟(不论进攻性的还是防御性的),拒绝在其本国领土上设置外国军事基地或驻扎外国军队,不歧视任何特定国家等。中立主义特别是用以指不参加和不卷入大国或集团之间的纠纷和冲突。这样的中立是政治上的概念,不产生法律效果。

6. 战争法上的中立是国家的地位,而不是个人或团体的地位。有关中立的规则是指专门处理交战国与中立国之间法律关系的规则,它不直接以中立国的国民或公司为对象。

二、中立国的权利和义务

作为国际法的一个制度,战时中立是随着资本主义制度和国际贸易的发展而逐渐发展的。战时中立虽然在 16 世纪前后偶有发生,但是,到了 18 世纪,格老秀斯的《战争与和平法》讨论中立问题以后,国际上才一致认为,中立国有维持不偏不倚态度的义务。交战国有尊重中立国领土的义务。到了 19 世纪末、20 世纪初,中立制度有较大的发展:1907 年签定的《海牙公约》和 1909 年发表的《伦敦宣言》在战争法中确立了关于中立的原则、规则和制度。中立法是调整中立国与交战国之间关系的法律规范。中立国与交战国之间的权利和义务关系是相互的:中立国的义务就是交战国的权利,而交战国的义务就是中立国的权利。

(一)中立国的义务

中立国对交战国承担的义务主要有三个方面:自我约束的义务;防止的义务和容忍的义务。

1. 自我约束的义务

中立国对交战国不应给予援助。它不仅不能直接参加战斗,也不能对交战国提供军队,供给武器、弹药、军舰、军用飞机及其他军用器材,给予补助金、贷款、承购公债，用军舰和公船等进行军事运输，给予情报的方便等。这种援助即便是平等地给予交战国双方，也是被禁止的。

2. 防止的义务

中立国应采取措施，防止交战国为进行战争而利用其领土或其管辖范围内的区域。例如，对于交战国在中立国的领土、领海或领空域内进行战斗，或捕获船只，建立作战基地或通讯设备，输运军队和军需品等，中立国都要以一切可能的手段加以防止和阻止。

3. 容忍的义务

中立国对于交战国因进行战争而依据战争法所采取的行动使本国国民蒙受不利时，应在一定范围内予以容忍。例如，交战国对其船舶的临检和搜索，对悬挂其船旗而载有战时禁制品或破坏封锁或从事非中立义务的船舶的拿捕、审判、处罚及非常征用时，中立国应予以容忍。

(二)交战国的义务

交战国对中立国承担的义务主要也有三个方面：自我约束的义务，防止的义务和容忍的义务。

1. 自我约束的义务

交战国不得在中立国领土或其管辖区域内从事战争行为，或将中立国领土或其管辖区域作为作战基地；交战国不得在中立国领土或领水区域内改装商船为军舰或武装商船，建立通讯设施或捕获法庭等。

2. 防止的义务

交战国有义务采取一切措施，防止虐待其占领区或境内的中立国使节或人民；防止其军队和人民从事任何侵犯中立国及其人民的合法权益的行为等。

3. 容忍的义务

交战国应容忍中立国与敌国保持正常的外交和商务关系以及其他不违背中立法的一般规则的行为等。

三、中立制度的局限性

在现代国际实践中，可以明显地看到：传统的中立制度受到了冲击，起了很大的变化。这些冲击和变化显示了中立制度在现代国际实践中的极端局限性。其原因主要有二：一是由于废除战争而不宣而战的武装冲突日益增多，既无战争状态，就没有中立地位；二是当普遍性的国际组织——联合国采取集体安全行动时没有中立可言。

(一)非战争的武装冲突

中立的基本概念，是指其他国家在交战国之间保持对任何交战国不偏不倚的法律地位。为此，它既不参加交战国的敌对武装行为，也不支持或援助交战国中的任何一方。中立地位是与战争状态密切地联系在一起。

武装冲突既不是战争,也不构成战争状态,处于武装冲突以外的国家就无法确立自己按照传统战争法的中立地位,也因此不承担和享受根据战争法关于中立的义务和权利。

另外,国际法上中立的主体是国家,不包括武装团体和组织。传统战争法中有关中立的原则、规则和制度只涉及交战国和中立国之间的法律关系,而不涉及武装团体和组织。现在,武装冲突有"国际性武装冲突"和"非国际性武装冲突"之分,而第三国对"非国际性武装冲突"中的武装团体和组织,在原则上是不处于传统战争法中的中立地位的。

因此,非战争的武装冲突以外的国家没有战争中的中立国那样严格的义务,也没有那样明确的权利。但是它们究竟有哪些义务和权利,国际法上还没有形成具体的规则。从第二次世界大战以后的实践来看,一般地说,在武装冲突中,冲突方对未参加武装冲突的国家是无权采取临检和搜索、封锁和禁止禁制品等传统战争法所允许的措施。另一方面不参加武装冲突的国家有权保护它在冲突各方的侨民的生命和财产的权利,而且,往往在必要时撤退它们侨民的权利。

(二)联合国集体安全体制

中立还由于联合国集体安全体制而受限制。建立集体安全体制是联合国组织的目的和任务。《联合国宪章》规定安全理事会有权作出存在威胁和平、破坏和平或侵略行为的决定,并据此作出采取强制措施的决定。

联合国集体安全体制同中立在以下三个方面是不相容的:

1. 在传统国际法上,各国有权自由决定是否参加其他国家进行的战争;参加战争或保持中立完全是当事国的自由。但是,根据《联合国宪章》第2条第5项的规定,"会员国对于联合国依本宪章规定而采取之行动,应尽力予以协助,联合国对于任何国家正在采取防止或执行行动时,各会员国对该国不得给予协助。"所以,联合国安理会作出的任何决定对各会员国都有法律拘束力,会员国本国有义务参加上述的强制措施,而不得保持中立。

2. 中立是指当其他国家进行战争时处于局外的国家对战争所持的地位。采取中立的国家在军事上承担不参加战争,在非军事问题上对交战国双方也保持不偏不倚的态度,并且有避免参加战争的义务。然而,战争义务的避免不论是以与他国协定的形式,还是以本国声明的形式,都不能逃避执行联合国安理会强制性措施的义务。《联合国宪章》第103条明确规定,"联合国会员国在本宪章下之义务与其依任何其他国际协定所负之义务有冲突时,其在本宪章下之义务应居优先"。因此,会员国在安理会决定采取强制行动时,不能以与其他国家的协定来逃避自己的责任。

3. 不仅联合国会员国在安理会作出有关强制措施决定时不能采取中立的立

场和态度,非会员国也不能这样。《联合国宪章》在第 2 条第 6 项规定:“本组织在维持国际及安全之必要范围内,应保证非联合国会员国遵行上述原则。”由于联合国安理会采取的军事或非军事性的强制措施,基本上都是属于“在维持国际和平及安全之必要范围内”,所以,当安理会采取强制措施时,不仅联合国会员国,就是非会员国,也不能采取中立的态度。

海湾危机爆发后,联合国安理会于 1990 年 8 月 6 日通过第 661 号决议,决定对伊拉克实行强制性经济制裁和武器禁运。决议要求所有国家立即停止从伊拉克或科威特进口或向其出口一切商品和产品,包括武器和其它军用设备。这项决议表明,传统战争法中的“中立”是没有存在的余地的。

第七节　战争罪行和严重违反国际人道主义法等罪行及其责任

战争罪行(war crime)在不同的时代具有不同的含义。在传统国际法上,国家有战争权,因此发动或从事战争并不构成罪行。那时,所谓战争罪行仅指交战国军队违反战争法规和惯例的行为,如使用有毒或其他被禁止的武器、杀害或虐待俘虏等。对发动和组织战争追究个人刑事责任,是从第一次世界大战开始并在第二次世界大战以后有很大发展的。在惩罚战争罪犯和犯有严重违反国际人道主义法行为的人追究他们的个人刑事责任,是国际法特别是战争与武装冲突法的重大发展。

一、基本概念

战争罪行和严重违反国际人道主义法等罪行包括在战争与武装冲突中犯有违反和平罪、战争罪、违反人道罪、严重违反 1949 年日内瓦四公约的情事、违反战争法规和惯例的行为、灭绝种族罪或危害人类罪。迄今为止,战争罪犯和犯有严重违反国际人道主义行为的人加以制裁和惩罚的实例,是第二次世界大战后成立的欧洲国际军事法庭和远东国际军事法庭,以及 1993 年和 1994 年由联合国安理会分别通过的第 827 号、第 995 号决议而设立的“起诉应对 1991 年以来前南斯拉夫境内所犯的严重违反国际人道主义法行为负责的人的国际法庭”和“卢旺达国际法庭”。

按照《欧洲国际军事法庭宪章》第 6 条和《远东国际军事法庭宪章》第 5 条的规定,犯有以下任何一种罪行的均构成战争罪行:

1. 破坏和平罪。即计划、准备、发动或从事一种侵略战争,或违反国际条约、协定或保证的战争,或参与上述任何罪行的共同计划或阴谋。

2. 战争罪。即违反战争法规或惯例。此种违反包括为奴役或为其他国的而虐待或放逐占领地平民、谋杀或虐待战俘或海上人员、杀害人质、掠夺公私财产、毁灭城镇或乡村或非基于军事上必要的破坏,但不以此为限。

3. 违反人道罪。即在战前或战时,对平民施行谋杀、歼灭、奴役、放逐及其他任何非人道行为;或基于政治的、种族的或宗教的理由,而为执行或有关于本法庭裁判权内之任何犯罪而作出的迫害行为,至于是否违反犯罪地国国内法,则在所不问。

凡参与规划或实行旨在完成上述罪行的共同计划或阴谋的领导者、组织者、教唆者与共谋者,对于任何人为实现此种而作出之一切行为,均应负责。

"前南国际法庭"根据其《规约》,则有权起诉犯下或命令他人犯下严重违反1949年8月12日《日内瓦公约》的情事、违反战争法规和惯例、灭绝种族或危害人类罪的人。而"严重违反1949年各项《日内瓦公约》的情事",指的是下列违反《日内瓦公约》规定受到保护的人或财产的行为者:(1)故意杀害;(2)酷刑或不人道待遇,包括生物学实验;(3)故意使身体或健康遭受重大痛苦或严重伤害;(4)无军事上之必要而以非法和蛮横的方式对财产进行大规模的破坏与占用;(5)强迫战俘或平民在敌对国军队中服务;(6)故意剥夺战俘或平民应享的公允及合法审讯的权利;(7)将平民非法驱逐出境或移送非法禁闭;(8)劫持平民作人质。"违反战争法和惯例"则主要包括下列事项:(1)使用有毒武器或其他武器,以造成不必要的痛苦;(2)无军事上的必要,蛮横地摧毁,或破坏城市、城镇和村庄;(3)以任何手段攻击或轰击不设防的城镇、村庄、住所和建筑物;(4)夺取、摧毁或故意损坏专用于宗教、慈善事业和教育、艺术和科学的机构、历史文物和艺术及科学作品;(5)劫持公私财产。"灭绝种族"是指蓄意全部或局部消灭某一民族、人种、种族或宗教团体。另外,应予惩治的人不仅包括犯有灭绝种族,而且还包括预谋、直接公然煽动、意图或共谋灭绝种族的人。"危害人类罪"是指在国际或国内武装冲突中犯有谋杀、灭绝、奴役、驱逐出境、监禁、酷刑、强奸、基于政治、种族、宗教原因而进行迫害或其他不人道的行为。

"卢旺达国际法庭"的性质与"前南国际法庭"相同。但因为"卢旺达国际法庭"将起诉的人,主要是在卢旺达国内武装冲突中犯有严重违反国际人道主义法的行为的人,因而"卢旺达国际法庭"将主要适用1949年日内瓦公约共同第3条和1977年该公约的第二附加议定书,即《关于保护非国际性武装冲突受难者的附加议定书》。

二、纽伦堡、东京审判及其意义

纽伦堡审判和东京审判开创了追究个人国际刑事责任的先例,是国际法上历史性创举。当第二次世界大战正在激烈进行时,同盟国对于战后惩处战犯问题已经开始作准备工作,如1942年发表了9国《共同宣言》,1943年成立了联合国家

“战争罪调查委员会”和发表莫斯科《关于暴行的宣言》。《宣言》提出了惩治战犯的一般原则，并把战争罪行和管辖分为两类：(1)个人所犯的或轻微的战争罪由当地惩治，即根据普通法律由国家惩治；(2)不限定于特定地理位置的重大罪行，由国际惩治，即由盟国联合惩治。1945 年 8 月 8 日，苏、美、英、法执行了《莫斯科宣言》的规定，在伦敦签订了《关于控诉和惩处欧洲轴心国家主要战犯的协定》，规定设立国际军事法庭，并附有《宪章》，规定法庭的组织、职权、审判程序和基本原则。

根据《关于控诉和惩处欧洲轴心国首要战犯的协定》和《欧洲国际军事法庭宪章》，在纽伦堡组织了对法西斯德国主要战犯的国际审判。纽伦堡国际军事法庭自 1945 年 11 月 10 日开始至 1946 年 10 月 1 日结束，判决 12 人绞刑；7 人无期徒刑或有期徒刑；宣布纳粹党领导机构、秘密警察和党卫军为犯罪组织。

经盟国授权，1946 年 1 月 19 日远东盟军最高统帅部公布了内容基本上与《欧洲军事法庭宪章》相同的《远东国际军事法庭宪章》。根据这一宪章，由中、苏、美、英、法、荷兰、印度、加拿大、新西兰、菲律宾、澳大利亚 11 个国家的法官组成远东国际军事法庭。远东国际军事法庭自 1946 年 4 月开始到 1948 年 11 月结束，在东京审判日本首要战犯，判处 7 人绞刑，16 人无期徒刑，2 人有期徒刑。

纽伦堡审判和东京审判开始了追究战争罪犯个人刑事责任的先例。但在这以前，国家违反战争法的不法行为也引起国家责任。国家的战争责任的形式主要是限制主权和赔偿。限制国家主权的形式是指对战败国家实行占领或管制，或限制国家主权权利，特别是在和约中规定限制国家的军备的性质和军队的数量等；赔偿形式是指战败国给予战胜国的物质上的赔偿。事实上，违反国际法的罪行往往是个人作出的。因此，对于发动侵略战争的责任，除了国家应负责任之外，还必须追究个人责任。第一次世界大战期间，德国的野蛮暴行使受害国人民曾经强烈要求审判和惩处德皇威廉第二及其他罪魁祸首。1919 年《凡尔赛和约》第 227 条规定组织特别军事法庭审判德皇威廉第二。但是，由于荷兰拒绝引渡，未能举行审判。

1946 年 12 月 1 日联合国大会第 95(Ⅰ)号决议一致确认《欧洲国际军事法庭宪章》所包括的国际法原则。联合国国际法委员会根据大会的决议，于 1950 年编纂了《国际军事法庭宪章》和判决中所包含的原则。这些原则是：(1)从事构成违反国际法的犯罪行为的人承担个人责任，并因此应受惩罚；(2)不违反所在国的国内法不能作为免除国际法责任的理由；(3)被告的地位不能作为免除国际法责任的理由；(4)政府或上级命令不能作为免除国际法责任的理由；(5)被控有违反国际法罪行的人有权得到公平审判；(6)违反国际法的罪行是：反和平罪、战争罪、反人道罪；(7)共谋上述罪行是违反国际法的罪行。

1968 年联合国大会通过了《战争罪行和危害人类罪不适用法定时效的原则的公约》。关于战争罪犯的引渡问题，1967 年联合国大会通过的《领土庇护宣言》曾经宣布战争罪犯不予庇护的原则。1973 年联合国大会通过的《关于侦查、逮捕、引渡和惩治战争罪犯和危害人类罪的国际宣言》宣布各国应在引渡战争罪犯和危害人类罪犯的问题上进行合作。

三、前南国际法庭和卢旺达国际法庭的设立

“起诉应对1991年以来前南斯拉夫境内所犯的严重违反国际人道主义法行为负责的人的国际法庭”和“卢旺达国际法庭”,是联合国安理会通过决议而分别于1993年6月和1994年11月设立的。其目的是为了起诉和惩治在前南斯拉夫境内和卢旺达境内的武装冲突中犯有严重违反国际人道主义法行为的人。由于卢旺达国际法庭是参照前南国际法庭而设立的,这两个法庭的性质是相同的。下面对前南国际法庭就三方面加以说明。

1. 在前南斯拉夫境内发生武装冲突后,联合国安全理事会对于连续不断收到关于在前南境内,特别是波斯尼亚——黑塞哥维那境内发生的普遍违反国际人道主义法情事的报道极感震惊。安理会于1992年10月通过第780号决议,请联合国秘书长设立一个专家委员会,就前南境内发生的严重违反各日内瓦公约和其他违反国际人道主义法的行为进行调查。

1993年2月,联合国秘书长向安理会主席提交了专家委员会的临时报告,其结论是:前南境内确实发生了严重违反国际人道主义法的行为,包括蓄意杀人、“种族清洗”、大规模屠杀、严刑拷打、强奸、破坏文化和宗教财产的及任意逮捕。委员会在其报告中指出,如果安理会或者联合国另一个主管机关决定设立一个特设国际法庭,此项决定与委员会的工作方向是一致的。

安理会是在这个背景下审议和通过第808号决议的。该决议表示深信在前南斯拉夫的特殊情况下,设立一个国际法庭,制止严重违反国际人道主义法的行为,对这种罪行负责的人绳之以法,有助于恢复与维持和平。不久,安理会通过了附有《前南国际法庭规约》的第827号决议,成立前南国际法庭。

2. 前南国际法庭成立的法律根据,是《联合国宪章》第7章和第29条。《联合国宪章》第7章规定“对于和平之威胁、和平之破坏及侵略行为之应付办法”。根据这一章的规定,安理会有权断定:“任何和平之威胁、和平之破坏、或侵略行为是否存在”,也有权作成建议或选择,“以维持或恢复国际和平及安全。”《联合国宪章》第29条规定:“安全理事会得设立其认为行使职务所必需之辅助机关。”

由于安理会根据不断收到的有关前南境内普遍发生违反国际人道主义行为的报道,断定这一局势已构成对国际和平与安全的威胁,并深信在前南的特殊情况下设立一个国际法庭将有助于和平的恢复与维持,安理会依据《宪章》第29条设立一个司法性质的附属机关,作为根据《宪章》而采取的一项强制性执行措施。

3. 前南国际法庭的职权范围主要涉及属物管辖权、属人管辖权、属地管辖权、属时管辖权以及该法庭和国内法院的并行管辖权的问题。它的组成则反映它将履行的职能。

(1)属物管辖权。按照“法无明文者不罪”(Nulla poena sinelege)的原则,前南国际法庭适用作为国际习惯法一部分的国际人道主义法规则,以避免发生只有一些国家而不是所有国家都是公约缔约国的问题。而国际人道主义法中毫无争议地成为国际习惯法一部分的是下列国际公约:1949年《日内瓦四公约》;1907年《陆战法规和惯例》(《海牙第四公约》)和公约附件《陆战法律和惯例章程》;1948年《防止及惩治灭绝种族罪公约》;和1945年《国际军事法庭宪章》。《前南国际法庭规约》第2条至第5条所定的罪行,即“严重违反1949年各项《日内瓦公约》的情事”、“违反战争法和惯例的行为”、“灭绝种族”和“危害人类罪”,就是根据上述公约定下来的。

(2)属人管辖权。《规约》明确规定:法庭“对自然人有管辖权”。凡计划、教唆、命令、犯下或协助煽动他人计划、准备或进行《规约》所指罪行的人,应负个人责任。而且,任何被告人的官职,不论是国家元首、政府首脑、或政府负责官员,不得免除其作为被告的刑事责任,也不得减轻刑罚。

(3)国际法庭的属地和属时管辖权。该法庭的正式名称表明法庭的属地和属时管辖权是包括“自1991年以来,在前南斯拉夫境内”所犯下的严重违反国际人道主义法的行为。

(4)并行管辖权。联合国安理会设立前南国际法庭不排除或阻碍国内法院对严重违反国际人道主义法行为的人行使管辖权,因此,有国际法庭和国内法院并行管辖权的问题。对于这个问题,《规约》第9条规定:“国际法庭应优于国内法院。在诉讼程序的任何阶段,国际法庭可根据本《规约》及《国际法庭诉讼程序和证据规则》正式要求国内法院服从国际法庭的管辖”。

(5)前南国际法庭的组成,按照《规约》第11条的规定,法庭包括三个部分:a. 分庭,其中包括两个初审分庭和一个上诉分庭;b. 检察官;c. 书记官处。法庭是司法机关,案件先由初审分庭审理,再由上诉分庭审理初审分庭提起的上诉。法官任期四年。法庭共有十一名法官。我国李浩培教授于1993年9月当选为前南国际法庭法官。检察官即是检察机关,其职能是调查案件、准备起诉书并对应对所犯罪行负责的人进行起诉。书记官处向分庭和检察官提供服务。

尽管对1991年以来在前南境内所犯的严重违反国际人道主义法行为负责的人有提起诉讼的紧迫性和重要性,但由于各种原因,前南国际法庭仅在设立一年多以后的1994年11月8日才首次开庭。至于卢旺达国际法庭,通过决议时,《规约》对法庭设立的地点还未能作出规定。前南国际法庭和卢旺达国际法庭的设立,清楚地表达了国际社会起诉和惩治在武装冲突中对严重违反国际人道主义法行为负责的人的愿望和决心。

为了审判国际刑事罪行,联合国国际法委员会曾于1994年通过一项《国际刑事法院规约》(草案),其中第20条规定:国际刑事法院将对“种族灭绝罪”、“侵略罪”、“严重违反适用于武装冲突的法律和习惯”、“危害人类罪”,以及“构成国际关注的特别严重罪行的罪行”有管辖权。这项草案尚在联合国大会审议中。联合国大会在1994年第49届会议上通过决议,“决定设立一个对联合国所有会员国或各专门机构都开放的特设委员会,以审查国际法委员会拟订的《规约》草案所引起的主要实质性问题和行政问题,并根据审查结果审议召开国际全权代表大会的各种安排。”

主要参考书目

1. 王铁崖、朱荔荪、田如萱、李久胜、孙华民编,《战争法文献集》,1986年。
2. 夏尔·卢梭,《武装冲突法》中译本,1987年。
3. “联合国国际法委员会第46届会议工作报告”,(A/49/10)。
4. Howard S. Levie, The Code of International Armed Conflicts, 1988.
5. Ingrid H. Lupis, The Law of War, 1987.
6. L C. Gneen, Essays on the Modern Law of War, 1985.
7. A. Mccouley, International Law and Armed Conflict, 1992.